Landesrecht
Freistaat Sachsen
Heft 1

Sächsisches Kommunalrecht

Von

Prof. Dr. Alfons Gern

C. H. BECK'SCHE VERLAGSBUCHHANDLUNG
MÜNCHEN 1994

Zitierweise: Gern, Sächsisches Kommunalrecht

Die Deutsche Bibliothek – CIP-Einheitsaufnahme

Gern, Alfons:
Sächsisches Kommunalrecht / von Alfons Gern. – München :
Beck, 1994
(Landesrecht Freistaat Sachsen ; H. 1)
    ISBN 3-406-38125-1
NE: GT

ISBN 3 406 38125 1

Satz und Druck der C. H. Beck'schen Buchdruckerei Nördlingen
Gedruckt auf säurefreiem,
aus chlorfrei gebleichtem Zellstoff hergestelltem Papier.

Meiner Mutter gewidmet

Vorwort

Verehrte Leserinnen und Leser,

als ich im Januar 1991, kurz nach Vollendung der Einheit Deutschlands, als Beamter aus Baden-Württemberg vom Schwarzwald aus zur freiwilligen Verwaltungshilfe in das mir bis dahin aus eigener Anschauung unbekannte Land Sachsen in die an der Elbe gelegene Stadt Heidenau, nahe der Stadt Dresden und der Sächsischen Schweiz, aufbrach, hatte ich keine Vorstellung davon, was mich dort erwarten würde. Was sah ich? 40 Jahre kommunistische Diktatur haben ein graues Land ohne Antlitz und ohne Perspektive hinterlassen. Diese mich zutiefst bedrückende Erfahrung vor Ort gab mir den Anstoß, einen kleinen Beitrag zum Wiederaufbau des einst so schönen Landes im Rahmen des mir möglichen zu leisten und dieses Buch zu schreiben.

Im Jahre 1993 hat der Freistaat Sachsen eine neue Kommunalverfassung erlassen. Da das „Sächsische Kommunalrecht" in weiten Teilen mit dem Kommunalrecht von Baden-Württemberg identisch ist, konnte ich die in meinem Lehrbuch zum Kommunalrecht für Baden-Württemberg (5. Aufl.) gewonnenen Erkenntnisse in umfassender Weise fruchtbar machen und ein Werk vorlegen, das von seinem Niveau her dem „Kommunalrecht für Baden-Württemberg" entspricht. Auf die Besprechungen von *H. Hill* in den Zeitschriften DÖV 1993 S. 401, von *F. Erlenkämper,* NVwZ 1993, S. 256, von *H. Mohl,* „Der Städtetag" 1993, S. 381, von *B. Schlüter,* VBlBW 1993 S. 400 sowie von *W. Rubsamen,* BWVPr 1992 S. 264 darf ich hierzu verweisen.

Das „Sächsische Kommunalrecht" berücksichtigt – ausgehend von den historischen Wurzeln kommunalen Wirkens – die gesamte bundesweit ergangene Rechtsprechung zum Kommunalrecht und zum kommunalen Abgabenrecht und ist damit, wie ich hoffe, ein kompetenter Ratgeber für Studierende an den Universitäten, den Fachhochschulen sowie für die kommunale Praxis.

Mein besonderer Dank gilt dem Sächsischen Staatsministerium des Innern und hier insbesondere dem Referenten für Kommunalrecht, Herrn Karl-Heinz Bromberger, für seine wertvolle Hilfe sowie der sächsischen Stadt Heidenau mit Herrn Bürgermeister Michael Jacobs an der Spitze für den gewährten Einblick in die Praxis der sächsischen Kommunalverwaltung und schließlich der Stadt Lahr/Schw. mit Herrn Oberbürgermeister Werner Dietz für die gewährte Unterstützung bei meinen Exkursionen nach Sachsen.

Anregungen und Verbesserungsvorschläge nehme ich jederzeit gerne entgegen.

Lahr/Schwarzwald/Dresden/Heidenau im Januar 1994   Alfons Gern

Inhaltsübersicht

Inhaltsverzeichnis

Inhaltsverzeichnis

Inhaltsverzeichnis

Inhaltsverzeichnis

8. Kapitel. Örtliches Rechtssetzungsrecht der Gemeinden

Inhaltsverzeichnis

Inhaltsverzeichnis

XVI

Inhaltsverzeichnis

Inhaltsverzeichnis

11. Kapitel. Einwohner und Bürger

Inhaltsverzeichnis

Inhaltsverzeichnis

Inhaltsverzeichnis

Inhaltsverzeichnis

Inhaltsverzeichnis

Inhaltsverzeichnis

Inhaltsverzeichnis

Inhaltsverzeichnis

Inhaltsverzeichnis

Literaturverzeichnis

Bräse . . . . Gemeindehaushaltsrecht Mecklenburg-Vorpommern, 1992

Braun . . . . Kommentar zur Verfassung des Landes Baden-Württemberg, 1984

Bergmann/Schuhmacher . Die Kommunalhaftung, 1991

Bretzinger . . . . Verfassung der Kommunen, in: *Bretzinger (Hrsg)*, Staats- und Verwaltungsrecht für Baden-Württemberg, 1991

Brinkmeier . . . . Kommunale Finanzwirtschaft, 5. Aufl. 1990

Bronner/Faiß . . . . Der kommunale Finanzausgleich in Baden-Württemberg, Kommentar, Stand 1989 f.

Cronauge . . . . Kommunale Unternehmen, 1992

Cronauge/Lübking . . . . Gemeindeordnung und Amtsordnung für das Land Brandenburg, Kommentar, 1992 f.

Dols/Plate . . . . Gemeinderecht, 3. Aufl. 1986

Driehaus . . . . Erschließungs- und Ausbaubeiträge, 3. Aufl. 1991

Driehaus, (Hrsg.) . . . . . Kommunalabgabenrecht, Kommentar, 1988 f.

Ehlers, (Hrsg.) . . . . . . Kommunale Wirtschaftsförderung, 1990

Engeli/Haus . . . . Quellen zum modernen Gemeindeverfassungsrecht in Deutschland, 1975

Erichsen . . . . Gemeinde und Private im wirtschaftlichen Wettbewerb, 1987

Erichsen . . . . Kommunalrecht des Landes Nordrhein-Westfalen, 1988

Erichsen/Hoppe/
Leidinger (Hrsg.) . . . . . Kommunalverfassungen in Europa, 1988

Erichsen/Martens . . . . Allgemeines Verwaltungsrecht, 8. Aufl. 1988; 9. Aufl. 1992

Faber . . . . Kommunalrecht, in: *Faber/Schneider,* Niedersächsisches Staats- und Verwaltungsrecht, 1985

Faiss/Giebler/Lang/
Schmid . . . . Kommunales Wirtschaftsrecht in Baden-Württemberg, 5. Aufl. 1990

Fees/Jäkle/Brunner . . . . Deutsche Gemeindeordnung 1935, Kommentar, 1936

Feuchte, (Hrsg.) . . . . . . Verfassung des Landes Baden-Württemberg, 1987

Finkelnburg/Jank . . . . . Vorläufiger Rechtsschutz im Verwaltungsstreitverfahren, 4. Aufl. 1991

Foerster . . . . Kommunalverfassungsrecht Schleswig-Holstein, 3. Aufl. 1986

Fuchs . . . . Finanz- und Steuerwesen, 3. Aufl. 1985

Gerhardt . . . . Verwaltungskostenrecht, Kommentar, Stand 1991

Gerhardt/Pokrop . . . . . LKrO BW, 1989

Gern . . . . Der Vertrag zwischen Privaten über öffentlichrechtliche Berechtigungen und Verpflichtungen, 1977

Gern . . . . Kommunales Abgabenrecht, Bde. 1 und 2, 1982

Gern . . . . „Ratgeber Schule", Versicherung der Schüler, Aufsichtspflicht und Schadensverantwortung der Lehrer und Eltern, 2. Aufl. 1993

Literaturzeichnis

Gern	Deutsches Kommunalrecht, 1. Aufl. 1994
Gern	Kommunalrecht für Baden-Württemberg, 5. Aufl. 1992
Heffter	Die deutsche Selbstverwaltung im 19. Jhd., 1950
Hill	Soll das kommunale Satzungsrecht gegenüber staatlicher und gerichtlicher Kontrolle gestärkt werden?, Gutachten D zum 58. DJT, 1990
Hoppe (Hrsg.)	Kommunalverfassungen in Europa, 1988
Hoppe/Schink (Hrsg.)	Kommunale Selbstverwaltung und europäische Integration, 1990
Hölzl/Hien	Gemeindeordnung mit Landkreisordnung und Bezirksordnung Bayern – Stand 1992
Ipsen	Niedersächsisches Kommunalrecht, 1. Aufl. 1989
Jarass/Pieroth	Grundgesetz, 2. A. 1992
Katz/Dols	Kommunalabgabengesetz für BW, 2. Aufl. 1989
Kirchhof	Grundriß des Abgabenrechts, 1991
Klüber	Das Gemeinderecht in den Ländern der Bundesrepublik Deutschland, 1972
Knemeyer	Bayrisches Kommunalrecht, 7. Aufl. 1991
Knemeyer (Hrsg.)	Aufbau kommunaler Selbstverwaltung in der DDR, 1990
Kopp	Kommentar zur VwGO, 1989
Körner	Gemeindeordnung NW, Kommentar, 5. Aufl. 1990
Krage	Einführung in das schwedische Kommunalrecht, 1990
Krieger/Bromberger/Dittmer/Eichert/Wagner	Gemeindeordnung für den Freistaat Sachsen mit Erläuterungen, 1993
Kronisch	Aufgabenverlagerung und gemeindliche Aufgabengarantie, 1992
Kuhfuß	Vorläufige Kommunalordnung für das Land Thüringen, 1992
Kunze/Bronner/Katz/v. Rotberg	Die Gemeindeordnung für Baden-Württemberg, Kommentar, Stand 1990
Kunze/Hekking	Gesetz über kommunale Zusammenarbeit, Kommentar, 1981
Lehné	Kommentar zum Saarländischen Kommunalrecht, 1992
Lübking	Datenschutz in der Kommunalverwaltung, 1992
Macher	Der Grundsatz gemeindefreundlichen Verhaltens, 1971
Martini	Gemeinden in Europa – Kommunale Selbstverwaltung und Gemeinschaftsrecht, 1992
Maurer	Allgemeines Verwaltungsrecht, 8. Aufl. 1992
Maurer	Kommunalrecht, in: *Maurer/Hendler (Hrsg.)*, Baden-Württembergisches Staats- und Verwaltungsrecht, 1989
Meis	Verfassungsrechtliche Beziehungen zwischen Bund und Gemeinden, 1989
Mengelkoch	Gemeinderecht, in: Staats- und Verwaltungsrecht für Rheinland-Pfalz *(Hrsg. Ley/Prümm)*, 1986
Metzger/Sixt	Die Ortschaftsverfassung in Baden-Württemberg, 2. Aufl. 1989
Meyer	Kommunalrecht, in: Hessisches Staats- und Verwaltungsrecht *(Hrsg. Meyer/Stolleis)*, 2. Aufl. 1986
Meyer	Kommunales Parteien- und Fraktionenrecht, 1990

Literaturzeichnis

Mohl M.,	Die Kommunalen Einrichtungen – Begriff und Zulassungsanspruch, 1988
Mohl H.	Die Einführung und Erhebung neuer Steuern aufgrund des kommunalen Steuerfindungsrechts, 1992
Müller-Hedrich	Betriebliche Investitionswirtschaft, 5. Aufl. 1990
Pagenkopf	Kommunalrecht, Bd. 1, Verfassungsrecht, 2. Aufl. 1975, Bd. 2, Wirtschaftsrecht, 1976
Pestalozza	Verfassungsprozeßrecht, 3. Aufl. 1991
Peters	Straßenausbaubeiträge, 1991
Peters/Hürholz	Fremdenverkehrsbeitrag in Bayern, 1986 f.
Pötsch	Gemeindehaushaltsverordnung, Kommentar, 1987 f.
Püttner	Die öffentlichen Unternehmen, 1985
Rehn/v. Loebell	GemO für das Land Nordrhein-Westfalen, 10. Aufl. 1988 f.
Reimers	Kommunales Verfassungsrecht in Nordrhein-Westfalen, 4. Aufl. 1991
Schieder/Happ/Moezer	Bayrisches KAG, Kommentar, 1990
Schiefer	Kommunale Wirtschaftsförderungsgesellschaften, 1989
Schmidt-Aßmann	Die kommunale Rechtssetzung im Gefüge der administrativen Handlungsformen und Rechtsquellen, 1981
Schmidt-Aßmann	Kommunalrecht, in: Besonderes Verwaltungsrecht *(Hrsg. v. Münch/Schmidt-Aßmann),* 9. Aufl. 1992
Schmidt-Eichstaedt/ Petzold/Melzer/Penig/ Plate/Richter	Gesetz über die Selbstverwaltung der Gemeinden und Landkreise in der DDR (Kommunalverfassung), Kommentar, 1990
Schmidt-Eichstaedt/Stade/ Borchmann	Die Gemeindeordnungen in der Bundesrepublik Deutschland, Gesetzessammlung, 1990 f.
Schmidt-Jortzig	Kommunalrecht, 1982
Schmidt-Jortzig/Schink	Subsidiaritätsprinzip und Kommunalordnung, 1982
Schöber	Kommunale Selbstverwaltung – Die Idee der modernen Gemeinde, 1991
Schoch	Privatisierung der Abfallentsorgung, 1992
Schrapper	Kommunale Selbstverwaltungsgarantie und staatliches Genehmigungsrecht, 1992
Scholler	Grundzüge des Kommunalrechts in der BRD, 4. Aufl. 1990
Seeger	Gemeindeordnung Baden-Württemberg, Kommentar, Stand 1991
Seeger	Handbuch für die Gemeindratssitzung in Baden-Württemberg, 4. Aufl. 1989
Seeger/Füssling/Vogel	Entscheidungssammlung zum Kommunalrecht Baden-Württemberg, Stand 1992
Seeger/Gössl	Kommunalabgabengesetz für Baden-Württemberg, Stand 1990
Seeger/Wunsch	Kommunalrecht in Baden-Württemberg, 5. Aufl. 1987
Seele	Der Kreis aus europäischer Sicht, 1991
Seewald	Kommunalrecht, in: Besonders Verwaltungsrecht *(Hrsg. Steiner)* 1984
Sixt	Kommunalwahlrecht in Baden-Württemberg, 1989
Stern/Püttner	Die Gemeindewirtschaft, 1965

Literaturzeichnis

Stober	Kommunalrecht, 1987; 2. Aufl. 1992
Stolp	Die Gemeindeverfassungen Deutschlands und des Auslandes, Berlin 1870
Suren	Die Gemeindeordnungen in der Bundesrepublik, 1960
Tettinger	Kommunalrecht, in: Besonderes Verwaltungsrecht, 2. Aufl. 1990
Thiem	Allgemeines Kommunales Abgabenrecht, 1981
Thiem	Kommunale Finanzwirtschaft, 1984
Thieme/Schäfer	Niedersächsische Gemeindeordnung, Kommentar, 1992
Tipke/Lang	Steuerrecht, 13. Aufl. 1991
Treffer	Französisches Kommunalrecht, 1982
Verein für Geschichte der deutschen Landkreise e. V. (Hrsg.)	Der Kreis (5 Bde.), 1972 f.
Vietmeier	Die staatlichen Aufgaben der Kommunen und ihrer Organe, Auftragsverwaltung und Organleihe in Nordrhein-Westfalen, 1992
Vogelsang/Lübking/Jahn	Kommunale Selbstverwaltung, 1991
Waechter	Kommunalrecht, 1993
Waibel	Gemeindeverfassungsrecht Baden-Württemberg, 2. Aufl. 1985
Widtmann/Grasser	Bayr. GemO, Kommentar, Stand 1992
Wolff/Bachof	Allgemeines Verwaltungsrecht, 9. Aufl. 1974
Wolff/Bachof/Stober . . .	Verwaltungsrecht II, 5. Aufl. 1987
Zielke	Amtsordnung für das Land Mecklenburg-Vorpommern, 1992

Abkürzungsverzeichnis

aA . . . . anderer Ansicht
aaO . . . . am angegebenen Ort
Abl. . . . . Amtsblatt
Abs. . . . . Absatz
Abschn. . . . . Abschnitt
a. F. . . . . alter Fassung
AGBG . . . . Gesetz zur Regelung der Allgemeinen Geschäftsbedingungen
AktG . . . . Aktiengesetz
allg. . . . . allgemein
Alt. . . . . Alternative
AO . . . . Abgabenordnung
AöR . . . . Archiv des öffentlichen Rechts
Art. . . . . Artikel
Aufl. . . . . Auflage
AVB . . . . Allgemeine Vertragsbedingungen
AVerwR . . . . Allgemeines Verwaltungsrecht

BAG . . . . Bundesarbeitsgericht
BAnz. . . . . Bundesanzeiger
BAT . . . . Bundesangestelltentarif
BauGB . . . . Baugesetzbuch
BauR . . . . Das Baurecht
Bay . . . . Bayern
BayVBl. . . . . Bayerische Verwaltungsblätter
BB . . . . Betriebs-Berater
Bd. . . . . Band
BezVG . . . . Bezirksverwaltungsgesetz
BFH . . . . Bundesfinanzhof
BFHE . . . . Entscheidungen des Bundesfinanzhofs
BGB . . . . Bürgerliches Gesetzbuch
BGBl. . . . . Bundesgesetzblatt
BGH . . . . Bundesgerichtshof
BGHZ . . . . Entscheidungen des Bundesgerichtshofs in Zivilsachen
BK . . . . Bonner Kommentar
BMT-G II . . . . Bundesmanteltarif für Arbeiter der Gemeinden
Brandb. . . . . Brandenburg
Brem. . . . . Bremen
BRRG . . . . Beamtenrechtsrahmengesetz
BRS . . . . Baurechtssammlung
BSG . . . . Bundessozialgericht
BSGE . . . . Entscheidungen des Bundessozialgerichts
BStBl. . . . . Bundessteuerblatt
Buchholz . . . . Sammel- und Nachschlagewerk der Rechtsprechung des BVerwG, hrsg. von Buchholz

Abkürzungsverzeichnis

BVerfG . . . . Bundesverfassungsgericht
BVerfGE . . . . Entscheidungen des Bundesverfassungsgerichts
BVerwR . . . . Besonderes Verwaltungsrecht
BVerwG . . . . Bundesverwaltungsgericht
BVerwGE . . . . Entscheidungen des Bundesverwaltungsgerichts
BW . . . . Baden-Württemberg
BWGZ . . . . Baden-Württembergische Gemeindezeitschrift
BWVPr . . . . Baden-Württembergische Verwaltungspraxis
bzw. . . . . beziehungsweise

CO . . . . Communeordnung

DGO . . . . Deutsche Gemeindeordnung
d. h. . . . . das heißt
diff. . . . . differenzierend
Diss. jur. . . . . juristische Dissertation
DJT . . . . Deutscher Juristentag
DÖV . . . . Die Öffentliche Verwaltung
DVO . . . . Durchführungsverordnung
DStTag . . . . Deutscher Städtetag
DtZ . . . . Deutsch-Deutsche Rechtszeitschrift
DVBl. . . . . Deutsches Verwaltungsblatt

EG . . . . Europäische Gemeinschaft
EGBGB . . . . Einführungsgesetz zum Bürgerlichen Gesetzbuch
EGV . . . . Vertrag zur Gründung der Europäischen Gemeinschaft
EigBG . . . . Eigenbetriebsgesetz
Einf. . . . . Einführung
Entw. . . . . Entwurf
ESVGH . . . . Entscheidungssammlung der Hessischen und des Baden-
                        Württembergischen Verwaltungsgerichtshofs
EU . . . . Europäische Union
EuGH . . . . Europäischer Gerichtshof
EUV . . . . Vertrag über die Europäische Union

FAG . . . . Finanzausgleichsgesetz
FamRZ . . . . Zeitschrift für das gesamte Familienrecht
f./ff. . . . . folgende
FG . . . . Finanzgericht
FGO . . . . Finanzgerichtsordnung
FS . . . . Festschrift

Gbl. . . . . Gesetzblatt
GemHVO . . . . Gemeindehaushaltsverordnung
GemO . . . . Gemeindeordnung
GerOrgG . . . . Gerichtsorganisationsgesetz
GewArch . . . . Gewerbearchiv
GG . . . . Grundgesetz
GHH . . . . Der Gemeindehaushalt
GrStG . . . . Grundsteuergesetz
GS . . . . Gesetzessammlung

Abkürzungsverzeichnis

Abkürzungsverzeichnis

OLG	Oberlandesgericht
OVG	Oberverwaltungsgericht
OVGE	Entscheidungen der Oberverwaltungsgerichte Münster und Lüneburg
OWiG	Ordnungswidrigkeitengesetz
RBerG	Rechtsberatungsgesetz
Reg.Bl.	Regierungsblatt
Rdnr.(n).	Randnummer(n)
RFH	Reichsfinanzhof
RG	Reichsgericht
RGBl.	Reichsgesetzblatt
RGZ	Entscheidungen des Reichsgerichts in Zivilsachen
RhPf.	Rheinland-Pfalz
S.	Seite, Satz
Saarl.	Saarland
sächs.	sächsisch
S-Anhalt	Sachsen-Anhalt
SeuffArch.	Seufferts Archiv
SGB	Sozialgesetzbuch
S-H	Schleswig-Holstein
SparKG	Sparkassengesetz
StGB	Strafgesetzbuch
StHG	Staatshaftungsgesetz
StGH	Staatsgerichtshof
str.	strittig
st. Rspr.	ständige Rechtsprechung
StVG	Straßenverkehrsgesetz
Thür.	Thüringen
u.	unten
u.a.	und andere
UWG	Gesetz gegen unlauteren Wettbewerb
v.	von/vom
VBlBW	Verwaltungsblätter für Baden-Württemberg
Verf.	Verfassung
VerfGH	Verfassungsgerichtshof
VersR	Versicherungsrecht
VerwArch.	Verwaltungsarchiv
VerwRspr.	Verwaltungsrechtsprechung
Verw. Rundsch.	Verwaltungsrundschau
VG	Verwaltungsgericht
VGH	Verwaltungsgerichtshof
VGHE	Entscheidungen des Bayerischen Verwaltungsgerichtshofs
vgl.	vergleiche
VIZ	Zeitschrift für Vermögens- und Investitionsrecht
VO	Verordnung
VOB	Verdingungsordnung für Bauleistungen

Abkürzungsverzeichnis

1. Kapitel
Geschichte der kommunalen Selbstverwaltung

I. Der Ursprung der kommunalen Selbstverwaltung

Die Wurzeln der kommunalen Selbstverwaltung liegen im germanischen **1** Dorf und der Stadt des Mittelalters.

1. Das germanische Dorf

Die **dörfliche Siedlungsgemeinschaft** tritt in Deutschland früher aus dem **2** Dunkel der Geschichte als die Stadt. Sie **entwickelte sich als Genossenschaft auf der Grundlage seßhaften Ackerbaus,** aus dem Entstehen des Bedürfnisses, die gemeinsame Heimat vereinigt vor fremden Eroberern zu schützen sowie der Einsicht in die Vorteile nachbarlichen Zusammenstehens zum Zwecke gegenseitiger Hilfe in den Wechselfällen des Lebens. Die **Vollversammlung** der stimmberechtigten Bauern **entschied über die wichtigsten Angelegenheiten der Gemeinschaft,** speziell die Ordnung des Zusammenlebens, die Nutzung und Erhaltung des Gesamtvermögens, die Verteidigung des Dorfes und die Bestrafung von Übeltätern. Aus ihrer Mitte wählte sie einen **Vorsteher** (Bauermeister, Heimburge u. a.). Er erledigte die laufenden Geschäfte der Gemeinschaft.

Mit der Entwicklung und **Erstarkung des Grundherrentums und des Lehenswesens im frühen Mittelalter** und dem Aufkommen der Landeshoheit um das Jahr 1200 **ging die Freiheit der Dorfgemeinschaft weitgehend verloren.** Die Bauern gerieten in die Abhängigkeit der Grundherrschaft. Nur landstrichweise gab es noch freie Dörfer mit in der Regel durch Siedlungsprivilegien eingeräumten Dorffreiheiten der Bauern ohne grundherrschaftliche Bindung.

– Zur dörflichen Siedlungsgeschichte und neuer Forschungsergebnisse auf diesem Gebiet vgl. *Kroeschell,* Deutsche Rechtsgeschichte, 9. Aufl. 1991, Bd. 1, Kap. 18 mwN.

2. Mittelalterliche Stadt

2.1. Etwa im 10. Jahrhundert entwickelten sich die Städte. Es ist anzuneh- **3** men, daß sie im wesentlichen dadurch entstanden sind, daß sich Händler und Handwerker zunächst im Schutze einer Burg, später in der Umfriedung von Mauern angesiedelt haben oder durch die Burgherrn angesiedelt wurden und sich nach Entlassung oder Befreiung aus der Gewalt der Grundherren oder durch Einräumung von Privilegien durch die Herrschaft (Freiheitsbriefe,

Weistümer) ein **eigenes Stadtrecht** gegeben haben. Die Bewohner wurden zu **„Bürgern".** (sog. Gründungsstädte, vgl. hierzu *Kroeschell* aaO, Kap. 19 und 22 mwN).

Je nach der Oberherrschaft wurden (freie) **Reichsstädte** und **Landstädte** (mittelbare Städte) unterschieden. Ihre Rechte reichten von geringen **Privilegien** bis zu unumschränkter Selbstverwaltung, wie es etwa bei den Hansestädten im 14. Jahrhundert der Fall war. Wesentliches Privileg der Bürger war der **freie Grundbesitz** und die **Freizügigkeit.** Der Satz „Stadtluft macht frei" umschreibt diesen Tatbestand. Entsprechend waren **die ersten Stadtverfassungen** ausgestaltet. Die wichtigsten **Aufgaben der städtischen Selbstverwaltung** waren die Ausübung der Gerichtsbarkeit, der Schutz der Bürger, die Erhebung von Steuern und sonstigen Abgaben, die Sicherung von Handel und Handwerk, die Fürsorge für Arme und Kranke (Spitäler).

Ausgehend von größeren Städten mit ausgeprägter Autonomie, wie etwa Nürnberg und Lübeck, bildeten sich sog. **Stadtrechtsfamilien** bis hin nach Osteuropa, die weitgehend ähnliches Stadtrecht hatten.

4 **2.2.** Die **Vertretung** der Bürger lag in den Händen des **Stadtmagistrats,** der sich aus dem von den Bürgern gewählten **Bürgermeister** (Rathsmeister, Ammeister), den **Ratsherren,** Ratsfreunden, Ratsverwandten und Scheffen (latinisiert: Konsuln und Senatoren) zusammensetzte.

5 **2.3.** Frühes **Beispiel landesherrlicher Ausgestaltung von Stadtrechten** ist die Stadtordnung des Markgrafen Christoph I von Baden für die mittelbare Stadt Baden-Baden vom 7. 9. 1507 (Abdruck: Zeitschrift für die Geschichte des Oberrheins, **Baden** 4, 1853, 291f.). **Gemeindeorgane** waren **„Bürgermeister, Gericht und Rath",** die von den Bürgern gewählt wurden. Vorsitzender des Gerichts war der vom Fürsten eingesetzte **Schultheiß** (vgl. S. 311).

Der Stadt und ihren Bürgern war die Ausübung weitgehender „recht und freyheyden" (Ziff. 1–8) unter Oberaufsicht der Herrschaft zugestanden (Ziff. 9). An Pflichten stand neben der Abgabenlast auch die Pflicht zum Kriegsdienst (Ziff. 13).

– **Weiterführend:** *M. Weber,* Die Stadt in Wirtschaft und Gesellschaft, 2. Halbbd. 7. Abschn.

3. Zeitalter des Absolutismus

6 Mit dem Erstarken der absoluten Landesmacht nach dem 30-jährigen Krieg gerieten die Gemeinden weitgehend unter obervormundschaftliche **Kuratel der Landesfürsten.** Nach einer Hofratsinstruktion von 1794 hatten sie die Stellung von „Waisen". Der Rat in den Städten und der Gemeindevorsteher in den Dörfern waren im wesentlichen nur noch **Befehlsempfänger des Landesherrn.** Alle Verwaltungshandlungen unterlagen „dem oberherrlichen Recht der Minderung und Mehrung, um stets im gemeinen Einklang mit dem Staatswohl erhalten werden zu können" (vgl. *Stiefel,* **„Ba-**

den", Bd. 2, 1. Aufl. 1978, S. 168). **Die alten Stadtrechte und Dorfrechte wurden beschnitten.** Mit die ältesten noch vorhandenen Dokumente stammen aus **Alt-Baden** und **Alt-Württemberg.**

Zeugnis dieses Zustandes für **Alt-Württemberg** ist die durch den aufgeklärten Publizisten Johann Jakob Moser unter Rückgriff auf ältere Edikte konzipierte „**Communeordnung**" vom 1. 6. 1758 des Herzogs Karl Eugen (Auszug bei *Engeli/Haus,* Quellen zum modernen Gemeindeverfassungsrecht, 1975, S. 48). Sie regelt handbuchartig Organisation und Funktion der Kommunen und gibt detaillierte Anweisungen an die „Gemeindebeamteten" zur ordentlichen Verwaltungsführung. Von **Selbstverwaltung** ist **nur erkennbar,** daß die Kommunen berechtigt sind, ihre „Gemeinvorstehere, Officianten und gemeinen Bedienten" selbst zu **wählen** (§ 1 CO).

Historisches Dokument für **Alt-Baden** ist die „**Communordnung**" des Markgrafen von Baden vom 29. 10. 1760 (Abdruck in *Gerstlachers* Sammlung aller Baden-Durlacher Verordnungen, Bd. 3, 1773/74, S. 1). Sie ist gegründet auf einer Zusammenfassung der um 1700 geltenden Kommunevorschriften und gibt Anweisungen für die (ober-)amtliche Bestellung der vorgesetzten „Schultheißen oder Vögten, Anwälden oder Stabhaltern und Burgermeistern, den Gemeinschaffnern oder Heimbürgern" (Nr. 1) sowie für die Rechnungsführung hinsichtlich der gemeindlichen Einnahmen und Ausgaben. **Von Selbstverwaltungsrechten der Kommunen** ist **nicht die Rede.** Die Verwaltung lag im wesentlichen in den Händen der Vorgesetzten, die in ihrem Handeln den umfassenden Weisungs- und Zustimmungsvorbehalten der Obrigkeit unterlagen (vgl. Nr. 11). Der **Gemeindeversammlung** ist ausdrücklich nur das Recht eingeräumt (vgl. Nr. 54), Einwendungen gegen die **Jahresrechnung** der Gemeindebeamten zu erheben sowie über die Besoldung der Vorgesetzten zu beschließen (Nr. 7).

– **Weiterführend** zur geschichtlichen Entwicklung bis zum Beginn des 19. Jahrhunderts vgl. *Becker,* HdKWP, 1. Aufl. 1956, Bd. 1, S. 57 mwN; *Brockhaus* Bilder-Konversationslexikon, 1838, Bd. 2, Stichwort „Gemeinde"; *Droege,* Deutsche Verwaltungsgeschichte I, 1983, § 7; *Engeli/Haus,* aaO; *Kroeschell,* aaO, Bd. 3.

II. Die moderne Selbstverwaltung

1. Preußische Städte- und Gemeindeordnungen

1.1. Die Neubelebung des bürgerschaftlichen Gedankens und die Anfänge 7
der modernen Selbstverwaltung gehen auf die in die allgemeine Reform des preußischen Staates eingebettete **Stein'sche Reform des Städtewesens** zurück, deren Ergebnis der **Erlaß der preußischen Städteordnung** vom 19. 11. **1808** (Preuß. Gesetzessammlung 8, 324) war.

Anlaß der Stein'schen Reform war der Niedergang Preußens durch die Niederlage gegen Napoleon bei Jena und Auerstedt im Jahre 1806 sowie die

1. Kapitel. Geschichte der kommunalen Selbstverwaltung

Erstarrung und Staatsmüdigkeit des Bürgertums unter dem Druck des Absolutismus.

Ziel dieser „Reform von oben" war es, durch **Dezentralisation** der Verwaltung das bürgerliche Element enger mit dem Staat zu verbinden, den Gegensatz zwischen Obrigkeit und Untertan zu mildern und durch selbstverantwortliche, **ehrenamtliche** Beteiligung der Bürgerschaft an der öffentlichen Verwaltung in der Kommunalebene den **Gemeinsinn** und das politische Interesse des einzelnen am Ganzen zu beleben und damit den preußischen Staat neu zu kräftigen (vgl. *BVerfGE* 11, 266 (274); *von Unruh*, HdKWP, Bd. 1, § 5).

Ideengeschichtlich gespeist wurde die Reform im wesentlichen aus
– der Rezeption des altdeutschen Genossenschaftsgedankens, wonach die Verwaltung der Kommunen in den Händen der „Genossenschaft freier und autonomer Bürger" liegen sollte
– der Organismuslehre der Romantik, wonach die Gemeinden im Gesamtorganismus des Staats als „selbständige politische, der Gesellschaft zugeordnete Familien" zu sehen seien
– den vernunftrechtlich-liberalen Ideen der französischen Revolutionsgesetze vom 14. und 22. 12. 1789, wonach den Gemeinden **neben den übertragenen staatlichen Aufgaben** „natürliche eigene Grundrechte" gegenüber dem Staat zuständen
– dem deutschen Idealismus, dem die Umerziehung des Menschen zur Vervollkommnung und **Eigenverantwortlichkeit** „zur Erhaltung der deutschen Nation" am Herzen lag.

Mit Blick auf das Reformziel war die Idee Steins mit diesen Ideen allerdings nicht gänzlich gleichlaufend. Nicht die freie Gemeinde i. S. liberaler Ideen war sein Ziel, sondern die Festigung des Staats (*Knemeyer*, in: FS *Gmür*, 1983, S. 138). „Die Nation sollte daran gewöhnt werden, ihre eigenen Geschäfte zu verwalten" (vgl. *Stein*, Denkschrift über die Einrichtung der ländlichen und städtischen Gemeinde- oder Kreisverfassung, Nassau 10. 10. 1815, zit. nach *Berg*, BayVBl. 1990, 34).

Die **preußischen Städte** erhielten **durch die Städteordnung** das Recht, ihre Angelegenheiten in eigener Verantwortung und in eigenem Namen zu erledigen (§ 108) und damit die **Selbstverwaltung,** wobei allerdings dieser Begriff nicht expressis verbis verwendet wurde.

Das **Polizeiwesen,** zu verstehen im heutigen Sinne als Ordnungsverwaltung, blieb staatliche Aufgabe. Es konnte jedoch dem Magistrat der Stadt „Vermöge Auftrags" übertragen werden (vgl. §§ 165, 166). Auf diese Weise wird zum ersten Mal die **Trennung von eigenem und übertragenem Aufgabenkreis** normativ verwirklicht. Die städtische **Willensbildung ging von den Bürgern** aus. Die **Erlangung des Bürgerrechts** setzte voraus, daß sich jemand zunächst ohne Rücksicht auf die Nationalität, später – ab 1842 – als Person preußischer Staatsangehörigkeit „in der Stadt häuslich niedergelassen hat und von unbescholtenem Wandel ist" (§ 17 vgl. hierzu *BVerfG* NJW 1991, 164). **Frauen** konnten das Bürgerrecht nur erlangen, wenn sie unverheiratet waren (§ 18). Wer nicht Bürger war, hieß „Schutzverwandter" (§ 5).

II. Die moderne Selbstverwaltung

Das **Bürgerrecht** bestand in der Befugnis, städtische **Gewerbe** zu betreiben und **Grundstücke zu besitzen** (§ 15) sowie das **Wahlrecht** auszuüben (vgl. § 24). Die **Teilnahme an der Wahl** der Stadtverordneten als Repräsentanten der Bürgerschaft setzte zusätzlich **Stimmfähigkeit** voraus (§ 15). Diese fehlte bei „unangesessenen Bürgern, deren reines Einkommen weniger als 150 Taler jährlich betrug **(Zensus)** und bei Frauen (§ 74).
Die **Stadtverordnetenversammlung** war als Vertretung der Bürgerschaft **Beschlußorgan** (vgl. § 108 f.). Die **Ortsobrigkeit** lag in den Händen eines von der Stadtverordnetenversammlung zu wählenden kollegialen Verwaltungsorgans, dem **Magistrat** (§ 47, § 152). Er war **zuständig für** die **Ausführung** der Beschlüsse der Stadtverordnetenversammlung (§ 127) und die Durchführung der Geschäfte der laufenden Verwaltung (§ 174) **(sogenannte unechte Magistratsverfassung)**. Aus der Mitte der Stadtverordneten wurde jährlich ein **Vorsteher** gewählt (§ 116). **Vorsitzender des Magistrats** war der von der Stadtverordnetenversammlung gewählte **Bürgermeister** (§ 152).
Die **Aufsicht des Staates** über die Städte war mit Ausnahme des Polizeiwesens stark **eingeschränkt** und erstreckte sich nur auf wenige enumerativ benannte allerdings nicht unwichtige Gegenstände: Die Genehmigung von Statuten, der Magistratswahlen und der Rechnungsführung. Außerdem entschied der Staat über Bürgerbeschwerden (§ 2).

1.2. Das Erstarken der **Reaktion** und Bürokratie führte zur **revidierten** 8 **preußischen Städteordnung** vom 17. 3. 1831 (preuß. GS 31, 10). Die Stellung des von der Obrigkeit zu bestätigenden Magistrats wurde gestärkt, indem nunmehr **übereinstimmende Beschlüsse** von Stadtverordnetenversammlung und Magistrat erforderlich wurden (sog. **echte Magistratsverfassung**), wobei bei Meinungsverschiedenheiten zwischen beiden Organen der Obrigkeit das Entscheidungsrecht zufiel. Weiterhin wurde die kommunale Verwaltung zahlreichen (zusätzlichen) Genehmigungsvorbehalten durch die Staatsaufsicht unterworfen. Außerdem wurde der Wahlzensus erhöht (vgl. hierzu *Engeli/Haus,* aaO, S. 180 mwN). Diese Regelungen bedeuteten insgesamt einen wesentlichen **Rückschritt** gegenüber der Städteordnung von 1808.

1.3. Ein Versuch, im Gefolge der **Revolution von 1848** ein einheitliches für 9 Städte und Gemeinden geltendes **liberales Gemeinderecht** zu schaffen, **scheiterte an** der **Restauration**. Die am **11. 3. 1850 erlassene Gemeindeordnung** wurde durch **Gesetz vom 24. 5. 1853 wieder aufgehoben** (preuß. GS 228, 238).
Gleichzeitig wurde 1853 die bis zum Jahre 1918 geltende **Städteordnung für die sechs östlichen Provinzen Preußen, Brandenburg, Pommern, Posen, Schlesien und** die im Jahre 1815 auf dem Wiener Kongreß **durch Abtrennung vom Kurfürstentum Sachsen geschaffene Provinz Sachsen** (preuß. GS 261) erlassen. Sie **knüpfte an die reaktionäre Städteordnung von 1831 an** und wurde zum Vorbild für Städteordnungen der Provinzen Westfalen (preuß. GS 237), der Rheinprovinz von 1856 (preuß. GS 406) und Schleswig-Holstein von 1869 (preuß. GS 589), von Hannover (1858) (GS

141) und Hessen-Nassau (1897) (GS 301). Tragende Prinzipien dieser Kommunalverfassungen waren die Einwohnergemeinde, das Dreiklassenwahlrecht, die Wahl des Magistrats durch die Stadtverordnetenversammlung, die Bestätigungspflicht der Wahl durch die Obrigkeit sowie die doppelte und getrennte Beschlußfassung von Stadtverordnetenversammlung und Magistrat (echte Magistratsverfassung).

10 1.4. In den **preußischen Landgemeinden** galt subsidiär bis zum Jahre 1891 das **Allgemeine Landrecht** für die preußischen Staaten vom 5. 2. 1794 (ALR §§ 18 f. II 7) sowie **partikulares Gemeinderecht mit Dreiklassenwahlrecht** und dem **Dominat der Gutsherrschaft** (vgl. Landgemeindeordnung für die östlichen Provinzen vom 14. 4. 1856, GS 359).

Erst die **preußische Landgemeindeordnung für die sieben östlichen Provinzen** vom 3. 6. 1891 (preuß. GS 92, 233) **sowie die Weimarer Reichsverfassung 1919 lösten diese absolutistische, restaurative Form der Verwaltung** endgültig ab. Die Machtstellung der Gutsherrschaft wurde nach und nach gebrochen. Die demokratisch gewählte Gemeindevertretung wurde nun willensbildendes Hauptorgan der Kommunen.

11 1.5. Abgelöst wurden diese Regelungen **im Jahre 1927** durch das „Gesetz über die Regelung verschiedener Punkte des Gemeindeverfassungsrechts" (preuß. GS 211) sowie **1933** durch das **nationalsozialistische Gemeindeverfassungsgesetz** (preuß. GS 427), das bis 1935 galt und die Selbstverwaltung **in Preußen beseitigte.** Bürgermeister und Gemeinderäte wurden ernannt und verantwortliche Beschlußfassungen verboten. Der Bürgermeister war nur noch den Staatsbehörden verantwortlich (vgl. hierzu *Holtzmann,* Der Weg zur Deutschen Gemeindeordnung vom 30. 1. 1935, in ZS f. Politik N. F., Bd. 12 (1965) S. 361).

2. Sachsen

12 Das **Königreich Sachsen** ordnete ebenfalls im 19. Jahrhundert das Gemeinderecht neu. Dabei wurden für die Städte einerseits und die Gemeinden andererseits unterschiedliche Regelungen getroffen.

2.1. Die Städteordnungen im 19. Jahrhundert

13 2.1.1. Ausgelöst durch die bürgerliche Bewegung der Juli-Revolution wurde im Jahr **1832** eine **„Allgemeine Städteordnung"** (GVBl. 1832 S. 7 f.) erlassen, die sich – unter Übernahme einzelner altsächsischer Elemente – stark **an die revidierte preußische Städteordnung von 1831 anlehnte** (vgl. hier *Engeli/Haus,* aaO, S. 238 u. 514; *Schmidt,* Die Staatsreform in Sachsen in der 1. Hälfte des 19. Jahrhunderts, 1966, S. 144 f.; *Preuß,* Die Entwicklung des deutschen Städtewesens, Bd. 1, 1906, S. 327 f.).

Wie in Preußen wurde den Städten die **Selbstverwaltung** zugestanden, ohne daß dieser Terminus allerdings explicit verwendet wurde. Nach § 2 durfte in die „örtlichen Statuten jedoch nur gebracht werden", was der Städteordnung nicht widersprach. Sonstige Anordnungen der Stadtobrigkeit waren nur **innerhalb der Grenzen der allgemeinen Gesetze** zulässig (§ 6).

Den Städten stand neben der Verwaltung ihrer eigenen Angelegenheiten auch die Wahrnehmung der **Stadtpolizei** (Sicherheits- und Wohlfahrtspolizei) „im Auftrag" der Staatsregierung zu (§ 252); weiterhin besaßen die Städte auch einen Teil der (niederen) **Gerichtsbarkeit** (§ 235 f.).

Die **Oberaufsicht** über die Einrichtung und Verwaltung der Städte sowie über die Wahrnehmung der übertragenen „Hoheits- und Regierungsrechte" stand dem König zu (§ 4). Der Erlaß und die Änderung der **Ortsstatute** bedurfte der **Genehmigung** des „Ministerii des Inneren" (§ 5).

Die **Einwohner der Gemeinde** waren entweder **Bürger oder Schutzverwandte** (§ 11 Abs. 2). Die Erlangung des Bürgerrechts setzte die Mündigkeit, Zugehörigkeit zum christlichen Glauben, in der Regel der Besitz von Grundstücken in der Gemeinde sowie ein gesichertes Auskommen voraus (§ 41 f.). Die sonstigen in der Gemeinde wohnhaften „selbständigen Individuen" waren die Schutzverwandten (§ 68). Das **Stimmrecht** und **passive Wahlrecht** stand **nur den Bürgern** zu (vgl. §§ 69, 126, 127). Kein Stimmrecht besaßen indes trotz Bürgereigenschaft unter anderem die „Frauenpersonen" (§ 73 b) sowie die „Almosenempfänger" (§ 73 d) und auch in Konkurs geratene Personen (§ 73 g).

Kommunale Organe waren die **Stadtverordnetenversammlung** (§ 109), der **Stadtrat** (§ 180) sowie – in den meisten Städten – zusätzlich der **Bürgerausschuß** (vgl. § 109). Die Stadtverordnetenversammlung bestand aus den Stadtverordneten und dem aus ihrer Mitte gewählten **Vorsteher** (§ 153). Die Stadtverordneten wurden durch die Bürger (§ 126) teils direkt, teils indirekt durch ein Wahlmännergremium (§ 125) auf drei Jahre in freier Wahl gewählt (§§ 122, 128). Die Stadtverordneten waren als Vertretung der Bürgerschaft das Hauptorgan der Stadt. Ihnen oblag die Entscheidung über alle Angelegenheiten der Stadt sowie die Wahl und Kontrolle des Stadtrats.

Der **Stadtrat** bestand aus Mitgliedern, die teils auf Lebenszeit, teils aus der Mitte der Bürger auf durch Ortsstatut zu bestimmende Zeit gewählt wurden. Das erste Mitglied führte die Bezeichnung **„Bürgermeister"**. Er wurde auf Lebenszeit gewählt (§ 191). Er war Leiter der Verwaltung und hatte ein Eilentscheidungsrecht (§ 211). **Dem Stadtrat oblag die Verwaltung** der Stadt (§ 180); er war **Vollzugsorgan** der Stadt (§ 181) und gleichzeitig **„Organ der Staatsgewalt"** (§ 182). In dieser Eigenschaft nahm er auch die Aufgabe der **Stadtpolizei** wahr (§ 253). Der Stadtrat war auch zuständig für die Besetzung des **Stadtgerichts** (§ 235).

Der **Bürgerausschuß** wurde, soweit er in den Städten einzurichten war, aus den Stadtverordneten selbst, aus den sog. Stadtältesten (besonders verdiente langjährige Stadtverordnete) (§ 199) sowie aus einer weiteren Anzahl von Bürgern, die wie die Stadtverordneten gewählt wurden, gebildet (§ 110). Er war im wesentlichen zuständig für die Wahl der Stadträte, für Grundstücksgeschäfte und für die Änderung der Stadtverfassung (vgl. § 111).

14 *2.1.2.* Die Städteordnung von 1832 überdauerte die Zeit der **Reaktion.** Eine **Reform der Städteordnung** wurde erst Ende der 60er Jahre auf den Weg gebracht, nachdem in Sachsen eine **liberale Regierung** an die Macht gekommen war. Im Jahre 1870 wurde die vollständige Direktwahl der Stadtverordneten eingeführt (vgl. hierzu *Häpe,* Verfassungs- und Verwaltungsorganisation der Städte, Bd. 4: Königreich Sachsen, 1905, S. 6 f.; *Engeli/Haus,* aaO, S. 514). Im Jahre 1873 wurde für größere Städte (über 6000 Einwohner) die **revidierte Städteordnung** (GVBl. 1873, 295) und im selben Jahr eine besondere Städteordnung für mittlere und kleinere Städte (GVBl. S. 321 f.) erlassen (vgl. hierzu *Engeli/Haus,* aaO, S. 515 mwN).

Die revidierte Städteordnung suchte die **bürgerschaftliche Mitwirkung** in der Gemeindeverwaltung weiter zu **stärken.** Die Selbstverwaltungsgarantie der Städte wurde jetzt eindeutiger formuliert: **Den Städten stand „das Recht der juristischen Persönlichkeit und unter Oberaufsicht des Staates die selbständige Verwaltung ihrer Gemeindeangelegenheiten zu"** (vgl. § 4). Die Aufsicht über die Städte war im wesentlichen – aber nicht ausschließlich – **Rechtsaufsicht.** Die Aufteilung der Bürgerschaft in volle Gemeindemitglieder und minderberechtigte Schutzverwandte wurde beseitigt. Der **Erwerb des Bürgerrechts,** das zur Ausübung des aktiven und passiven Wahlrechts legitimierte, wurde nur noch an selbständige Haushaltsführung bzw. an ein Mindeststeueraufkommen (vgl. § 14) angekoppelt.

Organe der Gemeinde waren **nur noch** der **Stadtrat und die Stadtverordneten.** Der **Bürgerausschuß wurde beseitigt.** Durch Ortsstatut konnte bestimmt werden, daß **beide Organe „in Eins"** verschmolzen sein sollen, das dann die Bezeichnung „Stadtgemeinderat" führen mußte (§ 37).

Die **Stadtverordneten** waren das **Hauptorgan** der Gemeinde mit enumerativen Zuständigkeiten (vgl. 67 f.). Die Zahl der Stadtverordneten war durch Ortsstatut festzustellen. Von den Stadtverordneten mußte mindestens die Hälfte mit Wohnhäusern im Gemeindegebiet „ansässig" sein. Die Stadtverordneten wurden durch die Bürger auf ein bis zwei Jahre gewählt (vgl. § 42 f.). **Stimmberechtigt waren Bürger.** Auch jetzt waren „Frauenspersonen" immer noch vom Wahlrecht ausgeschlossen (vgl. § 44). Das Amt der Stadtverordneten war ein unentgeltliches Ehrenamt (§ 47).

Zweites Organ war der **Stadtrat.** Ihm stand die Verwaltung der Gemeinde, die Vertretung der Gemeinde nach außen sowie die obrigkeitliche Gewalt in der Gemeinde einschließlich der **Ortspolizei** zu (§ 98 f.) **Vorsteher des Stadtrats** war der **Bürgermeister** (§ 106). Er wurde von Stadtverordneten und Stadtrat gemeinsam gewählt (§ 91). Der Stadtrat wurde von den Stadtverordneten gewählt (§ 68 Abs. 1). Er bestand aus besoldeten und unbesoldeten Mitgliedern. Die besoldeten wurden in der Regel auf Lebenszeit (§ 86), die unbesoldeten auf sechs Jahre (§ 89) gewählt. Wesentliche Besonderheit der **Städteordnung für „mittlere und kleinere Städte"** war eine **vereinfachte Organisation der Gemeindeverwaltung.** Ihr diente speziell die Verschmelzung der Stadtverordneten und des Stadtrats zum **„Einkörpersystem"** des Stadtgemeinderats (vgl. hierzu *Engeli/Haus,* aaO, S. 515).

2.2. Die sächsischen Gemeindeordnungen im 19. Jahrhundert

2.2.1. Die kommunalen **Reformen auf dem Land** konnten aufgrund der **15** ausgeprägten feudalen Sozialstruktur **erst später** verwirklicht werden als in den Städten. Nachdem im Jahre 1832 durch das sog. Ablösegesetz der Dienstzwang aufgehoben, die Erbuntertänigkeit beseitigt und den Landbewohnern das Recht eingeräumt worden war, Grund und Boden zu erwerben, **wurde im Jahre 1838 die Landgemeindeordnung** erlassen (GVBl. 1838, 431).

Nach § 5 wurde den Gemeinden zugestanden, „**ihre Angelegenheiten selbst durch die aus ihrer Mitte dazu erwählten Personen unter der (in ihrer Kontroll- und Eingriffsbefugnis unbeschränkten) Aufsicht der Obrigkeit** und der Regierungsbehörde **zu verwalten**". Als **Gemeindeangelegenheiten** galten allerdings nur diejenigen, die „**die Verhältnisse einer Ortsgemeinde** „**als solcher" betrafen**" (§ 6). Der **Ortsobrigkeit** stand neben dem Aufsichtsrecht auch die Wahrnehmung der **Ortspolizei** zu (§ 8b).

Mitglieder der Landgemeinde waren nur diejenigen selbständigen Personen, die entweder Grundstücke im Gemeindebezirk besaßen oder innerhalb desselben ihren bleibenden Wohnsitz hatten (§ 24). Aktiv **stimmberechtigt** waren nur die im Gemeindebezirk „**ansässigen** Gemeindemitglieder" (§ 28), soweit sie nicht bescholten waren. Verehelichte „Frauenspersonen" durften nur durch ihre Ehemänner an den Gemeindeversammlungen teilnehmen (§ 30 Abs. 1).

Zu Gemeindeämtern **wählbar** waren alle Gemeindemitglieder mit Ausnahme der Frauen, Fremden, Geistlichen und Schullehrer sowie der bescholtenen nicht Stimmberechtigten (vgl. § 32).

Beratendes, beschließendes und vollziehendes **Einheitsorgan** der Gemeinden war zum ersten Mal ein „**Gemeinderath",** der aus einem Gemeindevorstand, ein oder mehreren Gemeindeältesten und aus einer Anzahl „Gemeindeausschußpersonen" bestand (vgl. § 36 f.). Dem Gemeindevorstand oblag der Vollzug der Beschlüsse sowie die Außenvertretung der Gemeinde (§ 38). Gemeindevorstand und Gemeindeälteste wurden vom Gemeinderat aus sämtlichen wählbaren Gemeindemitgliedern auf sechs Jahre gewählt. Die Wahl unterlag der **Bestätigungspflicht der Ortsobrigkeit,** die die Bestätigung „aus erheblichen Gründen" versagen konnte (§ 41). Die Gemeindeausschußpersonen wurden – nach verschiedenen Klassen (§ 42) – auf sechs Jahre von sämtlichen stimmberechtigten Gemeindemitgliedern gewählt. Im Jahre 1856 wurde die Ortsobrigkeit abgeschafft (vgl. *Engeli/Haus,* aaO, S. 239).

2.2.2. Parallel zum Erlaß der revidierten Städteordnung wurde 1873 auch **16** eine **Revidierte Landgemeindeordnung** geschaffen (GVBl. 1873, 327). Sie **erweiterte das Selbstverwaltungsrecht** der Gemeinden, indem die staatliche Einflußnahme auf die Gemeinderatswahl sowie die staatliche Aufsicht über die Vermögensverwaltung eingeschränkt wurde. Weiterhin wurde die **Ortspolizei auf die Gemeinden übertragen** und das **Stimmrecht** auch auf die „Unansässigen" **ausgedehnt**. Allerdings blieb die Wahl nach Klassen erhalten (vgl. hierzu *Bosse/Michel,* Königlich Sächsische Revidierte Landgemeindeordnung, 9. Aufl. 1905, S. 9f.).

2.3. Die Sächsischen Gemeindeordnungen von 1923 und 1925

17 Zur **Vereinheitlichung des Kommunalrechts** kam es durch die Gemeindeordnungen von 1923 (GBl. 1923 S. 373f.) und die abgeänderte Gemeindeordnung von 1925 (GBl. S. 136f.). **Das neue Recht galt gleichermaßen für Städte und Gemeinden** und gewährte die **Garantie der kommunalen Selbstverwaltung** nach dem Vorbild der Reichsverfassung (vgl. §§ 1, 4: 1923). Die **Staatsaufsicht** hinsichtlich der Selbstverwaltungsaufgaben war grundsätzlich **Rechtsaufsicht** (vgl. § 176). Neben den Selbstverwaltungsangelegenheiten oblag den Gemeinden auch die Ausführung der „**übertragenen staatlichen Aufgaben nach Weisung**" der zuständigen Behörden (vgl. § 4 Abs. 4: 1923).

Mit Erlaß der Gemeindeordnung wurde das aktive und passive allgemeine **Wahlrecht** eingeführt (§ 23f.). Eine bedeutende Neuerung bestand auch in der Einführung des **Bürgerbegehrens** und des **Bürgerentscheids** als Formen unmittelbarer Demokratie (§§ 70, 71; hierzu *Einsiedel,* Die Beteiligung der Gemeindebürger an der Gemeindegesetzgebung nach sächsischem Recht, Diss. jur., Leipzig 1929).

Schließlich wurde zur Sicherung der Rechte der Kommunen erstmals eine mit aus dem Kommunalbereich stammenden Beisitzern ausgestattete sog. **Gemeindekammer** eingeführt, die gegen Entscheidungen der Aufsichtsbehörde angerufen werden konnte (§§ 7, 8: 1923), wobei das Innenministerium allerdings die Möglichkeit hatte, deren Entscheidungen aufzuheben (§ 7 Abs. 6; hierzu *Rüger,* Die Gemeindekammer und das OVG in der Gemeindeaufsicht nach der Sächsischen Gemeindeordnung, 1923; zu weiteren Einzelheiten vgl. *Streit,* Gemeindeordnung für den Freistaat Sachsen, 3. Aufl. 1928).

Organe der Gemeinde waren die **Gemeindeverordneten als Hauptorgan** der Gemeinde (§ 21f.). Sie wurden von den Bürgern auf drei Kalenderjahre gewählt (§ 28) und waren ehrenamtlich tätig (§ 57). Sie waren für alle Gemeindeangelegenheiten zuständig, soweit nicht kraft Gesetzes oder Ortsstatut eine andere Stelle zuständig war (§ 35). Vorsitzender war der auf ein Jahr gewählte **Vorsteher** (§ 46).

Zweites Organ war der von den Gemeindeverordneten gewählte **Gemeinderat** (§ 36). Der Gemeinderat war ausführendes Organ der Gemeindeverordneten (§ 73) und vertrat die Gemeinde nach außen (§ 34). Der Gemeinderat war zuständig für die „laufende Verwaltung der Gemeinde" (§ 87), für die Vorbereitung der Sitzungen der Gemeindeverordneten und für die Ausführung der Beschlüsse (§ 87). Außerdem oblag ihm auch die Wahrnehmung der Polizeigewalt (§ 101) und der übertragenen Aufgaben (§ 100).

In der Regel verkörperte den Gemeinderat der Bürgermeister (§ 73). Er wurde auf mindestens sechs Jahre durch die Gemeindeverordneten gewählt (§ 76). Durch Ortsstatut konnten dem Bürgermeister „Gemeindeälteste" zur Seite gestellt werden (§ 83).

II. Die moderne Selbstverwaltung

Der Bürgermeister war Leiter der Verwaltung und Vorgesetzter der Verwaltung und vertrat den Gemeinderat nach außen (§§ 95, 96). **In größeren Gemeinden** konnte der **Gemeinderat als Körperschaft** gebildet werden. Er bestand dann aus einem berufsmäßigen Bürgermeister, seinem ersten Stellvertreter und weiteren berufsmäßigen oder ehrenamtlichen Mitgliedern (Gemeinderäten) (vgl. § 84).

3. Die anderen deutschen Staaten des 19. Jahrhunderts

In den **zahlreichen übrigen Staaten** in Deutschland herrschten je nach 18 historischer Ausgangslage und politischer Beeinflussung im 19. Jahrhundert unterschiedliche **kommunalrechtliche Verhältnisse.**

– Zu Einzelheiten wird verwiesen auf die Gesamtdarstellung bei *Alfons Gern,* Deutsches Kommunalrecht 1994, 1. Kap. mwN.

4. Die Verfassungen im 19. Jahrhundert

Die **Idee der Selbstverwaltung** wurde im 19. Jahrhundert auch in ver- 19 schiedene **Verfassungen** aufgenommen. Den **Anfang** machte das **Königreich Württemberg.** Die Verfassung vom 25. 9. 1819 (Reg.Bl. 1819, 633) erklärte die Gemeinden liberaler und naturrechtlicher Theorie folgend in § 62 „zur natürlichen Grundlage des Staatsvereins" mit eigenen Rechten. Sie sollten „durch die Gemeinderäthe unter gesetzmäßiger Mitwirkung der Bürgerausschüsse nach Vorschrift der Gesetze und unter der Aufsicht der Staatsbehörden verwaltet werden" (§ 65).

Die **Verfassung von Kurhessen** von 1831 übernahm die Regelungen weitgehend (Sammlung von Ges. und VO, S. 1 f.). In die Verfassungen von **Bayern** und **Baden** von 1818 sowie auch in die Verfassung des Königreichs **Sachsen** von 1831 (GS S. 241) wurden hingegen **keine Regelungen** über die Verwaltung der Gemeinden aufgenommen.

– Zu den übrigen Verfassungsregelungen vgl. *Pölitz,* Die Verfassungen des Deutschen Staatenbunds Leipzig, 1847; *Knemeyer,* LKV 1991, 50).

Die **Frankfurter Reichsverfassung** vom 28. 3. 1849 (Paulskirchenverfassung) ordnete die Gemeindefreiheit in Anlehnung an die belgische Verfassung von 1830 den liberalen und naturrechtlichen Vorstellungen entsprechend als Abwehrrecht gegen den Staat dem **Grundrechtsteil** zu. Sie bestimmte in § 184, daß jede Gemeinde als Grundrechte ihrer Verfassung die Wahl ihrer Vorsteher und Vertreter, die selbständige Verwaltung ihrer Gemeindeangelegenheiten mit Einschluß der gesamten Ortspolizei unter der gesetzlich geordneten Oberaufsicht des Staates, die Veröffentlichung des Gemeindehaushaltes sowie die Öffentlichkeit der Verhandlungen als Regel habe (vgl. hierzu *Heffter,* Die dt. Selbstverwaltung im 19. Jhrdt., 1950, S. 223 f.).

Einige Rechte gab den Gemeinden auch die **Verfassung von Preußen** vom 31. 1. 1850 (preuß. GS S. 17 f.). Sie gewährte den Gemeinden in Art. 105 die selbständige Verwaltung ihrer Gemeindeangelegenheiten unter gesetzlich geordneter Oberaufsicht des Staates.

Die **Reichsverfassung** vom 16. 4. **1871 enthält sich** hingegen **einer Regelung des Status der Gemeinden.** Sie überantwortete das Gemeinderecht der Landeshoheit.

5. Weimarer Reichsverfassung

20   **Mit Begründung der Weimarer Republik** wurde das **parlamentarische System** in allen Ländern eingeführt und die **Grundsätze des Reichstagswahlrechts** der allgemeinen, gleichen, unmittelbaren und geheimen Wahl sowie die Grundsätze des Verhältniswahlrechts durch Art. 17 Abs. 2 S. 1 der **Weimarer Reichsverfassung auch auf** die **Gemeindewahlen ausgedehnt.** Hiernach stand das Wahlrecht allein reichsdeutschen Männern und Frauen zu (vgl. hierzu auch *BVerfG*, NJW 1991, 164). Gleichzeitig wurde **im Grundrechtsteil in Art. 127** den Gemeinden und Gemeindeverbänden „**das Recht der Selbstverwaltung innerhalb der Schranken der Gesetze**" verfassungsrechtlich garantiert.

Der Staatsgerichtshof für das Deutsche Reich (RGZ 126, Anhang S. 22) interpretierte Art. 127 WRV allerdings nicht als Grundrecht, sondern – in Abkehr von dem dualistischen Verständnis der Gemeinden als Teil der Gesellschaft – als eine **institutionelle Garantie der Selbstverwaltung.** Ihr Inhalt sei die Gewährleistung der Gemeinden als Rechtsinstitution. Dem Gesetzgeber wurde untersagt, die Selbstverwaltung derart einzuschränken, daß sie innerlich ausgehöhlt wird, die Gelegenheit zur kraftvollen Betätigung verliert und nur ein Schattendasein führen kann (*StGH,* aaO). Im übrigen begründe sie weder ein Recht der Gemeinden auf Wahrnehmung bestimmter Aufgaben, noch garantiere sie den Bestand der einzelnen Gemeinde oder einen subjektiven Rechtsschutz für sie.

6. Nationalsozialistisches Kommunalrecht

21   In der Zeit des Nationalsozialismus **wurde die kommunale Selbstverwaltung** rechtlich und praktisch bis auf wenige Elemente **beseitigt. Gesetzlich verwirklicht wurden diese Ziele durch die Deutsche Gemeindeordnung vom 30. 1. 1935** (RGBl. I S. 49). In Vollzug des **Führerprinzips** wurden die **Gemeindevertretungen** zu einem **reinen Beratungsgremium** ohne nennenswerte eigene Erledigungskompetenzen degradiert (§ 48 DGO; hierzu *BVerfGE* 11, 275). Der **Bürgermeister** (§ 41 DGO) sowie die Gemeinderäte (§ 51 DGO) wurden **staatlich ernannt** und **unterlagen dem** unbeschränkten **Weisungsrecht von Staat und Partei.**

7. Die Nachkriegszeit

22   Eine **Renaissance** erlebte der Gedanke der kommunalen Selbstverwaltung **nach 1945.** Der Neuaufbau der Gemeinden unter Aufsicht und dem Einfluß

der Besatzungsmächte zielte in den **westlichen Besatzungszonen** auf eine Wiederbelebung der Selbstverwaltung im Sinne des in der Weimarer Republik erreichten Standards. Nach Gründung der Länder wurden in jedem Bundesland eigene Gemeindeordnungen erlassen, die mit zahlreichen Modifikationen bis heute fortgelten.

In der **sowjetischen Besatzungszone** wurde zwar zunächst im Jahr 1946 die „Demokratische Gemeindeordnung" erlassen (GVBl. 1946 S. 422; Abdruck bei *Engeli/Haus,* aaO, S. 732), die hinter den Regelungen der Gemeindeordnungen in den westlichen Besatzungszonen hinsichtlich des Inhalts der **Selbstverwaltungsgarantie** der Kommunen nicht zurückblieb; in der Praxis **wurden diese Gewährleistungen** jedoch **mit** zunehmendem **Ausbau der SED-Diktatur beseitigt.** Durch das „Gesetz über die örtlichen Organe der Staatsmacht" von 1957 (GBl. der DDR S. 65 f.) wurde auch für die Kommunen das **Prinzip des demokratischen Zentralismus** verwirklicht. Die **Gemeinden wurden – ähnlich wie im Nationalsozialismus – zur unteren staatlichen Verwaltungsebene ohne eigenen Wirkungskreis** (vgl. hierzu *Heberlein,* NVwZ 1991, 531 (532), mwN; *Knemeyer,* Aufbau kommunaler Selbstverwaltung in der DDR, 1990, S. 94 f.) **degradiert.** Verfestigt wurde dieser Rechtszustand durch das „Gesetz über die örtlichen Volksvertretungen in der DDR von 1985" (GBl. I, Nr. 18 S. 213). Er endete mit dem Zusammenbruch der DDR.

Bereits vor Vollzug der Deutschen Einheit erließ die Volkskammer das **„Gesetz über die kommunale Selbstverwaltung der DDR"** (GBl. DDR 1990, 255), durch das die Selbstverwaltung nach dem Muster der Bundesrepublik wieder eingeführt wurde. Dieses Gesetz wiederum wurde in den Jahren 1993 und 1994 **abgelöst durch eigenständige Kommunalverfassungen der fünf neuen Bundesländer.**

8. Ausblick

Die durch diese Entwicklung nunmehr in ganz Deutschland erreichte **23** **Qualität der Selbstverwaltung** wird in jüngster Zeit durch eine zunehmende nationale und europarechtliche **Verrechtlichung** kommunaler Aufgaben und ihre **Hochzonung** in überkommunale Bereiche, das Fehlen einer aufgabengerechten Finanzausstattung und damit einhergehend eine wachsende **Abhängigkeit** der kommunalen Aufgabenerfüllung **von „goldenen Zügeln" staatlicher Finanzzuweisungen** sowie durch einen **Verlust an Ehrenamtlichkeit** mehr und mehr **negativ beeinflußt** (vgl. etwa *Schink,* VerwArch 1991, S. 385 f. mwN).

Soll Selbstverwaltung weiterhin mit Leben erfüllt sein, muß der Gestaltungsspielraum der Gemeinden bei der Erfüllung ihrer Aufgaben **erhalten** werden. Dies kann geschehen durch **Verringerung staatlicher Reglementierung** der Kommunen und Lockerung normativer Regelungs- und Kontrolldichte zugunsten weitgehender satzungsrechtlicher Gestaltungsfreiheit, durch **Zulassung kommunaler Mitwirkung** im Gesetzgebungsverfahren, durch **Einschränkung des Bereichs der Weisungsaufgaben,** durch **Zu-**

rücknahme der zweckgebundenen Finanzzuweisungen zugunsten einer ausreichenden Garantie frei erfindbarer und verfügbarer Finanzmittel und schließlich durch **Stärkung der Möglichkeiten bürgerschaftlicher Mitwirkung**, speziell durch neue Möglichkeiten unmittelbarer Demokratie auf Gemeindeebene.

– **Weiterführend** zur Geschichte der Selbstverwaltung im 19. und 20. Jahrhundert: *Heffter*, Die Deutsche Selbstverwaltung im 19. Jahrhundert, 2. Aufl. 1969; *Schwab*, Die Selbstverwaltungsidee des Freiherrn vom Stein und ihre geistigen Grundlagen, 1971; *Engeli/Haus*, aaO; *Matzerath*, Nationalsozialismus und kommunale Selbstverwaltung, 1970; *von Unruh*, HdKWP, 2. Aufl. 1981, Bd. 1, S. 57 f.; *Hofmann*, aaO, S. 718; *Rebentisch*, aaO, S. 86 f.

2. Kapitel
Die Gemeindeverfassungen

I. Gesetzgebungskompetenz des Bundes

Die **Zuständigkeit zur Regelung des Kommunalrechts** liegt nach **Art. 70** 24 **GG bei den Ländern.** (Vgl. *BVerfGE* 1, 167 (176); 7, 168; *NVwZ* 1988, 619; kritisch *Burmeister,* HdKWP, Bd. 5, S. 27 f.). Der **Bund hat lediglich punktuelle ungeschriebene Zuständigkeiten** aufgrund Sachzusammenhangs oder kombinierte Gesetzgebungszuständigkeiten.
Diese Kompetenzordnung ist auch bei der Auslegung von **Art. 84 Abs.** 1 letzter Halbsatz GG zu beachten, wonach dem Bund im Bereich der Bundesgesetzgebung die Organisationshoheit insofern zusteht, als er durch Bundesgesetz mit Zustimmung des Bundesrats die Einrichtung der Behörden, die Übertragung von Aufgaben (hierzu *Jarass/Pieroth,* GG, Rdnr. 3 zu Art. 84) sowie das Verwaltungsverfahren regeln kann. Der **Bundesgesetzgeber darf hiernach bei der Einschaltung der Gemeinden in den Vollzug der Bundesgesetze** immer **nur** einzelne **Annexregelungen** zu einer zu seiner Zuständigkeit gehörenden materiellen Regelung treffen. **Ist die Annexregelung** für den wirksamen Vollzug der materiellen Bestimmungen des Gesetzes **nicht notwendig, liegt in ihr** ein **unzulässiger Eingriff in die Verwaltungskompetenz der Länder** (*BVerfGE* 22, 180 (210); 77, 288 (298 f.); *BVerwG* DÖV 1982, 826).
Keinen unzulässigen Eingriff in diesem Sinne sieht das BVerfG (*BVerfGE 77, 288 (299 f.)*) etwa in der Regelung der gemeindlichen Bauleitplanung durch den Bund.
Entsprechende Grenzen der Regelungsbefugnisse des Bundes bei Einschaltung der Gemeinden bestehen im Rahmen der **Bundesauftragsverwaltung der Länder** aufgrund des **Art. 85 GG.**
– Vgl. hierzu allg. *Niemeier,* Bund und Gemeinden, 1972; *Meis,* Verfassungsrechtliche Beziehungen zwischen Bund und Gemeinden, 1989 mwN.

II. Landesrechtliche Ausgestaltung des Gemeinderechts

1. Gemeindeverfassungssysteme

Die **Länder haben bei Schaffung ihrer Gemeindeordnungen** in Aus- 25 übung der ihnen nach Art. 70 GG zustehenden Gesetzgebungskompetenz **auf vier unterschiedliche, historisch gewachsene Gemeindeverfassungssysteme zurückgegriffen,** sie unter Beachtung des Art. 28 GG geformt und

15

aus rechts- und verwaltungspolitischen, aber auch dogmatischen Motiven **modifiziert.**

– Zur historischen Entwicklung diese Systeme vgl. das 1. Kapitel sowie für alle Bundesländer *Alfons Gern,* Deutsches Kommunalrecht, 1994, 1. Kap. mwN.

1.1. Süddeutsche (Gemeinde-)Ratsverfassung

26   Als Süddeutsche Gemeinderatsverfassung wird das **im Laufe des 19. Jahrhunderts in Bayern, Württemberg und Baden entstandene Verfassungssystem bezeichnet.** Es ist am Ende seiner Entwicklung in seiner organschaftlichen Kompetenzzuordnung **dualistisch geprägt.** Die **kommunalen Erstzuständigkeiten** sind **auf zwei Gemeindeorgane konzentriert.**

Hauptorgan ist der **Gemeinderat.** **Zweites Organ ist der aus einer Volkswahl hervorgegangene und mithin unmittelbar demokratisch legitimierte Bürgermeister.** Die Beschlußzuständigkeiten liegen beim Gemeinderat. Der Bürgermeister ist Vorsitzender des Gemeinderats, Vollzugsorgan, Vertretungsorgan und Leiter der Gemeindeverwaltung. Seine **starke Stellung** wird weiter hervorgehoben durch die Zuordnung von eigenen Entscheidungszuständigkeiten (Geschäfte der laufenden Verwaltung, Weisungsaufgaben, Eilentscheidungszuständigkeit, vom Gemeinderat übertragene Aufgaben).

Dieses Verfassungssystem besteht **heute in Bayern, Baden-Württemberg, Sachsen, Sachsen-Anhalt und Thüringen** sowie seit 1994 in **Rheinland-Pfalz.** In Sachsen-Anhalt ist der Bürgermeister allerdings nicht zugleich Vorsitzender des Gemeinderats.

– Zum **Vergleich** der Gemeindeordnungen von Baden-Württemberg und Sachsen vgl. *von Rotberg/Rooks* VBlBW 1993, 401.

1.2. Die (rheinische) Bürgermeisterverfassung

27   Die **unter napoleonisch-französischem Einfluß entstandene, aber auch auf rheinische Tradition zurückgehende Bürgermeisterverfassung** ist in ihrer organschaftlichen Kompetenzzuordnung **ebenfalls dualistisch ausgeformt.** Neben dem **Gemeinderat** hat auch hier der **Bürgermeister** eine **starke Stellung** mit zahlreichen eigenen Kompetenzen. **Abweichend von der süddeutschen Ratsverfassung wird er jedoch nicht durch Volkswahl, sondern vom Gemeinderat gewählt.** Bei der **echten** Bürgermeisterverfassung hat der Bürgermeister **Stimmrecht;** bei der **unechten** ist dies **nicht** der Fall.

Diese Verfassungsform war bis 1994 in **Rheinland-Pfalz** (für die Gemeinden und kleineren Städte) und ist auch heute noch , **im Saarland,** und in den (nichtstädtischen) Gemeinden **Schleswig-Holsteins** verwirklicht.

– Zu Einzelheiten vgl. auch *Dreibus,* HdKWP, Bd. 2, S. 241; *Hess,* Kommunale Selbstverwaltung – Idee und Wirklichkeit, 1983, Hrsg. *Kirchgäßner/Schadt,* S. 151; *Schmidt-Eichstaedt/Stade/Borchmann,* Die Gemeindeordnungen, Kommentar, Stand 1993, S. 5 ff.; *Schmidt/Jortzig,* DÖV 1987, 284.

1.3. Die Magistratsverfassung

Die Magistratsverfassung geht auf die preußische Städteordnung zurück. **28** Haupt- und Beschlußorgan ist die **Gemeindevertretung** (Stadtverordnetenversammlung, Stadtvertretung). **Kollegiales Vollzugsorgan** ist der von der Gemeindevertretung gewählte **Magistrat.** Er erledigt auch die Geschäfte der laufenden Verwaltung und nimmt Aufgaben der Außenvertretung wahr. Er **besteht aus dem Bürgermeister und haupt-** und **ehrenamtlichen Stadträten (Beigeordneten).** Der **Bürgermeister** ist **drittes Organ** mit einzelnen Organkompetenzen sowie Vorsitzender des Magistrats und Leiter der Gemeindeverwaltung. Er wird **von der Gemeindevertretung gewählt.** Seine Funktionen geben dieser Verfassungsform einen **trialistischen Kompetenzeinschlag.** Bei der **echten** Magistratsverfassung bedürfen die Beschlüsse der Gemeindevertretung der **Zustimmung des Magistrats; bei der **unechten** Magistratsverfassung **entfällt dieses Erfordernis.**

Die **echte Magistratsverfassung** gibt es **in Deutschland nicht mehr.** Die **(unechte) Magistratsverfassung** ist in **Hessen** und in **Städten Schleswig-Holsteins** und in **Bremerhaven** verwirklicht. In Hessen wird der Bürgermeister seit 1993 allerdings vom Volk gewählt.

– Zu Einzelheiten vgl. *Schneider,* HdKWP, Bd. 2, S. 209 ff.; *Schmidt-Jortzig,* DÖV 1987, 283.

1.4. Die norddeutsche Ratsverfassung

Diese auf **englische Rechtsvorstellungen in der Besatzungszeit zurück- 29 gehende Verfassungsform** ist **im Ansatz monistisch strukturiert.** Sämtliche **Kompetenzen** sind – zum Zwecke der Stärkung der Demokratie im **Rat,** der Gemeindevertretung **konzentriert.** Vorsitzender ist ein ehrenamtlicher **Bürgermeister.** Vertretungs- und Vollzugsinstanz ist ein **Gemeinde-(Stadt-)direktor,** der nicht kraft eigener Kompetenz, sondern **im Auftrag des Rats** tätig wird.

Das Modell der norddeutschen Ratsverfassung, dessen Einführung als bewußte Distanzierung der Besatzungsmacht vom nationalsozialistischen Zentralismus zu sehen ist, liegt den Gemeindeordnungen von **Nordrhein-Westfalen** und **Niedersachsen** und nach *Schmidt/Jortzig* (DÖV 1987, 283) auch der Verfassung der (nichtstädtischen) Gemeinden **Schleswig-Holsteins** zugrunde. Allerdings ist der **monistische Ansatz** durch Übertragung eigener Kompetenzen speziell auf den Gemeindedirektor (z. B. Außenvertretung, Erledigung übertragener Aufgaben) inzwischen **weitgehend aufgegeben.**

In Niedersachsen besteht zusätzlich der **Verwaltungsausschuß** als „Zwischenorgan", dem zahlreiche eigene Kompetenzen, die nach den anderen Gemeindeverfassungssystemen teils dem Rat, teils dem Bürgermeister zustehen.

– Zu Einzelheiten vgl. *Berg,* HdKWP, Bd. 2, S. 222; *Schmidt-Eichstaedt u. a.,* aaO, S. 6; *Schmidt/Jortzig,* aaO, S. 283; *Dreibus,* aaO, S. 241.

– Zu der geplanten **Reformierung dieses Systems** vgl. *Erlenkämper, NVwZ 1993, 430 mwN.*

1.5. Das Verfassungssystem der DDR-Kommunalverfassung von 1990

30 Noch vor Herstellung der Einheit erließ die Volkskammer der ehemaligen DDR (GBl. DDR 1990 I, 225) ein „**Gesetz über die Selbstverwaltung der Gemeinden und Landkreise" (Kommunalverfassung)**, die das „Gesetz über die örtlichen Volksvertretungen in der DDR vom 4. 7. 1985 (GBl. 1 Nr. 18 S. 213) aufhob (§ 102 Abs. 1 KV) und zugleich mit der Bildung der neuen Länder die weitere **Ausgestaltung der Kommunalgesetzgebung in die Kompetenz der Landtage überführte** (§ 100). Durch den **Einigungsvertrag** wurde das Gesetz **in Bundesrecht transformiert.**

Die Kommunalverfassung, die auch das Landkreisrecht und Regelungen über die kommunale Zusammenarbeit und über Städtepartnerschaften einschließt, entspricht keinem der in den alten Bundesländern bestehenden Verfassungstypen, sondern ist eine **Mischform** dieser Typen, schwerpunktmäßig orientiert an der (echten) rheinischen Bürgermeisterverfassung mit Wahl des Bürgermeisters durch die Gemeindevertretung, der süddeutschen Gemeinderatsverfassung sowie der hessischen (Magistrats-)verfassung.

Sie wurde in den Jahre 1993 in **Brandenburg, Sachsen, Sachsen-Anhalt und Thüringen,** im Jahre 1994 in **Mecklenburg-Vorpommerna durch eigenständige Kommunalverfassungen abgelöst** und gilt deshalb nicht mehr.

Die Länder Brandenburg und Mecklenburg-Vorpommern haben ihre Kommunalverfassungen jedoch weitgehend entsprechend der KV DDR ausgestaltet, wobei in Brandenburg freilich der Bürgermeister vom Volk gewählt wird und in Mecklenburg-Vorpommern die Volkswahl für das Jahr 1999 avisiert ist.

1.6. Das optimale Gemeindeverfassungssystem

30a Die Beantwortung der Frage, welches Gemeindeverfassungssystem vorzugswürdig ist, hat sich an **verfassungsrechtlichen Vorgaben** sowie an den Grundsätzen der **sachlichen Richtigkeit** und der **Verwaltungspraktikabilität,** speziell der Effizienz und der Effektivität der Erfüllung der kommunalen Aufgaben zu orientieren.

1.6.1. Die konkrete Ausgestaltung des Kommunalrechts im Grundgesetz läßt für jedes der zur Zeit in Deutschland praktizierten Kommunalverfassungssysteme Raum. Das Demokratieprinzip intendiert jedoch Lösungen, die dem Willen des Gemeindevolks i. S. d. Art. 28 Abs. 1 S. 2 GG, dessen Angelegenheiten die Gemeinde durch ihre Organe wahrnimmt, in möglichst hohem Maße Rechnung tragen. Diesem Ziel dient **in hervorragender Weise die Süddeutsche Gemeinderatsverfassung** mit der Volkswahl des Bürgermeisters, die Übertragung eigener Entscheidungskompetenzen auf den Bürgermeister sowie seine Doppelstellung als stimmberechtigter Vorsitzender des Gemeinderats und zugleich Leiter der Verwaltung und als Vollzugsorgan.

Eine verfassungswidrige „Entmachtung" des Gemeinderats ist mit dieser Konstruktion nicht verbunden. Der Gemeinderat bleibt – mit Blick auf

Art. 28 Abs. 1 S. 2 GG – das regelmäßig und in wesentlichen Angelegenheiten zuständige repräsentative Entscheidungsorgan und damit „Herr des Verfahrens". Der stimmberechtigte Bürgermeister kann den Gemeinderat weder mit seiner einen Stimme noch den ihm zustehenden, sich auf die Geschäfte der laufenden Verwaltung beschränkenden Eigenentscheidungskompetenzen majorisieren.

1.6.2. Die Volkswahl des Bürgermeisters und seine Doppelstellung als Leiter der Verwaltung und Vorsitzender des Gemeinderats fördert auch die sachliche Richtigkeit der Entscheidungen. **Die Volkswahl macht den Bürgermeister unabhängig.** Der mittelbar vom Gemeinderat gewählte Bürgermeister hingegen ist tendenziell „parteiisch" und fühlt sich zwangsläufig mehr den Parteien bzw. den Fraktionen verpflichtet, die ihn gewählt haben und seine vorzeitige Abwahl betreiben können als dem Gemeindevolk in seiner Pluralität. In der Praxis steht er deshalb nicht selten unter echter „Fraktionskuratel".

Der Vorsitzende des Gemeinderats, der zugleich Leiter der Verwaltung ist, ist außerdem kraft Amtes naturgemäß mehr Fachmann als der ehrenamtliche Vorsitzende. Dieses Mehr an Professionalität und Fachwissen intendiert ein größeres Maß an Richtigkeit des Verfahrens und der Entscheidungen im Gemeinderat.

1.6.3. Auch Gesichtspunkte der Effizienz und der Effektivität sprechen für die Süddeutsche Gemeinderatsverfassung. Die Doppelstellung des Bürgermeisters als Vorsitzender des Gemeinderats und monokratischer Leiter der Verwaltung und Vollzugsorgan bewirkt eine **Verzahnung zwischen Gemeinderat und Gemeindeverwaltung** in seiner Person. Sie fördert die Schnelligkeit der Umsetzung der Ratsbeschlüsse, intensiviert den Informationsfluß – verbessert die Rückkoppelung und ist ökonomischer. Die Doppelspitze im Sinne der Norddeutschen Ratsverfassung erzeugt hingegen sachliche und politische Reibungsverluste. Die kollegiale Verwaltungsleitung im Sinne der Magistratsverfassung leidet an Schwerfälligkeit der Meinungsbildung und lähmt die notwendigen Entscheidungsprozesse. Entsprechendes gilt für die Einschaltung eines Zwischenorgans in den Verwaltungsvollzug, wie dies in Niedersachsen mit der Einrichtung des Verwaltungsausschusses praktiziert wird.

– Zu den **Vor- und Nachteilen der einzelnen Verfassungssysteme** vgl. *Knemeyer,* in: *Püttner/Bernet,* Verwaltungsaufbau und Verwaltungsreform in den neuen Ländern, 1991, S. 130f. mwN.

2. Die einzelnen Kommunalgesetze der Bundesländer

Nach dem jetzigen Stand bestehen in den einzelnen Bundesländern folgende Kommunalgesetze: **31**

2.1. Baden-Württemberg
GemeindeO vom 25. 7. 1955 i. d. F. vom 3. 10. 1983 (GBl. S. 578), zuletzt geändert durch Gesetz vom 8. 11. 1993 (GBl. S. 657).

2. Kapitel. Die Gemeindeverfassungen

LandkreisO vom 10. 10. 1954 i. d. F. vom 19. 6. 1987 (GBl. S. 288), zuletzt geändert durch Gesetz vom 8. 11. 1993 (GBl. S. 657).
NachbarschaftsverbandsG vom 9. 7. 1974 (GBl. S. 261).
Gesetz über kommunale Zusammenarbeit i. d. F. vom 16. 9. 1974 (GBl. S. 408), zuletzt geändert durch Gesetz vom 12. 12. 1991 (GBl. S. 860).

2.2. Bayern
GemeindeO vom 25. 1. 1952 i. d. F. der Bekanntmachung vom 6. 1. 1993 (GVBl. S. 65).
LandkreisO vom 16. 2. 1952 i. d. F. der Bekanntmachung vom 6. 1. 1993 (GVBl. S. 93).
Gesetz über die kommunale Zusammenarbeit vom 12. 7. 1966 (GVBl. S. 218, ber. S. 314), zuletzt geändert durch Gesetz vom 7. 9. 1982 (GVBl. S. 722).
VerwaltungsgemeinschaftsO für den Freistaat Bayern i. d. F. der Bekanntmachung vom 26. 10. 1982 (GVBl. S. 965).

2.3. Berlin
Gesetz über die Zuständigkeiten in der allgemeinen Berliner Verwaltung vom 2. 10. 1958 (GVBl. S. 947), zuletzt geändert durch Gesetz vom 6. 7. 1989 (GVBl. S. 1289).
Bezirksverwaltungsgesetz von Berlin i. d. F. vom 17. 7. 1989 (GVBl. S. 1494).

2.4. Brandenburg
Kommunalverfassung des Landes Brandenburg vom 15. 10. 1993 (GVBl 1993, 398).
Gesetz über kommunale Gemeinschaftsarbeit (GVBl. 1991, 220).

2.5. Bremen
Ortsgesetz über Beiräte und Ortsämter vom 20. 6. 1989 (BremGBl. S. 241), zuletzt geändert durch Gesetz vom 11. 11. 1991 (BremGBl. S. 395).
Verfassung für die Stadt Bremerhaven idF v. 13. 10. 1971 (GBl. S. 243), zuletzt geändert durch Gesetz v. 13. 2. 1992 (GBl. S. 39) und vom 5. 8. 1992 (BremGBl. S. 255).

2.6. Hamburg
BezirksverwaltungG der Freien und Hansestadt Hamburg vom 22. 5. 1978 (GVBl. S. 178), i. d. F. vom 27. 6. 1984 (GVBl. S. 135), zuletzt geändert durch Gesetz vom 14. 9. 1988 (GVBl. I S. 179).

2.7. Hessen
GemeindeO i. d. F. der Bekanntmachung vom 1. 4. 1993 (GVBl. I 1992 S. 533).
Hessische LandkreisO i. d. F. der Bekanntmachung vom 1. 4. 1993 (GVBl. I 1992 S. 568).
Gesetz über kommunale Gemeinschaftsarbeit v. 16. 12. 1969 (GVBl. I S. 307), zuletzt geändert durch Gesetz v. 24. 6. 1978 (GVBl. I S. 420).

2.8. Mecklenburg-Vorpommern
Kommunalverfassung für das Land Mecklenburg-Vorpommern vom 26. 1. 1994.
1. LVO zur Bildung von Ämtern und zur Bestimmung der amtsfreien Gemeinden vom 25. 3. 1992 (GVOBl. S. 219).

2.9. Niedersachsen
Niedersächsische GemeindeO i. d. F. vom 22. 6. 1982 (Nds. GVBl. S. 229), zuletzt geändert durch Gesetz vom 9. 9. 1993 (Nds. GVBl. S. 359).
Niedersächsische LandkreisO i. d. F. vom 22. 6. 1982 (Nds. GVBl. S. 256), zuletzt geändert durch Gesetz vom 9. 9. 1993 (Nds. GVBl. S. 359).
ZweckverbandsG vom 7. 6. 1939 i. d. F. der Verordnung vom 11. 6. 1940 (RGBl. I S. 876), geändert durch Gesetz vom 30. 7. 1985 (GVBl. S. 246).

II. Landesrechtliche Ausgestaltung des Gemeinderechts

2.10. Nordrhein-Westfalen
GemeindeO i. d. F. der Bekanntmachung vom 13. 8. 1984 (GV NRW S. 475), zuletzt geändert durch Gesetz vom 3. 4. 1992 (GV NRW S. 124).
KreisO i. d. F. der Bekanntmachung vom 13. 8. 1984 (GV NRW S. 497), zuletzt geändert durch Gesetz vom 16. 12. 1992 (GV NRW 1987 S. 561).
Gesetz über kommunale Gemeinschaftsarbeit i. d. F. der Bekanntmachung vom 1. 10. 1979 (GV NRW S. 621), geändert durch Gesetz vom 26. 6. 1984 (GV NRW S. 362).

2.11. Rheinland-Pfalz
GemeindeO vom 14. 12. 1973 (GVBl. S. 491), zuletzt geändert durch Gesetz vom 5. 10. 1993 (GVBl. 1993 S. 481).
LandkreisO i. d. F. der Bekanntmachung vom 2. 4. 1991 (GVBl. S. 177), zuletzt geändert durch Gesetz vom 5. 10. 1993 (GVBl. S. 481).
Zweckverbandsgesetz vom 22. 12. 1982 (GVBl. S. 476).

2.12. Saarland
KommunalselbstverwaltungsG i. d. F. der Bekanntmachung vom 18. 4. 1989 (ABl. S. 557); zuletzt geändert durch Gesetz vom 24. 3. 1993 (ABl. S. 422).
Gesetz über die kommunale Gemeinschaftsarbeit vom 26. 2. 1975 (ABl. S. 490), geändert durch Gesetz vom 18. 1. 1989 (ABl. S. 321).

2.13. Sachsen
GemeindeO vom 21. 4. 1993 (GVOBl. S. 301).
LandkreisO für den Freistaat Sachsen v. 19. 7. 1993 (GVOBl. 1993 S. 577).
Verordnung zur Durchführung der Gemeindeordnung vom 8. 6. 1993 (GVBl. S. 521). Sächsisches Gesetz über kommunale Zusammenarbeit vom 19. 8. 1993 (GVBl. S. 815).
Gesetz über die Kommunalwahlen im Freistaat Sachsen (GVBl 1993 S. 937).

2.14. Sachsen-Anhalt
GemeindeO für das Land Sachsen-Anhalt vom 8. 7. 1993 (GVBl. S. 568)
LandkreisO für das Land Sachsen-Anhalt vom 8. 7. 1993 (GVBl. S. 598)
Gesetz zur Neuordnung der kommunalen Gemeinschaftsarbeit und zur Anpassung an die Bauordnung v. 9. 10. 1992 (GVBl. S. 730).

2.15. Schleswig-Holstein
GemeindeO vom 24. 1. 1950 (GVOBl. S. 25) i. d. F. vom 2. 4. 1990 (GVOBl. S. 160); zuletzt geändert durch Gesetz vom 6. 12. 1991 (GVOBl. S. 640).
KreisO vom 27. 2. 1950 (GVOBl. S. 49) i. d. F. vom 2. 4. 1990 (GVOBl. S. 193).
AmtsO vom 17. 6. 1952 (GVBl. S. 95) i. d. F. der Bekanntmachung vom 2. 4. 1990 (GVOBl. S. 209); zuletzt geändert durch Gesetz vom 28. 12. 1993 (GVOBl. 1994 S. 2).
Landesverordnung über Nachbarschaftsausschüsse vom 29. 10. 1974 (GVBl. S. 412).
Landesverordnung über Ortsbeiräte vom 6. 2. 1970 (GVBl. S. 39), geändert durch Landesverordnung vom 19. 9. 1973 (GVBl. S. 326).
Gesetz über kommunale Zusammenarbeit i. d. F. der Bekanntmachung vom 2. 4. 1990 (GVOBl. S. 216).

2.16. Thüringen
Thüringer Gemeinde- und Landkreisordnung (Thüringer Kommunalordnung) – ThürKO – vom 16. 8. 1993 (GVBl. S. 501).
Gesetz über die Kommunale Gemeinschaftsarbeit v. 11. 6. 1992 (GVBl. S. 232).

2. Kapitel. Die Gemeindeverfassungen

2.17. Außer Kraft getretene KV DDR
Gesetz über die Selbstverwaltung der Gemeinden und Landkreise in der DDR (Kommunalverfassung) vom 17. 5. 1990 (GBl. DDR S. 255), das gemäß Art. 9 des Einigungsvertrages vom 30. 8. 1990 (BGBl. II S. 877) bis zu seiner Ablösung durch ein eigenständiges Kommunalrecht der Länder zunächst in Kraft blieb.

32 Schaubild Nr. 1: Norddeutsche Ratsverfassung (Beispiel Nordrhein-Westfalen)

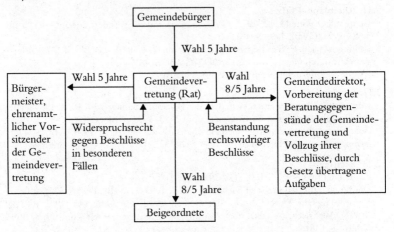

33 Schaubild Nr. 2: Süddeutsche Gemeinde-Ratsverfassung (Beispiel Baden-Württemberg)

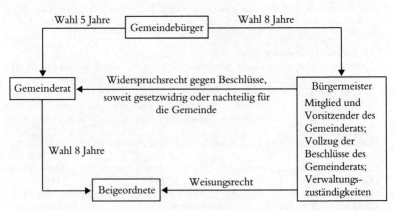

II. Landesrechtliche Ausgestaltung des Gemeinderechts

Schaubild Nr. 3: Rheinische (echte) Bürgermeisterverfassung (Beispiel Rhein- 34
land-Pfalz – bis 1993)

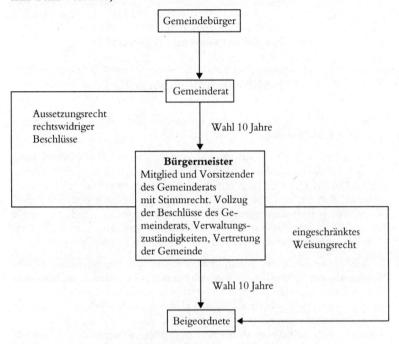

Seit 1994 wird der Bürgermeister für 8 Jahre unmittelbar vom Volk gewählt.

Schaubild Nr. 4: (Unechte) Magistratsverfassung (Beispiel Hessen) 35

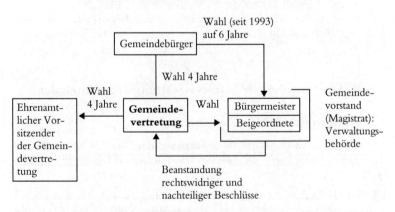

Bis zum Jahre 1993 wurde der Bürgermeister von der Gemeindevertretung gewählt.

23

3. Kapitel
Das Selbstverwaltungsrecht

I. Selbstverwaltungsbegriffe

36 Der Begriff der Selbstverwaltung hat sowohl eine politische als auch eine juristische Komponente.

1. Selbstverwaltung **im politischen Sinn** ist die **ehrenamtliche Mitwirkung** der Bürgerinnen und Bürger an der Wahrnehmung öffentlicher Aufgaben (vgl. *BVerfGE* 11, 363). Es gehört zum Wesen der kommunalen Selbstverwaltung, daß sie von der Mitwirkung angesehener, mit den heimischen Verhältnissen besonders vertrauten Mitbürgern getragen wird. Sie schafft Bürgernähe, Überschaubarkeit, Flexibilität und Spontaneität der Entscheidungen und garantiert damit eine höhere Akzeptanz der Aufgabenerfüllung.

37 2. Selbstverwaltung **im juristischen Sinn** ist die **eigenverantwortliche Wahrnehmung öffentlicher Verwaltungsaufgaben durch selbständige Verwaltungseinheiten** aufgrund gesetzlicher Ermächtigung oder Zuweisung unter staatlicher Rechtsaufsicht (vgl. *Bayer, LKV* 1991, 371). Sie kann unterschieden werden in
- **kommunale Selbstverwaltung** (kreisangehöriger Gemeinden, von Stadt- und Landkreisen) und
- **Selbstverwaltung** (Eigenverwaltung) **sonstiger juristischer Personen des öffentlichen Rechts** (z. B. Hochschulen).

Zum Verhältnis der Selbstverwaltung im politischen und juristischen Sinn, vgl. *Schmidt-Aßmann,* in: FS Sendler 1991, S. 121 (126).

Der Begriff der „Selbstverwaltung" ist ein **Gegenbegriff zur „Staatsverwaltung"** als staatsunmittelbarer Verwaltung, ausgeübt durch staatliche Behörden.

II. Die Kommunale Selbstverwaltung der Gemeinden

1. Verfassungsrechtliche Absicherung

38 Die **Selbstverwaltung der Gemeinden** ist durch **Art. 28 Abs. 2 GG** auf Bundesebene und **durch die Länderverfassungen** auf Landesebene garantiert.

39 1.1. Artikel 28 Abs. 2 GG ist **kein Grundrecht,** wie sich schon aus seiner Stellung in der Verfassung ergibt (*Vitzthum/März,* VBlBW 1987, 404 mwN; *BVerfGE* 6, 19 (22); 8, 359). Er enthält ebenso wie die landesverfassungsrechtlichen Garantien eine nicht unter den Gewährleistungsbestand des Art. 79 Abs. 3 fallende (vgl. *Faber,* DVBl. 1991, 1126 (1131) mwN) **institutionelle Garantie** (*BVerfG* NVwZ 1988, 47; *Clemens,* NVwZ 1990, 834; *Wolff/Bachof/Stober,* Verwaltungsrecht II, § 86, VIII mwN). Obwohl Art. 28 GG im Abschnitt „Der Bund und die Länder" untergebracht ist, sollte den Gemeinden durch diese Vorschrift das Recht der Selbstverwaltung in ähnlichem Umfang garantiert werden, wie es in dem unter den Grundrechten stehenden **Art. 127** der **Weimarer Verfassung** (RV) der Fall gewesen war. Für Art. 127 RV war aber anerkannt, daß er den Gemeinden das Selbstverwaltungsrecht nicht in allen ihren Einzelheiten verbürgt, die ihnen zur Zeit der Verkündung der Verfassung zustanden, sondern **als Institution** garantiert (vgl. *BVerfGE* 1, 167 (174 ff.)).

1.2. Die **Wirkkraft** dieser Garantie entfaltet sich **auf zwei Ebenen:**   **40**
Zum einen muß es Gemeinden als Elemente des Verwaltungsaufbaus **überhaupt geben** (institutionelle Rechtssubjektsgarantie) (vgl. *StGH BW* VBlBW 1968, 9 f.; *ESVGH* 23, 1 (3); 25, 1 (10)); zum anderen ist den Gemeinden die **Selbstverwaltung objektiv-rechtlich und als subjektives Recht garantiert (Rechtsinstitutionsgarantie).** Die objektivrechtliche Seite der Garantie bedeutet die Gewährleistung eines bestimmten Aufgabenbestandes, die subjektivrechtliche Seite der Garantie kommt in der Gewährung des Rechts der Kommunalverfassungsbeschwerde (Art. 93 Abs. 1 Nr. 4b GG) und in der Klagebefugnis der Gemeinden nach § 42 Abs. 2 VwGO gegen staatliche Maßnahmen, die das Selbstverwaltungsrecht beeinträchtigen, zum Ausdruck (vgl. etwa *BVerwG* NJW 1976, 2175; *Stern,* Bonner Komm., Art. 28 Abs. 2 Rdnr. 78, 85, 184 f.).

Nur relativ geschützt vor Eingriffen ist der **individuelle Bestand** einer einzelnen Gemeinde (vgl. hierzu 6. Kapitel und *BVerfG* NJW 1979, 413). Nicht geschützt ist der einmal erreichte Rechtsstatus als Einheit. Es gibt keine Status-quo-Garantie (*BVerfG* NVwZ 1989, 45).

Eine **Erweiterung** erfährt die Selbstverwaltungsgarantie des Art. 28 Abs. 2 durch die **finanzverfassungsrechtlichen Garantien** der Art. 106 f. GG (vgl. *Jarass/Pieroth,* GG, 1989, Rdnr. 5 zu Art. 28) sowie Art. 115 c Abs. 3 GG.

1.3. Daneben bestehen sog. **Erstreckungsgarantien.** Hierzu gehört die   **41** Pflicht anderer Hoheitsträger zum **gemeindefreundlichen Verhalten.** Es verpflichtet die Hoheitsträger, bei Bestehen von Handlungsspielräumen gemeindlichen Interessen tendenziell Vorrang vor anderen Interessen zu geben (vgl. *BVerfGE* 26, 172 (181); *OVG Münster* OVGE 19, 192 (199)). Aus ihr können auch konkrete Pflichten, z. B. eine Anhörungspflicht vor Erlaß von Weisungen erwachsen (*Vietmeier,* DVBl. 1993, 191).

Hierzu gehören auch die den Gemeinden durch Gesetz und Rechtsprechung eingeräumten **Mitwirkungsrechte,** speziell an staatlichen Planungen und sonstigen Maßnahmen die ihre Infrastruktur gestalten. Sie dienen der Sicherung des Selbstverwaltungsrechts (vgl. *BVerwGE* 77, 129 (134 ff.);

BVerwG NVwZ 1988, 731; DVBl. 1988, 363; DÖV 1989, 266; NVwZ-RR 1993, 373).

42 **1.4.** Art. 28 Abs. 2 enthält eine **Mindestgarantie.** Sie läßt Raum für weitergehende, speziell landesrechtliche Garantien des Selbstverwaltungsrechts, soweit sie dem Garantiegehalt des Art. 28 Abs. 2 nicht widersprechen. Die **Landesverfassung** Sachsen hat von diesem Erweiterungsrecht Gebrauch gemacht (vgl. hierzu unten 4).

43 **1.5. Keine Rechtswirkung** entfaltet die Selbstverwaltungsgarantie **zugunsten privater Dritter** (aA *Schmidt/Jortzig,* Kommunalrecht, Rdnr. 523). Die Rüge, das Selbstverwaltungsrecht sei verletzt, kann nur von der Gemeinde selbst, nicht dagegen von den Bürgern erhoben werden (*BVerfG* NVwZ 1989, 45 (46)).

44 **1.6.** Nach Art. 28 Abs. 3 GG gewährleistet der Bund, daß die verfassungsmäßige Ordnung der Länder den Bestimmungen der Absätze 1 und 2 entspricht. Aus dieser Regelung ergibt sich zugunsten der Kommunen ein Anspruch auf **Bundesintervention,** wenn ein Land die Selbstverwaltungsgarantie mißachtet.

Einer **Durchsetzung** vor dem **Bundesverfassungsgericht** steht allerdings die diesen Fall nicht erfassende abschließende Regelung der Zuständigkeiten des Gerichts entgegen (vgl. *Stern,* in: BK, Art. 28 Rdnr. 187 f. (189).

2. Einordnung des Selbstverwaltungsprinzips im Verfassungsgefüge

45 Gewicht und Verfassungsrang des Rechts auf Selbstverwaltung lassen sich aus ihrem inneren Zusammenhang mit den tragenden Verfassungsprinzipien der Demokratie und der Freiheitlichkeit und aus ihrem Verhältnis zur staatlichen Verwaltung ermitteln (*StGH* BW NJW 1975, 1205 (1208 f.).

2.1. Bezug zum Demokratie- und Freiheitlichkeitsprinzip

46 Kommunale Selbstverwaltung bedeutet kommunale **Eigenständigkeit.** Sie ist **historisch gewachsen** und vom Grundgesetz anerkannt. Sie fördert demokratisches Wirken (vgl. hierzu *Brohm,* DÖV 1986, 397 f.). Die Eigenständigkeit der Gemeinde gibt den Rahmen für die eigenverantwortliche Erfüllung öffentlicher Aufgaben. Sie ist geeignet, die einzelnen **Bürgerinnen und Bürger** als Glied der Gemeinschaft **zu aktivieren** und zu integrieren, den Gegensatz zwischen Gesellschaft und Staat zu überbrücken und die **innere Identifikation** zwischen Staatsvolk und Staatsgewalt **zu fördern.** Die örtliche und sachliche Bürgernähe der Gemeindeorgane weckt die bürgerschaftliche Mitwirkung an der Gestaltung der örtlichen Lebensverhältnisse und stärkt das Verantwortungsbewußtsein der Bürger (vgl. *StGH* BW NJW 1975, 1205, 1208 ff.; *BVerfG* NVwZ 1989, 348; diff. *Schmidt-Aßmann,* in: FS Sendler 1991, S. 121 (123).

II. Die Kommunale Selbstverwaltung der Gemeinden

Normativ kommt das **Demokratieprinzip** in **Art. 28 Abs. 1 S. 2 GG** zum Ausdruck. Hiernach muß das Volk nicht nur in den Ländern, sondern auch **in den Kreisen und Gemeinden** eine **Vertretung** haben, die aus **allgemeinen, unmittelbaren, freien, gleichen und geheimen Wahlen** hervorgegangen ist (vgl. hierzu *BVerfGE* 47, 253; 52, 95 (112)). Dieses Prinzip repräsentativer Demokratie wird ergänzt durch die grundsätzliche Zulassung eines Elements **unmittelbarer Demokratie,** indem Art. 28 Abs. 1 S. 3 als Selbstverwaltungsorgan nach Maßgabe gesetzlicher Regelung auch die **Gemeindeversammlung** zuläßt.

– Zum Volksbegriff vgl. die Entscheidung des *BVerfG* zum Ausländerwahlrecht (NJW 1991, 162).

Eine Ableitung der Rechtsprechung aus dem Demokratieprinzip ist die **47** Pflicht des Gesetzgebers, zu Kommunalwahlen auch örtliche **Wählervereinigungen** zuzulassen (*BVerfGE* 11, 363).

Wie zum Demokratieprinzip hat die gemeindliche Selbstverwaltung auch einen engen inneren Bezug zu dem tragenden Verfassungsgrundsatz der **Freiheitlichkeit.** Die Eigenständigkeit dient auch der Förderung der Freiheit. Sie bewirkt innerhalb der vollziehenden Gewalt eine zusätzliche, vertikale Gewaltenteilung. Diese schafft Freiräume von unmittelbar staatlicher Einflußnahme und sichert auf diese Weise die individuelle Freiheit: Das mittelalterliche Rechtssprichwort: „**Stadtluft macht frei**" gewinnt in dieser Hinsicht wiederum aktuelle Gestalt.

2.2. Verhältnis zur bundesstaatlichen Verwaltung

Der Inhalt der kommunalen Selbstverwaltung wird ferner durch ihr **Ver-** **48** **hältnis zur staatlichen Verwaltung** bestimmt. Die Gemeinden gehören zum **Verfassungsbereich der Länder** (*BVerfGE* 22, 180 (210); 39, 96, (109)) und sind so Glied einer ihrer Natur nach einheitlichen öffentlichen **Verwaltung** (*StGH BW* NJW 1975, 1205 (1208));

Aufgelockert wird diese Monostruktur durch das Prinzip der **Dezentralität.** Das Grundgesetz hat sich innerhalb der Länder für einen nach Verwaltungsebenen gegliederten, auf Selbstverwaltungskörperschaften ruhenden Staatsaufbau entschieden (*BVerfGE* 52, 95 (111 ff.); NVwZ 1989, 349). Tragendes Element innerhalb dieses dezentralen Gefüges sind die Gemeinden.

3. Inhalt und Umfang der Selbstverwaltungsgarantie

Art. 28 Abs. 2 GG auf Bundesebene sowie die Länderverfassungen auf **49** Landesebene reklamieren zugunsten der Gemeinden das Recht, alle Angelegenheiten der örtlichen Gemeinschaft im Rahmen der Gesetze in eigener Verantwortung zu regeln. Diese Verfassungssätze bedürfen der Auslegung.

3.1. Die Angelegenheiten der örtlichen Gemeinschaft

3.1.1. Die Selbstverwaltungsgarantie bezieht sich **grundsätzlich,** vorbehalt- **50** lich zulässiger anderweitiger gesetzlicher Regelung im Rahmen des Gesetzesvorbehalts des Art. 28 Abs. 2 (vgl. u. 3.4.) auf alle **„Angelegenheiten der örtlichen Gemeinschaft"**, sog. **Verbandskompetenz der Gemeinden,** (zu diesem Begriff vgl. *Oldiges,* DÖV 1989, 873).

51 *3.1.1.1.* **Angelegenheiten der örtlichen Gemeinschaft** in diesem Sinne sind **nach der neueren Rechtsprechung des Bundesverfassungsgerichtes** diejenigen **Bedürfnisse und Interessen, die in der örtlichen Gemeinschaft wurzeln oder auf sie einen spezifischen Bezug haben,** die also den Gemeindeeinwohnern gerade als solchen gemeinsam sind, indem sie das Zusammenleben und Wohnen der Menschen in der Gemeinde betreffen. Die Gemeindeeinwohner sollen die sie selbst berührenden Angelegenheiten in Selbstbestimmung entscheiden (vgl. hierzu die **Rastede**-Entscheidung, in der die Zulässigkeit der Hochzonung der Abfallbeseitigungskompetenz von den Gemeinden auf die Kreise zu klären war, *BVerfG* NVwZ 1989, 347f. mwN; vgl. hierzu *Schink,* VerwArch 1990, 385; *Schoch,* VerwArch 1990, 18; *Knemeyer,* Der Staat, 1990, S. 406).

52 *3.1.1.2.* Der die Verbandskompetenz bestimmende **Zuständigkeitskatalog** ist, wie das BVerfG aus diesem Begriffsverständnis zu Recht folgert, durch die Verfassung nicht **gegenständlich** (abschließend) bestimmt und nach **feststehenden Merkmalen** bestimmbar, sondern im Ansatz variabel, in die Zukunft hinein **„offen"** und erweiterungsfähig (vgl. *Schmidt-Jortzig* DÖV 1993, 973 (975)).

Es gibt auch viele **Grenzfälle und Gemengelagen** örtlicher und überörtlicher Angelegenheiten, in denen eine eindeutige Bestimmung der Verbandskompetenz schwierig ist. So können Bedürfnisse und Interessen auf mehrere örtliche Gemeinschaften einen spezifischen Bezug haben oder in diesen wurzeln oder es können etwa die Bedürfnisse nicht eindeutig erkennbar oder abgrenzbar sein.

Auch **Änderungen** des Zuständigkeitskataloges sind möglich. So können etwa aufgrund ökonomischer, wissenschaftlich-technischer oder sozialer Entwicklungen oder durch Änderungen der Bedürfnisse und Interessen **Wanderungsbewegungen** von der Gemeindeebene nach oben und umgekehrt einsetzen (vgl. hierzu *BVerfGE* 34, 233; *Ossenbühl,* DÖV 1992, 1 (8) zur Stromerzeugung) oder es können sich auch Änderungen im Zusammenleben und Wohnen der Menschen ergeben, die Inhalt und Art der Bedürfnisse modifizieren.

53 *3.1.1.3.* **Bei Zweifeln** zieht die Rechtsprechung für die Ermittlung der Zugehörigkeit einer Angelegenheit folgende **Indizien** heran:
- Die **geschichtliche Entwicklung** der Selbstverwaltung sowie deren historische Erscheinungsformen (*BVerfG,* aaO; NVwZ 1982, 367; 1988, 47 – st. Rspr.). Bestimmungsmaßstab für den Inhalt der Selbstverwaltungsgarantie sind hiernach „die von der Zeit geprägten Anschauungen von Selbstverwaltung". Die Heranziehung dieses Topos erklärt sich daraus, daß Selbstverwaltung ein Inbegriff historisch entwickelter Beziehungen ist. Für die Beurteilung von Inhalt und Grenzen des Selbstverwaltungsrechts ist es deshalb wesentlich, „wie die Verhältnisse früher", speziell vor

II. Die Kommunale Selbstverwaltung der Gemeinden

Inkrafttreten des Grundgesetzes waren (*BVerwG,* Beschluß v. 15. 3. 1989; *EKBW* GG Art. 28, E 11, S. 5). (Kritisch hierzu *Schmidt/Jortzig,* DÖV 1989, 145).

Relativiert wird dieser Ansatz durch die „**Zulassung von Änderungen**" **des überkommenen Garantiebestandes,** soweit sie in einer „vernünftigen Fortentwicklung des überkommenen Systems bestehen" (*BVerfG,* aaO und *BVerfGE* 23, 353 (367); 52, 95 (117)).

– Die **Größe** (Einwohnerzahl, flächenmäßige Ausdehnung) und die **Struktur** einer Gemeinde (*BVerfG,* aaO, 350). Die spezifischen Bedürfnisse und Interessen können je nach Art einer Gemeinde unterschiedlich sein. **Ein und dieselbe Aufgabe kann in einer Gemeinde örtlich, in einer anderen überörtlich sein (gespaltener Örtlichkeitsbegriff).** Ob eine Angelegenheit hiernach noch örtlich ist, hat nach der Rechtsprechung „**anhand von Sachkriterien unter Orientierung an den Anforderungen zu erfolgen, die an** eine **ordnungsgemäße Aufgabenerfüllung** zu stellen sind (*BVerfG,* aaO, 350).

Beispiel: Die kommunale **Elektrizitätsversorgung** gehört zwar herkömmlich zu den „typischen Aufgaben" der Kommunen (*BVerfG* NJW 1990, 1783). Sie ist allerdings heute mit Blick auf die großräumige Verflechtung der Elektrizitätserzeugung und Vermarktung durch eine einzelne Gemeinde nur selten mehr allein ordnungsgemäß zu erfüllen. Sie ist deshalb **heute in der Regel keine Angelegenheit der örtlichen Gemeinschaft mehr, die vom Schutzbereich des Art. 28 Abs.** 2 GG umfaßt wird (so im Ergebnis auch *Löwer,* DVB 1991, 132 (140); aA *Würtenberger,* WiVW 1985, 188 (189); *Damm,* JZ 1988, 840; *Schmidt-Aßmann,* in: FS Fabricius 1989, S. 251 (258); diff. *Ossenbühl,* DÖV 1992, 1 (8) für die Stromerzeugung einerseits und die Stromverteilung andererseits und *VGH BW* NVwZ 1991, 583).

3.1.1.4. **Keine Indizwirkung** kommt nach Auffassung des BVerfG der **Ver-** 54 **waltungskraft** der Gemeinde zu.

Dieses Postulat des BVerfG ist **bedenklich.** Zum einen hat das Gericht stillschweigend seine eigene Rechtsprechung aufgegeben, wonach der Umfang des Selbstverwaltungsrechts der Gemeinden als von der Verwaltungskraft bzw. **Leistungsfähigkeit** in Abhängigkeit zu sehen sei (so etwa noch *BVerfGE* 23, 353 (368); 26, 228 (239); ebenso *BVerwGE* 67, 321 (324); NVwZ 1984, 378 (380)). Zum anderen ist diese Argumentation nur schwer mit der an anderer Stelle der Rastede-Entscheidung geäußerten Auffassung des Gerichts in Einklang zu bringen, wonach sich die Verbandskompetenz der Gemeinden auch an den „Anforderungen an eine ordnungsgemäße Aufgabenerfüllung" ausrichtet. Deren Voraussetzung ist nämlich auch eine ausreichende (eigene) örtliche Verwaltungskraft.

3.1.1.5. In **verfahrensrechtlicher Hinsicht** gesteht das BVerfG in Ansehung 55 der bestehenden Abgrenzungsschwierigkeiten dem Gesetzgeber bei der Ermittlung des Umfangs der kommunalen Verbandskompetenz einen **Einschätzungsspielraum** im Rahmen des **Vertretbaren** zu (*BVerfG,* aaO).

3. Kapitel. Das Selbstverwaltungsrecht

– **Zu anderen** – überholten – **Definitionen** des Selbstverwaltungsrechts vgl.
BVerwG NVwZ 1984, 176; *Roters*, in: *von Münch (Hrsg.)*, GG, Aufl. 1983, Bd. 2,
Art. 28 Rdnr. 46 (Funktionales Selbstverwaltungsverständnis, d. h.: Selbstverwaltungsrecht als bloßes Mitwirkungsrecht an höherstufigen Entscheidungsprozessen);
Burmeister, Verfassungstheoretische Neukonzeption der kommunalen Selbstverwaltungsgarantie, 1977, insb. S. 37 ff.) (Selbstverwaltung als staatsorganisatorisches
Aufbauprinzip ohne Kompetenzgarantie für die Gemeinden; *Blümel*, VVDStRL 36,
171 (245 f.) (Kompensationsmodell); vgl. hierzu auch *Schoch*, VerwArch 1990, 18 f.,
41; *Schmidt-Aßmann*, FS Sendler 1991, S. 122).

56 *3.1.2.* Die Umschreibung „alle" Angelegenheiten der örtlichen Gemeinschaft gibt den Gemeinden die **Allzuständigkeit** (Universalitätsprinzip),
(*BVerfGE* 21, 117 (128 ff.); NVwZ 1989, 349). Die Gemeinden sind im
Gegensatz zu anderen Verwaltungsträgern, die für ihr Handeln eines speziellen Kompetenztitels (**Spezialitätsprinzip**) bedürfen, befugt, sich mit allen
nicht kompetenziell anderweitig besetzten örtlichen Angelegenheiten **zu befassen** und diese **zu erledigen,** d. h. materiell wahrzunehmen (vgl. *BVerfG*
NVwZ 1989, 349 mwN).

57 *3.1.3.* **Keine Angelegenheiten** der örtlichen Gemeinschaft sind die **staatlichen Aufgaben.** Eine **Befassungs- und Erledigungskompetenz** fehlt den
Gemeinden für solche **Aufgaben, die den Kompetenzbereichen des Bundes
und der Länder als solchen zugeordnet sind.**

Für Gegenstände in bundes- und landesrechtlicher Ausführungs- bzw.
Vollzugskompetenz fehlt den Gemeinden das rechtliche und (allgemein-)po-
litische Mandat (vgl. *BVerfG*, aaO und *BVerfGE* 8, 122 sowie *Lehnguth*,
DÖV 1989, 655 (657)).

Beispiel: Erlaß eines **Werbeverbots** durch die Gemeinde **für Tabak** und
Alkohol. Die Kompetenz zur Regelung des Rechts der Wirtschaft liegt nach
Art. 72, 74 Nr. 11, 20 GG beim Bund (vgl. *VGH BW* NVwZ 1993, 903)
Art. 28 Abs. 2 GG kann hiernach nicht als Ermächtigungsgrundlage zugun-
sten einer Regelungsbefugnis durch eine Gemeinde herangezogen werden.

58 *3.1.3.1.* **Ausnahmsweise** besteht im Bereich **staatlicher Aufgaben** zwar
nicht eine Erledigungs-, jedoch eine kommunale **Befassungskompetenz,** die
sich zu Anhörungs-, Mitwirkungs- und sogar Sachantragsrechten verdichten
kann (*BVerwG* DVBl. 1988, 363; DÖV 1989, 266), **wenn** und **soweit** aus
dem Selbstverwaltungsrecht oder dem übertragenen Wirkungsbereich abzu-
leitende **Rechtspositionen** der Gemeinden in spezifischer Weise **konkret gegenwärtig** (so *VGH* BW VBlBW 1988, 217 mwN) **oder abstrakt** d. h.
künftig potentiell (so *BVerwG* NVwZ 1991, 682) **betroffen werden (können).** Die Befassungskompetenz geht insoweit über die verfassungsrechtliche Gesetzgebungs- und Verwaltungskompetenz zur materiellen Aufgabenwahrnehmung hinaus und setzt nur ein individuelles, **sachlich mögliches
Betroffensein** oder Betroffenwerden der gemeindlichen Rechtspositionen
voraus.

– **Eine kommunale Befassungskompetenz** besteht etwa für Angelegenheiten der **Landesverteidigung,** soweit durch den Bund als Träger der Ver-

teidigungshoheit (vgl. Art. 73 Nr. 1, 87a und 87b GG) militärische Einrichtungen oder Maßnahmen auf der Gemarkung einer Gemeinde vorhanden oder geplant sind (vgl. etwa § 1 Abs. 2 Landbeschaffungsgesetz; § 17 Schutzbereichsgesetz; § 37 Abs. 2 Baugesetzbuch; § 30 Abs. 3 Luftverkehrsgesetz und *VGH BW,* aaO mwN; ferner *VGH BW* BWGZ 1984, 448, 452). Anträge auf Aufnahme solcher Verhandlungsgegenstände in die Tagesordnung des Gemeinderats muß der Bürgermeister deshalb im Rahmen seines Rechts nach § 36 Abs. 3 GemO, die Tagesordnung aufzustellen und die Zulässigkeit der Anträge formell und materiell zu prüfen, stattgeben, soweit die örtliche Relevanz hinreichend substantiiert wird.

Sind **konkrete** Maßnahmen durch den Bund im Gemeindegebiet **(noch) nicht geplant,** so besteht zugunsten einer Gemeinde **auch in diesem Falle eine Befassungskompetenz,** sofern mögliche Auswirkungen solcher Maßnahmen auf die Angelegenheiten der örtlichen Gemeinschaft (z. B. Planungshoheit, öffentliche Einrichtungen) diskutiert werden sollen **(abstraktes Betroffensein).** In diesem Falle sind speziell sogenannte „**Vorratsbeschlüsse** zulässig (*BVerwG* NVwZ 1991, 682; aA *VGH BW,* aaO). Beispiel: Diskussion über die Auswirkungen einer etwaigen Stationierung von Atomwaffen im Gemeindegebiet auf die Infrastruktur, den Brandschutz oder den Katastrophenschutz.

Unzulässig wäre hingegen etwa die Befassung einer Gemeinde mit dem Thema „Erklärung des Gemeindegebiets zur „**atomwaffenfreien Zone**". Eine solche Angelegenheit wäre keine solche „der örtlichen Gemeinschaft", da eine Gemeinde durch die Stationierung von Atomwaffen im Bundesgebiet grundsätzlich nicht anders betroffen wird als jede andere Gemeinde in der Bundesrepublik, die der Verteidigungshoheit des Bundes untersteht (unspezifisches Betroffensein) (vgl. hierzu *BVerwG,* aaO).

– **Bei überörtlichen Planungen** besteht zugunsten der Gemeinden als **Ausfluß ihrer Planungshoheit** ein formelles Recht auf **Befassung und Beteiligung.** Im luftverkehrsrechtlichen Verfahren können die Gemeinden sogar verlangen, daß das Genehmigungsverfahren durchgeführt und mit einer Sachentscheidung abgeschlossen wird, wenn und soweit dies zur Koordinierung der örtlichen und der militärischen Planung erforderlich ist (*BVerwG* DVBl. 1988, 363).

– Bei **staatlichen Maßnahmen gegenüber ortsansässigen Betrieben** besitzen die Gemeinden eine Befassungskompetenz, soweit diese Maßnahmen zugleich die örtlichen Angelegenheiten konkret oder abstrakt betreffen. Droht einem Unternehmen in der Gemeinde etwa die staatliche **Gewerbeuntersagung** wegen illegaler Waffengeschäfte, so hat der Gemeinderat das Recht, sich mit den Folgen einer Gewerbeuntersagung auf die heimische Wirtschaft, die Arbeitsplatzsituation und den Gemeindehaushalt zu befassen.

– Ein Befassungsrecht besteht auch im Rahmen von **Gesetzesinitiativen** des Bundes und der Länder, **soweit Rechtspositionen der Kommunen** durch ein geplantes Gesetz **betroffen würden.** Beispiel: Äußerung einer Gemeinde zu einem kommunalen Abfallwirtschaftsgesetzentwurf. **Unzuläs-**

sig wäre eine Befassung in diesem Zusammenhang indes zum Zwecke der (direkten) **Abstimmungsbeeinflussung,** etwa im Vorfeld eines Volksbegehrens gegen das Gesetz. Insoweit muß das Selbstverwaltungsrecht vor dem überragenden Rechtsgut der freien politischen Meinungsbildung im demokratischen Rechtsstaat zurücktreten (vgl. *VGH München,* Fundstelle BW 1992, Rdnr. 137).

– Durch die Befassungskompetenz gedeckt wird auch die Regelung in Sachsen (§ 13 GemO), wonach die Kommunen **den Einwohnern** bei der **Einleitung von Verwaltungsverfahren** jeder Art, etwa durch Vorhalten von Antragsformularen etc., **behilflich sein müssen.** Hier handelt es sich um Angelegenheiten, die die Einwohner einer Gemeinde spezifisch betreffen.

59 *3.1.3.2.* **Kein Befassungsrecht** bestände etwa zugunsten der Gemeinden
– in Bezug auf die **Neuregelung des § 218 StGB,** soweit sich eine Gemeinde ausschließlich mit den sozialen und rechtlichen Folgen für die Frauen und das ungeborene Leben befaßt. Tritt etwa eine kommunale **Frauenbeauftragte** für die Fristenlösung ein, so überschreitet ihre Äußerung die kommunale Verbandskompetenz. Etwas anderes gälte hingegen etwa, wenn sich ein kommunaler Krankenhausträger mit den Folgen des Gesetzes auf die kommunale Krankenhaussituation befassen würde;
– in Bezug auf ein rechtswidriges Verhalten einer Bundes- oder Landesbehörde im Gemeindegebiet Dritten gegenüber. Geht etwa der Bürgermeister davon aus, daß das Verhalten einer Verwaltungsbehörde zu einem bauordnungsrechtswidrigen Zustand führt, so hat er nicht das Recht, bei dieser Behörde darauf zu drängen, daß sie ihr Verhalten an „Recht und Gesetz" ausrichtet (aA *OLG Karlsruhe* BWGZ 1992, 437).
– **Zu weiteren problematischen Beispielen** der Befassungskompetenz vgl. *Lehnguth,* DÖV 1989, 655 (656 f.); *Kästner,* NVwZ 1992, 9 f., speziell zu Warnungen vor Produkten; *OVG Koblenz,* NVwZ-RR 1989, 35 – zu § 116 AFG; zur Warnung vor Jugendreligionen vgl. *BVerwGE* 82, 76; *VGH BW* NVwZ 1989, 279; *OVG Münster* NVwZ 1991, 176; zur **Öffentlichkeitsarbeit** der Kommunen vgl. *Meyn,* JuS 1990, 630.

60 *3.1.4.* **Keine „Angelegenheiten der örtlichen Gemeinschaft" sind die an die Gemeinden zur Wahrnehmung übertragenen staatlichen Aufgaben (Weisungsaufgaben).** Zur Übertragung dieser Aufgaben an die Gemeinden ist der Staat grundsätzlich **historisch legitimiert** (*BVerfG* NVwZ 1989, 46). Für sie besitzen die Gemeinden zwar die Erledigungskompetenz. Sie unterfallen jedoch als **nicht eigene** Angelegenheiten nach der herrschenden **dualistischen Sichtweise** der Einteilung gemeindlicher Aufgaben **nicht dem Schutzbereich des Art. 28 Abs. 2** (ständ. Rechtspr. vgl. *BVerfG* NVwZ 1989, 45; *BVerwG* NVwZ 1983, 610 mwN; zu Einzelheiten vgl. 7. Kapitel).

Die **Aufgaben des übertragenen Wirkungskreises** sind **entweder überörtliche Aufgaben oder (zunächst) (teil-)hochgezonte örtliche Aufgaben,** die bei den Gemeinden als solche geschaffen oder auf die Gemeinden zurückübertragen und „nach Maßgabe staatlicher Weisung" zu erfüllen sind.

Beispiel: Die Aufgaben der Ortspolizeibehörde gehören aus historischer

Sicht zwar zu den örtlichen, jedoch nicht zu den eigenen, sondern zu den an die Gemeinden (zurück-)übertragenen staatlichen Aufgaben, die durch die Selbstverwaltungsgarantie nicht geschützt sind. (So ähnlich *VGH BW* VBlBW 1986, 217 – für die polizeiliche Räum- und Streupflicht; *BVerwG* DVBl. 1984, 88 – für die Aufgaben der Straßenverkehrsbehörde).

Behält sich der Staat bei den übertragenen (staatlichen) Aufgaben **kein Weisungsrecht vor, wachsen diese Aufgaben der Selbstverwaltungshoheit der Gemeinde zu.** Dem Schutzbereich des Art. 28 Abs. 2 GG unterfallen sie indes nur dann, wenn es sich „um Angelegenheiten der örtlichen Gemeinschaft" in diesem Sinne handelt und in dem Verzicht auf das Weisungsrecht eine Rückdelegation dieser Aufgaben auf die Gemeinde zu sehen ist.

– **Zur monistischen und dualistischen Sichtweise** kommunaler Aufgaben vgl. 7. Kapitel und *Schmidt-Eichstaedt, HdKWP*, Bd. 3, S. 9 mwN.

3.1.5. **Keine** Angelegenheit der örtlichen Gemeinschaft ist es auch, **Indivi-** 61 **dualrechte** und Interessen **der Einwohner als solcher** wahrzunehmen. Beispiel: **Beteiligung einer Gemeinde an einer Bürgerinitiative.** Zur Geltendmachung von Individualrechten sind allein die Einwohner selbst zuständig. Die grundgesetzlich verbürgten Freiheiten des Menschen sollen prinzipiell nicht von der „Verwaltungshoheit", öffentlicher Rechtsträger verwaltet werden (vgl. *BVerfG* NJW 1982, 2174; *VGH BW* NVwZ 1987, 513; *VGH Kassel* NJW 1979, 180).

3.1.6. **Doppelkompetenzen** hinsichtlich ein und derselben Aufgabe sind 62 **ausgeschlossen.**

Diese Festlegung schließt jedoch nicht zugleich aus, daß **Ausschnitte** einer überörtlichen Angelegenheit **örtlich** und damit in der Zuständigkeit der Gemeinde liegen können. Beispielsweise ist die **Krankenhausversorgung** des Kreisgebiets eine überörtliche kreisbezogene Angelegenheit. Die Versorgung einzelner Gemeinden im Kreisgebiet kann indes im Einzelfall durchaus auch durch die jeweilige Gemeinde für ihr Gebiet sachgerecht zu bewältigen sein. Soweit nicht überwiegende Gründe des Gemeinwohls für eine **ausschließliche Zuweisung** der Versorgung an die Landkreise gegeben sind, dürfen die einzelnen Kommunen für ihr Gebiet hiernach auch eigene Krankenhäuser betreiben (vgl. *BVerfG* NVwZ 1992, 365/367).

Ausgeschlossen ist weiterhin durch dieses Verbot auch **nicht die Möglichkeit,** eine (überörtliche) Aufgabe auf die Kommunen **nur teilweise oder subsidiär** zu übertragen und damit eine **Teilkompetenz** oder **Subsidiärkompetenz** der Kommunen zu begründen (sog. **Teilhochzonung**). Beispiel: Übertragung der Unterbringungspflicht von Asylbewerbern auf die Kommunen, soweit nicht ein Bundesland die Asylbewerber selbst unterbringt (vgl. hierzu *VGH BW* VBlBW 1987, 30 (31); *ESVGH* 30, 220).

3.1.7. **Grenzfälle** sind **nach dem Übergewicht** der kompetenziellen Bezo- 63 genheit zu entscheiden, (so auch *Knemeyer*, Bay.KommR, Rdnr. 122), **soweit eine Trennung** der Kompetenzen durch Aufgabendifferenzierung **nicht möglich ist.**

Läßt sich ein Übergewicht der Bezogenheit nicht ermitteln, besteht **im Zweifel** eine **Vermutung** für die **Örtlichkeit** einer Angelegenheit und damit für die Befassungs- und Erledigungskompetenz der Gemeinden (vgl. *BVerfG* NVzW 1989, 349; *StGH BW* VBlBW 1968, 9).

64 *3.1.7.1.* Ein **Grenzfall hinsichtlich der Erledigungskompetenz** besteht etwa **für die „kommunale Außenpolitik"**, speziell für das Eingehen von **Städtepartnerschaften** und **Patenschaften** zu kulturellen, allgemein- oder etwa entwicklungspolitischen Zwecken. Einerseits sind derartige Aktionen örtlich auf eine bestimmte Gemeinde bezogen; im Hinblick auf die ausländische Partnerschaft überschreiten sie andererseits die örtliche Bezogenheit und strahlen auf die Kompetenz des Bundes für die Außenpolitik nach Art. 32 Abs. 1 GG aus. Die **Zuständigkeitsfrage ist in diesen Fällen durch differenzierende Betrachtungsweise** des Partnerschaftsgegenstandes **zu lösen.**

Soweit die Konzeption einer Städtepartnerschaft in der **Wahrnehmung örtlicher Angelegenheiten** durch die beteiligten Gemeinden besteht, z. B. Kulturaustausch, ist die Partnerschaft **durch die Kompetenzvorschrift des Art. 28 Abs. 2 GG gedeckt und damit zulässig.** Ihre Ausstrahlung auf fremdes Gebiet ist insoweit unschädlich. Die **Bindung des Selbstverwaltungsrechts** an die örtliche Gemeinschaft **fordert keine geographische Beschränkung der Reichweite kommunalen Handelns auf das Gemeindegebiet,** sofern nicht zugleich in fremde Verbandskompetenzen eingegriffen wird oder diese usurpiert werden. (Vgl. *BVerwG* NVwZ 1991, 685 – internationale Städtepartnerschaft Fürth-Hiroshima u. a.; *Gern*, NVwZ 1991, 1147; *Heberlein*, BayVBl. 1990, 268 (269); zu eng. *Schmidt-Jortzig*, DÖV 1989, 142.)

Bezieht sich die Partnerschaft jedoch auf Gegenstände, die inhaltlich die **Bundeskompetenzen** zur Pflege der auswärtigen Beziehungen i. S. der Art. 32 Abs. 1 GG, 59, 73 Nr. 1, 87 GG) **betreffen, ist sie** insoweit **unzulässig.** Dies gälte etwa für eine Vereinbarung, in welcher für ein fremdes Land **Grenzgarantien** abgegeben werden (vgl. *Dauster*, NJW 1990, 1084 (1085); *Berg*, BayVBl 1990, 33 (38)). Ein Vertragsabschluß mit einem solchen Inhalt erzeugt für die Bundesrepublik keinerlei Bindung völkerrechtlicher Art (vgl. *von Vitzthum*, in: Konsens und Konflikt – 35 Jahre Grundgesetz, 1986, S. 75 (82); *BVerfGE* 2, 347 (374) – Kehler Hafen).

65 *3.1.7.2.* Weder einen Eingriff in die **friedenspolitische und verteidigungspolitische** noch in die **außenpolitische Kompetenz** des Bundes sieht das BVerwG (NVwZ 1991, 685) in dem Beschluß einer Gemeinde, dem von den Städten Hiroshima und Nagasaki initiierten, auf weltweite Kernwaffenabrüstung abzielenden „Programm zur Förderung der Solidarität der Städte mit dem Ziel der **Abschaffung von Atomwaffen"** beizutreten, da die **Erreichung des äußeren Friedens** eine Zielvorgabe des Grundgesetzes sei, die mit Blick auf den Grundsatz der Einheit der Verfassung auch die Auslegung des Art. 28 Abs. 2 GG beeinflusse und da außerdem die „kommunale Außenpolitik" nicht von der dem Bund zustehenden auswärtigen Gewalt im Sinne des Art. 32 Abs. 1 GG erfaßt werde. **Dieser Auffassung ist zum einen entge-**

genzuhalten, daß die allgemeinen **Zielvorgaben des Grundgesetzes,** an die die Hoheitsträger gebunden sind, **nicht kompetenzerweiternd, sondern allenfalls kompetenzkonkretisierend wirken** und daß zum anderen die „kommunale Außenpolitik" je nach Inhalt, wenn auch nicht von Art. 32 Abs. 1 GG erfaßt, so doch in diese und andere Kompetenzen des Bundes **eingreifen** kann. Ein Eingriff in diesem Sinne ist mit der Vornahme von Aktivitäten einer Gemeinde im Ausland zur Abschaffung von Waffen eindeutig gegeben, da die Frage der Bewaffnung eines Staates Essentiale der ausschließlichen Verteidigungskompetenz des Bundes ist und mithin nur ihm ein Äußerungsrecht zusteht. (vgl. *Gern,* NVwZ 1991, 1147; zustimmend *Heberlein,* NVwZ 1992, 543 (546) und *Erlenkämper,* NVwZ 1993, 431).

3.1.7.3. **Problematisch** erscheint die **Verbandskompetenz** einer Gemeinde **66** auch, wenn diese im Rahmen einer Kooperation einer anderen Gemeinde **in ausschließlich „altruistischer Weise" Hilfe leistet.**

Beispiel: Verwaltungshilfe zugunsten der Gemeinden in den neuen Bundesländern. Nach *Schmidt-Jortzig* (DÖV 1989, 142 (149)) und *Heberlein* (NVwZ 1991, 535) sprengen diese Aktivitäten die kommunale Verbandskompetenz. Diese Auffassung übersieht, daß **die Kompetenz, Dritten in Notlagen Hilfe zu leisten,** sei es durch Subventionen oder praktische Maßnahmen, seit alters her schon immer als legitime Aufgabe der Gemeinden angesehen wurde und damit unter dem Blickwinkel des Art. 28 Abs. 2 GG **historisch** legitimiert ist.

– Zur **Rechtsnatur** von Partnerschaftsverträgen und zu dem auf diese Verträge **anzuwendenden Recht** vgl. auch *Heberlein,* DÖV 1990, 374 (380 f.).

3.2. Eigene Verantwortung

3.2.1. Die Selbstverwaltungsgarantie sichert den Gemeinden auch die Befug- **67** nis zu **eigenverantwortlicher** Führung der Geschäfte im Rahmen der Verbandskompetenz (*BVerfGE* NJW 1981, 1659; NVwZ 1989, 348). Eigenverantwortlichkeit heißt **Gestaltungsfreiheit,** Ermessens- und **Weisungsfreiheit.** Betroffen wird das **ob, wann und wie** der Aufgabenwahrnehmung. Das Merkmal „in eigener Verantwortung" zeigt die Selbstverantwortlichkeit der Gemeinden auf, die durch **organisatorische, personelle und** im Rahmen der Gesetze auch **inhaltlich selbständige** unabhängige Willensbildung und durch eigenständigen Willensvollzug **mit eigenen Mitteln** gekennzeichnet wird (vgl. *BVverfG* NVwZ 1992, 365 (367)). Aus ihm folgt die Beschränkung der staatlichen Aufsicht auf **reine Rechtsaufsicht. Wird** das Recht, eigene Zweckmäßigkeitsüberlegungen anzustellen, auf höherstufige Verwaltungsträger **hochgezont, verliert eine Angelegenheit** der örtlichen Gemeinschaft **ihren Charakter** als Selbstverwaltungsangelegenheit. Das Bestehen von staatlichen Weisungsrechten verträgt sich nicht mit eigenverantwortlicher Aufgabenerledigung (aA *Vietmeier,* DVBl. 1992, 413 (419)).

3.2.2. Ob außerdem auch die **Totalität** oder **Einheitlichkeit der öffentli-** **68** **chen Verwaltung auf Gemeindeebene** in den Händen der kommunalen

Behörden zu den identitätsbestimmenden Merkmalen der Selbstverwaltung gehört, hat das *BVerfG* (NVwZ 1989, 349) bisher offen gelassen. Diese Frage ist jedoch **zu verneinen.** Die Gemeinden sind nach Art. 28 Abs. 2 GG nicht für „alle öffentlichen Aufgaben", die in der Gemeinde anfallen, zuständig, sondern ausschließlich für die spezifischen, oben unter Ziff. 3 umschriebenen „Angelegenheiten der örtlichen Gemeinschaft". Beides ist nicht identisch (vgl. hierzu auch *Schmidt-Aßmann,* in: FS Sendler 1991, S. 121 (131); *Oebbeke,* DVBl. 1987, 866). Für die sonstigen „öffentlichen Aufgaben", die nicht von Art. 28 GG umfaßt sind, sind Bund und Länder kompetenziell befugt, **eigene** nichtkommunale Behörden zu errichten.

3.3. Regelungskompetenz der Kommunen

69 Die Gemeinden besitzen nach Artikel 28 Abs. 2 GG die **Regelungskompetenz.** Sie gibt das Recht zum **Einsatz aller zulässigen Handlungsformen** des öffentlichen Rechts und des Privatrechts. So können die Gemeinden untergesetzliche Rechtsnormen, speziell Satzungen erlassen (**Satzungshoheit**) (*BVerwGE* 6, 247; *BayVerfGH* NVwZ 1989, 551), Verwaltungsakte setzen, schlichthoheitlich und privatrechtlich tätig werden. Ohne Regelungskompetenz ist eigenverantwortliche Aufgabenerfüllung unmöglich.

Die Regelungskompetenz ist in erster Linie **Regelungsrecht.** Die Gemeinde hat allerdings ebenfalls vorbehaltlich anderweitiger gesetzlicher Regelung im Rahmen des Gesetzesvorbehalts des Art. 28 Abs. 2 GG (s. u. 3.4.) ein **Regelungsermessen,** ob, wann und in welcher Weise sie eine Aufgabe als Selbstverwaltungsaufgabe wahrnimmt. Eine **Pflicht** zur Regelung im Rahmen der Selbstverwaltungsautonomie besteht nach **einzelgesetzlicher** Vorschrift bei **Pflichtaufgaben** (vgl. hierzu 7. Kapitel). Darüber hinaus kann sich das eingeräumte **Regelungsermessen** zugunsten einer Regelungspflicht **aus der Überlagerung durch Verfassungsrecht,** insbesondere durch das Sozial- und Rechtsstaatsprinzip sowie die Grundrechte, **auf Null reduzieren.** In diesem Falle ist eine Überlassung der Aufgabenerfüllung an nichtstaatliche Rechtssubjekte (sog. **materielle Privatisierung**) ausgeschlossen (vgl. hierzu *Pappermann,* StTag 1984, 246; *Knemeyer,* WiVW 1978, 73; *Dieckmann,* HdKWP, Bd. 3, S. 50; *Stober,* KommR, § 11 III).

3.4. Im Rahmen der Gesetze

70 *3.4.1.* Das Selbstverwaltungsrecht steht den Gemeinden im Rahmen der Gesetze zu. **Gesetz** in diesem Sinne sind Bundesgesetze (*BVerwG* DÖV 1980, 458) in formellem Sinne und Rechtsverordnungen im Sinne des Art. 80 GG (*BVerfGE* 56, 298 (309); NVwZ 1987, 42), Landesgesetze (*VGH BW* VBlBW 1968, 184), Satzungen anderer Selbstverwaltungskörperschaften sowie andere **untergesetzliche Rechtsnormen,** etwa Raumordnungsprogramme (*BVerfG,* NVwZ 1988, 48) und **Gewohnheitsrecht** (*BVerwG* Verw Rspr. 29 Nr. 85; *VerfGH NW* NVwZ 1982, 431 – örtliche Kirchenbaulasten).

II. Die Kommunale Selbstverwaltung der Gemeinden

Die Formel „im Rahmen der Gesetze" bedeutet einen **Gesetzesvorbehalt** im Sinne des Artikel 20 Abs. 3 GG (*BVerfGE* 56, 298 (309)). Er **begrenzt** das Selbstverwaltungsrecht und gibt ein beschränktes staatliches Eingriffsrecht in das Selbstverwaltungsrecht. Er erstreckt sich
– auf die Allzuständigkeit,
– auf das Recht zur eigenverantwortlichen Aufgabenwahrnehmung (*BVerf-GE* 56, 312)
– sowie auf die Regelungskompetenz für die kommunalen Angelegenheiten (vgl. *BVerfG* NVwZ 1989, 347; *Schoch*, VerwArch 1990, 28).

3.4.2. Hinsichtlich der **Intensität der normativen Eingriffsbefugnisse** lassen **71** sich eine **absolute** und eine **relative Grenze** unterscheiden.

3.4.2.1. Der **Kernbereich** (Wesensgehalt) der Selbstverwaltungsgarantie darf nicht **angetastet** werden. (Absolute Grenze – **Wesensgehaltsgarantie**); vgl. etwa *BVerfGE* 1, 167; 38, 258 (278); 56, 298 (312); NVwZ 1988, 49; 1989, 348).

Die **Bestimmung des Kernbereichs** ist **streitig.** Allgemein läßt sich aber formulieren, daß von der Wortbedeutung her zum Kernbereich **alle institutionellen Standards, alle Hoheitsrechte und alle Aufgaben gehören müssen,** die die **Selbstverwaltung** mit Blick auf die geschichtliche Entwicklung der Gemeinden und den verfassungsrechtlichen Kontext **konstituieren,** und mithin unverzichtbar sind (vgl. *BVerfG* NVwZ 1992, 365 (366) mwN).

Nach *BVerwG* (VBlBW 1984, 204) kennzeichnet der Kernbereich den Bereich der Selbstverwaltungsgarantie, dem gegenüber es keine begrenzenden gleich- oder höherwertigen Rechtsgüter mehr gibt, soll nicht die Garantie ihre Wirksamkeit für das Staatsganze und den Aufbau der Demokratie von unten nach oben einbüßen.

Nach der Rechtsprechung des *BVerfG* (Rastede) gehört zum Kernbereich (Wesensgehalt) **kein** gegenständlich **bestimmter** oder nach feststehenden Merkmalen **bestimmbarer Aufgabenbereich,** jedoch die Befugnis, sich aller örtlichen Angelegenheiten, die nicht durch Gesetz zulässigerweise anderen Trägern öffentlicher Verwaltung übertragen sind, ohne besonderer Kompetenztitel anzunehmen (*BVerfG* NVwZ 1989, 347).

Den Kernbereich kennzeichnet hiernach ein formales, **im Ansatz unbegrenztes Zugriffsrecht** der Gemeinde auf alle örtlichen Aufgaben. Mit dieser Definition – sollte sie das *BVerfG* umfassend und lückenlos verstanden wissen wollen –, **würde der Kernbereich** der Selbstverwaltung **stark eingeschränkt.** Charakteristische, kernbereichstypische Hoheitsrechte und Aufgaben einer Gemeinde gäbe es nicht mehr, das gewachsene Erscheinungsbild der Kommunen würde zur Disposition gestellt (so auch *Schink,* VerwArch 1991, 398; aA aber *NdS StGH* DÖV 1979, 406 – zur Organisationshoheit). Sie stände überdies im Widerspruch zur ständigen Rechtssprechung des Gerichts, wonach für die Bestimmung des Kernbereichs (auch) die **geschichtliche Entwicklung** indizierend sei (vgl. *BVerfG* NVwZ 1988, 49; 89, 348): Der durch die geschichtliche Entwicklung erreichte Standard kommunaler Identität ist nicht auf das „Zugriffsrecht" beschränkt.

Dieser Befund legt nahe, die Definition des BVerfG **nur** als **Teilinterpretation** des Kernbereichs zu qualifizieren: Neben dem formalen Zugriffsrecht **gibt es noch weitere – inhaltlich zu bestimmende – Gegenstände des Kernbereichs,** (ähnlich, aber teilweise unklar *Clemens,* NVwZ 1990, 838; vgl. auch *Erlenkämper,* NVwZ 1991, 326; *Schmidt-Aßmann,* in: FS Sendler 1991, S. 134). Eine Bestätigung findet diese Auffassung auch durch das *BVerfG* selbst im Zusammenhang mit seiner Rspr. zur **Gemeindegebietsneugliederung** (vgl. DVBl. 1992, 960 mwN). Hiernach gehört es zum Kernbereich der kommunalen Selbstverwaltung, daß Bestands- und Gebietsänderungen von Gemeinden nur aus „Gründen des öffentlichen Wohls" und nach „Anhörung" der betroffenen Gebietskörperschaften zulässig sind.

Charakteristische kernbereichstypische Hoheitsrechte nach herkömmlichem Verständnis sind die Gebietshoheit, die Organisationshoheit (so ausdrücklich *Nds. StGH* DÖV 1979, 406) und als besondere Ausprägung die Kooperationshoheit (vgl. zu diesen Begriffen allgemein *BVerfG* NVwZ 1987, 123), die Satzungshoheit (*Bay VerfGH* NVwZ 1989, 551, 1993, 164; die Personal- und Finanzhoheit (vgl. *VerfGH RhPf* KStZ 1978, 173) und die Planungshoheit (vgl. hierzu *BVerfG* NJW 1981, 1659; NVwZ 1988, 49). Diese Rechte der Gemeinde genießen einen erhöhten Schutz (*BVerfG* NVwZ 1987, 123). Sie gehören aber nur **nach ihrem Grundbestand zum Kernbereich, während die** Einzelausformungen außerhalb des Kernbereichs **liegen können (offengelassen durch** *BVerfG* NVwZ 1987, 123).

Verletzt ist der Kernbereich auf jeden Fall, wenn nach dem Eingriff von dem betroffenen Bereich (z. B. der Personalhoheit) nichts mehr verbleibt (*BVerfGE* 7, 358; *StGH* BW ESVGH 24, 155) – sog. **Substraktionsmethode.** Allerdings ist konkret auch eine Verletzung unterhalb dieser äußersten Grenze möglich.

72 *3.4.2.2.* **Außerhalb des Kernbereichs** darf der Gesetzgeber das Selbstverwaltungsrecht **näher ausgestalten und formen.** Diese Ausgestaltung darf jedoch nach Auffassung des BVerfG nicht beliebig sein. Vielmehr hat der Gesetzgeber die spezifische Funktion der Selbstverwaltung im Aufbau des politischen Gemeinwesens nach der grundgesetzlichen Ordnung zu berücksichtigen (*BVerfG* NVwZ 1989, 348).

Im einzelnen ist **zu unterscheiden** zwischen **Entziehung** einer örtlichen Aufgabe, der **'Neuübertragung** einer Aufgabe als Weisungsaufgabe oder weisungsfreie Pflichtaufgabe **und** ihrer **näheren Regelung.**

73 *3.4.2.2.1.* Will der Gesetzgeber eine **Aufgabe** mit örtlichem Charakter einer Gemeinde **entziehen,** indem er die Zuständigkeit auf andere Verwaltungsträger z. B. **auf das Land oder auf Landkreise (Hochzonung) oder auf andere (Nachbar-)gemeinden (Querzonung) verlagert oder diese der Gemeinde zwar formell beläßt, aber ihr durch Begründung von Weisungsrechten die „Eigenverantwortlichkeit" beschneidet,** und sie damit aus dem Kreis der Selbstverwaltungsangelegenheiten der Gemeinde herausnimmt, so kann er dies nach neuerer Rechtsprechung nur, wenn dies das **Gemeinwohl** fordert **und** die den Aufgabenentzug tragenden Gründe gegenüber dem verfassungsrechtlichen Aufgabenverteilungsprinzip des Art. 28 Abs. 2 Satz 1 GG **überwiegen.** Der im Ansatz gegebene Entscheidungsspielraum ist durch das Ergebnis einer **Güterabwägung** normativ gebunden (*BVerfG* NVwZ 1989, 350; zur Rechtsfigur der Güterabwägung *Gern,* DVBl. 1987, 1194). Die schlichte „Verhältnismäßigkeit" der Hochzonung läßt das *BVerfG* nicht mehr ausreichen (vgl. hierzu *Schmidt-Aßmann,* FS Sendler 1991, S. 136). Überwiegende **Gründe für einen Aufgabenentzug** zugunsten einer **Hochzonung und Querzonung** sind, wie das *BVerfG* ausführt, etwa Gesichtspunkte des Umweltschutzes oder der Seuchenabwehr. **Wirtschaftlichkeitserwägungen** vermögen einen Aufgabenentzug hingegen **nur dann** zu rechtfertigen, wenn das Belassen der kommunalen Zuständigkeit zu einem „**unverhältnismäßigen Kostenanstieg"** führen würde (vgl. *BVerfG* NVwZ 1989, 351; zur Teilhochzonung der Kreisabfallwirtschaft auf das Land vgl. *Bryde,* NVwZ 1991, 1152).

Kein Grund für einen Aufgabenentzug ist nach dieser Rechtsprechung das Ziel „bloßer **Verwaltungsvereinfachung oder** der **Zuständigkeitskonzentration".** Das Nichterreichen dieses Zieles ist durch die vom Grundgesetz gewollte dezentrale Aufgabenerledigung bedingt (*BVerfG* aaO, 350; aA früher noch *StGH BW* ESVGH 28, 1).

Liegen die Voraussetzungen für eine Hochzonung kommunaler Aufgaben vor, ist den Kommunen mit Blick auf den Verhältnismäßigkeitsgrundsatz als Kompensation für den Zuständigkeitsverlust ein **Mitspracherecht** (Anhörungsrecht etc.) an den hochgezonten Entscheidungsprozessen zuzubilligen (vgl. *Arndt/Zimow,* JuS 1992, L 41 (43)).

Ein besonderes **Beispiel** der Hochzonung von Aufgaben ist die **Entziehung** des besonderen **Status** einer Gemeinde (z. B. als Kreisfreie Stadt, als Große Kreisstadt usw.).

3.4.2.2.2. Will der Gesetzgeber der Gemeinde eine Aufgabe nach § 2 GemO **74** **als Weisungsaufgabe oder als weisungsfreie Pflichtaufgabe neu übertragen, gelten dieselben Grundsätze.** Für die Übertragung müssen Gründe des öffentlichen Wohls bestehen (vgl. *BVerfG* NVwZ 1992, 366 – Übertragung der Krankenhausvorhaltung) und die Gründe für die Übertragung und die Einschränkung der Eigenverantwortlichkeit durch Begründung von Weisungsrechten müssen von höherem Gewicht sein als die Gründe, die gegen die Einschränkung des Selbstverwaltungsrechts sprechen (so auch *Petz,* DÖV 1991, 320 (326)).

Ein besonderes **Beispiel** der Aufgabenübertragung ist die **Verleihung** eines besonderen **Status** an eine Gemeinde (z. B. Erklärung zur Kreisfreien Stadt usw.).

3.4.2.2.3. Will der Gesetzgeber die kommunale Aufgabenerfüllung nur **nä- 75** **her ausgestalten,** muß die Ausgestaltung nach neuerer Auffassung des BVerfG, (vgl. hierzu *Blümel,* FS *v. Unruh,* 1983, S. 271), soweit sie begrenzend wirkt, zum einen durch **tragfähige Gründe des Gemeinwohls** gerechtfertigt sein (*BVerfG* NJW 1981, 1659; NVwZ 1988, 47 (49); VGH BW DÖV 1988, 649), wobei insoweit zugunsten des Gesetzgebers eine **Beurteilungs-**

prärogative besteht (*BVerfG* NVwZ 1982, 367; *BVerwG* NVwZ RR 1989, 279). Zum anderen muß die **Ausgestaltung auf das** sachlich und zeitlich unbedingt **notwendige Maß begrenzt** sein. Schrankenbestimmend ist vorrangig insoweit der Grundsatz der **Verhältnismäßigkeit** (vgl. etwa *BVerwG* VBlBW 1984, 203; *VGH BW* VBlBW 1990, 182). Darüberhinaus sind weitere Verfassungsprinzipien, speziell das **Willkürverbot** zu beachten.

76 *3.4.2.2.4.* **Besitzt eine Aufgabe keinen oder keinen relevanten örtlichen Charakter, fällt sie aus dem Schutzbereich des Art. 28 Abs.** 2 **heraus** mit der Folge, daß der Gesetzgeber in der Zuordnungs- und Regelungsbefugnis **frei ist.**

77 *3.4.2.2.5. Die* **Rechtskontrolle** der **Zulässigkeit von Eingriffen in das Selbstverwaltungsrecht** in diesem Sinne ist nach der Rechtsprechung **Vertretbarkeitsprüfung.** Das *BVerfG* verschärft die sonst gegebene gerichtliche Kontrolldichte gesetzgeberischen Handelns und vermindert damit den Freiraum des Gesetzgebers zu Gunsten der Gemeinden. Ein Eingriff ist nicht nur darauf zu überprüfen, ob „sachfremde Erwägungen" vorliegen (Willkürverbot), vielmehr muß ein Eingriff vertretbar sein, wobei die gerichtliche Kontrolle umso intensiver sein muß, je mehr die gesetzliche Regelung in die Substanz der Selbstverwaltung eingreift (vgl. *Clemens,* NVwZ 1990, 836). Inwieweit diese Neuformulierung der Kontrolldichte den Gemeinden wirklich erhöhten Schutz vor Eingriffen des Gesetzgebers bringen wird, muß sich noch erweisen (vgl. hierzu kritisch *Schoch,* VerwArch 1990, 38, 43).

78 **Schaubild Nr. 5: Schutzbereich der kommunalen Selbstverwaltung (Art. 28 Abs. 2 GG)**

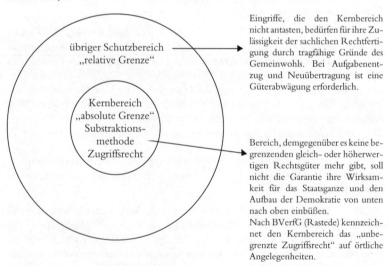

übriger Schutzbereich „relative Grenze"

Kernbereich „absolute Grenze" Substraktions- methode Zugriffsrecht

Eingriffe, die den Kernbereich nicht antasten, bedürfen für ihre Zulässigkeit der sachlichen Rechtfertigung durch tragfähige Gründe des Gemeinwohls. Bei Aufgabenentzug und Neuübertragung ist eine Güterabwägung erforderlich.

Bereich, demgegenüber es keine begrenzenden gleich- oder höherwertigen Rechtsgüter mehr gibt, soll nicht die Garantie ihre Wirksamkeit für das Staatsganze und den Aufbau der Demokratie von unten nach oben einbüßen.
Nach BVerfG (Rastede) kennzeichnet den Kernbereich das „unbegrenzte Zugriffsrecht" auf örtliche Angelegenheiten.

4. Die landesverfassungsrechtliche Selbstverwaltungsgarantie der Gemeinden

Landesverfassungsrechtlich ist die gemeindliche Selbstverwaltung in allen 79 **Länderverfassungen** garantiert.

- Vgl. Art. 71 LV BW; 83 Bay; 144 Brem; 137 Hess; 57 Nds; 78 NW; 49 RhPf; Art. 11 Saarl; Art. 48 S-H; Art. 97 Brandb.; 82 Abs. 2 Sachsen; 87 Abs. 1 S-Anhalt; 91 Abs. 1 Thür.
- Zur Garantie in den Landesverfassungen der Neuen Bundesländer vgl. *Knemeyer,* LKV 1992, 49.

Die Landesverfassung **Sachsen** garantiert die Selbstverwaltung inhaltlich im wesentlichen **in demselben Rahmen wie Art. 28 Abs. 2 GG**, präzisiert jedoch einzelne Garantieelemente und deren Einschränkungsmöglichkeit normativ ausdrücklich und **erweitert das Selbstverwaltungsrecht** auch in einzelnen Punkten über die Mindestgarantie des Art. 28 Abs. 2 GG hinaus. Dies ist verfassungsrechtlich nicht zu beanstanden (vgl. *StGH BW* VBlBW 1956, 88; *ESVGH* 23, 1, 3).

Beide Garantien stehen nebeneinander. Landesgesetzgeber und Landesverwaltung sind an beide Garantien gebunden. Bundesgesetzgeber und Bundesbehörden haben nur Art. 28 Abs. 2 zu beachten.

4.1. Mehrere Garantiegehalte des Art. 28 Abs. 2 GG wurden durch die 80 Landesverfassung präzisiert.

4.1.1. **Normativ präzisiert** werden die Voraussetzungen der **Übertragung von Pflichtaufgaben.**

- Vgl. Art. 85 Abs. 1 LV.

Die Übertragung wird danach nur **durch Gesetz** unter Berücksichtigung und Regelung der **Kostenfrage** zugelassen (vgl. *VGH BW* VBlBW 1987, 30), wobei die Kostenregelung auch im Wege des Finanzausgleichs getroffen werden kann (vgl. *RhPf VerfGH* NVwZ 1993, 159 mwN). Pflichtaufgaben **sollen** den kommunalen Trägern übertragen werden, wenn sie von ihnen zuverlässig erfüllt werden können.

4.1.2. **Ausdrücklich konstituiert** werden die formellen und materiellen 81 Voraussetzungen der Gemeinde- und Gebietsänderung.

- Vgl. Art. 88 LV und 7. Kapitel.

4.1.3. **Verbal klargestellt** wird die Beschränkung der **Gemeindeaufsicht** bei 82 den Selbstverwaltungsaufgaben auf die Rechtsaufsicht.

- Vgl. Art. 89 Abs. 1 LV.

Durch Gesetz kann in diesem Rahmen auch bestimmt werden, daß die Übernahme von Schuldverpflichtungen und Gewährschaften sowie die Veräußerung von Vermögen von der Zustimmung der mit der Überwachung betrauten Behörde abhängig gemacht und daß diese Zustimmung unter dem

Gesichtspunkt einer geordneten Wirtschaftsprüfung eventuell auch versagt werden kann.

– Vgl. Art. 89 Abs. 2 LV.

83 *4.1.4.* **Präzisiert** wird schließlich auch die **Begründung von Weisungsrechten** bei Übertragung staatlicher Aufgaben an die kommunalen Träger. Der Freistaat kann sich hiernach Weisungsrechte nach näherer gesetzlicher Vorschrift vorbehalten.

– Vgl. Art. 85 Abs. 3 LV.

84 **4.2. Weitergehende Regelungen** gegenüber Art. 28 Abs. 2 GG trifft die Landesverfassung Sachsen **in folgenden Punkten.**

85 *4.2.1.* Die **Gemeinden** sind in ihrem Gebiet **Träger der öffentlichen Aufgaben,** soweit diese nicht in öffentlichem Interesse durch Gesetz anderen Stellen übertragen sind **(Totalitätsprinzip).**

– Vgl. Art. 84 Abs. 1 LV.

Vom Wortlaut her könnte man meinen, die Landesverfassung weist den Kommunen durch diese Regelung nicht nur die eigenen örtlichen Aufgaben, sondern alle, also auch die staatlichen Aufgaben, zur Erledigung zu. Es besteht indes Einigkeit, daß der Verfassungstext mit seiner monistischen Sichtweise insoweit zu weit geraten ist und die Landesverfassung ebenso wie Art. 28 Abs. 2 GG nur die örtlichen Angelegenheiten der gemeindlichen Verbandskompetenz zuordnet und nur diese unter ihren Schutz stellt. (vgl. *Maurer/Hendler,* aaO – für LV BW – S. 190; *Schmidt-Aßmann,* in: FS Sendler 1991, S. 121 (131)).

86 *4.2.2.* Mit Art. 28 Abs. 1 S. 3 GG identisch ist die Festlegung, daß in **(kleineren)** Gemeinden an die Stelle einer gewählten Vertretung die **Gemeindeversammlung** treten kann.

– Vgl. Art. 86 Abs. 1 S. 2 LV.

87 *4.2.3.* Eine **Erweiterung** der Selbstverwaltungsgarantie gegenüber jedenfalls der bisherigen Auslegung des Art. 28 Abs. 2 GG bringt die Verfassung auch **hinsichtlich der finanziellen Ausstattung** der Träger der kommunalen Selbstverwaltung.

Hiernach sorgt der Freistaat Sachsen dafür, daß die Kommunen ihre Aufgaben erfüllen können und gibt den Kommunen damit einen – allerdings betragsmäßig nicht feststehenden – Anspruch auf **„angemessene Finanzausstattung"** hinsichtlich der zu erfüllenden Aufgaben unter Berücksichtigung der Belastungen des jeweiligen Landes (vgl. hierzu *StGH BW* ESVGH 22, 202 (205)). Für Art. 28 Abs. 2 GG läßt das Bundesverfassungsgericht das Bestehen eines solchen Anspruchs bisher offen (*BVerfG* NVwZ 1987, 123).

– Vgl. Art. 87 Abs. 1 LV.

88 *4.2.4.* Art. 85 LV verpflichtet den Gesetzgeber, im Fall einer Aufgabenübertragung eine **Kostendeckungsregelung** zu treffen. Soweit diese Aufgaben zu einer **Mehrbelastung** der Gemeinden führen, ist „ein entsprechender finanzieller Ausgleich" zu schaffen. Diese Regelung garantiert den Kommunen das **Recht auf volle Kostendeckung.** Nur auf diese Weise ist der Ausgleich der Mehrbelastung „entsprechend".

– Vgl. Art. 85 Abs. 1 und 2 LV.

4.2.5. Eine Erweiterung der bundesverfassungsrechtlichen Selbstverwal- **89** tungsgarantie bringt schließlich auch die Bestimmung des Art. 84 Abs. 2 LV.

Hiernach sind Gemeinden, Gemeindeverbände aber auch Zusammenschlüsse rechtzeitig **zu hören,** bevor durch Gesetz oder Rechtsverordnung allgemeine Fragen geregelt werden, welche die Gemeinden und Gemeindeverbände berühren.

– Zum **Rechtsschutz** vgl. 18. Kapitel und **Art. 90 LV.**

III. Die Selbstverwaltungsgarantie der Gemeindeverbände

1. Die Garantie nach Art. 28 Abs. 2 GG

Nach Art. 28 Abs. 2 Satz 2 GG haben **auch die Gemeindeverbände** im **90** Rahmen ihres gesetzlichen Aufgabenbereichs **nach Maßgabe der Gesetze das Recht der Selbstverwaltung.**

1.1. Gemeindeverbände i. S. des Art. 28 Abs. 2 **sind (alle) Gebietskörper- 91 schaften, deren Mitglieder Gemeinden, Gemeindeverbände oder deren Einwohner sind und im Rahmen gesetzlicher Zuständigkeitsübertragung überörtliche, gemeindeverbandsgebietsbezogene Aufgaben in Selbstverwaltung wahrnehmen.** Eine trennscharfe Abgrenzung des Begriffs der Gemeindeverbände ist bis heute nicht gelungen. Nach herrschender Auffassung sind mit Blick auf die gegenüber der Weimarer Verfassung geänderte Regelung der Gemeindeverbände in Art. 28 Abs. 2 S. 2 GG nur solche Institutionen Gemeindeverbände, die von ihrer Aufgabenstellung her ein „beachtliches Gewicht" haben (vgl. *Schmidt/Aßmann,* in: *v. Münch/Schmidt-Aßmann,* BVR 1992, Rdnr. 150 mwN) und deren Aufgabenfeld nicht gegenstandsbezogen, sondern **gebietsbezogen** definiert ist (vgl. *OVG Koblenz,* NVwZ 1988, 1145; *Erichsen,* KommR NW, § 13 B 1c mwN; *BVerfGE* 52, 95 f.).

Gemeindeverbände in diesem Sinne sind auf jeden Fall **die Landkreise** und die **Stadtkreise. Zweckverbände** erfüllen diese Anforderungen wegen ihrer gegenstandsbezogenen Kompetenzzuordnung **nicht** (vgl. hierzu *OVG Koblenz* NVwZ 1988, 1145; *Stern,* Bonner Kommentar, Art. 28 Rdnr. 80; aA *Gönnenwein,* GemR 433).

1.2. Art. 28 Abs. 2 Satz 2 GG gibt den Gemeindeverbänden eine **institutio- 92 nelle Rechtssubjektsgarantie.** Danach **muß es die Gemeindeverbandsebene** als Rechtsinstitution im Staatsaufbau **überhaupt geben.** Als **besondere**

Gemeindeverbandsform sind darüberhinaus nur die **Kreise garantiert** (hM, vgl. *Roters*, in: *v. Münch*, GG Rdnr. 59, zu Art. 28; aA *Tettinger*, BVerwR 1990, Rdnr. 36).

Nur relativen bundesverfassungsrechtlichen **Schutz** im Rahmen der Gesetze **genießen einzelne konkrete Gemeindeverbände** als Institutionen.

93 1.3. Das Recht der **Selbstverwaltung** (Rechtsinstitutionsgarantie) ist den Gemeindeverbänden im Gegensatz zu den Gemeinden **nur „im Rahmen ihres gesetzlichen Aufgabenbereichs" gewährleistet.** Art. 28 Abs. 2 Satz 2 **sichert** anders als dies nach Satz 1 zugunsten der Gemeinden der Fall ist, **den Landkreisen keinen bestimmten Aufgabenbereich** (*BVerfG* aaO, unter Hinweis auf die Tradition und Entstehungsgeschichte des Art. 28 Abs. 2 Satz 2). Ihr Aufgabenbereich beruht **nicht auf universeller, sondern spezieller Zuweisung.** Das Prinzip der **Allzuständigkeit mit Kernbereichs- und Randbereichsschutz gilt** im Kreisbereich **nicht.** Allerdings folgt aus der verfassungsrechtlichen Konstituierung der Gemeindeverbandsebene, daß die Gemeindeverbände, soll die Institution nicht leerlaufen, jedenfalls über einen **Mindestbestand** an Aufgaben verfügen müssen (vgl. *BVerfGE* 6, 19, (23); *Schink,* VerwArch 1991, 409), wobei es sich bei diesem nicht ausschließlich um Aufgaben des übertragenen Wirkungskreises (Weisungsaufgaben) handeln darf (vgl. *BVerfG* NVwZ 1992, 365 (367)).

2. Die Selbstverwaltungsgarantie im Verhältnis zwischen Gemeinden und Landkreisen

94 Ein besonderes Rechtsproblem stellt die **Aufgabenverteilung nach Art. 28 GG im Verhältnis** zwischen **Gemeinden und Landkreisen** dar.

2.1. Nach der Rechtsprechung des Bundesverfassungsgerichts (NVwZ 1989, 347 (349 ff.) – Rastede), **gilt das zugunsten der Gemeinden im Verhältnis zum Staat bestehende Aufgabenverteilungsprinzip des Art. 28 GG auch im Verhältnis zu den Landkreisen.**

Hiernach sind grundsätzlich örtliche Angelegenheiten der Kompetenz der Gemeinden zuzuordnen. Die kommunale Verbandskompetenz hat in diesem Bereich **Vorrang vor der Kreiszuständigkeit.**

Die Auffassung des Bundesverwaltungsgerichts (NVwZ 1984, 176), **die für die Abgrenzung an das Leistungsniveau anknüpft,** das im kreisfreien Raum von den Städten, im kreisangehörigen Raum dagegen von den Gemeinden und Kreisen **gemeinsam** zu erreichen sei, lehnt das *BVerfG* ab. Zwar kann **den Kreisen eine gewisse Ausgleichs- und Ergänzungsfunktion** im Hinblick auf leistungsstärkere Gemeinden zukommen; **trotzdem bleiben örtlichen Angelegenheiten auch dann Gemeindeangelegenheiten, wenn sie die Leistungsfähigkeit und Verwaltungskraft einer Gemeinde übersteigen.**

95 2.2. Im Hinblick auf dieses Kompetenzverständnis gelten für die Zulässigkeit eines **Aufgabenentzugs** (Hochzonung) **zugunsten der Landkreise dieselben Grundsätze wie für den Aufgabenentzug zugunsten des Staats.** Hiernach

III. Die Selbstverwaltungsgarantie der Gemeindeverbände

darf der Gesetzgeber einer Gemeinde nur **ausnahmsweise eine Angelegenheit zugunsten der Landkreise entziehen,** wenn anders, etwa auch durch zwischengemeindliche Zusammenarbeit (aA *Clemens,* NVwZ 1990, 840) die ordnungsgemäße Aufgabenerfüllung nicht sicherzustellen wäre. Gesichtspunkte der Verwaltungsvereinfachung, Wirtschaftlichkeit und Sparsamkeit rechtfertigen auch hier eine Hochzonung nicht. Hat **eine Aufgabe einen relevanten örtlichen Charakter,** so muß der Gesetzgeber beachten, daß sie **grundsätzlich der Gemeindeebene zuzuordnen** ist. Will er sie der Gemeinde dennoch entziehen, so kann er dies nur, wenn die den Aufgabenentzug tragenden Gründe, gegenüber der Aufgabenverteilung des Art. 28 Abs. 2 Satz 1 überwiegen (*BVerfG,* aaO, 351).

Diese Rechtsprechung des Bundesverfassungsgerichts hat insoweit **praktische Konsequenzen, als in der Vergangenheit zahlreiche Aufgaben allein mit Erwägungen der Leistungsfähigkeit,** Wirtschaftlichkeit und Verwaltungsvereinfachung **auf die Kreise hochgezont wurden.** Diese **Zuständigkeitsübertragungen,** die **in den Landkreisordnungen** teilweise auch festgeschrieben sind, **sind vor diesem Hintergrund** heute **insgesamt rechtswidrig** und **nichtig.** (Vgl. hierzu *Schoch,* VerwArch 1990, 37, 43; einschränkend *Schink,* VerwArch 1991, 411). Die entsprechenden Ermächtigungen in den Landkreisordnungen selbst sind im Lichte der Rechtsprechung **verfassungskonform zu reduzieren** (so zurecht *Schmidt-Aßmann,* in: FS Sendler 1991, S. 130).

3. Die landesverfassungsrechtliche Selbstverwaltungsgarantie der Gemeindeverbände

Die **bundesverfassungsrechtliche Selbstverwaltungsgarantie der Ge- 96 meindeverbände** wird **ergänzt durch die landesverfassungsrechtlichen Garantien.** Hiernach gewähren die Bundesländer nach allen Landesverfassungen den **Kreisen** und **mit unterschiedlicher Formulierung und Ausformung sonstigen Gemeindeverbänden** und **Körperschaften** des öffentlichen Rechts **über Art. 28 Abs. 2 GG hinaus das Recht auf Selbstverwaltung.**

In **Sachsen** sind Träger der Selbstverwaltung neben den Gemeinden auch die Landkreise und andere Gemeindeverbände. Ihnen ist das Recht gewährleistet, ihre Angelegenheiten im Rahmen der Gesetze unter eigener **Verantwortung** zu regeln.

– Vgl. Art. 82 Abs. 2 LV.

Sie sind in ihrem Gebiet Träger der öffentlichen Aufgaben innerhalb ihrer Zuständigkeit.

– Vgl. Art. 84 Abs. 1 LV.

Darüber hinaus bestehen folgende **Schutzregelungen:**

– Bei Übertragung von Pflichtaufgaben sind Bestimmungen über die **Deckung der Kosten** zu treffen und bei Mehrbelastung ist ein entsprechender finanzieller Ausgleich zu schaffen.

– Vgl. Art. 85 Abs. 1 und 2 LV.

3. Kapitel. Das Selbstverwaltungsrecht

- Der Freistaat hat **dafür zu sorgen**, daß die kommunalen Träger der Selbstverwaltung ihre **Aufgaben erfüllen können.**
- Vgl. Art. 87 Abs. 1 LV.
- **Gebietsänderungen** der Landkreise sind – wie diejenigen der Gemeinden – von bestimmten formellen und materiellen Kautelen abhängig.
- Vgl. Art. 88 LV.
- Gemeindeverbände sind im Normsetzungsverfahren rechtzeitig zu **hören.**
- Vgl. Art. 84 Abs. 2 LV.
- Zum **Rechtsschutz** vgl. 18. Kapitel und **Art. 90 LV.**

IV. Die Selbstverwaltungsgarantie im Rahmen des Europarechts

97 Rechtliche Vorgaben für die Kommunale Selbstverwaltung ergeben sich in immer stärkerem Maße auch aus dem Europarecht.

1. Der normative Grundstein für die Selbstverwaltung im „Europäischen Haus" ist die von den Mitgliedern des Europarats erlassene, am 1. 9. 1988 in Kraft getretene und als Bundesrecht geltende **„Europäische Charta"** der Kommunalen Selbstverwaltung (BGBl. II 1987, 66, Abdruck NVwZ 1988, 1111). Sie enthält mit völkerrechtlich verpflichtender Kraft **Grundprinzipien für die Konzeption der Kommunalen Selbstverwaltung** (hierzu Knemeyer DÖV 1988, 997). Diese Prinzipien sind **in der Bundesrepublik** durch Art. 28 Abs. 2 GG **realisiert.**

98 **2.** Von weit größerer Tragweite für die Selbstverwaltung in der Bundesrepublik sind die **Verträge der EG** (vgl. EGKS BGBl. 1952 II 447; EAG BGBl. 1957 II 1014, 1678; EWG BGBl. 1957 II 766, 1678) und hier speziell der Maastrichter **Vertrag über die Europäische Union** (EUV), der am 7. 2. 1992 unterzeichnet wurde (Abdruck BR-.Drucks. 500/92; zur Verfassungsmäßigkeit BVerfG NJW 1993, 3047) sowie das auf seiner Grundlage erlassene **Sekundärrecht** der Gemeinschaftsorgane der EG, die EG-Verordnungen, Richtlinien, Entscheidungen und Empfehlungen (vgl. hierzu *Ossenbühl* in: *Erichsen/Martens* AVerwR § 7 X). Diese Regelungen sind nach den Art. 23 nF, 24 Abs. 1 GG, dem Gesetz vom 27. 7. 1957 (BGBl. II 753) und Art. 189 EWGV geltendes Recht und **binden**, abgestuft nach ihrer Rechtsqualität – mit Ausnahme der Empfehlungen – in der bundesstaatlichen Ordnung auch Länder und Gemeinden.
- Zur Bindungswirkung von Richtlinien und zur Begründung **subjektiver Rechte des Einzelnen** vgl. *EuGH* NVwZ 1990, 649 – Stadt Mailand; NVwZ 1990, 353).

99 **2.1.** Die **EG-Vorschriften tangieren** auf diesem Wege in vielfältiger Weise auch das **Selbstverwaltungsrecht** der Kommunen. Dies gilt speziell im Bereich der Bauleitplanung (vgl. *Hoppe* NVwZ 1990, 810), der wirtschaftlichen Betätigung der Kommunen im europäischen Binnenmarkt (hierzu *Ehlers* NVwZ 1990, 810 (815); ders. Kommunale Wirtschaftsförderung 1990, 103 (120f.); *Hailbronner/Nachbaur* WiVW 1992, 57 – zur Niederlassungs- und Dienstleistungsfreiheit), der kommunalen Leistungsverwaltung, speziell bei der Subventionsvergabe (hierzu *Bleckmann* NVwZ 1990, 820) im Bereich der öffentlichen Auftragsvergabe, im Bereich der Personalhoheit oder im Recht der Konzessionsverträge über leitungsgebundene Einrichtungen.

2.2. Den EG-Normen kommt **Vorrangwirkung** gegenüber dem nationalen **100** Recht und damit auch gegenüber Art. 28 Abs. 2 GG zu (vgl. *Blanke* DVBl. 1993, 819 (820) mwN; *Faber* DVBl. 1991, 1133). **Problematisch** sind die **Grenzen dieses Vorrangs.**

2.2.1. Den **ersten Ansatz** liefert das **EG-Recht** selbst: **101**

2.2.1.1. Eine **rechtsvergleichende Darstellung** kommunaler Selbstverwaltung in den Mitgliedsstaaten der EG zeigt gemeinsame Grundwerte im Sinne einer **allgemeinen Anerkennung kommunaler Selbstverwaltung** als elementaren Bestandteil des Staatsaufbaus. Hieraus ist ein allgemeiner **EG-rechtlicher Rechtsgrundsatz des Schutzes kommunaler Selbstverwaltung abzuleiten,** dessen Reichweite allerdings noch näherer Bestimmung bedarf (vgl. hierzu *Martini/Müller* BayVBl. 1993, 161 (166f.); dagegen *Blanke* DVBl. 1993, 819 (824)).

2.2.1.2. Nach Art. B EUV, Art. 3b II EGV wird die EG in den Bereichen, die nicht in ihre ausschließliche Zuständigkeit fallen, nur tätig, sofern und soweit die Ziele der in Betracht gezogenen Maßnahmen durch Maßnahmen auf der Ebene der Mitgliedstaaten nicht ausreichend erreicht werden können. Hiernach wird eine Form des **Subsidiaritätsprinzips** festgeschrieben, das, wenn auch nur in allgemeiner, ausfüllungsbedürftiger Form, die EG **zur Zurückhaltung** bei Eingriffen in die Selbstverwaltungshoheit der Kommunen **verpflichtet.**

– Zum Subsidiaritätsprinzip vgl. BVerfG NJW 1993, 3047 (3057); *Oppermann/Classen,* NJW 1993, 5 (8); v. *Simson/Schwarze,* Die europäische Integration und das Grundgesetz 1992, S. 46; *Stewing,* DVBl. 1992, 1516, der ein subjektives Recht der Mitgliedstaaten auf Einhaltung dieses Prinzips verneint (aaO, 1518); ebenso *Blanke* (aaO S. 828), der einen Schutz der Selbstverwaltung wegen „eines Mangels des Prinzips an justitiablen Strukturen" negiert.

2.2.2. Den **zweiten Ansatz** bietet das **Grundgesetz.** Das **Recht der Bundes- 102 republik zur Übertragung der ihr durch das Grundgesetz eingeräumten Hoheitskompetenzen** auf den Staatenverbund der EG im Rahmen der **Art. 23f. GG ermächtigt nicht dazu,** die „Identität der geltenden Verfassungsordnung der Bundesrepublik durch **„Einbruch in ihr Grundgefüge",** d.h. in die sie konstituierenden Strukturen aufzugeben (BVerfGE 73, 339 (375)). Eine **Beschränkung des Selbstverwaltungsrechts** ist hiernach insoweit **unzulässig, als das Selbstverwaltungsrecht der Gemeinden zu diesen**

Grundstrukturen gehört. Diese Frage ist bis heute **ungeklärt** (vgl. *Jarass,* zit. bei *Leitermann/Scheytt,* DStTag 1989, 756; *Faber,* DVBl. 1991, 1131 mwN; *Blanke* aaO S. 822).

Im Hinblick auf das Ziel dieser Rechtsprechung, die tragenden verfassungsrechtlichen Prinzipien vor einer Entäußerung zu sichern, muß jedenfalls der **Kernbereich** kommunaler Selbstverwaltung gegenüber EG-rechtlichen Eingriffen **unantastbar** sein. Andernfalls bestände die Gefahr der Aufgabe eines tragenden Elements des Staatsaufbaus in der Bundesrepublik, ihr durch Dezentralisation gekennzeichneter Aufbau „von unten nach oben", ruhend auf Selbstverwaltungskörperschaften mit spezifischen Funktionen (vgl. *BVerfGE* 52, 95, 111; *NVwZ* 1989, 349).

– AA die wohl hM in der Literatur, unter Bezugnahme auf die Rspr. des EuGH, nach welcher es eine Bindung an nationales Verfassungsrecht nicht gebe (vgl. hierzu *Schink,* DStTag 1990, 550; *Zuleeg,* Selbstverwaltung und europ. Gemeinschaftsrecht, in: FS von *v. Unruh* 1983, S. 93; *Erlenkämper,* NVwZ 1991, 325; *Faber,* DVBl. 1991, 1131).

Ein **unzulässiger EG-rechtlicher Eingriff** in den Kernbereich der Selbstverwaltung wäre hiernach etwa gegeben, wenn die gemeindliche Allzuständigkeit oder ein wesentlicher Teil kommunaler Zuständigkeiten auf von der EG avisierte **Regionen** überörtlichen Zuschnitts übertragen würde.

– Zur **Regionalisierungsproblematik** vgl. *Schink,* DÖV 1992, 385; *Schleberger,* NWVBl. 1992, 81; *Karpen,* DVBl. 1992, 1251.

103 *2.2.3.* **Keine Grenze des** Vorrangs von EG-Recht vor dem Selbstverwaltungsrecht ergibt sich **aus der Europäischen Charta.** Die EG ist ihr bis heute nicht beigetreten (vgl. hierzu auch *Waechter,* KommR, 1992, S. 9; *Blanke* S. 830).

104 *2.2.4.* **Keine Grenze des** Vorrangs von EG-Recht folgt auch aus dem **Demokratieprinzip** (so aber *Zuleeg,* Selbstverwaltung und Europäisches Gemeinschaftsrecht in: *v. Mutius,* FS für *v. Unruh* 1993, 93; *Seele,* Der Kreis aus europäischer Sicht 1991, 57). Das Selbstverwaltungsrecht ist kein essentielles Element der Demokratie (*Blanke* aaO S. 824 mwN).

2.2.5. Entsprechendes gilt schließlich für den aus Art. 5 EWGV abgeleiteten Grundsatz der **Gemeinschaftstreue** sowie den europarechtlichen **Verhältnismäßigkeitsgrundsatz** (hierzu allg. BVerfG NJW 1993, 3057). Beide Grundsätze verpflichten die EG nicht zum Schutz kommunaler Selbstverwaltung (vgl. *Blanke* aaO S. 825 f. mwN).

– Zu den **Einschränkungen des Selbstverwaltungsrechts** durch EG-Recht **im einzelnen** vgl. die jeweiligen Sachgliederungspunkte sowie allgemein auch *Mombaur/von Lennep* DÖV 1988, 988; zur Garantie der Kommunalen Selbstverwaltung in einer europäischen **Verfassung** vgl. *Rengeling,* DVBl. 1990, 893; *Erlenkämper,* NVwZ 1991, 325; 1992, 322; *Blanke* aaO S. 830.

105 **3.** Zur **Sicherung der verfassungsrechtlich** gewährleisteten **Rechte der Kommunen** ist ihre **Einbindung in die europarechtlichen Normbildungsverfahren** erforderlich. Förmliche **Beteiligungsrechte der Kommunen** gibt es **bis heute** indes **nicht**. Sie sind auf EG-Ebene lediglich in dem seit 1988 bei der EG-Kommission eingerichteten **Beirat** der regionalen und lokalen Gebietskörperschaften vertreten. Der Beirat ist ein Forum für einen dauerhaften Dialog zwischen EG und Kommunen über grundlegende Fragen der Regionalpolitik (hierzu *Schneider,* BWGZ 1992, 308).

Neben diesem Beirat besteht seit 1993 der aufgrund Art. 198a EGV eingerichtete **Ausschuß der Regionen,** der den Ministerrat und die Kommission zu **beraten** hat und hierbei die **Interessen der regionalen und lokalen Gebietskörperschaften** in den Rechtssetzungsprozeß einzubringen hat und ein **Anhörungsrecht** in allen Angelegenheiten der Gemeinschaft hat (Art. 198a) (hierzu *Hobeck* in: FS Börner 1992, S. 125 (138). Hier streben die Kommunen – gegen den Widerstand der Bundesländer – an, Sitz und Stimme zu erhalten (hierzu DStTag 1992, 342).

4. Innerstaatlich bestehen nach Art. 23 GG n. F. (BGBl. 1992, 2086) weiter- **106**
gehende **Beteiligungsrechte der Länder** am Willensbildungsprozeß des Bundes in EG-rechtlichen Angelegenheiten. Die Länder haben die Interessen der Kommunen mit zu berücksichtigen.

V. Rechtsfolgen der Verletzung der Verbandskompetenz

1. Entscheidungen der Gemeinden und Gemeindeverbände, die die Zustän- **107**
digkeitsgrenze nicht beachten, sind **rechtswidrig.**

2. Soweit sie in **Verwaltungsakte** umgesetzt werden, sind die Verwaltungs- **108**
akte aufhebbar und auf Rechtsbehelf hin aufzuheben. Nichtigkeit tritt nur unter den Voraussetzungen des § 44 VwVfG bzw. des § 125 AO ein (vgl. *Oldiges,* DÖV 1989, 882; *VGH* BW, Urteil v. 7. 2. 1991, 2 S 1988/89).

– Zur Unzulässigkeit der Geltendmachung eines Erstattungsanspruchs eines Landkreises gegen eine Gemeinde durch Verwaltungsakt vgl. *OVG Koblenz* NVwZ 1989, 894.

3. Soweit sie in **öffentlich-rechtliche Verträge** umgesetzt werden, gilt für **109**
die Fehlerfolgen das Verwaltungsverfahrensgesetz.

4. Streitig ist, welche **Rechtsfolgen** sich aus der Überschreitung der Verbandszuständigkeit bei Handeln **im privatrechtlichen und verwaltungsprivatrechtlichen Bereich,** insbesondere bei Abschluß privatrechtlicher Verträge, ergeben.

Beispiele: Eine Gemeinde kauft Kriegsgerät „zur Stadtverteidigung" oder ein Mahnmal für die Opfer des Golfkriegs (– Fall Heilbronn) oder vereinbart in einem privatrechtlichen Vertrag ein Werbeverbot für Tabak und Alkohol.

Nach herrschender Auffassung sind Körperschaften und Verbände des öffentlichen Rechts **nur innerhalb der normativ umschriebenen Verbandskompetenz rechtsfähig** (*BGHZ* 20, 123; *BVerwGE* 34, 69 (74); *Pappermann,* dKWP, Bd. 1, S. 302; *Stober,* KommR, S. 148; *Palandt/Heinrichs,* Einf. vor

§ 21 BGB Anm. 2; weitere Nachweise bei *Fritz,* Vertrauensschutz im Privatrechtsverkehr mit Gemeinden, S. 194, Fn. 16). Diese Beschränkung soll die öffentlich-rechtliche und die privatrechtliche Rechtsfähigkeit treffen. Privatrechtsgeschäfte werden deshalb bei Überschreitung der Verbandskompetenz als **„ultra-vires Rechtshandlungen"** für nichtig angesehen. (Zur ultra-vires-Theorie vgl. *Schlink,* Die ultra-vires-Lehre im englischen Privatrecht, 1935, S. 164 f.; *Eggert,* Die deutsche ultra-vires-Lehre, 1977; *Bullinger,* Vertrag und Verwaltungsakt, 1962, S. 104; *Palandt/Heinrichs,* Einf. vor § 21 BGB Anm. 2).

Nach *Kunze/Bronner/Katz/v. Rotberg* (Rdnr. 26 zu § 1 GemO BW) und *Gönnenwein* (Gemeinderecht, S. 345 f.) sind die Kommunen für privatrechtliche Rechtshandlungen unbeschränkt **vollrechtsfähig.** Privatrechtliche Verträge seien deshalb auch bei Überschreitung der Verbandskompetenz **grundsätzlich verbindlich.** Diese Rechtsfolge fordere der das Privatrecht durchziehende **Vertrauensgrundsatz** (so *Fritz,* aaO, S. 239, und *Bullinger,* aaO, S. 105, der aber mit *RG,* Seuff. Arch. 40 (1885), 389 und Recht, (1907) 1059 Nr. 2497 einen Verstoß gegen die organschaftliche Vertretungsbefugnis annimmt). Nach *Oldiges* (DÖV 1989, 873 (883)) ist Unwirksamkeit nur geboten, wenn die Gemeinde mit dem Kompetenzverstoß zugleich auch gegen § 134 BGB verstößt.

Richtigerweise ist das Problem **auf Verfassungsebene zu lösen.** Privatrechtliches Handeln außerhalb der Verbandskompetenz stellt eine Verletzung des Art. 28 Abs. 2 GG dar. Art. 28 differenziert nicht zwischen öffentlich-rechtlichem und privatrechtlichem Handeln der Gemeinde. Diese Rechtsverletzung führt grundsätzlich zur Rechtswidrigkeit des privatrechtlichen Handelns, bei Verträgen und einseitigen Willenserklärungen zur **Nichtigkeit,** der Regelrechtsfolge rechtswidriger privatrechtlicher Handlungen. Die unbeschränkte Vertretungsmacht des Bürgermeisters nach der Gemeindeordnung schützt vor diesen Rechtsfolgen nicht. Die Vertretungsmacht ist nur unbeschränkt im Rahmen der kommunalen Verbandskompetenz.

Eine **Überwindung dieser Folge** ist im Einzelfall **ausnahmsweise** möglich, **wenn einem Verfassungssatz höheres Gewicht zukommt als der Kompetenzvorschrift des Art. 28 Abs. 2 GG.** Ein Verfassungssatz dieser Art ist der aus Art. 20 Abs. 3 GG abgeleitete **Grundsatz des Vertrauensschutzes.** Ergibt die **Abwägung** des Art. 28 Abs. 2 mit dem Grundsatz des Vertrauensschutzes, daß letzterem höheres Gewicht zukommt als dem öffentlichen Interesse an der Einhaltung der Verbandskompetenz, kann eine Privatrechtshandlung ausnahmsweise trotz Rechtswidrigkeit als wirksam zu behandeln sein. Diese Rechtsfolge gilt sowohl für verwaltungsprivatrechtliches als auch für rein privatrechtliches Handeln der Gemeinde.

110 **5.** Ist ein Beschluß des Gemeinderats wegen Verstoßes gegen die bestehende Kompetenzverteilung rechtswidrig, gilt dasselbe auch für die öffentliche **Bekanntgabe** des Beschlusses, z. B. durch an den Ortseingängen aufgestellte Hinweisschilder (*OVG Koblenz,* NVwZ 1986, 1047).

VI. Einzelfälle

1. Eine Verletzung des Selbstverwaltungsrechts ist in folgenden Fällen **nicht** **111** anzunehmen:
– durch die staatliche Regelung der **Kommunalverfassung.**
– durch die Einschaltung der Kommunen in den **Vollzug von Weisungsaufgaben.** Diese Belastung der Kommunen ist historisch legitimiert (*BVerfG* NVwZ 1989, 46).
– durch **Einschränkung der Planungshoheit** einzelner Gemeinden **durch Rechtsnorm,** z. B. durch das **Raumordnungsgesetz** und die **Landesplanung** (*BVerwG* NVwZ 1993, 167). Beispielsweise gilt dies, wenn diese Planung Vorrangstandorte für großindustrielle Anlagen in einer Gemeinde vorsieht, wenn diese durch überörtliche Interessen von höherem Gewicht gefordert werden (*BVerfG* NVwZ 1988, 47) oder wenn diese eine Sondermülldeponie ausweist, sofern die Planungshoheit einer betroffenen Gemeinde nicht „willkürlich und unverhältnismäßig" beschränkt wird (*VerfGH NW* NVwZ 1991, 1173).
– durch die **Verlegung von Breitbandkabeln** durch die Bundespost (*BVerwG* NJW 1987, 2096), sofern die Gemeinde rechtzeitig angehört und die tangierten kommunalen Belange sachgerecht abgewogen wurden.
– durch die **Bindung der Kommunen an die VOB** und damit an die zweijährige Gewährleistungsfrist. Sie greift weder in den Kernbereich ein noch ist sie unverhältnismäßig (*VGH BW* DÖV 1988, 649; *BVerwG* NVwZ-RR 1989, 377).
– durch die **Übertragung der Planfeststellung** und des Planfeststellungsermessens nach Landesstraßenrecht auf eine staatliche Behörde (*VGH BW* VBlBW 1982, 202).
– durch bundeseinheitliche AVB für öffentliche Wasserversorgungsunternehmen der Gemeinde (vgl. § 27 AGBG; *BVerfG* NVwZ 1982, 306).
– durch die **Weigerung des Staates** zuzulassen, **daß** eine neugebildete Gemeinde ihren **Namen selbst bestimmt** (*BVerfG* DÖV 1979, 405).
– durch die gesetzliche Übertragung von bestimmten Aufgaben der Abwasserbeseitigung von den Gemeinden auf Abwasserverbände (*NW VerfGH* NVwZ 1991, 467).
– bei zwangsweisem **Anschluß** einer Gemeinde **an einen Schulzweckverband** (*BVerfGE* 26, 228).
– durch **verkehrsordnende Verfügungen der Straßenverkehrsbehörde** und deren **faktische Auswirkungen** auf die Gefahrenlage für Verkehrsteilnehmer sowie die Steigerung des Verkehrslärms in einer Gemeinde (*BVerwG* DVBl. 1984, 88).
– durch die Pflicht der kreisangehörigen Kommunen, den Bau von Kreiskrankenhäusern durch Zahlung einer **Kreis-Krankenhausumlage** zu fördern (*BVerfG* NVwZ 1992, 365).
– durch die Pflicht der Kommunen, Asylbewerber unterzubringen (vgl. *VGH BW* VBlBW 1987, 30 mwN) und diese nach Abschluß des Asylver-

fahrens in der Gemeinde behalten zu müssen (*BVerwG* NVwZ 1993, 786).
– durch die Möglichkeit der Rechtsaufsicht, eine **Satzung** im Wege der **Ersatzvornahme** zu erlassen (BVerwG DÖV 1993, 77).
– durch die Bevorzugung von Einheimischen bei der Bauplatzvergabe („Weilheimer Modell") (BVerwG DÖV 1993, 622).

112 **2.** Die Selbstverwaltungshoheit wird **verletzt**
– durch die **Nichtgewährung von Anhörungsrechten** und Informationsrechten bei überörtlichen Planungen, die die Planungshoheit der Gemeinden tangieren, etwa im luftverkehrsrechtlichen Genehmigungsverfahren bei Planung eines Flughafens im Gemeindebereich (*BVerwG* NVwZ 1988, 731), bei der wasserstraßenrechtlichen Planung (*BVerwG* NJW 1992, 256) oder bei Verlegung von Telefonleitungen (*BVerwG* NVwZ 1987, 590).
– wenn **Gebietsänderungen** von Gemeinden nicht aus Gründen des öffentlichen Wohls oder nicht nach vorheriger Anhörung der Gebietskörperschaften vorgenommen werden (*BVerfG* DÖV 1979, 135).
– durch eine gesetzliche Bestimmung, nach der zwangsweise eine gemeinsame **Datenverarbeitungszentrale** mehrerer Gemeinden einzurichten ist (*VerfGH NW* DÖV 1979, 637).
– durch gänzliche **Entziehung des Rechts** der Gemeinden, **allgemeine Regelungen, etwa durch Satzung, zu erlassen** (*BVerwGE* 6, 252).
– durch Versagung der Zustimmung der Denkmalschutzbehörde zum Abbruch eines gemeindeeigenen denkmalgeschützten Hauses durch die Gemeinde, sofern das (öffentliche) Interesse an der Erhaltung des Kulturdenkmals gegenüber den durch das Selbstverwaltungsrecht geschützten Belangen der Gemeinde nicht überwiegt (vgl. *VGH BW* NVwZ 1990, 586).
– durch Erteilung einer **Baugenehmigung** durch die Baugenehmigungsbehörde **ohne Erteilung des Einvernehmens** der Gemeinde (*VGH Kassel* NVwZ 1990, 1185).
– durch die Pflicht zur Aufnahme von Asylbewerbern über die gesetzlich festgelegte Quote hinaus (*VGH BW* ESVGH 42, 24).
– durch die **Nichtbeteiligung des Schulträgers** an der Einsetzung eines Schulleiters (vgl. hierzu *Wegge,* VBlBW 1993, 168).

4. Kapitel
Die Stellung der Gemeinden im Verwaltungsaufbau

I. Flächenstaaten

Die Bundesrepublik gliedert sich nach geltendem Verfassungsrecht aus- **113** schließlich in **Bund und Länder.** Ungeachtet der bundesverfassungsrechtlichen Gewährleistung des Selbstverwaltungsrechts in Art. 28 Abs. 2 GG sind die **Gemeinden Bestandteile der Bundesländer** (*BVerfGE* 39, 96 (109)). Die **Verwaltung der Länder ist zweigliedrig strukturiert:**

Schaubild Nr. 6: Aufbau der Landesverwaltung

Landesverwaltung

unmittelbare	mittelbare
Der Staat nimmt staatliche Verwaltungsaufgaben durch eigene Organe (Behörden) ohne Rechtspersönlichkeit wahr	Staatliche Verwaltungsaufgaben werden von juristischen Personen des öffentlichen Rechts wahrgenommen

Die **Gemeinden** sind **Teil der mittelbaren Landesverwaltung des Freistaats Sachsen.** Sie sind Körperschaften des öffentlichen Rechts und zugleich juristische Personen.

II. Besonderheiten in den Stadtstaaten

Modifiziert wird die Zweigliedrigkeit der Verwaltung teilweise in **Berlin,** **114** **Hamburg und Bremen.**

1. Berlin

1.1. Berlin ist ein **deutsches Land** und gleichzeitig eine **Stadt** (Art. 1 BVerf.). **115** In dieser Eigenschaft steht ihr als „Einheitsgemeinde" die Selbstverwaltungsgarantie des Art. 28 Abs. 2 GG zu (vgl. *VerfGH Berlin* Urteil v. 28. 9. 1992 *VerfGH* 36/92). Die Stadt besitzt jedoch keine eigene Kommunalverfassung.

Volksvertretung, Regierung und Verwaltung nehmen die Aufgaben Berlins als Gemeinde, Gemeindeverband und Land wahr (Art. 3 Abs. 2 BVerf.). Das **Abgeordnetenhaus ist Landtag und Gemeindevertretung zugleich.** Die **Regierung** des Landes **und** die **Verwaltung der Stadt werden durch**

den Senat ausgeübt (vgl. Art. 40 BVerf.). Der regierende Bürgermeister erfüllt als Ministerpräsident eines Landes zugleich die Funktion eines städtischen Hauptverwaltungsbeamten.

116 **1.2.** Innerhalb der Stadt besteht eine **Binnengliederung.** Ganz Berlin ist nach dem Bezirksverwaltungsgesetz **in Bezirke eingeteilt.** Die Bezirke sind nach den Grundsätzen der Selbstverwaltung an der Verwaltung Berlins zu beteiligen (Art. 50 Abs. 2 BVerf.). Sie besitzen jedoch keine eigene Rechtspersönlichkeit (§ 2 Abs. 1 BezVG) und auch **kein** formelles, **rechtsschutzfähiges Selbstverwaltungsrecht** (*VerfGH Berlin,* aaO).

Die Bezirke nehmen unter Beteiligung ehrenamtlicher Bürger die bezirkseigenen Angelegenheiten und die den Bezirken übertragenen Vorbehaltsaufgaben wahr. Die Angelegenheiten sind im „Gesetz über die Zuständigkeiten in der allgemeinen Berliner Verwaltung" geregelt (vgl. § 3 BezVG).

117 **1.3. Organe** der Bezirke sind die **Bezirksverordnetenversammlungen** und die **Bezirksämter** (§ 2 Abs. 2). Ihre Ausgestaltung entspricht dem System der Magistratsverfassung.

118 *1.3.1.* Die **Bezirksverordnetenversammlung** besteht aus 45 Mitgliedern, die zur gleichen Zeit und für die gleiche Wahlperiode wie das Abgeordnetenhaus von den Wahlberechtigten des Bezirks gewählt werden. Die Versammlung wählt für die Dauer der Wahlperiode aus ihrer Mitte den **Bezirksverordnetenvorsteher,** seinen Stellvertreter und die übrigen Mitglieder des Vorstands (vgl. § 7 BezVG); Außerdem bildet sie einen **Ältestenrat** und **Ausschüsse,** die durch sachkundige Bürger (**Bürgerdeputierte**) ergänzt werden (vgl. §§ 20 f. BezVG).

Die Bezirksverordnetenversammlung bestimmt die **Grundlinien der Verwaltungspolitik** des Bezirks im Rahmen der Rechtsvorschriften und der vom Senat erlassenen Verwaltungsvorschriften. Sie kann Empfehlungen aussprechen, kontrolliert die Führung der Geschäfte des Bezirksamts und entscheidet über eine ganze Reihe spezieller, den Bezirk betreffende Angelegenheiten (vgl. § 12 BezVG).

119 *1.3.2.* Das **Bezirksamt** besteht aus dem durch die Stadtverordnetenversammlung für die Dauer der Wahlperiode gewählten hauptamtlichen **Bezirksbürgermeister** sowie je sechs **Bezirksstadträten,** die vorzeitig abberufen werden können (vgl. § 34 BezVG). Das Bezirksamt ist die **Verwaltungsbehörde des Bezirks.** Ihm obliegt unter anderem die Vertretung des Landes Berlin in Angelegenheiten des Bezirks, die Einbringung von Vorlagen bei der Bezirksverordnetenversammlung sowie die Durchführung der Beschlüsse und ihre Beanstandung, die Wahrnehmung von Angelegenheiten, für die nicht die Zuständigkeit der Bezirksversammlung begründet ist, die Aufgaben der Dienstbehörde der Stadt, die Verteilung der Geschäftsbereiche unter die Mitglieder des Bezirksamts sowie normativ übertragene Aufgaben (vgl. § 36).

Der **Bezirksbürgermeister** führt den **Vorsitz im Bezirksamt.** Bei Stimmengleichheit gibt seine Stimme den Ausschlag (§ 38).

II. Besonderheiten in den Stadtstaaten

– Zur **Wahl der Mitglieder des Bezirksamts** vgl. *VerfGH Berlin* NVwZ 1993, 1093; *Pestalozza* NVwZ 1993, 1067.

1.4. Als Mittel unmittelbarer bürgerschaftlicher Partizipation auf Bezirks- **120** ebene ist das **Bürgerbegehren** vorgesehen (vgl. hierzu § 40 f. BezVG).

2. Bremen

Bremen ist ein Bundesland und **untergliedert sich in die Städte Bremen** **121** **und Bremerhaven** (Art. 143 Verf. Bremen). Beide Städte sind mit der Selbstverwaltungsgarantie des Art. 28 Abs. 2 GG ausgestattete Gebietskörperschaften des öffentlichen Rechts (vgl. Art. 144). Gleichzeitig bilden beide Städte einen Gemeindeverband höherer Ordnung.

Mit dieser Struktur ist auch in Bremen die Zweigliedrigkeit des Verwaltungsaufbaus gegeben (vgl. *StGH Bremen* DÖV 1992, 164).

2.1. Die Stadt **Bremen** hat **keine eigene Gemeindeordnung.** Für sie gilt die **122** Landesverfassung mit ihren Vorschriften über die Bürgerschaft und den Senat entsprechend. Hiernach sind die Organe der Stadtgemeinde Bremen die mit der Bürgerschaft identische **Stadtbürgerschaft** und der **Senat.**

Auch innerhalb der Stadt Bremen besteht eine **Binnengliederung.** Das Stadtgebiet ist in **Stadt- und Ortsteile** eingeteilt, innerhalb derer Ortsbeiräte und Ortsämter gebildet werden. Die Beiratsmitglieder werden von den Einwohnern des Stadt- bzw. Ortsteils unmittelbar auf vier Jahre gewählt (vgl. § 1 f. des Ortsgesetzes über Beiräte und Ortsämter).

Die **Beiräte** haben das Recht, über alle Angelegenheiten, die im Beiratsbereich von öffentlichem Interesse sind, zu beraten; sie beschließen über von den Behörden erbetene Stellungnahmen sowie eine Reihe weiterer stadtteilbezogener Aufgaben. (Zur Rechtsstellung der Beiräte vgl. *StGH Bremen* DÖV 1992, 164).

Die **Ortsämter** haben die Aufgabe, die bei ihnen wirkenden Beiräte bei der Erfüllung ihrer Aufgaben zu unterstützen sowie von den Behörden übertragene Aufgaben als Außenstelle der Stadtverwaltung wahrzunehmen (vgl. 26 f.).

2.2. Die Stadt **Bremerhaven** ist Gebietskörperschaft des öffentlichen Rechts **123** und verwaltet in ihrem Gebiet alle kommunalen Aufgaben unter eigener Verantwortung als Selbstverwaltungsangelegenheiten soweit im einzelnen nichts anderes bestimmt ist (§§ 1 f. Verf. Bremerhaven).

Organe sind die Stadtverordnetenversammlung und der Magistrat (§ 5 Verf.).

Die Stadtverordnetenversammlung beschließt über die Angelegenheiten der Stadt, soweit keine Sonderregelungen bestehen (§ 17). Sie wählt aus ihrer Mitte einen **Stadtverordneten-Vorsteher** (§ 21), der die Tagesordnung nach Beratung mit dem Oberbürgermeister aufstellt und die Stadtverordnetenversammlung einberuft (§ 23). Er repräsentiert die Stadtverordnetenversammlung und leitet die Verhandlungen und ist für die innere Ordnung zuständig (§ 29). Zweites Organ ist der **Magistrat.** Er ist die **Verwaltungs-**

behörde der Stadt (§ 42). Er **besteht aus dem Oberbürgermeister, dem Bürgermeister und weiteren haupt- und ehrenamtlichen Mitgliedern (Stadträte)** (§ 38). Die Stadtverordnetenversammlung wählt die hauptamtlichen Mitglieder des Magistrats einschließlich des Oberbürgermeisters auf 12 Jahre (§ 39). Der Magistrat **vollzieht** die Beschlüsse der Stadtverordnetenversammlung (§ 33). **Vorsitzender des Magistrats** ist der **Oberbürgermeister** (§ 43). Er beaufsichtigt den Geschäftsgang der Verwaltung und ist Dienstvorgesetzter der städtischen Bediensteten (§ 44). Er gibt nach außen die rechtsgeschäftlichen Erklärungen ab (§ 46) und besitzt die Widerspruchsbefugnis gegen Magistratsbeschlüsse (§ 47).

– Zur **Verwaltungsreform** in Bremen vgl. *Thieme,* DÖV 1993, 361.

3. Hamburg

124 **3.1.** Die Stadt Hamburg ist ausschließlich „**Land**" der Bundesrepublik (Art. 1 Verf. Hamburg). In ihm werden staatliche und gemeindliche Tätigkeiten nicht getrennt (Art. 4 Verf. Hamburg). Eine Zweigliedrigkeit des Verwaltungsaufbaus besteht hiernach nicht (str. vgl. *Sieveking,* DÖV 1993, 449 (452) mwN).

3.2. Innerhalb der Stadt besteht – wie in Berlin – eine Binnengliederung in **Bezirke.** Näheres ist durch das Bezirksverwaltungsgesetz geregelt.

3.3. Organe der Bezirke sind die Bezirksämter und die Bezirksversammlungen.

125 *3.3.1.* Für jeden Bezirk wird ein **Bezirksamt** eingerichtet, dem ein von der Bezirksversammlung auf sechs Jahre gewählter und vorzeitig abwählbarer **Bezirksamtsleiter** vorsteht. Die Bezirksämter führen selbständig diejenigen Aufgaben der Verwaltung durch, die nicht wegen ihrer übergeordneten Bedeutung oder Eigenart einer einheitlichen Durchführung bedürfen. Solche Aufgaben werden vom Senat selbst wahrgenommen oder auf die Fachbehörden übertragen. Die Abgrenzung erfolgt abschließend durch den Senat (§ 3 BezVG).

126 *3.3.2.* Die Bevölkerung wirkt insbesondere durch die **Bezirksversammlung** an den Angelegenheiten des Bezirks und den Aufgaben des Bezirksamts mit. Die Bezirksversammlung besteht aus je 41 Bezirksabgeordneten, die von der Bevölkerung der Bezirke aus deren Einwohnerschaft auf vier Jahre gewählt werden (§§ 8 f. BezVG). Zu den **Zuständigkeiten** der Bezirksversammlung gehört insbesondere die Mitwirkung an den Haushaltsangelegenheiten des Bezirks und der Erledigung der Verwaltungsaufgaben des Bezirksamts. Außerdem hat sie die Verwaltung des Bezirksamts zu überwachen (vgl. §§ 15 f. BezVG).

– Zur **Wahl der Bezirksversammlung** vgl. HambVerfG NVwZ 1993, 1083.

5. Kapitel
Begriff und Rechtsstellung der Gemeinden

I. Der Gemeindebegriff

Nach der verfassungsrechtlichen Konzeption ist die Gemeinde eine landes- **127** unmittelbare von ihren Bürgerinnen und Bürgern und Einwohnern getragene (mitgliedschaftlich strukturierte) **kommunale Gebietskörperschaft** mit Gebietshoheit zur autonomen Verwaltung universal überlassener oder speziell zugewiesener örtlicher eigener Angelegenheiten des Gemeinwesens sowie zur weisungsabhängigen Verwaltung enumerativ generell oder speziell zugewiesener fremder öffentlicher (Landes- oder Bundes-) Angelegenheiten (vgl. hierzu *BVerfGE* 52, 95 (117)) und damit eine wesentliche **Grundlage des demokratischen Staates.**

Ihr **Ziel** ist es, das Wohl und das gesellschaftliche Zusammenleben ihrer Einwohner zu fördern. Die besondere **Form** ihrer Verwaltung ist die verantwortliche Teilnahme der Bürgerschaft an der Erreichung dieses Ziels. Die Gemeindeordnung umschreibt diesen Gemeindebegriff in ihrem Eingangsparagraphen.

II. Rechtsstellung der Gemeinde

1. Gebietskörperschaft und juristische Person

Die Gemeinde ist **nach § 1 GemO** rechtsfähige **Gebietskörperschaft und** **128** **juristische Person des öffentlichen Rechts.** Aus diesem Status ergibt sich die Rechtsfähigkeit, die Geschäftsfähigkeit, die Parteifähigkeit, die Beteiligungsfähigkeit, die Prozeßfähigkeit, die Haftungsfähigkeit und Dienstherrenfähigkeit der Gemeinde.

1.1. Rechtsfähigkeit der Gemeinde

Die Rechtsfähigkeit ist die Fähigkeit, **selbständiger Träger von Rechten** **129** **und Pflichten** zu sein. Die Rechtsfähigkeit betrifft sowohl den **Bereich des öffentlichen Rechts** als auch den des **Privatrechts.**

Die Rechtsfähigkeit auf dem Gebiete des öffentlichen Rechts wird **begrenzt durch** die der Gemeinde eingeräumte **Verbandskompetenz.** Dasselbe gilt für den Umfang der Rechtsfähigkeit auf dem Gebiete des **Zivilrechts** (str. vgl. hierzu *BGHZ* 20, 119; *Pagenkopf,* KommR, Bd. 1, S. 34).

5. Kapitel. Begriff und Rechtsstellung der Gemeinden

– Zur **Grundrechtsfähigkeit** der Gemeinden vgl. 18. Kapitel.
– Zur **Rechtsnachfolge** und **Funktionsnachfolge** in die gemeindliche Rechtsstellung vgl. *BVerwG* NVwZ-RR 1992, 428.

1.1.1. Namensrecht

130 Teil der Rechtsfähigkeit ist das Namensrecht. Es ist zu untergliedern in das Namensführungsrecht, das Namensbestimmungsrecht und das Änderungsrecht.

131 *1.1.1.1. Namensführungsrecht.* Nach der Gemeindeordnung führen die Gemeinden ihren bisherigen Namen.

– Vgl. § 5 Abs. 1 GemO.

Namen ist die amtliche **Identifikationsbezeichnung** einer Gemeinde. Er kann allein stehen oder mit Zusätzen versehen sein (z. B. Freiburg im Breisgau). Auch die amtlichen Zusätze sind Namensbestandteil. Das **Recht der Gemeinden zur Führung eines einmal bestimmten Namens ist Teil der historischen überkommenen Gebietshoheit** und ein öffentlich-rechtliches gegen Jedermann wirkendes absolutes Persönlichkeitsrecht (*BVerfGE* 44, 351; *BGH* NJW 1975, 2015). Der Name vermittelt der Gemeinde rechtliche Identität und ist zugleich äußerer Ausdruck ihrer Individualität. Das Recht zur Führung des Gemeindenamens fällt unter den Schutzbereich der **Selbstverwaltungsgarantie** (*BVerfG* DÖV 1982, 448; *Pappermann,* DÖV 1980, 353).

Jedermann ist verpflichtet, den richtigen Namen einer Gemeinde zu verwenden (vgl. hierzu *VGH Kassel* DVBl. 1977, 49 – Benennung einer Bahnstation; vgl. auch *BVerfGE* 50, 195).

Bei Beeinträchtigungen des Namensrechts steht der Gemeinde im privatrechtlichen Bereich nach § 12 BGB, im öffentlich-rechtlichen Bereich nach § 12 BGB analog sowie direkt aus Art. 28 Abs. 2 GG ein **Unterlassungsanspruch** zu (vgl. *BVerwG* DÖV 1980, 97; *BGH* NJW 1963, 2267 – Benutzung eines Städtenamens durch Private zu Werbezwecken; *VGH BW* BWVPr 1979, 14).

Der **rechtswidrige Namensgebrauch durch Dritte** kann nach **Landesordnungswidrigkeitenrecht** geahndet werden sowie **Unterlassungs- und Schadensersatzansprüche** nach § 16 UWG auslösen.

132 *1.1.1.2. Namensbestimmung und Namensänderung.* Die Bestimmung eines Namens bei Neubildung einer Gemeinde, die Feststellung oder Änderung des Namens einer Gemeinde gehört ebenfalls zur **Selbstverwaltungsgarantie,** indes aus historischer Sicht nicht zum Kernbereich (*BVerfG* DÖV 1979, 405; 1982, 448) und ist durch das überwiegende staatliche Interesse an der Namensbestimmung und -änderung einer Genehmigungspflicht der Rechtsaufsichtsbehörde unterworfen.

– Vgl. § 5 Abs. 1 S. 2 GemO.

Bei der Mitbestimmung handelt es sich rechtsdogmatisch um einen sog. **Kondominialverwaltungsakt** auf dem Gebiete der staatlichen Organisation.

II. Rechtsstellung der Gemeinde

Dabei besteht zu Gunsten der staatlichen Mitwirkungsbehörde bei der Namensbestimmung ein **weiter Ermessensspielraum**. Leitende Gesichtspunkte sind der Grundsatz der Namensklarheit sowie insbesondere historische und geographische Gegebenheiten. Enger ist der Ermessensspielraum bei der **Namensänderung**. Hat die Gemeinde einen eigenen Namen, so gewinnt die Garantie der Selbstverwaltung wieder ihr volles Gewicht. Für die Versagung der Zustimmung zur Namensänderung müssen hiernach überwiegende Gründe des öffentlichen Wohls bestehen (vgl. *BVerfG* DÖV 1982, 448 (449)).

Die Gemeinde hat in beiden Fällen im Hinblick auf die Berührung ihres Selbstverwaltungsrechts ein **Recht auf fehlerfreie Ermessensentscheidung.** Den Bürgern steht ein solcher Anspruch hingegen nicht zu, da die Selbstverwaltungsgarantie den Bürgern gegenüber **kein subjektives Recht begründet.**

– **Weiterführend:** *Prell,* Das Namensrecht der Gemeinden, 1989.

1.1.1.3. Die Bezeichnung „Stadt". Den Gemeinden ist in Sachsen wie in allen **133** Bundesländern erlaubt, die Bezeichnung „Stadt" zu führen, denen sie nach bisherigem Recht zusteht.

– Vgl. § 5 Abs. 2 GemO.

Sie ist kein Namensbestandteil, genießt jedoch den Namensschutz gegen rechtswidrige Verwendung (vgl. *BGH* NJW 1963, 2267). Die Staatsregierung kann auf Antrag der Gemeinde die Bezeichnung „Stadt" den Gemeinden verleihen, die nach Einwohnerzahl, Siedlungsform und ihren kulturellen und wirtschaftlichen Verhältnissen **städtisches Gepräge** tragen. Die Verleihung der Bezeichnung ist ein **Verwaltungsakt.**

Ein Anspruch auf Verleihung der Bezeichnung „Stadt" steht den Gemeinden aus Art. 28 Abs. 2 GG nicht zu. Die Entscheidung ergeht im überwiegenden (überörtlichen) öffentlichen Interesse. Die Gemeinde hat aber wegen der Berührung des Selbstverwaltungsrechts einen **Anspruch auf ermessensfehlerfreie Entscheidung** (*BVerfG* NVwZ-RR 1990, 207). Rechtsfolgen für die kommunalrechtlichen Verhältnisse hat das Stadtrecht auf die Gliederung der inneren Gemeindeverfassung sowie auf die Bezeichnung der Ratsmitglieder und der Gemeindebediensteten.

1.1.1.4. Sonstige überkommene Bezeichnungen. Die Gemeinden dürfen nach der **134** Gemeindeordnung auch sonstige überkommene Bezeichnungen, die nicht Namensbestandteil sind, weiterführen.

– Vgl. § 5 Abs. 3 GemO.

Sie sind gegen unbefugten Gebrauch in Analogie zu § 12 BGB und § 16 UWG geschützt.

Die Staatsregierung kann auf Antrag den Gemeinden auch „sonstige Bezeichnungen" **verleihen, ändern oder aufheben.**

– Vgl. § 5 Abs. 3 S. 2 GemO.

Ermessensleitende Gesichtspunkte sind Tatbestände, die auf die geschichtliche Vergangenheit, die Eigenart oder die heutige Bedeutung der Gemeinden oder der Ortsteile hinweisen.

Beispiel: Die Verleihung einer sonstigen Bezeichung ist die Gestattung, vor den Gemeindenamen die Bezeichnung „**Bad**" zu setzen.

Auch die Verleihung einer sonstigen Bezeichnung ist ein im überwiegenden (überörtlichen) öffentlichen Interesse ergehender **Verwaltungsakt.**

Eine Gemeinde hat **keinen Anspruch** auf Verleihung einer sonstigen Bezeichnung, wegen der Berührung des Selbstverwaltungsrechts aber einen Anspruch auf ermessensfehlerfreie Entscheidung.

Keine „sonstigen Bezeichnungen" sind **Werbezusätze** auf **Poststempeln.** Hiernach bedarf etwa der Zusatz „Stadt der Gotik" keiner Verleihung.

135 *1.1.1.5. Die Benennung von Gemeindeteilen.* Die Benennung von bewohnten Gemeindeteilen ist **Selbstverwaltungsangelegenheit** der Gemeinden. Gemeindeteile sind Ortsteile im Sinne einer äußerlich erkennbaren Gliederung des Siedlungsgefüges. Aus Gründen der Namensklarheit sind gleichlautende Benennungen innerhalb derselben Gemeinde unzulässig.

– Vgl. § 5 Abs. 4 S. 2 GemO.

Die Benennung ergeht in Form eines Verwaltungsakts in der Gestalt einer Allgemeinverfügung.

136 *1.1.1.6. Benennung von Straßen.* Auch die Benennung und Umbenennung von **Straßen, Wegen, Plätzen und Brücken und sonstigen Einrichtungen** der Gemeinde ist Selbstverwaltungsangelegenheit. Die Gemeindeordnung Sachsen hat dies deklaratorisch festgeschrieben.

– Vgl. § 5 Abs. 4 GemO.

Bei der Benennung steht der Gemeinde ein **weiter Gestaltungsspielraum** zu. Er wird lediglich durch die Ordnungs- und Erschließungsfunktion des Straßennamens, das Verbot gleichlautender Benennung mehrerer Straßen sowie allgemein durch die Verfassung und insbesondere durch das Willkürverbot begrenzt (vgl. hierzu etwa *VGH BW* BWVPr 1976, 202; NJW 1981, 1749).

Die Benennung ist ein adressatloser dinglicher Verwaltungsakt in der Gestalt einer Allgemeinverfügung (§ 35 S. 2 2. Alt. VwVfG), der für die betroffenen Einwohner unmittelbar weder einen Vorteil noch einen Nachteil begründet.

Die **Straßenanlieger** haben aber ein Recht auf **fehlerfreie Ermessensentscheidung** unter Berücksichtigung ihrer Interessen bei der Umbenennung. Die öffentlichen und privaten Interessen sind gegeneinander abzuwägen.

Zuständig zur Straßenbenennung ist das Hauptorgan der Gemeinde. Der Benennungsbeschluß enthält die erforderliche Regelung mit Außenwirkung. Die für das Wirksamwerden erforderliche Bekanntgabe im Sinne des § 43 Abs. 1 VwVfG ist nach § 41 VwVfG zu bewirken. Eines besonderen Vollzugsakts bedarf es nicht (vgl. *VGH BW* VBlBW 1992, 140 (141)).

1.1.1.7. Hausnummerierung. Entsprechende Grundsätze gelten für die Vertei- **137** lung und Änderung der Hausnummern. Auch bei diesen Maßnahmen handelt es sich um Selbstverwaltungsangelegenheiten der Gemeinden. Die Änderung der Hausnummern steht im **Ermessen** der Gemeinde. In diesem Falle haben die betreffenden Einwohner ein Recht auf fehlerfreie Ermessensentscheidung.

Die Zuteilung einer Hausnummer ist ein **Verwaltungsakt.** Sie löst die Pflicht des betroffenen Eigentümers aus, sein Grundstück mit der festgesetzten Hausnummer zu versehen (§ 136 Abs. 3 S. 1 BauGB). **Zuständig** zur Festsetzung der Hausnummer ist das Vollzugsorgan der Gemeinde (*VGH BW* VBlBW 1992, 140 (144)), in Sachsen also der Bürgermeister.

– **Weiterführend:** *H. Winkelmann,* Das Recht der öffentlich-rechtlichen Namen und Bezeichnungen – insbesondere der Gemeinden, Straßen und Schulen, 1984.

1.1.2. Wappenrecht und Flaggenrecht, Dienstsiegel

1.1.2.1. Die Gemeinden haben ein Recht auf ihre bisherigen *Wappen und* **138** *Flaggen.* Die Rechtsaufsichtsbehörde kann einer Gemeinde die Genehmigung erteilen, ein neues Wappen und eine neue Flagge zu führen oder diese zu ändern

– Vgl. § 6 Abs. 1 GemO.

Wappen und Flaggen sind Wahrzeichen der Verbundenheit der Gemeinde mit ihrer Geschichte und Vergangenheit und Ausdruck des gemeindlichen Eigenlebens. Das Wappenrecht ist **kein Ausfluß des Selbstverwaltungsrechts** der Gemeinden. Es wird vielmehr vom Staat im überwiegenden (überörtlichen) öffentlichen Interesse durch **Verwaltungsakt** verliehen. Wegen der Berührung des Selbstverwaltungsrechts besitzt die Gemeinde jedoch einen Anspruch auf ermessensfehlerfreie Entscheidung über Anträge auf Verleihung eines Wappens.

Die Entscheidung, ob eine Gemeinde Wappen und Flaggen führen will, steht in ihrem **Ermessen.** Einem Gemeindeverwaltungsverband ist es allerdings untersagt, Wappen und Flaggen zu führen (vgl. *VGH BW* BWVPr 1975, 250).

Gemeindewappen und Gemeindeflaggen sind in gleicher Weise vor Eingriffen Dritter geschützt wie der Gemeindename. Ein Schutz besteht auch nach § 16 UWG. Die unbefugte Benutzung von Wappen oder Dienstflaggen einer Gemeinde ist nach Landesordnungswidrigkeitenrecht Ordnungswidrigkeit.

1.1.2.2. Die Gemeinden sind auch zur Führung von Dienstsiegeln verpflich- **139** tet.

– Vgl. § 6 Abs. 2 GemO.

Das Recht zur Führung von Dienstsiegeln ist nicht Ausfluß des Selbstverwaltungsrechts der Gemeinden. Es wird vom Staat in überwiegendem öffentlichen Interesse durch Verwaltungsakt verliehen. Wegen der Berührung des Selbstverwaltungsrechts haben die Gemeinden jedoch einen Anspruch auf ermessensfehlerfreie Entscheidung über Anträge auf Verleihung von Dienstsiegeln. Die Änderung von Dienstsiegeln bedarf der Genehmigung des Landes.

1.1.3. Vermögensrechtsfähigkeit

140 Die **Rechtsfähigkeit** der Gemeinden umschließt auch die Fähigkeit, **Träger von Vermögensrechten** zu sein. So können sie **Eigentümer von Grundstücken** oder Inhaber dinglicher Rechte (Hypotheken, Grundschulden usw.) sein. Weiterhin sind die Gemeinden auch **erbfähig** und vermächtnisfähig.

1.2. Handlungs- und Geschäftsfähigkeit der Gemeinde

141 Die Gemeinden besitzen als juristische Person des öffentlichen Rechts auch die **Handlungsfähigkeit** und die **Geschäftsfähigkeit.** Die Handlungsfähigkeit besteht in der Befugnis, **rechtserhebliche Handlungen vornehmen zu können.** Die Geschäftsfähigkeit gibt die Kompetenz, durch eigenes Handeln **Willenserklärungen abgeben** und entgegennehmen zu können, Verträge abzuschließen sowie sich aller Handlungsformen des öffentlichen und des Privatrechts zu bedienen. Der Gemeinde wird ihre Handlungs- und Geschäftsfähigkeit durch ihre Organe vermittelt. Ihr Handeln wird der Gemeinde kraft Gesetzes zugerechnet (vgl. hierzu *Pappermann, HdKWP,* Bd. 1, S. 302).

Die Handlungs- und Geschäftsfähigkeit der Gemeinden findet ihre **Grenzen in der kommunalen Verbandskompetenz** (str. vgl. *BGHZ* 20, 119 und oben 3. Kapitel) sowie im Genehmigungserfordernis für gewisse Rechtsgeschäfte.

1.3. Partei- und Beteiligungsfähigkeit der Gemeinde

142 *1.3.1.* Die Gemeinden besitzen die **Parteifähigkeit.** Das ist die Fähigkeit, in einem Zivilrechtsstreit Partei sein zu können (§ 50 ZPO). Der Parteifähigkeit entspricht **im Verwaltungsprozeß** die **Beteiligungsfähigkeit** (§ 61 VwGO). Beteiligungsfähigkeit bedeutet die Fähigkeit, als Subjekt eines Prozeßrechtsverhältnisses, d. h. als Kläger, Beklagter, Beigeladener oder als sonstiger Beteiligter (§ 63) in einem Verfahren vor einem Gericht der Verwaltungsgerichtsbarkeit teilnehmen zu können (vgl. hierzu *Kopp,* VwGO, § 61 Rdnr. 4). Die Gemeinden sind nach § 61 Ziff. 1 VwGO beteiligungsfähig.

Die Beteiligungsfähigkeit **im Verwaltungsverfahren** richtet sich nach den §§ 10 und 11 LVwVfG.

1.3.2. Die Gemeinden sind **einheitliche Rechtsträger** mit einheitlicher Entscheidungsspitze, in welcher einzelnen **Ämtern** oder **Dienststellen** grundsätzlich keine eigenen rechtsschutzfähigen Rechts zustehen können. Hiernach wäre es wegen fehlender Beteiligungsfähigkeit ein **unzulässiger In-Sich-Prozeß,** wenn einzelne Dienststellen und Ämter der Gemeinde gegeneinander prozessieren würden. Nach *BVerwG* (NJW 1992, 927) **fehlt** diesen

Verwaltungseinheiten grundsätzlich das **Rechtsschutzbedürfnis.** Dies gilt auch für gemeindliche **Eigenbetriebe,** die keine eigene Rechtspersönlichkeit besitzen.

1.4. Prozeßfähigkeit der Gemeinde

Die Gemeinden sind prozeßfähig. **Prozeßfähigkeit** bedeutet die Fähigkeit, 143 als Partei einen Prozeß führen oder durch einen von ihr bestellten Prozeßbevollmächtigten führen zu lassen und prozeßrechtlich wirksame Willenserklärungen abgeben zu können (vgl. §§ 51, 52 ZPO, 62 VwGO). **Prozeßhandlungen** für die Gemeinde nimmt **der Bürgermeister** als gesetzlicher Vertreter und Organ der Gemeinde vor (vgl. *VGH München* DÖV 1984, 433).

1.5. Haftungsfähigkeit und Deliktsfähigkeit der Gemeinde

1.5.1. Privatrechtliche Haftung

1.5.1.1. Die privatrechtliche Haftung der Gemeinden für **unerlaubte** 144 **Handlungen** richtet sich nach den allgemeinen deliktrechtlichen Haftungsgrundsätzen. Deliktisches Handeln des **Bürgermeisters** als gesetzlichem Vertreter **wird der Gemeinde** nach den §§ 89, 31 BGB zugerechnet. Voraussetzung ist, daß dieser einem Dritten einen Schaden durch eine in Ausführung der ihm zustehenden Verrichtungen begangene, zum Schadenersatz verpflichtende Handlung zufügt. „In Ausführung der ihm zustehenden Verrichtungen" ist die Schadenszufügung geschehen, wenn sie der gesetzliche Vertreter **„in amtlicher Eigenschaft"** (*BGH* NJW 1980, 115) und im Rahmen der kommunalen Verbandskompetenz (*BGHZ* 20, 119f. (126)) vorgenommen hat (vgl. auch *BGH* NJW 1986, 2940; NVwZ 1984, 749). Nicht erforderlich ist, daß die Handlung durch die Vertretungsbefugnis und Vertretungsmacht gedeckt ist. Hiernach haftet die Gemeinde etwa nach den §§ 823 Abs. 2, 89, 31 BGB iVm § 263 StGB, wenn ein Bürgermeister sich unter Vorlage gefälschter Ratsbeschlüsse und Genehmigungen einen Kredit erschwindelt und für sich selbst verbraucht (vgl. *BGH* NJW 1980, 115).

Dieselbe Haftungszurechnung gilt auch für **Amtsleiter** (sog. **Repräsentantenhaftung,** vgl. hierzu *RGZ* 70, 118 (120); *BGH* VersR 1962, 2013).

Für deliktisches Handeln **anderer Personen** kann die Gemeinde unter den Voraussetzungen des § 831 BGB – mit Exkulpationsmöglichkeit – haftbar sein. Neben der Gemeinde kann der **Schädiger** aus unerlaubter Handlung **(§ 823) im Außenverhältnis** auch selbst haften **(Eigenhaftung)** (*BGHZ* 56, 73). Ist der Schädiger Beamter im staatsrechtlichen Sinne, kann im privatrechtlichen Bereich eine Eigenhaftung des Beamten nach § 839 BGB in Betracht kommen (*BGHZ* 42, 178).

– Zur Haftung wegen Verletzung der **privatrechtlichen Verkehrssicherungspflicht** als Ausfluß des Privateigentums vgl. etwa *BGH* NJW 1988, 2667 mwN – öffentl. Spielplätze; *BGH* NVwZ-RR 1989, 38 – Gemeindewald; *BGH* NJW 1978, 1626 – Schulgebäude; *Alfers,* BDAK-Info 1992, 1 – Wasserflächen mwN; *OLG Karlsruhe* FamRZ 1992, 1289 – Schwimmbäder.

145 *1.5.1.2.* Die Haftung der Gemeinden bei Eingehung **privatrechtlicher Verträge** richtet sich nach den allgemeinen zivilrechtlichen Grundsätzen.

Ein **zum Schadenersatz verpflichtendes vertragliches Handeln des Bürgermeisters** als gesetzlichem Vertreter der Gemeinde im Rahmen der Verbandskompetenz **wird der Gemeinde nach den §§ 89, 31 BGB zugerechnet** (vgl. hierzu *BGH* DÖV 1990, 528). Diese Zurechnung gilt auch im Rahmen der Haftung für culpa in contrahendo (*BGHZ* 6, 333). Verkauft **beispielsweise** eine Gemeinde ein Grundstück, das mit einem Fehler behaftet ist, so ist ihr für die Frage des arglistigen Verschweigens das **Wissen des Bürgermeisters** als vertretungsberechtigtes Organ zuzurechnen. Dies gilt selbst dann, wenn der Bürgermeister am Rechtsgeschäft nicht mitgewirkt hat. Diese Rechtsfolge ist aus Gründen des **Vertrauensschutzes geboten,** um den Bürger bei Rechtsgeschäften mit der Gemeinde nicht schlechter zu stellen – als mit Privaten (*BGH* NJW 1990, 975).

Das **Wissen eines Sachbearbeiters eines Amtes der Gemeinde,** das mit dem Verkauf nicht befaßt war, ist hingegen der Gemeinde mit Blick auf § 166 BGB **nicht zuzurechnen.** Eine Gemeinde ist **nicht verpflichtet,** für ihre fiskalischen Grundstücksgeschäfte einen **ämterübergreifenden Informationsaustausch zu organisieren,** soweit nicht ein solcher Austausch ausnahmsweise im Einzelfall aus sachlichen Gründen naheliegend ist (*BGH* DÖV 1992, 498).

146 *1.5.1.3.* Die **Gefährdungshaftungtatbestände** rechnen das Handeln des Bürgermeisters sowie anderer für die Gemeinde handelnder Personen in der Regel unmittelbar kraft Gesetzes der Gemeinde zu. Dies gilt etwa für die Haftung,
– bei dem Betrieb eines Kraftfahrzeuges, soweit die Gemeinde Halter ist (§ 7 **StVG),**
– für Energieanlagen sowie Anlagen i. S. des § 3 **Haftpflichtgesetz,** soweit die Gemeinde Inhaber oder Betriebsunternehmer ist (vgl. hierzu *BGH* NJW 1990, 1167 – Haftung für Kanalisation),
– für **Umwelteinwirkungen** nach dem Umwelthaftungsgesetz (BGBl. I 1990, 2634),
– nach § 833 BGB.

1.5.2. Öffentlich-rechtliche Haftung

147 *1.5.2.1.* In **Sachsen** ist – wie in den anderen neuen Bundesländern – für öffentlich-rechtliches Handeln **primär** das **Staatshaftungsgesetz** der ehemaligen DDR vom 12. 5. 1969 (GBl. DDR I, 34), zuletzt geändert durch Gesetz vom 14. 12. 1988 (GBl. DDR I, 329), **anzuwenden,** das nach dem **Einigungsvertrag** als Landesrecht – mit Modifikationen – weitergilt (Art. 9 Abs. 1 S. 1, Abs. 2 i. V. m. Anlage II Kap. III, Sachgebiet B). Nach § 1 Abs. 1 StHG haftet **für Schäden,** die einer natürlichen oder juristischen Person hinsichtlich ihres Vermögens oder ihres Rechts **durch „Mitarbeiter oder Beauftragte" staatlicher oder kommunaler Organe** in Ausübung staatli-

cher Tätigkeit rechtswidrig zugefügt werden, das jeweilige staatliche oder kommunale Organ.

– Vgl. hierzu *Vietmeier,* DVBl. 1993, 197; *Ossenbühl,* Staatshaftungsrecht 4. Aufl. 1991, S. 397 f.; *Christoph,* NVwZ 1991, 536.

§ 1 StHG bedeutet die Begründung einer **unmittelbaren, verschuldens- unabhängigen Staatshaftung.** Im Kommunalbereich umfaßt der Begriff „staatliche Tätigkeit" sowohl das Handeln der Kommunen im Selbstverwal- tungsbereich als auch im übertragenen Aufgabenbereich (Weisungsbereich) (vgl. näher *Ossenbühl,* aaO, S. 397). **Ausgeschlossen** ist die Staatshaftung bei **Kollektiventscheidungen,** speziell des **Gemeinderats** und der **Ausschüsse,** soweit diese unmittelbar schädigend wirken (vgl. hierzu *Ossenbühl,* aaO, S. 399).

– Zum **Regreß** vgl. *Ossenbühl,* aaO, S. 407).
– Zur Haftung für **Altansprüche** vgl. *Rädler* DtZ 1993, 296.

1.5.2.2. Daneben haften die Gemeinden im Rahmen **öffentlich-rechtlicher Tätigkeit** für Amtspflichtverletzungen ihrer Amtsträger (Beamte, Ange- stellte usw.) aus **Amtshaftung** nach § 839 BGB i. V. m. **Art. 34 GG** als An- stellungskörperschaft bzw. „Anvertrauungskörperschaft" (vgl. im einzelnen *Maurer,* AVerwR, 8. Aufl. 1992, § 25 mwN), wobei zwischen der Haftung nach dem Staatshaftungsgesetz und der Haftung aus Art. 34 GG **Anspruchs- konkurrenz** besteht (vgl. *Ossenbühl,* aaO, S. 405). Haftungsvoraussetzung ist, daß die Amtsträger **rechtswidrig und schuldhaft eine Amtspflicht ver- letzen, die einem Dritten gegenüber besteht** und sich hierdurch ein Scha- den innerhalb des Schutzbereichs der verletzten Amtspflicht verwirklicht (*BGH* NVwZ-RR 1989, 600; NJW 1990, 2675). **Dritter** kann dabei nicht nur eine Privatperson, sondern **auch eine Körperschaft des öffentlichen Rechts** sein. Voraussetzung hierfür ist jedoch immer, daß sich die Gemeinde und diese Körperschaft mit Blick auf die Aufgabenerledigung in einer Weise gegenüberstehen, wie sie für das Verhältnis des Staates zum Bürger kenn- zeichnend ist, gewissermaßen also als „**Interessen-Gegner**" (vgl. *BGHZ* 32, 146). Beispielsweise fehlt es an einer solchen Gegnerschaft im Verhältnis zwischen Gemeinde **als Schulträger und dem Land als Unterrichtsträger** bei der **Schulverwaltung** oder zwischen dem Finanzamt als **Grund- und Gewerbesteuermeßbehörde** und der Gemeinde als **Festsetzungsbehörde** (vgl. hierzu 21. Kap. VI, S. 2 f. und *Carl,* ZKF 1992, 199).

Eine **Eigenhaftung** des Amtsträgers **im Außenverhältnis** ist daneben **aus- geschlossen.**

1.5.2.2.1. Ein Amtshaftungsanspruch des Bauherrn gegen die Gemeinde **148** besteht bei schuldhaft rechtswidriger **Versagung des Einvernehmens** nach § 36 BauGB **durch den Gemeinderat.** Jedes Mitglied des Gemeinderats wird bei der Beschlußfassung als **Amtsträger im haftungsrechtlichen Sinne** tä- tig.

Für die **Verschuldensfrage** kommt es auf die Kenntnisse und Einsichten an, die für die Führung des übernommenen Amts im Durchschnitt erforderlich sind und nicht auf die Fähigkeiten, über die der Amtsträger tatsächlich verfügt. Jeder Amtsträger muß die zur Führung seines Amts notwendigen Rechts- und Verwaltungskenntnisse besitzen oder sie sich verschaffen. Für Mitglieder kommunaler Vertretungskörperschaften gelten keine milderen Sorgfaltsmaßstäbe. Sie müssen sich daher auf ihre Entschließungen sorgfältig vorbereiten und notfalls den Rat ihrer Verwaltung oder die Empfehlungen von (sonstigen) Fachbehörden einholen und sogar außerhalb der Verwaltung stehende Sachverständige zuziehen (*BGH* NVwZ 1986, 504; NJW 1990, 1038 (1039) BGH VersR 1984, 849; 1991, 1135 – für Bürgermeister).

– Zur **Reichweite** der **Amts**pflichten in diesen Fällen vgl. *BGH* NVwZ 1990, 501.
– Zur Amtshaftung für rechtswidrig erteilte **Genehmigungen** vgl. *de Witt/Burmeister,* NVwZ 1992, 1039.

149 *1.5.2.2.2.* Ein Amtshaftungsanspruch gegen die Gemeinde kann auch dann bestehen, wenn sie ein Grundstück ohne Prüfung des Vorhandenseins sog. **Altlasten** als Wohngebiet einzont (*OLG Düsseldorf* NVwZ 1989, 993; *BGH* NJW 1989, 976; DÖV 1991, 799; *Leinemann,* Städte und Altlastenhaftung, 1991, S. 77f.). Allerdings sind nach Auffassung des *BGH* (vgl. NJW 1990, 371) nur solche Personen „geschützte **Dritte**" im Sinn des Amtshaftungsrechts, deren Leben und Gesundheit durch das Wohnen auf einem belasteten Grundstück gefährdet werden. Zu ihnen gehören sowohl Grundstückseigentümer als auch spätere Grundstückserwerber, die ihr Grundstück bebauen wollten. (*BGH* NVwZ 1989, 500; NJW 1990, 381 und 1038; DÖV 1993, 349).

– Zum Begriff „des geschützten Dritten" im Sinne des Amtshaftungsrechts bei der Überplanung von Altlasten vgl. auch *BGH* NJW 1992, 1953.

150 *1.5.2.2.3.* Zur Amtshaftung der Gemeinde
– wegen Nichtbeachtung von Weisungen vgl. *BGH* NJW 1984, 118 (119); NVwZ 1991, 707 (708); *Vietmeier,* DVBl. 1993, 195.
– wegen **fehlerhafter Bauleitplanung** vgl. *Boujoung,* WiVW 1991, 59 mwN.
– wegen **fehlerhafter Beitragsberechnung** vgl. *BGH* DÖV 1991, 330.
– wegen Verletzung der durch Landesstraßenrecht oder öffentlichrechtliches Organisationsrecht **öffentlichrechtlich geregelten Verkehrssicherungspflicht bei Straßen** vgl. *BGH* VersR 1968, 1090; DVBl. 1973, 488; 1981, 336; NJW 1991, 2824 – Bodenschwellen; *BGH* NJW 1991, 33 – Straßenreinigungspflicht.
– wegen fehlender Überwachung von Straßenbäumen vgl. *OLG Köln* VersR 1991, 305.
– wegen Verletzung der öffentlichrechtlich geregelten **Verkehrsregelungspflicht** vgl. *BGHZ* 54, 332; 99, 249 – Ampelausfall.
– wegen Verletzung der Informationspflicht bei Unterbrechung der Wasserversorgung vgl. *OLG Hamm* NVwZ RR 1991, 521.
– wegen Verletzung der **Streupflicht** vgl. *BGH* NVwZ 1991, 1212 mwN; OLG Düsseldorf NVwZ RR 1993, 173; (vgl. auch *BWGZ* 1989, 567 – Streupflichtsatzung).
– wegen der Verletzung der Verkehrssicherheit öffentlicher Einrichtungen vgl. *BGHZ* 61, 7.

– als **Schulträger** vgl. *Gern,* „Ratgeber Schule", Versicherung der Schüler, Aufsichtspflicht und Schadensverantwortung von Schule und Eltern, 2. Aufl. 1993, passim.

– wegen nicht rechtzeitig vorgenommener **Trauung** durch den Standesbeamten vgl. *BGH* NJW 1990, 505.

– wegen rechtswidriger **Nichtzulassung** eines Bewerbers **zur Kirmes** vgl. *OLG Hamm* NVwZ 1993, 506.

1.5.2.3. Greift die Gemeinde öffentlich-rechtlich, ein **Sonderopfer** begrün- **151** dend, **rechtswidrig schuldlos oder schuldhaft** (*BGHZ* 7, 296; 13, 88) in **vermögenswerte private Rechte** (*BGHZ* 77, 179f.) **oder bestimmte öffentliche Rechte** (*BVerfGE* 40, 65 (83); *BGHZ* 81, 21 (33)) **ein,** so kann zugunsten des Betroffenen neben den anderen Haftungsmöglichkeiten eine Haftung aus **enteignungsgleichem Eingriff** bestehen (grundlegend *BGHZ* 6, 270 (290)).

Eine Haftung kann auch aus **enteignendem Eingriff** bestehen. Sie setzt enteignend wirkende Eingriffe in vermögenswerte Rechte voraus, die als **ungewollte Nebenfolge rechtmäßigen Verwaltungshandelns** eintreten (vgl. hierzu *BGH* NJW 1980, 770 – ein Sonderopfer begründende Immissionen durch eine **kommunale Mülldeponie;** dagegen neuerdings *Maurer,* DVBl. 1991, 781; *BGHZ* 99, 249 – Ampelunfälle auf Grund technischen Versagens; *BGH* NJW 1984, 2516 – Haftung für objektiv rechtswidrige Bebauungspläne).

Die Gemeinde kann schließlich **nach Enteignungsgrundsätzen** auch dann haften, **wenn** eine **Inhaltsbestimmung** des Eigentums, die an sich unverhältnismäßig wäre, **durch die Gewährung einer Entschädigung oder eines Ausgleichs** verhältnismäßig und damit **verfassungskonform werden kann** (*BVerfGE* 58, 137; *BGH* NJW 1988, 478; *BVerwGE* 77, 295 (297) – Anspruch wegen unzumutbarer Verkehrslärmbelastung durch eine Straße).

Die Voraussetzungen des enteignungsgleichen Eingriffs sind **nicht** erfüllt, **wenn** die Gemeinde das **Einvernehmen** nach § 36 BauGB **rechtswidrig erteilt.** Insoweit **fehlt die Kausalität** für den Schaden, da die Baugenehmigungsbehörde an die Erteilung des Einvernehmens nicht gebunden ist (*BGH* BWGZ 1989, 163; anders bei rechtswidrigem **Versagen** des Einvernehmens vgl. *BGH* BauR 1992, 600).

– Zur **Haftung für den Erlaß rechtswidriger Satzungen** und Verordnungen vgl. 8. Kap. IX.

1.5.2.4. Im Rahmen **öffentlich-rechtlicher Verträge** und **sonstiger Schuld- 152 verhältnisse** finden die **Vorschriften des BGB** (über § 62 VwVfG) **entsprechende Anwendung** (vgl. hierzu *BGH* NJW 1990, 1167; 1984, 617; *BGH* NJW 1988, 2667 – Ablehnung eines öffentlichrechtlichen Schuldverhältnisses bei Kinderspielplatz).

– Zur Haftung der Gemeinde aus **öffentlichrechtlicher Geschäftsführung** ohne Auftrag vgl. *OVG Lüneburg* NVwZ 1991, 81 – Ersatz für Beseitigung eingedrungener **Wurzeln** von Straßenbäumen.

– Zur Möglichkeit von **Haftungsbeschränkungen** vgl. 8. Kap. III 4 und *BGH* NJW 1973, 1741; *VGH München* BayVBl. 1985, 407.

1.5.3. Haftung kommunaler Beamter im Innenverhältnis; Rückgriff

153 *1.5.3.1.* Für den Rückgriff bei Haftung nach dem **Staatshaftungsgesetz „DDR"** verweist § 9 Abs. 1 StHG pauschal auf „die Rechtsvorschriften über die Haftung der Arbeitnehmer". Begrenzt wird diese Haftung durch Art. 34 S. 2 GG auf Vorsatz und grobe Fahrlässigkeit (vgl. *Ossenbühl,* aaO, S. 407).

1.5.3.2. Verletzt ein Beamter schuldhaft die ihm obliegenden Pflichten, so hat er **nach dem Landesbeamtengesetz** dem Dienstherrn, dessen Aufgaben er wahrzunehmen hat, den daraus entstehenden Eigen- und Fremdschaden zu ersetzen. Für den **Schadensbegriff** gelten die zu §§ 249, 252 BGB entwikkelten Grundsätze entsprechend (*VGH BW* Beschluß v. 13. 4. 1989 – 1 S. 538/89).

154 *1.5.3.3.* Erfolgt die Verletzung von Dienstpflichten auf **privatrechtlichem Gebiet,** haftet der Beamte gegenüber der Gemeinde als Dienstherrn für Vorsatz und jede Fahrlässigkeit (*BVerwG,* ZBR 1970, 127). Bei **schadens- und gefahrgeneigter** Arbeit kommt eine Haftungsminderung in Betracht (*VGH BW* ZBR 1970, 369; *OVG Saarl.* NJW 1968, 1796).

– Zur **Ausweitung dieser Haftungsminderung** vgl. *BAG* NZA 1990, 95; NJW 1993, 1732).

Zuständig zur Geltendmachung der Haftung ist die Gemeinde als Dienstherr. Wer innerhalb der Gemeinde zuständig ist, richtet sich nach der Geschäftsverteilung (*VGH BW* ZBR 1970, 369; *BVerwG* DÖV 1989, 942). Ansprüche gegen den amtierenden Bürgermeister sind durch die Rechtsaufsicht geltend zu machen, gegen den früheren Bürgermeister durch den amtierenden Bürgermeister (*VGH BW* NVwZ 1983, 482).

Für die gerichtliche Geltendmachung des Anspruchs ist das Verwaltungsgericht zuständig (§ 126 BRRG).

155 *1.5.3.4.* Bei **öffentlich-rechtlichem Handeln** des Beamten allgemein sowie bei **Amtspflichtverletzungen** i. S. des **Art. 34 GG** haftet der Beamte nur insoweit, als ihm **Vorsatz oder grobe Fahrlässigkeit** zur Last fällt. Eine weitergehende Haftungsminderung nach den Grundsätzen über die gefahrgeneigte Arbeit ist ausgeschlossen (*BVerwG* VerwRspr. 17 (1966) 53).

Für die Geltendmachung der Ansprüche aus Landesbeamtenrecht ist nach § 126 BRRG das Verwaltungsgericht zuständig. Für die Geltendmachung des Rückgriffsrechts ist nach Art. 34 Satz 3 GG das Zivilgericht zuständig.

– Zur dreijährigen **Verjährungsfrist** dieser Ansprüche vgl. *BVerwG* DÖV 1989, 942 –

1.5.4. Haftung der Angestellten im Innenverhältnis; Rückgriff

156 Soweit der Schaden nicht durch Handeln eines Beamten, sondern durch einen **Angestellten** verursacht worden ist, gilt **§ 14 BAT.** Hiernach gelten für Angestellte **die für Beamte geltenden Bestimmungen.** Regreßansprüche sind in diesem Fall beim Arbeitsgericht zu verfolgen.

II. Rechtsstellung der Gemeinde

– Zur 6-monatigen-**Ausschlußfrist** der Geltendmachung vgl. § 70 BAT und *BVerwG*
  ZBR 1973, 345 –
– Für **Arbeiter** vgl. § 63 BMT – G II –

1.5.5. Regreß gegen Gemeinderäte

1.5.5.1. Verletzen Ratsmitglieder ihre Amtspflichten und haftet die Gemein- **157**
de deshalb **nach Art. 34 GG,** so ist ein **Regreß** der Gemeinde im Innenverhältnis **nur beschränkt** möglich. Die beamtenrechtlichen Regreßregeln sind
nicht anzuwenden, da Ratsmitglieder keine Beamten im staatsrechtlichen
Sinne sind. Ein Regreßanspruch kann sich indes im Einzelfall aus § 823
Abs. 2 BGB ergeben, wenn die Gemeinderäte gegen ein **Schutzgesetz** zugunsten der Gemeinde verstoßen haben und hierdurch der Schaden verursacht wurde. Ein Schutzgesetz in diesem Sinne sind etwa die gemeinderechtlichen Vorschriften über die **Verschwiegenheitspflicht.**

1.5.5.2. Hinsichtlich des Regresses bei Haftung nach dem **Staatshaftungsge-** **158**
setz „DDR" gilt § 9 StHG (vgl. *Ossenbühl,* aaO, S. 407). Ein Regreß gegen
Gemeinderäte ist hiernach ausgeschlossen. Weder sind Gemeinderäte „Mitarbeiter" im Sinne des Abs. 1 noch handeln sie „im Auftrag" der Gemeinde
im Sinne des Abs. 2.

1.5.6. Beseitigungs- und Unterlassungsanspruch

1.5.6.1. **Bei rechtswidrigem Eingriff in Rechtspositionen Privater** (z. B. **159**
das Eigentum oder die Ehre) durch kommunale Amtsträger ist **die Gemeinde** bei privatrechtlichem Handeln in direkter, bei öffentlich-rechtlichem
Handeln in analoger Anwendung des **§ 1004 BGB** bzw. unmittelbar aus den
Grundrechten oder aus dem Folgenbeseitigungsanspruch (*VGH BW*
VBlBW 1992, 306 mwN) zur **Beseitigung und zur Unterlassung** des Eingriffs verpflichtet.

Beispiele für Unterlassungsansprüche **160**
– wegen herabsetzender Tatsachenbehauptungen und Werturteile des Bürgermeisters,
  VGH München NVwZ 1986, 327; *VGH Kassel* NJW 1988, 1683; *VGH BW* VBlBW
  1992, 306 – kein Widerruf bei ehrverletzender Tatsachenbehauptung in nichtöffentlicher Sitzung;
– wegen Lichtimmissionen durch gemeindliche Straßenleuchten, *VGH München* NJW
  1991, 2660;
– wegen Sportlärms, *Schmitz,* NVwZ 1991, 1126 mwN;
– wegen Geräusch durch Betrieb einer gemeindlichen Einrichtung, *VGH München*
  NVwZ 1989, 269 und 601; 1993, 1006. – Bolzplatz; *Dürr* in: *Reichert/Dürr,* Baurecht
  BW 6. A. 1993 RdNr. 285;
– wegen Kinderspielplatzlärms, *VG Braunschweig* NVwZ 1991, 1211;
– wegen Lärms aus dem Bürgerhaus, *OVG Münster* NVwZ RR 1989, 263;
– wegen Eindringens von Baumwurzeln in private Kanäle, *BGH* NJW 1991, 2826;
– wegen Lärm durch Feuersirene, *BVerwGE* 79, 254;
– wegen zweckwidriger Nutzung eines Sportplatzes für Mopedrennen BVerwG
  NVwZ 1990, 858.

161 *1.5.6.2.* Erhebt **ein Gemeinderat gegen den Bürgermeister** oder einen anderen Gemeinderat rechtswidrige persönliche **Vorwürfe,** so kann dem Verletzten ein Unterlassungsanspruch in direkter Anwendung des § 1004 BGB (vgl. *VGH BW* NJW 1990, 1808; *VG Frankfurt* NVwZ 1992, 86; *LG Trier* NVwZ-RR 1993, 282) oder als öffentlich-rechtlicher Anspruch zustehen (so *VGH München* NVwZ-RR 1990, 213).

1.5.7. Strafrechtliche Deliktsfähigkeit

162 Die Deliktsfähigkeit im Strafrecht **fehlt den Gemeinden.** Das Strafrecht kennt nur eine Deliktsfähigkeit natürlicher Personen. Handelt der Bürgermeister als gesetzlicher Vertreter für die deliktsunfähige Gemeinde oder ein Beauftragter mit besonderer Pflichtenstellung, ist **§ 14 StGB** zu beachten (vgl. hierzu *Dreher/Tröndle,* StGB, Ziff. 1 a zu § 14 StGB).

– Zur strafrechtlichen Verantwortlichkeit des Bürgermeisters für Umweltdelikte vgl. *BGH* NJW 1992, 3247; von kommunalen Amts- und Mandatsträgern *LG Paderborn* BWGZ 1992, 411 – Todesfall infolge Verletzung der Verkehrssicherungspflicht.

1.5.8. Haftung nach dem OWiG

163 Für das Recht der Ordnungswidrigkeiten gilt **§ 30 OWiG.** Hat hiernach jemand als vertretungsberechtigtes Organ einer juristischen Person oder als Mitglied eines solchen Organs eine Straftat oder Ordnungswidrigkeit begangen, durch die Pflichten, welche die juristische Person treffen, verletzt worden sind oder die juristische Person bereichert worden ist oder werden sollte, so kann gegen diese eine **Geldbuße** festgesetzt werden. Diese Vorschrift **gilt auch für Gemeinden** als Körperschaften des öffentlichen Rechts (vgl. hierzu *Göhler,* Ordnungswidrigkeitengesetz aaO Rdnr. 2 zu § 30).

– Zu weiteren **Einzelheiten der Kommunalhaftung** vgl. *Bergmann/Schumacher,* aaO, passim.
– Zur **Direkthaftung** auf Grund von **EG-Recht** vgl. *EUGH* NJW 1992, 165; *Köhler,* BDAK-Info 1993, 92.

1.6. Dienstherrenfähigkeit der Gemeinden

164 Die Gemeinden besitzen die **Dienstherrenfähigkeit.** Sie bedeutet die **Eigenschaft, daß auf sie als Körperschaft öffentlich-rechtliche Rechtsverhältnisse von Bediensteten bezogen werden (können)** und daß sie insbesondere das **Recht** besitzen, **Beamte zu haben** (vgl. § 2 BRRG; *StGH BW* ESVGH 24, 155 (164)). Sie ist von der Personalhoheit als der Befugnis zu unterscheiden, die Bediensteten eigenverantwortlich auszuwählen, zu ernennen, zu befördern, zu entlassen sowie ihre sonstigen Rechtsverhältnisse zu regeln und zu verwalten (vgl. u. 2.).

2. Die einzelnen Hoheitsrechte der Gemeinde

165 Die Gemeinde ist Trägerin selbstverwaltungstypischer Hoheitsrechte. Sie besitzt **als Ausfluß der Allzuständigkeit** die

II. Rechtsstellung der Gemeinde

2.1. Gebietshoheit

2.1.1. Die **Gebietshoheit** ist ein vom Staat abgeleitetes Recht, das alle Perso- **166**
nen und Gegenstände im Gemeindegebiet umfaßt (vgl. *Bay. VerfGH*
VfGHE 11, 14, 92). Hiernach ist **jede Person und jede Sache,** die sich im
Gemeindegebiet befindet, **der Rechtsmacht der Gemeinde unterworfen**
(vgl. *BVerfGE* 52, 95 (118); DVBl. 1980, 52 (54)). Sie umfaßt die **Kompetenz,** gegenüber allen Personen und Sachen im Gemeindegebiet im Rahmen
der Gesetze rechtserhebliche **Handlungen vornehmen zu dürfen.**
Die Gebietshoheit garantiert **weder** einen bestimmten **Bevölkerungsstand**
der Gemeinde (vgl. *VGH BW* NVwZ 1987, 512 (513)), noch ein Anspruch
auf **Ausweitung des Gemeindegebiets** (*Saarl. VerfGH* NVwZ-RR 1993,
424).

2.1.2. Die Gemeinde ist nicht Personal- sondern **Gebietskörperschaft.** Das **167**
Gebiet der Gemeinden **bilden die Grundstücke, die nach geltendem Recht
zu ihr gehören.**

– Vgl. § 7 Abs. 1 GemO.

Zum Gemeindegebiet gehört auch das Erdinnere, nicht jedoch der Luft-
raum.
Jedes Grundstück soll zu einer Gemeinde gehören. Aus besonderen Gründen können Grundstücke außerhalb einer Gemeinde verbleiben (**gemeinde-
freie Grundstücke**)

– Vgl. § 7 Abs. 2 GemO.

Die Pflichten der Gemeinde erfüllt in diesem Falle der Grundstückseigentümer, während die Verwaltung eine Nachbargemeinde oder der Landkreis
übernehmen kann.

2.1.3. Die Gebietshoheit gehört insoweit zum **Kernbereich** der Selbstver- **168**
waltung, als sie die **örtliche Zuständigkeit** der Gemeinde **zur Erfüllung
kommunaler Aufgaben** innerhalb der Gemeindegrenzen garantiert. **Nicht**
zum Kernbereich der Garantie gehört der unveränderte Bestand der Gemeindegrenzen. **Gebietsänderungen** sind deshalb im Rahmen der Gesetze zulässig (vgl. hierzu 6. Kap.).

2.1.4. Die **Aufgabe von Gebietshoheitsrechten** und die Ausdehnung der **169**
Gebietshoheit über die Gemeindegrenzen hinaus ist **durch „Zwischenge-
meindliche Zusammenarbeit"** möglich (vgl. hierzu 20. Kap. und *VGH BW*
VBlBW 1990, 378 (380) – Friedhof auf fremder Gemarkung).

2.2. Finanzhoheit

2.2.1. Die Finanzhoheit bedeutet das **Recht** der Gemeinden **auf eine ei-** **170**
genverantwortliche Einnahmen- und Ausgabenwirtschaft einschließlich
eigener Haushaltsführung und Vermögensverwaltung im Rahmen der vom
Staat überlassenen Einnahmequellen (*BVerfG* NVwZ 1987, 123). Sie ist Aus-

fluß des Selbstverwaltungsrechts (*BayVerfGH* DÖV 1989, 306; *StGH* BW ESVGH 24, 155, (162)) und gehört in ihrem **Grundbestand** zum **Kernbereich** der Selbstverwaltung, während die Einzelausformungen dem weiteren Bereich zuzuordnen sind (vgl. *VerfGH RhPf* KStZ 1978, 173).

Das Bundesverfassungsgericht hat bundesrechtlich bislang offen gelassen, ob die Finanzhoheit auch das **Recht auf eine angemessene Finanzausstattung** umfaßt (vgl. *BVerfGE* 71, 25 (36); NVwZ 1987, 123). Diese **Frage** ist indes mit Blick auf das **Konnexitätsprinzip** (hierzu 14. Kapitel) **zu bejahen.** Bürdet die Verfassung den Kommunen eine Aufgabenverantwortung und gleichzeitig die Ausgabenlast hierfür auf, so muß sie auch dafür sorgen, daß die zur Aufgabenerfüllung erforderlichen Mittel zur Verfügung stehen (bejahend auch *Hoppe*, DVBl. 1992, 117 f.; *VerfGH RhPf* NVwZ 1993, 159; *Henneke*, Der Landkreis, 1993, S. 212).

– Zu den **Landesverfassungsrechtlichen Garantien** vgl. 3. Kapitel.

Nicht geschützt durch die Finanzhoheit sind die Gemeinden vor der (weiteren) Auferlegung kostenträchtiger Aufgaben (*BVerfG* NVwZ 1987, 123) oder vor deren gesetzlichen Aufrechterhaltung (*BVerfG*, aaO).

Beschränkungen der Finanzhoheit sind im Rahmen der Gesetze, soweit ihr Inhalt nicht zum Kernbereich des Selbstverwaltungsrechts zu rechnen ist, entsprechend der Grundsätze zulässig, die das *BVerfG* (NVwZ 1989, 350; 1988, 47 (49)) für den Aufgabenentzug und deren nähere Ausgestaltung gegeben hat.

– Zur Vereinbarkeit einer gesetzlichen **Tarifbindung** mit der Finanzhoheit vgl. *VGH München*, BayVBl. 1992, 12.

171 *2.2.2.* Die **Europäische Charta** der kommunalen Selbstverwaltung des Europarats (vgl. hierzu *Knemeyer* (Hrsg.), Die europ. Charta der KSV, Entstehung und Bedeutung – Länderberichte und Analysen, 1989, passim) fordert in **Art. 9** einen Anspruch der Gemeinden auf angemessene Eigenmittel zur freien Verfügung.

2.3. Abgabenhoheit

172 Ein **Ausschnitt aus der Finanzhoheit** ist die **Abgabenhoheit.** Die Abgabenhoheit umfaßt die öffentlich-rechtliche Kompetenz, Abgabengesetze zu erlassen **(Gesetzgebungshoheit),** die Abgaben zu verwalten, d. h. speziell die Abgabengesetze zu vollziehen **(Verwaltungshoheit)** und den Ertrag aus einer Abgabe zu vereinnahmen **(Ertragshoheit).** Die Abgabengläubigerschaft ist mit der Ertragshoheit nicht identisch und gehört systematisch zur Verwaltungshoheit. Ein Abbild der Gesetzgebungshoheit im Verwaltungsbereich ist die **Abgabensatzungshoheit.** Sie umfaßt das Recht, Abgabensatzungen zu erlassen.

Die **kommunale Abgabenhoheit gehört nicht zum Kernbereich** des Selbstverwaltungsrechts, sondern zum weiteren Bereich, der nur im Rahmen der Gesetze garantiert ist (*StGH BW* VBlBW 1956, 153 (155), aA *BayVerfGH*, NVwZ 1989, 551; 1993, 164, und für das **Hebesatz**recht *Wolff/*

II. Rechtsstellung der Gemeinde

Bachof/Stober, Verwaltungsrecht II, § 86 Rdnr. 112). Allerdings garantieren die Landesverfassungen, daß das Land den Gemeinden und Landkreisen die Erhebung eigener Abgaben überhaupt ermöglichen muß (*StGH BW* VBlBW 1956, 155; *VGH BW* KStZ 1977, 147 (149); *BVerwGE* 40, 56, 61). Hieraus fließt auch die Pflicht, den Gemeinden zu gestatten, **eigene Abgabensatzungen zu erlassen** (*StGH,* aaO; *Braun,* Komm. zur LV BW, Rdnr. 15 zu Art. 73). Zweifelhaft erscheint die Ansicht des *BayVerfGH* (DÖV 1989, 306), wonach das **Recht, Abgabensatzungen** zu erlassen, zum Kernbereich der Selbstverwaltung gehören soll (vgl. hierzu 8. Kap. I, 1).

Auf das Recht, **privatrechtliche Entgelte** zu erheben, erstreckt sich die Garantie der Abgabenhoheit **nicht,** da diese nur die Erhebung „öffentlich-rechtlicher Geldleistungen betrifft. Es wird jedoch von der Finanzhoheit umfaßt.

2.3.1. Gesetzgebungshoheit für kommunale Abgaben

2.3.1.1. Der **Bund** besitzt nach Art. 105 Abs. 1 GG die ausschließliche Ge- **173** setzgebungshoheit über die **Zölle und Finanzmonopole:** Nach Abs. 2 hat er die **konkurrierende Gesetzgebung über die übrigen Steuern,** wenn ihm der Ertrag dieser Steuern ganz oder teilweise zusteht oder ein Bedürfnis nach bundesgesetzlicher Regelung (§ 72 Abs. 2 GG) besteht. Im Bereich des Grundsteuer- und Gewerbesteuerrechts hat der Bund von seiner konkurrierenden Gesetzgebungszuständigkeit Gebrauch gemacht (vgl. hierzu *Schneider,* VBlBW 1988, 164).

Die **Länder** haben nach Art. 105 Abs. 2 GG die **ausschließliche Gesetzgebungshoheit über die örtlichen Verbrauchs- und Aufwandssteuern** (Vergnügungssteuer, Getränkesteuer usw.), solange und soweit sie bundesgesetzlich geregelten Steuern nicht gleichartig sind (vgl. hierzu *BVerfGE* 49, 343 (355); 40, 56 (63); NJW 1984, 785 (787)).

Die **Gemeinden** besitzen nach dem GG keine eigene Gesetzgebungshoheit. Sie können nur die Hebesätze der Realsteuern festsetzen (Art. 106 Abs. 6 GG). Darüber hinaus ist den Gemeinden als Abbild der Gesetzgebungshoheit als eigene Angelegenheit nach dem **Kommunalabgabengesetz** die **Satzungshoheit über örtliche Verbrauchs- und Aufwandssteuern** überlassen (vgl. *Bay VerfGH* DÖV 1989, 306).

2.3.1.2. Die Gesetzgebungshoheit für alle **übrigen Abgaben** (Beiträge, Ge- **174** bühren, Abgaben eigener Art, Sonderabgaben) **richtet sich nach der Gesetzgebungszuständigkeit, die für das Sachgebiet maßgebend ist, im Rahmen dessen die Abgaben erhoben werden** (vgl. *BVerfG* NJW 1985, 37; 1987, 3115 (3116); 1988, 2529; 1989, 867 (868)). Für das **Erschließungsbeitragsrecht** besteht eine **Annexkompetenz des Bundes** aus seiner Kompetenz zur Regelung des Bau- und Bodenrechts nach Art. 74 Nr. 18 GG. Ist ein Sachgebiet nicht dem Bund zugewiesen, fällt es und damit auch die Abgabenhoheit in die Zuständigkeit der Länder (Art. 70, 30 GG). Die Länderkompetenz zur Regelung des Kommunalrechts umfaßt deshalb auch die Kompetenzen zur Regelung der Kommunalabgaben.

Führen die Länder nach Art. 83 GG Bundesgesetze als eigene Angelegenheit aus, so regeln die Länder auch die Einrichtung der Behörden und das Verwaltungsverfahren (Art. 84 Abs. 1 GG). Dies schließt die Kompetenz der Länder zur **Regelung des Verwaltungsgebührenrechts** ein, soweit nicht Bundesgesetze mit Zustimmung des Bundesrats etwas anderes bestimmen (Art. 84 Abs. 1, 80 Abs. 2 GG; vgl. hierzu *BVerwG* NVwZ-RR 1990, 440).

Den **Gemeinden** ist in diesem Bereich im Hinblick auf Art. 28 Abs. 2 GG eine begrenzte Abgabensatzungshoheit eingeräumt (vgl § 132 BauGB für die Erschießungsbeiträge; das Kommunalabgabengesetz für die übrigen Abgaben).

2.3.2. Verwaltungshoheit für kommunale Abgaben

175 *2.3.2.1.* Die Zölle, die Finanzmonopole und die bundesrechtlich geregelten Verbrauchssteuern sowie die EG-Abgaben werden durch den Bund verwaltet (Art. 108 Abs. 1 GG), die übrigen **Steuern** durch die Länder (Abs. 2). Die Steuern, die dem Bund zufließen, verwalten die Länder im Auftrag des Bundes (Abs. 3). **Für die den Gemeinden (Gemeindeverbänden) allein zufließenden Steuern** kann die Verwaltung durch die Länder ganz oder zum Teil den Kommunen übertragen werden (Art. 108 Abs. 4 S. 2 GG). Im Bereich des **Grund- und Gewerbesteuerrechts** wurde die Verwaltungshoheit im Festsetzungs- und Erhebungsverfahren nach dem Kommunalabgabengesetz **auf die Gemeinden übertragen.** Dasselbe gilt für die Verwaltung der örtlichen Verbrauchs- und Aufwandssteuern.

2.3.2.2. Die **Verwaltungshoheit** für die **übrigen Aufgaben folgt der allgemeinen Verwaltungszuständigkeit** für die Sachgebiete, im Rahmen derer die Abgaben erhoben werden (Art. 80, 83 f. GG). Sie wurde für die kommunalen Gebühren und Beiträge durch das sächsische Kommunalabgabengesetz auf die Kommunen übertragen.

2.3.3. Die Ertragshoheit für kommunale Abgaben

176 *2.3.3.1.* Die **Ertragshoheit für Steuern** ist aufgespalten. Kraft enumerativer Bestimmungen steht das Steueraufkommen teils dem Bund, teils den Ländern, teils beiden gemeinschaftlich zu (Art. 106 GG). Den **Gemeinden** steht der Ertrag aus den **Realsteuern** und grundsätzlich auch aus **den örtlichen Verbrauchs- und Aufwandssteuern** zu (vgl. Art. 106 Abs. 6 GG). Sie können jedoch verpflichtet werden, Bund und Länder am Gewerbesteueraufkommen durch eine **Umlage** zu beteiligen (Art. 106 Abs. 6 S. 4). Im übrigen fließt den Kommunen vom Landesanteil an den Gemeinschaftssteuern ein landesgesetzlich zu bestimmender Prozentsatz zu, ebenso ein Anteil an den Landessteuern nach Maßgabe der Landesgesetzgebung (Art. 106 Abs. 7 GG).

177 *2.3.3.2.* Die **Ertragshoheit** der **übrigen Abgaben folgt der allgemeinen Gesetzgebungs- und Verwaltungskompetenz für die Sachgebiete, im Rahmen derer Abgaben erhoben werden.** Die Ertragshoheit steht hiernach den Körperschaften zu, deren Behörden die öffentlichen Aufgaben erfüllen, für die Abgaben erhoben werden. Den **Gemeinden** steht die Ertragshoheit

der **Erschließungsbeiträge** nach §§ 127 BauGB, sowie der Kommunalabgaben nach dem Kommunalabgabengesetz und der in diesem Bereich bestehenden spezialgesetzlich geregelten Abgaben zu.
– **Zu den einzelnen Kommunalabgaben** vgl. 21. Kapitel.

2.4. Planungshoheit

2.4.1. Die Planungshoheit bedeutet das **Recht der Gemeinden,**   **178**
– für das Gemeindegebiet in allen Dimensionen in die Zukunft hinein **gestalterische Konzepte zu entwickeln** speziell,
– in eigener Verantwortung **die städtebauliche Entwicklung durch Bauleitpläne** (Flächennutzungsplan, Bebauungspläne) **einschließlich der damit verbundenen finanziellen Entscheidungen zu ordnen** (*BVerfG* NJW 1981, 1659; *BVerwG* DVBl. 1986, 1003; *StGH BW* ESVGH 26, 1 (6 f.)),
– **öffentliche und sonstige Einrichtungen** zum Wohle der Einwohner zu projektieren und zu schaffen,
– Bereiche der Gemeinde bewußt **unbeplant** zu lassen (sog. **Selbstgestaltungsrecht** oder negatives Planungsrecht) (str. vgl. hierzu *Blümel, in:* FS Ule 1987, S. 19 f.; *Knemeyer,* BWGZ 1989, 623; *Birk,* NVwZ 1989, 905; *VGH München* BayVBl. 1986, 370; *VGH BW* VBlBW 1990, 378).

Beispiele für Pläne: Bauleitpläne, Infrastrukturpläne, Grünordnungspläne, Kindergarten- und Altenheimpläne.

Inwieweit die Planungshoheit zum unantastbaren **Kernbereich** der Selbstverwaltungshoheit gehört, hat das *BVerfG* (aaO, und NVwZ 1988, 49) **offengelassen.** Unabdingbar für eine kraftvolle Betätigung der Gemeinden ist jedoch, daß der **Grundbestand** zum Kernbereich gehört und daß deshalb der **gänzliche Entzug** der Planungshoheit den Kernbereich der Selbstverwaltungsgarantie verletzen würde (*StGH BW* NJW 1976, 2205). Die **Planung** ist eine **Handlungs-Methode,** die für eine sachgerechte und eigenverantwortliche Aufgabenerfüllung unverzichtbar ist. Im übrigen ist **unbestritten,** daß es im Bereich der Planungshoheit Zonen gibt, die einer näheren gesetzlichen Ausgestaltung („im Rahmen der Gesetze") zugänglich sind.

Die **Zulässigkeit von Eingriffen** in die Planungshoheit richtet sich nach den allgemeinen Grundsätzen für die Einschränkung des Selbstverwaltungsrechts (*BVerfG* NVwZ 1988, 47 (49); 1989, 350; *VGH BW* VBlBW 1990, 182). Entsprechend diesen Vorgaben ist die Planungshoheit durch das **BauGB und die Baunutzungsverordnung** einer umfassenden Regelung unterworfen worden. Speziell haben die Gemeinden hiernach die **Pflichtaufgabe, Bauleitpläne aufzustellen,** sobald und soweit es erforderlich ist (§ 1 BauGB).

2.4.2. Aus der Planungshoheit ergeben sich, wie im 3. Kapitel dargelegt,   **179**
auch **Erstreckungsgarantien.** Sie bestehen vornehmlich in **Beteiligungsrechten** an staatlichen oder anderen kommunalen Planungsentscheidungen, die die gemeindliche Planung oder die Infrastruktur betreffen (vgl. *BVerwG* NVwZ 1987, 590 (591); NVwZ-RR 1993, 373). **Im einzelnen** sind dies

- **Informations- und Anhörungsrechte** bei überörtlichen Planungen (*BVerfG* NJW 1981, 1659; NVwZ 1988, 49; *BVerwG* NVwZ 1987, 590; NVwZ 1988, 731 mwN; 1989, 655 – Verwendungsabsicht für Bahngelände; NJW 1992, 256 – Ausbau eines Rheinhafens).
- **Sachantragsrechte**, etwa auf nachträgliche Ergänzung eines überörtlichen Plans (*BVerwG* DÖV 1989, 264).
- **das Recht zu verlangen, daß bestimmte Genehmigungsverfahren** durchgeführt und **mit** einer **Sachentscheidung abgeschlossen werden** (*BVerwG* DVBl. 1988, 363).
- **das Recht zu verlangen, daß** bei der Betätigung des Planungsermessens durch den **überörtlichen** Planungsträger die sich aus Art. 28 Abs. 2 ergebenden **Rechte der Gemeinde bei der erforderlichen Interessenabwägung berücksichtigt werden** (*BVerwG* NVwZ 1987, 590 – Planfeststellungsverfahren der Post).
- das Recht zu verlangen, daß **Nachbargemeinden** ihre Planung mit der eigenen Planung **abstimmen** (§ 2 Abs. 2 BauGB; vgl. hierzu *BVerwG* NVwZ 1990, 464; *Bay VerfGH* NVwZ 1987, 1069).
- **das Recht auf Beteiligung im Baugenehmigungsverfahren**, speziell in der Form des Rechts **auf Erteilung oder Verweigerung des Einvernehmens** nach § 36 BauGB (vgl. hierzu *BVerwG* DÖV 1982, 283; *Gern, BWVPr* 1988, 76; *VGH Kassel* NVwZ 1990, 1185; *VGH BW* NVwZ 1990, 390 – Recht auf Entscheidung über das Einvernehmen bei Friedhofserweiterung einer Nachbargemeinde auf eigener Gemarkung, (bestätigt durch *BVerwG* NVwZ 1990, 657).
- Recht auf ermessensfehlerfreie Entscheidung gegenüber der Baurechtsbehörde über bauordnungsrechtliches Einschreiten bei Baugenehmigungen ohne das erforderliche Einvernehmen (*BVerwG* NVwZ 1992, 878).

180 *2.4.3.* **Prozessual** kann die Gemeinde die Verletzung ihrer Rechte im **Verwaltungsrechtsweg** geltend machen.

2.4.3.1. Macht die Gemeinde die Verletzung eines **Beteiligungsrechts** geltend, das die kommunale Planungshoheit sichern soll, ist die **Klagebefugnis** (§ 42 Abs. 2 VwGO) **ohne weiteres gegeben** (*BVerwG* NVwZ 1988, 731 – für die Nichtanhörung bei bestimmten überörtlichen Planungen; *BVerwG* DÖV 1982, 283 – für die Erteilung einer Baugenehmigung ohne Rücksicht auf das Fehlen des Einvernehmens; – anders: *BVerwG* NJW 1992, 256 – für die wasserstraßenrechtliche Planung).

181 *2.4.3.2.* Macht die Gemeinde die Verletzung der Selbstverwaltungsgarantie **im übrigen** geltend, so **bedarf** die **Klagebefugnis konkreter Begründung** (*BVerwG* DÖV 1989, 266).

Wird die Gemeinde durch fremde, insbesondere **überörtliche** Planungen betroffen, ist die Klagebefugnis nach der Rspr. i. d. R. **nur gegeben, wenn für das betroffene Gemeindegebiet eine hinreichend bestimmte,** allerdings nicht unbedingt rechtsverbindliche **bauliche oder sonstige** (vgl. hierzu *VGH BW* NVwZ 1990, 487) Planung vorliegt und die Störung dieser gemeindlichen Planung durch die überörtliche Planung **nachhaltig** ist, d. h., wenn die überörtliche Planung **zu unmittelbaren Auswirkungen gewichtiger Art** auf die Gemeindeplanung führt (*BVerwG* NVwZ 1984, 584; NJW 1986, 2447; NVwZ 1993, 364; *VGH BW* ESVGH 31, 283). Nicht hinreichend bestimmt ist eine Planung nach *VGH BW*, solange nur ein **abstraktes Interesse** der Gemeinde besteht, einen Bereich des Gemeindegebiets von Bebauung **freizuhalten** (vgl. VBlBW 1990, 378). Nicht hinreichend bestimmt sind auch „außenbereichstypische" Darstellungen in einem Flächennutzungsplan (*VerfGH NW* DVBl. 1992, 710 (711)),

– wenn durch die überörtliche Planung eine **öffentliche Einrichtung** der Gemeinde oder die **sonstige Infrastruktur** erheblich beeinträchtigt wird (*BVerwG* NVwZ 1984, 718; NVwZ 1987, 590; DVBl. 1988, 367; NVwZ 1993, 364),

– wenn wesentliche Teile des Gemeindegebiets **einer durchsetzbaren Planung** der Gemeinde **entzogen** werden (*VerfGH NW* DVBl. 1992, 710 (711) mwN; *BVerwG* NVwZ 1993, 364),

– wenn ein Grundstück der Gemeinde durch die Planung unmittelbar in Anspruch genommen werden soll (*BVerwG* NVwZ 1993, 364).

2.4.3.3. Zur Planungshoheit bei   182
– Bau eines Bahnübergangs vgl. *BVerwG* NVwZ 1984, 584;
– Einstufung einer Gemeinde als Kleinzentrum vgl. *VGH München* NVwZ 1985, 502;
– Lärmimmission durch Bau einer Fernstraße vgl. *BVerwG* DÖV 1989, 264;
– Bau eines Supermarkts in Nachbargemeinde vgl. *OVG Koblenz* NVwZ 1989, 983;
– Bergbau unter einer Gemeinde vgl. *OVG Münster* DVBl. 1989, 1016.

2.5. Satzungsautonomie

Die Rechtsetzungshoheit gibt den Gemeinden das Recht, eigene Angele- 183
genheiten **durch Satzung zu regeln** (*StGH BW* ESVGH 11 II, 2; BWVBl. 1956, 88 (89); 153 (154); *BVerwG* NJW 1993, 411).

– Vgl. hierzu **8. Kapitel**

2.6. Organisationshoheit und Kooperationshoheit

Die Organisationshoheit gibt den Kommunen die Befugnis, die **Angele-** 184
genheiten ihrer eigenen inneren Verwaltungsorganisation nach ihrem eigenen Ermessen einzurichten (*BVerfG* NVwZ 1987, 123; *VGH BW* ESVGH 26, 1; 31, 167 (168)). Sie leitet sich nach *BVerfG* (NVwZ 1992, 365 (366)) aus der Garantie der **Eigenverantwortlichkeit** der Regelung der Angelegenheiten der örtlichen Gemeinschaft ab und erstreckt sich auch auf die Erfüllung der Weisungsaufgaben. Im einzelnen haben die Gemeinden das Recht auf Einrichtung der Gemeindeorgane, von Ausschüssen, Eigenbetrieben, Vereinbarten Verwaltungsgemeinschaften, der Ortschaftsverfassung usw. sowie auf Regelung der weiteren inneren Organisation der Gemeinde

(z. B. Sachausstattung, Geschäftsverteilung; **Einsetzung** und **Umsetzung** von Bediensteten) (vgl. hierzu *VGH BW* BWGZ 1990, 692; zur Rotation *VG Frankfurt* NVwZ 1989, 992). **Kommunalintern** ist die Organisationshoheit innerhalb der Gemeinde zwischen Gemeinderat und Bürgermeister **aufgeteilt.**

Eine besondere Ausprägung der Organisationshoheit ist die **Kooperationshoheit.** Sie bedeutet, daß die Gemeinden **mit anderen Gemeinden zusammenarbeiten** können und gemeinsam mit ihnen gemeinsame Institutionen und Handlungsinstrumente schaffen können und ggfs. müssen (*BVerfG* NVwZ 1987, 123).

Die Organisationshoheit bietet Schutz gegen direkte Eingriffe des Staates. Mittelbare Eingriffe können durch sie nicht verhindert werden (*BVerfG,* aaO, 124). Die Organisationshoheit gehört in ihrem **Grundbestand** ebenfalls zum **Kernbereich;** der gänzliche Entzug der Organisationshoheit wäre hiernach unzulässig.

Die Einzelausformungen gehören dem „weiteren Schutzbereich" an. Insoweit sind **Beschränkungen** der Organisationshoheit „im Rahmen der Gesetze" zulässig. Beschränkend in diesem Sinne wirken vorrangig die Regelungen der Kommunalverfassung in der Gemeindeordnung.

2.7. Personalhoheit

185 *2.7.1.* Die Gemeinde hat das **Recht auf freie Auswahl, Anstellung, Beförderung und Entlassung der Gemeindebediensteten** (*BVerfG* NJW 1964, 491; *StGH BW* ESVGH 24, 155, 164, 26, 6 (11)). Auch sie leitet sich nach *BVerfG* (NVwZ 1992, 365 (366)) aus der **Garantie der Eigenverantwortlichkeit** der Erledigung kommunaler Angelegenheiten ab und erstreckt sich auch auf die Erfüllung der Weisungsaufgaben. Die Personalhoheit gehört insoweit zum **Kernbereich** der Selbstverwaltung, als es den Gemeinden grundsätzlich gestattet sein muß, **eigenes Personal zu halten** und es im Regelfall **selbst auszuwählen** (so zu Recht auch *VGH München* NJW 1989, 790). Im übrigen ist es dem weiteren Bereich zuzuordnen und besteht nur im Rahmen der Gesetze.

Gesetzliche **Beschränkungen** der Personalhoheit der Gemeinden sind herkömmlich und verstoßen grundsätzlich nicht gegen das Selbstverwaltungsrecht (vgl. etwa *BVerfGE* 17, 172 (182f.); 8, 332 (359f.)). Beschränkende Gesetze in diesem Sinne sind die Gemeindeordnung selbst, die arbeits- und beamtenrechtlichen Vorschriften sowie auch das EG-Recht.

186 *2.7.1.1.* Die Gemeinden sind verpflichtet, die zur Erfüllung ihrer Aufgaben erforderlichen geeigneten **Beamten,** Angestellten und Arbeiter **einzustellen.** Vgl. § 61 Abs. 1 GemO. Diese Verpflichtung gilt auch bezüglich der Erfüllung von **Weisungsaufgaben.** Ein Weisungsrecht der Fachaufsichtsbehörden besteht allerdings in diesem Bereich mit Blick auf die auch diesbezüglich gegebene Organisations- und Personalhoheit der Gemeinden nicht (vgl. *BVerfG* NVwZ 1992, 365 (366)).

2.7.1.2. Der **Bedarf** der Gemeinde an Gemeindebeamten, Angestellten und **187** Arbeitern ist in einem **Stellenplan** zu bestimmen. Der Stellenplan ist Bestandteil des Haushaltsplans und damit der Haushaltssatzung.

– Vgl. § 63 GemO.

Für die Einstufung der kommunalen Beamten in die einzelnen Besoldungsgruppen haben die Länder sogenannte **Stellenobergrenzenverordnungen** erlassen. Die Einschränkung der Personalhoheit durch die Stellenobergrenzenverordnungen ist zulässig (vgl. hierzu *BVerwG* NVwZ 1985, 416; *Gern,* DVBl. 1978, 789; *Mutius/Schoch,* DVBl. 1981, 1077; *VGH BW* VBlBW 1993, 226).

2.7.2. **Ungeklärt** ist bis heute, inwieweit die **Personalhoheit** durch **EG- 188 Vorschriften eingeschränkt werden darf.** Nach Art. 48 Abs. 2 EWG-Vertrag umfaßt die Freizügigkeit der Arbeitnehmer die Abschaffung jeder auf die Staatsangehörigkeit beruhenden unterschiedlichen Behandlung der Arbeitnehmer in Bezug auf Beschäftigung, Entlohnung und sonstige Arbeitsbedingungen. Zwar **klammert Art. 48 Abs. 4 EWG-Vertrag** die **öffentliche Verwaltung** ausdrücklich **aus dem Freizügigkeitsgebot** aus. Der *EUGH* (NVwZ 1987, 41) subsumiert unter diesen Begriff jedoch nur besonders qualifizierte Stellen mit Hoheitsfunktionen. Außerdem bemüht sich die EG-Kommission um eine restriktive Interpretation dieser Vorschriften mit dem Ziel, zahlreiche Tätigkeiten auch kommunaler Art aus dem Begriff des „öffentlichen Dienstes" herauszunehmen und damit der Anwendbarkeit des Art. 48 Abs. 2 zu unterwerfen. Die Folge dieser Intention wären weitgehende Reglementierungen der kommunalen Personalhoheit (vgl. hierzu *Leitermann,* VR 1989, 185 (187); *Meyer,* BayVBl. 1990, 97 mwN).

2.8. Kulturhoheit

2.8.1. Die Kulturhoheit umfaßt die Befugnis der Gemeinden, **Kulturgüter 189** im Gemeindegebiet **zu schaffen, zu pflegen und zu fördern** und damit eine kommunale „Kulturlandschaft" zu gestalten. Kulturgüter in diesem Sinne sind alle ideell-geistigen und materiellen Schöpfungen von Menschenhand, planvoll gestaltet aus Bausteinen organischer und anorganischer Natur. Schwerpunkte kulturellen Wirkens der Gemeinden sind die Bereiche der Bildung, speziell der Schulen, der Wissenschaft und Kunst, der Gesundheitspflege, der Freizeitgestaltung, des Städtebaus und der Traditionspflege. Zur Verwirklichung dieser Ziele schaffen die Gemeinden zahlreiche öffentliche Einrichtungen, wie allgemeinbildende und berufsbildende Schulen, z. B. Volksschulen (Grund- und Hauptschulen), Realschulen/Gymnasien, Berufsschulen sowie weitere Unterrichtseinrichtungen, z. B. Musik- und Volkshochschulen, Bibliotheken, Archive, Sportstätten, Theater, Ausstellungen und weiteres mehr.

Die Kulturhoheit gehört insoweit zum **Kernbereich** des Selbstverwaltungsrechts, als es den Gemeinden grundsätzlich gestattet sein muß, ein die

Bürgerschaft aktivierendes Kulturleben in der Gemeinde zu schaffen und zu pflegen.

Die Anforderungen des Kulturlebens im einzelnen sind dem weiteren Schutzbereich des Art. 28 Abs. 2 GG zuzuordnen und unterliegen deshalb dem Gesetzesvorbehalt.

Die Kulturhoheit **beschränkende Regelungen** sind etwa **Art. 7 GG**, die **Schul – Hochschul – Bau – und Archivgesetze.**

Will der Gesetzgeber kulturelle Kompetenzen den Gemeinden **entziehen,** so darf er dies nur, wenn die den Aufgabenentzug tragenden Gründe gegenüber dem verfassungsrechtlichen Aufgabenverteilungsprinzip des Art. 28 Abs. 2 Satz 1 GG überwiegen (vgl. hierzu *BVerfG* NVwZ 1989, 350).

Will der Gesetzgeber Erledigungskompetenzen in Kulturangelegenheiten nur näher ausgestalten, muß diese Ausgestaltung durch tragfähige Gründe des Gemeinwohls gerechtfertigt und verhältnismäßig sein (vgl. *BVerfG* NVwZ 1988, 47 (49)).

– Zur **Einschränkung des Selbstverwaltungsrechts im Bereich des Schulwesens** vgl. *Niehues,* 2. Aufl. 1983, Rdnr. 129 f. mwN; *BVerwG* DÖV 1967, 319; 1966, 502 – Einrichtung eines weiteren Klassenzugs durch die staatliche Schulaufsicht; NJW 1969, 460; *BVerfG* NJW 1969, 1843; *BVerwG* DÖV 1977, 754 – Anschluß einer Gemeinde an Schulzweckverband; *OVG Münster* NVwZ RR 1992, 186 – Genehmigungspflicht der Errichtung einer Schule *BVerwG* DVBl. 1992, 1025 – Auflösung einer Schule; zum Ganzen vgl. auch *Gern,* „**Ratgeber Schule",** 2. Aufl. 1993, passim, speziell zur **Schulträgerschaft** der Kommunen einerseits und der **Unterrichtsträgerschaft** des Staats andererseits.

190 *2.8.2.* Im Hinblick auf die sich am Kulturleben beteiligenden **Rechtssubjekte** hat die Gemeinde die **Grundrechte** zu beachten, die weitgehend auch **Kulturschutzgrundrechte** sind. Beispiele: Die Wissenschafts- und Kunstfreiheit (Art. 5 Abs. 3 GG), die Bekenntnisfreiheit (Art. 4 GG), die Meinungs- und Pressefreiheit (Art. 5 GG).

– Zur Kulturhoheit vgl. auch *Hufen,* NVwZ 1983, 516; *Häberle,* Kulturpolitik in der Stadt, 1979; *Rommel/Weinberger,* Kultur in den Städten, 1979; *Pappermann/Mombaur,* Kulturarbeit in der kommunalen Praxis, 1991 mwN; *Steiner,* Kulturpflege, in: *Isensee/Kirchof* (Hrsg.), HdBStR III, 1988, § 86 Rdnr. 21 f.); *Scheytt,* Die Musikschule – Ein Beitrag zum kommunale Kulturverwaltungsrecht, 1990; *Losch,* Weiterbildung als kommunale Aufgabe, 1985.

191 **2.9. Umweltschutzhoheit**

Kein spezifisches, aus Art. 28 Abs. 2 abzuleitendes **Hoheitsrecht** ist die **Umweltschutzhoheit.** Umweltvorsorge ist Primär- und Annexkompetenz zu anderen staatlichen oder kommunalen Kompetenzen, speziell des Bau- und Bodenrechts, des Immissionsschutzrechts und zahlreicher anderer Zuständigkeiten (vgl. hierzu *Hoppe,* DVBl. 1990, 609; *Stober,* KommR, 2. Aufl. 1992, § 6 Abs. 2 Ziff. 4; *Himmelmann,* DÖV 1993, 497).

3. Öffentlich-rechtliche und privatrechtliche Rechtssubjektivität

3.1. Unserer Rechtsordnung liegt die Unterscheidung des öffentlichen **192** Rechts vom Privatrecht zugrunde. Die **Unterscheidung betrifft Rechtssätze** (vgl. *Gern,* Neuansatz der Unterscheidung des öffentlichen Rechts vom Privatrecht, in: ZRP 1985, 56 mwN) **und abgeleitet Handlungs- und Organisationsformen** (vgl. *BSGE* 51, 108f. unter Bezugnahme auf *Gern,* Verw-Arch, 1979, S. 219f. mwN). Nach neuerer, allerdings nach wie vor umstrittener Auffassung sind öffentlich-rechtlich diejenigen Rechtssätze, die kompetenziell ausschließlich einem Hoheitsträger (Bund, Land, Gemeinde, sonstige Körperschaften des öffentlichen Rechts, Beliehene) bestimmte Berechtigungen und Verpflichtungen zuordnen. Öffentliches Recht ist hiernach das **Sonderrecht** des Staates und beliehener Hoheitsträger, Privatrecht ist hingegen **Jedermannsrecht.** Handlungsberechtigt und handlungsverpflichtet im Rahmen eines Sonderrechtssatzes ist der Staat, im Rahmen eines Privatrechtssatzes jedermann (vgl. hierzu *Gern,* ZRP 1985, 56 (59) mwN).

Abgeleitet gilt für die **Qualifikation von Handlungs- und Organisationsformen,** etwa die Qualifikation eines Vertrags als öffentlich-rechtlich **entsprechendes.** Handelt die Verwaltung in Vollzug einer öffentlich-rechtlichen Kompetenz, ist das Handeln selbst öffentlich-rechtlich, handelt sie kraft Jedermannsrecht, kraft einer Jedermannskompetenz, ist das Handeln privatrechtlich (Kompetenztheorie, vgl. *BSG,* aaO). **Organisiert** sich die Verwaltung kraft einer privatrechtlichen Organisationsnorm, ist die Organisation selbst dem Privatrecht zuzuordnen. Bei Auslegungszweifeln spricht nach herrschender Auffassung eine **Vermutung** für öffentliches Recht (vgl. *BGH* NJW 1975, 106, 107; *Erichsen,* JR 1972, 130; andererseits *BGH* JZ 1962: Bei privatrechtlich möglichen Leistungen soll eine Vermutung für den privatrechtlichen Charakter eines Rechtsverhältnisses sprechen; vgl. auch *Wolff/Bachof,* Verwaltungsrecht I, 9. Aufl. 1974, § 22 III b).

3.2. Aufgelockert wird diese anhand objektiver Maßstäbe zu bestimmende **193** **Abgrenzung durch** die **Theorie des Formenwahlrechts des Staates** (vgl. hierzu *Ehlers,* DVBl. 1983, 422; *von Zezschwitz,* NJW 1983, 873; *Pestalozza,* Formenmißbrauch des Staates, 1973; *BGH* NJW 1992, 171 (172) mwN). Soweit keine zwingenden normativen Vorgaben für einen Rechtskreis bestehen, kann die Verwaltung und damit auch die Gemeinde nach subjektiven Gesichtspunkten entscheiden, ob sie öffentlich-rechtliche oder privatrechtliche Rechtssätze setzt und ob sie sich öffentlich-rechtlicher oder privatrechtlicher Handlungsformen bedient (vgl. *BGH* NVwZ 1991, 607; NJW 1992, 172).

Umstritten ist, ob und inwieweit bei der Wahl privatrechtlicher Rechtssatz – und Handlungsformen die **Bindung an Recht und Gesetz** i.S. des Art. 20 Abs. 3 GG und an die **Grundrechte** i.S. des Art. 1 Abs. 2 GG gegeben ist bzw. ob allein die Grundsätze der Privatautonomie gelten. Nach wohl herrschender Auffassung ist **eine Bindung,** mit Ausnahme der Kompetenznormen, der Anwendung des Art. 3 GG (Willkürverbot) und der speziell für die Zulässigkeit einer konkreten Rechtshandlung gegebenen öffentlich-rechtlichen Regelungen in den Gemeindeordnungen, **in den Bereichen der Bedarfsverwaltung** (fiskalische Tätigkeit) **nicht gegeben** (vgl. *BGHZ* 36, 91 f.; aber strittig vgl. *v. Münch,* in: *Erichsen/Martens,* aaO, § 2 III 2 mwN; *OLG Düsseldorf* DÖV 1981, 537 (538); *Maurer* AVerwR 8. A. 1992, § 3 RdNr. 10 mwN).

Soweit die Verwaltung indes „genuin" **öffentliche Aufgaben wahrnimmt,** was **auch im Rahmen der erwerbswirtschaftlichen Tätigkeit und im Rahmen der Bedarfsverwaltung** geschehen kann (vgl. *von Münch,* aaO, § 3 II 2), **gilt Verwaltungsprivatrecht;** d. h. es gelten die spezifisch öffentlich-rechtlichen Bindungen, insbesondere die Grundrechte (vgl. etwa *BVerwG* NJW 1978, 1540; NVwZ 1991, 59), die öffentlichrechtlichen Kompetenzvorschriften (vgl. *BVerfGE* 12, 244; *Ehlers,* DVBl. 1983, 424) sowie die sonstigen substantiellen Grundsätze des öffentlichen Rechts (*BGH* NJW 1985, 197, 1778 und 1892), bei Erhebung von Gebühren und Vertragsentgelten etwa das Äquivalenzprinzip (vgl. *BGH* NJW 1992, 171 (173)). Einzelheiten, insbesondere in Randzonen, sind in diesem Bereich allerdings weitgehend noch ungeklärt.

194 **3.3.** Diese rechtliche Beurteilung ist **auch im Rahmen** der Wahrnehmung gemeindlicher Aufgaben, etwa der **Bereitstellung öffentlicher Einrichtungen und anderer Vergünstigungen** an die Einwohner oder der Verfolgung städtebaulicher Ziele maßgebend (vgl. *Barbey,* WiVW 1978, 77; *BGHZ* 93, 372 (376); NJW 1992, 171; *BVerwG* GewArch 1990, 351 (352); NVwZ 1991, 59). Soweit eine Aufgabe kraft öffentlichen Sonderrechts erledigt wird, ist die Rechtsbeziehung selbst öffentlich-rechtlich. Soweit hingegen kein Sonderrechtssatz besteht, ist eine Rechtsbeziehung, vorbehaltlich der Ausübung des Formenwahlrechts, privatrechtlicher Natur.

Soweit die Ebene der Zulassung zu einer Einrichtung oder Vergünstigung öffentlich rechtlich geregelt ist und die Ebene der konkreten Ausgestaltung und Abwicklung der sich auf Grund der Zulassung ergebenden Rechtsbeziehungen privatrechtlich geregelt ist, ist das Rechtsverhältnis nach hM **zweistufig. (Zweistufentheorie,** vgl. *BVerwG* NVwZ 1991, 59 mwN).

III. Arten von Gemeinden

1. Grundsatz der Einheitsgemeinde

195 Die Gewährleistungen des Grundgesetzes zugunsten der Gemeinden beziehen sich grundsätzlich auf die **Einheitsgemeinde.** Zwischengemeindliche Korporationsformen (Verbandsgemeinden, Verwaltungsgemeinschaften, Samtgemeinden) und Binnengliederungen der Gemeinden (Bezirke, Ortschaften) sind nicht Bezugssubjekte dieser Gewährleistungen.

2. Die besonderen Gemeindearten im Freistaat Sachsen

2.1. Unabhängig hiervon fächern die Gemeindeordnungen der Länder die **196**
Einheitsgemeinden aus Gründen der **Effizienz der Verwaltung**, mit Blick
auf den **Wirtschaftlichkeitsgrundsatz** und die **Bürgernähe** in horizontaler
und vertikaler Richtung weiter auf, indem sie besondere „**Gemeindearten**"
konstituieren, denen speziell im Bereich des übertragenen Aufgabenbereichs
besondere Kompetenzen zugeordnet werden.

2.2. Der **Freistaat Sachsen** differenziert die Gemeinden wie folgt:

2.2.1. Kreisfreie Städte. Nach § 3 Abs. 1 GemO sind Gemeinden im Sinne des **197**
Gesetzes unter anderem die **kreisfreien Städte**. Die kreisfreien Städte sind
nicht in einen Landkreis eingegliedert. Sie nehmen für ihr Gebiet **neben
den Aufgaben der Gemeinde auch** die dem Landkreis zukommenden Aufgaben **wahr**, also **die der Unteren staatlichen Verwaltungsbehörde** und die
**Aufgaben, die dem Landkreis als Selbstverwaltungskörperschaft zuge-
wiesen sind.**

2.2.2. Große Kreisstädte. Gemeinden **mit mehr als 20 000 Einwohnern** kön- **198**
nen **auf Antrag** von der Staatsregierung zu Großen Kreisstädten erklärt werden, wenn sie Gewähr für die ordnungsgemäße Erfüllung der damit verbundenen Aufgaben bieten. Die Erklärung zur Großen Kreisstadt ist im Gesetz-
und Verordnungsblatt bekannt zu machen.

– Vgl. § 3 Abs. 2 GemO.

Die Entscheidung ist **Verwaltungsakt**, dessen Erlaß im Ermessen der Regierung steht. **Die Gemeinde** besitzt einen **Anspruch auf ermessensfehlerfreie Entscheidung.** Den **Bürgern** steht ein solcher Anspruch hingegen
nicht zu (vgl. *VGH München* BayVBl. 1965, 59).

Den Großen Kreisstädten sind **Gruppen von Verwaltungsaufgaben übertragen**, die für das Gebiet der anderen kreisangehörigen Gemeinden vom
Landratsamt als Unterer Verwaltungsbehörde wahrgenommen werden.

Im Gegensatz zu den Stadtkreisen sind die Großen Kreisstädte **einem
Landkreis zugehörig.** Die Bezeichnung „Große Kreisstadt" ist **kein Namensbestandteil** der Gemeinde.

2.2.3. Sonstige kreisangehörige Städte und Gemeinden. Soweit Gemeinden nicht **199**
Große Kreisstädte sind, gehören sie zu den sonstigen kreisangehörigen Städten und Gemeinden. Sie besitzen grundsätzlich die Zuständigkeiten nicht,
die die kreisfreien Städte und Großen Kreisstädte zusätzlich zu erfüllen haben.

6. Kapitel
Gebietsänderungen

I. Institutionsgarantie

200 Art. 28 Abs. 2 GG und die Länderverfassungen garantieren die Institution „Gemeinde" als solche (Institutionsgarantie) (*BVerfGE* 1, 174; *BVerwGE* 2, 332; *StGH BW* NJW 1975, 1205; *BVerfG* DÖV 1979, 135; DVBl. 1992, 961). Die **einzelnen Gemeinden** haben **keine ausdrückliche Garantie ihres Gebietsstandes. Auch die Gemeindeordnung Sachsen** sieht Gebietsänderungen ausdrücklich vor.

– Vgl. § 8 GemO.

Gebietsänderungen in Form von Gemeindeauflösungen, Gemeindezusammenschlüssen, Eingemeindungen und sonstige Grenzänderungen beeinträchtigen hiernach grundsätzlich weder den nach Art. 28 Abs. 2 GG verfassungsrechtlich geschützten Kernbereich des Selbstverwaltungsrechts (*BVerfG* DÖV 1979, 135; DVBl. 1992, 960; NVwZ 1993, 262) noch den weiteren Bereich. **Entsprechendes gilt auch für die Gebietsänderung von Landkreisen** (vgl. *StGH* BW ESVGH 23, 1 f.).

Allerdings läßt die Rechtsprechung die Kommunen nicht völlig schutzlos, sondern postuliert mit Blick auf die Bedeutung des Selbstverwaltungsrechts für die gesamtstaatliche Ordnung einschränkende Voraussetzungen sowohl für Gemeinde- und Kreisgebietsänderungen als auch für die Bestimmung des Kreissitzes (hierzu *Nds StGH* DÖV 1979, 406).

II. Materielle Voraussetzungen für Gebietsänderungen

201 Die Selbstverwaltungsgarantie des Art. 28 Abs. 2 GG gewährleistet zugunsten der Kommunen einerseits einen (relativen) individuellen und rechtsschutzfähigen **Bestandsschutz,** als Gebietsänderungen nur **aus Gründen des öffentlichen Wohls** und **nach Anhörung** der betroffenen Gebietskörperschaften vorgenommen werden dürfen (so *BVerfG* DVBl. 1992, 960 – ständ. Rspr.). Dieser Bestandsschutz gehört zum **Kernbereich** der kommunalen Selbstverwaltung (*BVerfG,* aaO). Die Landesverfassung –, Gemeinde- und Landkreisordnung normieren diese Kautelen zusätzlich ausdrücklich.

– Vgl. Art. 88 Verf. Sachsen; § 8 GemO; § 7 LKrO.

202 1. **„Gründe des öffentlichen Wohls" sind alle Interessen der Allgemeinheit an der Grenzänderung, die den unveränderten Bestand der**

II. Materielle Voraussetzungen für Gebietsänderungen

Grenzen überwiegen. Sie können aus Verfassungsgrundsätzen, aus einfachem Recht, aus anderen schutzwürdigen Rechtspositionen sowie auch aus sachangemessenen politischen Erwägungen abgeleitet werden.

1.1. Gründe des öffentlichen Wohls sind – aus **Verfassungsrecht** abgeleitet   **203**

– die Stärkung der kommunalen Leistungs- und Verwaltungskraft,
– die Schaffung einer einheitlichen Lebens- und Umweltqualität,
– der Abbau des Leistungs- und Ausstattungsgefälles zwischen Verdichtungsräumen und dünn besiedelten Gebieten,
– die Steigerung der Wirtschaftlichkeit der Gemeindeverwaltung,
– die Wahrung der örtlichen Verbundenheit der Einwohner,
– die Schaffung von Bürgernähe der Verwaltung,
– die Stärkung der gesamtstaatlichen Einbindung der Kommunen, speziell der Förderung der Ziele der Raumordnung und Landesplanung (vgl. hierzu *Knemeyer,* LKV 1993, 178).

1.1.1. Das Ziel der **„Stärkung der kommunalen Leistungs- und Verwaltungskraft"** rechtfertigt sich vorrangig aus dem **Demokratieprinzip.** Leistungsschwache Gemeinden intendieren eine Demokratieverdrossenheit der Bürger, die das Fundament unserer staatlichen Ordnung zu erschüttern geeignet ist. Sie dient auch der **Festigung des gewaltenteiligen Staates,** da nur finanziell gesunde Gemeinden ihrer verfassungsrechtlich zugedachten eigenständigen Funktion als dezentrale, selbstverantwortliche Organisationseinheiten im staatlichen, vertikaler Gliederung unterliegenden Verwaltungsaufbau gerecht werden können.   **204**

1.1.2. Das Ziel der **„Schaffung einheitlicher Lebens- und Umweltqualität"** findet seine Rechtfertigung aus **Art. 3 GG** und dem **Sozialstaatsprinzip.**   **205**

1.1.3. Das Gebot der **„Wirtschaftlichkeit"** kommunalen Handelns ist allgemeiner Grundsatz des staatlichen und kommunalen Haushaltsrechts und garantiert einen optimalen Einsatz der knappen finanziellen Ressourcen der öffentlichen Hand (vgl. hierzu auch *StGH BW* ESVGH 25, 1. f.; *Knemeyer,* LKV 1993, 178 mwN).

1.1.4. Die Festigung der **„Verbundenheit der Bürger"** sowie die **„Bürgernähe"** der Verwaltung sind Essentialia demokratischen Selbstverständnisses des Staates.

1.1.5. Die Optimierung der **„gesamtstaatlichen Einbindung"** der Kommunen rechtfertigt sich aus ihrem Status als integrierte Teile der Länder.

1.2. Verschiedene Kommunalordnungen normieren diese Voraussetzungen zusätzlich auch **einfachgesetzlich.** So soll etwa nach § 5 Gemeindeordnung NW das Gebiet jeder Gemeinde so bemessen sein, daß die örtliche Verbundenheit der Einwohner gewahrt und die Leistungsfähigkeit der Gemeinde zur Erfüllung ihrer Aufgaben gesichert ist.   **206**

207 2. Der Begriff „öffentliches Wohl" ist ein **unbestimmter Rechtsbegriff mit Beurteilungsspielraum** (vgl. *VGH BW* BWVBl. 1963, 153; *VGH München* DVBl. 1977, 823; BVerfG DVBl. 1992, 961), der durch die Auslegungsmethode der Güterabwägung zu konkretisieren ist (vgl. hierzu *Gern*, DÖV 1986, 462). Zur Ausfüllung des Begriffs sind die speziellen Rechtfertigungsgründe für die Gebietsänderung mit dem durch die Änderung beeinträchtigten Selbstverwaltungsrecht **abzuwägen**. Dem zuständigen Entscheidungsträger ist dabei ein weiter **Raum** eigenverantwortlicher, **gerichtlicher Kontrolle nicht zugänglicher Gestaltungs- und Abwägungsfreiheit** eingeräumt. Er ist **verlassen, wenn** die bei Einschätzung des öffentlichen Wohls getroffenen Feststellungen und Wertungen eindeutig widerlegbar oder offensichtlich fehlerhaft sind oder der verfassungsrechtlichen Wertordnung widersprechen (vgl. *StGH* VBlBW 1973, 25) oder wenn die gebotene **Abwägung** zwischen dem Gewicht der Selbstverwaltungsgarantie, welche gegen eine Gebietsänderung streitet, und dem für die Gebietsänderung sprechenden Gemeinwohlbelangen fehlerhaft war (*StGH BW* ESVGH 25, 1; ebenso *BVerfG* DVBl. 1992, 961). Wesentliche verfassungsrechtliche Abwägungskorrektive sind der Grundsatz der Erforderlichkeit, des Mindesteingriffs sowie der **Verhältnismäßigkeitsgrundsatz.** Nach Auffassung des *StGH BW* (ESVGH 25, 2) sind diese Grundsätze regelmäßig nicht verletzt, wenn der Gesetzgeber gegenüber der Auflösung einer Gemeinde weder einen anderen als den von ihm angeordneten Gemeindezusammenschluß noch die Bildung einer Verwaltungsgemeinschaft, noch die Einbeziehung in einen Nachbarschaftsverband, noch das Bestehenlassen der alten Gebietsabgrenzung unter Zuweisung weiterer Finanzmittel an die Gemeinde als Alternative geringerer Eingriffsintensität hat gelten lassen. **Rechtswidrig** ist ein Gemeindezusammenschluß vor diesem Hintergrund jedoch, wenn er für die Kommune und ihre Bürger sowie überörtliche Interessen **mehr Schaden als Nutzen** bringen wird.

III. Formen der Gebietsänderungen

1. Freiwillige Gebietsänderungen

208 Alle Gemeindeordnungen sehen freiwillige Änderungen des Gemeindegebiets vor. Voraussetzungen und Verfahren sind jedoch teilweise unterschiedlich.

In **Sachsen** können **Gemeindegrenzen** mit Genehmigung der Rechtsaufsichtsbehörde **durch Vereinbarung** geändert werden. Zusätzlich sind für den Abschluß der Vereinbarung qualifizierte Mehrheiten im Gemeinderat erforderlich. Außerdem sind die **Bürger** vor Abschluß der Vereinbarung zu **hören.**

– Vgl. § 8 Abs. 2, § 9 Abs. 1 GemO.

III. Formen der Gebietsänderungen

Die Entscheidung des Gemeinderats kann durch einen **Bürgerentscheid** ersetzt werden.

– Vgl. § 9 Abs. 1 GemO.

In diesem Falle ist eine zusätzliche Anhörung der Bürger entbehrlich.

– Vgl. § 9 Abs. 1 S. 2 GemO.

Ihrer **Rechtsnatur** nach ist die Vereinbarung grundsätzlich **öffentlichrechtlicher** Vertrag, für den die §§ 54 f. VwVfG gelten. Soweit privatrechtliche Rechtspositionen geregelt werden, ist der Vertrag privatrechtlicher Natur. Werden öffentlich-rechtliche und privatrechtliche Vertragsgegenstände in einer Vereinbarungsurkunde zusammengefaßt, handelt es sich um einen gemischten Vertrag.

Die **Genehmigung** der Vereinbarung ist **der Gemeinde gegenüber** ein konstitutiver **rechtsbegründender Ermessens-Verwaltungsakt auf dem Gebiete des Organisationsrechts** (vgl. *VGH BW* ESVGH 27, 150). Die Genehmigung **konkretisiert den Rechtsstatus der Gemeinden.** Die Grenzänderung kommt mit rechtswirksamer Genehmigung **unter gleichberechtigter staatlicher Mitwirkung** zustande (sog. **Kondominialakt**). Das Genehmigungserfordernis enthält dogmatisch gesehen eine „**Teilhochzonung**" der Entscheidung über die Gebietsänderung zugunsten des Landes, das sich aus der gesamtstaatlichen Einbindung der Kommunen rechtfertigt. Materielle **Rechtsvoraussetzung der Genehmigung** ist das Bestehen von „**Gründen des öffentlichen Wohls**". Sind diese gegeben, hat das Land eine **Ermessensentscheidung** zu treffen.

Leitende Gesichtspunkte für die Feststellung der Gründe des öffentlichen Wohls und für die Ermessensausübung sind sowohl die **staatlichen Belange** der Grenzänderung als auch das Gewicht der durch die Grenzänderung betroffenen **Selbstverwaltungsgarantie.** Sie sind gegeneinander **abzuwägen** (vgl. *BVerfG* DVBl. 1992, 960 f.; zum Abwägungserfordernis bei Aufgabenhochzonung allg. *BVerfG* NVwZ 1989, 349 f. – Rastede). Die Gemeinden haben im Hinblick auf die Berührung ihres Selbstverwaltungsrechts einen **Anspruch auf fehlerfreie Ermessensentscheidung.**

Im Einzelfall kann sich die **Abwägung** speziell im Hinblick auf die Pflicht des Staates zu gemeindefreundlichem Verhalten und das Demokratieprinzip zugunsten einer Genehmigungspflicht **auf Null reduzieren** (zur Ermessensreduzierung auf Null bei Güterabwägung vgl. *Gern,* DVBl. 1987, 1194). Ist die **Vereinbarung an sich unwirksam,** wird sie durch die Genehmigung **nicht geheilt** (*VGH BW* ESVGH 27, 150).

Den **Bürgern** steht **kein Anspruch** auf ermessensfehlerfreie Entscheidung zu. Wird die Anhörung der Bürger unterlassen, ist der Genehmigungsakt nach § 44 VwVfG nichtig (vgl. *VGH BW* ESVGH 26, 14).

2. Zwangsweise Gebietsänderungen

209 **Gegen den Willen** der beteiligten Kommunen können deren Grenzen grundsätzlich **nur durch formelles Gesetz nach Anhörung** der Kommunen und teilweise der Bürger **geändert werden.**

– Vgl. § 8 Abs. 3 GemO.

Für die **Ausübung des gesetzgeberischen Ermessens** gelten dieselben Grundsätze wie für die freiwillige Grenzänderung. Auch hier müssen „**Gründe des öffentlichen Wohls**" die Grenzänderung tragen. Bei **Rück-Neugliederungsgesetzen** ist mit Blick auf die Rechtfertigung aus Gründen des öffentlichen Wohls in der gesetzgeberischen Abwägung **zusätzlich** insbesondere ein **Vertrauen der** bereits einmal neugegliederten **Gemeinde wie auch der Bürger in die Beständigkeit** staatlicher Organisationsmaßnahmen in Rechnung zu stellen. Dabei muß sich der Gesetzgeber auch über die tatsächlichen Grundlagen seiner Abwägung aufgrund verläßlicher Quellen ein eigenes Bild verschaffen (vgl. *BVerfG* DVBl. 1992, 960). Ein **Begründungszwang** des Gesetzes besteht im Unterschied zur Begründungspflicht von Genehmigungsentscheidungen, die Verwaltungsakt sind, **nicht** (*StGH BW* ESVGH 25, 1).

3. Beteiligung der Landkreise

210 Werden durch Gebietsänderungen von Gemeinden die Zuordnungen der Gemeinden zu einem Landkreis tangiert, so ist auch der **Landkreis zu hören.** Diese Rechtsfolge ergibt sich aus der Gebietshoheit der Landkreise.

4. Vollzug der Gebietsänderungen

211 Im Rahmen **freiwilliger Gebietsänderungen** sind in den Eingliederungs- und Grenzregelungsverträgen das Inkrafttreten der Gebietsänderung sowie die Rechtsänderungen zu regeln, die sich aus der Gebietsänderung ergeben. Speziell gilt dies für die Namensgebung des betroffenen Gebiets, das Ortsrecht, die Rechtsnachfolge und die Verwaltung.

– Vgl. § 9 GemO.
– Zum **Rechtsschutz** der Gemeinden vgl. 18. Kapitel.

IV. Die Gebietsreform in Deutschland

1. Alte Bundesländer

212 Vor diesem Hintergrund haben **alle alten Bundesländer** Ende der 60er Jahre und Anfang der 70er Jahre die Gebietsreform durchgeführt. Die Zahl der Gemeinden hat sich hierdurch von 24078 auf 8506 verringert. Die Zahl der Landkreise wurde von 425 auf 237, die Zahl der kreisfreien Städte von 236 auf 91 reduziert.

Generallinie der Gebietsreform war es, die staatliche und kommunale Verwaltung an die erhöhten Anforderungen der ökonomisch-technischen Entwicklung anzupassen, sie zu vereinfachen und zu rationalisieren sowie ganz allgemein sie **wirtschaftlicher** zu gestalten. An die Stelle historisch gewachsener Kommunen wurden vielfach Selbstverwaltungseinheiten gesetzt, für deren Zuschnitt der Leistungsanspruch des Bürgers Maßstab war (*Pappermann*, DÖV 1975, 181 (187)). Insbesondere die **Bürgernähe** sowie das typische örtliche traditionsverhaftete Kulturleben der Gemeinschaft sind dabei allerdings vielfach **auf der Strecke** geblieben. **Nachbesserungen** wurden durch die Einführung der **Ortschaftsverfassung** in den Gemeinden vorgenommen und **vereinzelt** auch durch **Rück-Neugliederungen.**

Darüber hinaus wird versucht diese Defizite, inspiriert durch ein neues Wertbewußtsein, die Wiederentdeckung des Gefühls von Heimat und Suche nach gesellschaftlicher Geborgenheit durch Verwurzelung in kleinteiligen Lebenskreisen personaler und kultureller Harmonie, durch zahlreiche **Maßnahmen kommunalkultureller Art** auszugleichen.

– Weiterführend zum Thema Gebietsreform und kommunale Selbstverwaltung in den alten Bundesländern: *Wagener*, DÖV 1983, 745; *v. Oertzen/Thieme (Hrsg.)*, Die kommunale Gebietsreform, 1981 f.

2. Neue Bundesländer

In den **Neuen Bundesländern** steht eine Gebietsreform noch bevor und ist 213 teilweise auch schon im Gange.

– Vgl. hierzu allg. *Bernet*, LKV 1993, 393 mwN.

Zum Zeitpunkt der Wiedervereinigung Deutschlands gab es in den neuen Bundesländern 7565 Gemeinden mit oft unter 300 Einwohnern, 189 Landkreise und 28 kreisfreie Städte.

– Vgl. hierzu *Gern*, Deutsches Kommunalrecht, 1994, 6. Kap.

2.1. Gemeindereform in Sachsen

2.1.1. Der Freistaat Sachsen plant eine **echte Gemeindereform** durch Erlaß 214 eines Neugliederungsgesetzes. Bereits jetzt machen jedoch zahlreiche Gemeinden von der Möglichkeit freiwilliger Grenzänderungen und Eingemeindungen Gebrauch.

2.1.2. Die **Verwaltungswissenschaft** hat **für** die **Schaffung von Einheitsge-** 215 **meinden Zielvorgaben** erarbeitet, die einen optimalen Gemeindezuschnitt garantieren sollen. Hiernach sollen durch die Gemeindereform Verwaltungseinheiten gebildet werden, die in der Lage sind,
– die erforderliche kommunale Grundausstattung zu schaffen und wirtschaftlich zu nutzen,

- hauptamtliches Personal mit begrenzt spezialisierten Tätigkeitsbereichen anzustellen und entsprechend auszulasten,
- moderne technische Verwaltungsmittel wirtschaftlich einzusetzen und
- einheitliche Lebens- und Wirtschaftsräume durch gemeinschaftliche Planung und Steuerung von Maßnahmen der Infrastruktur weiterzuentwikkeln sowie
- eine ausreichende Bürgernähe der Verwaltung zu gewährleisten.

Die Gemeinden sollen in der Regel **mindestens 8000 Einwohner** haben. Bei dieser Einwohnerzahl können nach den Forschungen der Verwaltungswissenschaft die vorgenannten Zielvorgaben optimal erreicht werden. In dünn besiedelten Räumen können die besonderen örtlichen Verhältnisse allerdings Abweichungen nach unten erfordern. In stärker verdichteten Räumen sind auch mehr Einwohner zu akzeptieren.

Die **räumliche Abgrenzung** der Gemeinden hat der Vielfalt des Landes und seiner Landschaften, den Unterschieden der Bevölkerungsdichte und den örtlichen Verhältnissen Rechnung zu tragen.

Gemeinden sind so abzugrenzen, daß

- die Entfernungen zum Sitz der örtlichen Verwaltungseinheit und ihren Einrichtungen unter Berücksichtigung der Wirtschaftsstruktur und Verkehrserschließung für die Einwohner noch zumutbar sind und
- das Gebiet der örtlichen Verwaltungseinheit für die Verwaltung überschaubar ist,
- landschaftliche Gegebenheiten,
- historische Verbundenheiten und
- sonstige Ansätze für eine Integration, etwa vorhandene Gemeinschaftsorganisationen und die schulischen Zusammenhänge speziell auf der Ebene der Grund- und Hauptschule und der Gymnasien

berücksichtigt werden.

2.2. Kreisreform in Sachsen

216 *2.2.1.* In **Sachsen** wurden durch das Gesetz zur Kreisgebietsreform (GVBl. 1993, 549) aus 48 Altkreisen 22 Neukreise gebildet.

- Zu Einzelheiten der Entwicklung vgl. *Schnabel/Hasenpflug* LKV 1993, 402 mwN; *Sponer* LKV 1993, 413.

217 *2.2.2.* Auch für die Kreisreform hat die Verwaltungswissenschaft Kriterien für einen optimalen gemeinwohlorientierten **Kreiszuschnitt** erarbeitet.

218 *2.2.2.1.* Einer der wichtigsten Gesichtspunkte für den Zuschnitt der Landkreise ist die **Größe** des Landkreises (vgl. *StGH BW* ESVGH 23, 1f.). Die Größe des Kreises wird durch **vier Dimensionen** erfaßt. Zum ersten die Einwohnerzahl, zum zweiten die Anzahl der Kreisgemeinden, zum dritten die Fläche des Kreises, zum vierten die Bevölkerungsdichte, wobei zwischen diesen eine wechselseitige Beziehung besteht.

Nach den verwaltungswissenschaftlichen Aussagen zur Kreisreform in den alten Bundesländern ist bei einer durchschnittlichen Einwohnerdichte

IV. Die Gebietsreform in Deutschland

von 200 Einwohner/km^2 eine **Einwohnerzahl** von durchschnittlich **150000** als optimal anzusehen (vgl. hierzu *Pappermann/Stollmann*, NVwZ 1993, 241).

Diese Leitzahl muß in den neuen Bundesländern im Hinblick darauf reduziert werden, daß die durchschnittliche Bevölkerungsdichte in Mecklenburg-Vorpommern lediglich 82, in Brandenburg 91 Einwohner, in Sachsen-Anhalt 145, in Sachsen 267 und in Thüringen 165 Einwohner pro km^2 beträgt.

Mit Blick auf die Pflicht des Gesetzgebers, eine bürgernahe Verwaltung zu gewährleisten und zu große Entfernungen zum Kreissitz zu vermeiden, müssen die Werte der alten Bundesländer für den Zuschnitt der Kreise der neuen Bundesländer entsprechend reduziert werden. Optimaler sind unter diesen Voraussetzungen Kreiszuschnitte mit insgesamt **ca. 80000 bis 120000 Einwohnern** (vgl. *Pappermann/Stollmann*, NVwZ 1993, 241; *Knemeyer*, LKV 1992, 177 (180)).

Die anzustrebende **Fläche** des Kreises und die **Anzahl der in einen Kreis einzubeziehenden Gemeinden** ist von diesen Vorgaben abhängig. Unabhängig davon werden von Sachverständigen für die Kreisfläche Optimalwerte von 500 km^2 bis über 2000 km^2 ermittelt. Noch größeren Kreisen fehlt in der Regel die erforderliche Bürgernähe und Integrationskraft (*Pappermann/Stollmann*, aaO, 242).

Als Untergrenze der einzubeziehenden Gemeinden wird die Zahl 7, als Obergrenze die Zahl 50 angegeben. Angesichts der geringen Einwohnerzahl und -dichte in den neuen Bundesländern sind Werte an der Obergrenze angemessen.

2.2.2.2. Zu berücksichtigen sind auch **natürliche Zusammenhänge.** Speziell   219
sollen die Kreisgrenzen möglichst auf topographische Gegebenheiten, wie Wasserläufe und Gebirgszüge und die durch sie markierten Zäsuren Rücksicht nehmen. Sie sind geeignet, den Zusammenhang des Kreises und seine Erreichbarkeit mitzubestimmen (vgl. *Hoppe/Rengeling,* Rechtsschutz bei der kommunalen Gebietsreform, 1973, S. 89).

2.2.2.3. Den Kreiszuschnitt zu beeinflussen geeignet sind auch **kulturelle,**   220
speziell landsmannschaftliche und konfessionelle Gegebenheiten. Die Zusammenfassung gleich oder ähnlich vorgeprägter Bevölkerungsgruppen in einem Kreis fördert die Homogenität des Kreises und das Zusammengehörigkeitsgefühl der in ihm lebenden Menschen (vgl. *Seele,* in: Der Kreis, Bd. 3, S. 39 (71)).

2.2.2.4. Zu berücksichtigen sind auch **politische Prägungen** der Gebiete.   221
Speziell gilt dies für die Berücksichtigung bestehender **Altkreise.** Nach Möglichkeit sollen vollständige Altkreise zusammengelegt werden. Identitätsstörungen werden hierdurch reduziert (*Seele,* aaO, S. 39 (53)).

Nicht zu berücksichtigen sind hingegen **parteipolitische** Vorprägungen der Bevölkerung. Der aktive politische demokratische Prozeß wird durch die Einrichtung von Kreisen mit einheitlicher parteipolitischer Struktur nicht gefördert, sondern eher gelähmt und ist deshalb zu vermeiden.

222 *2.2.2.5.* Ziel jeder Kreisreform ist die **Optimierung der Wirtschaftsbedingungen** für die Kreisbevölkerung und damit der (wirtschaftlichen und finanziellen) Leistungskraft des Kreises.

Diesem Ziel dient erstens die Zusammenfassung vielfältiger wirtschaftlicher Betätigungsformen, soweit solche vorhanden sind.

Monostrukturen in einem Kreis machen diesen wesentlich anfälliger für wirtschaftliche Krisen als Polystrukturen.

Diesem Ziel dient zum anderen auch die Zusammenfassung wirtschaftlich stärkerer und wirtschaftlich schwächerer Gemeinden. Sie erleichtert insbesondere die den Kreisen zukommende Ausgleichsfunktion (vgl. *Clausen,* LKV 1992, 111 (114); *Köstering,* DÖV 1992, 721 (724)).

Zu vermeiden ist in beiden Fällen eine Durchtrennung wirtschaftlicher Verflechtungen (*Seele,* Der Landkreis 1992, 312 (316). So sollen Arbeitsraum und Lebensraum sowie Kreisverwaltungsraum möglichst identisch sein (*Pappermann/Stollmann,* NVwZ 1993, 242). Handels-, Verkehrs- und Pendlerströme sowie sonstige Orientierungsrichtungen sind ebenfalls zu beachten.

223 *2.2.2.6.* Unmittelbare bürgerschaftliche Partizipation in staatlichen Entscheidungen erhöht ihre Legitimität und ihre Akzeptanz und dient der Erhaltung des sozialen Friedens (vgl. *Seele,* aaO, S. 39). Deshalb sind die **Vorstellungen der Bevölkerung** zum künftigen Kreisgebiet und deren Repräsentativorgane zu ermitteln und in die Entscheidung als Abwägungsmaterial einzubeziehen.

224 *2.2.3.* Jeder Landkreis muß einen **Kreissitz** haben, in welchem die Kreisorgane und die Verwaltung untergebracht werden. Die optimale Lage bestimmen im wesentlichen folgende Faktoren:
– die Verkehrslage,
– die verwaltungsmäßige, wirtschaftliche, wissenschaftliche und kulturelle Infrastruktur und Kapazität,
– historische Gesichtspunkte,
– die Kosten der Einrichtung,
– die Akzeptanz durch die Kreiseinwohner
(vgl. hierzu *Pappermann/Stollmann,* NVwZ 1983, 244 f.).

Vermieden werden sollte, den Sitz der Kreisverwaltung in eine **kreisfreie Stadt** zu legen (vgl. *Clausen,* LKV 1992, 111 (114)). Hierdurch werden die natürlichen Interessengegensätze zwischen der kreisfreien Stadt und dem Kreis zu einem aktuellen Konfliktpotential aufgeladen, das die Entwicklung und Leistungskraft beider Beteiligten hemmt. Außerdem behindert eine derartige Konstruktion das Zusammengehörigkeitsgefühl der Kreiseinwohner.

225 *2.2.4.* **Strittig** ist die Zulässigkeit der gesetzlichen Anordnung der Einrichtung von **Außenstellen** der Kreisverwaltung. Der Staatsgerichtshof Niedersachsen (DÖV 1979, 406) hält solche Festlegungen für einen rechtswidrigen Eingriff in die Organisationshoheit der Landkreise, die den Kernbereich der Selbstverwaltungsgarantie der Landkreise mit ausmachen würden. Dem ist entgegenzuhalten, daß nach der neuen Rechtsprechung des Bundesverfassungsgerichts (Rastede, NVwZ 1989, 347 f.) Inhalt und Umfang der Selbstverwaltungsgarantie der Kreise ausschließlich von ihrer jeweiligen gesetzlichen Ausgestaltung abhängig ist und es mithin einen Kernbereich der Selbstverwaltungsgarantie und auch einen weiteren Bereich der Kreisgarantie nicht geben kann. Die Zulässigkeit von Eingriffen in die Organisationshoheit der Kreise unterliegt hiernach lediglich dem **Willkürverbot,** an das alle staatlichen Hoheitsträger auch im Verhältnis zueinander gebunden sind.

7. Kapitel
Aufgaben der Gemeinde

I. Monistische und dualistische Aufgabenstruktur

226 **1.** Nach der **naturrechtlichen** Auffassung des 19. Jahrhunderts (vgl. 1. Kapitel) wurde **in dualistischer Sichtweise** eine **Unterscheidung** getroffen zwischen
- **Selbstverwaltungsangelegenheiten** der Gemeinden als grundsätzlich staats- (und weisungs-)freie, originär und wesensmäßig den Gemeinden zugehörige Aufgaben und
- vom Staat **übertragene** Aufgaben, auch Auftragsangelegenheiten genannt, bei der die Aufgabenzuordnung beim Staat liegt, die Aufgabenwahrnehmung jedoch auf die Gemeinden delegiert ist, gesteuert durch ein staatliches Weisungsrecht. Diese Aufgabenstruktur haben die Gemeindeordnungen von Bayern (Art. 8), Niedersachsen (§ 5), Rheinland-Pfalz (§ 2 Abs. 2), das Saarland (§ 6 Abs. 1), Thüringen (§ 3) sowie die KV DDR (§ 3) übernommen.

227 **2.** Der 1948 von den Innenministern der Länder und den kommunalen Spitzenverbänden erarbeitete **Weinheimer Entwurf** einer Deutschen Gemeindeordnung rückte von dieser Betrachtungsweise ab und sah eine **monistische Aufgabenstruktur** vor. Man war der Ansicht, der naturrechtliche Dualismus, der die Gemeinden als Fortsetzung der natürlichen Einheit der Familie und der Gesellschaft im Gegensatz zum (monarchischen) Staat sah, sei durch die demokratische Legitimation sowohl des Staates als auch der Gemeinden und deren Integration in die Länder überholt. Dies rechtfertige eine einheitliche Sichtweise im Kommunalbereich anfallender Aufgaben.

Mehrere Gemeindeordnungen übernahmen diese Sichtweise und zogen hieraus **zwei Konsequenzen:**

228 **2.1.** Die Gemeinde verwaltet **kompetenziell alle Aufgaben der öffentlichen Verwaltung der Gemeindeinstanz.** Die Gemeinde ist nicht nur Träger der eigentlichen kommunalen Aufgaben, sie erledigt **auch alle staatlichen Aufgaben** in der Gemeindeinstanz (Grundsatz der **funktionellen Einheit der Verwaltung** auf der Gemeindeebene; **Totalitätsprinzip**).
- Vgl. §§ 2 Abs. 1 BW; 6 Abs. 1 Bay; 2 Hess; 2 Abs. 1 Nds; 2 NW; 5 Abs. 1 Saarl.; 2 Abs. 1 S-H.

Auch die **sächsische GemO** übernahm diese Sichtweise.
- Vgl. § 2 Abs. 1 S. 2 GemO.

229 **2.2. Materiell** wird nicht mehr zwischen Selbstverwaltungsaufgaben und übertragenen (Auftrags-) Angelegenheiten unterschieden, sondern zwischen

II. Aufgabenarten

- **weisungsfreien Angelegenheiten** und
- **Weisungsaufgaben.**
- Vgl. § 2 Abs. 2 und 3 GemO.

3. Der Grundsatz der „funktionellen Einheit" mit seiner **monistischen Auf-** 230
gabenzuordnung und Aufgabenverteilung weicht **von der Sichtweise des
Grundgesetzes ab:**

3.1. Die **monistische Aufgabenzuordnung an die Gemeinde** steht **nicht in
Einklang mit Art. 28 Abs. 2 GG.** Hiernach sind die Gemeinden nur zuständig zur Erledigung der „Angelegenheiten der örtlichen Gemeinschaft". Andere öffentliche Aufgaben auf Gemeindeebene hat die Verfassung in die
Hände anderer Kompetenzträger, speziell des Bundes und der Länder als
solcher gelegt. Dieser Ansatz in der Gemeindeordnung ist deshalb im Lichte
des Art. 28 Abs. 2 GG **verfassungskonform zu reduzieren.**

3.2. Die monistische **Aufgabenaufteilung** ist **ebenfalls nicht grundgesetz-** 231
konform. Das Grundgesetz geht, wie ein Blick in Art. 28 Abs. 2 und Art. 85
GG zeigt, nicht von der monistischen, sondern von der **dualistischen Sichtweise** kommunaler Aufgabenaufteilung aus und **trennt** die **durch Art. 28
Abs. 2 geschützten Selbstverwaltungsaufgaben von** den der Gemeinde mit
historischer Legitimation (*BVerfG* NVwZ 1989, 46) übertragenen (staatlichen) **Angelegenheiten.** Für die Prüfung einer Maßnahme am Maßstab des
Grundgesetzes ist **hiernach nicht** von der Aufteilung „Weisungsfreie/Wei-
sungsaufgaben", sondern **ausschließlich von dieser** Zweiteilung auszugehen. **Bei Eingriffen des Staates in den übertragenen (staatlichen) Wirkungsbereich** können sich die Gemeinden **nicht auf eine Verletzung des
Art. 28 Abs. 2 GG** berufen. Die dualistische Sichtweise praktizieren das
BVerfG (NVwZ 1989, 45), das *BVerwG* (NVwZ 1983, 610) in ständiger
Rechtsprechung.

- Zur Dogmatik der Aufgabeneinteilung vgl. auch *Knemeyer,* DÖV 1988, 397, und
Maurer/Hendler, BW Staats- und VerwaltungsR, 1990, S. 195 f.

II. Aufgabenarten

1. Selbstverwaltungsaufgaben

Die **Selbstverwaltungsaufgaben** im Sinne des Art. 28 Abs. 2 GG werden 232
unterteilt in freiwillige Aufgaben und (weisungsfreie) Pflichtaufgaben.

1.1. Freiwillige Aufgaben sind die Aufgaben, zu denen die Gemeinde nicht 233
verpflichtet ist, die sie aber jederzeit übernehmen kann. Die Gemeinde hat
ein **Aufgabenfindungsrecht** in ihrem Bereich. Es spricht eine **gesetzlich
widerlegbare Vermutung** dafür, daß es sich bei einer Aufgabe der Gemeinde um eine freiwillige handelt. Bei den freiwilligen Aufgaben entscheidet die
Gemeinde über das „**Ob**" und „**Wie**" der Aufgabenerfüllung.

234 *1.1.1.* Das Aufgabenfindungs- und Wahrnehmungsrecht ist nach **pflichtgemäßem Ermessen** auszuüben; es **kann im Einzelfall zugunsten einer Aufgabenwahrnehmungspflicht auf Null reduziert sein** (hierzu grunds. *Gern,* DVBl. 1987, 1194 mwN)

235 **Schaubild Nr. 7: Modell funktioneller Einheit gemeindlicher Aufgaben**

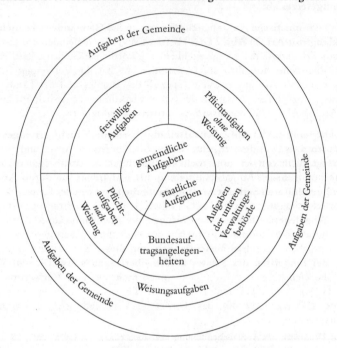

Eine solche Ermessensreduzierung kann sich speziell aus den Grundrechten der Bürger und dem Sozialstaats- und dem Rechtsstaatsprinzip ergeben.

236 *1.1.2.* Soweit eine Aufgabenwahrnehmungspflicht besteht, ist auch eine **materielle Privatisierung** von Aufgaben, **unzulässig** (vgl. *OVG Koblenz,* DVBl. 1985, 176 (177)). Materielle Privatisierung bedeutet Entlassung von Aufgaben aus der kommunalen Verantwortung.

   – Vgl. hierzu *Vitzthum,* AÖR 104, 580; *v. Mutius,* JuS 1976, 655; *Knemeyer,* WiVW 1978, 65; *von Hagemeister,* Die Privatisierung öffentlicher Aufgaben, 1992; *Schoch,* Privatisierung der Abfallentsorgung, 1992 passim.

237 *1.1.3.* **Beispiele** freiwilliger Aufgaben sind
   – kulturelle Angelegenheiten (Bücherei, Archiv, Museum, Theater, Volkshochschule, kommunales Kino);
   – soziale Angelegenheiten (Jugendhaus, Altenheim, Sozialstation, Altenclub);

II. Aufgabenarten

- Sportanlagen (Freibad, Hallenbad, Sportplatz);
- Erholungseinrichtungen (Grünanlage, Wanderweg, Loipe);
- Verkehrseinrichtungen (Straßenbahn, Verkehrslandeplatz, Hafen, Buslinie);
- Kommunale Wirtschaftsförderung (vgl. *VGH BW* DVBl. 1979, 527; *Altenmüller,* VBlBW 1981, 201; *Knemeyer,* WiVW 1989, 92); zur Förderung von Fußballprofiklubs – vgl. *Tilmann,* BWVPr. 1981, 7);
- Vereinsförderung;
- Partnerschaften mit ausländischen Gemeinden;
- Einrichtung von Sparkassen nach dem Sparkassengesetz.

1.2. Pflichtaufgaben ohne Weisung sind solche Aufgaben, zu deren Erfül- **238**
lung die Gemeinden **gesetzlich verpflichtet** sind.

- Vgl. § 2 Abs. 2 GemO.

Die Verpflichtung kann **unbedingt** – die Aufgabe ist in jedem Fall zu erfüllen – oder **bedingt** – die Aufgabe ist bei Bedarf oder unter bestimmten Voraussetzungen zu erfüllen – sein. Sie bezieht sich grundsätzlich nur auf das „Ob" der Aufgabenerfüllung, **nicht** auf das „Wie".

Pflichtaufgaben ohne Weisung sind zum **Beispiel:**

- Aufnahme und Unterbringung nach dem AsylUG (vgl. *VGH BW* ESVGH 30, 220; VBlBW 1987, 30);
- Erlaß einer Friedhofsordnung als Satzung nach dem Bestattungsrecht;
- Erschließungslast (§ 123 Abs. 1 BauGB);
- Bebauungspläne, Flächennutzungspläne (§ 2 Abs. 1 BauGB);
- Aufstellung, Ausrüstung und Unterhaltung einer Feuerwehr nach dem Sächs. Brandschutzgesetz;
- Einrichtung und Fortführung öffentlicher Schulen nach dem sächs. Schulgesetz, vgl. hierzu *VGH BW* BWGZ 1990, 444; *OVG Münster* NVwZ-RR 1992, 186;
- Beleuchtung, Reinigung, Räumen und Streuen von Straßen nach dem Landesstraßengesetz;
- Unterhaltung und Ausbau von Gewässern nach dem Wassergesetz;
- Abwasserbeseitigung nach dem Wassergesetz;
- Pflichten im Verwaltungsverfahren nach VwVfG;
- Unterbringung Obdachloser (vgl. *OVG Lüneburg* DÖV 1986, 341; *VGH München* BayVBl. 1989, 370; *BVerwG* NVwZ 1990, 673).

1.3. Alle **Selbstverwaltungsangelegenheiten** (freiwillige Aufgaben und **239**
Pflichtaufgaben ohne Weisung) werden durch die Gemeinde **in eigener Verantwortung** im Sinne des Art. 28 Abs. 2 GG erledigt und unterliegen deshalb **nur** der **Rechtsaufsicht.** Die Rechtsaufsicht ist auf eine **Überprüfung der Gesetzmäßigkeit** der gemeindlichen Selbstverwaltung beschränkt. Eine Einwirkung auf die Zweckmäßigkeit findet nicht statt.
Dritte haben nur dann ein **selbständiges subjektives Recht** auf Erfüllung von Pflichtaufgaben, soweit die Aufgabenerfüllung auch im privaten Interesse angeordnet ist.

1.4. Nach § 73 Abs. 1 S. 2 Nr. 3 VwGO erläßt in Selbstverwaltungsange- **240**
legenheiten die **Selbstverwaltungsbehörde** den **Widerspruchsbescheid,** soweit nicht durch Gesetz anderes bestimmt ist.

2. Übertragene (staatliche) Aufgaben

241 Übertragene (staatliche Aufgaben) sind **Angelegenheiten, bei denen die Aufgabenzuordnung beim Staat als solchem (Bund, Land) liegt,** die Aufgabenwahrnehmung jedoch auf die Kommunen delegiert ist, grundsätzlich **gesteuert durch** ein staatliches **Weisungsrecht.**

Die Übertragung staatlicher Aufgaben unterliegt dem Gesetzesvorbehalt des Art. 28 Abs. 2 GG, da durch die Übertragung das kommunale Selbstverwaltungsrecht eingeschränkt wird. Gleiches gilt für die Unterwerfung der Kommunen unter die staatlichen Weisungen (hierzu *Vietmeier,* DVBl. 1993, 190 f.).

Der **Umfang des Weisungsrechts** kann umfassend oder gegenständlich beschränkt ausgestaltet werden. Im Einzelfall kann der Gesetzgeber auf die Konstituierung eines Weisungsrechts auch verzichten.

In den **Sachbereichen, in denen kein Weisungsrecht besteht,** erfüllen die Gemeinden die übertragenen Aufgaben **als Selbstverwaltungsangelegenheiten** „in eigener Verantwortung" (hierzu *Meis,* aaO, S. 51). Sie genießen jedoch nur dann den Schutz des Art. 28 GG, soweit im Verzicht auf ein Weisungsrecht eine Rückdelegation einer „Angelegenheit der örtlichen Gemeinschaft" auf die Gemeinde zu sehen ist.

Die Übertragung staatlicher Aufgaben kann im Einzelfall mit einer **Erfüllungsverpflichtung** gekoppelt sein, möglich ist aber auch eine Übertragung zur **freiwilligen** Erfüllung. Die **sächsische GemO** hat diesen Aufgabentyp aufgrund ihrer monistischen Sichtweise **nicht selbständig geregelt.**

3. Pflichtaufgaben nach Weisung (Weisungsaufgaben)

242 Weisungsaufgaben sind **Pflichtaufgaben,** an die ein **Weisungsrecht** des Staates **gekoppelt** ist.

– Vgl. § 2 Abs. 3 GemO

Das Weisungsrecht wird durch die Fachaufsicht ausgeübt.

Die **Fachaufsicht** geht über den Rahmen der Gesetzmäßigkeitsaufsicht hinaus. Es wird eine Einflußnahme auf die **Zweckmäßigkeit** der gemeindlichen Verwaltungsführung ermöglicht (hierzu *Vietmeier,* aaO).

243 **3.1. Das Gesetz bestimmt den Umfang des Weisungsrechts**

– Vgl. § 2 Abs. 3 S. 2 GemO

Pflichtaufgaben nach Weisung sind insbesondere die Aufgaben der unteren Verwaltungsbehörde. Pflichtaufgaben nach Weisung sind aber **auch darüber hinausgehende Aufgaben der Gemeinde als untere staatliche Verwaltung** (z. B. Zuständigkeit als untere Baurechtsbehörde, Aufgaben nach dem Gaststättengesetz, Polizeigesetz, Paßgesetz), die allen oder einzelnen Gemeindegruppen übertragen wurden.

3.2. Die **rechtliche Einordnung** der Pflichtaufgaben nach Weisung ist – **244** verursacht durch die unterschiedliche Sichtweise kommunaler Aufgaben – **streitig.** Nach einer Meinung handelt es sich um Selbstverwaltungsangelegenheiten (*Jesch,* DÖV 1960, 739; *Peters,* DÖV 1964, 754; *Rietdorf,* DÖV 1957, 7, und DVBl. 1958, 344; *Erichsen,* KommR NW, S. 60; *Vietmeier,* DVBl. 1992, 413 f.), nach anderer Auffassung **um übertragene saatliche Aufgaben** (*Gönnenwein,* Gemeinderecht, S. 106; Schweer, DVBl. 1956, 703). Eine dritte Meinung ordnet die Pflichtaufgaben nach Weisung **zwischen die Selbstverwaltungsangelegenheiten und die übertragenen Angelegenheiten** ein (*Rauball,* GemO NRW, 3. Aufl. § 3 Rdnr. 4; *OVG Münster* OVGE 13, 356, 359; *Stober,* KommR, 1987 S. 120; *Schmidt-Aßmann,* in: *v. Münch/Schmidt-Aßmann,* BVerwR, 1992, S. 29).

Nach zutreffender Auffassung ist eine **dogmatisch widerspruchsfreie Einordnung der Weisungsaufgaben als Selbstverwaltungsaufgaben im Sinne des Art. 28 Abs. 2 GG nicht möglich.** Das Weisungsrecht verträgt sich nicht mit der Gewährleistung des Art. 28 Abs. 2 GG, wonach die Gemeinden ihre Angelegenheiten **in eigener Verantwortung** erledigen. Eigenverantwortlichkeit setzt Weisungsunabhängigkeit voraus. **Werden für Angelegenheiten der örtlichen Gemeinschaft staatliche Weisungsrechte begründet, bedeutet diese ihre (Teil-)Hochzonung und damit ihre Herausnahme aus dem Kreise der Selbstverwaltungsaufgaben** (aA *Vietmeier,* DVBl. 1992, 413 (419)).

Die Weisungsaufgaben sind **hiernach** der zweiten Gruppe gemeindlicher Aufgaben, den **übertragenen (staatlichen Aufgaben)** zuzuordnen. Eine dritte Aufgabenkategorie gibt es nicht. Bei dieser Einordnung läßt sich das staatliche Weisungsrecht aus der Verantwortung des Staates für die sachgerechte und zweckmäßige Aufgabenerfüllung in jeder Hinsicht problemlos rechtfertigen.

Als übertragene (staatliche) Aufgaben fallen die **Weisungsaufgaben hiernach nicht in den Schutzbereich des Art. 28 Abs. 2 GG** (vgl. *BVerfG* NVwZ 1989, 45; *BVerwG* NVwZ 1983, 610 mwN; *VGH BW* VBlBW 1986, 217, sowie *Schmidt-Eichstaedt,* HdKWP, Bd. 3 S. 9 (20)).

Soweit im Einzelfall im Bereich der Weisungsaufgaben **auf die Konstituierung eines Weisungsrechts verzichtet wird,** werden diese Aufgaben zu „Selbstverwaltungsaufgaben" der Gemeinden. Sie genießen jedoch nur dann den Schutz des Art. 28 Abs. 2 GG, wenn sie „Angelegenheiten der örtlichen Gemeinschaft" in diesem Sinne betreffen und in dem Verzicht auf das Weisungsrecht eine „Rückdelegation" dieser Angelegenheiten auf die Gemeinde zu sehen ist. Ist dies nicht der Fall oder handelt es sich um überörtliche Angelegenheiten, so besitzen die Gemeinden zwar ein **(relatives) Selbstverwaltungsrecht;** dieses ist jedoch von der verfassungsrechtlichen Selbstverwaltungsgarantie ausgenommen.

3.3. Wird mit der Erfüllung von Weisungsaufgaben kraft Gesetzes **nicht** **245** **die Gemeinde** als solche, **sondern** ohne echte Zuständigkeitsübertragung ein **Organ** der Gemeinde **beauftragt,** spricht man von **Organleihe.** (vgl.

BVerwG NVwZ RR 1990, 44 (46); *Schmidt-Eichstaedt*, HdKWP, Bd. 3, S. 9
(28)).
– Zum **Rechtsschutz gegen rechtwidrige Weisungen** vgl. 18. Kapitel und *Vietmeier*, DVBl. 1993, 192.

4. Auftragsangelegenheiten

246 **4.1. Auftragsangelegenheiten** sind Aufgaben, die den Gemeinden zur
Erledigung im Auftrag des Staates übertragen wurden. Sie stellen eine
Form der „übertragenen staatlichen Aufgaben" bzw. der Weisungsaufga-
ben dar. **Als Landesaufgaben sind sie mit den** „übertragenen" staatlichen
Aufgaben bzw. **den Weisungsaufgaben** i. S. des § 2 Abs. 3 GemO **identisch.**

247 **4.2.** Einer gesonderten Betrachtung bedürfen die **Bundesauftragsangelegenheiten.**
Spezielle Kompetenzvorschrift ist Art. 85 GG. Führen die Länder hiernach
die Bundesgesetze im Auftrag des Bundes **aus, so bleibt die** Einrichtung der
Behörden **Angelegenheit der Länder, soweit nicht Bundesgesetze mit Zustimmung des Bundesrates etwas anderes bestimmen. Zur „Einrichtung
der Behörden" in diesem Sinne gehört auch die** Übertragung der Zuständigkeit **für die Ausführung (den Vollzug) der Bundesgesetze.** Auf diese
Weise kann auch unmittelbar die Zuständigkeit der Gemeinden begründet
werden (vgl. *BVerfGE* 22, 180 (209); 40, 276 (281)). Die unmittelbare Übertragung von Aufgaben an die Gemeinden ist nach Art. 85 GG aber **nur
ausnahmsweise** möglich, wenn nämlich die Einschaltung der Gemeinden
für den wirksamen Vollzug eines Gesetzes unerläßlich ist (*BVerfGE* 22, 180
(211); *BVerwG* DÖV 1982, 826).
**Im Rahmen der Bundesauftragsangelegenheiten steht dem Bund ein
uneingeschränktes Weisungsrecht** zu. Jedoch ist die Weisung grundsätzlich
nicht an die Gemeinde selbst, sondern an die obersten Landesbehörden zu
richten (Art. 85 Abs. 3 GG). Den Landesbehörden steht in diesen Fällen
gegenüber den Gemeinden ein Weisungsrecht nach Gemeinderecht zu.
Auch die Auftragsangelegenheiten als Form der „übertragenen staatlichen
Aufgaben" fallen **nicht in den Schutzbereich des Art. 28 Abs. 2 GG.**
Bundesauftragsangelegenheiten sind z. B. die Vorbereitung der Bundes-
tagswahlen nach § 18 BWahlG, Aufgaben gem. § 17 UnterhaltssicherungsG,
Aufgaben nach dem Bundesleistungsgesetz, Aufgaben nach § 305 Lastenaus-
gleichsG, nach dem ZivilschutzG, nach dem KatastrophenschutzG, nach
dem VerkehrssicherstellungsG, dem ErnährungssicherstellungsG, dem Was-
sersicherstellungsG, dem WirtschaftssicherstellungsG, dem BAFöG, dem
Wohngeldgesetz (vgl. *BVerwG* NJW 1992, 927) sowie im Bereich der Wehr-
erfassung.
– **Weiterführend** zur Inanspruchnahme der Kommunen durch die Ausführung von
Bundesgesetzen vgl. *Schmidt-Eichstaedt*, Bundesgesetze und Gemeinden, 1981; *Meis*,
aaO mwN.

4.3. Sowohl bei Weisungsaufgaben als auch bei (Bundes-)Auftragsangele- 248
genheiten ist die **Weisungsbefugnis** auf die **unmittelbare Erledigung** der
Aufgaben **begrenzt**. Außerhalb der Aufgabenerfüllung als solcher entfaltet
die Selbstverwaltungsgarantie weiterhin ihre volle Wirkkraft. Speziell die
Personal- und Organisationshoheit der Kommunen bleibt im Rahmen der
Aufgabenerfüllung unberührt. Hiernach wäre beispielsweise eine Weisung
der Aufsichtsbehörde unzulässig, mit der Wahrnehmung der Weisungsaufgabe einen bestimmten Beamten der Gemeinde zu betrauen oder eine bestimmte Raumausstattung zu wählen (offengelassen durch *BVerfGE* 8, 256
(258); vgl. auch *BVerfG* DVBl. 1988, 1116; NJW 1992, 365 (366); *Vietmeier,*
DVBl. 1993, 192 mwN).

4.4. Die **Gemeinde handelt gesetzwidrig, wenn sie** eine rechtmäßig ergan- 249
gene **Weisung nicht beachtet**. Die Rechtsaufsichtsbehörde kann eingreifen.
Die Handhabung der Aufsicht unterliegt dem **Opportunitätsprinzip** (*BVerf-
GE* 8, 122).

Ein **Recht Dritter** auf Beachtung von Weisungen durch eine Gemeinde
besteht **nicht**.

4.5. Von sondergesetzlichen Regelungen abgesehen, kann die Gemeinde bei 250
Nichterfüllung oder **fehlerhafter Erfüllung von Weisungen** oder Weisungsaufgaben vom Land oder dem Bund **nicht in Anspruch genommen
werden** (*BGHZ* 27, 210). Speziell scheiden **Amtshaftungsansprüche** aus, da
im Weisungsbereich Aufsichtsbehörde und Kommune „gleichsinnig" zusammenwirken (*BGH* NJW 1984, 118 (119); NVwZ 1991, 707 (708)). Bund
und Länder können jedoch im Wege der **Drittschadensliquidation** von der
Gemeinde die Abtretung der nach dienstrechtlichen Haftungsvorschriften
von Gemeindebediensteten erlangten Ersätze verlangen (vgl. auch *Vietmeier,*
DVBl. 1993, 196 mwN).

4.6. Hat die Gemeinde für einen **Schaden** aufgrund einer **fehlerhaften Wei-** 251
sung aufzukommen, steht ihr ein Ausgleichsanspruch zu (*BGHZ* 9, 65),
ansonsten haftet sie selbst.

Kosten, die den Gemeinden bei der Wahrnehmung von Weisungsaufgaben infolge von fehlerhaften Weisungen des Landes entstehen, **werden** vom
Freistaat Sachsen **erstattet**.

– Vgl. § 123 Abs. 4 GemO.

III. Gesetzesvorbehalt bei Pflichtaufgaben

1. Formal können Pflichtaufgaben der Gemeinde **grundsätzlich** nur durch 252
ein **Gesetz in formellem Sinn auferlegt werden,**

– Vgl. § 2 Abs. 2 GemO.

nicht aber durch Verordnung oder Verwaltungsanordnung (vgl. *VGH BW*
VBlBW 1968, 184). Sofern von den Landesorganen aufgrund einer **bundes-**

gesetzlichen Ermächtigung Pflichtaufgaben übertragen werden, ist eine Rechtsverordnung, die auf einer dem Art. 80 Abs. 1 Satz 2 GG entsprechenden Ermächtigung beruht, ausreichend (vgl. etwa § 1 Abs. 7 Satz 1 GaststättenVO).

253 2. Inhaltlich setzt die Übertragung kraft Gesetzes nach Art. 28 Abs. 2 GG voraus, daß die Gründe für die Übertragung auf rechtfertigenden Gründen des Gemeinwohls beruhen müssen (vgl. *BVerfG* NVwZ 1992, 365 (366)) und diese Gründe von höherem Gewicht sind als die Gründe, die gegen die Einschränkung des Selbstverwaltungsrechts sprechen (vgl. hierzu 3. Kap.).

IV. Gewährleistung der Kostendeckung bei Aufgabenübertragung

254 Gegen die Aushöhlung des Selbstverwaltungsrechts durch Übertragung von Pflichtaufgaben hat die Verfassung Vorsorge getroffen.

Die Aufgabenübertragung ist nach der Landesverfassung und der Gemeindeordnung mit einer Bestimmung über die Deckung der Kosten zu versehen. Bei einer Mehrbelastung der Gemeinden ist ein entsprechender finanzieller Ausgleich zu schaffen. Vgl. hierzu *BVerwG* NVwZ 1987, 789; *VGH Kassel* NVwZ 1987, 824),

– Vgl. § 2 Abs. 2 S. 2 und 3 GemO.

wobei diesem Ausgleich auch im System des Finanzausgleichs Rechnung getragen werden kann (vgl. *VerfGH RhPf* NVwZ 1993, 159). Wird die verfassungsrechtlich gebotene Regelung der Kostentragung von Pflichtaufgaben der Gemeinden im Rahmen des jeweiligen Finanzausgleichs zwischen dem Land und den Gemeinden erlassen, so ist der Landesgesetzgeber nach der Rspr. allerdings nicht verpflichtet, sich beim Erlaß des Finanzausgleichsgesetzes die in den Finanzausgleich einzubeziehenden Aufgaben und ihre Kosten einzeln zu vergegenwärtigen und gesondert innerhalb des Finanzausgleichs auszuweisen (hierzu *Vietmeier, DVBl.* 1993, 195).

Durch vorgenannte Regelungen soll sichergestellt werden, daß die Gemeinden ihre Selbstverwaltungsaufgaben insgesamt sachgerecht erfüllen können (vgl. *OVG Münster* NVwZ 1988, 78). In vielen Fällen wird dieses Ziel allerdings nicht erreicht.

8. Kapitel
Örtliches Rechtssetzungsrecht der Gemeinden

I. Satzungsautonomie

1. Art. 28 Abs. 2 GG als allgemeine Satzungsermächtigung

Art. 28 Abs. 2 GG gewährleistet den Gemeinden die **Rechtssetzungsbe-** 255
fugnis in allen Angelegenheiten der örtlichen Gemeinschaft nach näherer
Bestimmung, insbesondere der Landesgesetzgebung **(Autonomie)** (vgl.
BVerfGE 12, 235; *BVerwGE* 6, 247; 32, 346 (361); NJW 1993, 411; *StGH BW*
VBlBW 1956, 88).

Eine besondere Ausprägung ist die **Satzungsautonomie.** Die Satzungsautonomie gehört insoweit zum unantastbaren **Kernbereich** der Selbstverwaltungsgarantie, als es den Gemeinden in ihrem eigenen Wirkungskreis zur
sachgerechten Gestaltung und Ordnung kommunalen Lebens in Wahrnehmung ihrer **Regelungskompetenz** überhaupt gestattet sein muß, allgemeine
Regelungen in Form von Satzungen für ihr Gebiet zu erlassen. Im übrigen
gehört sie nur zum weiteren Bereich und unterliegt dem Gesetzesvorbehalt.
Das *BVerfG* (NVwZ 1982, 306 (307)) hat die Frage bisher offengelassen, in
welchem Umfang die Satzungshoheit zum Kernbereich der Selbstverwaltung gehört.

Nach *BayVerfGH* (NVwZ 1989, 551; 1993, 163 (164)); gehört das **Recht
zum Erlaß von Abgabensatzungen** zum **Kernbereich** der Selbstverwaltung. Diese Meinung ist zweifelhaft. Es lassen sich nämlich auch ohne Einräumung der Abgabensatzungshoheit andere Finanzierungsmodelle gemeindlicher Aufgaben denken, bei denen den Gemeinden ein eigenverantwortlicher, selbstverwaltungstypischer Gestaltungsspielraum verbleibt.

1.1. Satzungsbegriff

Satzungen sind **Rechtsvorschriften, die von einer dem Staat eingeordne-** 256
ten juristischen Person des öffentlichen Rechts im Rahmen der ihr gesetz-
lich verliehenen Autonomie kraft öffentlichen Rechts mit Wirksamkeit
für die ihr angehörigen und unterworfenen Personen erlassen werden.

Die Verleihung von Satzungsautonomie hat ihren Sinn darin, **gesell-**
schaftliche Kräfte zu **aktivieren,** den entsprechenden gesellschaftlichen
Gruppen die Regelung solcher Angelegenheiten, die sie selbst betreffen und
die sie in überschaubaren Bereichen am sachkundigsten beurteilen können,
eigenverantwortlich zu **überlassen** und dadurch den **Abstand zwischen**
Normgeber und Normadressaten zu **verringern.** Zudem wird der Gesetzgeber davon entlastet, sachliche und örtliche Verschiedenheiten berücksichti-

gen zu müssen, die für ihn oft schwer erkennbar sind und auf deren Veränderungen er nicht rasch genug reagieren könnte (vgl. *BVerfGE* 33, 156; *Schoch* NVwZ 1990, 802 mwN; *Maurer*, DÖV 1993, 184). Ihrer **Normstruktur** nach haben Satzungen grundsätzlich einen **abstrakt-generellen** Inhalt. Bei Vorliegen sachlicher Gründe können sie jedoch auch individuell konkrete Regelungen enthalten. Speziell besteht diese Möglichkeit für den nach § 10 BauGB als Satzung zu beschließenden Bebauungsplan (vgl. etwa *BVerwGE* 50, 119; *OVG Münster* OVGE 33, 273). Rechtssystematisch ist Satzungsgebung als administrative Normsetzung **Verwaltungstätigkeit** (vgl. *BVerfGE* 65, 283 (289); *Schmidt-Aßmann* in: Gedächtnisschrift Martens, 1987; S. 261); *Ipsen,* JZ 1990, 791).

1.2. Satzungsrechtliche Gestaltungsfreiheit

257 Die Kommunen besitzen im Rahmen der ihnen verliehenen Satzungsautonomie eine <u>satzungsrechtliche Gestaltungsfreiheit</u> (*BVerfGE* 9, 334 (337); *BVerwG* KStZ 1976, 50; *VGH München* NVwZ 1987, 154; *VGH BW* ESVGH 23, 21). Sie gestattet ihnen, die Angelegenheiten der örtlichen Gemeinschaft nach eigengesetzten (politischen) Ziel- und Zweckvorstellungen zu formen und einer den Erfordernissen der jeweiligen Lebensverhältnisse angepaßten ortsrechtlichen Regelung zu unterwerfen. Sie ist ein Abbild der gesetzgeberischen Gestaltungsfreiheit, reicht aber nicht so weit wie diese, da die Satzungsgebung materiell Verwaltungstätigkeit darstellt (*BVerwG* NJW 1993, 411 (412)) und mithin grundsätzlich allen Bindungen der Verwaltung im Sinne des Art. 20 Abs. 3 GG unterworfen ist (vgl. hierzu *Beckmann,* DVBl. 1990, 1201 mwN; *Hill,* Gutachten DJT 1990, 13; *Schoch* NVwZ 1990, 803; aA *OVG Münster* NVwZ-RR 1989, 662). <u>Der normativ unantastbare Satzungsinhalt wird durch den Kernbereich der Selbstverwaltung</u> **bestimmt;** im übrigen ergeben sich die **Grenzen** aus <u>dem „Rahmen der Gesetze", d. h. aus der Gesamtrechtsordnung</u> (vgl. *BVerwGE* 10, 224), <u>speziell aus der Verfassung und hier vorrangig aus Art. 3 GG, aus dem Rechtsstaatsprinzip</u> (Art. 20 Abs. 3 GG), aus der öffentlich-rechtlichen Kompetenzordnung sowie dem sonst verfassungsmäßig zustandegekommenen Normenkanon.

– Vgl. hierzu auch *Badura,* in: Gedächtnisschrift Martens, 1987; *Herdegen,* AöR, Bd. 114 (1989) 607 f.

258 *1.2.1.* Aus dem **Rechtsstaatsprinzip** folgt, daß **Satzungen, die mit Eingriffen** in die grundrechtlich geschützte Individualsphäre **verbunden sind, sowie alle wesentlichen grundrechtsrelevanten Satzungsregelungen** einer **besonderen formell-gesetzlichen Ermächtigung bedürfen.** Die allgemeine Satzungsermächtigung des Art. 28 Abs. 2 GG reicht hierzu nicht aus (*BVerfGE* 2, 313; 9, 137, 147; *BGHZ* 61, 15; *VGH BW* ESVGH 32, 49; *VGH München* DÖV 1992, 585; *BVerwG* NJW 1993, 411; Abfallentsorgungssatzung – Verbot von Einwegverpackungen als Eingriff in Art. 12 GG; diff. *Bethge,* NVwZ 1983, 577; *OVG Schleswig* NVwZ 1992, 692 – Verbot von Motorbooten auf einem See; *VGH BW* BWGZ 1993, 83 – kein Grundstücks-

betretungsrecht kommunaler Müllbeauftragter; aA *Lübbe-Wolff* DVBl. 1993, 762 (765)).

Eine **Ausnahme** gilt für **gewohnheitsrechtlich** legitimierte Satzungsregelungen. Hauptfall ist die sog. **Anstaltsgewalt.** Sie kann den Erlaß belastender Satzungsregelungen rechtfertigen, soweit der **Anstaltszweck** derartige Eingriffe erfordert (str.; vgl. hierzu *VGH BW* VBlBW 1993, 227 mwN – Ausschluß von der Benutzung einer Abfalldeponie).

Eine **Ausnahme gilt weiter** für belastende Satzungsregelungen, die als **Annex begünstigender Satzungsregelungen** die Begünstigung in ihrem Inhalt und Umfang erst konstituieren oder näher ausgestalten. Beispiel: Bademützenzwang als Voraussetzung der Zulassung der Einwohner zum Hallenbad (vgl. hierzu auch *VGH BW* BWVPr 1975, 227 (229); *OVG Lüneburg* DÖV 1986, 341; Bleckmann, DVBl. 1987, 1085).

Eine ungeschriebene **Notstandskompetenz** bei „unzureichender" Rechtsetzung durch Bund und Länder kommt den Gemeinden nicht zu (*VGH München* DÖV 1992, 587).

Aus dem Rechtsstaatsprinzip folgt weiter, daß Satzungen den Erfordernissen der **Voraussehbarkeit der Belastung** und **des Vertrauensschutzes,** der Rechtsrichtigkeit und der **Bestimmtheit** (*BVerfGE* 21, 73 (79); 22, 330 (345); *BVerwG* NVwZ 1990, 86) sowie dem Grundsatz der **Verhältnismäßigkeit** (*BVerfGE* 8, 274 (310)) genügen müssen (vgl. *BVerfGE* 8, 274 (310); *VGH BW* EKBW E 45/1 (1989) – Friedhofsgestaltung).

1.2.2. Aus **Art. 3 GG** ergibt sich, daß der Satzungsinhalt durch vernünftige, 259
einleuchtende, aus der Natur der Sache sich ergebende Sachgründe gerechtfertigt sein muß und nicht willkürlich sein darf (*BVerfGE* 1, 14 (52); 9, 334 (337); 17, 122 (130); 71, 39 (58); *VGH BW* VBlBW 1966, 153; zum Begriff der „Natur der Sache" *Gern,* JuS 1988, 534f.). Entsprechend diesem Grundsatz müssen **Satzungen, deren Regelungen** eine **Prognose erfordern,** von sachlich zutreffenden Voraussetzungen ausgehen und dürfen künftige Entwicklungen nicht willkürlich unterstellen. In diesem Rahmen besteht ein **Einschätzungs- und Prognosespielraum.** Nicht gefordert werden kann, daß der Satzungsgeber jeweils die zweckmäßigste, vernünftigste oder gerechteste Lösung trifft (*VGH BW* ESVGH 26, 55).

Werden diese Kauteln beachtet, gestattet Art. 3 GG **auch unterschiedliches Ortsrecht von Gemeinde zu Gemeinde** (vgl. *BVerfG* NVwZ 1989, 351; NJW 1967, 545; *BVerwG* KStZ 1970, 175).

1.2.3. **Aus der** öffentlich-rechtlichen **Kompetenzregelung folgt,** daß die 260
satzungsrechtliche **Gestaltungsfreiheit** an der Stelle **endet,** an der durch normative Festlegung **andere Hoheitsträger Zuständigkeiten** zur Aufgabenerfüllung **besitzen.**

1.2.4. **Art. 12 GG begrenzt** die satzungsgeberische Gestaltungsfreiheit zu- 261
gunsten der Sicherung der Berufswahl und Berufsausübung Privater **bei wirtschaftlicher Betätigung** der Gemeinde. **Will** sich etwa eine **Gemeinde** beim Betrieb eines wirtschaftlichen Unternehmens aufgrund gesetzlicher Er-

mächtigung durch Satzung unternehmerisch eine **Monopolstellung** verschaffen, so müssen die strengen Anforderungen an die objektiven Zulassungsvoraussetzungen der Beschränkung der Berufwahl Privater erfüllt sein; schlichte bzw. einfache öffentliche Zwecke rechtfertigen lediglich die Einrichtung von Konkurrenzbetrieben (*BVerwGE* 39, 329 (334)).

262 *1.2.5.* Stehen verschiedene bei der Satzungsgebung zu berücksichtigende Rechte und Belange in **Kollision,** so ist diese durch **Güterabwägung** zu lösen (vgl. *Gern,* DÖV 1986, 462f.; *Schmidt-Aßmann,* Die kommunale Rechtssetzung, 1981, S. 11).

263 *1.2.6.* Die **Rechtskontrolle** von Satzungen hat diese normativen Vorgaben als Maßstäbe der **Kontrolldichte** zu beachten. Einschränkungen der Kontrolldichte zugunsten eines höheren Maßes kommunaler Gestaltungsfreiheit und Rechtssicherheit (vgl. hierzu *Ipsen,* JZ 1990, 794) sind mit Blick auf Art. 19 Abs. 4 GG und das Rechtsstaatsprinzip nur dann vertretbar, wenn sie sich aus der Natur der Sache rechtfertigen lassen und die Rechte der Betroffenen nicht schmälern (vgl. Beschluß DJT 1990 II V 14, 16; *Schoch* NVwZ 1990, 804 mwN; *Hill,* aaO, S. 18).

Eine Reduzierung der Satzungskontrolle etwa auf eine reine „Vertretbarkeitsprüfung" genügt diesen Erfordernissen grundsätzlich nicht (vgl. hierzu *Ipsen,* JZ 1990, 795).

1.3. Zuständigkeit zum Satzungserlaß

264 Die **Beschlußfassung** über Satzungen erfolgt durch den Gemeinderat. Eine **Übertragung** der Beschlußfassung auf einen beschließenden Ausschuß ist **unzulässig.**

– Vgl. § 4 Abs. 2 S. 2 GemO.

Strittig ist, ob der Bürgermeister eine Satzung auch im Wege der **Eilentscheidung** erlassen kann. Mit Blick auf Art. 28 Abs. 1 S. 2 GG, wonach die wesentlichen Entscheidungen durch die Volksvertretung zu fassen sind, kann ein solches Recht nur ausnahmsweise zugelassen werden (vgl. hierzu *Ehlers,* NWVBl. 1990, 49; *OVG Münster* DÖV 1989, 29 und 9. Kap.).

– Zur Zulässigkeit des Satzungserlasses **durch Ersatzvornahme** der Rechtsaufsicht vgl. BVerwG DÖV 1993, 77.

2. Spezielle Ermächtigungsgrundlagen zum Erlaß von Satzungen

265 Die Gemeinden haben nach allen Gemeindeordnungen ein Recht zur örtlichen Rechtssetzung, das auf das Gemeindegebiet beschränkt ist.
Bei weisungsfreien Angelegenheiten ist das **Satzungsrecht** im Rahmen der Gesetze **umfassend.** Bei **Weisungsaufgaben** steht den Gemeinden ein Recht zum Erlaß von Satzungen **nur insoweit** zu, **als es das** zur Regelung des

jeweiligen Rechtsgebiets erlassene **Gesetz zuläßt** (vgl. *BayObLG* DÖV 1982, 601 – Unzulässige Parkplatzbenutzungssatzung; *OLG Karlsruhe* NJW 1978, 1637; *OLG Stuttgart* NJW 1978, 1641 – Satzung über wildes Plakatieren).

Von den allgemeinen Ermächtigungsgrundlagen in den Gemeindeordnungen sind die **besonderen Ermächtigungsgrundlagen** zu unterscheiden. Sie gehen diesen Bestimmungen vor. Besondere Ermächtigungsgrundlagen sind etwa:

- § 10 BauGB (Bebauungsplan),
- § 25 BauGB (Besonderes Vorkaufsrecht),
- § 2 Kommunalabgabengesetz (Satzungsvorbehalt für Kommunalabgaben),
- § 132 BauGB (Erschließungsbeitragssatzung),
- Straßengesetz (Reinigungs- und Streupflichtsatzung),
- Wassergesetz (Abwassersatzung).

3. Satzungen als Gesetze im materiellen Sinne

Satzungen sind **Gesetze im materiellen Sinn** (vgl. § 2 EGBGB; § 12 **266** ZPO; *BGHZ* 61, 45). Sie enthalten Anordnungen der Gemeinde als rechtsetzende Verwaltungsbehörde, die sich mit verbindlicher Kraft an eine Vielheit von Personen richten. Besitzen sie **Außenwirkung** im Sinne einer Regelung subjektiver öffentlicher „Außenrechte", handelt es sich um Satzungen im formellen und materiellen Sinn **(Außensatzung)**. Kommt ihnen **nur innenrechtliche Wirkung** zu, sind sie nur Satzung im formellen Sinn **(Innensatzung)**. Lediglich Innensatzung ist etwa die **Hauptsatzung**. Sie regelt nur interne Rechtsverhältnisse der Gemeindeorgane (vgl. hierzu auch *Maurer,* DÖV 1993, 186).

4. Die Satzung im Unterschied zu anderen Rechtsinstituten

Von der Satzung **zu unterscheiden** sind: **267**

4.1. Gesetze im formellen Sinn

Gesetz im formellen Sinn ist jeder in **einem verfassungsmäßigen (förmlichen) Gesetzgebungsverfahren** des Bundes oder der Länder zustandegekommener **Willensakt der Gesetzgebungsorgane** ohne Rücksicht auf seinen materiellen Charakter. Satzungen werden weder von Gesetzgebungsorganen erlassen noch finden auf sie die Vorschriften über das Gesetzgebungsverfahren Anwendung (zum Gesetzesbegriff allg. vgl. *Wolff/Bachof,* Verwaltungsrecht I, § 24 II).

4.2. Rechtsverordnungen, insbesondere Polizeiverordnungen

Rechtsverordnungen sind in bestimmter Form hoheitlich **einseitig erlasse- 268 ne, abstrakte und in der Regel generelle Anordnungen von Regierungs-**

oder Verwaltungsorganen zur Regelung menschlichen Verhaltens (vgl. *Wolff/Bachof,* aaO, VII).

Satzungsgebung bedeutet autonome, der Erlaß von Rechtsverordnungen **heteronome Rechtssetzung.** Anders als die Satzung ist die Rechtsverordnung nicht dem Gedanken der Dezentralisierung und Selbstverwaltung, sondern der **Dekonzentration** der Verwaltung zugeordnet. Deshalb **umfaßt die Selbstverwaltungsgarantie** das **Recht zur Verordnungsgebung nicht.** Rechtsverordnungen dienen der Entlastung des Gesetzgebers. Die Gemeinden können sie deshalb **nur aufgrund gesetzlicher Ermächtigung** erlassen. Bisweilen, im **Grenzbereich** zwischen Selbstverwaltungs- und Weisungsrecht, gibt das Kommunalrecht den Gemeinden ein **Wahlrecht,** welche Rechtsform sie anwenden wollen. (vgl. hierzu unten III 2.1.).

Zuständig zum Erlaß von Rechtsverordnungen ist grundsätzlich der Gemeinderat, soweit keine anderweitige Zuständigkeitsregelung besteht (vgl. hierzu *VGH BW* ESVGH 37, 259 *Maurer,* DÖV 1993, 191).

Rechtsverordnungen unterliegen im Gegensatz zu Satzungen dem **Bestimmtheits- und Zitiergebot** des Art. 80 Abs. 1 GG (vgl. *BVerfGE* 26, 16, 27; 55, 207 (226); 34, 52 (59).

Ermächtigungen zum Erlaß von Rechtsverordnungen bestehen etwa in den §§ 1, 20 GaststättenVO; § 7 LadenschlußVO; § 6a Abs. 6 und 7 StVG; § 28 Abs. 2 WG sowie dem Polizeigesetz.

4.3. Allgemeinverfügungen

269   Eine Allgemeinverfügung ist ein **Verwaltungsakt,** der sich an einen nach allgemeinen Merkmalen bestimmten oder bestimmbaren Personenkreis richtet oder die öffentlich-rechtliche Eigenschaft einer Sache oder ihre Benutzung durch die Allgemeinheit betrifft (§ 35 S. 2 VwVfG). Im Gegensatz zum allgemeinen Rechtssatz regelt die Allgemeinverfügung immer nur einen **konkreten Sachverhalt** (*VGH BW* ESVGH 22, 25 (28); *Erichsen/Martens,* AVerwR, § 11 II 6 mwN).

4.4. Verwaltungsanordnungen

270   Verwaltungsanordnungen sind Regelungen, die innerhalb der Verwaltungsorganisation von übergeordneten Verwaltungsinstanzen oder Vorgesetzten an nachgeordnete Behörden oder Bedienstete ergehen und die dazu dienen, Organisation und Handeln der Verwaltung näher zu bestimmen.

Sie sind keine Rechtssätze im materiellen Sinne und haben nur **innerbehördliche Geltungskraft.** Ob eine Verwaltungsvorschrift oder eine Rechtsvorschrift vorliegt, richtet sich nicht nach formalen Kriterien, sondern nach der Frage der rechtlichen Außenwirkung. Verwaltungsvorschriften fehlt die für Rechtsvorschriften typische Regelungswirkung im Außenverhältnis *VGH BW* ESVGH 20, 10 (11).

Zum Proben der **Selbstbindung** der Verwaltung durch Verwaltungsvorschriften *Ossenbühl,* in: *Erichsen/Martens,* AVerwR, § 7 IV 4 mwN; *Gern,* DVBl. 1987, 1194.

4.5. Geschäftsordnungen

Geschäftsordnungen sind **innerorganisatorische Rechtsätze zur Rege-** 271
lung der inneren Organisation der kommunalen Organe **und der Konkreti-**
sierung der organschaftlichen (Mitgliedschafts-)Rechte (*BVerwG* NVwZ
1988, 1119). Sie können **aber auch Außenrechtsätze,** etwa die Regelung der
Einwohnerfragestunde im Gemeinderat, enthalten. Soweit sie Außenrecht
setzen, sind sie als Satzung zu erlassen. Gesetzlich eingeräumte Rechte der
Betroffenen können durch sie nicht eingeschränkt werden (vgl. *Gern/Berger,*
VBlBW 1983, 165 f. und 10. Kap.).

4.6. Anstaltsordnungen

4.6.1. **Anstaltsordnungen** sind privatrechtliche oder öffentlich-rechtliche 272
Organisations- und Benutzungsordnungen von Anstalten des öffentlichen
Rechts, speziell öffentlichen Einrichtungen im Sinne der Gemeindeordnung
(zum Begriff *Salzwedel,* in: *Erichsen/Martens,* AVerwR, § 43).
Öffentlich-rechtlich sind sie **Satzung oder Sonderverordnung.** Sie müssen als **Satzung** ergehen, **soweit die grundlegenden Organisations- und**
Benutzungsregelungen zu treffen sind. Soweit **Eingriffe in die Grund-**
rechte der Benutzer vorgesehen sind (z. B. Einschränkungen der Anstalts-
nutzung oder Sanktionen bei Verstoß gegen die **Anstaltsordnung**) bedürfen
diese Eingriffe einer **formellgesetzlichen Grundlage** oder müssen zumindest aus dem **Anstaltszweck** zu rechtfertigen sein (vgl. *VGH BW* BWVPr
1975, 227 (229); DÖV 1992, 840 – Verbot von Ganzabdeckungen auf Grä-
bern). Sie können als Sonderverordnungen (schlichte Anstaltsordnungen)
ergehen, soweit die satzungsrechtlich geregelten Rechte und Pflichten nur
näher ausgestaltet werden (z. B. Öffnungszeiten, Katalogbenutzung usw.)
(vgl. *Schmidt-Aßmann,* aaO, S. 44 mwN). Die strengen **Form- insbesondere**
Bekanntmachungserfordernisse wie bei Satzungen **gelten für sie nicht.** So
genügt zur Bekanntgabe etwa ein schlichter Aushang in der Anstalt.

4.6.2. **Privatrechtlich** sind Anstaltsordnungen „Allgemeine Geschäftsbedin- 273
gungen".

4.7. Ortsgewohnheitsrecht

Es ist im Unterschied zu Satzungen ungeschriebenes Recht, das durch 274
vom örtlichen Rechtsbewußtsein getragene, ständige Übung erzeugt wird
(vgl. *VerfGH NW* DVBl. 1982, 1043).

5. Bestimmtheitserfordernis von Satzungsermächtigungen

5.1. Die **Ermächtigung der Gemeinden zum Erlaß von Satzungen ist** 275
durch die zitierten Regelungen in der Gemeindeordnung ganz allgemein
für den Bereich der Selbstverwaltungsangelegenheiten gegeben. Die Bestimmung des **Art. 80 Abs. 1 Satz 2 GG,** daß in der Ermächtigung zum Erlaß von
Rechtsverordnungen Inhalt, Zweck und Ausmaß der erteilten Ermächtigung

anzugeben sind, sind **nicht entsprechend auf die Ermächtigung von Satzungen anzuwenden.** Denn es macht einen erheblichen Unterschied aus, ob der Gesetzgeber seine – der Materie nach prinzipiell unbeschränkte und allen Bürgern gegenüber wirksame – Normsetzungsbefugnis an eine Stelle der bürokratisch-hierarchisch organisierten staatlichen Exekutive abgibt, oder ob er innerhalb eines von vornherein durch Wesen und Aufgabenstellung der Körperschaft begrenzten Bereich einen bestimmten Kreis von Bürgern ermächtigt, durch demokratisch gebildete Organe ihre eigenen Angelegenheiten zu regeln. Das Bedürfnis, eine Macht zu zügeln, die versucht sein könnte, praktisch-effiziente Regelungen auf Kosten der Freiheit der Bürger durchzusetzen, ist, wie die geschichtliche Erfahrung bestätigt, im ersterwähnten Fall ungleich fühlbarer (vgl. *BVerfGE* 33, 157; NVwZ 1989, 1174).

Außerdem wäre die Aufgabe der Autonomie außerordentlich erschwert oder sogar unmöglich gemacht, wenn die Ermächtigung zur Schaffung autonomen Rechts so bestimmt sein müßte wie die Ermächtigung zum Erlaß von Rechtsverordnungen. Dann würde nämlich entweder die **Berücksichtigung örtlicher Verschiedenheiten** in dem autonomen Recht weitgehend unterbunden werden oder die Ermächtigungen müßten einen unmöglichen Umfang annehmen (*BVerwGE* 6, 247, 251).

Sind Satzungsermächtigungen allerdings **mit Eingriffsrechten verbunden,** bedürfen sie mit Blick auf das Rechtsstaatsprinzip zusätzlich einer **Bestimmtheit** insoweit, als sich ihnen zweifelsfrei entnehmen lassen muß, welchen Gegenstand die autonome Rechtssetzung betreffen darf (*BVerwG* NVwZ 1990, 868).

276 **5.2.** Die **Ermächtigungen** in der Gemeindeordnung sind nach h. M. **bestimmt genug,** weil nach dem Willen des Verfassungsgebers nach Art. 28 Abs. 2 GG die Gemeinden beim Erlaß von Satzungen selbst über Inhalt, Zweck und Ausmaß des zu Regelnden entscheiden sollen (*BVerwG* DÖV 1958, 581). **Dasselbe gilt für die allgemeine Steuerfindungsermächtigung** im Kommunalabgabengesetz (*BVerwG* NVwZ 1989, 1175).

II. Arten gemeindlicher Satzungen

277 Ob die Gemeinde eine Satzung erlassen will, liegt, wie dargestellt grundsätzlich in ihrem **Ermessen.** Doch ist verschiedentlich der Erlaß von Satzungen vorgeschrieben (z. B. § 132 BauGB). <u>Zu unterscheiden</u> sind
– unbedingte **Pflichtsatzungen,**
– <u>bedingte Pflichtsatzungen und</u>
– <u>freiwillige Satzungen.</u>
Weiter ist zu unterscheiden zwischen **Mustersatzungen,** deren Übernahme verbindlich sein kann oder bei deren Übernahme eine Vorausgenehmigung gilt oder eine Genehmigungspflicht entfällt und **Satzungsmuster** kommunaler Spitzenverbände, die unverbindliche Textempfehlungen darstellen.

Beispiel: Mustersatzungen für die Haushaltswirtschaft nach § 128 GemO.

III. Satzungsaufbau

Mustersatzungen und Satzungsmuster dienen der Herstellung von **Rechtssicherheit,** wirken jedoch gleichzeitig der selbstverwaltungstypischen Ausschöpfung des satzungsgeberischen Gestaltungsspielraums entgegen (vgl. hierzu *Schink,* ZG 1986, 37 f.). Werden sie für verbindlich erklärt, ist diese Beschränkung an den Maßstäben für Eingriffe in die Selbstverwaltungshoheit zu messen.

1. Unbedingte Pflichtsatzungen

Unbedingte Pflichtsatzungen sind Satzungen, zu deren Erlaß die Gemein- **278** den **unbedingt verpflichtet** sind, in der Regel die **Hauptsatzung** und die **Haushaltssatzung.**

– Zur **Hauptsatzung** vgl. § 4 Abs. 2 S. 2 GemO.

Sie muß mit der Mehrheit der Stimmen aller Mitglieder des Gemeinderats beschlossen werden.

– Zur **Haushaltssatzung** vgl. 14. Kapitel.

2. Bedingte Pflichtsatzungen

Bedingte Pflichtsatzungen sind Satzungen, die nur unter bestimmten Vor- **279** aussetzungen zu erlassen sind.

Beispiel: Benutzungsgebührensatzung für öffentliche Einrichtungen, soweit nach Kommunalabgabenrecht Benutzungsgebühren erhoben werden sollen (vgl. hierzu 21. Kap.).

3. Freiwillige Satzungen

Bei den freiwilligen Satzungen bestimmen die Gemeinden selbst, ob sie **280** von ihrem Satzungsrecht Gebrauch machen wollen.

III. Satzungsaufbau

Satzungen sind nach folgendem **Grundschema** aufzubauen: **281**

1. Überschrift, Bezeichnung und Eingangsformel

1.1. Satzungen sind mit einer **Überschrift** mit Namen der Gemeinde und einer konkreten **Bezeichnung** zu versehen.

Verlangt ein Gesetz, wie etwa das Kommunalabgabengesetz, für einen betroffenen Adressatenkreis berechtigende oder verpflichtende Regelung den Erlaß einer Satzung, so ist aus Gründen der Rechtsklarheit und Rechtssicherheit zu verlangen, daß die vom Gemeinderat beschlossenen Rechtsvorschriften auch **ausdrücklich als Satzung zu bezeichnen** sind. Fehlt diese Bezeichnung, so ist die Rechtsvorschrift nichtig (so zurecht *VGH BW* NVwZ-RR 1989, 267).

Die **konkrete** Bezeichnung einer Satzung (z. B. Feuerwehrsatzung) steht im Ermessen des Satzungsgebers.

282 **1.2. An die Überschrift schließt sich die Eingangsformel mit Rechtsgrundlagen, Beschlußorgan, Beschlußdatum** an.

Das **Fehlen der Angabe einer Ermächtigungsgrundlage macht die Satzung nicht ungültig,** da das strenge **Zitiergebot** der Art. 80 Abs. 1 Satz 3 GG für kommunale Satzungen **nicht gilt.** Entscheidend ist vielmehr allein, daß tatsächlich eine Rechtsgrundlage für die jeweilige Satzung gegeben ist. (Vgl. *BVerwGE* 19, 324; *BVerwG* NJW 1974, 2301; *VGH BW* BWVPr 1975, 228.) Aus Gründen der Rechtsstaatlichkeit und der Bürgernähe empfiehlt es sich jedoch, die Ermächtigung für die Satzung zu zitieren, um dem Bürger die Möglichkeit zu geben, die Rechtsgrundlagen zu prüfen.

2. Regelung des Geltungsbereichs der Satzung

283 **2.1.** Der **sachliche Geltungsbereich** einer Satzung kann Selbstverwaltungs- oder übertragene (weisungsfreie) Aufgaben und Weisungsaufgaben umfassen.

2.1.1. Die Gemeinden haben sachlich die umfassende **Rechtsetzungsbefugnis im Umfang des ihnen zustehenden Selbstverwaltungsrechts.** Der sachliche **Geltungsbereich** einer Satzung kann hiernach **alle Angelegenheiten** der örtlichen Gemeinschaft im Sinne des Art. 28 Abs. 2 GG umfassen.

284 *2.1.2.* **Übertragene Aufgaben (Weisungsaufgaben)** können **durch Satzung nur geregelt werden,** soweit den Gemeinden dieses Recht im Einzelfall **normativ besonders eingeräumt ist.**
– Vgl. § 4 Abs. 1 S. 2 GemO.

Das Selbstverwaltungsrecht deckt die Satzungsgebung bei Weisungsaufgaben per se nicht ab. Typische Regelungsform allgemeiner Art im Weisungsbereich ist nicht die Satzung, sondern oben dem Gedanken der Dekonzentration entspringende **Rechtsverordnung.** Die meisten Gemeindeordnungen haben jedoch zum Gestaltungsmittel der Satzung auch im Bereich der übertragenen Aufgaben (Weisungsaufgaben) gegriffen. Dieser **Austausch der Gestaltungsform** ist verfassungsrechtlich zwar **nicht zu beanstanden,** da die Verfassung den Gesetzgeber **keinem Typenzwang der Gestaltungsformen im Weisungsbereich** unterwirft. Allerdings muß eine Ermächtigung zum Erlaß einer Satzung in Bezug auf Weisungsaufgaben sowie die Satzung selbst, die anstelle einer Rechtsverordnung erlassen wird, den strengen Anforderungen des Art. 80 GG genügen, da allein durch den Austausch der Gestaltungsform – ohne Änderung der Aufgabenstruktur – die rechtsstaatlichen Sicherungen des Verwaltungshandelns nicht umgangen werden dürfen (aA *Maurer,* DÖV 1993, 114). Einen Austausch dieser Art hat der Landesgesetzgeber BW etwa im Rahmen der Neufassung des Straßengesetzes bei der **Neuregelung der Streupflicht** vorgenommen (vgl. hierzu *VGH BW* VBlBW 1986, 217).

Soweit bei den übertragenen Aufgaben (Weisungsaufgaben) hinsichtlich des Erlasses von Satzungen im Einzelfall auf ein Weisungsrecht verzichtet wird, erlassen die Gemeinden diese Satzungen zwar „in eigener Verantwortung"; sie wachsen jedoch hierdurch nicht dem Schutzbereich des Art. 28 Abs. 2 GG zu. Dies hat zur Folge, daß auch für diese Satzungen Art. 80 GG Geltung findet.

2.2. Das Satzungsrecht erstreckt sich **räumlich** auf das gesamte Gemeinde- 285 gebiet. **Beschränkungen des räumlichen Geltungsbereichs** auf einzelne Gemeindeteile sind zulässig, soweit hierfür **sachliche Gründe** bestehen. In diesem Fall muß die Satzung den Geltungsbereich aber klar abgrenzen (*OVG Lüneburg,* BauR 1976, 105).

2.3. Für den **zeitlichen Geltungsbereich** ist zu differenzieren

2.3.1. Satzungen treten **in Kraft** 286
– zu dem im Gesetz bestimmten Zeitpunkt,
– zu dem in der Satzung selbst bestimmten Zeitpunkt,
– mit öffentlicher Bekanntmachung.
Nach § 4 Abs. 3 S. 2 GemO treten Satzungen am Tage nach ihrer Bekanntmachung in Kraft, wenn sie keinen anderen Zeitpunkt bestimmen.

2.3.2. Satzungen treten **außer Kraft** 287
– durch Zeitablauf,
– durch Aufhebung,
– durch nachträgliche Nichtigkeit,
– bei Gegenstandslosigkeit.

2.3.3. Zur zeitlichen **Rückwirkung** von Satzungen vgl. Ziff. V.

2.4. Der **persönliche Geltungsbereich** einer Satzung erstreckt sich auf alle 288 Rechtssubjekte des Privatrechts und des öffentlichen Rechts, soweit sie vom Satzungstatbestand erfaßt werden (*VGH München* VGHE 7, 77; DÖV 1990, 157 – Bindung der Bundesbahn). **Hoheitsträger** sind insofern dem Geltungsbereich von Satzungen unterworfen, als sie deren Regelungsinhalt zu beachten haben und sich beim Vollzug eigener Hoheitskompetenzen nicht im Widerspruch zu rechtmäßig gesetzten Ortsrecht setzen dürfen.

3. Zwangsbestimmungen und Bewehrungen

3.1. Soweit Satzungen **Eingriffe in Freiheit und Eigentum** enthalten, be- 289 dürfen sie einer **ausdrücklichen gesetzlichen Ermächtigung,** die selbst die Voraussetzungen für den Grundrechtseingriff hinreichend **bestimmt** um-

schreibt. Die allgemeinen Satzungsermächtigungen geben keine Eingriffsbefugnis in Grundrechtspositionen (*BVerwG* NVwZ 1990, 867; *BGHZ* 61, 15;
VGH BW VBlBW 1982, 235; *Schmidt-Aßmann,* aaO, S. 8 mwN).

Ohne spezielle Ermächtigung kann eine Satzung jedoch **Zwangsbestim-
mungen** vorsehen, die **zur ordnungsgemäßen Verwaltung einer Anstalt**
oder Einrichtung erforderlich sind, wie etwa den **Ausschluß** oder die Beschränkung **der Benutzung bei pflichtwidrigem Verhalten.** Die **öffentlich-rechtliche Zweckbestimmung** der Einrichtung (Anstaltszweck) rechtfertigt diese Eingriffe in die Rechtssphäre der Betroffenen **kraft Gewohnheitsrecht.**

290   **3.2.** Gemeindesatzungen können auch **Bewehrungen** enthalten. Die Gemeindeordnung sieht diese Möglichkeit insbesondere in Form von **Bußgeld-
androhungen** bei Zuwiderhandeln gegen Satzungen vor.

– Vgl. § 124 GemO.

Um dem Bestimmtheitsgrundsatz Rechnung zu tragen, müssen die Satzungen die Bußgeldtatbestände im Hinblick auf Art. 103 Abs. 2 GG einzeln
aufführen und hinreichend präzisieren (vgl. hierzu *BVerfG* NVwZ 1990,
751).

4. Haftungsregelungen in Satzungen

291   **4.1. Satzungen können im Rahmen der Ausgestaltung anstaltlicher Benutzungsverhältnisse** die vertragliche **Haftung** oder die Haftung aus öffentlich-rechtlichem Schuldverhältnis auf Vorsatz und grobe Fahrlässigkeit **beschränken** (*BGH* NJW 1973, 1741); § 276 Abs. 2 BGB und § 11 Ziff. 7
AGBG sind insoweit analog anwendbar; **allerdings muß eine Haftungsbeschränkung sachlich gerechtfertigt sein, darf nicht gegen das Übermaßverbot verstoßen** und nicht in Widerspruch zu bestehenden Fürsorge- und
Schadensverhütungspflichten der Gemeinde stehen oder Schäden betreffen,
die auf öffentlichen Mißständen beruhen.

Die Einschränkung gesetzlicher Haftung, insbesondere der **Amtshaftung** und der Haftung nach dem **Haftpflichtgesetz** (vgl. § 7) ist nicht möglich (vgl. *BGHZ* 61, 7 (14 f.); NJW 1984, 615 (617)).

292   **4.2.** Satzungen können im Rahmen der Haftung des § 823 Abs. 2 BGB auch
als **Schutzgesetz** in Betracht kommen (*OLG Düsseldorf* NJW 1979, 2618).

5. Übergangs- und Schlußvorschriften

293   **Übergangsvorschriften** sind Satzungsregelungen, die das bisher geltende
und das neue Satzungsrecht in ihrem sachlichen und zeitlichen Geltungsbereich aufeinander abstimmen.

III. Satzungsaufbau

Schlußvorschriften sind Satzungsregelungen unterschiedlichen Inhalts. Eine typische Regelung innerhalb der Schlußvorschriften ist die Festlegung des Inkrafttretens und Außerkrafttretens der Satzung.

6. Ausfertigung

Gemeindliche Verordnungen und Satzungen bedürfen der Ausferti- 294 **gung.** Dies ist **aus dem Rechtsstatsprinzip (Art.** 20 Abs. 3 GG) abzuleiten und in **Sachsen** in § 4 Abs. 3 S. 1 GemO normativ fixiert. Im Interesse **der Rechtssicherheit** ist es unerläßlich, daß Normen ausgefertigt werden (*BVerwG* BauR 1988, 562; *VGH BWGZ* 1989, 435; *VGH München* NVwZ-RR 1990, 588, NVwZ 1994, 88).

Die Ausfertigung hat die **Aufgabe,** mit öffentlich-rechtlicher Wirkung zu bezeugen, daß der textliche und, soweit vorhanden, der zeichnerische Inhalt (vgl. Bebauungspläne) der Urkunde mit dem Willen des Rechtssetzungsberechtigten übereinstimmt **(Identitätsnachweis)** und die für die Rechtswirksamkeit maßgebenden Umstände beachtet sind **(Verfahrensnachweis).** Die Ausfertigung schafft die Originalurkunde, die zugleich Grundlage und Voraussetzung der Verkündung ist. Die Ausfertigung geschieht durch **handschriftliche Unterzeichnung** eines die Authentizität des Norminhalts und die Legalität des Verfahrens bestätigenden **Textes,** unter Angabe des Datums, der auf der Satzung selbst oder durch gesonderten Vermerk auf einem besonderen Blatt niederzuschreiben ist (vgl. etwa *VGH BW* BWGZ 1990, 63).

Bei gemeindlichen Rechtsetzungen ist es **Sache des Bürgermeisters,** Normen auszufertigen.

– Vgl. § 4 Abs. 1 S. 1 GemO.

Pläne, die Bestandteil der Satzung sind, sind nicht unbedingt gesondert zusätzlich zum Satzungstext auszufertigen. Vielmehr reicht es aus, wenn der Satzungstext allein ausgefertigt wird und durch eindeutige Angaben im Satzungstext oder auch auf andere Weise jeder Zweifel an der Zugehörigkeit des Plans zur Satzung ausgeschlossen wird (*VGH BW,* Urteil v. 8. 5. 1990 5 S 3064; aA noch *VGH BW* BWVPr 1984, 277).

Mängel der Ausfertigung unterfallen nicht den satzungsrechtlichen Heilungsvorschriften und bleiben damit **stets beachtlich** (*VGH BW* NVwZ-RR 1989, 267 (269)).

– Vgl. § 4 Abs. 4 Ziff. 1 GemO.

7. Datierung

Satzungen werden im allgemeinen **nach dem Zeitpunkt der Beschlußfas-** 295 **sung** durch den Gemeinderat datiert, jedoch ist auch die **Datierung nach dem Zeitpunkt der Unterzeichnung** durch den Bürgermeister **zulässig**

(*VGH BW* VBlBW 1982, 54). Die Wahl der Angabe eines Datums steht im Ermessen der Gemeinde.

8. Anlagen der Satzung

296 Als Anlagen kommen insbesondere Zeichnungen, Tabellen und Verzeichnisse in Betracht. Sie werden Bestandteil der Satzung, wenn sie im Satzungstext in die Satzung einbezogen werden.

IV. Bekanntmachung

1. Erfordernis der öffentlichen Bekanntmachung

297 Aus den **Rechtsstaatsprinzip** folgt, daß Ortsrecht öffentlich bekannt zu machen ist. Nur auf diese Weise kann garantiert werden, daß der Normbefehl den Adressaten erreicht und er in der Lage ist, ihn zu beachten (vgl. auch *BVerwG* NJW 1983, 1570; NVwZ-RR 1993, 262; *BayVerfGH* BayVBl. 1990, 78).

– Vgl. § 4 Abs. 3 S. 1 GemO.

2. Form der öffentlichen Bekanntmachung

298 2.1. Satzungen sind mit ihrem **vollen Wortlaut** bekanntzumachen (vgl. § 1 Abs. 2 DVO SächsGemO; *VGH BW* ESVGH 32, 91).

Eine **Ausnahme** gilt in den Fällen, in denen eine Bekanntmachung mit vollem Wortlaut **unpraktikabel** oder **unmöglich** ist. Beispielsweise ist es unpraktikabel, die **Haushaltssatzung** einer Gemeinde **mit dem gesamten Haushaltsplan** öffentlich bekannt zu machen. Der Gesetzgeber trägt dem Rechnung, indem er eine **Auslegung** des Haushaltsplans in den Diensträumen einer Gemeinde zuläßt und nur fordert, daß die Möglichkeit der Einsichtnahme öffentlich gemacht wird.

– Vgl. § 76 Abs. 4 GemO.

Beim **Bebauungsplan** ist die Durchführung des Anzeigeverfahrens bzw. die Entscheidung über die Genehmigung ortsüblich bekannt zu machen (vgl. § 12 BauGB). Sind **Pläne** oder **zeichnerische Darstellungen** Bestandteil einer Satzung, können sie nach der Gemeindeordnung und § 1 Abs. 3 DVO SächsGemO dadurch öffentlich bekannt gemacht werden, daß sie in der Gemeindeverwaltung **ausgelegt** werden und in der Satzung selbst der wesentliche Inhalt der niedergelegten Teile beschrieben wird und in der öffentlichen Bekanntmachung der Satzung auf die Möglichkeit der Einsichtnahme hingewiesen wird (sog. **Ersatzbekanntmachung**).

2.2. Als **Regelformen** öffentlicher Bekanntmachungen sieht § 1 Abs. 1 **299**
DVO SächsGemO das **Einrücken**
– in das kommunale **Amtsblatt,**
– in, bestimmte, regelmäßig, mindestens einmal wöchentlich erscheinende
Zeitungen
vor.

Sofern die Gemeinde weniger als 3000 Einwohner hat, ist auch der **Aushang** an der Verkündungstafel des Rathauses und an den sonst hierfür bestimmten Stellen während der Dauer von mindestens einer Woche zulässig (vgl. § 1 Abs. 1 Ziff. 3 DVO SächsGemO).

Stehen nach dem geltenden Gemeinderecht **mehrere Bekanntmachungsformen** zur Auswahl, so muß die Gemeinde durch eine **satzungsrechtliche Regelung** (Hauptsatzung, **Bekanntmachungssatzung** o. ä.) für alle Fälle **präzisieren,** von welcher Bekanntmachungsform sie Gebrauch machen will. Ein **alternatives Bekanntmachungsverfahren widerspricht der Rechtssicherheit.**

Wer in der Gemeinde in **Konkurrenz** zum Mitteilungsblatt der Gemeinde ein Presseerzeugnis herausgibt, hat aus Art. 5 Abs. 1 S. 2 GG keinen Anspruch an die Gemeinde auf Zuleitung der amtlichen Mitteilungen (VGH BW Fundstelle BW 1991 Rdnr. 685). Werden jedoch amtliche Bekanntmachungen einem privaten Zeitungsunternehmer mitgeteilt, so hat ein **Mitbewerber nach Landespresserecht einen Gleichbehandlungsanspruch** (*BVerwG* DVBl. 1992, 431).

2.3. In seltenen Fällen (z. B. bei Katastrophen) kann auch einmal eine **Notbe-** **300**
kanntmachung in anderer geeigneter Form erforderlich sein.
– Vgl. § 1 Abs. 4 DVO GemO.

3. Muster einer Bekanntmachungssatzung

Satzung   **301**
der Stand X über Öffentliche Bekanntmachungen

Aufgrund des § 1 Abs. 1 DVO GemO vom ...

hat der Gemeinderat am ... folgende

Satzung
beschlossen:

§ 1

Die Öffentlichen Bekanntmachungen der Stadt X werden, soweit keine sondergesetzlichen Bestimmungen gelten, durch Einrücken in die Tageszeitung „Y" durchgeführt.

§ 2

Diese Satzung tritt am Tage nach der Bekanntmachung in Kraft. Gleichzeitig tritt die Satzung der Stadt X über öffentliche Bekanntmachungen vom ... außer Kraft.

X, den ...   Ausgefertigt: Bürgermeister

4. Bekanntmachungsfehler

302   **Satzungen, die nicht ordnungsgemäß öffentlich bekanntgemacht wurden,** sind rechtsunwirksam, d. h. **nichtig** (*VGH BW* NVwZ-RR 1989, 267 (269); *VGH BW* VBlBW 1966, 43, 68, 42 und 89; *OVG Münster* NWVBL 1992, 288; offengelassen durch *BVerwG* NVwZ-RR 1993, 263), da sie an einem **wesentlichen Verfahrensfehler** leiden.

– Vgl. § 4 Abs. 4 S. 2 Ziff. 3 GemO.

Wird eine öffentliche Bekanntmachung **unterlassen,** tritt die Satzung nicht in Kraft. Die öffentliche Bekanntmachung kann aber auch **nachgeholt werden.** Zu beachten ist allerdings, daß zwischen Satzungsbeschluß und Verkündung nur ein angemessener Zeitraum verstreichen darf. **Angemessen** ist in der Regel ein **Zeitraum von 2–3 Monaten.** Nach Ablauf dieser Zeitspanne muß der Satzungsbeschluß – jedoch nicht unbedingt in vollem Wortlaut – nochmals gefaßt werden. Dies erfordert die **Rechtssicherheit.**

V. Rückwirkung von Satzungen

1. Grundsatz

303   Satzungen – von einzelgesetzlichen Verboten abgesehen – können grundsätzlich auch **mit rückwirkender Kraft erlassen werden.** Soweit Satzungen keine Belastungen des Bürgers enthalten, ist die Rückwirkung immer zulässig. Problematisch ist die Zulässigkeit der **Rückwirkung bei belastenden Satzungsregelungen.**

2. Echte und unechte Rückwirkung

304   Bisher wurde aufgrund der **Rechtsprechung des BVerfG** zwischen <u>echter</u> <u>Rückwirkung,</u> d. h. <u>die Satzung regelt nachträglich ändernd einen abge-</u><u>schlossenen, in der Vergangenheit liegenden Sachverhalt</u> (*BVerfGE* 72, 175 (196)), und **unechter Rückwirkung,** d. h. <u>die Satzung regelt einen in der</u> <u>Vergangenheit begonnenen, aber noch andauernden Sachverhalt für die Zu-</u><u>kunft neu</u> (*BVerfGE* 72, 200 (242)), unterschieden.

V. Rückwirkung von Satzungen

Unechte Rückwirkungen werden **grundsätzlich** für **zulässig** gehalten, sofern nicht eine Abwägung zwischen dem Interesse des Einzelnen und dem Interesse der Allgemeinheit zu einem anderen Ergebnis führt (*BVerfGE* 36, 73).

Echte belastende Rückwirkungen werden nur dann für **zulässig** gehalten, **wenn** der Einzelne **kein schutzwürdiges Vertrauen** am Fortbestand der bisherigen Regelung hat oder zwingende Gründe des gemeinen Wohls die Rückwirkung fordern (*BVerfGE* 72, 200 (258) mwN).

Die **Unterscheidung** zwischen echter und unechter Rückwirkung **scheint** in jüngeren Entscheidungen des *BVerfG* **aufgegeben worden zu sein** (NJW 1983, 2757; NVwZ 1983, 733; NJW 1984, 2567; dazu *Bauer*, NVwZ 1984, 220). Das *BVerfG* spricht nunmehr nur noch von Rückwirkung, ohne weiter zu differenzieren.

Eine **Rechtsnorm entfaltet** nach dieser Rechtsprechung dann **Rückwirkung, wenn der Beginn ihres zeitlichen Anwendungsbereichs normativ auf einen Zeitpunkt festgelegt ist, der vor dem Zeitpunkt liegt, zu dem die Norm rechtlich existent, das heißt gültig geworden ist.**

Die Probleme, die bisher unter dem Stichwort „unechte Rückwirkung" erörtert worden sind, werden aus dem Anwendungsbereich des Rückwirkungsverbots herausgenommen. Dies geschieht mit der Erwägung, daß Rechtsnormen regelmäßig auch an in der Vergangenheit liegende Umstände anknüpfen und nahezu immer tatbestandlich umschriebene Sachverhalte regeln, die ihre „Vergangenheit" haben, deren Ursachen und Umstände aus Zeiträumen vor dem Inkrafttreten der Norm herrühren. Ein solcher Befund intendiert keine verfassungsrechtlich unzulässige Anknüpfung.

Eine **(echte) Rückwirkung** ist nach der Rechtsprechung hiernach konkret **zulässig, wenn**

– in dem Zeitpunkt, auf den der Eintritt der Rechtsfolge von der Satzung zurückbezogen wird, mit einer solchen Regelung zu rechnen war (*BVerf-GE* 8, 274) oder

– die Rechtslage unklar und verworren oder lückenhaft ist oder in dem Maße systemwidrig und unbillig, daß ernsthafte Zweifel an deren Verfassungsmäßigkeit bestehen (*BVerfGE* 11, 64) oder

– durch rückwirkende Satzungsänderung kein oder nur ganz unerheblicher Schaden verursacht wird (*BVerfGE* 30, 367) oder

– zwingende Gründe des gemeinen Wohls, die dem Gebot der Rechtssicherheit übergeordnet sind, eine Rückwirkungsanordnung rechtfertigen (*BVerfGE* 2, 380; 72, 200 (258)).

Generell rechtswidrig ist die rückwirkende Ersetzung einer rechtmäßigen Satzungsvorschrift durch eine andere rechtmäßige Vorschrift (vgl. *OVG Münster* NVwZ RR 1991, 664).

3. Rückwirkung im Verwaltungsgerichtsverfahren

Rückwirkenden Satzungen kommt in der kommunalen Praxis eine große **305** Bedeutung zu. Speziell in Verwaltungsgerichtsverfahren wird nicht selten die **Nichtigkeit einer Satzung** festgestellt. In diese Fällen kann die Gemeinde im Verlauf des Gerichtsverfahrens eine **neue Satzung mit Rückwirkung erlassen** und damit die **Rechtswidrigkeit des ursprünglichen Verwaltungsakts,** der auf die Satzung gestützt wurde, **heilen** (*BVerwG* NJW 1976, 1115). **Keiner Rückwirkungsanordnung** einer Satzung **bedarf es** allerdings **im Beitragsrecht zur Heilung** rechtswidriger Beitragsbescheide im Rechtsbehelfsverfahren (vgl. hierzu *BVerwG* DVBl. 1982, 544; *VGH BW* VBlBW 1985, 428).

VI. Anzeigepflicht und Genehmigungsvorbehalt

1. Anzeigepflicht, Vorlagepflicht

306 1.1. Satzungen sind nach der Gemeindeordnung der Rechtsaufsichtsbehörde **anzuzeigen.**

– Vgl. § 4 Abs. 3 S. 3 GemO.

Teilweise besteht **vor** Bekanntmachung eine **Vorlagepflicht.**

– Vgl. § 76 Abs. 3 GemO – für die Haushaltssatzung.

Die Vorlage ist eine **qualifizierte Anzeige.** Ein Beschluß der Gemeinde, der nach gesetzlicher Vorschrift der Rechtsaufsichtsbehörde vorzulegen ist, darf erst vollzogen werden, wenn die Rechtsaufsicht die Gesetzmäßigkeit bestätigt oder den Beschluß nicht innerhalb eines Monats beanstandet hat.

– Vgl. § 119 Abs. 1 GemO.

1.2. Der **Zweck** der Anzeigepflicht besteht darin, der Aufsichtsbehörde Kenntnis vom Erlaß der Satzung zu geben und sie so in die Lage zu versetzen, ihre Aufsichtsfunktion wahrzunehmen.

1.3. Ein **Unterlassen der Anzeige oder der Vorlage** hat auf die Wirksamkeit der Satzung und der Vollzugsakte landesrechtlich **keinen Einfluß** (vgl. für die Anzeigepflicht *VGH BW* BWVPr. 1975, 227 (228); *Ipsen,* JZ 1990, 792; aA für die Versäumung der Vorlagepflicht *OVG Koblenz,* DÖV 1988, 518).

2. Genehmigungsvorbehalt

307 In manchen Fällen besteht für Satzungen nach der Gemeindeordnung Genehmigungspflicht.

2.1. Genehmigungspflicht für Satzungen im weisungsfreien Bereich

308 2.1.1. Die Genehmigung von Satzungen im weisungsfreien, durch Art. 28 Abs. 2 GG geschützten Bereich kommunaler Aufgabenerfüllung ist **inhalt-**

lich vorgezogene Ausübung staatlicher Aufsicht durch die Rechtsaufsichtsbehörde.

Eine **Einführung einer Genehmigungspflicht** an sich anstelle lediglich einer Anzeigepflicht zu Lasten der Gemeinden ist mit Blick auf den Gesetzesvorbehalt des Art. 28 Abs. 2 GG **mit der Selbstverwaltungsgarantie vereinbar,** soweit sie zur sachgerechten Ausübung der Rechtsaufsicht erforderlich ist (so im Ergebnis auch *Hill,* GutA D zum 58. DJT 1990, S. 34; *StGH BW* BWVBl. 1956, 88).

2.1.2. Die Prüfung der Aufsichtsbehörde hat sich grundsätzlich auf die **Fest-** 309
stellung der Gesetzmäßigkeit der Satzung zu beschränken (so auch *BayVerfGH* NVwZ 1989, 551).

Eine **Prüfung der Zweckmäßigkeit** ist nur dann ausnahmsweise gestattet, wenn die Genehmigung als sogenannter **Kondominialakt** ausgestaltet ist. Die kondominiale Genehmigung gibt der Aufsichtsbehörde das Recht zur gleichberechtigten und letztverantwortlichen Mitentscheidung über Satzungserlaß und Satzungsinhalt. Die **Ausgestaltung einer Genehmigung als Kondominialakt** ist mit Blick auf die Rechtsprechung des *BVerfG* (NVwZ 1989, 347 – Rastede) allerdings nur **zulässig, wenn im Rahmen einer vorzunehmenden Güterabwägung überwiegende Gründe für eine gleichberechtigte Mitwirkung der staatlichen Genehmigungsbehörde an den mittels des Satzungserlasses wahrzunehmenden örtlichen Angelegenheiten sprechen.** Die Einführung einer kondominialen Genehmigungspflicht ist **nämlich nichts anderes als ein Aufgaben(teil)entzug (Teil-hochzonung) der der Genehmigungspflicht unterliegenden örtlichen Angelegenheit im Sinne einer Verlagerung der „eigenen Verantwortung der Gemeinde" auf die Genehmigungsbehörde,** für deren Zulässigkeit das BVerfG (aaO, S. 350) fordert, daß die Gründe für den Aufgabenentzug die Gründe für die Belassung der Angelegenheit bei der Gemeinde überwiegen müssen. Diesen Zusammenhang erkennt die Wissenschaft bis heute allenfalls schemenhaft.

– Vgl. hierzu mit dogmatisch unklarer Begründung *OVG Münster* NVwZ 1990, 689 – Kreisumlagengenehmigung und NVwZ 1988, 1156 – Genehmigung der Haushaltssatzung bei Ausgleichsstockgemeinden; *VGH Kassel* NVwZ 1989, 585 und *Bay VerfGH* NVwZ 1989, 551 – Genehmigung von Steuersatzungen; vgl. hierzu auch *Schrapper,* NVwZ 1990, 931; *Humpert,* DVBl. 1990, 804; *Ehlers,* NWVBl. 1990, 85; *Erichsen,* KommR NW, S. 313; *Hill,* aaO, S. 34f.; *Schoch,* NVwZ 1990, 801 (805); *Müller,* NVwZ 1990, 640; *Erlenkämper,* NVwZ 1991, 329.

2.1.3. Im **Zweifel** ist im Lichte des Art. 28 Abs. 2 GG bei Qualifikation eines 310
Genehmigungsvorbehalts von seiner „nichtkondominialen" Rechtsnatur auszugehen. Will der Gesetzgeber das Selbstverwaltungsrecht einschränken, muß er dies im Interesse der Rechtssicherheit nach Inhalt und Umfang zweifelsfrei erkennbar tun.

2.1.4. **Rechtstechnisch** ist die Genehmigung der Gemeinde gegenüber **Verwaltungsakt,** dem Bürger gegenüber unselbständiger Teil des Rechtssetzungsverfahrens.

2.1.5. Hat sich die Prüfung der Aufsichtsbehörde auf die Rechtskontrolle zu beschränken, besitzt die Gemeinde bei Vorliegen der Rechtsvoraussetzungen der Genehmigung einen klagefähigen **Anspruch auf Genehmigung.** Ist **die Genehmigung ausnahmsweise kondominialer Mitwirkungsakt des Staates,** besitzt die Gemeinde aus Art. 28 Abs. 2 GG einen **Anspruch auf ermessensfehlerfreie Entscheidung.**

311 *2.1.6.* Fehlt die Genehmigung, ist die Satzung (schwebend) unwirksam. Ein Beschluß der Gemeinde, der nach gesetzlicher Vorschrift der Genehmigung der Rechtsaufsichtsbehörde bedarf, **darf erst vollzogen werden,** wenn die Genehmigung erteilt ist.

– Vgl. § 119 Abs. 2 GemO.

312 *2.1.7.* Die **Aufhebung** einer genehmigungspflichtigen Satzung bedarf nicht der Genehmigung.

2.2. Genehmigungspflicht für Satzungen im übertragenen Bereich (Weisungsbereich)

313 *2.2.1.* Im **Bereich der übertragenen Weisungsaufgaben** unterfällt der **Erlaß von Satzungen nicht der Selbstverwaltungsgarantie** des Art. 28 Abs. 2 GG. Die Gemeinde wird vielmehr insoweit als „verlängerter Arm des Staates" tätig und besitzt Eigenverantwortlichkeit der Entscheidung nur nach Maßgabe einzelgesetzlicher Zuweisung. Diese Vorgabe impliziert im Zweifel ein kondominiales Mitwirkungsrecht der Genehmigungsbehörde hinsichtlich Satzungserlaß und Satzungsinhalt, soweit die Weisungsbefugnis reicht (vgl. auch *Maurer,* DÖV 1993, 192; enger *Schoch,* aaO, 806).

2.2.2. **Rechtstechnisch** ist die Genehmigung einer Satzung in diesem Bereich ein **Verwaltungsinternum.**

2.2.3. **Prozessual** besitzt die Gemeinde weder einen klagefähigen Anspruch auf Genehmigung noch einen Anspruch auf ermessensfehlerfreie Entscheidung.

3. Maßgabegenehmigung

314 Erteilt die Rechtsaufsichtsbehörde die Genehmigung nur unter einer **Maßgabe** (Auflage), so bedeutet dies regelmäßig die Verweigerung der Genehmigung, verbunden mit ihrer Erteilung im voraus für den Fall der entsprechenden Abänderung des Satzungsbeschlusses durch den Gemeinderat. Die Abänderung des Satzungsbeschlusses nach Maßgabe der Auflagen wird teilweise als „**Beitrittsbeschluß**" bezeichnet (vgl. etwa § 2 Bekanntmach. VO NW (GVBl. NW 1981, 224) *OVG Münster* NVwZ 1983, 162; *BVerwG* NJW 1987, 1346; *ZfBR* 1989, 264).

Bei unwesentlichen Änderungen des Satzungstextes kann von einer erneuten Beschlußfassung abgesehen werden. Unwesentlich in diesem Sinne sind

Änderungen, die mit der Willensäußerung des Satzungsgebers, so wie sie im materiellen Gehalt des Satzungstextes Ausdruck gefunden haben, noch übereinstimmen (*VGH Kassel* VRspr. 30, 815).

VII. Rechtsfolgen von Mängeln und Heilung

1. Verletzung von Verfahrens- und Formvorschriften

Satzungen unterliegen zahlreichen Verfahrens- und Formanforderungen **315** insbesondere der Gemeindeordnung. Keine Anwendung finden die Vorschriften des **VwVfG** (*BVerwG* NVwZ RR 1988, 42). So **unterliegen** sie grundsätzlich ohne besondere gesetzliche Anordnung **weder** der **Begründungspflicht** wie Verwaltungsakte **noch sind die Ermessensregeln des VwVfG zu beachten** (vgl. *Gern/Schönhoff*, VBlBW 1985, 43; *BVerwG,* aaO; *Hill,* aaO, S. 65). Dasselbe gilt auch für Rechtsverordnungen der Gemeinde.

1.1. Satzungen, die **unter Verletzung von Verfahrens- oder Formvor- 316 schriften der Gemeindeordnung** zustande kommen, sind, **soweit die Mängel den Heilungsvorschriften unterliegen,** grundsätzlich **rechtswidrig** (vgl. *Ipsen,* JZ 1990, 794; *Maurer,* Bestandskraft von Satzungen, in: *Püttner* (Hrsg.), FS Bachof, 1984, S. 231) und **schwebend unwirksam** (vgl. hierzu *Ossenbühl,* NJW 1986, 2805). Eine **Ausnahme** gilt **für Verfahrensverstöße** gegen **nicht wesentliche** Verfahrensvorschriften **(Ordnungsvorschriften).** Die Wesentlichkeit bestimmt sich nach dem Rechtsschutzgehalt der Verfahrensvorschrift für objektive und subjektive Rechte. Sie führen nur zur Unwirksamkeit der Satzung, wenn sie auf das Ergebnis, d. h. auf den Satzungsinhalt von Einfluß waren oder sein konnten.

Für **Satzungen** mit **wesentlichen Verfahrensfehlern** oder mit unwesentlichen, aber zur Ungültigkeit führenden Verfahrensfehlern sieht die Gemeindeordnung aus Gründen der Rechtssicherheit eine **Heilung** vor. **§ 4 Abs. 4 GemO** trifft hierzu folgende Regelung:

„(4) Satzungen, die unter Verletzung von Verfahrens- oder Formvorschriften zustandegekommen sind, gelten ein Jahr nach ihrer Bekanntmachung als von Anfang an gültig, wenn

1. Die Ausfertigung der Satzung nicht oder fehlerhaft erfolgt ist,
2. Vorschriften über die Öffentlichkeit der Sitzungen, die Genehmigung oder die Bekanntmachung der Satzung verletzt worden ist,
3. der Bürgermeister dem Beschluß nach § 52 Abs. 2 wegen Gesetzwidrigkeit widersprochen hat,
4. vor Ablauf der in Satz 1 genannten Frist
   a) die Rechtsaufsichtsbehörde den Beschluß beanstandet hat
   oder
   b) die Verletzung der Verfahrens- oder Formvorschrift gegenüber der Gemeinde unter Bezeichnung des Sachverhalts, der die Verletzung begründen soll, schriftlich geltend gemacht worden ist.

Ist eine Verletzung nach Satz 2 Nr. 2 oder 3 geltend gemacht worden, so kann auch nach Ablauf der in Satz 1 genannten Frist jedermann diese Verletzung geltend machen. Sätze 1 bis 3 sind nur anzuwenden, wenn bei der Bekanntmachung der Satzung auf die Voraussetzungen für die Geltendmachung der Verletzung von Verfahrens- oder Formvorschriften und die Rechtsfolgen hingewiesen worden ist."

317 **1.2.** Die **Heilung** führt zur **Bestandskraft** rechtswidriger Satzungen und stellt eine **Ausnahme** von dem Grundsatz dar, daß rechtswidrige Rechtsnormen **nichtig** sind

Zur verfassungsrechtlichen Problematik dieser Konstruktion vgl. *Hill,* DVBl. 1983, 1 f.

318 **1.3.** Die **Heilungsvorschriften** gelten **nur für Verstöße gegen Verfahrens- und Formvorschriften, nicht für Verstöße gegen materielles Recht.** Zu den Verfahrens- und Formvorschriften gehören die Bestimmungen der Gemeindeordnung über die Einberufung von Sitzungen, den Geschäftsgang, die Beschlußfassung, sowie das Verbot der Mitwirkung wegen Befangenheit.

319 **1.4.** Die Heilungsregelungen für gemeindliche Satzungen gelten **für anderes Ortsrecht und Flächennutzungspläne entsprechend.**

– Vgl. § 4 Abs. 5 GemO.

Die **Heilungsvorschriften des Bundesrechts** – speziell für Bauleitpläne und sonstige Satzungen im Bereich des Planungsrechts – gehen den Heilungsvorschriften der GemO vor (vgl. §§ 214 f. BauGB; hierzu *Gern/Schneider* VBlBW 1988, 125).

320 **1.5.** Satzungen und Rechtsverordnungen, **die nicht der Heilung unterliegen,** sind rechtswidrig und **nichtig** (vgl. hierzu *Hill,* aaO, Gutachten DJT 1990 und Beschluß des DJT II Ziff. 5; *Ipsen,* JZ 1990, 793) oder **teilnichtig.** Teilnichtig, d. h. in ihrem nicht nichtigen Teil aufrechtzuerhalten ist eine Satzung, wenn die Aufrechterhaltung im Rahmen der durch Verfassungs- und einfaches Recht, speziell durch das Willkürverbot begrenzten satzungsgeberischen Gestaltungsfreiheit liegt (*Gern,* Teilnichtigkeit von Gesetzen und Satzungen, in: NVwZ 1987, 851 mwN; *Stober,* KommR, 2. Aufl. 1992 S. 188),

– **Kritisch** zu den Heilungsregelungen mit Blick auf Art. 19 Abs. 4 GG, *Maurer,* DÖV 1993, 193.)

2. Mängel beim Normsetzungsvorgang

321 Teils auf gesetzlicher Grundlage, teils nur aufgrund Richterrechts werden **besondere rechtliche Anforderungen** an die Rechtmäßigkeit und Wirksamkeit von Satzungen nicht nur hinsichtlich ihrer objektiven Rechtsrichtigkeit, sondern auch **hinsichtlich des Vorgangs der Willensbildung und Entscheidungsfindung, also dem Normsetzungsvorgang, gestellt.** Im **Bauplanungsrecht** statuiert der Gesetzgeber einen bestimmten Anforderungen entsprechenden „**Abwägungsvorgang**", der nach § 214 Abs. 3 S. 2 BauGB Gegenstand der Rechtskontrolle ist. Danach sind Mängel im Abwägungsvorgang für die Rechtmäßigkeit des Bebauungsplans erheblich, wenn sie offensichtlich und auf das Abwägungsergebnis von Einfluß gewesen sind (vgl. hierzu *BVerwG* NJW 1982, 591; *Hill,* aaO, S. 54). Im **Kommunalabgabenrecht,** speziell im Gebühren- und Beitragsrecht wird die Rechtswirksamkeit von Satzungen von manchen Obergerichten unter Berufung auf das Rechtsstaatsprinzip davon abhängig gemacht, ob **bei der Beschlußfassung über die Satzung dem Gemeinderat bestimmte Rechenwerke vorlagen.** So verlangt etwa der VGH BW bei **Beiträgen** als Grundlage des Satzungsbeschlusses, daß dem Gemeinderat eine „**Globalberechnung**" vorliegen müsse,

– Vgl. *VGH BW* BWVPr. 1984, 278; VBlBW 1985, 299; 1988, 478; 1989, 65; *OVG Münster* NWVBL 1988, 344; aA aber *VGH München* BayVBl. 1983, 755; *VGH Kassel* DVBl. 1984, 1129; *OVG Münster* NWVBl. 1990, 236 – für die **Gebührenkalkulation;** weitere Nachw. *Hill,* aaO, S. 62; *Schoch,* NVwZ 1990, 808; vgl. auch *Gern,* NVwZ 1986, 716.

Die **Rechtsprechung,** die ohne konkrete gesetzliche Ermächtigung (zusätzliche) Rechtmäßigkeitsanforderungen an Ortsrecht stellt, ist im Lichte des Art. 28 Abs. 2 GG **bedenklich.** Zusätzliche Anforderungen an den Normsetzungsvorgang bedeuten eine **Einschränkung der satzungsrechtlichen Gestaltungsfreiheit** im Hinblick auf die „Regelungskompetenz" der Kommunen. Art. 28 Abs. 2 GG läßt aber eine **Einschränkung** dieser Kompetenz nur nach „Maßgabe der Gesetze", **nicht** aber **aufgrund richterlicher Rechtsschöpfung zu.** Diesen Zusammenhang erkennt die Rechtsprechung nicht (im Ergebnis so auch *Hill,* aaO, S. 68; *Schoch,* NVwZ 1990, 808). Richtigerweise ist **für die Beurteilung der Rechtmäßigkeit** einer Satzung deshalb, wie auch grundsätzlich bei Gesetzen (vgl. *BVerfGE* 54, 1 (28); *BVerwGE* 64, 33 (40), einschränkend aber *BVerfGE* 30, 316; 65, (55)), **nur das Ergebnis des Normsetzungsvorgangs, also die Satzung selbst Prüfungsgegenstand.** Sie ist Ausdruck des „objektivierten Willens" des Satzungsgebers. **Ist dieser Wille objektiv fehlerfrei in der Satzung niedergelegt** und als solcher erkennbar, ist die Satzung wirksam. **Subjektive Vorstellungen und Motive** des Gemeinderats oder einzelner seiner Mitglieder sind, soweit sie nicht in der Satzung ihren Ausdruck gefunden haben, **nicht entscheidend** (*BVerfG* NJW 1979, 2295; *OVG Münster* NVwZ 1990, 393; NVwZ 1987, 727; *BVerwG* NVwZ-RR 1988, 42; *VGH BW* BWVPr 1986, 85; VBlBW 1988, 408; aA VBlBW 1983, 274).

3. Inhaltliche Mängel des Ortsrechts

Verstoßen Satzungen und Rechtsverordnungen **in ihrem materiellen Inhalt gegen höherrangiges Recht,** sind sie grundsätzlich **nichtig.** Eine Ausnahme gilt teilweise nach §§ 214 f. BauGB für Bauleitpläne. **322**

VIII. Rechtskontrolle

323   Das gemeindliche Ortsrecht unterliegt verschiedenen Arten rechtlicher Kontrolle. Im einzelnen sind folgende Möglichkeiten zu unterscheiden:

1. Satzungen

1.1. Kontrolle durch die Rechtsaufsichtsbehörde

324   Die Kontrolle von Satzungen durch die Rechtsaufsichtsbehörde findet auf mehrfache Weise statt. So unterliegen sie sowohl **im Anzeige- als auch im Genehmigungsverfahren** der Überprüfung (vgl. hierzu oben VI). Eine Überprüfungsmöglichkeit besteht für die Rechtsaufsichtsbehörde aber auch außerhalb dieser Verfahren in Wahrnehmung ihrer allgemeinen Aufgaben als Rechtsaufsichtsbehörde (hierzu 17. Kap.).

1.2. Kontrolle durch den Bürgermeister

325   Der Bürgermeister der Gemeinde hat gegenüber seiner Auffassung nach gesetzwidrigen Satzungsbeschlüssen eine Pflicht zur Beanstandung. Er muß in diesem Falle dem Beschluß des Gemeinderats **widersprechen.**

– Vgl. § 52 Abs. 2 S. 1 GemO.

1.3. Kontrolle durch die Gemeindeverwaltung

326   Die Gemeindeverwaltung hat mit Blick auf ihre **Bindung an Recht und Gesetz** (Art. 20 Abs.3 GG) ein **Normprüfungsrecht** und ist bei Zweifeln auch zur Normprüfung **verpflichtet.**
Kommt sie zu dem Ergebnis, eine Satzung sei rechtswidrig, hat sie die Satzung **vorläufig nicht anzuwenden,** das Verwaltungsverfahren, für das die Satzung maßgebend ist, **auszusetzen** und ihre Auffassung dem weisungsbefugten Bürgermeister als **Leiter der Verwaltung** vorzutragen. Teilt er die Meinung der Verwaltung, hat er die <u>Entscheidung des Gemeinderats</u> herbeizuführen. Dieses Organ hat als **Kehrseite seines Rechtssetzungsrechts auch das Rechtssatzaufhebungs- und Verwerfungsrecht** (aA *Battis/Krautzberger/Löhr,* BauGB, Rdnr. 11 zu § 10 BauGB). Darüberhinaus besteht immer die Möglichkeit, die Rechtsaufsichtsbehörde anzurufen, der ein Prüfungs- und Entscheidungsrecht im Rahmen der Ausübung der Rechtsaufsicht zusteht.
<u>Ein **Satzungsverwerfungsrecht** steht der Gemeindeverwaltung nicht</u> <u>zu.</u> Die Einräumung eines solchen Rechts stände im Widerspruch zu dem **ausdifferenzierten System kommunaler Organkompetenzen,** die kommunalintern ausschließlich dem Gemeinderat die Entscheidung über Schaffung und Fortbestand des Ortsrechts zuordnen, sowie dem abschließenden System der aufsichtsbehördlichen und gerichtlichen Rechtskontrolle, wel-

ches das **Verwerfungsrecht** zugunsten dieser Kontrollinstanzen **monopolisiert.** Darüberhinaus fordert den Ausschluß des Verwerfungsrechts durch die Verwaltung auch die **Rechtssicherheit.** Es wäre unerträglich, wenn die Verwaltung oder Teile davon je nach individueller Auffassung Satzungen anwenden oder nicht anwenden dürften, möglicherweise auch noch im Widerspruch zur Auffassung des Gemeinderats.

Folgt der Gemeinderat bzw. die Verwaltungsleitung oder die Rechtsaufsicht der Auffassung der Verwaltung nicht, ist sie zur weiteren Anwendung der Satzung verpflichtet (so im Ergebnis auch *Hill,* aaO, S. 101 f.; *VGH München* BayVBl. 1982, 654; *OVG Saarlouis* NVwZ 1990, 172; aA *VGH BW* Fundstelle BW 1991, Rdnr. 123). Um **Amtshaftungsansprüche** zu vermeiden, muß sie jedoch einen **Satzungsbetroffenen** auf die mögliche Unwirksamkeit der Satzung **hinweisen** (*BGH* NVwZ 1987, 168 (169)).

1.4. Kontrolle durch andere Behörden

Entsprechende Grundsätze der Rechtskontrolle von Satzungen gelten auch **327** für andere Behörden (so auch *OVG Saarl.* DÖV 1992, 673). Insbesondere steht hiernach der **Bauaufsichtsbehörde (Baurechtsbehörde) kein Verwerfungsrecht** zu. (aA mit nicht überzeugender Begründung *VGH Kassel* (NVwZ 1990, 885). Allerdings kann die mit der Gemeinde nicht identische Bauaufsichtsbehörde nach § 47 Abs. 2 VwGO als „Behörde" auch eine Normenkontrolle beantragen (vgl. *Hill,* aaO, S. 104).

1.5. Gerichtliche Kontrollrechte des Satzungsbetroffenen

1.5.1. Satzungen können in Sachsen – wie in andere Bundesländern – im **328** abstrakten **Normenkontrollverfahren** nach § 47 VwGO i. V. mit Art. 4 § 2 GerOrgG durch das **OVG** überprüft werden. Ist die Satzung nichtig, stellt das Gericht die Nichtigkeit fest. Entsprechendes gilt auch für die Teilnichtigkeit.

– Zur Weiterentwicklung der Normenkontrolle *Hill,* aaO, S. 105 f.

Weiterhin sind die **Verwaltungsgerichte** in jedem gerichtlichen Verfahren nach dem Rechtsstaatsprinzip berechtigt und verpflichtet, über die Gültigkeit von Ortsrecht **inzident,** das heißt **mit Wirkung nur für den zu entscheidenden Fall** selbst zu entscheiden, soweit nicht ein Entscheidungsmonopol eines Verfassungsgerichts besteht (vgl. *VGH München* DÖV 1980, 458; *VGH BW* NVwZ 1985, 351 – für Normenkontrollverfahren; *VGH BW* VBlBW 1988, 407 – für den Kommunalverfassungsstreit).

1.5.2. Im übrigen besitzt der Bürger materiell-rechtlich grundsätzlich **keinen** **329** **(abstrakten) Anspruch auf Erlaß einer (fehlerfreien) Satzung oder Rechtsverordnung** oder deren **Ergänzung** (so zu Recht *OVG Koblenz,* NJW 1988, 1684 mwN; *VGH BW* ESVGH 30, 157 – Klage einer Bürgerinitiative auf Ergänzung der Hauptsatzung) – Erlaß einer RVO nach § 14 LSChlußG – aber strittig, zum Streitstand vgl. *Hartmann,* DÖV 1991, 62; *Würtenberger,* AöR 105 (1980), 370). Dasselbe gilt für die **Unterlassung** des Erlasses einer

Satzung. Dem klagenden Bürger fehlt deshalb in diesen Fällen regelmäßig die **Klagebefugnis.** Eine **Ausnahme** ist allerdings möglich, wenn die Pflicht zum Erlaß einer Satzung unmittelbar auch dem Schutz eines Satzungsbetroffenen dient (vgl. *BVerwG* BayVBl. 1990, 117 – Ergänzung einer Entschädigungssatzung eines Landkreises um eine Verdienstausfallentschädigung) und der **satzungsgeberische Gestaltungsspielraum** entweder hinsichtlich der Frage, ob eine Satzung zu erlassen ist oder der Frage, mit welchem Inhalt sie zu erlassen ist, zugunsten eines Satzungsbetroffenen, etwa durch Art. 3 GG, **auf Null reduziert ist.** In diesen Fällen ist mit Blick auf Art. 19 Abs. 4 GG eine **Normerlaß- oder Normergänzungsklage** möglich.

Zulässig ist der **Verwaltungsrechtsweg** (*BVerwG,* aaO, S. 117), da diese Art der begehrten Normgebung Verwaltungstätigkeit ist. Als **Klageart** kommen **nicht die Normenkontrolle** nach § 47 VwGO direkt, (so zurecht *VGH BW,* Beschluß v. 21. 12. 1990, 8 S 3251/90 – Abrundungssatzung), oder analog (vgl. *VGH Kassel* DVBl. 1992, 779) sondern die **Leistungsklage** (*BVerwG,* aaO; *VGH München* BayVBl. 1981, 503; *VGH BW* ESVGH 30, 157; *Duken,* NVwZ 1993, 546) oder die **Feststellungsklage** (*BVerwG,* aaO) in Betracht (aA hierzu *OVG Koblenz,* aaO; *Hartmann,* DÖV 1991, 62).

1.6. Petitionsausschüsse der Parlamente

330 Petitionsausschüsse besitzen ebenfalls ein Kontrollrecht. Da sie jedoch keine Weisungsbefugnisse gegenüber den Kommunen haben, sind sie nicht in der Lage, den Gang eines Satzungsverfahrens aufzuhalten (vgl. *Beschluß DJT* 1990, VI, 37).

2. Rechtsverordnung

331 Für die **Rechtskontrolle** von Rechtsverordnungen der Gemeinde gilt **entsprechendes.** Hat allerdings der Bürgermeister die Rechtsverordnung erlassen, steht ihm das Verwerfungsmonopol zu.

– Zu **rechtspolitischen Aspekten** der Einschränkung der Rechtskontrolle von Satzungen vgl. *Schoch,* NVwZ 1990, 801 f.; *Hill,* aaO; *Oerder,* NJW 1990, 2104.

IX. Haftung für den Erlaß rechtswidrigen Ortsrechts

332 **1.** Erläßt die Gemeinde eine **rechtswidrige Verordnung** oder versäumt sie in rechtswidriger Weise den Erlaß einer Verordnung und entsteht hierdurch einem Dritten ein Schaden, so kommen sowohl Amtshaftungsansprüche als auch Ansprüche aus enteignendem bzw. enteignungsgleichem Eingriff in Betracht.

333 **1.1.** Ansprüche aus **Amtshaftung** bestehen in der Regel allerdings schon deshalb **nicht,** weil dem Gemeinderat oder dem Bürgermeister als Verordnungsgeber beim Erlaß von Verordnungen **Amtspflichten** grundsätzlich

nicht einem Dritten, sondern **nur der Allgemeinheit gegenüber** bestehen (vgl. auch *BGH* NJW 1988, 482; *Dohnold,* DÖV 1991, 152).

1.2. Eine Haftung aus enteignungsgleichem Eingriff ist indes grundsätzlich möglich (vgl. *BGHZ* 78, 41).

2. Entsprechende Grundsätze gelten auch für den **Erlaß rechtswidriger Sat-**   334
zungen.

2.1. Ansprüche aus **Amtshaftung scheiden grundsätzlich wegen Fehlens der Drittgerichtetheit der Amtspflicht** zum Erlaß rechtmäßiger Satzungen **aus.** Eine **Ausnahme** gilt etwa hinsichtlich des Erlasses rechtswidriger **Bebauungspläne.** Hier müssen teilweise konkrete Individualbelange berücksichtigt werden, die die Drittbezogenheit konstituieren (vgl. *BGHZ* 84, 292 (301)). Allerdings ist auch in diesen Fällen ein Schadensersatzanspruch dann zu versagen, wenn der Geschädigte die negativen Folgen der Norm im Sinne des § 839 Abs. 3 BGB durch Einlegung eines Rechtsmittels hätte vermeiden können.

2.2. Ansprüche aus enteignungsgleichem Eingriff sind hingegen auch hier   335
grundsätzlich möglich (vgl. hierzu *Dohnold,* aaO, 157 mwN).

– Zur Haftung wegen fehlerhafter Bauleitplanung vgl. allg. *Boujoung,* WiVW 1991,
59.

3. Eine zusätzliche Haftung der Kommunen für den Erlaß rechtswidrigen Ortsrechts nach dem fortgeltenden **Staatshaftungsgesetz** der ehemaligen DDR kommt daneben **nicht** in Betracht. Nach § 1 StHG haften die Kommunen nur für „Mitarbeiter und Beauftragte", nicht jedoch für Kollegialorgane, wie etwa den Gemeinderat (vgl. *Ossenbühl* Staatshaftungsrecht S. 398 mwN).

9. Kapitel
Die Organe der Gemeinde

I. Die Verwaltungsorgane

336   **Je nach Gemeindeverfassungssystem** sehen die Gemeindeordnungen der Länder **unterschiedliche Verwaltungsorgane mit teilweise unterschiedlichen Organzuständigkeiten vor.** Organe sind natürliche Personen, die nach der Verfassung für eine juristische Person allgemein zum Handeln berufen sind. Sie sind keine Vertreter, sondern **integrierter Bestandteil** der juristischen Person.

Größere Unterschiede bestehen in den einzelnen Bundesländern bei der vom Grundgesetz zwar nicht geforderten, jedoch aus Gründen der Funktionsfähigkeit der Kommunalverwaltung unverzichtbaren **Verwaltungsleitung,** also dem bzw. den Hauptverwaltungsbeamten, die in Baden-Württemberg, Bayern, Brandenburg, Mecklenburg-Vorpommern, Rheinland-Pfalz, dem Saarland, Sachsen, Sachsen-Anhalt, in den Landgemeinden Schleswig-Holsteins sowie in Thüringen durch den **Bürgermeister,** in Niedersachsen und Nordrhein-Westfalen durch den **Gemeindedirektor,** in Hessen und den Städten Schleswig-Holsteins durch den **Gemeindevorstand (Magistrat)** repräsentiert wird.

Nur geringe Unterschiede bestehen **bei den Hauptorganen** der Gemeinde, **der gewählten Vertretung der Bürgerschaft,** die in Hessen, Mecklenburg-Vorpommern, Brandenburg und Schleswig-Holstein **Gemeindevertretung,** in Städten **Stadtverordnetenversammlung,** in Baden-Württemberg, Bayern, Rheinland-Pfalz, Saarland, Sachsen, Sachsen-Anhalt und Thüringen **Gemeinderat** und in Niedersachsen und Nordrhein-Westfalen **Rat** genannt wird.

– Zu Einzelheiten vgl. *Gern,* Deutsches Kommunalrecht, 1994, 9. Kapitel.

1. Der Gemeinderat in Sachsen

1.1. Rechtsnatur

337   Nach Art. 28 Abs. 1 S. 2 GG muß **das Volk** in den Gemeinden und Kreisen eine **Vertretung haben, die aus allgemeinen, unmittelbaren, freien, gleichen und geheimen Wahlen hervorgegangen ist.** Der Gemeinderat ist die Vertretung des Volkes in diesem Sinne. Er ist aber trotz Bestehens gewisser parlamentstypischer Merkmale **kein Parlament** i. S. d. Gewaltenteilungslehre (vgl. *BVerfGE* 57, 43 (59); NVwZ 1989, 46; *BayVerfGH* BayVBl. 1984, 621; *VGH BW* BWVPr. 1978, 88; *BVerwG* NJW 1993, 411), sondern ein **Verwaltungsorgan.** Dies gilt selbst dann, wenn er **Recht setzt.** Unter diesen Voraussetzungen steht den Ratsmitgliedern **weder Immunität noch Indemnität** zu, noch sind die sonstigen Grundsätze des Parlamentsrechts auf den Gemeinderat anwendbar (aA tendenziell *Frowein,* HdKWP, Bd. 2, S. 84; *BayVerfGH* NVwZ 1985, 823).

1.2. Zuständigkeit

1.2.1. Der Gemeinderat ist – mit Blick auf Art. 28 Abs. 1 S. 2 GG – **Haupt-** **338** **organ** der Gemeinde. In Städten führt er die Bezeichnung „Stadtrat".
– Vgl. § 27 Abs. 1 und 2 GemO.

Dem Gemeinderat kommt die **kommunalpolitische Führung** zu. Er ist die **politische Vertretung der Bürgerschaft.** Er legt die **Grundsätze für die Verwaltung der Gemeinde** fest (vgl. *VGH BW* VBlBW 1991, 185; 381 (383)), und entscheidet **im Rahmen der kommunalen Verbandskompetenz über alle wichtigen und grundsätzlichen Angelegenheiten der Gemeinde,** soweit nicht kraft Gesetzes ein anderes Gemeindeorgan, speziell der Bürgermeister oder die Ausschüsse zuständig sind.

Dem Gemeinderat kommt die Funktion zu, die unterschiedlichen Meinungen der durch die Ratsmitglieder repräsentierten Bürgerschaft mittels Abstimmungen und Wahlen zu einem einheitlichen Gemeindewillen zusammenzuführen und die Gemeinde damit handlungsfähig zu machen (vgl. *BVerwG* NVwZ 1988, 837).

Der Gemeinderat ist bei der Wahrnehmung seiner Aufgaben als Verwaltungsorgan an **Recht und Gesetz** im Sinne des Art. 20 Abs. 3 GG **gebunden.** Essentiale dieser Bindung ist die Beachtung des verfassungsrechtlichen und einzelgesetzlichen Normenkanons.

Der Gemeinderat hat seine Aufgaben **objektiv, neutral und unparteiisch** zu erfüllen. Hiernach ist es ihm etwa **untersagt,** an einzelne Parteien **Parteispenden** zu gewähren oder einzelne **Gruppierungen** oder Einwohner in der Gemeinde **zu bevorzugen oder zu benachteiligen** (vgl. *BVerwG* DÖV 1992, 832 – zu den berufsmäßigen Gemeinderatsmitgliedern in Bayern).

Die Aufgaben des Gemeinderats unterteilen sich in **Vorbehaltsaufgaben** und **fakultativ wahrzunehmende Aufgaben.** Die Erledigung der Vorbehaltsaufgaben ist für ihn zwingend; die übrigen Aufgaben hat er unter bestimmten Voraussetzungen wahrzunehmen.

Vorbehaltsaufgaben sind:
– die Bestellung der Mitglieder von Ausschüssen des Gemeinderats, der Stellvertreter des Bürgermeisters, der Beigeordneten sowie Angelegenheiten nach § 28 Abs. 3 Satz 1 bei leitenden Bediensteten,
– die Übernahme freiwilliger Aufgaben,
– Satzungen, anderes Ortsrecht und Flächennutzungspläne,
– die Änderung des Gemeindegebiets,
– die Entscheidung über die Durchführung eines Bürgerentscheides oder die Zulässigkeit eines Bürgerbegehrens,
– die Regelung der allgemeinen Rechtsverhältnisse der Gemeindebediensteten,

- die Übertragung von Aufgaben auf den Bürgermeister,
- die Zustimmung zur Abgrenzung der Geschäftskreise der Beigeordneten,
- die Übertragung von Aufgaben auf das Rechnungsprüfungsamt,
- die Verfügung über Gemeindevermögen, das für die Gemeinde von erheblicher wirtschaftlicher Bedeutung ist,
- die Errichtung, wesentliche Erweiterung und Aufhebung von öffentlichen Einrichtungen und wirtschaftlichen Unternehmen sowie die Beteiligung an solchen,
- die Umwandlung der Rechtsform von wirtschaftlichen Unternehmen der Gemeinde und von solchen, an denen die Gemeinde beteiligt ist,
- die Bestellung von Sicherheiten, die Übernahme von Bürgerschaften und von Verpflichtungen aus Gewährverträgen und der Abschluß der ihnen wirtschaftlich gleichkommenden Rechtsgeschäfte, soweit sie für die Gemeinden von erheblicher wirtschaftlicher Bedeutung sind,
- Jahresrechnungen, Wirtschaftspläne und Jahresabschlüsse,
- die allgemeine Festsetzung von Abgaben und Tarifen,
- der Verzicht auf Ansprüche der Gemeinde und die Niederschlagung solcher Ansprüche, die Führung von Rechtsstreitigkeiten und der Abschluß von Vergleichen, soweit sie für die Gemeinde von erheblicher wirtschaftlicher Bedeutung sind,
- der Beitritt zu Zweckverbänden und der Austritt aus diesen.
- Vgl. § 41 Abs. 2 GemO.

339 *1.2.2.* Eine weitere Kompetenz des Gemeinderats ist seine **Kontrollbefugnis.** Der Gemeinderat hat die Ausführung seiner Beschlüsse zu überwachen und die **Gemeindeverwaltung zu kontrollieren.** Er sorgt beim Auftreten von Mißständen in der Gemeindeverwaltung für deren Beseitigung durch den Bürgermeister. Zur Erfüllung dieser Aufgaben stehen ihm nach der Gemeindeordnung **Anfrage-, Unterrichtungs- und Akteneinsichtsrechte** gegenüber der Verwaltung zu.

- Vgl. § 28 Abs. 2 GemO.

Ein Viertel der Gemeinderäte kann in allen Angelegenheiten der Gemeinde verlangen, daß der Bürgermeister den Gemeinderat informiert und diesem oder einem von ihm bestellten Ausschuß **Akteneinsicht** gewährt.

- Vgl. § 28 Abs. 4 GemO.

Jeder Gemeinderat kann an den Bürgermeister **schriftliche** oder in einer Sitzung des Gemeinderats **mündliche Anfragen** über einzelne Angelegenheiten der Gemeinde richten, die binnen angemessener Frist zu beantworten sind.

- Vgl. § 28 Abs. 5 GemO.

Das Nähere ist in der **Geschäftsordnung** zu regeln. Nicht umfaßt vom Frage- und Unterrichtungsrecht werden rechtsmißbräuchliche Fragen, Scheinfragen, Unterstellungen, rechtlich unzulässige und strafbare Fragen.

- Zum Kritikrecht der Gemeinderäte an der Verwaltung vgl. *OVG Koblenz* DVBl. 1992, 449.

Zulässige mündliche Anfragen dürfen nicht durch einen Geschäftsordnungsbeschluß unterbunden werden. Eine hierzu ermächtigende Bestimmung in der Geschäftsordnung wäre nichtig. Das **Fragerecht** kann allerdings zugunsten eines zügigen effektiven Sitzungsverlaufs **näher geregelt werden** (vgl. *VGH BW* NVwZ RR 1989, 91). Soweit eine Vorschrift das Fragerecht zuläßt, erfaßt dieses nicht per se schon zugleich auch das Recht auf Akteneinsicht (vgl. *BVerwG* NVwZ-RR 1990, 208).

Das Unterrichtungs-, Akteneinsicht- und Fragerecht besteht **nicht bei** kraft Gesetzes **geheimzuhaltenden Angelegenheiten.**

– Vgl. § 28 Abs. 6 GemO.

Die Ausübung der Kontrollbefugnis hat dem **Datenschutz** Rechnung zu tragen. Die Mitteilung personenbezogener Daten an die Gemeinderäte darf unter Berücksichtigung des Grundrechts auf informationelle Selbstbestimmung nur soweit gehen, als diese zur rechtmäßigen Ausübung des Mandats unbedingt erforderlich ist (vgl. hierzu *Ehlers/Heydemann*, DVBl. 1990, 1, 8; *Knirsch,* Information und Geheimhaltung im Kommunalrecht, 1987).

Das Recht auf Unterrichtung und Akteneinsicht sowie die Durchsetzung des Fragerechts kann im **Kommunalverfassungsstreit** geltend gemacht werden.

– Vgl. hierzu 16. Kap.

1.2.3. Der Gemeinderat **entscheidet** schließlich **im Einvernehmen** mit dem 340 Bürgermeister über die Ernennung, Höhergruppierung und Entlassung der **Gemeindebediensteten** sowie über die Festsetzung von Vergütungen, auf die kein Anspruch aufgrund eines Tarifvertrags besteht.

Kommt es zu keinem Einvernehmen, entscheidet der Gemeinderat mit einer Mehrheit von zwei Dritteln der anwesenden Stimmberechtigten allein. Der Bürgermeister ist zuständig, soweit der Gemeinderat ihm die Entscheidung überträgt oder diese zur laufenden Verwaltung gehört.

– Vgl. § 28 Abs. 3 GemO.

1.3. Zusammensetzung des Gemeinderats

Die Zusammensetzung der gewählten Vertretung der Bürgerschaft ist in 341 den einzelnen Gemeindeordnungen unterschiedlich geregelt.

In **Sachsen** besteht der Gemeinderat aus dem **Bürgermeister als Vorsitzendem** (in kreisfreien Städten und Großen Kreisstädten: Oberbürgermeister) und den **ehrenamtlichen Mitgliedern (Gemeinderäte).** In Städten führen die Gemeinderäte die Bezeichnung **Stadträte.**

– Vgl. § 29 Abs. 1 GemO.

Die **Zahl der Gemeinderäte** staffelt sich je nach Einwohnerzahl von 8–60 Mitgliedern.

Durch die **Hauptsatzung** kann bestimmt werden, daß die Zahl der Gemeinderäte sich nach der nächsthöheren oder nächstniederen Größengruppe richtet; in der höchsten Größengruppe kann die Zahl der Gemeinderäte um bis zu 10 erhöht werden.

Änderungen der für die Zahl der Gemeinderäte maßgebenden Einwohnerzahl und Regelungen der Hauptsatzung sind erst bei der nächsten regelmäßigen Wahl zu berücksichtigen.
– Vgl. § 29 Abs. 2 GemO.

1.4. Wahl des Gemeinderats

342 *1.4.1. Wahlgrundsätze*

Die Gemeinderäte werden in allgemeiner, unmittelbarer, freier, gleicher und geheimer Wahl von den Bürgern **gewählt.**
– Vgl. Art. 28 Abs. 1 Satz 2 GG; § 30 Abs. 1 GemO.

Die Anwendung dieser Wahlgrundsätze ist **für eine Demokratie wesensnotwendig,** weil nur sie Gewähr dafür bieten, daß durch die Wahl ein demokratischer Legitimationszusammenhang zwischen Volk und Volksvertretung hergestellt wird (vgl. *BVerfG* NJW 1978, 1967; *BVerwG* NVwZ 1986, 756). Ihrer **Rechtsnatur** nach ist die **Wahl** ein politischer, durch das demokratische Mehrheitsprinzip legitimierter **Rechtsakt eigener Art.**

343 *1.4.1.1.* Die Wahl ist **allgemein, wenn alle Staatsbürger** mit Erreichung des Alters **stimmberechtigt sind.** Das Prinzip der Allgemeinheit der Wahl wird dabei nicht verletzt, wenn zusätzlich sachlich begründete **formale Zulassungsvoraussetzungen,** z. B. die Eintragung in das Wählerverzeichnis, als Wahlvoraussetzung gefordert werden und wenn individuell ungeeignete oder disqualifizierte Personen von der Wahl ausgeschlossen werden. (vgl. hierzu etwa *BVerfGE* 28, 220 (225); 202 (205); 67, 369 (380)).

344 *1.4.1.2.* Durch die **Unmittelbarkeit** der Wahl soll gewährleistet sein, **daß die gewählten Vertreter** maßgeblich durch die Wahlen, also **durch die Stimmabgabe und bei der Stimmabgabe bestimmt werden.** Unmittelbar bedeutet dabei Unmittelbarkeit der Wahl der Vertreter und nicht nur ihrer Parteien (*BVerfGE* 3, 45, 49). Der Grundsatz der Unmittelbarkeit der Wahl ist ein **fomales Prinzip.** Er darf weder aus rechtspolitischen noch aus soziologischen Erwägungen eingeschränkt werden (*BVerfGE* 7, 63, 68, 77 ff.).

345 *1.4.1.3.* Die **Wahlfreiheit** besteht darin, **daß jeder Wähler sein Wahlrecht** frei, d. h. **ohne Zwang oder sonstige** unzulässige **Wahlbeeinflussung** von außen **ausüben kann** (*BVerfGE* 7, 69 ff.; 15, 166). „Wahlbeeinflussung" sind alle öffentlichen oder veröffentlichten Äußerungen und Handlungen von Bewerbern und Dritten, die bei objektivem Verständnis dazu geeignet sind, unmittelbar auf die Wahlentscheidung der Wähler einzuwirken (*VGH BW* NVwZ 1992, 305). Unzulässig ist die Wahlbeeinflussung, wenn sie durch Rechtsvorschrift ausdrücklich oder konkludent untersagt ist. Speziell sind die Gemeinden unter diesen Voraussetzungen bei ihrer an sich zulässigen Öffentlichkeitsarbeit (zu Wahlzeiten) zur **Neutralität** verpflichtet (*OVG*

I. Die Verwaltungsorgane

Münster NVwZ 1989, 149; *VGH BW* VBlBW 1986, 310; DVBl. 1985, 170). Weder darf die Gemeinde als solche, noch dürfen ihre Organe, d. h. der Gemeinderat, dessen Ausschüsse und die Verwaltung **in dieser Eigenschaft Wahlwerbung** betreiben. Nur außerhalb ihrer amtlichen Funktion steht ihnen das Recht im Rahmen des Art. 5 GG zu.

- Vgl. *BVerwG* NVwZ 1992, 795; *VGH München,* Fundstelle BW 1992, Rdnr. 137; ferner *BVerfG* DÖV 1974, 388; *VGH BW* NVwZ 1992, 504 – Wahlaufruf des Wahlausschusses zugunsten eines Bewerbers; *VGH Kassel* NVwZ 1992, 284 – Verbot von Erfolgs- und Leistungsberichten.

Eine Verletzung des subjektiven Rechts auf freie und chancengleiche Teilnahme an einer Kommunalwahl ist allerdings erst dann anzunehmen, **wenn** durch objektiv rechtswidrige Öffentlichkeitsarbeit **mehr als unwesentliche Auswirkungen auf das Wahlergebnis** nicht auszuschließen sind, insbesondere wenn Grenzüberschreitungen mit einer gewissen Massivität und Häufigkeit auftreten (*BVerwG* NVwZ-RR 1989, 262). Das Neutralitätsgebot gilt auch bei der Zulassung von Anzeigen in Amtsblättern (*VGH BW* ESVGH 33, 275), bei der Überlassung einer Gemeindehalle zu Wahlzwecken (*VGH BW* VBlBW 1983, 412) oder auch bei der Überlassung von Plakattafeln (*VGH BW* EKBW KomWG, § 1 E 6).

1.4.1.4. Der Grundsatz der **Gleichheit der Wahl** ist ein Anwendungsfall des **346** allgemeinen Gleichheitsgrundsatzes (*BVerfGE* 1, 208, 242; 41, 399, 413). Er hat jedoch insoweit eine selbständige Entwicklung genommen, als er gegenüber dem allgemeinen Gleichheitsgrundsatz durch eine weit stärkere Formalisierung charakterisiert ist (*BVerfGE* 4, 375, 382). Der Grundsatz der Wahlgleichheit fordert, daß **jedermann sein aktives und passives Wahlrecht in formal möglichst gleicher Weise soll ausüben können** (*BVerfGE* 11, 266, 272; 41, 399, 413; DVBl. 1978, 441) und die gleichen **Wahlchancen** hat (*BVerfGE* 13, 1 (12, 16); 44, 125 (144)).

Konkret bedeutet dies, daß jeder unter denselben gesetzlichen Voraussetzungen

- zur Wahl berechtigt ist,
- das **gleiche Wahlvorschlagsrecht** hat (*BVerfGE* 11, 266 (271)), wobei zum Beweis der Ernsthaftigkeit ein Unterschriftenquorum verlangt werden darf (*BVerfGE* 6, 121 (130)), und
- daß jede Stimme den **gleichen Zählwert** hat (*VGH BW* NVwZ-RR 1989, 36).

Bei der Verhältniswahl bedeutet dies weiterhin, daß die Stimme des einen grundsätzlich **denselben Erfolg** hat **wie die Stimme des anderen** (*VGH,* aaO und *BVerfGE* 11, 351 (360)). Die **Methode d'Hondt ist geeignet,** dieser Intention gerecht zu werden (vgl. *OVG Münster* DVBl. 1981, 874 mwN). Differenzierungen sind weiterhin zulässig, soweit dies zu bestimmten, mit der Natur des Sachbereichs der Wahl zusammenhängenden Zwecken unbedingt erforderlich ist (vgl. *StGH BW* VBlBW 1957, 140; BWVPr 1979, 182). Unter diesem Aspekt hat das *BVerfG* (6, 104 (140) auch in einzelnen Ländern bestehende **Sperrklauseln** (5%-Klausel) für **verfassungsmäßig** erachtet. Sie sollen einer Zersplitterung der Meinungsbildung vorbeugen (kritisch hierzu *Meyer,* HdKWP, Bd. 2, S. 53 (56)). Aus Art. 3 GG i. V. m. Art. 28 Abs. 2 GG folgt, daß in den Gemeinden und Kreisen die örtlich orientierten **Rathausparteien** und Wählervereinigungen den politischen Parteien gleichgestellt sind (vgl. *BVerfGE* 12, 10 (25); *VGH München* NVwZ-RR 1991, 1527 – Bemessung von Wahlwerbezeiten im Lokalfunk).

347 *1.4.1.5.* Der Grundsatz der **geheimen Wahl** bedeutet, daß der Wahlvorgang so gestaltet wird, daß es unmöglich ist, die Entscheidung des Wählers zu erkennen oder zu rekonstruieren (vgl. *Meyer,* HdKWP, Bd. 2, S. 41; *VGH München* NVwZ RR 1990, 504). Er beschränkt sich nicht auf den Vorgang der Stimmabgabe, sondern erstreckt sich **auch auf die Wahlvorbereitungen,** die notwendig zur Verwirklichung des staatsbürgerlichen Rechts der Wahl gehören (*BVerfGE* 4, 375, 386; 12, 135, 139). Die Stimmabgabe ist geheim, wenn sie weder offen noch öffentlich erfolgt. Eine **potentielle Durchbrechung** erfährt dieser Grundsatz durch die Möglichkeit der **Briefwahl.** Sie wird jedoch durch das überragende Rechtsgut der Ermöglichung der Allgemeinheit der Wahl gerechtfertigt (vgl. *BVerfGE* 59, 119 (127); *BVerwG* NVwZ 1986, 756).

1.4.2. Wahlsysteme

348 Im Freistaat **Sachsen** kommen – wie auch sonst im Kommunalrecht der Bundesrepublik Deutschland – in unterschiedlicher Ausprägung zwei Wahlsysteme zur Anwendung, die in besonderer Weise dem Minderheitenschutz dienende **Verhältniswahl und die Mehrheitswahl.** Bei der Entscheidung für ein bestimmtes Wahlsystem haben die Länder einen weiten **Gestaltungsspielraum** (*BVerfGE* 4, 44; *BVerwG* NVwZ 1986, 756).

349 *1.4.2.1. Verhältniswahl.* Eine Verhältniswahl ist dann anzunehmen, wenn mindestens zwei Listen vorliegen, zwischen denen sich der Wähler entscheiden kann (vgl. *Hess.StGH* ESVGH 21, 113 (114)) und die Stimmen der Wahlberechtigten **nicht nur den gleichen Zählwert sondern grundsätzlich auch den gleichen Erfolgswert** haben (vgl. *BVerfGE* 13, 264). Entweder hat der Wähler dabei nur eine Stimme oder er hat mehrere Stimmen. Hat der Wähler das Recht, einem Kandidaten mehrere Stimmen zu geben, so nennt man diesen Vorgang **„Kumulieren".** Hat der Wähler das Recht, Kandidaten verschiedener Listen zu wählen, so nennt man diesen Vorgang **„Panaschieren".** Das Kumulieren und Panaschieren läßt in höherem Maße als andere Verfahren eine **Persönlichkeitswahl** zu. **Essentiale** des Verhältniswahlsystems ist, daß die **Sitzverteilung „im Verhältnis" der für die Wahlvorschläge abgegebenen Stimmen** erfolgt (vgl. *Saftig,* Kommunalwahlrecht in Deutschland, 1990, S. 37).

Das Land **Sachsen** hat **von diesem Wahlsystem** für die Kommunalwahlen wie folgt Gebrauch gemacht:

Die Gemeinderäte werden aufgrund von **Wahlvorschlägen** unter Berücksichtigung der **Grundsätze der Verhältniswahl** gewählt. Die Verbindung von Wahlvorschlägen ist unzulässig. Der Wahlberechtigte kann Bewerber

aus anderen Wahlvorschlägen übernehmen (**panaschieren**) und einem Bewerber bis zu **drei Stimmen** geben (**kumulieren**).
– Vgl. § 30 Abs. 1 und 2 GemO.

Die Sitze werden auf die einzelnen Listen nach der auf sie entfallenden Gesamtstimmenzahl verteilt. Dabei erfolgt die **Berechnung nach dem d'Hondtschen Auszählungsverfahren.** **Die Verteilung der auf die einzelnen Listen entfallenden Sitze zugunsten der einzelnen Kandidaten richtet sich nach der von diesen erzielten Stimmenzahl.** Rechnerisch ist so zu verfahren, daß zunächst jeweils die Stimmen, die auf die einzelnen Wahlvorschläge insgesamt entfallen, zu ermitteln sind. Sodann werden diese Zahlen der Reihe nach jeweils durch 1, 2, 3 usw. geteilt. Schließlich werden die so gefundenen Zahlenwerte (**sogenannte Höchstzahlen**) in der Reihenfolge ihrer Größe geordnet und ihnen in dieser Reihenfolge die zu vergebenden Sitze zugeordnet.
– Vgl. § 22 KomWG.

Das **d'Hondtsche Verfahren ist verfassungsrechtlich nicht zu beanstanden** (*VGH BW* ESVGH 28, 7 (19); *BVerwG* DÖV 1978, 415).

1.4.2.2. Mehrheitswahl. Bei der Mehrheitswahl **kandidieren Bewerber direkt** gegeneinander. Diejenigen mit den höchsten Stimmenzahlen erringen Sitze.   350

Mehrheitswahl findet statt, wenn nur ein gültiger oder kein Wahlvorschlag eingereicht wird. Die Bindung an die vorgeschlagenen Bewerber und die Möglichkeit der Stimmenhäufung entfällt in diesem Fall.
– Vgl. § 30 Abs. 3 GemO § 23 KomWG.
– Zur Kritik und zur Optimierung des Kommunalwahlrechts vgl. *Saftig* S. 251 f. mwN.

1.4.3. Rechtsschutz bei Gemeinderatswahlen

1.4.3.1. Rechtsschutz vor der Wahl. Im Stadium vor der Wahl kann es zu zahlreichen Konfliktmöglichkeiten kommen. So kann etwa   351
– die Eintragung in das **Wählerverzeichnis,**
– die Ausstellung eines **Wahlscheins,**
– die Aushändigung der **Briefwahlunterlagen,**
– die Anerkennung eines eingereichten **Wahlvorschlags** oder
– die Streichung eines Bewerbers
in Streit stehen.

Sowohl für die Beeinträchtigung des **aktiven wie des passiven Wahlrechts** haben die Kommunalwahlgesetze **Sonderregelungen des Rechtsschutzes** vorgesehen.

In **Sachsen** gilt hier folgendes:

1.4.3.1.1. Hinsichtlich der **Eintragungen oder Nichteintragungen** in die   352
Wählerverzeichnisse kann jeder Wahlberechtigte, der die Wählerverzeichnisse für unrichtig oder unvollständig hält, innerhalb der Auslegungsfrist der

Wählerverzeichnisse ihre **Berichtigung beantragen.** Über den Berichtigungsantrag entscheidet der Bürgermeister (vgl. § 4 Abs. 2 KomWG). Gegen seine Entscheidung können der Antragsteller und der Betroffene, gegen die Berichtigung oder Ergänzung des Wählerverzeichnisses von Amts wegen der Betroffene nach Durchführung des Widerspruchsverfahrens durch die Rechtsaufsichtsbehörde Anfechtungs- oder Verpflichtungsklage erheben.

– Vgl. § 4 Abs. 3.

353 *1.4.3.1.2.* Gegen die **Versagung des Wahlscheins** oder der **Briefwahlunterlagen** kann der Antragsteller nach Durchführung des Widerspruchsverfahrens durch die Rechtsaufsichtsbehörde Anfechtungs- oder Verpflichtungsklage erheben.

– § 5 Abs. 2 KomWG.

354 *1.4.3.1.3.* Bei der Beeinträchtigung des **passiven Wahlrechts** speziell bei Zulassung oder **Zurückweisung eines Wahlvorschlags** oder der **Streichung** eines Bewerbers kann jeder Bewerber und jeder Unterzeichner eines Wahlvorschlags nach Durchführung des Widerspruchsverfahrens durch die Rechtsaufsichtsbehörde Anfechtungs- oder Verpflichtungsklage erheben.

– § 6 Abs. 7 KomWG.

355 *1.4.3.2. Rechtsschutz nach der Wahl.* Nach der Wahl findet ein Wahlprüfungsverfahren statt.

1.4.3.2.1. Die Gültigkeit der **Wahl** ist durch die Rechtsaufsichtsbehörde binnen einer Frist von einem Monat **zu prüfen** (Wahlprüfungsfrist). Die Wahlprüfungsfrist beginnt am Tag nach der öffentlichen Bekanntmachung des Wahlergebnisses; im Falle der Wahlanfechtung beginnt die Wahlprüfungsfrist am Tag nach der Entscheidung der Rechtsaufsichtsbehörde über den letzten Einspruch.

Wird die Wahl von der Rechtsaufsichtsbehörde innerhalb der Wahlprüfungsfrist nicht beanstandet, ist sie als gültig anzusehen. Ist ein **Gewählter nicht wählbar,** so ist die **Zuteilung des Sitzes** auch nach Ablauf der Wahlprüfungsfrist **für ungültig zu erklären.** Gegen die Entscheidung der Rechtsaufsichtsbehörde kann der von ihr Betroffene **unmittelbar Anfechtungsklage** erheben.

– Vgl. § 26 KomWG.

356 *1.4.3.2.1.1.* Die **Wahl ist für ungültig zu erklären,** wenn **ihr Ergebnis dadurch beeinflußt werden konnte,** daß
– **wesentliche Vorschriften** über die Wahlvorbereitung, die Wahlhandlung oder über die Ermittlung und Feststellung des Wahlergebnisses unbeachtet geblieben sind,
– Bewerber oder Dritte bei der Wahl eine gegen ein Gesetz, insbesondere die §§ 107, 107a, 107b, 107c, 108, 108a, 108b, 108d S. 2 oder § 240 des Strafgesetzbuches verstoßende **Wahlbeeinflussung** begangen haben.

– Vgl. § 27 Abs. 1 KomWG.

1.4.3.2.1.2. Wenn Verstöße, durch die das Ergebnis der Wahl im Wahlgebiet **357** beeinflußt werden konnte, **nur in einzelnen Wahlkreisen** oder Wahlbezirken vorgekommen sind, kann die Wahl auch nur in diesen Wahlkreisen oder Wahlbezirken für ungültig erklärt werden. War das Wählerverzeichnis in einem Wahlbezirk unrichtig und konnte das Ergebnis der Wahl im Wahlgebiet dadurch beeinflußt werden, kann abweichend von Satz 1 nur die ganze Wahl, bei Gemeinden mit mehreren Wahlkreisen auch beschränkt die Wahl in dem Wahlkreis, dem der Wahlbezirk angehört, für ungültig erklärt werden.

– Vgl. § 27 Abs. 2 KomWG.

1.4.3.2.1.3. Ist ein **Gewählter nicht wählbar,** so **ist die Zuteilung des Sitzes 358 für ungültig zu erklären.** Das gleiche gilt, wenn ein Gewählter zugunsten seiner eigenen Wahl eine gegen ein Gesetz, insbesondere die §§ 107, 107a, 107b, 107c, 108, 108a, 108b, 108d S. 2 oder § 240 des Strafgesetzbuches verstoßende **Wahlbeeinflussung** begangen hat, auch wenn dadurch das Wahlergebnis nicht beeinflußt werden konnte.

– Vgl. § 27 Abs. 3 KomWG.

1.4.3.2.1.4. Wird die Feststellung des Wahlergebnisses für unrichtig erach- **359** tet, ist sie aufzuheben und eine neue Feststellung des Wahlergebnisses anzuordnen.

– Vgl. § 27 Abs. 4 KomWG.

1.4.3.2.1.5. Die **Gewählten treten ihr Amt** erst **nach Feststellung der Gül- 360 tigkeit der Wahl** durch die Rechtsaufsichtsbehörde oder nach ungenutztem Ablauf der Wahlprüfungsfrist **an.**

– Vgl. § 27 Abs. 5 KomWG.

1.4.3.2.2. **Jeder Wahlberechtigte, jeder Bewerber und jede Person, auf die 361 bei der Wahl Stimmen entfallen sind,** kann innerhalb einer Woche nach der öffentlichen Bekanntmachung des Wahlergebnisses gegen die Wahl schriftlich oder zur Niederschrift unter Angabe des Grundes **Einspruch** bei der Rechtsaufsichtsbehörde erheben. Nach Ablauf der in Satz 1 genannten Frist können weitere Einspruchsgründe nicht mehr geltend gemacht werden. Der Einspruch eines Einsprechenden, der nicht die Verletzung seiner Rechte geltend macht, ist nur zulässig, wenn ihm 1 vom Hundert der Wahlberechtigten, mindestens jedoch fünf Wahlberechtigte, bei mehr als 10000 Wahlberechtigten mindestens 100 Wahlberechtigte beitreten.

Soweit der Einspruch erfolgreich ist, hat die Gemeinde dem Einsprechenden die notwendigen Aufwendungen zu erstatten. Dies gilt auch, wenn der Einspruch nur deshalb nicht erfolgreich ist, weil der geltend gemachte Mangel keinen Einfluß auf das Wahlergebnis hatte. Über den Umfang der Erstattung entscheidet die Rechtsaufsichtsbehörde.

Gegen die Entscheidung über den Einspruch können der Einsprechende und der durch die Entscheidung Betroffene unmittelbar **Anfechtungs- oder Verpflichtungsklage** erheben.

– Vgl. § 25 KomWG.

362 *1.4.3.2.3.* **Beispiele** für erhebliche Wahlfehler:

– strafrechtliche Gründe (§§ 107 f. StGB),
– fehlende Wählbarkeit eines Bewerbers,
– Wahlbeeinflussung durch Behauptung unrichtiger Tatsachen (*VGH BW* ESVGH 7, 98),
– Fehler in der Bildung des Wahlausschusses (*VGH Kassel* ESVGH 13, 105; *VGH München* NVwZ 1992, 265),
– falsche Wahlkreiseinteilung (*OVG Münster* OVGE 36, 93, 99; *VGH BW* NVwZ 1992, 504),
– Abgabe von Wahlempfehlungen in amtlicher Eigenschaft (*BVerwG* NVwZ 1992, 795).

363 *1.4.3.2.4.* Liegen **erhebliche Wahlfehler** vor, so ist entweder die **gesamte Wahl oder** es sind Teile davon oder die **Zuteilung eines Sitzes** für **ungültig zu erklären oder es ist das Ergebnis zu korrigieren.**

– Zur **Ungültigkeit einzelner Stimmen** vgl. *VGH Kassel* NVwZ 1991, 704.
– Zur Problematik von **Scheinkandidaturen** vgl. *von Arnim,* DÖV 1991, 737; *OVG Koblenz* NVwZ RR 1992, 255.
– Zum **Verbot des Doppelauftretens** von Parteien und Wählergruppen bei der Wahl vgl. *BVerwG* DÖV 1992, 831.

364 *1.4.3.2.5.* **Beschlüsse** des Gemeinderats, die in der Wahlanfechtung aufgelöst wird, **bleiben im Interesse der Rechtssicherheit gültig** (vgl. *Saftig,* aaO, S. 232).

– Zum **allgemeinen Rechtsschutz** neben der speziellen Wahlanfechtung vgl. *OVG Münster* NVwZ-RR 1989, 149 – Feststellungsklage auf chancengleiche Wahlteilnahme.

1.4.4. Aktives und passives Wahlrecht

365 *1.4.4.1.* **Aktiv wahlberechtigt** in Sachsen sind **die Bürger** der Gemeinde.

– Vgl. § 30 Abs. 1 i. V. m. § 15 Abs. 1; § 16 GemO.

Die Bürgereigenschaft setzt voraus, daß der Wähler Deutscher i. S. d. Art. 116 GG der Bundesrepublik Deutschland ist und am Wahltag das 18. Lebensjahr vollendet hat.

– Zum Wahlrecht für **EG-Bürger** vgl. Art. 28 Abs. 1 S. 3 GG (i. d. F. v. 21. 12. 1992, BGBl. 1992 S. 2086) und 11. Kap. Ziff. 7.

Weitere Voraussetzung des aktiven Wahlrechts ist, daß der Bürger eine bestimmte **Verweildauer** in der Gemeinde aufweist. Diese Verweildauer beträgt in Sachsen **drei Monate.** Die Verweildauer wird mit Blick auf den **Hauptwohnsitz** des Wählers festgestellt.

– Vgl. § 15 Abs. 1 GemO.

I. Die Verwaltungsorgane

Diese Fristen verstoßen nicht gegen Art. 3 Abs. 1 GG (vgl. *OVG Münster* DVBl. 1987, 144). Die Hauptwohnung ist nach § 12 Abs. 2 S. 1 MRRG die (rechnerisch) „vorwiegend benutzte" Wohnung. In Zweifelsfällen richtet sich die Bestimmung der Hauptwohnung nach dem Schwerpunkt der Lebensbeziehungen des Einwohners (vgl. hierzu *BVerwG* NJW 1992, 1121 – Hauptwohnung bei Studenten).

1.4.4.2. Das **passive** Wahlrecht ist ebenfalls von der Bürgereigenschaft ab- **366** hängig.

– Vgl. § 31 GemO.

1.4.4.3. Kraft Gesetzes sind verschiedene Personen vom Wahlrecht ausge- **367** schlossen.

Nicht wählbar sind Bürger,
– die nach § 16 Abs. 2 GemO vom Wahlrecht ausgeschlossen sind,
– die infolge Richterspruchs die Wählbarkeit oder die Fähigkeit zur Bekleidung öffentlicher Ämter nicht besitzen.

– Vgl. § 31 Abs. 2 GemO.

1.4.4.4. Ist ein Bürger gewählt, muß er die Wahl grundsätzlich **annehmen,** **368** sofern kein Ablehnungsgrund nach Gemeinderecht gegeben ist (vgl. hierzu etwa *VGH BW* VBlBW 1984, 281).

Eine Einschränkung der Pflicht zur Wahlannahme ergibt sich im Vorfeld der Wahl nach dem Kommunalwahlgesetz, wonach die Aufnahme in einen Wahlvorschlag nur mit Zustimmung des Kandidaten erfolgen darf.

– Vgl. § 6 Abs. 4 KomWG.

1.4.4.5. Aus dem Gemeinderat **scheiden** die Mitglieder **aus,** die die Wählbar- **369** keit verlieren.

– Vgl. § 34 Abs. 1 GemO.

1.4.5. Inkompatibilitäten (Hinderungsgründe)

1.4.5.1. Nach Art. 137 Abs. 1 GG **darf** die **Wählbarkeit von Beamten und** **370** **Angestellten** in Bund, Ländern und Gemeinden gesetzlich **beschränkt werden** (vgl. hierzu *StGH BW* ESVGH 20, 201; *BVerfGE* 40, 296 (321)). Die Gemeindeordnung statuiert vor diesem Hintergrund eine **Reihe von Hinderungsgründen für den Eintritt** in den Gemeinderat. Durch die **Unvereinbarkeit (Inkompatibilität) von Amt und Mandat sollen Interessenkollisionen vermieden werden.** Speziell sollen vor allem Beschäftigte im Bereich kommunaler Stellen, staatlicher Kommunalaufsicht oder auch im Bereich wirtschaftlicher Tätigkeit der Kommunen aus den Gemeindevertretungen ferngehalten werden, um diese Gremien so unabhängig wie möglich zu halten.

Mit der Funktion des Gemeinderats als Kontrollorgan der Verwaltung wäre es unvermeidbar, wenn Personen, die im Bereich der vom Gemeinderat oder Kreistag zu kontrollierenden Verwaltung arbeiten, aber gleichzeitig Mitglieder des Gremiums sein dürften und sich somit selbst zu kontrollieren hätten (vgl. *Saftig,* aaO, S. 45; *BVerfG* DVBl. 1978, 441; *StGH BW* ESVGH 31, 167).

Gemeinderäte können in Sachsen nicht sein

– der Bürgermeister, die Beigeordneten und Bediensteten der Gemeinde,
– die Bediensteten einer juristischen Person des öffentlichen oder privaten Rechts, in der die Gemeinde einen maßgeblichen Einfluß ausübt,
– die leitenden sowie die mit Angelegenheiten der Rechtsaufsicht befaßten Bediensteten der Rechtsaufsichtsbehörden,
– Personen, die mit dem Bürgermeister oder einem Beigeordneten in einem die Befangenheit begründenden Verhältnis nach § 20 Abs. 1 Nr. 1 bis 3 stehen oder als Gesellschafter an derselben Gesellschaft beteiligt sind.
– Vgl. § 32 Abs. 1 GemO.

Liegen Hinderungsgründe vor, so haben diese **keinen Ausschluß von der Wählbarkeit** zur Folge (*BVerfGE* 48, 64 (88)). Ein Hinderungsgrund macht aber den **Eintritt in den Gemeinderat unmöglich** bzw. **schließt die gleichzeitige Zugehörigkeit zum Gemeinderat aus.** Hiernach ist zulässig, daß Personen, bei denen ein Hinderungsgrund vorliegt, als Bewerber in Wahlvorschläge zum Gemeinderat aufgenommen und gewählt werden. Der **Hinderungsgrund wirkt sich erst nach der Wahl aus** (vgl. hierzu *VGH BW* BWGZ 1992, 726). Diese Regelungen werden durch Art. 137 Abs. 1 GG gedeckt und verstoßen nicht gegen die durch die Selbstverwaltungsgarantie garantierte freie Wählbarkeit der Bürger zum Gemeinderat (vgl. *StGH BW* ESVGH 31, 169; ferner *BVerfGE* 48, 64 (82); 58, 177 (191)).

371 *1.4.5.2.* Das **Vorliegen eines Hinderungsgrundes** stellt der **Gemeinderat** fest. Bei der **Feststellung** hat der Gemeinderat **kein Ermessen.** Liegen die Voraussetzungen vor, muß er die Feststellung treffen. Dies ist dem Betroffenen gegenüber ein **feststellender Verwaltungsakt** (*VGH BW* BWGZ 1984, 398).

Bis zur Feststellung des Vorliegens eines Hinderungsgrundes bleibt die **Rechtswirksamkeit der Tätigkeit des Gemeinderats unberührt.**
– Vgl. § 32 Abs. 2 GemO.

372 *1.4.5.3.* Mitglieder des Gemeinderats, bei denen ein Hinderungsgrund im Laufe der Amtszeit **entsteht,** scheiden **kraft Gesetzes** aus dem Gemeinderat **aus.**
– Vgl. § 34 Abs. 1 GemO.

1.5. Amtszeit der Gemeinderäte

373 *1.5.1.* Den Gemeinderäten wird ihr Amt unmittelbar durch die rechtsgültige Wahl übertragen. Ihre **Amtszeit** ist in den einzelnen Gemeindeordnungen **unterschiedlich geregelt.** Sie beträgt in Sachsen **5 Jahre.**
– Vgl. § 33 Abs. 1 GemO.

Die Amtszeit der neu gewählten Gemeinderäte **beginnt** in der Regel in dem Zeitpunkt, in dem die Amtszeit der ausscheidenden Gemeinderäte **en-**

det, also mit dem Tag nach Ablauf des Monats, in dem die Wahl stattgefunden hat.

1.5.2. Vom Beginn der Amtszeit zu unterscheiden ist der **Antritt des Amts.** 374
Gemeinderäte treten ihr Amt nach Feststellung der Gültigkeit der Wahl durch die Wahlprüfungsbehörde oder nach ungenutztem Ablauf der Wahlprüfungsfrist an.

1.5.3. Die Wahlperiode **endet** mit **Ablauf des Monats, in dem die regelmä-** 375
ßigen Wahlen der Gemeinderäte stattfinden. Wenn die Wahl von der Wahlprüfungsbehörde nicht beanstandet wurde, ist die erste Sitzung des Gemeinderats unverzüglich nach der Zustellung des Wahlprüfungsbescheides oder nach ungenutztem Ablauf der Wahlprüfungsfrist, sonst nach rechtskräftiger Erledigung der Beanstandung anzuberaumen. Bis zum Zusammentreten des neugebildeten Gemeinderats führt der bisherige Gemeinderat die Geschäfte weiter.

Wird die Wahl des Gemeinderats nach seinem Zusammentreten rechtskräftig **für ungültig erklärt,** so führt er die Geschäfte bis zum Ablauf des Tages weiter, an dem das berichtigte Wahlergebnis öffentlich bekanntgemacht wird. Die Rechtswirksamkeit der Tätigkeit des Gemeinderats bleibt in diesen Fällen unberührt.

– Vgl. § 33 Abs. 2 GemO.

1.6. Verpflichtung der Gemeinderäte

Die Mitglieder des Gemeinderats sind auf die gewissenhafte Erfüllung 376
ihrer Amtspflichten zu **verpflichten.**

– Vgl. § 35 Abs. 1 S. 2 GemO.

Das Abverlangen eines feierlichen Gelöbnisses ist verfassungsrechtlich zulässig. Eine **Eidesleistung** kann jedoch im Hinblick auf die Gewissensfreiheit **nicht gefordert** werden (*BVerfG* NJW 1989, 827).

Die „Verpflichtung" hat **keine konstitutive Wirkung.** Die Mitglieder des Gemeinderates werden bereits durch die Wahl bestellt. Beschlüsse, an denen ein noch nicht Verpflichteter mitgewirkt hat, sind deshalb nicht ungültig.

1.7. Verbot der Behinderung und Benachteiligung

Nach allen Gemeindeordnungen ist es untersagt, jemanden daran **zu hin-** 377
dern, das Amt eines Gemeinderats zu übernehmen und auszuüben. Weder **Kündigungen,** Versetzungen, Entlassungen oder andere **berufliche Benachteiligungen sind gestattet.** Soweit Ratsmitglieder in einem Dienst-oder Arbeitsverhältnis stehen, ist ihnen die erforderliche **freie Zeit** zu gewähren (vgl. hierzu *VGH BW* VBlBW 1984, 215; DVBl. 1992, 1044).

– Vgl. § 35 Abs. 2 GemO.

Außerdem haben sie nach der Gemeindeordnung einen Anspruch auf **Verdienstausfallentschädigung** und **Auslagenersatz** (vgl. hierzu *Heuvels,* Diäten für Ratsmitglieder, 1986 mwN).

– Vgl. § 21 GemO.

Eine **Beurlaubung zur Ausübung der Gemeinderatstätigkeit** ist hingegen nicht mit Sinn und Zweck der ehrenamtlichen Tätigkeit vereinbar und deshalb **unzulässig** (vgl. *Stober,* KommR, 2. Aufl. 1992, S. 101; *Ehlers,* NWVBl. 1990, 44, 48; *Hess.StGH* DVBl. 1991, 104).

1.8. Rechtsstellung der Gemeinderäte

378 *1.8.1.* Die Gemeinderäte üben eine **ehrenamtliche Tätigkeit eigener Art** aus (vgl. *BVerfGE* 12, 73 (80); 48, 64 (89)). Sie sind Inhaber eines öffentlichen Amts (*BVerfG* NVwZ 1994, 56 (57)), aber keine Ehrenbeamte.

– Vgl. § 35 Abs. 1 S. 1 GemO.

Auf der Grundlage dieses Status nehmen die Ratsmitglieder in Ausübung ihrer Kompetenzen **keine grundgesetzlichen Freiheiten** sondern **organschaftliche Befugnisse** eigener Art wahr. Macht hiernach etwa ein Ratsmitglied von seinem **Rederecht** Gebrauch, so findet dieses **nicht** seine Grundlage und seine Grenzen im Recht der **Meinungsfreiheit** (Art. 5 GG), sondern in den organschaftlichen Mitgliedschaftsrechten der Gemeindeordnung (so auch *Geis,* BayVBl. 1992, 41; *BVerwG* NVwZ 1988, 837 – mit allerdings dogmatisch unklarem Ansatz).

379 *1.8.2.* Die Gemeinderäte sind **als Mitglieder des Hauptorgans** der Gemeinde im Sinne des Art. 1 Abs. 3 GG an die Grundrechte, im Sinne des Art. 20 GG an das Demokratie-, das Sozialstaats- und das Rechtsstaatsprinzip gebunden.

– Zur Pflicht, für die freiheitliche demokratische Grundordnung aktiv einzutreten vgl. *Wimmer,* Verw.Rundsch. 1990, 375.

380 *1.8.3.* Die Gemeinderäte sind **Amtsträger** i. S. d. § 11 Abs. 1 Nr. 1b StGB und von § 7 Nr. 2 AO. Dies gilt auch bei rechtssetzender Tätigkeit. Sie sind **Beamte i. S. d. Amtshaftungsrechts** (*BGH* NVwZ 1986, 504; NJW 1990, 1038, jedoch **nicht im staatsrechtlichen Sinne.**

– Zur Unzulässigkeit der **Rechtsberatung** durch ein Gemeinderatsmitglied als Amtsträger im Sinne des Art. I § 3 Nr. 2 RBerG vgl. *OLG Karlsruhe,* Die Justiz 1992, 419.

381 *1.8.4.* Da die Gemeinderäte ehrenamtlich tätig sind, gelten für sie die Bestimmungen über die **Verschwiegenheitsplicht** und das **Vertretungsverbot ehrenamtlich tätiger Einwohner.** Art. 46 GG (Immunität und Indemnität) gilt für die Gemeinderäte hingegen nicht, da sie keine Abgeordneten sind.

– Vgl. § 19 Abs. 2 und 3 GemO.

382 *1.8.5.* Die Gemeinderäte **entscheiden** im Rahmen der Gesetze **nach ihrer freien, nur durch das öffentliche Wohl bestimmten Überzeugung.** Sie besitzen – mit Blick auf Art. 28 Abs. 1 S. 2 GG – ein **freies, nicht ein imperatives Mandat.** An Verpflichtungen und Aufträge, auch aus den eigenen Parteien, durch die diese Freiheit beschränkt wird, sind sie nicht gebunden (vgl. *BVerwG* DÖV 1992, 832; *BVerfGE* 11, 266, 273; *Frowein,* DÖV 1976,

44; vgl. auch *VGH Kassel* NVwZ 1984, 55 – Mandatsverzicht wegen abweichenden Abstimmungsverhaltens). **Fraktionszwang** ist **unzulässig.**

– Vgl. § 35 Abs. 3 GemO.

1.8.6. Aus dem Grundsatz der **repräsentativen Demokratie** ergibt sich das **383** Erfordernis des **Minderheitenschutzes** zugunsten der Gemeinderäte. Hiernach müssen die Verfahrensrechte im Kommunalrecht so ausgestaltet werden, daß auch Minderheiten die Chance haben, sich an der Arbeit des Gemeinderats angemessen zu beteiligen. Diesem Ziel dient speziell die Einräumung von Antragsrechten, Fragerechten, Kontrollrechten und Ausschußsitzen an Minderheiten (vgl. hierzu *Scholtis,* Minderheitenschutz in kommunalen Vertretungskörperschaften, 1986.

– Vgl. § 35 Abs. 3 GemO.

1.8.7. Eine **Beeinträchtigung der Rechtsstellung** der Gemeinderäte durch **384** ihre **Einschaltung in den Vollzug von Aufgaben des übertragenen Wirkungskreises (Weisungsaufgaben)** ist nach Auffassung des *BVerfG* (NVwZ 1989, 46) **nicht** gegeben. Art. 28 Abs. 2 GG steht dem nicht entgegen.

1.8.8. Die Gemeinderäte sind **verpflichtet, an den Sitzungen teilzuneh- 385 men.**

– Vgl. § 35 Abs. 4 GemO.

1.8.9. Erleidet ein Gemeinderat einen **Dienstunfall,** hat er dieselben Rechte **386** wie ein Ehrenbeamter.

– Vgl. § 35 Abs. 5 GemO.

1.8.10. Auf Gemeinderäte, die als Vertreter der Gemeinde in Organen eines **387** wirtschaftlichen Unternehmens (§ 97) **Vergütungen** erhalten, finden die für den Bürgermeister der Gemeinde geltenden Vorschriften über die **Ablieferungspflicht** entsprechende Anwendung.

– Vgl. § 35 Abs. 6 GemO.

1.9. Ausscheiden aus dem Gemeinderat und Beurlaubung

1.9.1. Außer durch Beendigung der Amtszeit scheidet das einzelne Ratsmit- **388** glied aus dem Gemeinderat aus

– durch Tod,
– durch Verlust der Wählbarkeit und nachträglicher Feststellung der Nichtwählbarkeit,
– bei Eintreten oder Bekanntwerden eines Hinderungsgrundes,
– bei Feststellen eines **wichtigen Grundes** (vgl. hierzu *VGH BW* DVBl. 1992, 1045)

– Vgl. § 34 Abs. 1 GemO.

Kein Ausscheidungsgrund ist die eigen- oder fremdbestimmte **Rotation.** Das vorzeitige Auswechseln von Gemeinderäten vor Ablauf der Amtszeit ist nicht vorgesehen und verletzt die Bestimmungen über die Dauer der Amtszeit.

389 *1.9.2.* **Der Sitz,** der durch das Nichteintreten, Ausscheiden oder die Feststellung der Nichtwählbarkeit eines Gemeinderats frei wird, **fällt dem als nächste Ersatzperson festgestellten Bewerber zu.**

– Vgl. § 34 Abs. 2 GemO.

390 *1.9.3.* Nicht geregelt in der Gemeindeordnung ist die Frage, ob sich ein Ratsmitglied von seiner Arbeit im Rat vorübergehend **beurlauben** lassen kann. Mit Blick auf die Funktionsfähigkeit des Gemeinderats ist eine solche Beurlaubung nur in Ausnahmefällen **bei Vorliegen eines wichtigen Grundes** zu tolerieren. Beispiele: (Längere) berufliche Abwesenheit, Studienreise ins Ausland. Ist ein Ratsmitglied jedoch aus vorgenannten Gründen für eine **erhebliche Zeit der Wahlperiode** nicht mehr in der Lage, sein Mandat auszuüben, muß er mit Blick auf das Demokratieprinzip, das eine Repräsentanz der gewählten Volksvertreter in den Vertretungsgremien fordert, **ausscheiden.**

– Zur **Mitwirkung weiterer Personen** im Gemeinderat vgl. § 44 GemO.

2. Der Gemeinderatsvorsitzende

2.1. Rechtsstatus

391 Nach allen Gemeindeordnungen steht dem Gemeinderat ein **Vorsitzender** vor. Seine Bezeichnung, seine Wahl und seine Funktionen sind indes unterschiedlich ausgestaltet.

In **Sachsen** ist Vorsitzender der durch Volkswahl bestellte **Bürgermeister** (Oberbürgermeister). Er hat im Gemeinderat **Stimmrecht.**

– Vgl. §§ 36 Abs. 1, 39 Abs. 5 S. 2 GemO.

2.2. Zuständigkeit

392 Der Vorsitzende des Gemeinderats ist in seiner spezifischen (organschaftlichen) Eigenschaft zuständig für

– die **Einberufung der Sitzungen,**
– die **Aufstellung der Tagesordnung,**
– die **Sitzungsleitung.**
Hierzu gehören die Eröffnung, Unterbrechung und Beendigung der Sitzung, die Steuerung und Überwachung des Verfahrens im Gemeinderat sowie die Ausübung der Ordnungsgewalt und des Hausrechts in der Sitzung.
– die (repräsentative) **Vertretung des Gemeinderats,**
– die **Vertretung des Gemeinderats bei organschaftlichen Rechtshandlungen** (z. B. Organstreitverfahren),
– die **Eilentscheidungskompetenz** für den Gemeinderat,
– das **Widerspruchsrecht** gegen rechtswidrige oder gemeinwohl-gefährdende Beschlüsse.

– Zu Einzelheiten vgl. Ziff. 3 und 10. Kap.

3. Der Bürgermeister

3.1. Rechtsstatus

3.1.1. Der Bürgermeister steht neben dem Gemeinderat als **zweites selb-** 393
ständiges Organ der Gemeinde. Er hat in **Sachsen** entsprechend dem Modell der süddeutschen Gemeinderatsverfassung eine starke Stellung (hierzu *Quecke,* VBlBW 1992, 407). Sie wird aus dem gesetzlich festgelegten Kreis von Zuständigkeiten sichtbar. Der Bürgermeister ist **geborener Vorsitzender des Gemeinderats** und **Leiter der Gemeindeverwaltung.** Gleichzeitig **vertritt er die Gemeinde.**

– Vgl. § 51 Abs. 1 GemO.

Die **Rechtshandlungen** des Bürgermeisters berechtigen und **verpflichten** 394
die Gemeinde unmittelbar, soweit der Wille für die Gemeinde zu handeln, erkennbar hervortritt. In kreisfreien Städten und Großen Kreisstädten führt der Bürgermeister die Amtsbezeichnung **Oberbürgermeister.**

– Vgl. § 51 Abs. 4 GemO.

3.1.2. **Verfassungsrechtlich** ist diese Ausgestaltung der Stellung des Bürger- 395
meisters **nicht zu beanstanden.** Art. 28 Abs. 2 GG statuiert diesbezüglich keine Vorgaben.

3.1.3. In Gemeinden ab 3000 Einwohnern ist der Bürgermeister **hauptamtli-** 396
cher Beamter auf Zeit, in Gemeinden mit bis zu 3000 Einwohnern ist der Bürgermeister **Ehrenbeamter auf Zeit.** In Gemeinden mit mehr als 2000 Einwohnern kann die Hauptsatzung bestimmen, daß der Bürgermeister hauptamtlicher Beamter auf Zeit ist. In Ausnahmefällen, insbesondere bei siedlungsstrukturellen Besonderheiten oder bei Vorliegen einer besonderen Aufgabenstruktur, kann in Gemeinden mit mehr als 1200 Einwohnern die Hauptsatzung mit Genehmigung des Landes bestimmen, daß der Bürgermeister hauptamtlicher Beamter auf Zeit ist.

3.1.4. Der Bürgermeister kann nicht gleichzeitig sonstiger Bediensteter der 397
Gemeinde sein.

– Vgl. § 51 Abs. 2 GemO.

3.1.5. **Disziplinarrechtlich** unterliegt der Bürgermeister der **Landesdiszi-** 398
plinarordnung (*BVerfG* NVwZ 1990, 357).

3.1.6. Der **Bürgermeister wird von den Bürgern in allgemeiner, unmit-** 399
telbarer, freier, gleicher und geheimer Wahl auf 7 Jahre gewählt.

– Vgl. §§ 51 Abs. 3, 48 Abs. 1 GemO.

Die **Volkswahl** ist eine **Form unmittelbarer Demokratie** auf Gemeindeebene, die mit Blick auf **Art. 28 Abs. 1 S. 2 GG** zulässig ist. Sie stärkt die Stellung des Bürgermeisters gegenüber der Bevölkerung und gegenüber dem Gemeinderat und ist ein **Gegengewicht zum Machtanspruch der Par-**

teien. Ihrer **Rechtsnatur** nach ist die Wahl ein politischer, durch das demokratische Mehrheitsprinzip legitimierter **Rechtsakt eigener Art.** Die Wahl ist nach den Grundsätzen der **Mehrheitswahl** durchzuführen. **Gewählt ist,** wer mehr als die Hälfte der gültigen Stimmen erhalten hat. Für den Fall, daß keiner der Bewerber im ersten Wahlgang mehr als die Hälfte der gültigen Stimmen erhalten hat, findet frühestens zwei Wochen und spätestens 4 Wochen nach der ersten Wahl **Neuwahl** statt, an der alle bisherigen Bewerber sowie auch Neubewerber teilnehmen können. Bei dieser Wahl entscheidet die höchste Stimmenzahl und bei Stimmengleichheit das Los.

– Vgl. § 48 Abs. 2 GemO.

Wählbar zum Bürgermeister sind **Deutsche** i. S. von Art. 116 GG, die am Wahltag das 21. aber noch nicht das 65. Lebensjahr vollendet haben (hierzu *VGH BW* VBlBW 1991, 429; *BVerfG* LKV 1993, 423 – zur Altersgrenze) und die allgemeinen persönlichen Voraussetzungen für die Berufung in das Beamtenverhältnis erfüllen. Die Vorschrift des § 31 Abs. 2 gilt entsprechend.

– Vgl. § 49 Abs. 1 GemO.

Wie bei der Wahl der Gemeinderäte gibt es auch bei der Wahl des Bürgermeisters **Hinderungsgründe.**

– Vgl. § 49 Abs. 2 GemO. Zum **Wahlzeitpunkt** vgl. § 50 Abs. 1 GemO.

Für den **Rechtsschutz** bei der Wahl zum Bürgermeister gelten **dieselben Grundsätze wie für die Gemeinderatswahlen.** Auch Bürgermeisterwahlen sind „Gemeindewahlen" (vgl. hierzu *VGH BW* ESVGH 36, 109; VBlBW 1991, 429; *Quecke,* BWVPr 1987, 242).

– Vgl. § 38 KomWG.

400 *3.1.7.* Für den Bürgermeister gelten die **beamtenrechtlichen Pflichten,** die **Pflichten ehrenamtlicher Bürger** sowie die **Befangenheitsvorschriften** für ehrenamtliche Bürger **entsprechend.**

– Vgl. § 58 GemO.

Als Beamter auf Zeit ist der Bürgermeister insbesondere auch zur **parteipolitischen Neutralität** verpflichtet (vgl. hierzu *BVerwG* NVwZ 1993, 375 (377)).

3.2. Zuständigkeit

3.2.1. Vorsitz im Gemeinderat

401 Der Bürgermeister ist Vorsitzender des Gemeinderats.

– Vgl. § 51 Abs. 1 GemO.

Seine Zuständigkeiten in dieser Funktion werden im 10. Kapitel dargestellt.

3.2.2. Leitung der Gemeindeverwaltung

Der Verwaltungsapparat, dessen sich die Gemeinde zur Erledigung ihrer **402**
Aufgaben bedient, ist die **Gemeindeverwaltung (Bürgermeisteramt).** Leiter der Gemeindeverwaltung ist der Bürgermeister.

– Vgl. § 51 Abs. 1 GemO.

Der Bürgermeister ist zuständig für die **innere Organisation** der Gemeindeverwaltung, speziell die **Gestaltung der inneren Verwaltung** durch **Schaffung von Ämtern und Abteilungen** sowie die **Geschäftsverteilung** (vgl. *VGH BW* BWVPr. 1978, 106). **Ämter und Abteilungen sind** rechtlich **unselbständige Dienststellen** der Körperschaft des öffentlichen Rechts „Gemeinde".

– Vgl. § 53 Abs. 1 GemO.

In Verbindung mit den Vorschriften des Landesbeamtenrechts und des Tarifrechts für Angestellte und Arbeiter ist er berechtigt, die **Aufgabenbereiche (Dienstposten) zu bestimmen,** welche die Bediensteten wahrnehmen sollen. Zu diesem Bestimmungsrecht gehört auch das Recht, verwaltungsinterne „**Umsetzungen"** vorzunehmen (vgl. *VGH BW* EKBW 1990, § 44 E 11).

Darüber hinaus hat der Bürgermeister Sorge zu tragen für die **sachgemäße Erledigung der Aufgaben** (vgl. hierzu *VGH BW* NVwZ 1985, 671) und den **ordnungsgemäßen Gang der Verwaltung.** Zur Erfüllung dieser Aufgaben steht ihm auch das **Weisungsrecht** zu. Er ist berechtigt, **allgemeine und spezielle Anordnungen** an Bedienstete hinsichtlich der Art der **Sachbearbeitung** zu erlassen. Speziell stehen ihm auch **Aufsichts- und Kontrollrechte** zu. **Beispiel:** Befugnis zur **Telefon-Datenüberwachung** (vgl. *VGH BW* Urteil v. 29. 1. 1991 – 4 S 1912/90). Er besitzt auch das **Selbsteintrittsrecht** hinsichtlich der Erledigung der Aufgaben der Gemeindeverwaltung.

Zur **Vermeidung von Störungen** des Gangs der Verwaltung steht ihm **gegenüber der Gemeindeverwaltung** auch die **Ordnungsgewalt** und gegenüber **außenstehenden Personen** als öffentlich-rechtliches Annexrecht das **Hausrecht** zu (vgl. hierzu *StGH BW* NJW 1988, 3199; *OVG Münster* NVwZ-RR 1991, 36 mwN).

3.2.3. Die Außenvertretung der Gemeinde

Der Bürgermeister ist in Sachsen auch **zuständig für die Außenvertre-** **403**
tung (gesetzliche Vertretung) der Gemeinde.

3.2.3.1. Die Vertretung ist nicht rechtsgeschäftliche, sondern **organschaftli-** **404**
che Vertretung. Erklärungen sind vor diesem Hintergrund **Erklärungen der Gemeinde selbst,** soweit der gesetzliche Vertreter im Namen der Gemeinde auftritt. Seine Fähigkeit, im Namen der Gemeinde Willenserklärungen abzugeben, kann weder durch eine Entschließung des Gemeinderats im Einzelfall noch durch Satzung beschränkt werden (vgl. *VGH BW* VBlBW 1982, 49).

Seine **Vertretungsmacht im Außenverhältnis** ist **im Rahmen der kommunalen Verbandskompetenz unbeschränkt und unbeschränkbar.** **Rechtsgeschäftliche Erklärungen** des Vertreters sind **im Außenverhältnis auch dann wirksam,** wenn er seine interne **Organzuständigkeit** (Vertretungsbefugnis) **überschritten hat, sofern kein Mißbrauch der Vertretungsmacht gegeben ist.**

405 *3.2.3.2.* Erklärungen, durch welche die Gemeinde **verpflichtet werden soll (Verpflichtungserklärungen),** bedürfen der **Schriftform** und sind vom Bürgermeister **handschriftlich zu unterzeichnen.**

– Vgl. § 60 Abs. 1 GemO.

Im Falle der Vertretung des Bürgermeisters müssen Erklärungen durch dessen Stellvertreter, den vertretungsberechtigten Beigeordneten oder durch zwei vertretungsberechtigte Bedienstete handschriftlich unterzeichnet werden.

– Vgl. § 60 Abs. 2 GemO.

Den Unterschriften soll die Amtsbezeichnung und im Falle der Vertretung des Bürgermeisters ein das Vertretungsverhältnis kennzeichnender Zusatz beigefügt werden.

– Vgl. § 60 Abs. 3 GemO.

Erklärungen, durch welche die Gemeinde **verpflichtet** werden soll, **können sowohl öffentlich-rechtlicher** als auch **privatrechtlicher** Natur sein.

Die **Verletzung** der **zwingenden Formvorschriften** macht **öffentlich-rechtliche Verträge,** durch welche die Gemeinde verpflichtet werden soll, nach § 59 Abs. 1 VwVfG i. V. m. § 125 BGB sowie sonstige öffentlich-rechtliche Verpflichtungserklärungen in entsprechender Anwendung des § 125 BGB **nichtig.**

Bei **privatrechtlichen Rechtsgeschäften** haben diese Formvorschriften wegen der nach Art. 55 EGBGB fehlenden Landeskompetenz zu Regelung zivilrechtlicher Formvorschriften nach Auffassung des *BGH* indes **nur die Bedeutung von Regelungen über die Vertretungsmacht** zur rechtswirksamen Vertretung der Gemeinde. Die **Formvorschrift** wird durch methodisch nicht unbedenkliche gesetzeskorrigierende Interpretation insoweit **als Zuständigkeitsregelung** zur Abgabe von privatrechtlichen Verpflichtungserklärungen **aufgefaßt. Verstöße** gegen diese Vorschriften führen deshalb nach § 125 BGB **nicht zur Nichtigkeit des Rechtsgeschäfts.** Allerdings sind in diesem Falle die **Vorschriften der §§ 177f. BGB** über die Vertretung ohne Vertretungsmacht **anzuwenden** (vgl. hierzu *BGH* DÖV 1984, 360; *NJW* 1980, 117; *OLG Karlsruhe* VBlBW 1984, 319). Die Verletzung der Formvorschriften führt deshalb bei Verträgen zu **schwebender Unwirksamkeit** des Vertrags. Der **Vertrag wird wirksam durch formgerechten Neuabschluß oder** formgerechte **Genehmigung** durch das zuständige Gemeindeorgan (vgl. hierzu für Arbeitsverträge *LAG Hamm* NVwZ 1990, 901). **Einseitige** Rechtsgeschäfte sind nach § 180 BGB **nichtig.**

I. Die Verwaltungsorgane

Handelt anstelle von zwei gemeinsam Vertretungsberechtigten nur einer, so ist der Vertrag wirksam, wenn der andere formgerecht die **Genehmigung** erteilt (*BGH* NJW 1982, 1036; DVBl. 1984, 335) **oder das materielle Einverständnis des Gemeinderats vorliegt** (*BGH* NVwZ 1990, 405).

3.2.3.3. Im Einzelfall kann die **Berufung der Gemeinde auf die Fehlerhaf-** 406 **tigkeit eines Rechtsgeschäfts** sowohl im öffentlich-rechtlichen als auch im privatrechtlichen Bereich **gegen Treu und Glauben** verstoßen (Einrede der Arglist oder des Rechtsmißbrauchs). Allerdings ist diese Möglichkeit auf Ausnahmefälle zu beschränken, da diese Vorschriften im wesentlichen nicht zugunsten Privater mit der Gemeinde kontrahierender Personen geschaffen wurden, sondern **zum Schutz der öffentlichen, kommunalen Interessen** (*BGH* NJW 1980, 117) und dieser Schutz durch eine weitgehende Zulassung dieser Einrede leerlaufen würde.

Im Hinblick auf diese ausschließlich objektiv-rechtlich geprägte Interessenlage ist die Geltendmachung von **Amtshaftungsansprüchen gegen die Gemeinde bei Verstoß gegen die Formvorschriften nicht möglich.** Die Pflicht zur Beachtung der Formvorschriften obliegt der Gemeinde **nicht als Amtspflicht zugunsten eines Dritten.** Die Geltendmachung von Ansprüchen wegen **culpa in contrahendo** ist **hingegen** nach Auffassung des *BGH* (NVwZ 1990, 406) **möglich.** Schadenersatzansprüche beschränken sich indes auf das **negative Interesse.** Die Vertretungsregelungen, die zum Schutz der Gemeinde erlassen sind, dürfen nicht durch Schadenersatzansprüche, die auf das positive Interesse gehen, unterlaufen werden.

3.2.3.4. Die Formvorschriften gelten **nicht** für Erklärungen in **Geschäften** 407 **der laufenden Verwaltung** oder aufgrund einer in der Form dieser Absätze ausgestellten **Vollmacht.**

– Vgl. § 60 Abs. 4 GemO.

3.2.4. Beauftragung Bediensteter durch den Bürgermeister; rechtsgeschäftliche Vollmacht

3.2.4.1. Beauftragung. Der Bürgermeister besitzt das Recht und die Pflicht 408 zur **Organisation der Gemeindeverwaltung.** Teil dieser Organisationsbefugnis ist das **Recht zur Verteilung der Geschäfte auf die gemeindlichen Dienststellen und die ihr angehörigen Bediensteten.** Rechtliches **Gestaltungsmittel zur Geschäftsverteilung** ist die **Beauftragung.** Nach der Gemeindeordnung kann der Bürgermeister Bedienstete **mit seiner Vertretung auf bestimmten Aufgabengebieten** oder **in einzelnen Angelegenheiten** der Gemeindeverwaltung **beauftragen** und diese zu **bevollmächtigen.**

Er kann diese Befugnis auf Beigeordnete für deren Geschäftskreis übertragen.

– Vgl. § 59 Abs. 1 GemO.

Die **Beauftragung** ist ihrer **Rechtsnatur** nach kein Auftrag im Sinne des § 662 BGB, sondern ein **öffentlich-rechtlicher verwaltungsinterner Organisationsakt.** Dem Beauftragten wird keine (abgeleitete) organschaftliche

Rechtsstellung im Sinne der §§ 89, 31 BGB vermittelt, sondern eine beschränkte **interne Vertretungsbefugnis (Sachbearbeitungs- und Entscheidungsbefugnis)** und eine **externe Vertretungsmacht.** Sie umfaßt sachlich entweder bestimmte Aufgabengebiete oder nur einzelne Angelegenheiten. Sie kann personen- oder sachgebietsbezogen formuliert sein und erfolgt in der Regel **durch den Geschäftsverteilungsplan oder durch Einzelweisung** des Bürgermeisters. Sie kann öffentlich-rechtliche und privatrechtliche Gegenstände betreffen.

Grenzen der Beauftragung ergeben sich **aus der zwingenden gesetzlichen Kompetenzzuordnung an die Gemeinde und** aus dem jeweiligen Inhalt und Umfang der Beauftragung **im Einzelfall.** Unzulässig wäre etwa, einen Beamten mit der Wahrnehmung des gesamten Geschäftsbereichs eines Beigeordneten zu beauftragen. Hierdurch würden die Regelungen über die Zuweisung von Geschäftskreisen an Beigeordnete ausgehöhlt.

Der **Umfang der externen Vertretungsmacht** richtet sich streng **nach Inhalt und Umfang der Beauftragung.** Soweit die Vertretungsmacht des Beauftragten beschränkt ist, **wirkt** diese **Beschränkung** im Außenverhältnis **gegenüber Dritten.** Allerdings gelten auch hier wie im Zivilrecht mit Blick auf den Grundsatz des Vertrauensschutzes die Regeln über die **Duldungs- und Anscheinsvollmacht,** speziell § 171 Abs. 2 BGB analog bei (öffentlicher) Bekanntmachung einer bestimmten Geschäftsverteilung. Die Beauftragung **bedarf keiner speziellen Form.** Der Beauftragte **unterschreibt** mit dem Zusatz **„im Auftrag".** Für Verpflichtungserklärungen ist § 60 GemO zu beachten.

Der **Widerruf** der Beauftragung liegt im **Organisationsermessen** des Bürgermeisters.

409 *3.2.4.2. Vollmacht.* Der Bürgermeister kann **in einzelnen Angelegenheiten** auch **rechtsgeschäftliche Vollmacht** erteilen.

Das hier **kraft öffentlichen Rechts angeordnete Recht zur Vollmachtserteilung bezieht sich auf öffentlich-rechtliche Rechtsgeschäfte** jeder Art, speziell auf öffentlich-rechtliche Verträge, soweit keine zwingenden Kompetenzvorschriften entgegenstehen. Das Recht zur Vollmachterteilung **auf dem Gebiete des Privatrechts ergibt sich aus der Privatrechtssubjektivität** der Gemeinden.

Bevollmächtigt werden können Rechtssubjekte jeder Art, gleichgültig ob sie innerhalb oder außerhalb der Gemeindeordnung stehen. Einer Bevollmächtigung bedarf es allerdings nicht, soweit das Handeln eines Gemeindebediensteten durch organschaftliche Vertretungsmacht oder durch Beauftragung gedeckt ist.

Für die Vollmacht gelten die **Regeln des BGB** im übrigen **analog.**

410 *3.2.4.3. Einrichtung von Beauftragtenstellen.* Die Gemeinden können für bestimmte Aufgabenbereiche **besondere Beauftragte** bestellen.

Zur Verwirklichung des Grundrechts der Gleichberechtigung von Frau und Mann haben die Gemeinden mit eigener Verwaltung **Gleichstellungsbeauftragte** zu bestellen. In Gemeinden mit mehr als 20 000 Einwohnern soll diese Aufgabe hauptamtlich erfüllt werden. Näheres regelt die Hauptsatzung.

Die Beauftragten sind in der Ausübung ihrer Tätigkeit **unabhängig** und können an den Sitzungen des Gemeinderats und der für ihren Aufgabenbereich zuständigen Ausschüsse mit beratender Stimme teilnehmen.

– Vgl. § 64 GemO.

Besondere Vertretungsbefugnisse oder die Übertragung über das Gemeinderecht hinausgehender Zuständigkeiten sind mit der Einrichtung solcher Stellen und der Übertragung entsprechender Dienstposten **nicht verbunden** (vgl. hierzu *Erlenkämper,* NVwZ 1986, 999; *Fuchs,* DÖV 1986, 363). **Rechtlich bedenklich** erscheint die „**Unabhängigkeit**" der Beauftragten vom Gemeinderat. Durch die Einräumung dieses Status an die Beauftragten wird in unzulässiger Weise die demokratisch zwingende Legitimationskette kommunalen Handelns zum Volk unterbrochen. Diese Feststellung gilt auch vor dem Hintergrund, daß die Beauftragten nur **beratende** Funktion haben. Auch die Beratungstätigkeit als Vorbereitung von Entscheidungen muß demokratisch legitimiert sein. Dies gilt jedenfalls dann, wenn die Tätigkeit des Beauftragten eine nicht nur unwesentliche ist / str. vgl. *Hill* DVBl. 1993, 973 (977) mwN; BVerfGE 83, 60 (74); BayVBl. 1992, 565 (567). Unbedenklich erscheint unter diesen Voraussetzungen lediglich die Unabhängigkeit vom Bürgermeister als Verwaltungsleiter, da dieser als Repräsentativorgan von verfassungswegen nicht zwingend gefordert wird.

3.2.5 Eilentscheidungsrecht.

In **dringenden** Angelegenheiten, deren Erledigung auch nicht bis zu einer **411** ohne Frist und formlos einberufenen Gemeinderatssitzung (§ 36 Abs. 3 S. 4) aufgeschoben werden kann, **entscheidet der Bürgermeister anstelle des Gemeinderats.** Die Gründe für die Eilentscheidung und die Art der Erledigung sind dem Gemeinderat unverzüglich mitzuteilen.

– Vgl. § 52 Abs. 3 GemO.

Dringend ist eine Angelegenheit, wenn ihr Aufschub zu nicht unwesentlichen **Nachteilen** für die Gemeinde oder Dritte führen würde. Der Begriff „dringend" ist ein unbestimmter Rechtsbegriff ohne Beurteilungsspielraum. Der Bürgermeister entscheidet **anstelle** des Gemeinderats. Er ist also nicht dessen Vertreter oder Beauftragter. Da er anstelle des Gemeinderats handelt, gehen seine **Befugnisse grundsätzlich so weit** wie die des Gemeinderats. Gewisse **Grenzen** des Eilentscheidungsrechts ergeben sich aus dem – mit Blick auf Art. 28 Abs. 1 S. 2 GG – **demokratisch begründeten Vorrang des Gemeinderats als Hauptorgan** der Gemeinde und aus dem Grundsatz des Vorrangs spezieller Regelungen. Aus dem Vorrang des Gemeinderats folgt, daß das Eilentscheidungsrecht inhaltlich nur soweit gehen darf, wie die Einschränkung der Rechte des Gemeinderats zum Funktionieren der Verwaltung **unerläßlich** ist.

Hiernach dürfen theoretisch zwar Entscheidungen **jeder Tragweite** per Eilentscheidung getroffen werden, speziell hinsichtlich sämtlicher **Vorbehaltsaufgaben,** etwa des Erlasses von **Satzungen** (so auch *OVG Münster* NWVBl. 1988, 336; *Ehlers,* NWVBl. 1990, 49) sowie der Begründung organschaftlicher Rechte. Derartige Entscheidungen müssen jedoch nach Geltungsinhalt, Umfang und Dauer auf das unbedingt notwendige Maß begrenzt werden.

Aus dem **Spezialitätsprinzip** folgt der Vorrang solcher Regelungen, die noch speziellere Zuständigkeitsregelungen als die des Eilentscheidungsrechts enthalten. Ein Beispiel dieser Art findet sich in der kommunalrechtlichen Regelung, wonach der Leiter des Rechnungsprüfungsamts nur durch den Gemeinderat abberufen werden darf.

– Vgl. § 103 Abs. 4 GemO.

Das Eilentscheidungsrecht bezieht sich **auf jedes Stadium** des Verfahrensablaufs im Gemeinderat. Ist die Eilentscheidung getroffen, sind der Gemeinderat und die Gemeinde an sie gebunden, wie wenn der Gemeinderat selbst durch Beschluß entschieden hätte.

Streitigkeiten darüber, ob der Bürgermeister zu Recht von seinem Eilentscheidungsrecht Gebrauch gemacht hat, können im **Kommunalverfassungsstreit** geklärt werden (*OVG Münster* NVwZ 1989, 989).

3.2.6. Geschäfte der laufenden Verwaltung

412 Der Bürgermeister erledigt in eigener Organzuständigkeit die Geschäfte der laufenden Verwaltung.

– Vgl. § 53 Abs. 2 S. 1 GemO.

3.2.6.1. Zu den **Geschäften der laufenden Verwaltung** gehören die Angelegenheiten, die für die Gemeinde **weder nach der wirtschaftlichen noch nach der grundsätzlichen Seite von wesentlicher Bedeutung sind und die mit einer gewissen Häufigkeit wiederkehren.** Ob ein Geschäft in einer bestimmten Gemeinde danach zur laufenden Verwaltung gehört, kann je nach der Größe, der Struktur, der Finanzkraft und der Verwaltungsintensität der Gemeinde unterschiedlich sein (*BGH* NJW 1980, 117; *OLG Karlsruhe* VBlBW 1984, 320 mwN). Eine **Präzisierung des Begriffs** in der **Hauptsatzung,** etwa durch Angabe von Wertgrenzen für Geschäfte der laufenden Verwaltung ist **rechtlich wirkungslos;** sie kann jedoch in eine **Übertragung** der genannten Geschäfte auf den Bürgermeister **umgedeutet werden.**

Als Geschäft der laufenden Verwaltung ist **beispielsweise** in der Regel die Beschaffung des laufenden Bürobedarfs der Gemeinde anzusehen. Werden **Anträge,** etwa Zuschußanträge, an die Gemeinde gestellt, richtet sich die **Organzuständigkeit** nicht nach dem Umfang der rechtlichen Begründetheit des Antrags, sondern **nach dem Antragsinhalt.** Allein der **Antrag** umschreibt die Bedeutung eines Geschäfts für die Gemeinde.

3.2.6.2. **Keine Geschäfte** der laufenden Verwaltung sind **in der Regel**   **413**
– die längerfristige Entscheidung über die Vergabe von Räumen (*VGH BW*
  VBlBW 1985, 460),
– die Zusage der Einstellung eines leitenden Beamten (*BVerwGE* 48, 65, 82),
– der Erlaß allgemeiner Richtlinien für die Vergabe von Sondernutzungen
  für Plakattafeln (*VGH BW* VBlBW 1987, 344) oder für die Zulassung von
  Bewerbern zu Volksfesten und Märkten (*VGH BW* VBlBW 1991, 185;
  381),
– die Festlegung der Abrechnungsgebiete nach § 130 BauGB und die Anordnung der Kostenspaltung (*VGH BW* ESVGH 22, 21),
– die Benennung von Straßen (*VGH BW* VBlBW 1992, 140 (142)).

3.2.6.3. Ob ein Geschäft der laufenden Verwaltung vorliegt, hat der Bürger-   **414**
meister **in eigener Zuständigkeit zu prüfen.**

Bei **Streitigkeiten zwischen Bürgermeister und Gemeinderat über die
Frage, ob ein Geschäft der laufenden Verwaltung vorliegt, kann Klage im
Kommunalverfassungsstreitverfahren** erhoben werden. Der Begriff „Geschäfte der laufenden Verwaltung" ist **ein unbestimmter Rechtsbegriff** ohne Beurteilungsspielraum. Er ist der vollen gerichtlichen Überprüfung zugänglich.

3.2.7. *Übertragene (staatliche) Aufgaben (Weisungsaufgaben)*

Weisungsaufgaben erledigt der **Bürgermeister in eigener Zuständigkeit,**   **415**
soweit gesetzlich nichts anderes bestimmt ist; dies **gilt nicht für den Erlaß
von Rechtsverordnungen und Satzungen.**

Diese Regelung gilt auch, wenn die Gemeinde in einer Angelegenheit
angehört wird, die aufgrund einer Anordnung der zuständigen Behörde **geheimzuhalten** ist. Bei der Erledigung von Weisungsaufgaben, die aufgrund
einer Anordnung der zuständigen Behörde geheimzuhalten sind, soweit in
den Fällen des Satzes 2 hat die Gemeinde die für die Behörden des Freistaates
Sachsen geltenden Geheimhaltungsvorschriften zu beachten.

– Vgl. § 53 Abs. 3 GemO.

Die Verpflichtung des Bürgermeisters zur Erledigung der Weisungsaufgaben ist **kein Fall der Organleihe,** da Zuordnungsendsubjekt der Weisungsaufgaben die Gemeinde als solche und nicht der Bürgermeister als „geliehe-
nes Organ des Landes" ist.

Der **Gemeinderat** hat in Ausübung der der Gemeinde zustehenden Orga-
nisations- und Personalhoheit sowie ihrer Finanzhoheit die zur Erfüllung der
übertragenen Aufgaben (Weisungsaufgaben) erforderlichen **persönlichen,
sachlichen und finanziellen Mittel zur Verfügung zu stellen.** Auch bei
Weisungsaufgaben folgt aus der Aufgabenlast die Ausgabenlast (Konnexitätsprinzip). Allerdings ist bei Mehrbelastung der Kommunen ein entsprechender Ausgleich zu schaffen (vgl. hierzu *Vietmeier,* DVBl. 1993, 195
mwN).

Bei Erledigung der übertragenen Aufgaben (Weisungsaufgaben) unterliegt
der Bürgermeister der **Fachaufsicht.** Sie erstreckt sich auf die **inhaltlich**

sachgerechte und zweckmäßige Erledigung der übertragenen Aufgaben. Ein Weisungsrecht bezüglich des Mitteleinsatzes, der Personalplanung und der Organisation der Erledigung der übertragenen Aufgaben steht der Fachaufsicht nicht zu.

3.2.8. Vom Gemeinderat übertragene Aufgaben

416 Der Bürgermeister erledigt in eigener Zuständigkeit die ihm **durch Rechtsvorschrift oder vom Gemeinderat übertragenen Aufgaben.** Die **dauernde Übertragung** der Erledigung bestimmter Aufgaben auf den Bürgermeister ist **durch die Hauptsatzung zu regeln.** Der Gemeinderat kann die Erledigung von Angelegenheiten, die er nicht auf beschließende Ausschüsse übertragen kann (§ 41 Abs. 2) auch nicht auf den Bürgermeister übertragen.

– Vgl. § 53 Abs. 2 GemO.

Der Gemeinderat hat hinsichtlich der Übertragungsentscheidung einen weiten **kommunalpolitischen Gestaltungsspielraum. Vorbehaltsaufgaben** sind jedoch von der Übertragung **ausgeschlossen, ebenso** kraft Natur der Sache der **Erlaß einer Geschäftsordnung** für den Gemeinderat.

Angelegenheiten, die durch die Hauptsatzung zur dauernden Erledigung übertragen wurden, können vom Gemeinderat nur durch Änderung der Hauptsatzung **wieder ganz oder teilweise an sich gezogen werden.** Im übrigen genügt hierzu ein einfacher Beschluß.

3.2.9. Vorgesetzter, Dienstvorgesetzter und oberste Dienstbehörde

417 Der Bürgermeister ist Vorgesetzter, Dienstvorgesetzter und oberste Dienstbehörde der Gemeindebediensteten.

– Vgl. § 53 Abs. 4 GemO.

Als Vorgesetzter der Gemeindebediensteten kann der Bürgermeister diesen für ihre dienstliche Tätigkeit **sachliche Anordnungen erteilen.**

Als **Dienstvorgesetzter** ist er zuständig für die beamtenrechtlichen Entscheidungen über die **persönlichen Angelegenheiten** der Beamten der Gemeinde. Für die Angestellten und Arbeiter der Gemeindeverwaltung gilt Entsprechendes unter Berücksichtigung der arbeits- und tarifrechtlichen Bestimmungen.

Als **oberste Dienstbehörde** wird er im Sinne des Landesbeamtenrechts für die Gemeindebeamten tätig.

Im Sinne der Vorschriften des Landespersonalvertretungsgesetzes ist er **Dienststellenleiter** (*BVerwG* Fundstelle BW 1983, Rdnr. 756).

3.2.10. Vollzug der Gemeinderatsbeschlüsse

418 3.2.10.1. Der Bürgermeister ist für den **Vollzug** der Gemeinderatsbeschlüsse zuständig.

– Vgl. § 52 Abs. 1 GemO.

3.2.10.2. **Vollzug bedeutet** rechtliche und tatsächliche **Verwirklichung** **419** (Umsetzung) eines Beschlusses entsprechend seinem Inhalt.

Vor dem Vollzug kommt dem Bürgermeister im Hinblick auf die Bindung an Recht und Gesetz (Art. 20 Abs. 2 GG) eine **formelle und materielle Prüfungsbefugnis** zu. Stellt er die Rechtswidrigkeit eines Beschlusses fest, hat er zu **widersprechen oder die sonst möglichen Rechtsbehelfe und Maßnahmen zur Rückgängigmachung zu ergreifen.** Beispiel: Nochmalige Vorlage an de Gemeinderat, Klage im Kommunalverfassungsstreitverfahren usw. Die Unterlassung des gebotenen Vollzugs ist eine Dienstpflichtverletzung des Bürgermeisters.

3.2.10.3. Ein **subjektives Recht Dritter** auf Vollzug der Beschlüsse **besteht** **420** **nicht.** Eine Verpflichtung zum Vollzug von Beschlüssen besteht nur dem Gemeinderat gegenüber. Dies gilt selbst dann, wenn der Beschluß auf eine Begünstigung des Bürgers gerichtet ist.

Entsprechendes gilt für den **Nichtvollzug rechtswidriger Beschlüsse** (vgl. *OVG Koblenz* NVwZ-RR 1990, 322).

3.2.10.4. Der Gemeinderat **überwacht** den Vollzug der Beschlüsse. Er be- **421** sitzt jedoch **kein Einmischungsrecht.**

– Vgl. § 28 Abs. 2 GemO.

3.3. Abwahl des Bürgermeisters

Der **Bürgermeister kann** von den Bürgern der Gemeinde **vorzeitig abge- 422 wählt** werden. Er ist abgewählt, wenn sich für die Abwahl eine Mehrheit der gültigen Stimmen ergibt, sofern diese **Mehrheit mindestens fünfzig von Hundert der Bürger beträgt.** Die Bestimmungen über den **Bürgerentscheid** gelten **entsprechend.** Der Bürgermeister scheidet mit dem Ablauf des Tages, an dem der Gemeindewahlausschuß die Abwahl feststellt, aus seinem Amt; er behält bis zum Ablauf seiner Amtszeit die Bezüge wie ein in den einstweiligen Ruhestand versetzter Beamter.

Zur **Einleitung des Abwahlverfahrens** bedarf es eines **Bürgerbegehrens.** Mit dem Bürgerbegehren muß mindestens ein Drittel der Bürger der Gemeinde schriftlich die Durchführung des Verfahrens verlangen; in Gemeinden mit mehr als 100000 Einwohnern kann die Hauptsatzung ein geringeres Quorum, jedoch nicht weniger als ein Fünftel, festsetzen. § 25 Abs. 2 Satz 1 und Abs. 2 findet Anwendung. Das Abwahlverfahren kann **auch durch einen von mindestens drei Viertel der Stimmen aller Mitglieder** des Gemeinderats **zu fassenden Beschluß** eingeleitet werden.

– Vgl. § 51 Abs. 7 GemO.

Die Abwahlmöglichkeit des Bürgermeisters durch das Volk ist im System der Süddeutschen Gemeinderatsverfassung **ein Novum. Verfassungsrechtliche Bedenken,** die gegen die vorzeitige Abwahl von Bürgermeistern erhoben werden, die durch den Gemeinderat gewählt und abgewählt werden, bestehen bei diesem Verfahren **nicht**.

– Zu diesem Problemkreis vgl. *Gern*, Deutsches Kommunalrecht 1994, 9. Kap., Ziff. 3.3. mwN.

4. Stellvertreter des Bürgermeisters

423   Um eine reibungslose Verwaltung der Gemeinde sicherzustellen, müssen nach allen Gemeindeordnungen **in allen Gemeinden Vertreter des Bürgermeisters** bestellt werden. Teils sind die Stellvertreter in **ehrenamtlicher Funktion** tätig und werden aus der Mitte des Gemeinderats gewählt, teils ist die Vertretung durch (hauptamtliche) **Beigeordnete** oder **sonstige Beamte** der Gemeinde wahrzunehmen. Zum Teil sind sie **allgemeine Stellvertreter** oder in der Vertretung auf einzelne **Sachbereiche beschränkt,** teilweise sind sie auch nur sog. **Verhinderungsstellvertreter.** Die interne Vertretungsbefugnis und die externe Vertretungsmacht sind entsprechend unterschiedlich in ihrer Reichweite ausgestaltet.

In **Sachsen** bestellt der Gemeinderat **in Gemeinden ohne Beigeordnete** (§ 55) aus seiner Mitte einen oder mehrere Stellvertreter. Die **Stellvertretung beschränkt sich auf die Fälle der Verhinderung.** Die Stellvertreter werden nach jeder Wahl des Gemeinderats neu bestellt. Sie werden in der Reihenfolge der Stellvertretung je in einem besonderen Wahlgang gewählt. Sind alle bestellten Vertreter vorzeitig ausgeschieden oder sind im Fall der Verhinderung des Bürgermeisters auch alle Stellvertreter verhindert, hat der Gemeinderat unverzüglich einen oder mehrere Stellvertreter neu oder auf die Dauer der Verhinderung zusätzlich zu bestellen. Bis zu dieser Bestellung nimmt das an Lebensjahren älteste, nicht verhinderte Mitglied des Gemeinderats die Aufgaben des Stellvertreters des Bürgermeisters wahr.

– Vgl. § 54 Abs. 1 GemO.

Die Bestellung zum Stellvertreter ist **Verwaltungsakt** des Gemeinderats. Sie ändert den Außenrechtsstatus der Gewählten.

Soweit die **externe Vertretungsmacht** der Stellvertreter kraft Gesetzes festgelegt ist, ist sie in diesem Umfang regelmäßig **unbeschränkbar.** Diese Rechtsfolge gebietet der Vertrauensschutz des Bürgers. Im **Innenverhältnis** kann die Vertretungsbefugnis **jedoch** durch Entscheidung des Gemeinderats oder des Bürgermeisters im Rahmen des gesetzlich zugewiesenen Aufgabenbereichs **beschränkt werden.**

Kommunalverfassungsrechtlich sind die Vertreter sog. **Organvertreter** und können in dieser Eigenschaft am **Kommunalverfassungsstreitverfahren** beteiligt sein.

5. Beigeordnete

Fast alle Gemeindeordnungen sehen das Rechtsinstitut der Beigeordneten **424** vor. Ihr Rechtsstatus und ihre Zuständigkeiten variieren in den einzelnen Bundesländern jedoch erheblich.

5.1. Einrichtung von Beigeordnetenstellen

In **Sachsen können** in Gemeinden mit mehr als 10000 Einwohnern, in **425** kreisfreien Städten **müssen** als Stellvertreter des Bürgermeisters ein **hauptamtlicher Beigeordneter oder mehrere hauptamtliche Beigeordnete** bestellt werden. Die Zahl der Beigeordneten wird entsprechend den Erfordernissen der Gemeindeverwaltung durch die **Hauptsatzung** bestimmt. Sie darf höchstens betragen in Gemeinden von

mehr als	10000		
bis zu	20000	Einwohnern	1,
bis zu	40000	Einwohnern	2,
bis zu	60000	Einwohnern	3,
bis zu	100000	Einwohnern	4,
bis zu	200000	Einwohnern	5,
bis zu	400000	Einwohnern	6,
mit mehr als	400000	Einwohnern	8.

Neben den Beigeordneten können **Stellvertreter** des Bürgermeisters nach § 54 Abs. 1 bestellt werden, die den Bürgermeister im Falle seiner Verhinderung vertreten, wenn auch alle Beigeordneten verhindert sind.

– Vgl. § 55 Abs. 1 und 2 GemO.

5.2. Wahl der Beigeordneten und Bestellung

Die Beigeordneten werden **vom Gemeinderat** je in einem besonderen **426** Wahlgang auf **7 Jahre gewählt**. Die **Wahl** ist ihrer Rechtsnatur nach **schlichter Gemeinderatsbeschluß ohne Verwaltungsqualität** (vgl. *VGH BW ESVGH* 34, 45). **Vollzogen** wird die Wahl **durch Bestellung**. Die Bestellung erfolgt durch **Ernennung zum Beamten auf Zeit** (vgl. *VGH BW ESVGH* 3, 82). Sie verleiht dem Gewählten den kommunalverfassungsrechtlichen und beamtenrechtlichen Status.

– **Zum Rechtsschutz** bei Nichtwahl vgl. *Gern,* KommR BW, 5. Aufl. 1992, Rdnr. 277f.; aA als Gern OVG Schleswig NVwZ 1993, 1124 für NdS.

Sieht die Hauptsatzung **mehrere Beigeordneten** vor, sollen die Parteien und Wählervereinigungen nach dem Verhältnis ihrer Sitze im Gemeinderat berücksichtigt werden.

– Vgl. § 56 Abs. 1 und 2 GemO.

5.3. Vertretungsmacht und Zuständigkeit der Beigeordneten

427 Die Beigeordneten **vertreten** den Bürgermeister **in zweifacher Hinsicht:**

5.3.1. Die Beigeordneten sind **ständige Vertreter** des Bürgermeisters **in ihrem Geschäftskreis.**

– Vgl. § 55 Abs. 3 S. 1 GemO.

Beigeordneten werden Geschäftskreise zugeordnet. Diese **Zuordnung vermittelt die Leitungs- und Entscheidungszuständigkeit** für den Beigeordneten im Geschäftskreis. Die **Geschäftskreise grenzt der Bürgermeister im Einvernehmen mit dem Gemeinderat ab.** Kommt eine Einigung nicht zustande, entscheidet die Rechtsaufsicht. Von ihrer **Rechtsnatur** her ist die **Zuordnung** eines Geschäftskreises eine organisationsrechtliche **verwaltungsinterne Anordnung ohne Verwaltungsaktqualität,** vergleichbar mit der beamtenrechtlichen Übertragung eines Amtes im konkret funktionellen Sinne (Dienstposten, vgl. hierzu *BVerwGE* 60, 146).

Die Vertretungsmacht der Beigeordneten **in ihrem Geschäftskreis ist im Außenverhältnis unbeschränkt und** – im Rahmen der Verbandkompetenz – **unbeschränkbar.** Im **Innenverhältnis** kann die Vertretungsbefugnis durch den Bürgermeister **durch** allgemeine oder Einzelfallweisung **beschränkt** werden.

– Vgl. § 55 Abs. 3 S. 3 GemO.

Strittig ist, **ob die Geschäftskreise eines Beigeordneten während der Amtszeit** ohne Zustimmung des Beigeordneten **geändert werden können.** Nach *Kunze/Bronner/Katz/v.* Rotberg (GemO BW, § 33 Anm. 1 2d) ist dieses Verfahren zulässig. *Greiner* (VBlBW 1988, 331) hält hingegen diese Möglichkeit im Hinblick auf das Prinzip des Vertrauensschutzes selbst dann für unzulässig, wenn der Ausschreibung ein Änderungsvorbehalt beigefügt war. Die erstgenannte Auffassung verdient den Vorzug. Die **Änderung** der Geschäftskreise ist ebenso wie die Zuordnung eine **organisationsrechtliche verwaltungsinterne Anordnung** ohne Verwaltungsaktqualität, die ausschließlich im öffentlichen Interesse ergeht und subjektive Rechte des Beigeordneten nicht begründet. Ist ein öffentliches Interesse an der Änderung gegeben, ist diese zulässig.

Der Bürgermeister darf dabei allerdings **nicht** den dem Beigeordneten zugewiesenen Geschäftskreis **entziehen** oder **aushöhlen.** Aus dem Bestehen des Weisungsrechts folgt zwar, daß der Bürgermeister intern Einfluß auf die Art der Erledigung der Aufgaben im Geschäftsbereich des Beigeordneten nehmen darf; **nicht** jedoch folgt hieraus, daß er **die Bearbeitung von Vorgängen an sich ziehen darf oder sich die Unterzeichnungsbefugnis in einzelnen Fällen vorbehalten darf.**

428 *5.3.2.* Die Beigeordneten sind unabhängig von ihrem Geschäftskreis auch **Verhinderungsstellvertreter** des Bürgermeisters.

– Vgl. § 55 Abs. 2 GemO.

I. Die Verwaltungsorgane

Der Gemeinderat bestimmt im Einvernehmen mit dem Bürgermeister, in welcher Reihenfolge die Beigeordneten den Bürgermeister im Falle seiner Verhinderung vertreten.

– Vgl. § 55 Abs. 4 und 5 GemO.

Die **Vertretungsmacht** der Beigeordneten in dieser Funktion ist **im Außenverhältnis** gesetzlich auf den Fall der **tatsächlichen** oder **rechtlichen** Verhinderung des Bürgermeisters **beschränkt**. Im **Innenverhältnis** kann auch in diesem Falle der Bürgermeister die Vertretungsbefugnis durch Weisungen **beschränken**.

5.4. Funktion der Beigeordneten im Gemeinderat

Die Beigeordneten nehmen an den **Sitzungen des Gemeinderats** und der **429** für ihren Geschäftskreis zuständigen Ausschüsse mit **beratender Stimme** teil.

– Vgl. § 44 Abs. 5 GemO.

Dieser Status gibt ihnen das Recht, zu den Sitzungen **geladen** zu werden und sich jederzeit **zu Wort zu melden**. Ein **Antragsrecht** steht ihnen allerdings **nicht** zu. Hier und in beschließenden Ausschüssen haben sie auch **kein Stimmrecht** (vgl. hierzu *Bacher* VBlBW 1991, 448). Stimmt ein Beigeordneter unzulässigerweise mit ab, so ist ein Gemeinderatsbeschluß allein deshalb allerdings noch nicht rechtswidrig. Vielmehr ist bei der Feststellung des Abstimmungsergebnisses die Stimme des Beigeordneten **in Abzug** zu bringen.

Beigeordnete nehmen als leitende, **weisungsgebundene Gemeindebeamte** an den Sitzungen des **Gemeinderats** teil. Sie sind **dabei nicht an ihren Geschäftsbereich gebunden**. Aus dem Prinzip der **Einheit der Verwaltung** und ihrer spezifischen Stellung folgt jedoch, daß sie dabei die Meinung der vom Bürgermeister geleiteten Verwaltung und **nicht ihre persönliche Ansicht zu vertreten** haben (*Gern/Wachenheim,* BWVPr 1979, 174). Ein Argumentationsspielraum im Rahmen ihrer Kompetenz steht ihnen nur zu, soweit der Bürgermeister verwaltungsintern für das Verhalten im Gemeinderat keine (konkreten) Anweisungen erteilt hat.

5.5. Amtsbezeichnung

In kreisfreien Städten und Großen Kreisstädten kann der Gemeinderat den **430** Beigeordneten die **Amtsbezeichnung Bürgermeister** verleihen.

– Vgl. § 55 Abs. 4 S. 2 GemO.

5.6. Abwahl der Beigeordneten

Beigeordnete können vom Gemeinderat vorzeitig **abgewählt** werden. Der **431** Antrag auf vorzeitige Abwahl muß von der Mehrheit aller Mitglieder des Gemeinderats gestellt werden. Der Beschluß über die Abwahl bedarf einer **Mehrheit von zwei Dritteln der Stimmen aller Mitglieder** des Gemeinderats. Über die Abwahl ist zweimal zu beraten und zu beschließen. Die zweite Beratung darf frühestens vier Wochen nach der ersten erfolgen.

Der Beigeordnete scheidet mit dem Ablauf des Tages, an dem die Abwahl zum zweitenmal beschlossen wird, aus seinem Amt. Er erhält bis zum Ablauf seiner Amtszeit die Bezüge wie ein in den einstweiligen Ruhestand versetzter Beamter.

– Vgl. § 56 Abs. 4 und 5 GemO.

Die Abwahl ist **Verwaltungsakt** des Gemeinderats. Sie ändert den **Außenrechtsstatus** des Abgewählten.

– Zur **Verfassungsrechtlichen Problematik** der vorzeitigen Abwahl durch den Gemeinderat vgl. *Gern,* Deutsches Kommunalrecht, 1994, 9. Kap., Ziff. 3.3. mwN.

6. Amtsverweser

432 **6.1.** Für den Fall, daß in Gemeinden ohne Beigeordnete die Stelle des Bürgermeisters voraussichtlich längere Zeit **unbesetzt,** oder der Bürgermeister **voraussichtlich längere Zeit** an der Ausübung seines Amtes **verhindert** ist, kann der Gemeinderat mit der Mehrheit der Stimmen aller Mitglieder einen **Amtsverweser** bestellen. Der Amtsverweser muß zum Bürgermeister wählbar sein. Er ist von der Gemeinde zum Beamten zu bestellen.

– Vgl. § 54 Abs. 2 GemO.

433 **6.2.** **Ein zum Bürgermeister der Gemeinde gewählter Bewerber** kann vom Gemeinderat mit der Mehrheit der Stimmen aller Mitglieder nach Feststellung der Gültigkeit der Wahl durch die Wahlprüfungsbehörde oder nach ungenutztem Ablauf der Wahlprüfungsfrist **im Falle der Anfechtung der Wahl** vor der rechtskräftigen Entscheidung über die Gültigkeit der Wahl **zum Amtsverweser** bestellt werden. Er ist in Gemeinden mit hauptamtlichem Bürgermeister als hauptamtlicher Beamter auf Zeit, in Gemeinden mit ehrenamtlichem Bürgermeister als Ehrenbeamter auf Zeit zu bestellen. Seine **Amtszeit** beträgt **zwei Jahre.** Wiederbestellung ist zulässig. Die **Amtszeit endet vorzeitig** mit der Rechtskraft der Entscheidung über die Gültigkeit der Wahl zum Bürgermeister.

Der Amtsverweser führt die Bezeichnung „Bürgermeister".

– Vgl. § 54 Abs. 3 GemO.

434 **6.3.** Die Bestellung eines Amtsverwesers steht im **Ermessen** des Gemeinderats. **Die Bestellung erfolgt durch Wahl des Gemeinderats und Ernennung.**

7. Ausschüsse

7.1. Rechtsnatur

435 Die Gemeindeordnung sieht **beschließende** und **beratende** Ausschüsse vor. **Sie dienen der Entlastung des Gesamtgemeinderats,** damit dieser sich auf die Beratung und Beschlußfassung der wichtigeren, gemeinderechtlich nicht auf die Ausschüsse übertragbaren Aufgaben konzentrieren kann (*BVerwG* NVwZ-RR 1988, 42; NVwZ 1993, 375 (376)) sowie der sachkundigen Vorberatung von Fach- und Detailfragen, um die Entscheidungsgrundlagen des Gemeinderats zu optimieren. Sie sind keine Organe der Gemeinde, aber **Organteile** des Gemeinderats **mit eigenen Innenrechtspositionen,** die im Kommunalverfassungsstreit geltend gemacht werden können. Teilweise ist die Bildung von Ausschüssen außerhalb der Gemeindeordnung geregelt, z. B. der Gemeindewahlausschuß nach Kommunalwahlrecht, Gutachterausschuß (§ 192 BauGB), Umlegungsausschuß (§ 46 Abs. 2 Ziff. 1 BauGB), Werks- bzw. Betriebsausschuß nach Eigenbetriebsrecht oder Jugendhilfeausschuß nach dem Jugendhilfegesetz (hierzu *Erlenkämper,* NVwZ 1993, 434).

7.2. Beschließende Ausschüsse

7.2.1. **Durch die Hauptsatzung** kann der Gemeinderat beschließende Aus- **436** schüsse bilden und ihnen bestimmte Aufgabengebiete zur dauernden Erledigung übertragen. Durch Beschluß kann der Gemeinderat einzelne Angelegenheiten auf bestehende beschließende Ausschüsse übertragen oder für ihre Erledigung beschließende Ausschüsse bilden.

7.2.2. Auf beschließende Ausschüsse kann **nicht** übertragen werden die Be- **437** schlußfassung über **Vorbehaltsaufgaben.**

– Vgl. § 41 Abs. 1 und 2 GemO.

7.2.3. Im Rahmen ihrer Zuständigkeit **entscheiden** die beschließenden Ausschüsse **an Stelle des Gemeinderats.** Ergibt sich, daß eine Angelegenheit für die Gemeinde von besonderer Bedeutung ist, können die beschließenden Ausschüsse die Angelegenheit **dem Gemeinderat zur Beschlußfassung unterbreiten.** Ein Viertel aller Mitglieder eines beschließenden Ausschusses kann verlangen, daß eine Angelegenheit dem Gemeinderat zur Beschlußfassung unterbreitet wird, wenn sie für die Gemeinde von besonderer Bedeutung ist. Lehnt der Gemeinderat eine Behandlung ab, entscheidet der zuständige beschließende Ausschuß. Der **Gemeinderat kann jede Angelegenheit an sich ziehen und Beschlüsse der beschließenden Ausschüsse,** solange sie noch nicht vollzogen sind, **ändern oder aufheben.** Der Gemeinderat kann den beschließenden Ausschüssen allgemein oder im Einzelfall auch **Weisungen** erteilen.

– Vgl. § 41 Abs. 3 GemO.

7.2.4. Angelegenheiten, deren Entscheidung dem Gemeinderat vorbehalten **438** ist, sollen den beschließenden Ausschüssen innerhalb ihres Aufgabengebiets **zur Vorberatung** zugewiesen werden. Durch die Hauptsatzung kann bestimmt werden, daß Anträge, die nicht vorberaten worden sind, auf Antrag des Vorsitzenden oder eines Fünftels aller Mitglieder des Gemeinderats den zuständigen beschließenden Ausschüssen zur Vorberatung überwiesen werden müssen.

– Vgl. § 41 Abs. 4 GemO.

439 7.2.5. Für die beschließenden Ausschüsse gelten die §§ 36 bis 40 und § 52 Abs. 2 und 3 entsprechend. **Sitzungen, die der Vorberatung dienen,** sind **in der Regel nichtöffentlich.** Ist ein beschließender Ausschuß wegen Befangenheit von Mitgliedern nicht beschlußfähig, entscheidet der Gemeinderat in den Fällen des § 41 Abs. 3 an seiner Stelle, in den Fällen des Absatzes 4 ohne Vorberatung. Die **Entscheidung** nach § 52 Abs. 2 Satz 5 im **Falle des Widerspruchs** des Bürgermeisters trifft der Gemeinderat.

– Vgl. § 41 Abs. 5 GemO.

7.3. Zusammensetzung der beschließenden Ausschüsse

440 7.3.1. Die beschließenden Ausschüsse **bestehen aus dem Vorsitzenden und mindestens vier Mitgliedern.** Der **Gemeinderat bestellt** die Mitglieder und deren Stellvertreter in gleicher Zahl **widerruflich** (hierzu *VGH BW* BWGZ 1993, 164) aus seiner Mitte. Nach jeder Wahl der Gemeinderäte sind die beschließenden Ausschüsse neu zu bilden.

441 7.3.2. Die **Zusammensetzung** der Ausschüsse **soll der Mandatsverteilung im Gemeinderat entsprechen** (vgl. hierzu *BVerwG* NVwZ 1993, 375 (377)). Kommt eine Einigung über die Zusammensetzung eines beschließenden Ausschusses nicht zustande, werden die Mitglieder von den Gemeinderäten aufgrund von Wahlvorschlägen nach den Grundsätzen der **Verhältniswahl** unter Bindung an die Wahlvorschläge gewählt. Wird nur ein gültiger oder kein Wahlvorschlag eingereicht, findet **Mehrheitswahl** ohne Bindung an die vorgeschlagenen Bewerber statt. Geringere Abweichungen von den politischen Kräfteverhältnissen im Gemeinderat sind mit Blick auf das Demokratieprinzip und die Chancengleichheit der Parteien nicht zu beanstanden (vgl. *BVerwG* NVwZ RR 1988, 42).

Die Bestellung der Mitglieder durch Wahl ist **Verwaltungsakt** des Gemeinderats.

442 7.3.3. Der **Bürgermeister** kann einen Beigeordneten oder, wenn die Gemeinde keinen Beigeordneten hat oder alle Beigeordneten verhindert sind, ein **Mitglied des Ausschusses,** das Gemeinderat ist, **im Vorsitz** des beschließenden Ausschusses mit seiner Vertretung **beauftragen.**

443 7.3.4. **Gemeinderäte,** die nicht Mitglied des Ausschusses sind, **können an allen Sitzungen des Ausschusses teilnehmen,** auch wenn diese nichtöffentlich sind.

– Vgl. § 42 GemO.

7.4. Beratende Ausschüsse

444 7.4.1. Durch die **Hauptsatzung** kann der Gemeinderat zur Vorberatung auf bestimmten Gebieten **beratende** Ausschüsse **bilden.** Durch **Beschluß** kann

I. Die Verwaltungsorgane

der Gemeinderat bestehende beratende Ausschüsse mit der Vorberatung einzelner Angelegenheiten **beauftragen** oder für ihre Vorberatung beratende Ausschüsse bilden. Ist ein beratender Ausschuß wegen Befangenheit von Mitgliedern nicht beschlußfähig, entfällt die Vorberatung.

7.4.2. Die Sitzungen der beratenden Ausschüsse sind **nichtöffentlich.**   445

7.4.3. Für die beratenden Ausschüsse gelten die §§ 36, 37 Abs. 2 Halbsatz 1, §§ 38 bis 40 und 42 **entsprechend.** Die **Hauptsatzung kann bestimmen, daß** der Ausschuß **den Vorsitzenden aus seiner Mitte wählt,** der insoweit die Aufgaben des Bürgermeisters wahrnimmt; der Bürgermeister hat das Recht, an den Sitzungen des Ausschusses teilzunehmen.

7.5. Nichtbeteiligung an Ausschüssen

7.5.1. **Ratsmitglieder werden** nach der überwiegenden Meinung **durch die**   446 **Nichtbeteiligung** an Gemeinderatsausschüssen **nicht an der Wahrnehmung der ihnen obliegenden elementaren Rechte** und Aufgaben in einer mit ihrer Stellung nicht zu vereinbarenden Weise **beeinträchtigt** (*VGH BW* BWGZ 1993, 164; *VGH München* NVwZ 1990, 1197; aA aber *OVG Bremen* NVwZ 1990, 1195). Eine analoge Anwendung der Minderheitenschutzvorschrift des Art. 38 Abs. 1 S. 2 GG kommt nicht in Betracht (*VGH München* NVwZ-RR 1993, 267).

Deshalb hat **nicht jedes Ratsmitglied** einen **Anspruch auf Wahl** in einen Ausschuß (aA für das Staatsverfassungsrecht *BVerfG* DVBl. 1989, 820). Ein **(fraktionsloses) Gemeinderatsmitglied,** das in keinem der beschließenden Ausschüsse des Gemeinderats vertreten ist, hat **auch keinen Anspruch** darauf, daß ihm gestattet wird, in den Sitzungen dieser Ausschüsse Anträge zu stellen und an den Diskussionen teilzunehmen (vgl. *VGH BW* NVwZ 1990, 893; BWGZ 1993, 164). Seinem Informationsrecht wird in ausreichender Weise dadurch genügt, daß er jederzeit das Recht hat, an öffentlichen und nichtöffentlichen Sitzungen **als Zuhörer** teilzunehmen (vgl. *VGH BW* VBlBW 1988, 409 (410)). Eine Klage im Kommunalverfassungsstreitverfahren ist deshalb regelmäßig erfolglos.

7.5.2. **Auch Ratsfraktionen** haben mit Blick auf den Grundsatz der reprä-   447 sentativen Demokratie **keinen Anspruch** darauf, in jedem Ausschuß unabhängig von der Zahl ihrer Mitglieder mit Sitz und Stimme vertreten zu sein (*BVerwG* NVwZ-RR 1993, 209).

– Zur möglichen **Neubildung** und **Umbildung** der Ausschüsse während der Wahlperiode vgl. *VGH BW* BWGZ 1993, 164.

7.6. Mitwirkung weiterer Personen in den Ausschüssen

7.6.1. Die Ausschüsse können **sachkundige Einwohner** und Sachverständi-   448 ge zur Beratung einzelner Angelegenheiten **hinzuziehen.**

7.6.2. Der Gemeinderat kann sachkundige Einwohner widerruflich **als bera-**   449 **tende Mitglieder** in beratende und beschließende Ausschüsse berufen. Ihre

Zahl darf die der Gemeinderäte in den einzelnen Ausschüssen nicht erreichen. Sie sind ehrenamtlich tätig.

450 *7.6.3.* Die Ausschüsse können bei öffentlichen Sitzungen Einwohnern und den ihnen nach § 10 Abs. 3 gleichgestellten Personen sowie Vertretern von Bürgerinitiativen die Möglichkeit einräumen, **Fragen** zu Gemeindeangelegenheiten **zu stellen** oder Anregungen und Vorschläge zu unterbreiten **(Fragestunde);** zu den Fragen nimmt der Vorsitzende oder ein von ihm Beauftragter Stellung.

451 *7.6.4.* Bei der Vorbereitung wichtiger Entscheidungen können die Ausschüsse betroffenen Personen und Personengruppen Gelegenheit geben, ihre Auffassung vorzutragen **(Anhörung),** soweit die Anhörung nicht gesetzlich vorgeschrieben ist.

452 *7.6.5.* Die **Beigeordneten** nehmen an den Sitzungen der für ihren Geschäftskreis zuständigen Ausschüsse **mit beratender Stimme** teil.

453 *7.6.6.* Der Vorsitzende kann den **Vortrag** in den Sitzungen **einem Bediensteten** der Gemeinde übertragen; auf Verlangen des Gemeinderats muß er einen solchen zu sachverständigen Auskünften hinzuziehen.

454 *7.6.7.* Das Nähere regelt die Geschäftsordnung.

– Vgl. § 44 GemO.

7.7. Sitzung mehrerer Ausschüsse

455 **Mehrere Ausschüsse** können auch **gemeinsame Sitzungen** abhalten und gemeinsam beraten. Das Beschlußverfahren ist in diesem Fall jedoch getrennt durchzuführen. Sowohl die Beschlußfähigkeit als auch die Stimmabgabe ist für jeden Ausschuß separat zu ermitteln.

– Zur zeitlichen Reihenfolge von öffentlicher Ortschaftsratssitzung und nichtöffentlicher Ausschußvorberatung vgl. *Gern/Schäfer,* BWVPr 1987, 12).

7.8. Fehlerhafte Vorberatung

456 Wird in einer Angelegenheit eine vorgesehene Vorberatung nicht oder fehlerhaft durchgeführt, ist dieser Mangel **ohne Einfluß** auf die Rechtmäßigkeit eines nachfolgenden Gemeinderatsbeschlusses.

8. Ältestenrat

457 **8.1.** Zur **Beratung des Bürgermeisters in Fragen der Tagesordnung und des Gangs der Verhandlungen** des Gemeinderats kann durch **Hauptsatzung** bestimmt werden, daß der Gemeinderat einen Ältestenrat bildet. Der Ältestenrat ist **kein Ausschuß,** sondern **Organteil** des Gemeinderats.

– Vgl. § 45 Abs. 1 S. 1 GemO.

I. Die Verwaltungsorgane

8.2. Zusammensetzung, Geschäftsgang, näherer Aufgabenbereich und das **458** Verfahren zur Bildung des Ältestenrats sind in der **Geschäftsordnung** zu regeln.

– Vgl. § 45 Abs. 2 GemO.

8.3. Vorsitzender des Ältestenrats ist der **Bürgermeister.** Die Hauptsat- **459** zung kann aber bestimmen, daß der Vorsitzende aus der Mitte des Ältestenrats gewählt wird; der Bürgermeister hat in diesem Fall das Recht, an den Sitzungen des Ältestenrats teilzunehmen.

8.4. Im Hinblick auf die ausschließlich beratende Funktion des Ältestenrates führt ein **Verstoß** gegen die Bestimmungen über den Ältestenrat **nicht zur Rechtswidrigkeit** nachfolgender Entscheidungen des Gemeinderats.

9. Fraktionen

9.1. Rechtsnatur

Fraktionen sind Vereinigungen **politisch gleichgesinnter Mandatsträger.** **460** Sie dienen der Effizienz und der Optimierung der Gemeinderatsarbeit, indem sie **Vorarbeit** für die sachgerechte und zügige Behandlung von Verhandlungsgegenständen des Gemeinderats leisten (vgl. *BVerwG* NVwZ 1993, 375 (376)). Die Fraktionen sind in den meisten Gemeindeordnungen ausdrücklich geregelt bzw. mit eigenen Rechten ausgestattet. In Baden-Württemberg, Bayern, Rheinland-Pfalz und auch **in Sachsen fehlen Regelungen,** ihre kommunalrechtliche Zulässigkeit ist aufgrund ihrer Zielsetzung der **Verwaltungsvereinfachung** indes auch hier unbestritten.

Die **Rechtsnatur** des Zusammenschlusses und ihre **Rechtsverhältnisse** sind allerdings **streitig.** Teils werden sie **privatrechtlich** begründet (*VGH München* NJW 1988, 2754); teils werden sie **öffentlich-rechtlich** qualifiziert (*OVG Münster* NJW 1989, 1105 mwN: Öffentlich-rechtlicher Vertrag zwischen Privaten).

Richtigerweise ist zu **differenzieren:** Soweit Gründung, Organisation und Handlungsbefugnisse sich aus öffentlichem Recht speziell der Gemeindeordnungen ergeben, ist öffentliches Recht auf sie anwendbar; soweit Rechtsgrundlage Privatrecht (Jedermannsrecht) ist, sind Fraktionen nach Privatrecht zu beurteilen. Die Qualifikation der Organisationsform sowie der Handlungsbefugnisse folgt der Qualifikation der Ermächtigungsgrundlagen (so ausdrücklich *BSGE* 51, 108 unter Hinweis auf *Gern*, VerwArch, 1979, S. 219 f.). Der Vertragsgegenstand allein ist bei Verträgen zwischen Privatpersonen entgegen *OVG Münster* (aaO) für die Qualifikation nicht von Bedeutung. (Zur Möglichkeit öffentlich-rechtlicher Verträge zwischen Privaten vgl. *Gern*, NJW 1979, 694 mwN). Das bedeutet: Indem die Bildung von Fraktionen die Wahrnehmung der Mitgliedschaftsrechte der Ratsmitglieder fördert, besteht – unabhängig von der konkreten Ausgestaltung des Fraktionsstatus und der Rechte der Mitglieder in der Gemeindeordnung – zugunsten der Mitglieder ein **Recht auf Fraktionsbildung.** Es ist öffentlichrechtliches **Annexrecht** des Mitgliedschaftsrechts. Diese Ableitung führt auch zur **öffentlich-rechtlichen Qualifikation** des Zusammenschlusses selbst. Fraktionen sind **öffentlich-rechtliche Vereinigungen. Statusrechtlich** sind sie ein **Zusammenschluß von Organteilen des Gemeinderats,** nämlich der Gemeinderäte, und sind damit selbst **Organteile des Gemeinderats** (vgl. hierzu auch *BVerwG* DÖV 1992, 832).

9.2. Fraktionsgründung

461 Die **Gründung der Fraktionen** unterliegt grundsätzlich **freier** öffentlich-rechtlicher **Vereinbarung der Mitglieder.** Eine Verpflichtung der Ratsmitglieder zum Fraktionsbeitritt besteht nicht. Kommunalen **Wahl- und Berufsbeamten** ist allerdings der **Fraktionsbeitritt** mit Blick auf § 35 Abs. 1 S. 1 BRRG **untersagt** (*BVerwG* NVwZ 1993, 375 (377)).

Aus dem Begriff „Zusammenschluß" folgt, daß eine Fraktion mindestens **zwei Mitglieder** haben muß (*BVerwG* DÖV 1979, 790). **Ein-Mann-Fraktionen** sind im übrigen auch im Hinblick auf den Zweck der Fraktionsbildung, die Effektivierung der Gemeinderatsarbeit durch „Vorformung" eines möglichst gemeinsamen Fraktionswillens, nicht sinnvoll.

Grenzen der Gründungsfreiheit ergeben sich aus der Einbindung der Fraktionen in den Gemeinderat. Sie führt zum **Recht des Gemeinderats,** aufgrund seiner Selbstorganisationshoheit **einschränkende Regelungen,** etwa über die erforderliche **Mindestzahl** der Mitglieder **zu treffen** soweit, wie nach einzelnen Gemeindeordnungen geschehen, keine ausdrückliche gesetzliche Vorgabe besteht. Der Gemeinderat hat hinsichtlich der Grenzbildung ein weites Ermessen, das nur durch den Zweck der Fraktionsbildung und durch die Verfassung eingeschränkt ist (*VGH BW* DÖV 1989, 596; *OVG Koblenz* NVwZ 1991, 506).

Die **Regelung** des Fraktionsstatus kann **durch Satzung oder** durch die **Geschäftsordnung** erfolgen.

9.3. Fraktionsrechte

462 Der Gemeinderat kann kraft **gesetzlicher Anordnung,** durch **Satzung** oder durch die **Geschäftsordnung** den Fraktionen im Rahmen seiner Selbstorganisationshoheit besondere **Fraktionsrechte** einräumen. Da diese Rechte kraft öffentlichen Rechts gewährt werden, sind sie selbst öffentlich-rechtlicher Natur.

Diese Rechtsgewährung führt zur öffentlich-rechtlichen **Teilrechtsfähigkeit** der Fraktionen, jedoch **nicht** zur **Beleihung.** Eine solche würde die Übertragung von Hoheitskompetenzen kraft Gesetzes voraussetzen. **Übertragen werden an die Fraktionen jedoch nur öffentlich-rechtliche Innenrechtspositionen** in Form besonderer kumulativ wahrzunehmender, subjektiv öffentlich-rechtlicher Mitgliedschaftsrechte.

Im einzelnen werden typischerweise **folgende Fraktionsrechte** verliehen:
– Antragsrecht auf Aufnahme eines Verhandlungsgegenstandes in die Tagesordnung des Gemeinderats,

I. Die Verwaltungsorgane

- das Recht, die zur Tagesordnung gestellten Anträge mündlich zu erläutern (*OVG Münster* DÖV 1989, 595),
- besondere Rederechte, etwa in der Reihenfolge der Fraktionsstärke,
- bevorzugte Teilnahme von Fraktionsvertretern an Ältestenratsitzungen,
- Entsendungsrecht von Gemeinderäten in Ausschüsse,
- Berücksichtigungsrecht bei der Verteilung der Ausschußsitze,
- Recht auf Übersendung von Gemeinderatsprotokollen an die Fraktionsvorsitzenden.

Grenzen der Einräumung von Fraktionsrechten ergeben sich **aus den zwingenden Vorschriften der Gemeindeordnung,** insbesondere aus den **Einzelmitgliedschaftsrechten** der Gemeinderatsmitglieder. Sie dürfen durch die Einräumung von Fraktionsrechten nicht geschmälert werden.

9.4. Innere Ordnung

Die **innere Ordnung** der Fraktionen unterliegt im Hinblick auf ihre öffentlich-rechtliche Funktion **dem öffentlich-rechtlichen Regime,** speziell dem **Demokratieprinzip** und dem **Rechtsstaatsprinzip** sowie den Regeln der Gemeindeordnung. 463

Hiernach ist es etwa **unzulässig,**
- zur Fraktionsvorberatung **nichtöffentlicher** Tagesordnungspunkte **Drittpersonen** zuzuziehen (sogenannte **erweiterte Fraktion**) und Tagesordnungspunkte vorzuberaten, die der Verschwiegenheitspflicht unterliegen,
- **Fraktionszwang** für Abstimmungen und Wahlen anzuordnen (hierzu *BVerwG* NVwZ 1993, 375 (376)).

Nach öffentlichem Recht beurteilt sich **auch der Fraktionsausschluß.** Er ist in Analogie zu zivilrechtlichen Vorschriften nur aus **wichtigem Grund** zulässig (*OVG Münster* NJW 1989, 1105; NVwZ 1993, 399; *VGH Kassel* NVwZ 1990, 391). Ausgesprochen werden darf der Fraktionsausschluß nur durch Mehrheitsbeschluß der Fraktionsmitglieder (*VGH Kassel* NVwZ 1992, 506). Dritte dürfen am Beschluß über den Fraktionsausschluß nicht mitwirken (aA *OVG Münster* NWVBL 1992, 424).

9.5. Rechtsbeziehungen zu Dritten

Die Rechtsbeziehungen der Fraktionen zu Dritten unterliegen nicht dem 464
öffentlichen Recht, sondern **Privatrecht.** Kauft die Fraktion etwa Büromaterial, so ist der Kaufvertrag nicht öffentlich-rechtlicher, sondern privatrechtlicher Natur. Insoweit machen die Fraktionen von einem jedermann zustehenden Recht Gebrauch, also von Privatrecht. (Zur Abgrenzung des öffentlichen Rechts vom Privatrecht vgl. *Gern*, ZRP 1985, 56f. mwN). Zurechnungssubjekt privatrechtlicher Fraktionsrechte ist allerdings mangels Privatrechtsfähigkeit nicht die Fraktion als solche, sondern sind die Mitglieder zur gesamten Hand. Die Fraktion ist privatrechtlich nicht teilrechtsfähig (aA *Bick,* Die Ratsfraktion, 1989, S. 171; *VG Schleswig* NVwZ RR 1991, 510).

9.6. Fraktionsuntergang

465 Die Fraktionen **gehen unter** durch freiwillige **Auflösung,** durch Wegfall der Mitglieder, durch Unterschreitung der Fraktionsmindeststärke und **zum Ende der Wahlperiode** der Mitglieder. Insoweit gilt der Grundsatz der **Diskontinuität** (vgl. hierzu auch *OVG Münster* NVwZ-RR 1990, 505). Bis zu ihrer vollständigen Abwicklung **gelten sie** allerdings noch als **fortbestehend** (*OVG Münster* NVwZ-RR 1993, 263).

9.7. Finanzierung und Unterstützung

466 *9.7.1.* Die Gewährung von **Finanzierungshilfen** in Form von Geld- oder Sachzuwendungen an die Fraktionen durch die Gemeinde ist mit Blick auf ihre Funktionen **zulässig,** aber nicht geboten. Beispiel: Kostenlose Überlassung eines Fraktionszimmers im Rathaus (vgl. hierzu *OVG Münster* NVwZ-RR 1991, 35; NVwZ RR 1993, 265).

Ihre Vergabe erfolgt in pflichtgemäßer Ermessensausübung nach den für **Zuschüsse** geltenden Regeln. Sie dürfen jedoch **nur** konkret **für** die **Erfüllung ihrer kommunalrechtlichen Funktionen bzw. für ihre Geschäftsführung** vergeben werden. Zuwendungen darüber hinaus, zB zur Öffentlichkeitsarbeit, sind unzulässig. Sie bergen wegen der engen Verbindung der Fraktionen zu den dahinterstehenden politischen Parteien die Gefahr grundgesetzwidriger verschleierter Parteienfinanzierung (vgl. *VG Gelsenkirchen* DÖV 1987, 830 mwN; *OVG Münster* NWVBL 1992, 395; DÖV 1993, 207).

Die Tätigkeit der Ratsmitglieder in Fraktionen kann in angemessener Weise bei der Höhe der **Aufwandsentschädigung** berücksichtigt werden. Auch die Fraktionsarbeit ist Teil der ehrenamtlichen Tätigkeit der Mandatsträger (vgl. hierzu *VG München* NVwZ-RR 1992, 266 – Staffelung für Fraktionsvorsitzende).

Die Gemeinderatsmitglieder genießen gesetzlichen Unfallversicherungsschutz bei Fraktionssitzungen (*BSG* BWGZ 1981, 162).

9.7.2. Neben der Gewährung von Finanzierungshilfen ist die Gemeinde berechtigt und mit Blick auf die Funktion der Fraktionen – unter Wahrung des Gleichheitsgrundsatzes – auch verpflichtet, diesen **sonstige Unterstützung** zukommen zu lassen, die **die Fraktionsarbeit erleichtert.** In Betracht kommt etwa die Erteilung von Auskünften, die Überlassung von Unterlagen oder die **Teilnahme von Gemeindebediensteten an Fraktionssitzungen zur Sachaufklärung** (so auch *OVG Münster* NVwZ-RR 1992, 205). Die **Zuteilung fester Fraktionsassistenten** ist allerdings mit Blick auf die parteipolitischen Neutralitätspflichten der Gemeinden **unzulässig** (vgl. hierzu *Meyer,* DÖV 1991, 56; *Rothe* DVBl. 1993, 1042).

9.8. Prozessuales

467 Den Fraktionen steht die **Beteiligungsfähigkeit** im **Kommunalverfassungsstreitverfahren** zu, soweit es zur Wahrnehmung der Fraktionsrechte erforderlich ist (*VGH BW* BWGZ 1989, 155).

I. Die Verwaltungsorgane

Gemeinderatsmitglieder, die sich des Rechts auf Bildung einer Fraktion berühmen, können befugt sein, ihren **Fraktionsstatus** im **Kommunalverfassungsstreitverfahren** feststellen zu lassen (*VGH BW* BWGZ 1989, 156). Ein Antrag einzelner Gemeinderäte, sie vorläufig als Fraktion zu behandeln, ist im Wege des Antrags auf Erlaß einer einstweiligen Anordnung gemäß § 123 VwGO zu verfolgen.

Die gerichtlichen und außergerichtlichen Kosten eines Kommunalverfassungsstreits einer Fraktion hat im Innenverhältnis grundsätzlich die Gemeinde zu tragen (vgl. *OVG Münster* DVBl. 1992, 444; NWVBL 1992, 167).

– Zur vergleichsweisen **Stellung der Fraktionen im Bundestag** vgl. *BVerfG* NJW 1991, 2474.
– **Weiterführend:** *Meyer,* Kommunales Parteien- und Fraktionenrecht, 1990.

10. Beiräte

Die Gemeindeordnung von Sachsen sieht neben den Ausschüssen zur Be- **468** ratung spezieller kommunaler Aufgaben **Beiräte** vor.

10.1. Durch die **Hauptsatzung** kann ein **Beirat** gebildet werden, der den Bürgermeister in **geheimzuhaltenden Angelegenheiten berät.**

– Vgl. § 53 Abs. 3 Satz 2.

Der Beirat besteht in Gemeinden mit nicht mehr als 10000 Einwohnern aus zwei, in Gemeinden mit mehr als 10000 aber nicht mehr als 30000 Einwohnern aus mindestens 4 und höchstens 6 Mitgliedern, die vom Gemeinderat aus seiner Mitte bestellt werden. Dem Beirat können nur Mitglieder des Gemeinderats angehören, die auf die für die Behörden des Freistaates Sachsen geltenden Geheimhaltungsvorschriften verpflichtet sind. **Vorsitzender** des Beirats ist der **Bürgermeister.** Die Hauptsatzung kann bestimmen, daß der Vorsitzende aus der Mitte des Beirats gewählt wird; der Bürgermeister hat das Recht, an den Sitzungen des Beirats teilzunehmen. Er beruft den Beirat ein, wenn es die Geschäftslage erfordert. Fällt die Angelegenheit in den Geschäftskreis eines Beigeordneten, nimmt dieser an der Sitzung teil. Die Sitzungen des Beirats sind nichtöffentlich. Im übrigen gelten für den Beirat die **Vorschriften über beratende Ausschüsse entsprechend.**

– Vgl. § 46 GemO.

10.2. Durch die Hauptsatzung können auch **sonstige Beiräte** gebildet wer- **469** den, denen Mitglieder des Gemeinderats und sachkundige Einwohner angehören. Sie unterstützen den Gemeinderat und die Gemeindeverwaltung bei der Erfüllung ihrer Aufgaben. **Sachsen ist das einzige Land,** das die „sonstigen Beiräte" **normativ** ausdrücklich geregelt hat.

– Zur Zulässigkeit von Beiräten in den anderen Bundesländern vgl. *Gern,* VBlBW 1993, 127 mwN.

11. Kommissionen

470 In der kommunalen Praxis bilden die Gemeindevertretungen in allen Bundesländern **zur Vorberatung** von Tagesordnungspunkten des Gemeinderats oder der Ausschüsse **ohne konkrete gesetzliche Ermächtigungsgrundlage** Kommissionen. Sie befassen sich in der Regel mit schwierigen oder umfangreichen Spezialproblemen, die einen besonderen Sachverstand und Zeitaufwand erfordern und bestehen in aller Regel aus Ratsmitgliedern und sachkundigen Einwohnern.

Ihre Bildung ist **bedenklich,** soweit sie selbständige, auf Dauer neben den Ausschüssen und Beiräten eingerichtete beratende Gremien sind und deren Funktionen übernehmen. Die Gemeindeordnung geht im Interesse des hohen Rechtsguts der Eindeutigkeit der Willensbildung von einem **geschlossenen System organschaftlicher Repräsentation** aus. Die voraussetzungslose Zulassung würde dieses System sprengen. Solche Gremien sind deshalb nur zulässig, wenn sie nach Gewicht und Funktion unterhalb der Ausschuß- und Beiratsebene angesiedelt werden. (Vgl. hierzu näher *Gern,* VBlBW 1993, 127 – auch für **Unterausschüsse.**)

II. Rechtsfolgen von Verstößen gegen die Organzuständigkeit

1. Grundsatz

471 Jedes Organ hat bei jedem Sachverhalt, mit dem es in amtlicher Eigenschaft befaßt wird, **selbständig** seine Organzuständigkeit **zu prüfen.** Dabei können Fehler unterlaufen.

Die Organzuständigkeit ist **verletzt, wenn ein Organ** entweder **Kompetenzen wahrnimmt, die ihm nicht zustehen** oder **wenn es bestehende Kompetenzen überschreitet** (vgl. hierzu *Oldiges,* DÖV 1989, 873 (875)). Für die Beurteilung der Fehlerfolgen bei Verletzung der Organzuständigkeit ist zu unterscheiden zwischen den Rechtswirkungen von Fehlern im Innenverhältnis und im Außenverhältnis. Innenverhältnis sind die **Rechtsbeziehungen im kommunalinternen Bereich.** Er umfaßt Handlungen und Entscheidungen, soweit und solange sie entweder keine Rechtswirkungen oder jedenfalls nicht gegenüber Dritten entfalten oder nur organschaftliche Rechtspositionen wie z. B. Mitgliedschaftsrechte der Gemeinderäte regeln oder nur verwaltungsinternen Charakter besitzen, wie z. B. Verwaltungsvorschriften oder Weisungen des Bürgermeisters an die Bediensteten.

Alle anderen Handlungen und Entscheidungen gehören dem **Außenbereich** an. Sie sind möglich als **Setzung von Rechtsnormen** (Satzungen, Rechtsverordnungen), als **Verwaltungsakte,** als öffentlich-rechtliche und privatrechtliche **Willenserklärungen,** etwa öffentlich-rechtliche und privatrechtliche **Verträge,** oder als **Realakte, schlichthoheitliches und privatrechtliches Handeln.** Sie entfalten unmittelbare oder mittelbare Regelungswirkung auf subjektive Rechtspositionen der Rechtssubjekte des Privatrechts und des öffentlichen Rechts.

Eine **Verletzung** der Organzuständigkeit ist **durch den Bürgermeister und den Gemeinderat** möglich. Sie sind die Gemeindeorgane. Darüber hinaus können entsprechende Pflichtverletzungen **auch Organvertreter,** etwa Beigeordnete oder **Organteile,** etwa Ausschüsse, begehen.

2. Verstoß durch den Bürgermeister

2.1. Rechtsfolgen im Innenverhältnis

Handlungen und Entscheidungen des Bürgermeisters **im Innenverhältnis,**   **472** die unter Verletzung der Zuständigkeit ergangen sind, sind **rechtswidrig und** mit Blick auf den Grundsatz der Rechtsrichtigkeit im Regelfall **nichtig** (aA *Ehlers,* NVwZ 1990, 108 mwN). Soll diese Regelrechtsfolge ausnahmsweise nicht eintreten, bedarf es einer ausdrücklichen normativen Anordnung des Gesetzgebers (vgl. *BVerfGE* 3, 237 f.). Beispiele: Rechtswidrige sitzungsleitende Anordnungen oder der **Erlaß rechtswidriger Verwaltungsvorschriften oder Einzelweisungen.**

Förmliche Rechtsbehelfe sind grundsätzlich **nicht** gegeben. Die Möglichkeit der Gegenvorstellung und der Einschaltung der Aufsichtsbehörde bleibt allerdings unberührt.

Im **Ausnahmefall,** nämlich wenn die Verletzung von organschaftlichen (Mitgliedschafts-)Rechten anderer Organe oder anderer Organteile geltend gemacht wird, steht den Betroffenen bei Verletzung der Organzuständigkeiten das **Kommunalverfassungstreitverfahren** offen. Beispiel: Der Gemeinderatsvorsitzende weigert sich, einen Verhandlungsgegenstand auf die Tagesordnung zu setzen. Für die Einzelheiten wird hierzu auf das 16. Kapitel verwiesen.

2.2. Rechtsfolgen im Außenverhältnis

2.2.1. Soweit der außenvertretungsberechtige Bürgermeister Handlungen   **473** und Entscheidungen trifft, etwa **Willenserklärungen** abgibt, die über die Organzuständigkeit hinausgehen, sind diese zwar intern rechtswidrig, **im Außenverhältnis** jedoch **wirksam.** Die Fähigkeit, im Namen der Gemeinde nach außen zu handeln, speziell Willenserklärungen abzugeben, ist **aus Gründen des Vertrauensschutzes unbeschränkt und unbeschränkbar** (*BGH* VBlBW 1966, 95; *BAG* NJW 1986, 2271). Weder zuständigkeitsbeschränkende Entscheidungen des Gemeinderats im Einzelfall noch beschränkende allgemeine Verwaltungsvorschriften oder Satzungen sind in diesem Zusammenhang beachtlich (*VGH BW* VBlBW 1982, 206). In diesem Sinne hat etwa der *VGH BW* entschieden, daß die (öffentlich-rechtliche) Beitrittserklärung des Bürgermeisters zu einem Zweckverband, die dogmatisch öffentlich-rechtliche Willenserklärung im Rahmen des Abschlusses eines öffentlich-rechtlichen Vertrags ist, auch dann wirksam ist, wenn der Bürgermeister seine durch die Gemeindeordnung gegebenen Kompetenzen oder einen bestehenden Gemeinderatsbeschluß mißachtet (VBlBW 1983, 210; vgl. auch *LG Stuttgart* NVwZ 1982, 57; *Schlüter,* VBlBW 1987, 60 (61)). Entsprechendes gilt bei **Überschreitung der Grenzen des Eilentscheidungsrechts** durch den Bürgermeister. **Unerheblich** für die Wirksamkeit ist auch die **Art der Rechtshandlung.** Wirksam sind öffentlich-rechtliche Verträge ebenso wie privatrechtliche Verträge oder einseitige rechtsgestaltende privatrechtliche Willenserklärungen (z. B. Kündigungen) (vgl. *BGH* NVwZ 1986, 594; VBlBW 1966, 95). **Keine Auswirkungen hat die unbeschränkte Vertretungsmacht** nach herrschender Meinung hingegen **auf Verwaltungsakte.** Sie sind **bei Überschreitung der Organzuständigkeit rechtswidrig** und **aufhebbar.** Erläßt der Bürgermeister einen **Verwaltungsakt ohne** einen erforderlichen **Gemeinderatsbeschluß,** so ist dieser Verwaltungsakt auf Rechtsbehelf hin **aufzuheben. Nichtigkeit** tritt in entsprechender Anwendung des § 44 Abs. 3 Ziff. 3 VwVfG **nicht** ein. Eine Heilung des Mangels ist in Analogie zu § 45 Abs. 1 Ziff. 4 VwVfG möglich (zum Ausschußbegriff vgl. *Kopp,* VwVfG, Ziff. 4 zu § 88 VwVfG).

2.2.2. Diese Meinung ist allerdings **nicht unzweifelhaft.** Sachgerechter erscheint es, die Regelungen der Gemeindeordnung über die unbeschränkte Vertretungsmacht des Bürgermeisters zumindest **analog auch auf den Verwaltungsakt anzuwenden.** Diese Regelungen gewähren dem Bürger einen **besonderen Vertrauensschutz.** Im Hinblick auf diesen Schutzzweck darf die Art der Handlungsform, die teilweise durch Wahlfreiheit der Gemeinde bestimmt ist, die Reichweite des Vertrauensschutzes nicht präjudizieren. Dieser Gedanke spricht für eine Einbeziehung des Verwaltungsakts in die besondere Rechtsbeständigkeit von Vertretungshandlungen des Bürgermeisters (so jetzt auch *VGH BW* NVwZ 1990, 892 – für eine öffentlich-rechtliche Zusage; *OVG Koblenz* NVwZ 1983, 484 – für einen Verwaltungsakt ohne den erforderlichen Gemeinderatsbeschluß).

Eine **Berufung auf die Unbeschränktheit der Vertretungsmacht verstößt** gegen **Treu und Glauben** und ist unwirksam, wenn der Erklärungsempfänger die fehlende Organzuständigkeit des Bürgermeisters **gekannt hat** oder hätte erkennen können oder das Vertrauen des Erklärungsempfängers sonst nicht schutzwürdig ist (vgl. *BGHZ* 50, 112).

Das **Prinzip der Unbeschränktheit der Vertretungsmacht** gilt schließlich **auch nicht** bei **Rechtsgeschäften zwischen Gemeinde** und **Bürgermeister.** Hier besteht kein Bedürfnis für Vertrauensschutz zugunsten des Bürgermeisters (vgl. *BGH* NVwZ 1986, 594). Ein Vertrag ist hiernach etwa unwirksam, wenn er einem Gemeinderatsbeschluß zuwiderläuft oder durch einen solchen nicht gedeckt wird.

Überschreitet der Bürgermeister seine Organkompetenzen, kann er sich der Gemeinde gegenüber **schadenersatzpflichtig** machen und kann disziplinarisch belangt werden.

– Zur Mehrvertretung des Bürgermeisters nach § 181 BGB vgl. *Würtenberger,* VBLBW 1984, 171 –

II. Verstöße gegen die Organzuständigkeit

Sonderregeln gelten bei **Verletzung der Formvorschriften des § 60 GemO.** Im **privatrechtlichen Bereich** werden die Formvorschriften als **Zuständigkeitsregelungen** zur Abgabe privatrechtlicher Verpflichtungserklärungen interpretiert (s. o.).

3. Verstoß durch den Gemeinderat

Auch der Gemeinderat ist **in der Lage, seine Organzuständigkeit zu** 474 **überschreiten.** So **kann er sich etwa Kompetenzen des Bürgermeisters anmaßen** und in dessen gesetzlichem oder übertragenem Aufgabenbereich handeln. Beispiel: Er faßt in einer Sache einen Beschluß, die ein „Geschäft der laufenden Verwaltung" darstellt; oder er kann etwa in die einem Ausschuß durch die Hauptsatzung zugeordneten Kompetenzen eingreifen und Entscheidungen treffen. **Für die Fehlerfolgen** ist auch hier danach **zu differenzieren, ob die Innen- oder Außenwirkung einer Handlung rechtlich zu beurteilen ist.**

3.1. Rechtsfolgen im Innenverhältnis

Überschreitet der Gemeinderat seine Organkompetenz, so ist eine Hand- 475 lung und Entscheidung **rechtswidrig und** mit Blick auf das Rechtsstaatsprinzip **nichtig.** So sind **rechtswidrige Gemeinderatsbeschlüsse grundsätzlich nichtig.** Insoweit gilt nichts anderes als beim kompetenzwidrigen Handeln des Bürgermeisters (vgl. 2.1.; aA auch hier *Ehlers,* NVwZ 1990, 108).

Soweit gesetzliche Heilungsmöglichkeiten vorgesehen sind, ist von vorläufiger Nichtigkeit oder, in der Terminologie des Zivilrechts, **schwebender Unwirksamkeit auszugehen** (zum Streitstand vgl. *Ossenbühl,* NJW 1986, 2805f. mwN).

Eine **Anfechtbarkeit** von Entscheidungen des Gemeinderats ohne Außenwirkung trotz Nichtigkeit ist **nur** möglich, wenn die Entscheidung in organschaftliche Rechte anderer Organe oder Organteile eingreift. Streitigkeiten sind im **Kommunalverfassungsstreitverfahren** zu klären.

3.2. Rechtsfolgen im Außenverhältnis

Grundsätzlich bedürfen Entscheidungen des Gemeinderats zu **ihrer** 476 **Wirksamkeit im Außenverhältnis der Umsetzung durch** den Bürgermeister **im Wege des Vollzugs** (*VGH BW* VBlBW 1988, 217; *VGH Kassel* NVwZ 1988, 1155). Nur **wenige Entscheidungen** des Gemeinderats erlangen **Außenwirkung ohne zusätzliche Umsetzungs- bzw. Vollzugshandlungen** (vgl. auch *Schlüter,* VBlBW 1987, 58). Dies gilt etwa für den **Beschluß des Gemeinderats, einen Straßennamen zu ändern.** Er ist **Allgemeinverfügung.** Der Bürgermeister hat nur die Bekanntgabe zu veranlassen (*VGH BW* NJW 1981, 1749) Verwaltungsakte des Gemeinderats ohne Vollzugserfordernis sind auch die **Auferlegung eines Ordnungsgeldes wegen grober Pflichtverstöße** ehrenamtlich tätiger Einwohner sowie der Beschluß des Gemeinderats über die **Feststellung eines Hinderungsgrundes,** der das

Außenverhältnis des zum Gemeinderat gewählten Bürgers zur Gemeinde betrifft (*VGH BW* VBlBW 1983, 80; *BVerwG* NVwZ 1987, 46). Der **Gemeinderat** wird in diesen Fällen **als Verwaltungsbehörde i. S.** des § 1 Abs. 2 LVwVfG tätig (*Rottnauer*, VBlBW 1989, 152 (153)).

477 *3.2.1.* **Soweit die Handlungen und Entscheidungen des Gemeinderats des Vollzugs durch den Bürgermeister bedürfen, um rechtliche Außenwirkungen zu erlangen, ist im Rahmen der Geltung der Außenvertretungsvorschriften ausschließlich die Organzuständigkeit des Bürgermeisters** für die Rechtmäßigkeit der Entscheidung im Außenverhältnis **von Bedeutung. Organzuständigkeitsfehler des Gemeinderats werden** insoweit **durch die Regelungen über die Außenvertretung der Gemeinde absorbiert.** Eine **Ausnahme** gilt bei **Umsetzung von Gemeinderatsbeschlüssen in Verwaltungsakte.** Hier führt der Fehler in der Organzuständigkeit zur Rechtswidrigkeit und Aufhebbarkeit des Verwaltungsakts (so zu Recht *VGH BW* Urteil v. 5. 11. 1984, 1 S 1152/64).

478 *3.2.2.* Für die Beurteilung der Fehlerfolgen von Entscheidungen **des Gemeinderats mit direkter Außenwirkung** ist nach den einzelnen Handlungsformen **zu differenzieren,** von denen der Gemeinderat Gebrauch macht.

3.2.2.1. Wird unter Verletzung der Organzuständigkeit vom Gemeinderat eine **Rechtsnorm** erlassen, etwa eine Polizeiverordnung, für deren Erlaß der Bürgermeister zuständig ist, ist die Rechtsnorm vorbehaltlich einer Heilungsmöglichkeit **nichtig.**

3.2.2.2. Kommt einer Entscheidung des Gemeinderats die **Rechtsqualität eines Verwaltungsakts zu,** ohne daß sich diese Rechtsqualität erst aus dem Vollzug der Entscheidung durch den Bürgermeister ergibt, so ist der Verwaltungsakt bei Überschreitung der Organzuständigkeit **rechtswidrig und aufhebbar.**

· Naheliegend ist indes auch hier im Hinblick auf den **Rechtsgedanken des Vertrauensschutzes, die Regelungen über die unbeschränkte Vertretungsmacht des Bürgermeisters analog anzuwenden** und damit die Unbeachtlichkeit dieser Fehler herbeizuführen. Der Betroffene muß sich auf Entscheidungen des Hauptorgans der Gemeinde ebenso verlassen können wie auf Entscheidungen des Vollzugsorgans „Bürgermeister".

3.2.2.3. Entsprechendes gilt für **Verträge.** Schließt der Gemeinderat ohne Einschaltung des Bürgermeisters als Vollzugsorgan einen Vertrag, ist ein solcher als öffentlich-rechtlicher Vertrag wegen Überschreitung der Organzuständigkeit, als privatrechtlicher Vertrag wegen fehlender Vertretungsmacht des Gemeinderats nichtig.

4. Verstoß durch Ausschüsse

479 Verletzt ein Ausschuß seine Organteilkompetenzen, gilt für die Beurteilung der Fehlerfolgen im Innen- und Außenverhältnis dasselbe wie für Handlungen des Gemeinderats.

5. Verstoß durch (ehrenamtliche) Stellvertreter des Bürgermeisters

5.1. Soweit sich der ehrenamtliche Stellvertreter **im Rahmen seiner exter-** 480
nen Vertretungsmacht hält, also etwa nur bei Verhinderung des Bürgermeisters tätig wird, gelten für die Rechtsfolgen der Verletzung seiner internen Organvertreterzuständigkeit **dieselben Rechtsgrundsätze wie für den Bürgermeister** (s. o. 2.).

5.2. Überschreitet er seine Organvertretungsmacht im Außenverhältnis, so 481
sind **Verträge** in Anwendung der §§ 177 f. BGB schwebend unwirksam.
Einseitige Rechtsgeschäfte sind nach § 180 BGB nichtig. Erläßt er **Verwaltungsakte,** so sind diese wegen Zuständigkeitsüberschreitung anfechtbar.

Hauptfall der Überschreitung der Organvertretungsmacht im Außenverhältnis ist das Handeln eines ehrenamtlichen Stellvertreters, ohne daß dieser selbst verhindert ist.

6. Verstoß durch Beigeordnete

6.1. Soweit sich die Beigeordneten **im Rahmen ihrer externen Vertre-** 482
tungsmacht halten, gelten für die Rechtsfolgen der Verletzung ihrer internen Organvertreterzuständigkeit **dieselben Grundsätze wie für den Bürgermeister.**

6.2. Überschreitet ein Beigeordneter seine Organvertretungsmacht im Au- 483
ßenverhältnis, sind öffentlich-rechtliche und privatrechtliche Verträge nach
den §§ 177 f. BGB schwebend unwirksam; einseitige Rechtsgeschäfte sind
nach § 180 BGB nichtig.

Verwaltungsakte sind wegen des Zuständigkeitsmangels anfechtbar.
Hauptbeispiel der Überschreitung der Vertretungsmacht durch Beigeordnete im Außenverhältnis ist der Fall, daß sie außerhalb ihres **Geschäftsbereichs** handeln.

7. Kompetenzverstoß verwaltungsintern unzuständiger Dienststellen

Soweit kommunale **Entscheidungen** abweichend von der gemeindeinter- 484
nen Geschäftsverteilung **durch unzuständige Dienststellen** innerhalb der
Gemeinde getroffen werden, ergeben sich hieraus regelmäßig **dieselben
Fehlerfolgen** wie bei Überschreitung der externen Vertretungsmacht durch
ehrenamtliche Stellvertreter des Bürgermeisters und durch Beigeordnete.
Die Überschreitung der Zuständigkeit stellt in der Regel zugleich eine **Überschreitung der Grenzen der Bevollmächtigung dieser Personen dar.** Verträge sind in diesen Fällen **schwebend unwirksam.**

Verwaltungsakte, welche durch Dienststellen der Gemeinde **unter Überschreitung der Grenzen der Bevollmächtigung und der Beauftragung erlassen werden, sind** rechtswidrig und **aufhebbar.**

10. Kapitel
Die Sitzung des Gemeinderats

I. Die Geschäftsordnung

485 **1.** Der Gemeinderat hat aufgrund seiner **Selbstorganisationshoheit** das Recht und nach § 38 Abs. 2 GemO die Pflicht, eine **Geschäftsordnung** zu erlassen. Durch sie sind die **inneren Angelegenheiten** des Gemeinderats, insbesondere der **Gang seiner Verhandlungen** im Rahmen der gesetzlichen Vorschriften zu regeln. Darüber hinaus können durch sie auch subjektive Rechte Dritter, etwa das Einwohnerfragerecht, geregelt werden. Zur **Regelung bestimmter Angelegenheiten** ist der Gemeinderat **einzelgesetzlich** durch konkrete Anordnung verpflichtet. **Ausdrückliche Regelungspflichten** sieht die Gemeindeordnung vor für
– den Geschäftsgang (§ 38 Abs. 2 GemO),
– das Verfahren für die Stellung und die Behandlung von Anfragen (§ 28 Abs. 5 GemO),
– das Verfahren des Fragerechts und das Verfahren der Anhörung (vgl. § 44 Abs. 7 GemO),
– den Ablauf der Beratung, z. B. **Redeordnung** (vgl. hierzu *VG Sigmaringen* BWVPr 1981, 196; *VG Stuttgart* NVwZ 1990, 190).

Der Gemeinderat hat aufgrund seines Selbstorganisationsrechts einen **weiten Gestaltungsspielraum,** welche Regelungen er zur Gewährleistung eines ordnungsgemäßen Ablaufs der Sitzungen treffen will (vgl. *BVerfG* NJW 1991, 2474 (2476) – für die Geschäftsordnung des BT). **Grenzen** ergeben sich aus den zwingenden Vorschriften der Gemeindeordnung (vgl. *OVG Saarl.* NVwZ-RR 1993, 210).

486 **2.** Die **Rechtsnatur** der Geschäftsordnung ist **umstritten** (vgl. *Rothe,* DÖV 1991, 486). Nach Auffassung des *BVerwG* (NVwZ 1988, 1119) ist die Geschäftsordnung **Rechtssatz** im materiellen Sinne, die die Rechte der Mitglieder der kommunalen Vertretungsorgane in abstrakt generelle Weise regelt (sogenannter Innenrechtssatz) und zu ihrer Wirksamkeit **nicht** der an die Allgemeinheit gerichteten **Verkündung** bedarf, die sonst für die Entstehung förmlich gesetzter Rechtsnormen unerläßlich ist (*BVerfG* NVwZ 1984, 430; *BVerwG* NVwZ 1985, 39). **Prozessual** kann sie nach Meinung des *BVerwG* (NVwZ 1988, 1119) als „andere im Range unter dem Landesgesetz stehende Rechtsvorschrift“ der verwaltungsgerichtlichen **Normenkontrolle** nach § 47 Abs. 1 Nr. 2 VwGO unterworfen werden.

Nach Auffassung des *VGH BW* (VBlBW 1972, 40; BWGZ 1984, 457) ist sie eine **Verwaltungsvorschrift** zur Regelung der inneren Angelegenheiten des Gemeinderats.

I. Die Geschäftsordnung

Beide Auffassungen übersehen hinsichtlich der Qualifikationsfrage, daß die Geschäftsordnung nicht nur Mitgliedschaftsrechte, sondern auch subjektiv-öffentliche Rechte der Einwohner regeln kann. Beispiel: Bürgerfragestunde (vgl. *OVG Münster* NVwZ 1990, 185). Insoweit ist die Geschäftsordnung nicht nur Innenrechtssatz. Gegen die Auffassung des *VGH BW* spricht, daß auch im **Innenverhältnis zwischen den Mitgliedern des Verwaltungsorgans Gemeinderat subjektive Binnenrechte bestehen können, die durch eine Verwaltungsvorschrift** herkömmlicherweise **nicht regelbar sind.** Im übrigen können auch Grundrechte und subjektiv öffentliche Rechte des Einzelnen nicht durch Verwaltungsvorschriften eingeschränkt werden, sondern nur durch Gesetz oder Satzung aufgrund eines Gesetzes.

Dogmatisch einwandfreier erscheint eine **differenzierende Betrachtungsweise** (*Gern/Berger,* VBlBW 1983, 165): Soweit Grundrechte oder sonstige subjektiv-öffentliche (Außen-) Rechte von Mitgliedern und Einwohnern geregelt werden, ist die Geschäftsordnung **Außenrechtssatz** im materiellen Sinne. Das bedeutet, daß die Geschäftsordnung insoweit (formell) als **Satzung** zu erlassen ist.

Soweit die Geschäftsordnung **organinterne** Regelungen trifft, ist sie **Innenrechtssatz** eigener Art. Insoweit gelten nur die an das Beschlußverfahren im Gemeinderat zu stellenden (geringeren) Anforderungen. Insbesondere kann in diesem Fall durch einfachen Beschluß von der Geschäftsordnung abgewichen werden, wenn nicht zwingende gesetzliche Vorschriften entgegenstehen.

3. **Verstöße** gegen die Geschäftsordnung **stellen grundsätzlich einen Verfahrensfehler dar. Ist er „wesentlich", führt er zur Rechtswidrigkeit eines Gemeinderatsbeschlusses** (vgl. so auch *Schmidt-Aßmann,* Die kommunale Rechtssetzung, S. 35; zum Streitstand allg. *Foerstemann,* HdKWP, Bd. 2, S. 109 Fn 119). **Wesentlich** ist ein Verstoß, wenn die verletzte Geschäftsordnungsvorschrift subjektive Innen- oder Außenrechtspositionen gestaltet und der Verstoß geeignet ist, die Beschlußfassung zu beeinflussen.   **487**

Nicht wesentlich ist ein Verstoß, wenn die verletzte Norm nur eine **Ordnungsvorschrift** ist, die keinen Rechtsschutzgehalt für subjektive Innen- oder Außenrechte hat. Unbeachtlich ist ein Verstoß gegen die Geschäftsordnung ferner, wenn der „Verstoß" zugleich als (konkludenter) Beschluß zur ad hoc-Änderung der Geschäftsordnung zu werten ist. Diese Möglichkeit ist dann gegeben, wenn eine Geschäftsordnungsvorschrift nicht zwingender normativer Vorgabe entspringt, sondern zur Disposition des Gemeinderats steht (vgl. hierzu auch *Foerstemann,* aaO, Fn 118).

4. Zur **Auslegung** der Geschäftsordnung in der Gemeinderatssitzung ist nicht der Vorsitzende, sondern **der Gemeinderat selbst zuständig** (Kompetenz zur authentischen Interpretation); aA *Schmidt-Aßmann,* aaO, S. 34).   **488**

5. Die Geschäftsordnung gilt **über die Amtszeit** eines Gemeinderats **hinaus** auch für nachfolgende Gemeinderäte, soweit sie nicht ausdrücklich aufgehoben oder geändert wird.   **489**

II. Verfahrensregeln

490 Die Gemeindeordnung statuiert aus Gründen der Rechtsrichtigkeit, der Rechtssicherheit, speziell der Berechenbarkeit, der Kontrollierbarkeit und der Beschleunigung kommunaler Entscheidungen zahlreiche Verfahrensregeln, deren Beachtung Pflicht aller an den Sitzungen kommunaler Gremien beteiligter Organe und Drittpersonen ist.

– Vgl. hierzu allg. *Rothe*, NVwZ 1992, 529.

1. Verwaltungsmäßige Vorbereitungen der Sitzungen

491 Die verwaltungsmäßige Vorbereitung der Ratssitzungen obliegt in Sachsen dem Bürgermeister. Zur Vorbereitung der Sitzungen gehört die Sammlung von Fakten und Daten für die zu behandelnden Tagesordnungspunkte sowie die Erstellung der **Beschlußvorlagen** und der zugehörigen **Begründung** für die Ratsmitglieder.

Auf dieser Stufe findet eine erste Weichenstellung für die Meinungsbildung im Gemeinderat statt. Je nach Auswahl und Gewichtung der Fakten und der Vor-Wertungen der Verwaltungsleitung kann die Entscheidungsfindung im Rat präjudiziert werden. Diese Verwaltungsingerenzen sind vom Gesetzgeber gewollt und verfassungsrechtlich nicht zu beanstanden.

2. Einberufung

492 Der Gemeinderat kann **nur in einer ordnungsgemäß einberufenen und geleiteten Sitzung beraten und beschließen.** Der Begriff „Sitzung" bedeutet, daß der Gemeinderat nach Einberufung zusammengetreten ist und der Vorsitzende seine Leitungsfunktion wahrnimmt.

– Vgl. § 39 Abs. 1 S. 1 GemO.

Der Bürgermeister beruft den Gemeinderat **schriftlich mit angemessener Frist** ein und **teilt rechtzeitig** die **Verhandlungsgegenstände (Tagesordnung)** mit. Dabei sind die für die Verhandlung erforderlichen **Unterlagen beizufügen,** soweit nicht das öffentliche Wohl oder berechtigte Interessen Einzelner entgegenstehen.

– Vgl. § 36 Abs. 3 S. 1 GemO.

Die Einberufung ist eine organinterne Maßnahme, kein Verwaltungsakt.

2.1. Zuständigkeit zur Einberufung

493 Das **Einberufungsrecht** steht dem Bürgermeister zu. Ohne Einberufung durch den Vorsitzenden kann der Gemeinderat rechtlich nicht zu einer Gemeinderatssitzung zusammentreten. Er besitzt **kein Selbstversammlungsrecht.**

II. Verfahrensregeln

2.2. Schriftform

Wesentliche Verfahrensvorschrift ist die Einhaltung der **Schriftform.** Ist **494** einem Ratsmitglied die Ladung nicht schriftlich zugegangen, wird der Verfahrensfehler nicht dadurch beseitigt, daß er tatsächlich Kenntnis von ihr erhält. Werden die Gemeinderäte nur mündlich einberufen, ist der Verfahrensmangel allerdings unbeachtlich, wenn alle Mitglieder zur Sitzung erschienen sind.

2.3. Adressatenkreis

Die Ladung muß an **sämtliche** Ratsmitglieder ergehen, auch wenn be- **495** kannt ist, daß einzelne Mitglieder durch Krankheit oder Abwesenheit verhindert sind. Ist ein nicht geladener Gemeinderat in der Sitzung anwesend, gilt der Verfahrensfehler als **geheilt.**

2.4. Orts- und Zeitbestimmung der Sitzung

In der Ladung hat der Vorsitzende den Sitzungsort und Sitzungsraum **496** sowie die **genaue Tages- und Uhrzeit** der Sitzung anzugeben. Die Festsetzung steht im pflichtgemäßen Ermessen des **Gemeinderats.**

– Vgl. § 36 Abs. 2 GemO.

Grenzen seiner Organisationsbefugnis ergeben sich aus dem Willkürverbot und dem Öffentlichkeitsgrundsatz (vgl. *OVG Münster* NVwZ 1990, 186).

Durch den Beginn regelmäßiger Gemeinderatssitzungen – schon – um 16.15 Uhr wird der Öffentlichkeitsgrundsatz nicht verletzt (*OVG Saarl.* DÖV 1993, 964).

Bei **Sitzungsunterbrechungen** ist nochmals einzuberufen, sofern dies – nach dem üblichen Verwaltungsablauf – zeitlich noch möglich ist.

2.5. Festsetzung und Mitteilung der Tagesordnung

2.5.1 Eine wichtige Vorbereitungshandlung jeder Sitzung ist die **Aufstel- 497 lung** der Tagesordnung. Die **ausschließliche Zuständigkeit** liegt in Sachsen beim **Bürgermeister.**

– Vgl. § 36 Abs. 3 S. 1 GemO.

Die Tagesordnung muß die Verhandlungsgegenstände **vollständig** und mit zutreffender Bezeichnung enthalten. **Vom Bürgermeister können Tagesordnungspunkte bis zum Sitzungsbeginn vor Eintritt in die Beratung gestrichen werden.** Eine Ausnahme besteht für diejenigen Fälle, bei denen eine Pflicht zur Behandlung eines Tagesordnungspunkts besteht. Nach **Sitzungsbeginn** ist der **Gemeinderat Herr über die Tagesordnung.** Er kann Tagesordnungspunkte mit Stimmenmehrheit **absetzen,** sofern keine Behandlungspflicht besteht.

2.5.2 Der Bürgermeister hat die Tagesordnung rechtzeitig den Ratsmitglie- **498** dern **mitzuteilen.** Der Mitteilung der Tagesordnung sind **diejenigen Unter-**

lagen über die Gegenstände der Tagesordnung **beizufügen,** die für die Verhandlung, d. h. als Anhaltspunkt für die Vorbereitung auf die Beratung und für die Beratung selbst, **erforderlich sind.**

– Vergl. § 36 Abs. 1 S. 1 GemO.

Die **Beratungsunterlagen** müssen es den Gemeinderäten **ermöglichen, sich** über die zur Beratung und Entscheidung anstehenden Verhandlungsgegenstände näher zu informieren, die **Bildung einer** (vorläufigen) **Meinung zu ermöglichen** und gegebenenfalls die Vorbesprechung in den Fraktionen zu erleichtern. Welche Unterlagen zu diesem Zweck erforderlich sind, läßt sich nicht allgemein, sondern nur nach der Art des jeweiligen Verhandlungsgegenstands und nach Inhalt und Funktion des Beschlusses, für dessen Vorbereitung die Unterlagen bestimmt sind, bestimmen (*VGH BW* NVwZ 1989, 153 (154); NVwZ-RR 1990, 369 (270)).

Bei **einfachen,** leicht zu beurteilenden Beratungsgegenständen kann hiernach auf die Zusendung von Beratungsunterlagen **verzichtet** werden oder es können **Tischvorlagen** gefertigt werden (vgl. hierzu *Schmitz,* VR 1990, 266). Hierzu zählt etwa die Beratung einer Veränderungssperre. Der zu beschließende Satzungsentwurf ist den Ratsmitgliedern nicht notwendig zu übersenden (so zu Recht *VGH BW* VBlBW 1989, 260).

Soweit das öffentliche Wohl oder berechtigte Interessen Einzelner entgegenstehen, ist auf die **Beifügung von Beratungsunterlagen** – zugunsten von Tischvorlagen – **zu verzichten.** Diese Voraussetzungen sind vornehmlich gegeben, wenn Verhandlungsgegenstände die Privatsphäre oder Geschäftsgeheimnisse betreffen.

499 *2.5.3.* In **öffentlichen Sitzungen** des Gemeinderats **darf über die Gegenstände, die in** der zugesandten und ortsüblich bekanntgegebenen **Tagesordnung nicht enthalten sind,** grundsätzlich nicht beraten und beschlossen werden.

Beschließt der Gemeinderat, einen Verhandlungsgegenstand in öffentlicher Sitzung zu behandeln, so hat der Bürgermeister diesen auf die Tagesordnung der nächsten Sitzung des Gemeinderats zu setzen.

– Vgl. § 37 Abs. 1 S. 4 GemO.

In **nichtöffentlichen Sitzungen** kann ein Gegenstand nur durch **einstimmigen Beschluß aller Mitglieder** des Gemeinderats **nachträglich** auf die Tagesordnung gesetzt werden. Bei Fehlen einzelner Mitglieder ist die Behandlung des Gegenstandes unzulässig.

2.6. Einberufungsfrist

500 Die **Frist für die Einberufung ist angemessen und die Tagesordnung** rechtzeitig **mitgeteilt, wenn die Gemeinderäte sich auf den Sitzungstermin einrichten können und ausreichend Zeit haben, sich vor der Sitzung mit den Verhandlungsgegenständen vertraut zu machen.** Dabei kommt es wesentlich auf die Größe der Gemeinde, die Zusammensetzung des Gemeinderats und den Umfang und Inhalt der Tagesordnung und die Schwierigkeit der einzelnen Verhandlungsgegenstände und der anstehenden Entscheidungen sowie die Frage, ob ein Gegenstand in einem Ausschuß bereits vorberaten war, an (*VGH BW* NVwZ-RR 1990, 369 (371)).

Die Mindestfrist sowohl für die Einberufung als auch für die Mitteilung der Tagesordnung samt Übersendung der Unterlagen ist in den einzelnen Gemeindeordnungen **unterschiedlich** bemessen. In **Sachsen** besteht keine ausdrückliche Regelung. Nach der Rechtsprechung des *VGH BW* beträgt die Mindestfrist **in der Regel drei Tage;** in größeren Gemeinden sowie allgemein bei schwierigen oder für die Gemeinde bedeutenden Verhandlungsgegenständen (z. B. Haushaltssatzung, Bauleitpläne) sollte die Frist mindestens **eine Woche** betragen (vgl. hierzu *VGH BW* NVwZ-RR 1990, 370). Wird die Frist zu kurz bemessen, leiden Beschlüsse des Gemeinderats an einem **Rechtsmangel.** Er wird allerdings durch rügelose Verhandlung aller Gemeinderäte sowie im Falle der Vertagung der betroffenen Verhandlungsgegenstände **geheilt.**

2.7. Pflicht zur Einberufung bei Verlangen des Gemeinderats

Grundsätzlich steht die Einberufung des Gemeinderats – abgesehen von **501** den regelmäßigen Sitzungsterminen – **im pflichtgemäßen Ermessen** des Bürgermeisters. Der Gemeinderat ist vom **Bürgermeister jedoch einzuberufen, wenn es die Geschäftslage erfordert;** er soll jedoch mindestens **einmal im Monat** einberufen werden.

– Vgl. § 36 Abs. 3 S. 2 GemO.

Erfordert die Geschäftslage die Einberufung, so steht dem Bürgermeister **kein Ermessen** hinsichtlich der Einberufung und der Aufnahme der zu behandelnden Verhandlungsgegenstände in die Tagesordnung zu. Lehnt er eine Einberufung in diesem Falle ab, kann er durch die Rechtsaufsicht zur Einberufung gezwungen werden.

Nach allen Gemeindeordnungen steht dem Gemeinderat bzw. einzelnen Gemeinderäten das Recht zu, die **Einberufung zu erzwingen.** In **Sachsen** (§ 26 Abs. 3 S. 3 GemO) muß der Gemeinderat **auf Verlangen von mindestens einem Viertel** der Gemeinderäte **unverzüglich einberufen werden,** sofern der gewünschte Verhandlungsgegenstand angegeben wird.

Mit dem Quorum **von einem Fünftel** der Gemeinderäte kann nach § 36 Abs. 5 GemO entsprechend **auch die Aufnahme bestimmter Angelegenheiten in die Tagesordnung spätestens der übernächsten Sitzung des Gemeinderats erwirkt werden,** wenn der Gemeinderat den gleichen Verhandlungsgegenstand nicht innerhalb der letzten 6 Monate bereits behandelt hat oder wenn sich seit der Behandlung die Sach- oder Rechtslage wesentlich geändert hat. Das Quorum kann durch die Geschäftsordnung des Gemeinderats **weder verringert noch erhöht werden.** Eine Verringerung würde in die Einberufungskompetenz des Bürgermeister, eine Erhöhung in die durch S. 3 und 4 garantierten Minderheitenrechte eingreifen (vgl. hierzu *VGH BW* NVwZ-RR 1989, 91 – Herbeiführung des Quorums in der Sitzung).

2.8. Grenzen der Einberufungspflicht und der Pflicht, einen Verhandlungsgegenstand in die Tagesordnung aufzunehmen

502   Die Verhandlungsgegenstände, für die ein Quorum herbeigeführt werden kann und die in die Tagesordnung aufgenommen werden sollen, müssen **Angelegenheiten der Gemeinde i. S. d. Art. 28 Abs. 2 GG** sein (Kommunale Verbandskompetenz) und zum **Aufgabengebiet des Gemeinderats** gehören (Organkompetenz).

– Vgl. § 36 Abs. 5 S. 2 GemO.

2.9. Prüfungsrecht des Bürgermeisters

503   Mit Blick auf seine Bindung an Recht und Gesetz und mithin auch an die Regelungen der Grenzen der kommunalen Verbandskompetenz hat der Bürgermeister im Rahmen seiner Einberufungsbefugnis **nicht nur die formellen Voraussetzungen der Einberufung, sondern auch die materiellen Voraussetzungen,** nämlich **ob** der **Verhandlungsgegenstand in** die **Zuständigkeit der Gemeinde** sowie des Gemeinderats **fällt,** zu prüfen. Er hat hierbei **keinen Beurteilungsspielraum;** vielmehr handelt es sich um die Anwendung eines **unbestimmten Rechtsbegriffes,** der uneingeschränkt der aufsichtsbehördlichen und gerichtlichen Kontrolle unterliegt. Die Annahme einer derartigen **Prüfungs-** bzw. **Ablehnungskompetenz** steht nicht im Widerspruch zur kommunalverfassungsrechtlichen Stellung des Gemeinderats einerseits und des Vorsitzenden andererseits (*VGH BW* BWGZ 1984, 450; unter Bezugnahme auf *Gern,* VBLBW 1984, 64; *Schwerdtner,* VBLBW 1984, 239; aA *OVG Münster* NVwZ 1984, 325).

2.10. Subjektive Rechte der Ratsmitglieder und Dritter

504   Die Bestimmungen über die Einberufung des Gemeinderats **dienen nicht dem organschaftlichen Interesse** des **einzelnen Mitgliedes** der kommunalen Vertretungskörperschaft an der **Aufnahme** eines Verhandlungsgegenstandes in die Tagesordnung, soweit **das Quorum** nicht **erreicht** ist. Sie begründen ihren Wortlaut nach nur bei Vorliegen des Quorums Mitwirkungsrechte im Sinne gerichtlich durchsetzbarer Gestaltungsmöglichkeiten der Ratsmitglieder, nicht dagegen, wenn das einzelne Ratsmitglied von seinem Antragsrecht Gebrauch macht. Es besteht daher **kein Anspruch auf fehlerfreie Ermessensentscheidung eines einzelnen Mitgliedes des Gemeinderats gegen den Vorsitzenden auf Aufnahme eines Gegenstandes in die Tagesordnung.**

Ein **Anspruch Dritter** auf Einberufung durch den Bürgermeister **besteht ebenfalls nicht.**

– Zur Einberufungspflicht von **Sondersitzungen** außerhalb der gewöhnlichen Sitzungstage vgl. *Rothe,* NVwZ 1992, 529 (531).

II. Verfahrensregeln

2.11. Ortsübliche Bekanntmachung der Sitzung

Zeit, Ort und Tagesordnung der öffentlichen Sitzungen sind rechtzeitig **505** örtsüblich öffentlich bekanntzumachen.
– Vgl. § 36 Abs. 4 S. 1 GemO.

Rechtzeitig erfolgt die Bekanntgabe, wenn es den Einwohnern unter normalen Umständen möglich ist, an der Sitzung teilzunehmen (vgl. *OVG Lüneburg* NVwZ 1989, 484).

Ortsüblich ist eine Bekanntgabe, wenn sie den Bekanntgaberegeln folgt, die **herkömmlicherweise** für Bekanntgaben in der Gemeinde angewendet werden, soweit keine spezielle anderweitige gesetzliche Regelung besteht. (vgl. BVerwG NVwZ RR 1993, 262 (263)). Bei **Sitzungsunterbrechungen** ist eine Wiederholung der ortsüblichen Bekanntgabe im Hinblick auf den Öffentlichkeitsgrundsatz dann erforderlich, wenn eine Bekanntgabe mit Blick auf den Zeitpunkt der Fortsetzungssitzung verwaltungstechnisch noch möglich ist (aA *OVG Lüneburg* NVwZ 1986, 53).

Im Hinblick auf das Grundrecht auf **informationelle Selbstbestimmung** sind datensensible Punkte möglichst geheimniswahrend abzufassen (*Ehlers/ Heydemann,* DVBl. 1990, 1 (6)).

2.12. Eileinberufung

In **dringenden Fällen** läßt die Gemeindeordnung unter **Abkürzung** der **506** gesetzlich vorgesehenen Fristen oder deren gänzlichen **Wegfall,** dem Verzicht auf Formerfordernisse sowie die Bekanntmachungspflicht die Einberufung zu. Unter denselben Voraussetzungen kann die Tagesordnung auch **erweitert** werden.
– Vgl. § 36 Abs. 4 S. 2 GemO.

2.13. Rechtsfolgen von Einberufungsmängeln

Wird gegen die Einberufungsvorschriften, etwa die Pflicht zur Zusendung **507** der erforderlichen Unterlagen, **verstoßen, sind Beschlüsse,** die in einer solchen Sitzung gefaßt werden, grundsätzlich **nichtig** (*VGH BW* NVwZ-RR 1989, 154; 1990, 369 (370)). Eine **Ausnahme** gilt bei Verletzung nicht wesentlicher Einberufungsvorschriften (Ordnungsvorschriften). **Ordnungsvorschriften** sind Verfahrensregeln ohne eigenständigen Rechtsschutzgehalt für objektive und subjektive Rechte. Ihre Verletzung ist ohne Auswirkung auf gefaßte Beschlüsse (vgl. *BVerfGE* 34, 25; 44, 313).

Der Rechtsmangel fehlerhafter Sitzungseinberufung ist – mit Ausnahme fehlerhafter ortsüblicher Bekanntgabe der Sitzung – ausnahmsweise **geheilt,** wenn die vollständig erschienenen Gemeinderäte den Mangel nicht rügen (*VGH BW* NVwZ-RR 1990, 370).

2.14. Teilnahmepflicht an der Sitzung

508   Die Ratsmitglieder sind in Ausübung ihres Mandats **verpflichtet,** an den (ordnungsgemäß) einberufenen Sitzungen **teilzunehmen.**

– Vgl. § 35 Abs. 4 GemO.

Sie können von dieser Pflicht ausnahmsweise aus dringenden persönlichen oder beruflichen Gründen entbunden werden. Bei wiederholtem Fehlen ohne Mitteilung an den Bürgermeister kommen Ordnungsmaßnahmen in Betracht. Nach Auffassung des *VGH München* (Fundstelle BW 1993, Rdnr. 355) sind die Gemeinderatsmitglieder zur Sitzungsteilnahme auch dann verpflichtet, wenn die **Ladung nicht ordnungsgemäß** war. Diese Auffassung erscheint mit Blick auf das Rechtsstaatsprinzip bedenklich.

2.15. Sitzungsleitung

509   Der **Bürgermeister eröffnet, leitet, unterbricht und schließt die Verhandlungen des Gemeinderats.**

– Vgl. § 38 Abs. 1 GemO.

Er kann die Verhandlungsleitung **an einen Gemeinderat** abgeben.

– Vgl. § 38 Abs. 1 GemO.

Aus dem Recht der Sitzungsleitung folgt das Recht, den Gemeinderäten das **Wort zu erteilen und zu entziehen** und, wenn notwendig, die **Sitzung** auch **zu unterbrechen** (hierzu *Rothe,* NVwZ 1992, 533). Der Vorsitzende hat diese Befugnis **willkürfrei** unter Beachtung der Mitgliedschaftsrechte der Räte und der sonstigen Vorschriften, speziell der Geschäftsordnung, wahrzunehmen. **Fehlt es an einer ordnungsgemäßen Verhandlungsleitung,** sind gefaßte **Beschlüsse rechtswidrig.**

Die **Sitzung darf nur geschlossen werden,** wenn alle Verhandlungsgegenstände aufgerufen worden sind und der Gemeinderat über sie verfahrensmäßig oder inhaltlich Beschluß gefaßt hat.

2.16. Abschluß eines Verhandlungsgegenstandes

510   Ein Tagesordnungspunkt ist abgeschlossen, wenn über ihn, in der Regel nach Beratung, **Beschluß gefaßt wurde** (vgl. hierzu *VGH BW* ESVGH 22, 180; *Rothe,* aaO).

2.17. Mehrfache Behandlung derselben Verhandlungsgegenstände

511   Verhandlungsgegenstände **dürfen auch wiederholt im Gemeinderat behandelt werden.** Die Beratung und Beschlußfassung entfalten **keine Sperrwirkung** für eine nochmalige Aufnahme in die Tagesordnung. Eine wiederholte Behandlung und Beschlußfassung verbietet die Gemeindeordnung auch nicht für dieselbe Sitzung. **Im Interesse der Arbeitseffektivität ist es allerdings zulässig,** die **wiederholte Behandlung** derselben Verhandlungsgegenstände vom **Eintritt neuer Tatsachen** oder der Änderung der Rechtslage abhängig zu machen.

Hat in Sachsen der Gemeinderat denselben Verhandlungsgegenstand **innerhalb der letzten sechs Monate bereits behandelt,** ist der Bürgermeister nach § 36 Abs. 5 GemO **nicht verpflichtet,** einen Antrag auf erneute Behandlung „unverzüglich", spätestens für die übernächste Sitzung auf die Tagesordnung zu setzen, sofern sich seit der letzten Behandlung die Sach- oder Rechtslage nicht wesentlich geändert hat. Ob bei wiederholter Behandlung ein Beschluß **rückgängig** gemacht werden darf, richtet sich danach, ob und in welcher Form er (bereits) vollzogen wurde. Bei nicht vollzugsbedürftigen Beschlüssen kommt es für die Rückgängigmachung auf die jeweilige Rechtsnatur des Beschlusses an.

3. Prinzip der Öffentlichkeit

Die Sitzungen des Gemeinderats sind nach allen Gemeindeordnungen **512** **grundsätzlich öffentlich.** Die Öffentlichkeit der Sitzungen fließt aus dem **Demokratiegebot** und ist ein **tragender Grundsatz** des Kommuanlverfassungsrechts. Sie ist ein Mittel, das **Interesse der Bürgerschaft** an der Selbstverwaltung zu **wecken** und zu unterhalten, die Volksverbundenheit der Verwaltung zu gewährleisten und speziell dem Gemeindebürger Einblick in die Tätigkeit der Vertretungskörperschaft und ihrer einzelnen Mitglieder zu ermöglichen, um damit eine Basis zu schaffen, die Verwaltung sachgerecht **kontrollieren** und auf sicherer Beurteilungsgrundlage das Wahlrecht ausüben zu können (vgl. *VGH BW* ESVGH 17, 118; BWVPr 1992, 136 (137)).

Eine **Ausnahme** vom Grundsatz der Öffentlichkeit gilt, wenn das öffentliche Wohl oder berechtigte Ansprüche oder Interessen Einzelner die Nichtöffentlichkeit erfordern. Dann **muß nichtöffentlich** verhandelt werden.

Das Öffentlichkeitsprinzip bedeutet im einzelnen:
– ortsübliche Bekanntgabe der Sitzung (s. o.),
– öffentlicher Zugang zu den Sitzungen,
– Einsicht in die Niederschriften über öffentliche Verhandlungen,
– **Öffentlichkeit der Sitzung,**
– öffentliche Bekanntmachung der in nichtöffentlicher Sitzung gefaßten Beschlüsse.

Die Regelungen über die Öffentlichkeit gehen als Spezialgesetze den Vorschriften der **Datenschutzgesetze** vor. Soweit das **informationelle Selbstbestimmungsrecht** von Personen tangiert wird, darf dieses durch den Öffentlichkeitsgrundsatz immer nur „**verhältnismäßig**" im Sinne der Herstellung praktischer Konkordanz der geschützten Rechtsgüter eingeschränkt werden. Im Kollisionsfall sind die schutzwürdigen Belange der Betroffenen mit dem Interesse der Allgemeinheit an einer öffentlichen Behandlung **abzuwägen** (so auch *Ehlers/Heydemann,* DVBl. 1990, 1 (4)).

3.1. Öffentlicher Zugang zur Sitzung

3.1.1. Allgemeines

513 Das Gebot der Öffentlichkeit verlangt, daß die Verhandlung in Räumen stattfinden muß, zu denen während der Dauer der Sitzung grundsätzlich jedermann der Zutritt offensteht. **Zugangshindernisse tatsächlicher Art** – sei es, daß sie auf eigenmächtigem oder versehentlichem Fehlverhalten eines Bediensteten, sei es, daß sie auf technische Ursachen (zugefallene Außentür) zurückzuführen sind – **stellen nur dann eine Verletzung** des Öffentlichkeitsgrundsatzes dar, wenn sie dem **Gemeinderat oder seinem Vorsitzenden bekannt waren oder** bei Beachtung der nötigen Sorgfalt **bekannt sein mußten** (vgl. *BVerwG,* Fundstelle BW 1984, Rdnr. 535). **Unbeachtlich** sind auch Hindernisse **in der Sphäre des Interessenten** (*VGH BW* VBlBW 1983, 106). Der **öffentliche Zugang** zu den Sitzungen ist gegeben, wenn es grundsätzlich allen Interessenten nach einheitlichen Grundsätzen ermöglicht wird, den Sitzungsraum zu betreten und sich darin aufzuhalten. Die Öffentlichkeit der Sitzung bedeutet nicht, daß es nicht gewisse **Beschränkungen** geben dürfte. Speziell ist die Gemeinde nicht verpflichtet, Zuhörerplätze für die gesamte Bevölkerung zur Verfügung zu stellen. Ausreichend ist ein Platzangebot, das dem typischen Interesse an Sitzungen entspricht. Personen, die nicht der Würde der Sitzung entsprechend erscheinen (z. B. Betrunkene) können ausgeschlossen werden, ebenso, wenn die Öffentlichkeit der Sitzung zu Störungen ausgenutzt wird. Keine Bedenken bestehen auch, den Sitzungssaal während einer Sitzungsperiode zu **wechseln** (so zurecht *VGH BW* ESVGH 27, 150).

Der **Öffentlichkeitsgrundsatz steht vorbeugenden Maßnahmen,** die den Zugang zur Sitzung erschweren, **nicht entgegen, wenn sie erforderlich sind,** um einen **ungestörten Ablauf** der Verhandlung **zu gewährleisten.** Der Erlaß derartiger Maßnahmen steht im Ermessen des die Sitzungsleitung ausübenden Vorsitzenden (*VGH BW* VBlBW 1983, 106).

3.1.2. Zugang von Presse, Funk und Fernsehen

514 Art. 5 Abs. 1 S. 2 GG garantiert das Recht auf **freie Informationsbeschaffung durch Presse, Funk und Fernsehen.** Entsprechend sind nach Landespresse- und Landesmedienrecht die Behörden verpflichtet, den Vertretern der Presse und des Rundfunks (Hörfunk und Fernsehen) die der Erfüllung ihrer öffentlichen Aufgaben dienenden **Auskünfte zu erteilen.**

Dieses Recht auf Informationsbeschaffung ist **jedoch nicht unbeschränkt,** sondern besteht nach Art. 5 Abs. 2 GG nur im Rahmen der „allgemeinen Gesetze". Gesetzliche Regelungen in diesem Sinne sind die Auskunftsverweigerungsrechte nach Landespresse- und Landesmedienrecht sowie die Regelungen der Gemeindeordnung über die Rechte und Pflichten des Vorsitzenden zur Gewährleistung eines ordnungsgemäßen Sitzungsablaufs (Leitungs- und Ordnungsbefugnisse, Hausrecht). Ist zu besorgen, daß ein Informationsbegehren die Ordnung in der Sitzung stören würde, kann der Vorsitzende aufgrund einer **Abwägung des öffentlichen Interesses an der Funktionsfähigkeit von Verwaltung und Gemeinderat und dem Rechtsgut der**

II. Verfahrensregeln

Pressefreiheit (vgl. hierzu *BVerfGE* 35, 202 (223 f.)) im Einzelfall bundesrechtlich oder nach Landespresse- und Landesmedienrecht verpflichtet sein, das Informationsbegehren zurückzuweisen.

Ein **Zurückweisungsrecht ist** etwa nach Auffassung des *BVerwG* (NJW 1991, 118) **gegeben,** wenn Pressevertreter **Tonbandaufnahmen** in der öffentlichen Gemeinderatssitzung machen wollen, da hierdurch das hohe Gut demokratisch „freimütiger und ungezwungener Diskussion", die Voraussetzung des Funktionierens der Selbstverwaltung ist, gefährdet werden könnte. Ob diese Gefahr, wie das BVerwG meint, wirklich besteht, erscheint mit Blick auf die Praxis allerdings zweifelhaft.

3.2 Protokolleinsicht der Öffentlichkeit

Die **Einsichtnahme in die Niederschriften über die öffentlichen Sitzungen** ist den Einwohnern gestattet. 515

– Vgl. § 40 Abs. 2 S. 5 GemO.

Die Entscheidung über die Aushändigung von Kopien an Bürger liegt im Ermessen des Gemeinderats (*VGH BW,* Beschluß v. 27. 1. 1976 – I 1494/75).

3.3 Öffentlichkeit der Sitzung

Die Sitzungen des Gemeinderats sind nach der Gemeindeordnung **öffentlich.** 516

– Vgl. § 37 Abs. 1 S. 1 GemO.

Die **Öffentlichkeit hat ein subjektives Recht auf Teilnahme** an den Sitzungen als Zuhörer, sofern die Sitzung nicht nichtöffentlich sein muß. Soweit dieses Recht **gestört** wird, etwa durch Raucher, haben die Zuhörer einen Anspruch auf Störungsbeseitigung, z. B. Erlaß eines Rauchverbots (*BVerwG* NVwZ 1990, 165). **Nichtöffentlich** darf nur verhandelt werden, **wenn** es das **öffentliche Wohl oder berechtigte Ansprüche oder Interessen Einzelner erfordern;** über Gegenstände, bei denen diese Voraussetzungen vorliegen, **muß** nichtöffentlich verhandelt werden.

– Vgl. § 37 Abs. 1 S. 1 GemO.

Dies gilt auch dann, wenn in der Geschäftsordnung für Gruppen von Angelegenheiten oder für einzelne Gespräche grundsätzlich die Nichtöffentlichkeit der Sitzung vorgesehen ist. Diese (reduzierende) Auslegung fordert das Demokratieprinzip.

3.3.1 Das **öffentliche Wohl** erfordert den Ausschluß der Öffentlichkeit, 517
wenn Interessen des Bundes, des Landes, der Gemeinde, anderer öffentlichrechtlicher Körperschaften oder der örtlichen Gemeinschaft durch eine öffentliche Sitzung mit Wahrscheinlichkeit wesentlich und nachteilig verletzt werden könnten (so *VGH BW* VBlBW 1980, 34). Darüber hinaus können aber auch andere „Interessen der Allgemeinheit" den Ausschluß der Öffentlichkeit erfordern. Beispiel: Verhinderung von Bodenspekulation bei Entscheidung über Grundstückskäufe durch den Gemeinderat.

518 *3.3.2.* **Berechtigte Interessen Einzelner** können rechtlich geschützte oder sonst schutzwürdige Interessen sein. Sie **erfordern den Ausschluß der Öffentlichkeit** in der Gemeinderatssitzung, wenn im Verlauf der Sitzung persönliche oder wirtschaftliche Verhältnisse zur Sprache kommen können, **an deren Kenntnisse schlechthin kein berechtigtes Interesse der Allgemeinheit bestehen kann und deren Bekanntgabe dem einzelnen nachteilig sein könnte** (*VGH BW* VBlBW 1992, 140). Beispiel: Beratung von Gegenständen der Intimsphäre von Einwohnern oder Ratsmitgliedern (vgl. *OVG Koblenz* NVwZ 1988, 80).

Soweit die „berechtigten Interessen Einzelner" **disponibel** sind, kann der Einzelne **auf die Nichtöffentlichkeit** der Verhandlung **verzichten.** Keine berechtigte Interessen Einzelner stehen der Öffentlichkeit der Sitzung **regelmäßig** entgegen
– bei Vergabe öffentlicher Aufträge,
– bei der Entscheidung über das Einvernehmen nach § 36 BauGB,
– bei der Entscheidung über die Ausübung des Vorkaufsrechts (*BGH* BWGZ 1981, 316; *VGH BW* NVwZ 1991, 284),
– bei Grundstückskäufen und -verkäufen durch die Gemeinde,
– bei Straßenbenennung und Hausnumerierung (*VGH BW* VBlBW 1992, 140).

519 *3.3.3.* Die Gründe des öffentlichen Wohls und die berechtigten Interessen des Einzelnen müssen den Ausschluß der Öffentlichkeit **erfordern.** Öffentliches Wohl, berechtigte Interessen Einzelner und Erforderlichkeit sind unbestimmte **Rechtsbegriffe,** die von den Verwaltungsgerichten voll nachgeprüft werden können. Dem Gemeinderat steht **kein Beurteilungsspielraum** zu.

520 *3.3.4.* Zeigt sich im Laufe der Beratung eines Verhandlungsgegenstandes in öffentlicher Sitzung, daß das öffentliche Wohl oder berechtigte Interesse Einzelner tangiert werden, so ist **von diesem Zeitpunkt an** die Öffentlichkeit auszuschließen und später gegebenenfalls wiederherzustellen.

521 *3.3.5.* Die Entscheidung **in der Sitzung,** die Öffentlichkeit **auszuschließen,** ist **gegenüber den Zuhörern** ein **Verwaltungsakt.**

Es müssen **Tatsachen** vorliegen, **die auf** eine **Gefährdung** der Interessen des Gemeinwesens oder Einzelner durch die Öffentlichkeit der Sitzung **schließen lassen.** Andererseits ist es nicht erforderlich, daß dringende oder zwingende Interessen für die Nichtöffentlichkeit gegeben sind. Keinesfalls kann ausschlaggebend sein, die Ratsmitglieder in ihrer Entscheidung vor einer **Beeinflussung durch Interessenten,** die als Zuhörer zugegen sein könnten, **zu schützen.**

Über Anträge aus der Mitte des Gemeinderats, einen Verhandlungsgegenstand entgegen der Tagesordnung in öffentlicher oder nichtöffentlicher Sitzung zu behandeln, **wird grundsätzlich in nichtöffentlicher Sitzung beraten und entschieden,** es sei denn, es ist keine Aussprache hierüber erforderlich.

– Vgl. § 37 Abs. 1 S. 2 GemO.

II. Verfahrensregeln

Dem einzelnen Ratsmitglied steht **kein** im Kommunalverfahrensstreit durchsetzbares **Mitgliedschaftsrecht auf Herstellung der Öffentlichkeit oder Nichtöffentlichkeit** zu. Der Öffentlichkeitsgrundsatz ist **kein Innenrecht** zugunsten einzelner Gemeinderäte (*VGH BW* BWVPr 1992, 135; zweifelnd *Schlüter,* VBlBW 1987, 60; aA *OVG Münster* NVwZ 1990, 186; vgl. auch *OVG Saarl.* DÖV 1993, 964).

3.3.6. **In nichtöffentlicher Sitzung gefaßte Beschlüsse** sind nach Wieder- **522** herstellung der Öffentlichkeit oder **in der nächsten öffentlichen Sitzung bekanntzugeben,** sofern nicht das öffentliche Wohl oder berechtigte Interessen Einzelner entgegenstehen.

– Vgl. § 37 Abs. 1 S. 3 GemO.

Dem **Grundrecht auf informationelle Selbstbestimmung** ist auch hier optimal Rechnung zu tragen, indem **datensensible Punkte** möglichst **geheimniswahrend bekanntgegeben werden.** Die Bekanntgabe umfaßt nur die Beschlußfassung, nicht auch den Gang der Verhandlungen. Die Bekanntgaben sind **in die Tagesordnung der öffentlichen Sitzung aufzunehmen** (vgl. hierzu *Becker,* BWVPr 1978, 285; *Ziegler,* VBlBW 1989, 201 (205)).

Die Regelungen der Gemeindeordnung über die Bekanntgabepflicht sind **keine Gültigkeits- oder Wirksamkeitsvoraussetzung** für einen Gemeinderatsbeschluß. Sie sind nur **Ordnungsvorschrift,** deren Verletzung keine rechtlichen Folgen nach sich zieht.

Ein **Rechtsanspruch Dritter** auf Bekanntgabe von Beschlüssen besteht nicht, da die Bekanntgabepflicht ausschließlich im öffentlichen Interesse normiert ist (vgl. *VGH BW* BWVPr 1992, 136). **Auch Gemeinderäte** haben ein solches (Mitgliedschafts-)Recht **nicht.**

3.4. Verschwiegenheitspflicht der Gemeinderatsmitglieder

Die Gemeinderäte sind nach der Gemeindeordnung zur **Verschwiegen-** **523** **heit** über alle in nichtöffentlicher Sitzung behandelten Angelegenheiten solange **verpflichtet,** bis sie der Gemeinderat im Einvernehmen mit dem Bürgermeister von der Schweigepflicht entbindet; dies gilt nicht für Beschlüsse, soweit sie in der nächsten öffentlichen Sitzung bekanntgegeben worden sind.

– Vgl. § 37 Abs. 2 GemO.

Art. 5 Abs. 1 GG wird durch die Pflicht zur Verschwiegenheit nicht verletzt. Die Regelungen der Gemeindeordnung über die Verschwiegenheitspflicht sind allgemeine Gesetze im Sinne des Art. 5 Abs. 2 (*BVerwG* NVwZ 1989, 975).

Ist eine Angelegenheit, die der Verschwiegenheitspflicht unterliegt, durch **Indiskretion** bekanntgeworden, so beseitigt dieser Tatbestand das Fortbestehen der Schweigepflicht aus Gründen eines möglichst effektiven Schutzes der mit Hilfe der Verschwiegenheitspflicht zu schützenden Rechtsgüter sowie allgemein aus Gründen der Rechtssicherheit nicht (aA *OVG Münster* DÖV 1966, 504).

Die **Mitnahme persönlicher Notizen** über nichtöffentliche Sitzungen des Gemeinderats verstößt nicht gegen das Gebot der Verschwiegenheit. Zweck der Verschwiegenheitsvorschriften ist es, die Geheimnisse nichtöffentlicher Sitzungen im öffentlichen oder privaten Interesse zu bewahren. Die Mitnahme persönlicher Notizen gefährdet diesen Zweck für sich allein gesehen noch nicht.

3.5. Rechtsfolgen der Verletzung des Öffentlichkeitsgrundsatzes

524 Ein **Beschluß,** der unter Verstoß gegen den Öffentlichkeitsgrundsatz zustande gekommen ist, ist **nichtig.** (vgl. *VGH BW* NVwZ 1992, 196). Dies gilt sowohl für den Fall, daß ein Tagesordnungspunkt **fälschlich in nichtöffentlicher anstatt in öffentlicher Sitzung** behandelt wurde als auch für den Fall, daß ein nichtöffentlich zu behandelnder Tagesordnungspunkt in öffentlicher Sitzung behandelt wurde.

Ein Anspruch des Bürgers auf Unterlassung des Vollzugs eines Beschlusses, der wegen Verletzung des Öffentlichkeitsgesetzes nichtig ist, besteht nicht, sofern der Beschluß ihn nicht möglicherweise zugleich in eigenen Rechten verletzt (vgl. *OVG Koblenz* NVwZ-RR 1990, 322).

Streitig ist, **ob ein Verstoß gegen den Öffentlichkeitsgrundsatz** einen Gemeinderatsbeschluß, soweit dieser **Verwaltungsakt** ist, nur rechtswidrig (anfechtbar) (so *VGH Kassel* DÖV 1990, 622) oder **nichtig macht** (so *OVG Münster* DÖV 1961, 395). Die Entscheidung dieser Frage richtet sich nach § 44 VwVfG. Hiernach ist ein Verwaltungsakt nichtig, soweit er an einem besonders **schwerwiegenden Fehler** leidet und dies bei verständiger Würdigung aller in Betracht kommender Umstände **offenkundig** ist. Gegen die Annahme der Nichtigkeit spricht, daß die Willensbildung des Gemeinderats ohne Rücksicht auf die Öffentlichkeit oder Nichtöffentlichkeit der Sitzung stattfindet, so daß der Formfehler nicht unbedingt Einfluß auf die materielle Rechtmäßigkeit des Beschlusses nehmen muß und deshalb mit Blick auf die Wahrnehmung der Rechte des Einzelnen nicht als besonders schwerwiegend anzusehen ist. Die **Annahme der Nichtigkeit in diesen Fällen** erscheint deshalb **nicht erforderlich;** vielmehr verbleibt es bei der Aufhebbarkeit, soweit keine Unbeachtlichkeit nach § 46 VwVfG in Betracht kommt (vgl. hierzu *VGH BW* VBlBW 1992, 140 (143)).

Ein **subjektiv-öffentliches Recht** auf Einhaltung der Grundsätze der **Öffentlichkeit besteht** (auch für die Gemeinderäte) **nicht** (str. vgl. *OVG Saarl.* DÖV 1993, 964).

4. Sitzungsordnung und Hausrecht

525 Der Bürgermeister **handhabt die Ordnung** in den Verhandlungen des Gemeinderates (Ordnungsgewalt) und übt das **Hausrecht** aus.

– Vgl. § 38 Abs. 1 GemO.

II. Verfahrensregeln

Bei grobem Verstoß gegen die Ordnung **kann ein Gemeinderat** vom Vorsitzenden **aus dem Beratungsraum verwiesen werden.**
– Vgl. § 38 Abs. 3 GemO.

Die **Handhabung der Ordnung** bezieht sich auf die **Schaffung der für den ordnungsgemäßen Ablauf der Verhandlungen notwendigen äußeren Voraussetzungen** und auf die Sorge für die Einhaltung der sich aus der Gemeindeordnung und der vom Gemeinderat erlassenen Geschäftsordnung ergebenden Ordnungsvorschriften sowie auf die Ahndung von Ordnungswidrigkeiten **aus dem Kreis der an der Verhandlung teilnehmenden Personen** (Gemeinderäte; sachkundige Einwohner). Eine Maßnahme zur Gestaltung der Ordnung ist beispielsweise die **Zuteilung von Plätzen** am Gemeinderatstisch (vgl. *VGH München,* Fundstelle BW 1993, Rdnr. 355).

Das **Hausrecht** richtet sich hingegen **gegen Personen außerhalb des Gemeinderats und der Verwaltung** und gibt dem Vorsitzenden generell die Möglichkeit, gegen Störungen, die sich aus der Öffentlichkeit der Sitzung ergeben, und damit gegen **Zuhörer,** die die Verhandlung stören, einzuschreiten (*VGH BW* VBlBW 1983, 342; *StGH BW* NJW 1988, 3199; – str. vgl. *OVG Münster* NVwZ-RR 1991, 36 mwN; *VGH BW* ESVGH 24, 41).

Soweit die Gemeindeordnung das Hausrecht verleiht, ist dieses **als Sonderrecht öffentlich-rechtlicher Natur** und ein **Spezialfall** des **allgemeinen öffentlichrechtlichen Hausrechts,** das dem Verwaltungsleiter als Organ der Gemeinde gegenüber Personen zusteht, die mit der Gemeinde im Zusammenhang mit öffentlichrechtlichen Rechtsbeziehungen in Kontakt treten (vgl. hierzu *BVerwG* DÖV 1971, 137, *BGH* MDR 1970, 614; *Kopp,* VwGO Rdnr. 24 zu § 35 VwVfG mwN).

4.1. Allgemeine Ordnungsmaßnahmen

4.1.1. Verstößt **ein Ratsmitglied** gegen die Ordnung in der Sitzung, so hat **526** der Vorsitzende kraft seiner **Ordnungsgewalt** unter Beachtung des Verhältnismäßigkeitsgrundsatzes **nach pflichtgemäßem Ermessen einzuschreiten und die zur Wiederherstellung der Ordnung erforderlichen Maßnahmen zu ergreifen.**

– **Beispiel: Ordnungsruf,** durch den die Ordnungswidrigkeit des Verhaltens gerügt wird **(Rüge).** Bleibt der Ordnungsruf ohne Erfolg, kann der Vorsitzende dem Ratsmitglied nach Androhung **das Wort entziehen.**

Der Störungsbeseitigungspflicht korrespondiert ein entsprechender **Anspruch** betroffener Ratsmitglieder.

Die Anordnung einer Ordnungsmaßnahme gegen ein Ratsmitglied ist **ein Verwaltungsakt,** wenn (subjektive) **Außenrechte** des Ratsmitglieds geregelt werden. Sie ist eine **organinterne Maßnahme,** wenn **Mitgliedschaftsrechte** geregelt werden. Erläßt der Vorsitzende ein **Rauchverbot** gegen ein Ratsmitglied, so wird seine allgemeine Handlungsfreiheit aus Art. 2 GG eingeschränkt. Das Recht zum Rauchen ist kein Mitgliedschaftsrecht. Mithin ist das **Rauchverbot Verwaltungsakt** (aA mit dogmatisch unklarer Begründung, *OVG Münster* NVwZ-RR 1991, 260; *Waechter,* KommR, Rdnr. 347).

527 *4.1.2.* Verstößt ein **Zuhörer** oder ein sonstiger **Dritter** gegen die Ordnung in der Sitzung, so hat der Vorsitzende **kraft des öffentlich-rechtlichen Hausrechts** die erforderlichen Maßnahmen zu ergreifen. Anordnungen dieser Art sind **Verwaltungsakte.** Beispiel: Rauchverbot (vgl. hierzu *BVerwG* NVwZ 1990, 165). Zuhörern stehen keine organinterne Rechte, sondern ausschließlich Außenrechte zu.

4.2. Sitzungsausschluß gegen Ratsmitglieder

528 *Die* **Maßnahme des Sitzungsausschusses ist von besonderen Voraussetzungen abhängig.** Der Vorsitzende kann ein Ratsmitglied nur bei grobem Verstoß gegen die Ordnung aus dem Beratungsraum verweisen. **Grob** ist ein Verstoß, der in besonders hohem Maße den Ablauf der Verhandlungen stört (vgl. hierzu *VGH Kassel* DÖV 1990, 662; *VGH BW* VBlBW 1993, 259). Beispiel: Volltrunkenheit eines Ratsmitglieds (vgl. auch *OLG Karlsruhe* DÖV 1980, 100).

Auch die Entscheidung, ein Mitglied wegen groben Verstößen gegen die Ordnung **aus dem Beratungsraum zu verweisen** oder für zukünftige Sitzungen von der Teilnahme auszuschließen, ist **kein Verwaltungsakt, sondern eine im Kommunalverfassungsrecht wurzelnde, autonome innerorganisatorische, das Mitgliedschaftsrecht regelnde Maßnahme** zum Schutz der Funktionsfähigkeit des beschließenden Organs (vgl. *VGH BW* VBlBW 1983, 342).

Das **ausgeschlossene Mitglied** des Gemeinderates **muß den Sitzungsraum verlassen** und darf auch nicht als Zuhörer anwesend bleiben (*OLG Karlsruhe,* aaO). Bleibt es dennoch da, **kann es sich eines strafbaren Hausfriedensbruches schuldig machen.**

4.3. Hausverbot

529 *4.3.1.* Das **öffentlich-rechtliche Hausrecht** gibt dem Vorsitzenden die **Befugnis,** gegenüber **Störern innerhalb** der Sitzungsräumlichkeiten **ein** Hausverbot zu erteilen. Das Hausverbot schränkt **als hoheitliche Regelung** das jedermann zustehende Recht ein, **an den öffentlichen Sitzungen des Gemeinderats** als Zuhörer teilzunehmen.

Die Ausübung des öffentlich-rechtlichen Hausrechts durch den Bürgermeister ist ein Verwaltungsakt (vgl. auch *Knemeyer,* VBlBW 1982, 249). Diese Qualifikation gilt auch für ein Hausverbot, das gegen das von der Sitzung ausgeschlossene Ratsmitglied verhängt wird, da dieses nicht als solches betroffen ist, sondern als Gemeindebürger (*VGH BW* VBlBW 1983, 342).

530 *4.3.2.* Zu unterscheiden vom öffentlich-rechtlichen Hausverbot nach § 38 GemO ist einerseits das **allgemeine öffentlich-rechtliche Hausverbot,** das der Bürgermeister kraft seines im zustehenden allgemeinen öffentlich-rechtlichen Hausrechts erlassen kann und das **privatrechtliche Hausverbot,** das seine **Rechtsgrundlage** in dem jedermann zustehenden privatrechtlichen Hausrecht als Ausfluß **der Sachherrschaft des Eigentümers** (vgl. § 903 BGB) bzw. des Besitzers eines Grundstücks findet. Dieses Recht steht dem Bürgermeister gegenüber Personen zu, die die Amtsräume in **Ausübung privatrechtlicher Befugnisse,** etwa **zu erwerbswirtschaftlichen Zwecken betreten** (vgl. hierzu *Kopp,* VwGO, Rdnr. 22 zu § 40 mwN; aA *OVG Münster* NVwZ-RR 1989, 316: immer öffentlich-rechtlich).

4.4 Rechtsschutz

4.4.1. Rechtsschutz **gegen erlassene Ordnungsmaßnahmen oder auf Erlaß** **531** **von Ordnungsmaßnahmen** durch den Vorsitzenden ist im **Kommunalverfassungsstreitverfahren** möglich, soweit durch diese Maßnahme organinterne (Mitgliedschafts-) Rechte tangiert werden (vgl. hierzu 16. Kap.).

4.4.2 Der Rechtsschutz **gegen die als Verwaltungsakt erlassenen Ordnungsmaßnahmen** (z. B. Hausverbot) richtet sich nach den §§ 40 f., 68 f. VwGO.

4.4.3 Der **Regelstreitwert** bei Anfechtung von Ordnungsmaßnahmen beträgt DM 4000,– (vgl. NVwZ 1991, 1158).

5. Beschlußfähigkeit

Die Rechtmäßigkeit eines Beschlusses setzt die **Beschlußfähigkeit** des **532** Rats voraus. Das Prinzip **repräsentativer Demokratie** fordert, daß die kommunale Willensbildung von einer **bestimmten Mindestzahl** von Gemeinderäten getragen wird. In Sachsen ist der Gemeinderat **beschlußfähig,** wenn mindestens **die Hälfte aller Mitglieder anwesend und stimmberechtigt ist.**
– Vgl. § 39 Abs. 2 S. 1 GemO.

Zu den Mitgliedern des Gemeinderats zählt auch der **Bürgermeister, nicht** jedoch ein **Beigeordneter;** dies gilt selbst dann, wenn der Beigeordnete die Sitzung in Vertretung des Bürgermeisters leitet.
Die Beschlußfähigkeit muß während der gesamten Sitzungsdauer gegeben sein. Ist die Beschlußfähigkeit nicht oder vorübergehend nicht gegeben, sind diejenigen Beschlüsse rechtswidrig, die im Zeitraum der Beschlußunfähigkeit gefaßt wurden.
Bei **Befangenheit von mehr als der Hälfte aller Mitglieder** ist der Gemeinderat **beschlußfähig, wenn mindestens ein Viertel aller Mitglieder anwesend und stimmberechtigt ist.**
– Vgl. § 39 Abs. 2 S. 2 GemO.

Ist der Gemeinderat wegen Abwesenheit oder Befangenheit von Mitgliedern nicht beschlußfähig, muß eine **zweite Sitzung** stattfinden, in der er beschlußfähig ist, wenn **mindestens drei Mitglieder anwesend und stimm-**

berechtigt sind; bei der Einberufung der zweiten Sitzung ist hierauf hinzuweisen. Die zweite Sitzung entfällt, wenn weniger als drei Mitglieder
stimmberechtigt sind.

Ist der Gemeinderat wegen Befangenheit von Mitgliedern nicht beschlußfähig, entscheidet der Bürgermeister an seiner Stelle nach Anhörung der
nicht befangenen Gemeinderäte. Sind auch der Bürgermeister und sein Stellvertreter befangen, gilt § 117 entsprechend, sofern nicht der Gemeinderat ein
stimmberechtigtes Mitglied für die Entscheidung zum Stellvertreter des
Bürgermeisters bestellt.

– Vgl. § 39 Abs. 4 GemO.

6. Rederecht, Anträge, Abstimmungen und Wahlen

6.1. Rederecht

533   Jedes **Ratsmitglied** hat das Recht, zu jedem Verhandlungsgegenstand **in
der Sitzung zu reden (Rederecht).** Das Rederecht kann in der Geschäftsordnung näher geregelt werden. Es findet seine **Grenze** im Willkür- und Miß-
brauchsverbot sowie in den Grundsätzen über die Ordnung der Sitzungen.
Die Anordnung einer **Redezeitbegrenzung** oder eines Redeverbots muß das
hohe Gut des Demokratieprinzips, das durch das Rederecht verwirklicht
wird, berücksichtigen (vgl. hierzu *BVerGE* 60, 374 (379); *BVerwG* DVBl.
1988, 792). **Zuständig zur Redezeitbegrenzung** ist grundsätzlich der **Gemeinderat aufgrund seines Selbstorgsanisationsrechts. Ausnahmsweise** ist
der Vorsitzende zuständig, sofern die Länge einer Rede zugleich ein Verstoß
gegen die Ordnung in der Sitzung darstellt (unklar insoweit *VG Stuttgart*
NVwZ 1990, 190; vgl. hierzu auch *OVG Lüneburg* DVBl. 1990, 159).

– Zum Verbot der Vorverlagerung der Diskussion in die Fraktionen vgl. *OVG Münster* NWVBl. 1992, 20.

6.2. Antragsrecht

534   Die Gemeinderäte haben auch das Recht, zu jedem Verhandlungsgegenstand Sach- und Geschäftsordnungsanträge zu stellen **(Antragsrecht).** Die
Sachanträge beziehen sich auf die inhaltliche Behandlung eines Tagesordnungspunktes, **Geschäftsordnungsanträge** auf die verfahrensmäßige Behandlung. Geschäftsordnungsantrag ist etwa der „Antrag auf Vertagung".

Für die **Auslegung von Anträgen** ist ihr **objektiver Erklärungsinhalt**
maßgebend, wie sie die übrigen Ratsmitglieder nach Treu und Glauben
verstehen dürfen (so auch *VGH BW* NVwZ-RR 1989, 153).

Das Antragsrecht umfaßt auch das Recht, den **Antrag zu erläutern** (*OVG
Münster* NVwZ-RR 1989, 380).

6.3. Abstimmungen und Wahlen

535   Der Gemeinderat **beschließt über Anträge durch Abstimmungen und
Wahlen** (vgl. hierzu grundsätzlich *Pieroth,* JuS 1991, 89).

II. Verfahrensregeln

Wahlen sind immer und nur dann durchzuführen, wenn dies gesetzlich ausdrücklich bestimmt ist. Sie beziehen sich auf die **Auswahl von Personen.** Die anderen Fälle der Beschlußfassung sind **Abstimmungen.** Die Abstimmungsfrage ist stets so zu formulieren, daß sie mit **Ja oder Nein** beantwortet werden kann. Die **Stimmabgabe** bei Abstimmungen und Wahlen ist ein **höchstpersönlicher Akt.** Sie darf **nicht von Bedingungen oder Vorbehalten abhängig gemacht werden.**

Eine dem Demokratieprinzip genügende Mehrheitsentscheidung des Gemeinderats setzt nicht voraus, daß mehr als die Hälfte der abgegebenen Stimmen gültig ist (*BVerwG* NVwZ 1993, 378).

6.3.1. Abstimmungen

Der Gemeinderat stimmt in der Regel **offen** ab. **536**

– Vgl. § 39 Abs. 6 S. 1 GemO.

Ebenso wie der Grundsatz der Öffentlichkeit der Gemeinderatssitzung **soll die offene Abstimmung eine Kontrolle des Gemeinderats durch die Öffentlichkeit ermöglichen.** Offen ist die Abstimmung, wenn ein Abstimmungsverfahren gewählt wird, bei dem die Art der Stimmabgabe durch stimmberechtigte Ratsmitglieder sichtbar wird. Eine besondere Form der offenen Abstimmung ist die **namentliche** Abstimmung.

Der Gemeinderat kann **aus wichtigem Grund geheime Abstimmung** beschließen.

– Vgl. § 39 Abs. 6 S. 1 GemO.

Ein wichtiger Grund ist gegeben, **wenn das öffentliche Wohl oder berechtigte Interessen Einzelner die geheime Abstimmung erfordern.** Diese Voraussetzungen sind etwa gegeben, wenn der Gemeinderat bei offener Abstimmung in einer nicht mehr zu rechtfertigenden Weise in der Freiheit seiner Willensbildung und Kundgabe gehindert wäre. Eine nicht offene Abstimmung wäre hiernach etwa möglich zur **Umgehung eines (unzulässigen) Fraktionszwangs. Nicht ausreichend** wäre hingegen, **wenn eine zu beschließende Maßnahme** in der Öffentlichkeit lediglich **unpopulär ist** und der Gemeinderat daher um seine Wiederwahl besorgt sein müßte.

„Geheim" ist die Abstimmung, **wenn die Gemeinderatsmitglieder bei der eigentlichen Abstimmungshandlung unbeobachtet und von dritter Seite unbeeinflußt bleiben** (*OVG Münster,* Fundstelle BW 1983 Rdnr 329; vgl. auch *OVG Lüneburg* DÖV 1985, 52). Eine geheime Abstimmung kann sowohl in öffentlicher als auch in nichtöffentlicher Sitzung stattfinden. Gibt ein Gemeinderatsmitglied sein Abstimmungsverhalten bei geheimer Abstimmung bekannt, hat dies keinen Einfluß auf die Rechtmäßigkeit der Abstimmung. Die Möglichkeit der geheimen Abstimmung ist **in der Geschäftsordnung** zu regeln.

Ein **Beschluß ist rechtswidrig,** bei dem statt offen, ohne sachlichen Grund „nicht offen" (geheim) abgestimmt wird (vgl. *Frömel,* VBlBW 1987, 156).

Bei der Feststellung des Abstimmungsergebnisses bleiben **Stimmenthaltungen außer Betracht.**
– Vgl. § 39 Abs. 6 GemO.

Stimmverweigerungen sind mit Blick auf die Pflicht zur Wahrnehmung der ehrenamtlichen Tätigkeit unzulässig. Treten sie dennoch auf, sind sie Stimmenthaltungen gleich zu werten. Bei **Stimmengleichheit** ist ein Antrag abgelehnt.
– Vgl. § 39 Abs. 6 GemO.

Grundsätzlich **unzulässig** ist die **En-bloc-Abstimmung über mehrere Beschlußgegenstände.** Die En-bloc-Abstimmung besteht aus zwei Abstimmungsvorgängen. Die erste Abstimmung findet darüber statt, ob über mehrere Gegenstände einheitlich abgestimmt werden soll. Kommt hierfür eine Mehrheit zustande, findet die zweite Abstimmung über die En-bloc zusammengefaßten Gegenstände selbst statt, bei der die Ratsmitglieder nur einheitlich mit Ja oder Nein votieren können. Die En-bloc-Abstimmung **widerspricht** dem **Demokratieprinzip** und dem **Rechtsstaatsprinzip.** Vor allem können Stimmberechtigte, die gegen die En-bloc-Abstimmung votiert haben, ihr Abstimmungsverhalten nicht mehr differenzierend einrichten. Zum anderen werden Gegenstände untereinander sachwidrig verkoppelt und abstimmungsmäßig nivelliert, die nichts miteinander zu tun haben. Bebauungspläne, die in En-bloc-Abstimmung zustande gekommen sind, leiden an einem Fehler im Abwägungsvorgang (vgl. *BVerwG* NVwZ 1988, 1138).

In welcher **Reihefolge bei Vorliegen mehrerer Anträge** zu einem Verhandlungsgegenstand **abgestimmt werden soll, entscheidet der Vorsitzende** aufgrund seines Rechts zur Verhandlungsleitung **nach pflichtgemäßem Ermessen.** Ist über mehrere Anträge **mit unterschiedlicher Reichweite abzustimmen,** ist aus logischen Gründen **zuerst über die jeweils weitergehenden Anträge** abzustimmen (vgl. hierzu auch *Schmitz,* NVwZ 1992, 547).

6.3.2. Wahlen

537 *6.3.2.1.* Die Regelung der Wahlen ist in den Gemeindeordnungen unterschiedlich ausgestaltet.

In **Sachsen** werden Wahlen **geheim** mit Stimmzetteln vorgenommen, **offen** kann gewählt werden, wenn kein Mitglied **widerspricht.** (Zur sofortigen Rügepflicht *VGH BW* BWGZ 1993, 164). Gewählt **ist, wer mehr als die Hälfte der Stimmen** der anwesenden Stimmberechtigten **erhalten hat.** Wird eine solche Mehrheit bei der Wahl nicht erreicht, findet zwischen den beiden Bewerbern mit den meisten Stimmen **Stichwahl** statt, bei der die einfache Stimmenmehrheit entscheidet. Bei Stimmengleichheit entscheidet das **Los.**

Steht nur ein Bewerber zur Wahl und erreicht dieser im ersten Wahlgang nicht die absolute Mehrheit, findet ein zweiter Wahlgang statt, bei dem die einfache Mehrheit der abgegebenen Stimmen ausreicht.
– Vgl. § 39 Abs. 7 GemO.

II. Verfahrensregeln

6.3.2.2. **Bei der geheimen Wahl** ist **Vorsorge für die Geheimhaltung,** etwa 538
durch Aufstellung von **Wahlkabinen** oder durch ähnliche Sicherungsmaß-
nahmen zu treffen (vgl. hierzu *OVG Münster* NVwZ 1982, 684; *VGH BW*
BWGZ 1993, 164).

Wird der Grundsatz der Geheimhaltung bei der Wahl verletzt, ist ein
Beschluß rechtswidrig (zu Einzelfällen der Verletzung vgl. etwa *OVG Lüneburg* DÖV 1985, 152; *Pieroth,* JuS 1991, 89 (95).

– Zum Recht auf **Gegendarstellung** in der Presse über das Abstimmungsverhalten
   im Gemeinderat vgl. *OLG Karlsruhe* NJW 1984, 1127.

7. Beschlüsse

Beschlüsse sind Mittel der Willensbildung und Willensäußerung bei 539
Kollegialorganen in Form von Wahlen und Abstimmung zu Verfahrens-
und Sachfragen. Der Beschluß wird rechtlich mit der **Bekanntgabe** des
Abstimmungs- oder Wahlergebnisses im Kollegialorgan durch den Vorsitzenden existent (vgl. hierzu *OVG Münster* DVBl. 1992, 448 – Bekanntgabe
durch Pressemitteilung).

Für die **Auslegung von Beschlüssen** ist ihr objektiver Erklärungswert
maßgebend, so wie ihn die Adressaten nach Treu und Glauben verstehen
dürfen. Die in einem Beschluß nicht formulierten **Motive** gewinnen nur
dann Bedeutung, wenn der Beschluß als solcher nicht eindeutig ist (vgl.
BVerwG Urteil v. 14. 12. 90, 7 C 37.89). **Zuständig zur Auslegung** ist der
Gemeinderat, der den Beschluß gefaßt hat.

Willensmängel (Irrtümer usw.) **einzelner Mitglieder** bei der Beschlußfassung sind **grundsätzlich unbeachtlich.** Weder ist ein Beschluß wegen Irr-
tums anfechtbar, noch wegen Geschäftsunfähigkeit eines Ratsmitglieds nichtig. Die Gemeindeordnung knüpft das Mitwirkungsrecht der Gemeinderäte
und die Rechtmäßigkeit der Beschlüsse im Interesse der Rechtssicherheit
ausschließlich an den **objektiven Tatbestand ihrer Zugehörigkeit zum Gemeinderat und die ordnungsgemäße Stimmabgabe.** Eine **Ausnahme** gilt
für Beschlüsse, die durch **strafbare Handlungen** (Nötigung, Erpressung,
Bestechung usw.) erwirkt wurden. Sie sind nichtig. Die Beschlüsse sind
**nach Durchführung des Abstimmungs- oder Wahlvorgangs in der öffent-
lichen Sitzung bekanntzugeben.** Dies gilt auch für in nichtöffentlicher Sitzung gefaßte Beschlüsse.

– Vgl. § 37 Abs. 1 S. 3 GemO.

Eine **allgemeine öffentliche Bekanntgabepflicht** von Beschlüssen **außerhalb** von Sitzungen **besteht grundsätzlich** vorbehaltlich anderweitiger gesetzlicher Regelung **nicht.** Wird ein Beschluß durch Vollzug in eine außen-
wirksame Gestaltungsform (z. B. Verwaltungsakt) umgesetzt, so gelten für
die Bekanntgabe die für diese Gestaltungsform geltenden Regelungen (vgl.
allgemein hierzu *Ziegler,* VBlBW 1989, 201).

Zu unterscheiden sind Beschlüsse ohne Außenwirkung, Beschlüsse, die

Außenwirkung durch Vollzug durch den Bürgermeister erlangen und Beschlüsse mit unmittelbarer Außenwirkung.

540 7.1. Beschlüsse **ohne Außenwirkung sind alle kollegialen Willensäußerungen** eines kommunalen Kollegialorgans, **die keine Regelungswirkung subjektiver Rechte von Außenrechtssubjekten entfalten.** Sie sind **entweder ohne jede Rechtswirkung oder** sie erzeugen gemeinde(organ-)**interne Bindungswirkung** objektiv- oder subjektivrechtlicher Art für den Gemeinderat selbst (z. B. Übertragung von Zuständigkeiten auf den Bürgermeister, Bildung von Ausschüssen, Vertagung einer Verhandlung) oder für den Bürgermeister als Vollzugsorgan bzw. die Verwaltung (vgl. hierzu 7.2 und *VGH BW* VBlBW 1987, 190). Weiterhin können sie **auch Teil des Rechtsetzungsverfahrens** sein. Ergeht ein Beschluß kraft öffentlichen Rechts, ist er öffentlich-rechtlicher Natur; im übrigen ist er privatrechtlich.

541 7.1.1. Für die Beurteilung der **Rechtmäßigkeit** solcher Beschlüsse gelten **die allgemeinen Regeln** des Verfassungs- und Verwaltungsrechts, der Gemeindeordnung sowie des Privatrechts.
Die **Regeln des Verwaltungsverfahrensrechts,** die für Verwaltungsakte gelten, sind auf schlichte Beschlüsse **nicht anwendbar.** So unterliegen sie ohne besondere gesetzliche Anordnung grundsätzlich **keiner Begründungspflicht** (vgl. *Gern/Schönhoff,* VBlBW 1985, 43). Weiterhin sind auch die für Verwaltungsakte geltenden **Regeln über die Ermessensausübung nicht anwendbar.** Hiernach unterliegen Ermessensbeschlüsse im Rahmen einer Rechtsprüfung **nur** einer **Ergebniskontrolle,** während die (subjektive) Ermessensseite nicht der Nachprüfung unterliegt (so zurecht *VGH BW* BWVPr 1986, 85; aA *VGH BW* VBlBW 1983, 274).

542 7.1.2 Bei **Rechtswidrigkeit** sind **schlichte Beschlüsse** ohne Außenwirkung mit Blick auf das Rechtsstaatsprinzip grundsätzlich **nichtig.** Die Rechtsrichtigkeit hat entgegen *Ehlers* (NVwZ 1990, 108) grundsätzlich Vorrang vor Erwägungen der Rechtssicherheit und der Verwaltungseffizienz, mit welchen die Wirksamkeit von Beschlüssen trotz Rechtswidrigkeit zu rechtfertigen wäre. Ausnahme: Der Gesetzgeber ändert dieses Vorrangsverhältnis (vgl. *BVerfGE* 3, 237f.).

543 7.1.3. Für die **Anfechtbarkeit** von schlichten Gemeinderatsbeschlüssen gilt folgendes:
Grundsätzlich sind schlichte Beschlüsse an sich **nicht anfechtbar.** Sind sie jedoch Voraussetzung oder integrierter Teil einer außenwirksamen Maßnahme, unterliegen sie der Überprüfung im Rahmen der Kontrolle der Maßnahme, deren Teil oder deren Voraussetzung sie sind oder sie unterliegen der **Inzidentkontrolle.** Ein Satzungsbeschluß etwa unterliegt der Normenkontrolle und der Inzidentkontrolle bei Satzungsvollzug. Der Beschluß über die Bildung einer Erschließungseinheit nach § 130 BauGB etwa ist im Rahmen der Anfechtung des Erschließungsbeitragsbescheids überprüfbar.
Eine **Ausnahme von der Nichtanfechtbarkeit** besteht auch dann, wenn ein Beschluß **organschaftliche Rechtsbeziehungen** tangiert. Hier ist Rechts-

schutz im **Kommunalverfassungsstreitverfahren** möglich (vgl. hierzu 16. Kap.).

7.1.4. **Verstoßen schlichte Beschlüsse** gegen **Verfahrensvorschriften,** ist 544 für die Fehlerfolgen zu unterscheiden, ob **gegen wesentliche Verfahrensvorschriften verstoßen wurde** oder nur gegen **Ordnungsvorschriften.** **Ordnungsvorschriften** sind Verfahrensregeln **ohne eigenständigen Rechtsschutzgehalt** für objektive und subjektive Außenrechte. Eine **Verletzung von Ordnungsvorschriften ist unbeachtlich** (vgl. hierzu *VGH BW* BWVPr 1976, 275). Soweit eine **Heilungsmöglichkeit** in Betracht kommt, sind Beschlüsse **schwebend oder vorläufig unwirksam** (vgl. *Ossenbühl,* NJW 1986, 2805 mwN).

7.2. In den meisten Fällen **erlangt ein Beschluß Außenwirkung durch Voll-** 545 **zug** durch den Bürgermeister. **Vollzug** bedeutet **Umsetzung des geäußerten Willens in die vom Vollzugsorgan bestimmte Gestaltungs- und Handlungsform.** Noch **kein Vollzug** ist die **Bekanntgabe des Abstimmungs- oder Wahlergebnisses** durch den Vorsitzenden in der Sitzung.

Solange vollzugsbedürftige Beschlüsse nicht vollzogen sind, kommt ihnen **nur Innenrechtswirkung** (ohne Verwaltungsaktqualität) zu (so zutreffend *VGH BW* ESVGH 34, 45; 23, 203 (205) – für Wahlen). **Für die Rechtsnatur, das anzuwendende Recht** und **für die Anfechtbarkeit** kommt es in **diesen Fällen darauf an, in welche Handlungsform der Beschluß durch Vollzug umgesetzt wird** (*VGH Kassel* NVwZ 1988, 1155; *VGH BW* VBlBW 1988, 217).

Umsetzbar sind Beschlüsse grundsätzlich in **alle öffentlich-rechtlichen und privatrechtlichen Handlungsformen.** So können Beschlüsse ihrer Rechtsnatur nach Verwaltungsakte, öffentlich-rechtliche und privatrechtliche Verträge oder schlichthoheitliche und privatrechtliche Handlungen werden. Entsprechend aufgefächert ist das anzuwendende Recht und der Rechtsschutz (vgl. *Gern/Schönhoff,* VBlBW 1985, 43; *VGH BW* VBlBW 1980, 70 (71)).

Mit Erlangung der **Verwaltungsaktqualität** oder der Eigenschaft als **öffentlich-rechtliche Verträge** gelten die **Anforderungen des Verwaltungsverfahrensgesetzes** (bzw. der AO oder des SGB) für ihre Rechtmäßigkeit.

Nach herrschender Auffassung wird allerdings von der Anwendbarkeit dieser Regel eine **Ausnahme** gemacht, **wenn Verwaltungsakte aus Wahlen hervorgegangen sind.** Sie sollen im Hinblick auf das in Wahlen zum Ausdruck kommende demokratische Mehrheitsprinzip **von diesen Bindungen weitgehend befreit sein** (so etwa *VGH BW* ESVGH 34, 45 mwN). Dem ist entgegenzuhalten, daß der **Gemeinderat auch bei Wahlen materiell als Verwaltungsorgan tätig wird** und in dieser Eigenschaft nach Art. 1 Abs. 3, 20 Abs. 3 GG nicht nur an das Demokratieprinzip, sondern **generell „an Recht und Gesetz" gebunden** ist. **Dieser Tatbestand erfordert auch für aus Wahlen hervorgegangene Verwaltungsakte die Anwendung des Verwaltungsverfahrensrechts** sowie sämtlicher materiell-rechtlicher Grundsätze des öffentlichen Rechts, die auch sonst gelten. Insbesondere sind **aus Wahlen hervorgegangene Verwaltungsakte** nach § 39 VwVfG zu **begründen.** Notfalls ist, entgegen der hM, eine Abstimmung auch über die Begründung einer (geheimen) Wahl durchzuführen (vgl. hierzu näher *Gern/Schönhoff* VBlBW 1985, 43 (45)). Die Gegenauffassung führt dazu, daß der Rechtsschutz des Bürgers i. S. des Art. 19 Abs. 4 GG bei kommunalen Personalentscheidungen, die durch Wahl getroffen werden, unzulässig verkürzt wird und (partei-) politischer Willkür Tür und Tor geöffnet wird.

546 7.3. Manche **Beschlüsse** des Gemeinderats **haben** auch **unmittelbare Außenwirkung.** Sie **bedürfen nicht des Vollzugs** (vgl. hierzu *Schlüter,* VBlBW 1987, 58 mwN; *VGH BW* VBlBW 1983, 180). Hierzu gehört etwa der **Beschluß des Gemeinderats,** einen **Straßennamen zu ändern.**

Ein solcher Beschluß ist **Verwaltungsakt** (*VGH BW* NJW 1981, 1749; VBlBW 1992, 140 (141)), der mit Bekanntgabe (§ 43 Abs. 1 VwVfG) wirksam wird. Der **Gemeinderat** ist beim Erlaß **Behörde** i. S. d. § 35 VwVfG.

Außenwirkung mit **Verwaltungsaktqualität** haben **auch die durch Wahl erfolgende Bestellung** durch den Gemeinderat **zu ehrenamtlicher Tätigkeit;** weiter die **Auferlegung eines Ordnungsgeldes** sowie der Beschluß über die **Feststellung eines Hinderungsgrundes** (*VGH BW* VBlBW 1983, 80; BWGZ 1984, 398).

– Zu **weiteren Einzelheiten** vgl. *Meyer,* Beschlüsse kommunaler Vertretungskörperschaften, 1990 mwN.

8. Widerspruchsrecht (Rügerecht) des Bürgermeisters

547 8.1. Zum Zwecke der außergerichtlichen innergemeindlichen Rechtskontrolle und der Ausbalancierung der gemeindeintern verteilten Organzuständigkeiten stehen nach allen Gemeindeordnungen teils der Verwaltungsleitung, teils dem Ratsvorsitzenden **Rüge- bzw. Widerspruchsrechte** gegen ihrer Meinung nach **rechtswidrige** oder das **Wohl der Gemeinde gefährdende Beschlüsse** zu.

In **Sachsen** steht dieses Recht dem **Bürgermeister** zu.

– Vgl. § 52 Abs. 2 GemO.

Der Bürgermeister **muß** Beschlüssen des Gemeinderats **widersprechen,** wenn er der Auffassung ist, daß sie **rechtswidrig** sind; er **kann** ihnen widersprechen, wenn er der Auffassung ist, daß sie für die Gemeinde **nachteilig** sind. Die Nachteile können wirtschaftlicher, ideeller oder sonstiger Art sein. Der Widerspruch muß unverzüglich, spätestens jedoch binnen einer Woche nach Beschlußfassung gegenüber den Gemeinderäten ausgesprochen werden. Der Widerspruch **hat aufschiebende Wirkung.** Gleichzeitig ist unter Angabe der Widerspruchsgründe eine Sitzung einzuberufen, in der erneut über die Angelegenheit zu beschließen ist; diese Sitzung hat spätestens drei Wochen nach der ersten Sitzung stattzufinden. Ist nach Ansicht des Bürgermeisters auch der neue Beschluß **rechtswidrig,** muß er ihm **erneut wider-**

II. Verfahrensregeln

sprechen und unverzüglich die **Entscheidung der Rechtsaufsichtsbehörde** über die Rechtmäßigkeit **herbeiführen.**

8.2. Die Widerspruchsbefugnis besteht **auch gegenüber Beschlüssen der** 548 **beschließenden Ausschüsse.** Zuständig zur Entscheidung über den Widerspruch ist in diesen Fällen der **Gemeinderat.**

– Vgl. § 41 Abs. 5 GemO.

8.3. Der **Widerspruch** ist seiner Rechtsnatur nach **kein Verwaltungsakt.** Er 549 kann als solcher **nicht selbständig zum Gegenstand eines verwaltungsgerichtlichen Verfahrens gemacht werden.** Sowohl für die Feststellungsklage nach § 43 VwGO als auch für die Feststellungsklage im Kommunalverfassungsstreitverfahren fehlt das Rechtsschutzbedürfnis, da das Gesetz als speziellen Rechtsbehelf die Entscheidung der Aufsichtsbehörde vorsieht (*Ditteney/Clemens*, VBlBW 1988, 457 (459)).

8.4. Gegen einen den Widerspruch bestätigenden **Bescheid der Rechtsauf-** 550 **sichtsbehörde** kann **die Gemeinde** mit den **Rechtsmitteln der VwGO** vorgehen. Die **Entscheidung der Aufsichtsbehörde ist ein Verwaltungsakt** gegenüber der Gemeinde. Sie kann **Anfechtungsklage** erheben. Den Beschluß, Klage zu erheben, **muß** der Bürgermeister vollziehen, auch wenn er von der Rechtmäßigkeit der Entscheidung der Rechtsaufsichtsbehörde und des eigenen Widerspruchs überzeugt ist. Führt er den Beschluß nicht aus, kann der Gemeinderat diesen äußerstenfalls im Wege des Kommunalverfassungsstreits gegen den Bürgermeister durchsetzen. Dem **Bürgermeister selbst** steht **keine Klagebefugnis** zu, wenn die Rechtsaufsichtsbehörde den Widerspruch nicht bestätigt. Eine Verletzung eigener Rechte ist nicht möglich. Seine Rechtsposition erschöpft sich in dem Recht zur Einlegung des Widerspruchs.

Ein Rechtsanspruch **Dritter** auf Widerspruch besteht **nicht.** Ein pflichtwidriges Unterlassen der Einlegung des Widerspruchs ist deshalb auch **nicht geeignet,** eine **Amtshaftung** zugunsten Dritter zu begründen.

9. Befangenheit von Gemeinderatsmitgliedern

9.1. Grundsatz

9.1.1. **Ehrenamtlich tätigen Bürgern** und speziell **Gemeinderatsmitglie-** 551 **dern untersagt** die Gemeindeordnung **die Mitwirkung bei kommunalen Beratungs- und Entscheidungsprozessen,** wenn diese **ihnen selbst,** ihren **Familienangehörigen und Verwandten** oder natürlichen oder juristischen **Drittpersonen,** zu denen eine spezielle Bindung oder Abhängigkeit besteht, einen **unmittelbaren Vorteil** oder **Nachteil** bringen können.

– Vgl. § 20 GemO.

Die Befangenheitsregeln sollen bei der Mandatsausübung entstehende Interessenkonflikte im Einzelfall ausschließen, die auf einer persönlichen oder sachlichen Beziehung zum Beratungsgegenstand und zur Beschlußfassung beruhen (*OVG Münster* OVGE 27, 60; *v. Arnim,* JA 1986, 1; *Stober,* KommR, 2. Aufl. 1992 S. 102).

Die teilweise recht kompliziert ausgestalteten Regelungen sind Ausfluß einer Güterabwägung zwischen dem Rechtsgut einer möglichst vollständigen Teilnahme aller die Bürgerschaft vertretenden Ratsmitglieder und dem Gut der Wahrung der Allgemeininteressen durch die Ratsmitglieder unter Hintanstellung aller Individualinteressen.

552 *9.1.2.* Die die Befangenheit begründende **Möglichkeit eines unmittelbaren Vorteils oder Nachteils** ist nach der Rechtsprechung gegeben, wenn der ehrenamtlich tätige Bürger oder ihm nahestehende bzw. von ihm vertretene Personen aufgrund der Beziehungen zum Gegenstand der Beratung oder Entscheidung tatsächlich ein **materielles oder ideelles Sonderinteresse** haben, **das** von der Beratung oder Beschlußfassung **gezielt getroffen** wird (vgl. etwa *VGH BW* VBlBW 1985, 21; 1987, 25) bzw. das zu einer **Interessenkollision führen kann und die Besorgnis rechtfertigt,** die genannten Personen würden **nicht mehr uneigennützig oder nur zum Wohl der Gemeinde handeln** (*VGH BW* VBlBW 1989, 458 (459)).

Die Befangenheitsvorschriften **knüpfen** hiernach **an äußere Tatbestandsmerkmale an** und unterstellen eine daraus folgende Interessenkollision. Es **kommt** also **nicht darauf an, ob tatsächlich** eine solche **Interessenkollision gegeben ist;** es **genügt ihre konkrete und hinreichend wahrscheinliche Möglichkeit** (*VGH BW* VBlBW 1987, 25; NVwZ-RR 1993, 97 (98)). Zweck der Befangenheitsvorschriften ist es, nicht erst die tatsächliche Interessenkollision, sondern schon den **bösen Schein** zu vermeiden.

Allerdings ist bei der Feststellung dieser Voraussetzung auch dem Grundsatz der **Verhältnismäßigkeit** Rechnung zu tragen. Hiernach muß die Einschränkung der Mitwirkungsrechte zur Vermeidung des bösen Scheins **geboten** sein (*VGH BW* VBlBW 1989, 460) und darf nicht weitergehen als der Zweck der Befangenheitsvorschriften die Einschränkung unbedingt fordert.

Die betroffenen, die Möglichkeit eines Vor- oder Nachteils begründenden **Sonderinteressen, können „rechtlicher, wirtschaftlicher oder anderer Art"** sein. „Wirtschaftliche Interessen" in diesem Sinne sind etwa tangiert, wenn ein ortsansässiges Unternehmen in seinen Markt- und Erwerbschancen durch die planerische Festsetzung eines Sondergebiets für ein Konkurrenzunternehmen geschmälert werden kann (*VGH BW* VBlBW 1987, 24).

Unmittelbar ist ein Vorteil oder Nachteil, wenn eine Entscheidung selbst den Vorteil oder Nachteil entweder **eintreten läßt** oder zu dessen Eintritt **(bindend) beiträgt.** Das Erfordernis der „**Unmittelbarkeit"** schließt nicht aus, daß zwischen dem Beschluß und dem Eintritt des Vorteils oder Nachteils **weitere Glieder in der Ursachenkette** eingeschoben sind, etwa der Vollzug des Beschlusses. Sind weitere Entscheidungen erforderlich, so kommt es für den Einfluß der Befangenheit auf die nachfolgende Entscheidung **darauf an, inwieweit die vorangehende Entscheidung die nachfolgende festlegt** (*VGH BW* VBlBW 1985, 21; NVwZ-RR 1993, 98; vgl. auch *Krebs,* VerwArch 71 (1980), 181; *v. Arnim,* JA 1986, 1; *VGH Kassel* NVwZ 1982, 44 – kritisch *Stober,* aaO, S. 103).

Nach Auffassung des BVerwG (NVwZ 1988, 916) legen die **vorbereitenden Beschlüsse des Bebauungsplanbeschlusses** (Offenlegung usw.) diesen nicht verbindlich fest, – mit der Folge, daß im Falle der Mitwirkung befangener Ratsmitglieder bei diesen vorbereitenden Beschlüssen die Befangenheit nicht auf den Bebauungsplanbeschluß selbst durchschlägt.

Der Begriff „**Beratung**" erfaßt nach dem Schutzzweck der Vorschrift jede mündliche Behandlung einer Angelegenheit **mit Ausnahme des Sachvortrags.** Der Begriff der „**Entscheidung**" umfaßt die Beschlußfassung.

9.2. Die einzelnen Befangenheitstatbestände

9.2.1. Persönliche Beteiligung am Entscheidungsgegenstand

Ausgeschlossen von der Beratung und Entscheidung ist der ehrenamtlich **553** tätige Bürger, wenn aus der Entscheidung einer Angelegenheit folgende Personen einen unmittelbaren Vorteil oder Nachteil haben können:

9.2.1.1. Der ehrenamtlich tätige **Bürger selbst.** **554**

– Vgl. § 20 Abs. 1 S. 1 GemO.

9.2.1.2. Der **Ehegatte,** der **frühere Ehegatte** oder der **Verlobte.**

– Vgl. § 20 Abs. 1 Ziff. 1 GemO.

9.2.1.3. Die in gerade Linie oder in der Seitenlinie bis zum dritten Grade **555 Verwandten.**

– Vgl. § 20 Abs. 1 Ziff. 2 GemO.

9.2.1.4. Die in gerader Linie oder in der Seitenlinie bis zum 2. Grade **Verschwägerten.**

– Vgl. § 20 Abs. 1 Ziff. 3 GemO.

9.2.1.5 Die von dem ehrenamtlich tätigen Bürger kraft Gesetzes oder Voll- **556** macht **vertretenen Personen.**

Zu den **vertretenen Personen** gehören natürliche Personen, juristische Personen des Privatrechts und des öffentlichen Rechts sowie auch Personenmehrheiten, z. B. nichtrechtsfähige Vereine.

– Vgl. § 20 Abs. 1 Ziff. 4.
– Zur Befangenheit von vereinsangehörigen Gemeinderäten vgl. *VGH BW* NVwZ 1987, 1103; von in Sozietät arbeitenden Rechtsanwälten *VGH BW* DÖV 1988, 302.

557 **Schaubild Nr. 8: Verwandtschaftsgrade**

Verwandschaftsgrade nach § 1589 BGB		Schwägerschaft nach § 1590 Abs. 1 BGB	
gerade Linie	Seitenlinie	gerade Linie	Seitenlinie
1. Grad	Eltern (einschließlich Adoptiveltern) und Kinder: auch nichteheliches Kind u. sein Vater*	–	Schwiegereltern, Schwiegerkinder Stiefeltern, Stiefkinder	–
2. Grad	Großeltern, Enkel	Geschwister	Stiefgroßeltern, Stiefenkel	Verwandte des Ehegatten im 2. Grad der Seitenlinie (z. B. Geschwister)
3. Grad	Urgroßeltern u. Urenkel	Onkel, Tanten, Neffen, Nichten	Stiefurgroßeltern, Stiefurenkel	Verwandte des Ehegatten im 3. Grad der Seitenlinie (z. B. Onkel, Tante)

* im Rahmen des § 1600a BGB

9.2.2. Beteiligung Dritter am Entscheidungsgegenstand

558 *9.2.2.1.* Befangenheit ist auch gegeben, wenn der Bürger bei **einer Person oder Gesellschaft beschäftigt ist, der die Entscheidung** der Angelegenheit einen unmittelbaren **Vorteil oder Nachteil bringen kann, es sei denn,** daß nach den tatsächlichen Umständen der Beschäftigung anzunehmen ist, daß sich der Bürger deswegen **nicht** in einem Interessenstreit befindet.
– Vgl. § 20 Abs. 1 Ziff. 5 GemO.

Es handelt sich hierbei um einen Befangenheitstatbestand, bei dessen Erfüllung Befangenheit **vermutet** wird **und** einen **Ausnahmetatbestand,** bei dessen Erfüllung diese Vermutung widerlegt ist. Bei Erfüllung des Befangenheitstatbestands ist der ehrenamtlich Tätige grundsätzlich ausgeschlossen, wenn nicht auch der Ausnahmetatbestand erfüllt ist. Ist **zweifelhaft,** ob sich der ehrenamtlich Tätige in einem Interessenwiderstreit befindet, sind die Voraussetzungen der Ausnahme nicht erfüllt und er ist ausgeschlossen. **Erfaßt** von diesem Tatbestand **werden alle Personen, die** mit dem Interessenten gegenwärtig **durch ein (privates oder öffentlich-rechtliches) Beschäfti-**

gungsverhältnis verbunden und dadurch von ihm **in hohem Maße (wirtschaftlich) abhängig** sind (*VGH BW* VBlBW 1989, 458 (459)). Aus dieser wirtschaftlichen Abhängigkeit erwächst der Interessenwiderstreit, der verhindert werden soll. Ein **nur gelegentliches Tätigwerden** etwa **als selbständiger Gewerbetreibender oder als Angehöriger eines freien Berufes** reicht nicht aus.

9.2.2.2. Befangenheit ist gegeben, wenn der Bürger bzw. sein früherer Ehe-   **559** gatte oder Verlobter oder ein Verwandter ersten Grades allein oder gemeinsam an einer **Gesellschaft** mit mindestens 10 von Hundert **beteiligt ist,** der die Entscheidung einen unmittelbaren Vor- oder Nachteil bringen kann.

– Vgl. § 20 Ziff. 6 GemO.

9.2.2.3. Befangenheit liegt auch vor, wenn der Bürger **Vorstand, Aufsichts-   560 ratsmitglied oder Verwaltungsrat ist oder in vergleichbarer Funktion eines Organs einer juristischen Person des öffentlichen Rechts** tätig ist, der die Entscheidung der Angelegenheit einen unmittelbaren Vorteil oder Nachteil bringen kann **und die nicht Gebietskörperschaft ist, sofern er diese Tätigkeit nicht als Vertreter oder auf Vorschlag der Gemeinde ausübt.**

– Vgl. § 20 Abs. 1 Ziff. 7 GemO.

9.2.3. Frühere persönliche Beteiligung

Befangenheit tritt auch ein, wenn der Bürger **in der Angelegenheit be-   561 reits in anderer Eigenschaft** tätig geworden ist.

– Vgl. § 20 Abs. 1 S. 1 GemO.

Diese Vorschrift knüpft nicht an die personelle, sondern an die **sachliche Befangenheit** eines ehrenamtlich tätigen Bürgers an. Der Gesetzgeber geht davon aus, daß der Bürger, der sich durch Tätigkeit im Vorfeld der Entscheidung bereits in seiner sachlichen Beurteilung potentiell festgelegt hat, möglicherweise keine objektiven gemeinwohlorientierten interessenunabhängigen Entscheidungen mehr treffen kann. Ein individuelles Sonderinteresse des Bürgers oder seines Auftraggebers ist hier nicht erforderlich (vgl. *VGH BW* VBlBW 1989, 348).

Angelegenheit in diesem Sinne bedeutet nicht „Verfahren". Was dieselbe Angelegenheit ist, richtet sich ausschließlich **nach sachlichen Kriterien,** die jedoch enge Übereinstimmung des früheren und des gegenwärtigen Verfahrensgegenstandes voraussetzen. Befangenheit liegt hiernach etwa vor, wenn ein Rechtsanwalt bei einem Bebauungsplanverfahren mit abstimmt, das früher Gegenstand einer Normenkontrolle war, die durch den Rechtsanwalt vertreten wurde (*VGH BW* VBlBW 1989, 458).

9.2.4. Ausnahmen von der Befangenheit

9.2.4.1. Gemeinsame Gruppeninteressen. Die **Befangenheitsvorschriften   562 gelten nicht,** wenn die Entscheidung nur die **gemeinsamen Interessen** einer **Berufs- oder Bevölkerungsgruppe berührt.**

– Vgl. § 20 Abs. 2 Ziff. 2 GemO.

Diese Voraussetzung ist gegeben, wenn es sich um **kollektive Interessen von Personenmehrheiten** handelt, die grundsätzlich nicht von vorneherein und persönlich bekannt, namensmäßig feststellbar und aufzählbar sind, sondern die nur nach örtlichen, beruflichen, wirtschaftlichen oder sozialen Gesichtspunkten abgrenzbar sind (vgl. *VGH BW* ESVGH 14, 162). **Beispiele** einer solchen **Bevölkerungsgruppe:**
– die Einwohner eines Gemeindeteils,
– die Abgabenpflichtigen in Bezug auf den Erlaß einer Abgabensatzung (*VGH BW* BWGZ 1978, 250; ESVGH 37, 30).
Nicht aber:
– die Eigentümer von Grundstücken im Bebauungsplangebiet (*VGH BW* ESVGH 14, 162),
– die Angrenzer an das Plangebiet (vgl. *VGH BW* ESVGH 14, 162; 31, 94; VBlBW 1987, 24),
– die Inhaber von Gewerbebetrieben im Plangebiet (*VGH BW* VBlBW 1982, 51),
– die Mieter im Plangebiet (*OVG Münster* NVwZ 1984, 667) sowie sonstige Nutzungsberechtigte von Grundstücken.

563 *9.2.4.2.* In Sachsen gelten die Befangenheitsvorschriften auch **nicht bei** Durchführung von **Wahlen** zu einer ehrenamtlichen Tätigkeit.

– Vgl. § 20 Abs. 2 Ziff. 1 GemO.

Beispiel: Wahl zum Gemeinderatsausschußmitglied. Der Gesetzgeber hat mit dieser Regelung dem aus der Volkswahl hervorgegangenen Mandat höheres Gewicht beigemessen als der Gefahr eigennütziger Wahlentscheidungen bei Bestehen von Interessen-Kollisionen.

9.3. Anzeigepflicht und Entscheidung

564 Ehrenamtlich Tätige haben Tatbestände, die eine Befangenheit begründen können, vor Beginn der Beratung dieser Angelegenheit dem Vorsitzenden, sonst dem Bürgermeister, **mitzuteilen.**

– Vgl. § 20 Abs. 3 S. 1 GemO.

Ob ein Ausschließungsgrund vorliegt, entscheidet im Zweifelsfall in Abwesenheit des Betroffenen bei Gemeinderäten der Gemeinderat, bei Ortschaftsräten der Ortschaftsrat, bei Mitgliedern von Ausschüssen der Ausschuß, sonst der Bürgermeister.

– Vgl. § 20 Abs. 3 S. 2 GemO.

Der **Beschluß** des Gemeinderats, das befangene Mitglied von der Beratung und Beschlußfassung **auszuschließen**, ist **kein Verwaltungsakt,** sondern eine **organschaftliche Entscheidung, die im Kommunalverfassungsstreitverfahren anfechtbar ist.**

9.4. Pflicht zum Verlassen der Sitzung

565 Der **Befangene muß** bei einer **öffentlichen Sitzung** die **Sitzung verlassen;** er ist verpflichtet, sich **deutlich räumlich** von dem Gremium zu entfernen. **Er darf jedoch in dem für die Zuhörer bestimmten Teil des Sitzungsraumes bleiben** (*VGH BW* VBlBW 1987, 70).

Bei einer **nichtöffentlichen Sitzung** muß der Betroffene dagegen den **Sitzungsraum verlassen.**

– Vgl. § 20 Abs. 4 GemO.

9.5. Rechtsfolgen von Verstößen

9.5.1. Rechtswidrigkeit

Die Mitwirkung eines befangenen Gemeinderates bei der Beratung oder 566 Beschlußfassung macht **einen Gemeinderatsbeschluß rechtswidrig. Das gleiche gilt,** wenn ein Ratsmitglied **ausgeschlossen war, obwohl Befangenheit nicht vorlag** (vgl. *VGH BW* NVwZ 1987, 1103) oder wenn der Gemeinderat das Vorliegen eines Befangenheitsgrundes **zu. unrecht verneint hat.**

– Vgl. § 20 Abs. 5 S. 1 GemO.

Ohne Bedeutung für die Rechtmäßigkeit eines Beschlusses ist hingegen, wenn ein Ratsmitglied die Sitzung in der **irrigen Meinung** verlassen hat, befangen zu sein. Ohne Bedeutung ist auch, ob der Gemeinderat über die Befangenheit Beschluß gefaßt hat oder nicht (*VGH BW* NVwZ-RR 1992, 538).

Ohne Bedeutung ist schließlich, ob die Mitwirkung trotz Befangenheit oder der Ausschluß trotz Nichtbefangenheit für die Entscheidung **kausal** war, d. h. ob ohne die Mitwirkung des befangenen Ratsmitglieds die Entscheidung anders ausgefallen wäre.

9.5.2 Heilung

9.5.2.1. Die Gemeindeordnung sieht aus Gründen der Rechtssicherheit eine 567 **Heilungsmöglichkeit** von Beschlüssen vor, die wegen der Mitwirkung befangener Ratsmitglieder rechtswidrig sind.

Nach § 20 Abs. 5 S. 2 und 3 GemO gilt ein Beschluß **ein Jahr nach** der **Beschlußfassung oder,** wenn eine öffentliche **Bekanntmachung** erforderlich ist, ein Jahr nach dieser **als von Anfang an gültig zustande gekommen,** es sei denn, daß der Bürgermeister dem Beschluß wegen Gesetzwidrigkeit widersprochen oder die Rechtsaufsichtsbehörde den Beschluß vor Ablauf der Frist beanstandet hat. Die Heilung tritt nicht gegenüber demjenigen ein, der vor Ablauf der Jahresfrist einen förmlichen Rechtsbehelf **eingelegt** hat, wenn in dem Verfahren die Rechtsverletzung festgestellt wird.

– Zur Heilungsmöglichkeit vgl. auch *Hill,* DVBl. 1983, 1f.

9.5.2.2. Soweit der Gemeinderat über **Satzungen,** anderes Ortsrecht und 568 Flächennutzungspläne beschließt, bestehen teilweise **spezielle Heilungsregelungen** (vgl. hierzu 8. Kap.).

9.6. Einzelfälle

569 Befangenheit liegt vor
- bei einem Gemeinderat, der landwirtschaftliche Flächen innerhalb des potentiellen Umlegungsgebiets verpachtet hat, bei Mitwirkung im Umlegungsverfahren (*VG Sigmaringen* VBlBW 1992, 271),
- wenn ein Gemeinderat als Eigentümer eines außerhalb des Plangebiets gelegenen Wohngrundstückes von dem Sportfolgeverkehr einer im Bebauungsplan ausgewiesenen Sporthalle betroffen wird (*VGH Kassel* NVwZ-RR 1993, 156).

Kein Verstoß gegen das Befangenheitsverbot liegt vor,
- wenn ein Ratsmitglied im Planaufstellungsverfahren Bedenken oder Anregungen vorgetragen hat (*OVG Münster* NVwZ RR 1988, 112),
- wenn ein Ratsmitglied an einer **Bürgerinitiative** gegen einen Bebauungsplan beteiligt war (*OVG Münster,* aaO),
- wenn ein wegen Befangenheit ausgeschlossener Bürgermeister aus dem Zuhörerraum die Frage beantwortet, aus welchem Grund er die Angelegenheit erneut auf die Tagesordnung gesetzt habe (*VGH BW* VBlBW 1987, 70 (71)),
- wenn ein Gemeinderat in „demselben Verfahren" früher eine Rechtsauskunft erteilt hat (*VGH BW* VBlBW 1989, 458 (460)),
- bei einem Gemeinderatsmitglied, dessen Grundstück im Laufe eines Bebauungsplanverfahrens für eine Sportanlage als **Alternativstandort** in Betracht gezogen wurde (*VGH BW,* Fundstelle BW 1992, Rdnr. 222).
- Zu **weiteren Fällen** vgl. *VGH BW* NVwZ-RR 1993, 97 – Bebauungsplan.

10. Niederschrift (Sitzungsprotokoll)

570 10.1. Über den **wesentlichen Inhalt** der Verhandlungen des Gemeinderats ist eine **Niederschrift** (Protokoll) zu fertigen.
- Vgl. § 40 GemO.

Das Protokoll ist eine **öffentliche Urkunde** i. S. d. § 415 ZPO. Seine erhöhte Beweiskraft bezieht sich allerdings nur auf den vorgeschriebenen oder zugelassenen Inhalt. Hierzu gehört beispielsweise nicht die Erklärung eines Gemeinderatsmitglieds, die weder auf sein Verlangen noch im Wortlaut festgehalten, sondern in ihrem Inhalt zusammengefaßt sinngemäß wiedergegeben wird (*VGH BW* Urteil v. 9. 10. 1989 – 1 S 5/88). Ein **Gemeinderatsbeschluß richtet sich in seinem Inhalt nach der Niederschrift, solange nicht der Gemeinderat den gegen die Niederschrift erhobenen Einwendungen stattgegeben hat** oder der Beweis der Unrichtigkeit der bezeugten Tatsache geführt ist (§§ 415 Abs. 2, 418 Abs. 2 ZPO; *VGH BW* NVwZ-RR 1989, 153).

Die Niederschrift hat einen **Mindestinhalt**. Die Niederschrift muß insbesondere Tag und Ort der Sitzung, den Namen des Vorsitzenden, die Zahl der Anwesenden und die Namen der abwesenden Ratsmitglieder unter Angabe des Grundes der Abwesenheit, die Gegenstände der Verhandlung, die Anträge, die Abstimmungs- und Wahlergebnisse und den Wortlaut der Beschlüsse enthalten.

– Vgl. § 40 Abs. 1 GemO.

Ein **Wortprotokoll** ist **nicht erforderlich.** Zulässig ist es, **Störungen des Sitzungsverlaufes** aufzunehmen (*OVG Koblenz* NVwZ RR 1988, 42). Der **Vorsitzende und jedes Mitglied können verlangen, daß ihre Erklärung oder Abstimmung** in der Niederschrift **festgehalten wird.** Das Recht auf **Abgabe persönlicher Erklärungen** in diesem Sinne erstreckt sich auf Äußerungen des Abstimmenden über seine Person und sein persönliches Verhalten, auf die Sache oder auf sein Abstimmungsverhalten (*VGH BW* NVwZ-RR 1989, 94).

10.2. Für die Fertigung der Niederschrift ist durch den Vorsitzenden ein **571** besonderer **Schriftführer** zu bestellen. Er kann Gemeindebediensteter, Ratsmitglied oder sonst ehrenamtlich tätiger Bürger sein. Auch der Vorsitzende selbst kann Schriftführer sein.

Ist bei einer Sitzung ein Schriftführer **nicht anwesend** oder führt er nicht (ordnungsgemäß) Protokoll, so hat dieser **Rechtsverstoß auf die Rechtmäßigkeit der gefaßten Beschlüsse** allerdings **keinen** Einfluß. (Vgl. *OLG München* NVwZ-RR 1992, 606).

10.3. Die **Niederschrift ist** vom Vorsitzenden, dem Schriftführer und zwei **572** Gemeinderäten, die an der Sitzung teilgenommen haben, **zu unterzeichnen** und innerhalb eines Monats, in der Regel jedoch spätestens zur nächsten Sitzung dem Gemeinderat zur Kenntnis zu bringen. Die Ratsmitglieder können auch jederzeit die Niederschrift einsehen und sich Kopien der in öffentlicher Sitzung gefaßten Beschlüsse erteilen lassen. **Mehrfertigungen** von Niederschriften über **nichtöffentliche** Sitzungen dürfen **nicht** ausgehändigt werden. Über die gegen die Niederschrift vorgebrachten **Einwendungen** entscheidet der Gemeinderat.

– Vgl. § 40 Abs. 2 GemO.

10.4. Die **Einsichtnahme in die Niederschriften** über die **öffentlichen** Sit- **573** zungen ist **allen Einwohnern gestattet.** Ob **Abschriften** ausgehändigt werden, steht im **Ermessen des Gemeinderats.**

10.5. Das Nähere regelt die **Geschäftsordnung.**

– Vgl. § 40 Abs. 3 GemO.

10.6. Das Einsichtnahmerecht in das Protokoll umfaßt auch das Recht ge- **574** genüber dem Gemeinderat, **Tonaufzeichnungen abzuhören,** die zur Vorbereitung des Protokolls gefertigt wurden (*VGH Kassel* NVwZ 1988, 88). **Klagen auf Einsichtnahme** sind durch Ratsmitglieder im Kommunalverfassungsstreit (vgl. *VGH Kassel,* aaO), von Bürgern durch allgemeine Leistungsklage im normalen Klageverfahren zu verfolgen.

575 10.7. Tonaufzeichnungen zu Protokollierungszwecken stellen einen **Eingriff in das Persönlichkeitsrecht** der Sitzungsteilnehmer dar. Er ist jedoch **gerechtfertigt, soweit das öffentliche Interesse** an der Richtigkeit der Niederschrift das Persönlichkeitsrecht der Betroffenen **überwiegt.** Diese Voraussetzung ist grundsätzlich jedenfalls dann gegeben, wenn die Aufzeichnung nach Fertigstellung der Niederschrift wieder **gelöscht** wird. Die Entscheidung über die Löschung ist Sache des Gemeinderats.

11. Fragestunde und Anhörung

576   Die Gemeindeordnung sieht im Interesse der Bürgernähe und der Demokratisierung des Gemeindelebens die **Möglichkeit der Fragestunde und der Anhörung** in der Gemeinderatssitzung vor.

– Vgl. § 44 Abs. 3 und 4 GemO.

Der Gemeinderat und seine Ausschüsse **können** bei öffentlichen Sitzungen **Einwohnern** und den ihnen gleichgestellten Personen und Personenvereinigungen sowie Vertretern von **Bürgerinitiativen** die Möglichkeit einräumen, Fragen zu Gemeindeangelegenheiten zu stellen oder Anregungen und Vorschläge zu unterbreiten **(Fragestunde).** Ratsmitglieder selbst können an der Fragestunde nur zur Beantwortung von Fragen über ihre persönlichen Angelegenheiten teilnehmen (*OVG Münster* NVwZ 1990, 185).

Zu den Fragen nimmt der Vorsitzende unter Beachtung datenschutzrechtlicher Erfordernisse Stellung.

Der Gemeinderat **kann** betroffenen Personen und Personengruppen auch Gelegenheit geben, ihre Auffassung im Gemeinderat vorzutragen **(Anhörung),** das gleiche gilt für die Ausschüsse. Das Nähere regelt die **Geschäftsordnung.** Die Anhörung ist in öffentlichen und in nichtöffentlichen Sitzungen zulässig.

Auch Ratsmitgliedern kann dieses **Anhörungsrecht** im Falle der persönlichen Betroffenheit **gewährt werden.** Die Vorschriften über die **Befangenheit** finden insoweit **keine Anwendung.**

Beispiel: Ein für die Gemeinde planender Architekt kann zu Mängeln der Planung auch dann angehört werden, wenn er Mitglied der Gemeindevertretung ist.

– Zur Zulässigkeit eines **Redeverbots** für Einwohner in der Fragestunde vgl. *VGH BW* BWGZ 1980, 38.

12. Offenlegung und schriftliches Verfahren

577   Über **Gegenstände einfacher** Art kann im Wege der **Offenlegung** oder im **schriftlichen Verfahren beschlossen werden;** ein hierbei gestellter Antrag ist angenommen, wenn kein Mitglied widerspricht.

– Vgl. § 39 Abs. 1 GemO.

II. Verfahrensregeln

Bei der **Offenlegung** liegen die Akten innerhalb oder außerhalb einer Sitzung zur Einsichtnahme auf. Die Gemeinderäte sind über Ort und Zeit der Offenlegung zu informieren.

Das **schriftliche Verfahren** läuft so ab, daß allen Ratsmitgliedern gegen Nachweis unter Angabe der Widerspruchsfrist entweder nacheinander dieselbe Ausfertigung des Antrags oder gleichzeitig gleichlautende Ausfertigungen des Antrags zugeleitet werden.

Gegenstände einfacher Art sind Angelegenheiten von geringer Bedeutung. Dies sind solche, die für die Gemeinde oder den betreffenden Bürger **nur unerhebliche Auswirkungen haben,** vorausgesetzt, diese Auswirkungen und die tatsächlichen und rechtlichen Entscheidungsgrundlagen sind ohne weiteres zu überschauen, so daß es einer mündlichen Erörterung oder Erläuterung nicht bedarf. Eine Angelegenheit ist nicht bereits deswegen der Beschlußfassung durch Offenlegung zugänglich, weil sie nur einzelne Bürger berührt (*Schneider,* VBlBW 1987, 60; vgl. auch *VGH BW* ESVGH 32, 91). **Keine** Gegenstände einfacher Art sind die Vorbehaltsaufgaben des Gemeinderats (vgl. *VGH Freiburg* VBlBW 1959, 15; *VGH BW* ESVGH 22, 18).

Über das **Vorliegen** eines Gegenstandes einfacher Art und die Einleitung des Offenlegungs- oder schriftlichen Verfahrens **entscheidet** der Bürgermeister nach pflichtmäßigem **Ermessen. Widerspricht** ein Mitglied, so kommt ein Beschluß nicht zustande.

Beschlüsse, die durch Offenlegung oder im schriftlichen Verfahren gefaßt werden, ohne daß die Voraussetzungen vorliegen, sind **rechtswidrig.**

11. Kapitel
Einwohner und Bürger

I. Einwohner der Gemeinde

1. Begriff

578   Die Gemeindeordnung geht vom Grundsatz der **Einwohnergemeinde**
aus.

– Vgl. § 10 GemO.

Einwohner einer Gemeinde ist, **wer nach objektiver Betrachtungsweise**
in ihr **eine Wohnung** unter Umständen **inne hat,** die darauf schließen lassen,
daß er die Wohnung beibehalten und benutzen wird – öffentlich rechtlicher
Wohnsitzbegriff (vgl. *BFH* BStBl. 1970 II 153; 1979 II 335; *von Rotberg,*
VBlBW 1984, 305; *VGH BW* VBlBW 1993, 225 (226)). Der subjektiv ausgestaltete Wohnsitzbegriff des § 7 BGB ist in diesem Zusammenhang ohne
Bedeutung.

579   1.1. Wohnung ist entsprechend dem Melderecht jeder umschlossene Raum,
der zum Wohnen oder Schlafen oder zum (gewöhnlichen) Aufenthalt benutzt wird. Unter den Wohnungsbegriff fallen auch möblierte Zimmer,
Wochenend- und Ferienhäuser sowie überwiegend ortsfeste Wohnwagen.

580   1.2. Wohnender ist nur, wer eine Wohnung **innehat.** Diese Voraussetzung
ist gegeben, wenn jemand über die Wohnung tatsächliche oder rechtliche
Verfügungsmacht hat.

581   1.3. Es müssen **objektive Umstände** vorliegen, **die auf eine Benutzung der
Wohnung schließen lassen.** Auf die Dauer der Benutzung kommt es grundsätzlich nicht an.

Den Begriff des Wohnens erfüllt etwa ein längerfristiger Aufenthalt zum
Zwecke der Ausbildung und des Studiums (vgl. *BVerwG* NJW 1992, 1121;
aA *VGH BW* ESVGH 13, 133 (136)). Kein „Wohnen" liegt vor bei einem
Krankenhausaufenthalt, Urlaubsaufenthalt oder bei einem vorübergehenden
Besuch.

582   1.4. Die Begründung einer Wohnung ist **auch in mehreren Gemeinden
zugleich** möglich. Das **Bürgerrecht** ist allerdings in diesen Fällen vom Innehaben der **Hauptwohnung** abhängig.

– Vgl § 15 Abs. 1 S. 2 GemO.

Die **Hauptwohnung** ist nach § 12 Abs. 2 S. 1 Melderechtsrahmengesetz
die „vorwiegend benutzte" Wohnung. In Zweifelsfällen richtet sich die Be-

stimmung der Hauptwohnung nach dem Schwerpunkt der Lebensbeziehungen des Einwohners. Dazu ist eine quantitative Berechnung und ein Vergleich der jeweiligen Aufenthaltszeiten erforderlich (vgl. hierzu *BVerwG* NJW 1992, 1121 – Hauptwohnung bei Studenten).

1.5. Stellt die Meldebehörde einer anderen Gemeinde, in der der Einwohner **583** der Gemeinde eine weitere Wohnung hat, fest, daß diese Wohnung die Hauptwohnung ist, so ergibt sich für die Gemeinde weder aus dem Melderecht noch aus Art. 28 Abs. 2 GG die Klagebefugnis gegen diese Feststellung (*VGH BW* NVwZ 1987, 512).

2. Schaffung öffentlicher Einrichtungen für die Einwohner

2.1. Begriff der öffentlichen Einrichtung

Die Gemeinden schaffen in den Grenzen ihrer Leistungsfähigkeit die für **584** das wirtschaftliche, soziale und kulturelle Wohl ihrer Einwohner erforderlichen öffentlichen Einrichtungen. Öffentliche Einrichtungen sind das wesentliche organisatorische Mittel zur Erfüllung der Aufgaben der Daseinsvorsorge.

– Vgl. § 2 Abs. 1; 10 Abs. 2 GemO.

2.1.1. Unter einer **öffentlichen Einrichtung** ist ganz allgemein **jede Zusam- 585 menfassung von Personen und Sachen zu verstehen,**
– die von **der Gemeinde im Rahmen Ihrer Verbandskompetenz des Art. 28 Abs. 2 GG sowie kraft gesetzlicher Zulassung im Rahmen des übertragenen (staatlichen) Wirkungsbereichs** (hierzu *VGH München* KStZ 1993, 32 – Asylbewerberwohnheime) **geschaffen wird** und
– **dem von dem Widmungszweck erfaßten Personenkreis nach allgemeiner und gleicher Regelung zur Benutzung, sei es aufgrund freier Entschließung, sei es im Rahmen des Benutzungszwangs** (*VGH BW* VBlBW 1984, 25), **offensteht** (*VGH BW* VBlBW 1981, 157; NVwZ RR 1989, 267). Sie ist ein **Sonderfall der Anstalt des öffentlichen Rechts,** jedoch begrifflich weiter gefaßt als diese (vgl. *OVG Münster* DVBl. 1976, 398; zur Abgrenzung vgl. auch *Mohl,* aaO, S. 31 f. mwN).

Beispiele: Öffentliche Wasserversorgung, Abwasserbeseitigung, Stromversorgung (*VGH BW* NVwZ 1991, 583); Theater, Büchereien, Museen, Schwimmbad (*VGH BW* ESVGH 25, 203), Freizeit-, Bildungs- und Begegnungsstätten, Messeplatz (*VGH BW* NVwZ RR 1992, 500; Verkehrslandeplatz nach § 6 LuftVG (*VGH BW* VBlBW 1981, 157); Zuchtbulle (*VGH BW* ESVGH 22, 129); Obdachlosenunterkunft (*OVG Lüneburg* DÖV 1986, 341); Asylbewerberwohnheim (vgl. *VGH BW* BWGZ 1990, 194 f. (202); *VGH München* KStZ 1993, 32); Plakatanschlagtafel (*VGH BW* ESVGH 23, 26); Friedhof (*VGH BW* ESVGH 18, 218 (219)); Oberammergauer Passionsspiele (*VGH München* NJW 1991, 1498); Informationsschrift (vgl. *VG Minden* NJW 1992, 523).

Die Errichtung und der Betrieb einer öffentlichen Einrichtung **auf fremder Gemarkung** bedarf der **Zustimmung** der Belegenheitsgemeinde (*VGH BW* NVwZ 1990, 390; bestätigt durch *BVerwG* NVwZ 1990, 657).

586 *2.1.2.* **Öffentlich** wird eine Einrichtung durch **Widmung** (vgl. *VGH BW* BWVPr 1979, 133). Soweit die Widmung nicht **durch Rechtsnorm** erfolgt, ist sie grundsätzlich ein **dinglicher Verwaltungsakt,** durch den die Zweckbestimmung der Einrichtung festgelegt und die Benutzung durch die Allgemeinheit geregelt wird. Die Widmung kann auch **konkludent** oder stillschweigend erfolgen. **Maßgebend** ist die **Erkennbarkeit des Behördenwillens, daß** die **Sache dem bestimmten öffentlichen Zweck dienen soll** (vgl. *VGH BW* NVwZ-RR 1989, 268; NVwZ-RR 1992, 500).

Für den Fall, daß es an einer eindeutigen Erklärung fehlt, hat die Rechtsprechung einen derartigen Erklärungswillen aus **Indizien** abgeleitet, etwa aus der Benutzungsordnung, allgemeinen Vertragsbedingungen oder der Vergabepraxis (vgl. *VGH BW* VBlBW 1988, 35; *VGH München* NJW 1989, 2491) oder aus einem tatsächlichen Verhalten. Beispiel: Ausstattung eines gemeindeeigenen Baggersees mit Infrastruktureinrichtungen und Duldung des Badens.

Wenn nach diesen Indizien ein Erklärungswille hinsichtlich der Natur der Einrichtung nicht feststellbar ist, hat die Rechtsprechung die **Vermutungsregel** (vgl. *VGH BW* BWVPr 1979, 133, 135; *VGH München* BayVBl 1991, 86) entwickelt, **daß für die Allgemeinheit nutzbare kommunale Einrichtungen „öffentliche" Einrichtungen sind.** Diese Vermutung ist durch die Gemeinde nur widerlegbar, wenn sie den Nachweis führen kann, daß sich aus der eindeutigen Beschränkung der Bereitstellung ergebe, die Einrichtung solle als private Einrichtung betrieben werden (*OVG Münster* NJW 1976, 820, 821; vgl. auch *BGH* NJW 1975, 106, 107).

Die Einrichtung **verliert den Charakter „öffentlich" nicht dadurch,**

– daß der **Kreis der vom Widmungszweck erfaßten Nutzungsberechtigten** über die Einwohner und sonst in der Gemeindeordnung als Benutzungsberechtigte angegebenen Personen und Vereinigungen hinausgeht (*VGH BW* VBlBW 1981, 157; NVwZ RR 1989, 268; *VGH München* KStZ 1993, 32 – nur Ortsfremde als Benutzungsberechtigte);

– daß **Trägerschaft bzw. Organisationsform und/oder Benutzungsverhältnis privatrechtlich** ausgestaltet sind (Beispiel: Stadthallen-AG oder GmbH) und die **Einrichtung nicht im Eigentum der Kommune** steht, sondern aufgrund einer öffentlich-rechtlichen oder privatrechtlichen Vereinbarung, etwa eines Mietvertrags, der Gemeinde **nur das Nutzungsrecht zusteht oder** die Einrichtung **durch Dritte,** etwa durch einen privaten Unternehmer (z. B. die Müllabfuhr) betrieben wird (vgl. *OVG Münster* NJW 1991, 61), **sofern** die Gemeinde **allein oder zusammen mit anderen Gebietskörperschaften sich maßgeblichen Einfluß auf die Zweckbestimmung und den Betrieb vorbehält** (hierzu *BVerwG* NJW 1990, 135 und 15. Kap.);

– daß sie ein **wirtschaftliches Unternehmen** i. S. der Gemeindeordnung darstellt (*VGH BW* VBlBW 1981, 158).

I. Einwohner der Gemeinde

Wird ein Gegenstand im Eigentum eines Dritten als öffentliche Einrichtung gewidmet, bedarf die Widmung zu ihrer Wirksamkeit der **Zustimmung des Eigentümers.**

2.1.3. **Keine** öffentlichen Einrichtungen sind   **587**
– Sachen im Gemeingebrauch (z. B. Straßen und Parkplätze), da die Benutzung kraft Gesetzes nicht auf Gemeindeeinwohner beschränkt ist (vgl. *OVG Münster* OVGE 24, 179; *VGH BW* ESVGH 32, 43),
– Vermögensgegenstände, die zum Finanzvermögen gehören (vgl. *Salzwedel,* in: *Erichsen/Martens,* AVerwR § 45 IV),
– Verwaltungseinrichtungen, z. B. Rathäuser, Schulen (*VGH BW* Urteil v. 23. 2. 1982, 1 S 2536/81). Sie sind nur Mittel zur Vornahme von Amtshandlungen.
– Amtsblätter der Gemeinde. Sie sind Veröffentlichungsorgan für **die Gemeinde** und nicht für die Einwohner. Diese Widmung prägt nach anzuzweifelnder Auffassung des *VGH BW* auch die Rechtsnatur des **nicht amtlichen Teils** des Amtsblatts, in welchem Einwohner inserieren dürfen, (*VGH BW* BWGZ 1980, 214),
– Eigenjagdbezirke. Ihnen fehlt, im Gegensatz etwa zu einer hergerichteten Festwiese (*OVG Münster* NJW 1976, 820), die Eigenschaft eines Sachinbegriffs, der in einer Gesamtheit zusammengefaßt dem öffentlichen Zweck dient und allen Einwohnern zur Nutzung steht (*VGH BW* BWGZ 1989, 366);
– Grünstreifen (*VGH BW* ESVGH 23, 197).
– Starenbekämpfung (vgl. hierzu *VGH BW* ESVGH 33, 193).

2.2. Wahlrecht der Organisationsform

Wenn eine Gemeinde eine Einrichtung für das wirtschaftliche, soziale und **588** kulturelle Wohl ihrer Einwohner geschaffen hat, kann sie die Einrichtung **privatrechtlich oder öffentlich-rechtlich organisieren,** soweit gesetzlich nicht bestimmte Formen vorgeschrieben sind. Der Gemeinde steht insoweit ein **Formenwahlrecht** zu.

So kann sie etwa als (unselbständige) Anstalt des öffentlichen Rechts (*VGH BW* NVwZ RR 1989, 267), als wirtschaftliches Unternehmen in öffentlichrechtlicher Form (Regiebetrieb, Eigenbetrieb), als wirtschaftliches oder nichtwirtschaftliches Unternehmen in Privatrechtsform (GmbH, AG) oder in öffentlichrechtlicher oder privater Trägerschaft Dritter organisiert sein (vgl. *Frotscher,* HdKWP, Bd. 3, S. 140; *BVerwG* NVwZ 1991, 59).

– Zu den Organisationsformen der **Abfallbeseitigung** vgl. *Schoch,* Privatisierung, 1992 passim.

Es steht auch in der Organisationsgewalt einer Gemeinde, eine Einrichtung, die sie zunächst öffentlich-rechtlich gestaltet hat, für die Zukunft privatrechtlich zu führen und umgekehrt.

Unabdingbar ist indes in allen Fällen, daß sich die Kommune vertraglich oder durch Organisationsstatut (Satzung) **maßgeblichen Einfluß** auf Betrieb und öffentliche Zweckerfüllung vorbehält (vgl. hierzu näher 15. Kap.).

2.3. Voraussetzungen der Schaffung öffentlicher Einrichtungen

589   Der Gemeinderat entscheidet **nach seinem pflichtgemäßen Ermessen, welche öffentlichen Einrichtungen erforderlich sind** (*VGH BW* BWVPr 1979, 133 (135)). Seine Entscheidung ist **ausgerichtet an den örtlichen Bedürfnissen sowie** der **Leistungsfähigkeit der Gemeinde** unter Rücksichtnahme auf die wirtschaftlichen Kräfte der Abgabenpflichtigen.

– Vgl. § 2 Abs. 1 GemO.

Bei **Pflichtaufgaben** hat der Gemeinderat **kein Ermessen.** Diese Aufgaben müssen notfalls unter Zurückstellung anderer für wichtig befundener Projekte und unter äußerster Anspannung der Gemeindefinanzen erfüllt werden.

Die Entscheidung über die Schaffung öffentlicher Einrichtungen **darf nicht gegen höherrangiges Recht** verstoßen. Ein solcher Verstoß liegt etwa bei der Einrichtung eines Gemeinderundfunks vor. Aus Art. 5 Abs. 1 Satz 2 GG ergibt sich das Gebot zur Staats- und Gemeindefreiheit des Rundfunks (*BVerfG* NJW 1987, 239; *BayVerfGH* NVwZ 1987, 213).

2.4. Kein Rechtsanspruch des Einwohners auf Schaffung

590   Der einzelne **Einwohner** hat grundsätzlich **keinen klagbaren Anspruch auf Schaffung** und Erweiterung öffentlicher Einrichtungen durch die Gemeinde, auch soweit es sich um Pflichtaufgaben der Gemeinde handelt (*OVG Koblenz* DVBl. 1985, 176; *VGH BW* NVwZ-RR 1990, 502). Eine Ausnahme gilt nur für den Fall, daß es sich um Pflichten handelt, die ausnahmsweise auch im Interesse des einzelnen Einwohners liegen (vgl. als Beispiel *VGH BW* BWVBl. 1971, 106 – Künstliche Rinderbesamung – und das entsprechende Bedürfnis des Einwohners nicht schon von anderer Seite gedeckt wird (*VGH Kassel* DÖV 1992, 229).

2.5. Ausgestaltung des Benutzungsverhältnisses

591   *2.5.1.* Nach überwiegender Auffassung besitzen die Gemeinden, wie andere Hoheitsträger auch, im Rahmen der Leistungsverwaltung ein **Formenwahlrecht nicht nur** hinsichtlich der **Organisation** ihres Handelns, **sondern auch** hinsichtlich des Handelns und **der sich hieraus ergebenden Rechtsbeziehungen selbst** (vgl. *v. Münch,* in: *Erichsen/Martens,* AVerwR, 7. Aufl. 1986, S. 417 f.; *Maurer,* AVerwR, 8. Aufl. 1992, Rdnr. 9 und 26; *VGH BW* NVwZ-RR 1989, 268; *BGH* NVwZ 1991, 607 mwN; NJW 1992, 171). Hiernach kann eine Gemeinde als Trägerin einer öffentlichen Einrichtung sich zur Ausgestaltung der zwischen Einrichtung und Nutzer bestehenden Rechtsbeziehungen **öffentlich-rechtlicher und privatrechtlicher Handlungsformen bedienen und** darüber **bestimmen, ob das Nutzungsverhältnis** einer **öffentlich-rechtlichen oder einer privatrechtlichen Regelung unterliegt.** Dieses Wahlrecht besteht zugunsten der Gemeinde **unabhängig davon, ob** die Leistungsgewährung mit einem öffentlichrechtlichen **Anschluß- und Benutzungszwang** verknüpft ist (*BGH* NJW 1992, 171 mwN).

2.5.2. Ob das Benutzungsverhältnis öffentlich-rechtlicher oder privatrechtli-   **592**
cher Natur ist, muß durch **Auslegung** ermittelt werden. Die Kriterien hierfür sind die gewählten Handlungsformen (öffentlich-rechtlicher, privatrechtlicher Vertrag) die Art der Gegenleistung für die Benutzung (Entgelt
oder Gebühr), die Art und Weise und die äußere Form, in der die Benutzungsordnung aufgestellt ist (Satzung, öffentlich-rechtliche Anstaltsordnung
oder allgemeine Benutzungsbedingungen (AGB), die Form der Veröffentlichung, der systematische Zusammenhang der Regelungen und die Art der
Entscheidungsbefugnisse (einseitig oder nicht) sowie der Hinweis auf
Rechtsmittel (vgl. hierzu *VGH BW* NVwZ-RR 1989, 267; BGH NVwZ-RR
1992, 223).

Wenn die Benutzungsbedingungen nicht eindeutig eine privatrechtliche
Ausgestaltung erfahren haben, ist bei **Auslegungszweifeln** von einem **öffentlich-rechtlichen Benutzungsverhältnis** auszugehen. Das verlangt die
Rechtssicherheit (*VGH BW* NVwZ 1987, 701 – Benutzungsverhältnis Städtische Musikschule); *VGH BW* NVwZ-RR 1989, 267 – Benutzungsverhältnis Kindertagheim; aA *BGHZ* 41, 264).

2.5.3. Ist Träger der Einrichtung ein Rechtssubjekt des Privatrechts, ist   **593**
das Benutzungsverhältnis **immer privatrechtlich,** es sei denn, der Private ist
zugleich beliehener Hoheitsträger. Ist das Nutzungsverhältnis privatrechtlich
ausgestaltet, gilt mit Blick auf Art. 1 Abs. 3 GG **Verwaltungsprivatrecht** (so
auch *BVerwG* NVwZ 1991, 59 mwN).

2.6. Die Zulassung zur Einrichtung

2.6.1. Rechtsweg

2.6.1.1. Von der Rechtsnatur des Benutzungsverhältnisses **zu unterscheiden**   **594**
ist das **Recht auf** die **Zulassung** zur Einrichtung. Dieses Recht gehört **immer**
dem **öffentlichen Recht** an, wenn in einem öffentlich-rechtlichen Sonderrechtssatz, wie dies durch die Regelung des § 10 Abs. 2 der Gemeindeordnung für die Inanspruchnahme öffentlicher Einrichtungen geschehen ist, ein
Recht auf Benutzung der Einrichtung eingeräumt ist (*VGH BW* ESVGH 25,
203 (204); *BVerwG* NVwZ 1991, 59). Soweit der Anspruch auf Zulassung
öffentlich-rechtlicher Natur ist, ist für **Klagen auf Zulassung** der **Verwaltungsrechtsweg gegeben** (*OVG Münster* NJW 1976, 820 (821)), **auch wenn
Organisationsform oder das Benutzungsverhältnis privatrechtlich ausgestaltet sind** (*BVerwG* NJW 1990, 134). **Privatrechtlicher Natur** ist hingegen
eine **Klage** auf Zulassung zu einer gemeindlichen Einrichtung, **die gegen
eine** mit dem Betrieb der Einrichtung **beauftragte juristische Person des
Privatrechts gerichtet ist,** es sei denn, die Beklagte ist aufgrund Gesetzes zu
öffentlich-rechtlichem Handeln ermächtigt (vgl. *BVerwG* NVwZ 1991, 59).

Privatrechtlicher Natur ist auch die Forderung auf Zulassung von **Nicht-
einwohnern.** Die Zulassungsregelungen der Gemeindeordnung begründen
zu ihren Gunsten kein Sonderrecht, soweit sie nicht ausdrücklich ausnahmsweise, wie dies für auswärtig wohnende Grundbesitzer und Gewerbetreiben-

de in der Gemeinde nach § 10 Abs. 3 GemO geschehen ist, den Einwohnern gleichgestellt werden. Die öffentlich-rechtliche Zuordnung gilt aber dann, wenn ein Nichteinwohner diesen Anspruch geltend macht und die Einrichtung von ihrem Widmungszweck nach dem Willen der Gemeinde auch für Nichteinwohner offen steht (*VGH BW* NVwZ 1987, 701).

Privatrechtlicher Natur ist schließlich auch der Streit um die **Zulassung zu einem** nach § 69 Gewerbeordnung festgesetzen **Markt,** den die Gemeinde veranstaltet. § 69 Gewerbeordnung begründet keine öffentlich-rechtlichen Sonderrechte (*OVG Koblenz* NVwZ 1987, 519; aA offensichtlich *VG Freiburg* VBlBW 1988, 312).

595 *2.6.1.2.* Der **Rechtsweg um** das „**Wie**" der **Benutzung** ist **davon abhängig, ob** das **Benutzungsverhältnis öffentlich-rechtlich** (öffentlich-rechtliche Benutzungsordnung, öffentlich-rechtlicher Vertrag, Verwaltungsakt) **oder privatrechtlich** (allgemeine Benutzungsbedingungen, privatrechtlicher Vertrag) **ausgestaltet** ist. Wählt die Gemeinde Privatrecht, ist das Rechtsverhältnis und damit auch der Rechtsweg zweistufig (**Zweistufentheorie,** vgl. *BVerwG* NVwZ 1991, 59 mwN).

596 *2.6.1.3.* Der **Streitwert** für Klagen um die Benutzung einer öffentlichen Einrichtung ist je nach Bedeutung der Angelegenheit einem Rahmen von 2000,00–10000,00 DM zu entnehmen (*BVerwG* NVwZ 1991, 59; vgl. auch NVwZ 1991, 1158).

2.6.2. Anspruch auf Zulassung

597 Die **Einwohner** und ihnen gleichgestellte Personen und Vereinigungen haben ein **subjektiv-öffentliches Recht** (Rechtsanspruch), die öffentlichen Einrichtungen der Gemeinde **nach gleichen Grundsätzen zu benutzen** (vgl. § 10 Abs. 2 und 5 GemO). Die Gemeinde ist verpflichtet, die Einwohner **im Rahmen des geltenden Rechts** speziell der jeweiligen Benutzungsordnung (vgl. *VGH* VBlBW 1967, 109 (110)) **unter Beachtung der Grundrechte,** insbesondere des **Gleichheitsgrundsatzes** zu ihren öffentlichen Zwecken dienenden Einrichtungen **zuzulassen** (vgl. *VGH Freiburg* DVBl. 1955, 745; *VGH BW* DÖV 1968, 179; *VGH BW* NVwZ 1990, 93; *VGH München* NJW 1991, 1498 – Ausschluß bestimmter Frauen von der Teilnahme an den Oberammergauer Passionsspielen; *OVG Berlin* NVwZ-RR 1993, 319 – Zulassung von Behinderten). **Wird eine Einrichtung in der Form des Privatrechts** (z. B. GmbH) **betrieben,** haben die Einwohner ein **Wahlrecht,** ob sie den Anspruch auf Zulassung gegen die Gemeinde in der Form eines sog. „**öffentlich-rechtlichen Verschaffungsanspruchs**" (Einwirkungsanspruchs) geltend machen oder ob sie **den Dritten selbst vor dem Zivilgericht** in Anspruch nehmen wollen (vgl. *BVerwG* NVwZ 1991, 59 mwN). In letzterem Fall gilt für die Beurteilung des Anspruchs **Verwaltungsprivatrecht,** sofern der Dritte (z. B. Betriebsgesellschaft einer Stadthalle) unter dem beherrschenden Einfluß der Gemeinde steht (vgl. *BVerwG*, aaO).

Aus dem Gleichbehandlungsgebot folgt die Pflicht zur **Wettbewerbsneutralität** bei der Zulassung. Hierzu gehört auch das Verbot eines Konkurrentenschutzes bei der Zulassung (*VGH BW* BWVPr 1989, 58; *VGH Kassel* NJW 1987, 145).

Die Entscheidung der Gemeinde über die Zulassung kann einseitig durch Verwaltungsakt oder durch öffentlich-rechtlichen Vertrag ergehen. Möglich ist auch die stillschweigende Zulassung.

2.6.3. Grenzen der Zulassung
Der Anspruch auf Zulassung ist in folgender Hinsicht begrenzt: 598

2.6.3.1. Er gilt grundsätzlich **nur für Gemeindeeinwohner oder ihnen gleichgestellte Personen oder Vereinigungen,** sofern nicht auch (oder nur) **Ortsfremde** von der Widmung erfaßt sind (vgl. *VGH München* KStZ 1993, 32 – Asylbewerberwohnheim).

Die **Zulassung juristischer Personen und nichtrechtsfähiger Personenvereinigungen** setzt voraus, daß sie ihren Sitz im Gemeindegebiet haben und der räumliche Schwerpunkt ihrer Tätigkeit im Gemeindegebiet liegt (*VGH BW* NVwZ-RR 1989, 135). Wenn sie in öffentlichen Einrichtungen der Gemeinde Veranstaltungen durchführen wollen, können sie allerdings ihre Zulassung nur beanspruchen, wenn es sich um widmungsgemäße Veranstaltungen örtlichen Charakters mit örtlichem Einzugsbereich handelt (*VGH BW* NVwZ-RR 1988, 43; vgl. auch *VGH BW* NVwZ 1987, 701).

Gebietsfremde haben keinen Zulassungsanspruch (*OVG Münster* NVwZ 1984, 655). Allerdings besteht in diesen Fällen ein Anspruch auf ermessensfehlerfreie Entscheidung (*BVerwGE* 39, 235), der sich durch Ermessensbindung zu einem Zulassungsanspruch verdichten kann (*VGH BW* NVwZ 1990, 93 (94)).

Eine Ausnahme gilt nach § 10 Abs. 3 GemO für **Grundbesitzer und Gewerbetreibende,** die nicht in der Gemeinde wohnen. Sie sind berechtigt jedenfalls diejenigen öffentlichen Einrichtungen zu benutzen, die in der Gemeinde für Grundbesitzer und Gewerbetreibende bestehen.

Für den Zulassungsanspruch von **Parteien** gilt § 5 Abs. 1 Parteiengesetz. Hiernach haben alle Parteien, solange sie nicht im Verfahren nach Art. 21 Abs. 2 GG vom BVerfG verboten sind, einen Anspruch auf **Gleichbehandlung,** abgestuft nach ihrer Bedeutung bis zu dem für die Erreichung ihres Zwecks erforderlichen Mindestmaß. Dies gilt auch bei Zulassung zu öffentlichen Einrichtungen (*VGH BW* NJW 1990, 136; *BVerwG* NJW 1990, 134).

2.6.3.2. Der Zulassungsanspruch besteht **nur im Rahmen des tatsächlich** 599 **und rechtlich Möglichen** (*VGH BW* NVwZ-RR 1990, 502) und der ausdrücklichen oder schlüssigen **Zweckbestimmung (Widmung)** der öffentlichen Einrichtung („Anstaltszweck") vgl. *VGH BW* NVwZ RR 1989, 135; *VGH Kassel* NJW 1987, 145). So ist es etwa zulässig, wenn eine Gemeinde die widmungsfremde Überlassung von **Schulhallen** zu Übernachtungszwecken bei Veranstaltungen politischer Parteien generell ablehnt (*VGH BW* NVwZ-RR 1988, 42). Bei der Festsetzung der Zweckbestimmung hat die Gemeinde einen weiten **Gestaltungsspielraum.** Beispielsweise darf sie die Nutzung eines öffentlichen **Festplatzes** aus sachlichen Gründen **auf wenige**

Veranstaltungen im Jahr beschränken (*OVG Münster* NVwZ 1987, 518; *VGH BW* NVwZ-RR 1992, 500). Ebenso darf sie bei der Vergabe von Sporthallen, Vereine, die typische Hallensportarten betreiben, bevorzugen (*VGH BW* DÖV 1988, 478).

600 *2.6.3.3.* Der Zulassungsanspruch richtet sich nach der **Kapazität der Einrichtung.** Soweit diese nicht ausreicht, sind nach dem Gebot sachgerechter Bewerberauswahl das **Prioritätsprinzip** (*VGH München* BayVBl 1982, 658; *VGH BW* B. v. 04. 12. 1979, I 2236/79), der Grundsatz der **Wirtschaftlichkeit** (*OVG Münster* OVGE 24, 175 (182)) sowie der Grundsatz der **Chancengleichheit** zu beachten, der zur **Einführung eines „rollierenden" Zulassungssystems** (*BVerwG* NVwZ 1982, 194) zwingen kann. Zulässige Maßstäbe für die Ermessensausübung können auch das Prinzip **„bekannt und bewährt"** (vgl. *BVerwG* GewArch. 1978, 379 (381); DÖV 1982, 82) sowie andere sachangemessene Gesichtspunkte bis hin zum **Lossystem** sein (vgl. *VGH Kassel* NJW 1987, 146).

Unzulässig ist es, einen an sich **geeigneten Bewerber** durch ein Zulassungssystem **gänzlich auszuschließen** (*BVerwG* GewArch 1976, 379). Steht die **Zulassung von Verbänden** zu einem Messeplatz an, so kann sich die Vergabe an der Zahl der jeweiligen Mitglieder orientieren (*VGH BW* VBlBW 1993, 225 f.).

Bestehen mehrere gleichartige Einrichtungen in der Gemeinde, **kann die Gemeinde die Bewerber** auch auf die einzelnen Einrichtungen **verteilen.**

601 *2.6.3.4.* Bei **konkret zu erwartender Schädigung** der Gemeinde oder Nichteinhaltung der Benutzungsordnung (*VGH München* NVwZ 1991, 906) darf die Zulassung unter **Beachtung des Verhältnismäßigkeitsgrundsatzes eingeschränkt und versagt werden** (*VGH München* NJW 1969, 1078). Rechtmäßig ist die Zulassung auch unter der (aufschiebenden) **Bedingung** einer **Haftungsübernahme** des Veranstalters in angemessener Höhe für Schäden, die er selbst oder Dritte verursachen (*VGH BW* NJW 1987, 2697; B. v. 23. 5. 1989 1 S 1303/89) der Sicherheitsleistung (Kaution, Bürgschaft) (*OVG Münster* NVwZ RR 1991, 508) oder des Abschlusses einer Haftpflichtversicherung (*VGH München* NJW 1989, 2491 (2492)). Die Rechtfertigung hierfür ergibt sich aus der Aufgabe der Gemeinden, ihre Vermögensgegenstände wirtschaftlich und pfleglich zu behandeln (*VGH BW* DÖV 1990, 625).

602 *2.6.3.5.* Die **Veranstaltung in einer Einrichtung darf nicht gegen höherrangiges Recht** verstoßen. Speziell dürfen im Rahmen einer Veranstaltung die Grenzen der Meinungsfreiheit nicht überschritten werden (vgl. VGH Kassel NJW 1993, 2331). Ist dies mit hoher Wahrscheinlichkeit zu erwarten, ist die Zulassung zu versagen. Daß die Veranstaltung und die auf ihr geäußerten Meinungen nur „unerwünscht" sind, begrenzt die Zulassung unter diesen Voraussetzungen nicht (*VGH BW* VBlBW 1983, 35; NVwZ 1990, 93).

Veranstaltungen und Gruppierungen am Rande des politischen Spektrums verstoßen unabhängig vom Thema der Veranstaltung dann gegen höherran-

giges Recht, wenn die Gruppierungen vom Bundesverfassungsgericht nach
Art. 21 GG für verfassungswidrig erklärt oder etwa nach § 3 Vereinsgesetz
verboten wurden (*VGH München* NJW 1989, 2492).
– Zum Widerruf einer Zulassung vgl. *VGH BW* NVwZ 1990, 93.

2.6.3.6. Aus **sicherheitsrechtlichen Gründen** kann die Zulassung versagt 603
werden, wenn die Aufrechterhaltung der öffentlichen Sicherheit oder Ordnung mit polizeilichen Mitteln nicht abgewehrt werden kann, so daß als
einzige Möglichkeit die Versagung der Zulassung bleibt (*BVerfG* DVBl.
1985, 1006; *VGH BW* DVBl. 1990, 1044; *VGH Kassel* NVwZ 1986, 1047;
VGH München NJW 1989, 2492). Entsprechend ist eine Versagung der Zulassung etwa möglich, wenn die **dringende Gefahr** besteht, daß Parteiorga-
ne im Rahmen einer Parteiveranstaltung zur **Begehung von Ordnungswidrigkeiten** aufrufen (*VGH BW* NJW 1987, 2698).

2.7. Benutzungsgebühren und Entgelte

Die Gemeinden können für die Inanspruchnahme ihrer öffentlichen Ein- 604
richtungen bei öffentlich-rechtlichen Benutzungsverhältnissen nach dem
Kommunalabgabengesetz Benutzungsgebühren und bei privatrechtlichen
Benutzungsverhältnissen **privatrechtliche Vertragsentgelte** erheben (vgl
hierzu 21. Kap. und *BGH* NJW 1992, 171).

2.8. Haftung

2.8.1. Die Gemeinde haftet bei **privatrechtlichem** Benutzungsverhältnis ge- 605
genüber dem Benutzer **nach allgemeinen vertraglichen und deliktischen
Regeln des BGB und spezialgesetzlichen Regelungen.**

2.8.2 Bei **öffentlich-rechtlichem** Benutzungsverhältnis haftet die Gemeinde 606
für **Leistungsstörungen** und sonstige Pflichtverletzungen **nach vertraglichen und vertragsähnlichen Grundsätzen sowie aus Amtshaftung** auf
Schadenersatz (*BGHZ* 59, 303; 61, 7; *BGH* NJW 1990, 1167 – Haftung für
öffentliche Entwässerungseinrichtung; *VGH BW* NVwZ-RR 1991, 325).

Beispiele:
– Infolge von Mängeln im Schlachthof wird Fleisch ungenießbar (BGHZ 61, 7).
– Durch Lieferung von metallagressivem Wasser werden Schäden verursacht.
– Durch verstopfte öffentliche Abwasserkanäle entstehen bei einem Kanalbenutzer
  Überschwemmungsschäden (vgl. OVG Lüneburg NVwZ 1991, 81).

Ein Recht auf **Gebührenminderung** oder **Wandelung** in Analogie zu den
§§ 459, 462 BGB besteht hingegen **nicht** (*VGH BW* ESVGH 26, 155 (157);
aA *OVG Saarlouis*, KStZ 1987, 54).

2.8.3. Spezialgesetzliche **Gefährdungshaftungsregelungen** ergeben sich für 607
die Gemeinde bei **Rohrleitungsanlagen** aus § 2 **Haftpflichtgesetz** (vgl. hierzu *BGH* DÖV 1990, 209 und § 22 **WHG**-Abwasserbeseitigung; vgl. hierzu
BGH ZfW 1982, 214; 1984, 350 mwN).

608 *2.8.4.* Der **Benutzer einer öffentlichen Einrichtung** haftet für Leistungsstörungen bei öffentlich-rechtlichem und privatrechtlichem Benutzungsverhältnis **nach denselben Grundsätzen** (vgl. *VGH BW* VBlBW 1982, 369; NVwZ RR 1991, 325 – Schäden an Kläranlagen durch Einleitung zyanidhaltigen Abwassers; *OVG Münster* NVwZ 1987, 1105; *BVerwG* NVwZ 1989, 1058). Öffentlich-rechtliche Ansprüche hat die Gemeinde durch **Leistungsklage** zu verfolgen. Der Erlaß eines Leistungsbescheids ist unzulässig.

609 *2.8.5.* Sowohl bei öffentlich-rechtlichem als auch bei privatrechtlichem Benutzungsverhältnis **kann die Gemeinde** die **Haftung beschränken.**

610 *2.8.5.1.* Im **öffentlich-rechtlichen Bereich** kann die Gemeinde für gemeindliche Einrichtungen, speziell für solche, die mit einem Benutzungszwang ausgestattet sind und rechtlich oder tatsächlich eine Monopolstellung einnehmen, **durch Vertrag die vertragliche** und **durch Satzung die vertragsähnliche** Haftung grundsätzlich auf **Vorsatz** und **grobe Fahrlässigkeit** beschränken. Allerdings darf dem Benutzer hierdurch kein unbilliges Opfer abverlangt werden. Die **Beschränkung der Haftung muß durch sachliche Gründe gerechtfertigt sein** und den Grundsätzen der Erforderlichkeit und der **Verhältnismäßigkeit** entsprechen. Sie darf auch nicht im Widerspruch stehen zu den allgemeinen fürsorgerischen Aufgaben der Gemeinde und darf die Verantwortung für Schäden nicht ausschließen, die auf offensichtliche Mißstände zurückzuführen sind (vgl. *BGH* NJW 1973, 1741 mwN).
Die **Einschränkung der Amtshaftung** durch Satzung ist hingegen generell **unzulässig** (*BGHZ* 61, 14; NJW 1984, 617).

611 *2.8.5.2.* **Bei privatrechtlichem Benutzungsverhältnis** bestehen **dieselben Möglichkeiten der Haftungsbegrenzung.** Soweit das Benutzungsverhältnis durch allgemeine Geschäftsbedingungen geregelt ist, sind zusätzlich die **Vorschriften des AGB-Gesetzes zu beachten.**

612 *2.8.5.3.* Für die öffentliche **Wasserversorgung** ist die Möglichkeit der Haftungsbeschränkung durch die Gemeinde **nach Maßgabe des § 6 AVB-Wasser-VO** zulässig; für die **Elektrizitätsversorgung** nach Ziff. II Nr. 5 AVB-Elt.

2.9. Satzungsregelung

613 Die Einzelheiten der Benutzung sind bei öffentlich-rechtlichem Benutzungsverhältnis durch **Satzung,** bei privatrechtlichem Benutzungsverhältnis durch **allgemeine Benutzungsbedingungen** (AGB) zu regeln (hierzu *BVerwG* NJW 1993, 411 (412) – Abfallbeseitigung).
Die Gemeinde hat sowohl bei Aufstellung öffentlich-rechtlicher als auch bei Aufstellung privatrechtlicher **Benutzungsregeln** einen weiten, durch die gewohnheitsrechtlich anerkannte „Anstaltsgewalt" legitimierten **Gestaltungsspielraum.**
Grenzen ergeben sich aus der **Zweckbestimmung der Einrichtung („Anstaltszweck")** sowie sowohl bei öffentlich-rechtlicher als auch bei privat-

rechtlicher Gestaltung des Benutzungsverhältnisses aus den allgemeinen öffentlich-rechtlichen Bindungen der Hoheitsträger, speziell dem **Rechtsstaatsprinzip** in der Ausformung des Gebots des Mindesteingriffs (*VGH BW* ESVGH 25, 203 (208)) sowie dem **Willkürverbot**. Bei privatrechtlicher Ausgestaltung gilt **Verwaltungsprivatrecht** (vgl. hierzu *BGH* NJW 1985, 197, 1778 u. 1892).

Belastende Benutzungsregelungen müssen bei öffentlich-rechtlicher Benutzungsregelung **durch den Einrichtungszweck ("Anstaltszweck")** gerechtfertigt werden können (vgl. hierzu *Wolff/Bachof/Stober,* Verwaltungsrecht II, § 99 mwN; *VGH BW* VBlBW 1993, 227 mwN – **Ausschluß** von einer Einrichtung). Diese Rechtfertigung ist beispielsweise gegeben beim Verbot der Haltung von bestimmten Tieren in Obdachlosenunterkünften (vgl. *OVG Lüneburg* DÖV 1986, 341 mnwN); sie ist hingegen nicht gegeben bei einem Verbot „schwarz polierter Grabsteine" in einer Friedhofssatzung (*BVerwG* GewArch 1965, 144). **Im übrigen bedürfen sie** mit Blick auf den Gesetzesvorbehalt **formellgesetzlicher Ermächtigung.**

– Zur Regelbarkeit des Benutzungsverhältnisses durch **Sonderverordnung** vgl. 7. Kapitel I 4.

2.10. Die Schließung einer öffentlichen Einrichtung

Für die Schließung einer öffentlichen Einrichtung gelten **dieselben 614 Grundsätze wie für ihre Schaffung** (vgl. Ziff. 2.3.).

Ein **Grundrechtsschutz auf bleibende** oder unveränderte **Nutzungsmöglichkeit** einer öffentlichen Einrichtung, speziell aus Art. 14 GG, besteht **nur ausnahmsweise,** nämlich wenn in ihr eine öffentlich-rechtliche Rechtsposition zu sehen ist, die Äquivalent für eine eigene, vermögenswerte Leistung des Benutzers darstellt (vgl. *BVerfGE* 53, 257 (289)). Diese Voraussetzung ist in der Regel nur dann gegeben, wenn der Benutzer durch **Beiträge** die Herstellungskosten mitfinanziert hat. Allerdings kann in diesen Fällen die Sozialbindung des Eigentums die Hinnahme einer Änderung oder Schließung der Einrichtung zulassen (vgl. auch *VGH Kassel* NJW 1979, 886). Im übrigen kann der **Grundsatz des Vertrauensschutzes** im Einzelfall fordern, daß die Schließung rechtzeitig angekündigt wird und angemessene Auslauffristen der Benutzung gewährt werden.

Die Entwidmung und Schließung sind (dingliche) **Verwaltungsakte** (vgl. *VGH Kassel* NVwZ 1989, 779; *BVerwG* DÖV 1993, 355 – für Friedhöfe; aA *OVG Münster* NVwZ-RR 1990, 1 – für die Übertragung der Trägerschaft auf einen kirchlichen Träger).

– Zum Bestehen von **Abwehransprüchen** gegen Beeinträchtigungen durch öffentliche Einrichtungen vgl. *VGH München* NVwZ 1989, 269; *OVG Münster* NVwZ-RR 1989, 263 – Lärm aus Bürgerhaus; *BVerwG* NVwZ 1990, 858 – Sportplatzgeräusche; *VGH BW* VBlBW 1988, 433 – Abwehranspruch trotz unanfechtbarer Baugenehmigung für öffentliche Einrichtung.

3. Teilhabe der Einwohner an kommunalen Vergünstigungen

615   Neben dem Teilhaberecht an öffentlichen Einrichtungen können zugunsten der Einwohner in der Praxis zum Zwecke der Daseinsvorsorge **Vergünstigungen anderer Art gewährt** werden. Beispielsweise stellen Gemeinden an Einwohner im Rahmen kommunaler Siedlungspolitik **preisgünstige Baugrundstücke zur Verfügung, sie geben Zuschüsse und weiteres mehr.**

616   3.1. Entscheidungen dieser Art unterliegen **dem weiten kommunalen Gestaltungsspielraum im Rahmen des Selbstverwaltungsrechts.** Grenzen ergeben sich **aus Recht und Gesetz,** speziell **Kommunalrecht** aus der **Verfassung** sowie aus **Europarecht.**

Hiernach ist es etwa **unzulässig,**

– Förderungsleistungen an **private Vereine** zu erbringen, die gegen durch Art. 4 GG geschützte Religionsgemeinschaften kämpfen (vgl. *BVerwG* DÖV 1992, 877),

– **Alternativen, Selbsthilfe- und sozialen Randgruppen** Zuschüsse für Aktivitäten zu geben, die gegen die guten Sitten verstoßen,

– die **Vergabe von Grundstücken** mit Blick auf Art. 7 EWGV (Diskriminierungsverbot) und Art. 52 EWGV (Niederlassungsfreiheit) vom Besitz der deutschen Staatsangehörigkeit (vgl. *EUGH* RSache 197/84 SRG 1985 – 5, 1819) oder des **Bürgerrechts** in einer Gemeinde abhängig zu machen (aA *Jahn,* BayVBl. 1991, 33; BVerwG DÖV 1993, 622 – „Weilheimer Modell").

– **Zur Förderung** von Homosexuellen-Gruppen vgl. *VG Ansbach* NVwZ-RR 1989, 318; 1991, 263).

– Zur **Förderung der Bildungsarbeit von Jugendorganisationen der Parteien** *OVG Münster* NJW 1990, 1684; *Erlenkämper,* NVwZ 1991, 333.

– Zur Zulässigkeit von **Praxisgründungsdarlehen an Ärzte** zur besseren Gesundheitsversorgung vgl. *VGH Kassel* DÖV 1989, 34.

617   3.2. Soweit keine öffentlich-rechtlichen Sonderrechtssätze bestehen, und die Gemeinde aufgrund ihres Formenwahlrechts sich nicht ausdrücklich für den Einsatz öffentlich-rechtlicher Handlungsformen entscheidet, gilt mit Blick auf Art. 1 Abs. 3 GG durchgängig **Verwaltungsprivatrecht.** Entsprechend hat der *VGH BW* (BWGZ 1989, 160) entschieden, daß die im Rahmen kommunaler Bodenpolitik getroffene Entscheidung der Gemeinde über die **(Nicht-)zuteilung eines Bauplatzes** in Ermangelung eines zur Vergabe ermächtigenden Sonderrechtssatzes grundsätzlich dem Privatrecht zuzuordnen ist. Für die Anwendung der 2-Stufen-Theorie ist in diesem Falle kein Raum. Diese Zurechnung zum Privatrecht gilt selbst dann, wenn (nicht normative) kommunale Vergaberichtlinien bestehen (aA *OVG Koblenz* DÖV 1993, 351).

4. Gemeindelasten und Gemeindedienste der Einwohner

618   4.1. Die Gemeindeeinwohner müssen die **Gemeindelasten** tragen. **Gemeindelasten sind Kommunalabgaben und Gemeindedienste.** Den Gemeindeeinwohnern sind bestimmte Personen und Vereinigungen gleichgestellt (vgl.

§ 10 Abs. 2 GemO), die in der Gemeinde ein Grundstück besitzen oder betreiben. Sie sind verpflichtet, für ihren Grundbesitz oder Gewerbebetrieb zu den Gemeindelasten beizutragen.

– Vgl. § 10 Abs. 3 GemO.

4.2. In Sachsen (§ 10 Abs. 4 GemO) können die Gemeinden durch **Satzung** **619** ihre Einwohner und die ihnen gleichgestellten Personen und Personenvereinigungen für eine bestimmte Zeit **zur Mitwirkung bei der Erfüllung vordringlicher Aufgaben in Notfällen** verpflichten, wenn die eigenen Mittel der Gemeinde hierfür nicht ausreichen. Verfassungsrechtlich finden diese Regelungen ihre Grundlage in **Art. 12 Abs. 2 GG.** Sie sind nur zulässig, soweit sie **herkömmlich, allgemein und gleich sind** (vgl. hierzu *Jarass/ Pieroth, GG*, 2. Aufl. 1992, Rdnr. 60 zu Art. 12 mwN). Der Kreis der Verpflichteten, die Art, der Umfang und die Dauer der Dienstleistung sowie die etwa zu gewährende **Vergütung** oder die Zahlung einer **Ablösung** sind durch **Satzung** zu bestimmen.

Die Entscheidung zur **Notfallverpflichtung** liegt unter Beachtung der gesetzlichen Vorgabe im **pflichtgemäßen Ermessen des Gemeinderats,** wobei speziell der Grundsatz der Verhältnismäßigkeit zu beachten ist. Die Heranziehung einzelner Verpflichteter erfolgt durch **Heranziehungsbescheid.** Er ist belastender Verwaltungsakt.

4.3. Die Pflicht zur Lastentragung in vorgenanntem Sinne gilt entsprechend **620** auch für juristische Personen und nicht rechtsfähige Personenvereinigungen.

– Vgl. § 10 Abs. 5 GemO.

5. Unterrichtung und Beratung der Einwohner durch die Gemeinde

5.1. Die Gemeinde ist **verpflichtet, die Einwohner laufend über die allge-** **621** **mein bedeutsamen Angelegenheiten** ihres Wirkungskreises **zu unterrichten** und für die Förderung des allgemeinen Interesses an der Verwaltung der Gemeinde zu sorgen. Bei wichtigen Planungen und Vorhaben der Gemeinde, die unmittelbar raum- und entwicklungsbedeutsam sind oder die wirtschaftlichen, sozialen, ökologischen und kulturellen Belange ihrer Einwohner berühren, sind die Einwohner frühzeitig und umfassend zu informieren. Sofern dafür ein besonderes Bedürfnis besteht, soll den Bürgern allgemein **Gelegenheit zur Äußerung** gegeben werden.

– Vgl. § 11 Abs. 1 und 2 GemO.

Die Unterrichtungspflicht und die Pflicht, Gelegenheit zur Äußerung zu geben, fließt aus dem **Demokratieprinzip** und besteht auch dann, soweit kommunalrechtlich keine einzelgesetzliche Bestimmung besteht. Sie soll den öffentlichen Meinungsbildungsprozeß aktivieren, das Problembewußtsein stärken und so für den Gemeinderat die Entscheidungsfindung erleichtern.

11. Kapitel. Einwohner und Bürger

Auf welche Weise die Gemeinde die Unterrichtung vornimmt, steht in ihrem **pflichtgemäßen Ermessen.** In Betracht kommt die Information etwa durch Medien, durch **Einwohnerversammlungen, Bürgeraussprachen** oder **Bürgerforen.**

Der einzelne Einwohner besitzt allerdings **kein subjektiv-öffentliches Recht** auf Unterrichtung. Die Unterrichtungspflicht besteht ausschließlich im Interesse der Gesamtheit der Einwohner.

Der **Umfang der Unterrichtung** findet seine **Grenzen** im Gebot der Notwendigkeit sowie dem Grundrecht auf **informationelle Selbstbestimmung.** Datensensible Informationen sind deshalb möglichst geheimniswahrend zu geben (vgl. hierzu *Ehlers/Heydemann,* DVBl. 1990, 1 (6)).

622 5.2. Die Gemeinde **soll** im Rahmen ihrer rechtlichen und tatsächlichen Möglichkeiten die Einwohner in Angelegenheiten ihres Aufgabenbereiches **beraten** sowie über Zuständigkeiten in Verwaltungsangelegenheiten **Auskünfte erteilen.**

– Vgl. § 11 Abs. 3 GemO.

6. Beschwerderecht der Einwohner und Hilfe in Verwaltungsverfahren

623 6.1. Aus dem **Demokratieprinzip** und dem **Rechtsstaatsgrundsatz** heraus besitzt **jeder Einwohner** das Recht, sich mit **Vorschlägen, Bitten und Beschwerden** an die Gemeinde zu wenden. Sofern dieses Recht nicht mißbräuchlich ausgeübt wird, hat er auch das Recht auf Behandlung und Beantwortung. In **Sachsen** ist dieses Recht in der Gemeindeordnung als **kommunales Petitionsrecht** ausdrücklich festgeschrieben.

Dem Petenten ist innerhalb angemessener Frist, spätestens aber nach 6 Wochen ein **begründeter** Bescheid zu erteilen. Ist innerhalb von 6 Wochen ein Bescheid nicht möglich, ist ein Zwischenbescheid zu erteilen.

– Vgl. § 12 Abs. 1 GemO.

Der **Gemeinderat** kann auch für die Behandlung von Petitionen, **die in seine Zuständigkeit** fallen, einen **Petitionsausschuß** bilden.

– Vgl. § 12 Abs. 2 GemO.

– **Weiterführend:** *Queitsch,* Die Prägung des Kommunalen Petitionsrechts nach § 6 c GO NW durch Art. 17 des Grundgesetzes, 1992.

624 6.2. Die Gemeinden sind im Rahmen ihrer Verwaltungskraft ihren Einwohnern bei **der Einleitung von Verwaltungsverfahren behilflich,** auch wenn für deren Durchführung das Landratsamt oder das Regierungspräsidium zuständig ist. Zur **Rechtsberatung** sind die Gemeinden allerdings **nicht berechtigt.**

Die Gemeinden sollen auch **Anträge und Erklärungen, die beim Landratsamt oder beim Regierungspräsidium einzureichen sind, entgegennehmen und unverzüglich weiterleiten.** Die Einreichung bei der Gemeinde gilt hinsichtlich der Wahrung von Fristen als bei der zuständigen Behörde vorgenommen, soweit Bundesrecht nicht entgegensteht.

Die Gemeinden haben **schließlich häufig benötigte Vordrucke,** die ihnen von anderen Behörden überlassen werden, **für ihre Einwohner bereit zu halten.**

– Vgl. § 13 GemO.

7. Rechte und Pflichten ausländischer Einwohner

7.1. Grundsätzlich stehen den ausländischen Einwohnern **dieselben Rechte** **625** **und Pflichten** zu wie deutschen Einwohnern, soweit sie nicht ausdrücklich Deutschen vorbehalten sind. So fallen Ausländer unter das kommunale Satzungsrecht, soweit sie einen Satzungstatbestand erfüllen; ihnen steht das Recht zu, kommunale Einrichtungen zu benutzen. Sie sind verpflichtet, die Gemeindelasten zu tragen oder können als sachkundige Einwohner zu den Beratungen einzelner Angelegenheiten in den kommunalen Gremien zugezogen werden. **Vestärkt** wird die **Rechtsposition** der ausländischen Einwohner durch die Bildung spezieller **Ausländerausschüsse** und **Ausländerbeiräte** sowie die Bestellung von **Ausländerbeauftragten,** die die Integration und Einbindung in das politische Geschehen durch Einräumung besonderer Mitbestimmungsrechte fördern sollen.

Ausgeschlossen bleiben die Ausländer indes bisher **von** einem wesentlichen, die bürgerschaftliche Mitwirkung erst konstituierenden Recht, **dem aktiven und passiven Wahlrecht** für die Kommunalwahlen.

Eine **Ausnahme** gilt **nach Art. 28 Abs. 1 S. 3 GG** (idF v. 21. 12. 1992, BGBl. 1992, 2086) für **EG-Bürger.** Hiernach sind bei Wahlen in Kreisen und Gemeinden auch Personen, die die Staatsangehörigkeit eines Mitgliedstaats der Europäischen Gemeinschaft besitzen, nach Maßgabe von Recht der Europäischen Gemeinschaft **wahlberechtigt und wählbar.** (Zur Unzulässigkeit einer Verfassungsbeschwerde hiergegen *BVerfG* NJW 1993, 3047 (3050).)

7.2. Für **andere Ausländer scheitert das kommunale Ausländerwahlrecht** **626** **nach einfachem Gesetzesrecht** an den Regelungen der Gemeindeordnung, wonach **nur Bürger wahlberechtigt** sind. Die Bürgereigenschaft wiederum wird davon abhängig gemacht, daß der Betroffene Deutscher i. S. von Art. 116 GG ist. Deshalb sind nur Deutsche wahlberechtigt.

Heftig **umstritten** ist, **ob diese Regelungen geändert werden könnten** (vgl. *Kämper,* NJW 1989, 96 mwN). Eine Meinung schließt eine Änderung als verfassungswidrig aus. Die Staatsgewalt, die durch das Wahlrecht konstituiert werde, gehe nach Art. 20 Abs. 2 GG allein vom Volke aus und **„Volk"** sei **nur das deutsche Volk** (vgl. *Henkel,* ZFP 1974, 100; *Ruland,* JuS 1975, 10; *Heyen,* DÖV 1988, 185; *Karpen,* NJW 1989, 1012). Da die Staatsgewalt unteilbar sei und die Gemeinden Teile der Länder und mittelbare Staatsverwaltung seien, gelte für die Bestimmung des wahlberechtigten Gemeindevolkes in Art. 28 Abs. 1 Satz 2 GG nichts anderes. Wahlberechtigt zu Kommunalwahlen könnten gleichfalls nur Deutsche sein (*Kämpfer*, aaO, S. 97, 99 mwN; vgl. auch *Heyen*, DÖV 1988, 185). Eine **andere Meinung** geht dahin, die **deutsche Volksangehörigkeit** sei **lediglich** eine die Landesgesetzgebung und Kommunen nicht bindende **Mindestanforderung** (vgl. *Sasse/Kämper*, Beilage, Das Parlament 38 (1974), 19); eine weitere Ansicht reklamiert auf das Prinzip der Offenheit der Verfassung: In diesem Sinne sei nach heutigem Verständnis unter dem Begriff „Volk" eine Lebens- und Schicksalsgemeinschaft zu verstehen, deren Zugehörige wechseln könnten (*Zuleeg*, JZ 1980, 430). In diese Gemeinschaft gehörten auch Ausländer (so auch *Rittstieg*, NJW 1989, 1018 f.).

Gegen diesen Ansatz wird eingewandt, das Grundgesetz gehe auch heute noch vom Nationalstaatsprinzip aus. So gelten auch heute noch verschiedene Grundrechte nur für Deutsche. Entsprechend sei auch der Volksbegriff ausschließlich auf das deutsche Volk begrenzt (*Bleckmann*, DÖV 1988, 437 (442); vgl. ferner auch *Karpen*, NJW 1989, 1014).

Nach der Rechtsprechung des **BVerfG** (NJW 1991, 162) ist die **Einführung des Ausländerwahlrechts** für Nicht-EG Angehörige durch einfaches Gesetzesrecht nach der jetzigen Verfassungslage **unzulässig.** Soweit Art. 28 Abs. 1 S. 2 GG eine Vertretung des Volkes für Kreise und Gemeinden vorschreibt, **bilden** nach Auffassung des Gerichts **im Hinblick auf Wortlaut, Sinn und Zweck der Regelung, den Sachzusammenhang sowie die historische Entwicklung des Kommunalwahlrechts ausschließlich Deutsche das Volk und wählen dessen Vertretung.** Die Vorschrift gewährleistet für alle Gebietskörperschaften die Einheitlichkeit der demokratischen Legitimationsgrundlage und trägt damit der besonderen Stellung der kommunalen Gebietskörperschaften im Aufbau des demokratischen Staats Rechnung.

627 **7.3.** **Ausländerausschüsse** werden durch Satzung als **beratende Gemeinderatsausschüsse** konstituiert. Sie werden aus der Mitte des Gemeinderats gebildet. In die beratenden Ausschüsse können durch den Gemeinderat **sachkundige Einwohner** widerruflich **als Mitglieder** berufen werden: ihre Zahl darf die der Ratsmitglieder in den einzelnen Ausschüssen nicht erreichen; sie sind ehrenamtlich tätig. Sie haben Rede- und Stimmrecht. **In der Praxis** werden in Ausländerausschüsse eine größere Zahl von Ausländern als sachkundige Einwohner berufen, die unter der Aufsicht der Gemeinde **durch die Ausländer selbst gewählt** und dem Gemeinderat vorgeschlagen werden. Der **Gemeinderat** ist **an den Vorschlag der Ausländer allerdings nicht gebunden.** Andernfalls würde die **aus dem Demokratieprinzip zu folgernde durchgängige Legitimationskette** zu den ausschließlich wahlberechtigten deutschen Bürgerinnen und Bürgern unterbrochen.

Die Ausländerausschüsse haben die **Aufgabe,** den Gemeinderat bei der Erfüllung seiner Aufgaben in allen Fragen, welche die in der Gemeinde wohnenden Ausländer allgemein betreffen, durch Anregungen, Empfehlungen und Stellungnahmen zu beraten. Da die Ausländer bei dieser Konstruktion lediglich als sachkundige Einwohner fungieren, und diese nicht Deutsche sein müssen, bestehen hiergegen rechtlich keine Bedenken.

II. Bürger der Gemeinde

1. Begriff

Der Begriff des Bürgers ist in den einzelnen Gemeindeordnungen in unter- **630** schiedlicher Weise umschrieben. In seinem Kern bestehen jedoch keine wesentlichen Unterschiede. Gemeindebürger in Sachsen ist, wer
– Deutscher i. S. von Art. 116 GG ist,
– das 18. Lebensjahr vollendet hat und
– seit mindestens **drei Monaten** in der Gemeinde wohnt.

– Vgl. § 15 Abs. 1 GemO.

Wer in **mehreren Gemeinden wohnt,** ist Bürger nur in der Gemeinde, in der er seine **Hauptwohnung hat.**

– Vgl. § 15 Abs. 1 S. 2 GemO.

Nach § 12 Abs. 2 S. 1 MRRG ist **Hauptwohnung** die (quantitativ) vorwiegend benutzte Wohnung des Einwohners (vgl. hierzu *BVerwG* BWGZ 1992, 136; *VGH BW* NJW 1987, 209; NVwZ 1987, 1007). War in der Gemeinde, in der sich die Hauptwohnung befindet, die bisherige einzige Wohnung, wird die bisherige Wohndauer in dieser Gemeinde angerechnet. Bei einer Grenzänderung werden Bürger, die in dem betroffenen Gebiet wohnen, Bürger der aufnehmenden oder neugebildeten Gemeinde.

– Vgl. § 15 Abs. 3 GemO.

Die Unterscheidung von Einwohner und Bürger läßt formal **letzte Reste an die ständische Gliederung** der Gemeindebevölkerung in vergangenen Jahrhunderten (vgl. 1. Kap.) erkennen, ohne jedoch sachlich, wie bisher, wesentliche Barrieren zwischen beiden Gruppen zu erzeugen: Jeder deutsche Einwohner kann allein durch Zeitablauf „Bürger" werden. Diese Beschränkung politischer Mitwirkung verstößt nicht gegen das Demokratie- und Rechtsstaatsprinzip. Sie ist sachlich gerechtfertigt und nicht nennenswert belastend.

– Zur Rechtsstellung von Einwohnern und Bürgern vgl. allg. *Ossenbühl,* HdKWP, Bd. 1, S. 379 f.

2. Rechte und Pflichten der Bürger

631 Gemeindebürger haben **bestimmte Rechte und Pflichten.** Unter Berücksichtigung dessen, daß die Bürgereigenschaft die Einwohnereigenschaft mit einschließt, **hat der Bürger alle Rechte des Einwohners** sowie folgende darüber hinausgehende Rechte:

– Aktives und passives Wahlrecht;
– Stimmrecht in sonstigen Gemeindeangelegenheiten (Bürgerentscheid, -begehren);
– Anhörung bei Gemeindegebietsänderungen;
– Einsichtnahme in die Niederschriften über die öffentlichen Sitzungen.

Daneben besteht als wichtigste **Pflicht, eine ehrenamtliche Tätigkeit in der Gemeinde** anzunehmen und diese Tätigkeit während der bestimmten Dauer auszuüben, soweit nicht Ablehnungsgründe Platz greifen.

– Vgl. § 15 Abs. 2; § 17 Abs. 1 GemO.

Sonderrechte gelten für die Bürger **sorbischer Nationalität.**

– Vgl. § 15 Abs. 4 GemO.

3. Wahlberechtigung und Stimmrecht in „sonstigen" Gemeindeangelegenheiten

632 Die Bürger der Gemeinde sind im Rahmen der Gesetze zu den Gemeindewahlen wahlberechtigt und haben das Stimmrecht in Gemeindeangelegenheiten.

– Vgl. § 16 Abs. 1 GemO.

3.1. Das **Wahlrecht zu den Gemeindewahlen** ist Ausfluß des Bürgerrechts in der Gemeinde.

– Zum Wahlrecht für **EG-Bürger** vgl. Ziff. 7.

3.2. Daneben besitzen die Bürger das Stimmrecht **in sonstigen Gemeindeangelegenheiten.** Hierzu gehören sämtliche Stimmrechte der Bürger außerhalb der Gemeindewahlen.

Beispiele:

– Anhörung bei Gebietsänderungen,
– Bürgerbegehren,
– Bürgerentscheid.

In all diesen Fällen wird die Entscheidung durch die Wahrnehmung des Stimmrechts hervorgebracht.

3.3. Ausgeschlossen vom Wahlrecht und vom Stimmrecht sind Bürger,

– die infolge Richterspruchs das Wahlrecht oder Stimmrecht nicht besitzen,
– für die zur Besorgung aller ihrer Angelegenheiten **ein Betreuer** nicht nur durch einstweilige Anordnung bestellt ist; dies gilt auch, wenn der Aufga-

benkreis des Betreuers die in § 1896 Abs. 4 und § 1905 BGB bezeichneten Angelegenheiten nicht erfaßt.
Die Regelung des Ausschlusses vom Wahlrecht und vom Stimmrecht ist **abschließend.**
– Vgl. § 16 Abs. 2 GemO.

4. Ehrenamtliche Tätigkeit

4.1. Ehrenamtliche Tätigkeit bedeutet die **unentgeltliche Mitwirkung** 633
von Bürgern in einem **öffentlich-rechtlichen Rechtsverhältnis sui generis**
bei der Erfüllung öffentlicher Aufgaben außerhalb eines Dienstverhältnisses.
Die Bürger der Gemeinde haben nach der Gemeindeordnung das **Recht und
die Pflicht, eine ehrenamtliche Tätigkeit anzunehmen** und während der
bestimmten Dauer auszuüben. Diese Bestimmung soll die Arbeitsfähigkeit
des Organs, in dem der Bürger mitwirkt, sichern und eine ordnungsgemäße
Verwaltung gewährleisten (*VGH BW* VBlBW 1984, 281).
– Vgl. § 17 Abs. 1 GemO.

Ehrenamtlich kann ein Bürger als Gemeinderat (Ratsmitglied) oder Ortschaftsrat, in einem Ehrenamt mit einem bestimmten abgegrenzten Kreis
gemeindlicher Verwaltungsaufgaben für längere Dauer (z. B. ehrenamtlicher
Archivar) oder kraft Bestellung zu einer ehrenamtlichen Mitwirkung bei
Durchführung einzelner Aufgaben (z. B. als beratendes Mitglied in einem
Gemeinderatsausschuß oder als Mitwirkender in einem Wahlorgan) tätig
sein.

4.2. Die **Bestellung** zu ehrenamtlicher Tätigkeit **als Gemeinderat und zum** 634
Ortschaftsrat erfolgt **durch „Volkswahl".** Die **Bestellung zu sonstiger eh-
renamtlicher Tätigkeit** liegt in der **Kompetenz des Gemeinderats.**
– Vgl. § 17 Abs. 2 GemO.

Die Bestellung erfolgt durch **Verwaltungsakt** des Gemeinderats. Bei der
Wahl besitzt der Gemeinderat hinsichtlich der Auswahl der Bürger einen
Ermessensspielraum. Leitender Auswahlgesichtspunkt ist der **Grad des
Vertrauens,** den die Bevölkerung einem Bürger entgegenbringt.
Eine **Ausnahme** gilt für den Fall, daß der ehrenamtlich Tätige zum **Ehren-
beamten** ernannt wird. In diesem Fall wird die **Bestellung durch Aushändi-
gung der Ernennungsurkunde vollzogen.** Der Verwaltungsakt der Bestel-
lung fällt hier zusammen mit der beamtenrechtlichen Ernennung.

4.3. Der ehrenamtlich Tätige ist **Amtsträger im haftungsrechtlichen Sinne** 635
(Art. 34 GG i. V. m. § 839 BGB).

4.4. Die Gemeindeordnung sieht die **Möglichkeit der Ablehnung** ehren- 636
amtlicher Tätigkeit und deren Aufgabe aus wichtigem Grund vor.
Wichtige Gründe sind insbesondere, wenn der Bürger
– älter als 65 Jahre ist,

- anhaltend krank ist,
- zehn Jahre dem Gemeinderat oder Ortschaftsrat angehört oder ein anderes Ehrenamt bekleidet hat,
- durch die Ausübung der ehrenamtlichen Tätigkeit in seiner Berufs- oder Erwerbstätigkeit oder in der Fürsorge für seine Familie erheblich behindert wird,
- ein öffentliches Amt ausübt und die oberste Dienstbehörde feststellt, daß die ehrenamtliche Tätigkeit hiermit nicht vereinbar ist.

Ob ein wichtiger Grund vorliegt, entscheidet der Gemeinderat durch **Verwaltungsakt.**

- Vgl. § 18 GemO.

5. Pflicht zur uneigennützigen und verantwortungsbewußten Geschäftsführung

637   Der ehrenamtlich tätige Bürger muß die ihm übertragenen Geschäfte **gewissenhaft, unparteiisch, uneigennützig und verantwortungsbewußt** führen.

Uneigennützig ist die Geschäftsführung, wenn sich der Bürger ausschließlich vom Wohl der Allgemeinheit bei seinen Entscheidungen leiten läßt und er nicht auf persönliche, ideelle und wirtschaftliche Vorteile oder Nachteile seiner Tätigkeit achtet.

Verantwortungsbewußt führt er seine Geschäfte, wenn er beständig vor sich und der Gemeinde Rechenschaft über sein Tun ablegt und sich dabei an Recht und Gesetz orientiert.

- Vgl. § 19 Abs. 1 GemO.

6. Verschwiegenheitspflicht

638   **6.1.** Zwischen Gemeinde und ehrenamtlich tätigem Bürger besteht ein spezifisches **Treueverhältnis.** Aus ihm folgt eine besondere Pflicht zur **Verschwiegenheit.**

- Vgl. § 19 Abs. 2 GemO.

Der ehrenamtlich tätige Bürger ist zur Verschwiegenheit verpflichtet über alle Angelegenheiten, deren **Geheimhaltung gesetzlich vorgeschrieben, besonders angeordnet oder ihrer Natur nach erforderlich** ist. Keine Verschwiegenheitspflicht besteht für **offenkundige** Tatsachen. Der ehrenamtlich Tätige darf die Kenntnis von geheimzuhaltenden Angelegenheiten auch **nicht unbefugt verwerten.** Diese Verpflichtungen bestehen auch nach Beendigung der ehrenamtlichen Tätigkeit fort.

639   **6.2. Gesetzlich** besonders **vorgeschrieben** ist die Geheimhaltung speziell **für Gemeinderatsmitglieder.** Hiernach sind die Gemeinderäte zur Verschwiegenheit über alle in nichtöffentlicher Sitzung behandelten Angelegenheiten

so lange verpflichtet, bis sie der Vorsitzende **von der Schweigepflicht entbindet.**
– Vgl. § 37 Abs. 2 S. 4 GemO.

Ist eine Angelegenheit, die der Verschwiegenheitspflicht unterliegt, durch **Indiskretion** bekanntgeworden, so beseitigt dieser Tatbestand das Fortbestehen der Schweigepflicht aus Gründen eines möglichst effektiven Schutzes der mit Hilfe der Schweigepflicht zu schützenden Rechtsgüter sowie aus Gründen der Rechtssicherheit nicht (aA *Seeger,* GemO BW, Ziff. 14 zu § 35; *OVG Münster* DÖV 1966, 504).

6.3. Die Geheimhaltung kann **nur aus Gründen des öffentlichen Wohls oder zum Schutze berechtigter Interessen** einzelner **besonders angeordnet** werden. Die Anordnung ist aufzuheben, sobald sie nicht mehr gerechtfertigt ist.
– Vgl. § 19 Abs. 2 S. 4 GemO.

Die Begriffe „Gründe des öffentlichen Wohls" und „berechtigte Interessen Einzelner" sind **unbestimmte Rechtsbegriffe ohne Beurteilungsspielraum.**

6.4. Aus der „**Natur der Sache**" (zu diesem Begriff vgl. *Gern,* JuS 1988, 534) **640** ergeben sich Verschwiegenheitspflichten speziell, wenn die **Privatsphäre** des Einzelnen betroffen wird. Beispiel: Behandlung von Personalangelegenheiten.

6.5. Zur **Haftung** der ehrenamtlich Tätigen bei Verletzung der Verschwiegenheitspflicht vgl. 5. Kapitel II.

7. Vertretungsverbot

7.1. Gemeinderäte und **Ortschaftsräte** dürfen Ansprüche und Interessen **641** eines anderen gegen die Gemeinde nicht geltend machen, soweit sie nicht als gesetzliche Vertreter handeln.
– Vgl. § 19 Abs. 3 GemO.

Auch das Vertretungsverbot ist **Ausfluß** des zwischen ehrenamtlich tätigen Bürgern und Gemeinde bestehenden Treueverhältnisses.

7.2. Das kommunalrechtliche Vertretungsverbot **bezweckt,** die Gemeinde- **642** verwaltung **von allen Einflüssen freizuhalten, die eine objektive, unparteiische und einwandfreie Führung der Gemeindegeschäfte gefährden können.** Es soll verhindern, daß Mitglieder von Gemeindevertretungen ihren politischen Einfluß in der Gemeindeverwaltung zugunsten der von ihnen vertretenen Personen ausnutzen und ihre berufliche Tätigkeit in Widerstreit mit den von ihnen wahrzunehmenden öffentlichen Interessen gerät (*BVerwG* NJW 1984, 377). Es kommt daher für das Vertretungsverbot nicht auf die Möglichkeit eines Interessenwiderstreits mit eigenen Interessen der Gemeinde als Rechtssubjekt an, sondern auf die **Gefahr einer Beeinflussung der**

Gemeindeverwaltung im genannten Sinne in einer Angelegenheit, für die die Gemeinde zuständig ist. Diese Gefahr besteht in Anbetracht der rechtlichen und politischen Abhängigkeiten der Gemeindeverwaltung vom Gemeinderat bei jeder Geltendmachung von Interessen Dritter durch einen Gemeinderat gegenüber der Gemeinde im Rahmen ihres Wirkungskreises, gleichgültig, ob ein Anspruch zugrunde liegt, und ob eigene Ansprüche oder Interessen der Gemeinde dagegen stehen.

7.3. Das Vertretungsverbot **erstreckt sich auf alle Ansprüche** und Interessen **Dritter,** sowohl **privatrechtlicher als auch öffentlich-rechtlicher Art.** Es gilt im weisungsfreien und im weisungsgebundenen Wirkungskreis (vgl. *BVerwG* NJW 1984, 377) der Gemeinde, jedoch **nicht im Kommunalverfassungsstreit** (*VGH Kassel* NVwZ 1987, 919) sowie im Rahmen der Mitwirkung bei der **Eheschließung** (*OLG Karlsruhe* FamRZ 1982, 1210) und in **Bußgeldverfahren** (*VGH BW* DÖV 1979, 872).

Ob die Voraussetzungen des Verbots vorliegen, **entscheidet** in Zweifelsfällen der Gemeinderat.

– Vgl. § 19 Abs. 3 S. 2 GemO.

Die Entscheidung über das Vorliegen des Vertretungsverbots ist ein **Verwaltungsakt.**

643 **7.4.** Das kommunalrechtliche Vertretungsverbot **verletzt weder** die **Berufsfreiheit** (Art. 12 Abs. 1 GG) **noch Art. 2 Abs. 1, Art. 3 oder Art. 33 Abs. 2 GG** (vgl. zuletzt *BVerfG* NJW 1988, 694; *VGH BW* Beschluß v. 8. 2. 1993 – 15 2658/92).

Nicht anwendbar sind die Bestimmungen des kommunalrechtlichen Vertretungsverbots auf einen Rechtsanwalt, der mit einem Gemeinderatsmitglied in **Bürogemeinschaft** verbunden ist. Eine Anwendung verstößt gegen Art. 2 Abs. 1 GG (*BVerfG* NJW 1981, 418).

Das Vertretungsverbot gilt **auch nicht für den Sozius** eines dem Gemeinderat angehörenden Rechtsanwalts, **wenn der Sozius allein tätig wird** (*OVG Münster* NJW 1981, 2212).

644 **7.5. Rechtshandlungen** bleiben auch **bei Verstoß gegen das Vertretungsverbot wirksam.** Strittig ist, ob der Adressat der Rechtshandlung, z. B. ein Gericht, berechtigt oder verpflichtet ist, einen unter das Vertretungsverbot fallenden Vertreter zurückzuweisen. Das *BVerfG* (NJW 1980, 33) läßt im Gerichtsverfahren eine Zurückweisung zu. Der *VGH BW* (BWVPr 1979, 84) meint hingegen, das Vertretungsverbot wirke nur im Innenverhältnis und lasse das Außenverhältnis unberührt.

Ungeklärt ist auch, ob zwischen Gerichts- und Verwaltungsverfahren hinsichtlich der Wirkung des Vertretungsverbots zu differenzieren ist.

– Zum Ganzen vgl. auch *Schoch,* Das kommunale Vertretungsverbot, 1981; *ders.,* JuS 1989, 531; *Stühler,* VBlBW 1993, 1.

8. Sanktionen gegen Bürger im Hinblick auf die ehrenamtliche Tätigkeit

Der Gemeinderat kann einem Bürger, der **ohne wichtigen Grund** eine **645** ehrenamtliche Tätigkeit **ablehnt** oder **aufgibt**, ein **Ordnungsgeld** bis zu DM 1000,00 auferlegen. **Übt ein** zu ehrenamtlicher Tätigkeit bestellter **Bürger diese Tätigkeit nicht aus,** oder **verletzt er seine Pflichten** zu uneigennütziger und verantwortungsbewußter Geschäftsführung **gröblich** oder **verstößt er** gegen die **Verschwiegenheitspflicht oder übt er** entgegen der Entscheidung des Gemeinderats eine **Vertretung aus,** sind dieselben Sanktionen möglich.

Die Entscheidung über die Auferlegung dieser Sanktionen kann nach Lage des Einzelfalls sowohl in öffentlicher als auch in nichtöffentlicher Sitzung zu treffen sein. Die Auferlegung des Ordnungsgeldes ist ein **Verwaltungsakt** des Gemeinderats.

9. Befangenheit ehrenamtlich tätiger Bürger

Zum Ausschluß des ehrenamtlich tätigen Bürgers wegen **Befangenheit** **646** vgl. 10. Kapitel.

10. Entschädigung

Ehrenamtlich tätige Bürger haben Anspruch auf **Ersatz ihrer notwendi-** **647** **gen Auslagen** und ihres **Verdienstausfalls;** durch Satzung können Höchstbeträge oder Durchschnittssätze festgesetzt werden. Soweit kein Verdienstausfall entsteht, kann durch Satzung bestimmt werden, daß für den Zeitaufwand eine Entschädigung gewährt wird.

– Vgl. § 21 Abs. 1 GemO.

Weiter kann durch Satzung Gemeinderäten, Ortschaftsräten, sonstigen Mitgliedern der Ausschüsse und Beiräte des Gemeinderats und Ortschaftsrats eine **Aufwandsentschädigung** gewährt werden.

– Vgl. § 21 Abs. 2 GemO.

Ersatz für **Sachschäden** wird nach den für Beamte geltenden Bestimmungen gewährt.

– Vgl. § 21 Abs. 3 GemO.

Die Übertragbarkeit der Ansprüche auf Dritte ist ausgeschlossen.

– Vgl. § 21 Abs. 4 GemO,
– Zur Verdienstausfallentschädigung für **Selbständige** vgl. *BVerwG NVwZ* 1990, 162.

11. Bürgerschaftliche Aktivierung und Beteiligung

648 Art. 28 Abs. 1 S. 3 GG öffnet die Gemeindeebene für Formen unmittelbarer Demokratie (vgl. *Waechter,* KommR, Rdnr. 271). Praxis und Gesetzgebung haben die bürgerschaftliche Teilnahme an den Willensbildungsprozessen in der Kommune in vielfältige Gestalt gegossen.

11.1. Die Bürgerinitiativen

649 **Zahlreiche Impulse** kommunaler Entscheidungen gehen nicht von der Gemeindevertretung oder der Gemeindeverwaltung aus, sondern **entspringen unmittelbar aus der Mitte des „Gemeindevolkes".** Nach teilweise längerer Anlaufphase im privaten und gesellschaftlichen Bereich oder als Spontanreaktion auf kommunale Aussagen oder Entscheidungen verdichtet und artikuliert sich die Meinung von Interessengruppen und Dritten zu kommunalen Aufgaben und Problemen in der Form von **Bürgerinitativen.**

Bürgerinitiativen sind **rechtsfähige oder nichtrechtsfähige Vereinigungen von Einwohnern und Bürgern zur Verfolgung individueller und gemeinsamer, die kommunale Verbandskompetenz betreffende Interessen.** Ihre Gründung steht unter dem Schutz des **Art. 9 GG** (vgl. *VGH BW* ESVGH 30, 157 f. (158)). Ihnen sind jedoch nach der Gemeindeordnung **keine spezifischen Beteiligungsrechte** – auch nicht im Wege der Einräumung eines Rechts auf Prozeßstandschaft – zugewiesen. So können sie etwa aus eigenem oder abgeleitetem Recht weder „Bürgeranträge" noch Anträge auf Durchführung eines „Bürgerbegehrens" stellen. Sie haben nur diejenigen Rechte, die auch dem einzelnen Bürger oder Gruppen von Bürgern nach der Gemeindeordnung zustehen.

11.2. Einwohnerversammlung

650 Als schwächste Form bürgerschaftlicher Partizipation sieht die Gemeindeordnung die Einwohnerversammlung vor.

– Vgl. § 22 GemO.

11.2.1. **Allgemein bedeutsame Gemeindeangelegenheiten sollen mit den Einwohnern erörtert werden.** Zu diesem Zweck soll der **Gemeinderat** mindestens **einmal im Jahr** eine Einwohnerversammlung **anberaumen.** Einwohnerversammlungen **können** auf **Gemeindeteile beschränkt werden.** Die Einwohnerversammlung wird vom Bürgermeister spätestens eine Woche vor ihrer Durchführung unter ortsüblicher Bekanntgabe von Ort, Zeit und Tagesordnung einberufen. Den **Vorsitz führt der Bürgermeister, sofern der Gemeinderat nicht eines seiner Mitglieder damit beauftragt.** Gemeinderäte und Bürgermeister sollen den Einwohnern für Fragen zur Verfügung stehen.

651 *11.2.2.* Eine Einwohnerversammlung **ist anzuberaumen, wenn dies von den Einwohnern beantragt wird.** Der **Antrag muß unter Bezeichnung der**

II. Bürger der Gemeinde

zu erörternden Angelegenheiten schriftlich eingereicht werden. Der Antrag muß von mindestens 10 von Hundert der Einwohner, die das sechzehnte Lebensjahr vollendet haben, unterzeichnet sein. Die Hauptsatzung kann ein geringeres Quorum, jedoch nicht weniger als 5 von Hundert festsetzen.

11.2.3. Die Einwohnerversammlung **ist innerhalb von drei Monaten nach** 652 **Eingang des Antrages durchzuführen.** Die Erörterung einer Angelegenheit in einer Einwohnerversammlung kann innerhalb eines Jahres **erneut** nur dann **beantragt werden, wenn sich die Sach- oder Rechtslage wesentlich geändert hat.**

11.2.4. **Vorschläge und Anregungen** der Einwohnerversammlung **sind in-** 653 **nerhalb von drei Monaten von dem zuständigen Organ der Gemeinde zu behandeln.** Die **Einwohnerversammlung** selbst ist **kein beschließendes Organ** (vgl. *VGH BW* VBlBW 1991, 216). Das Ergebnis der Behandlung der Vorschläge und Anregungen ist in ortsüblicher Weise bekanntzugeben.

11.2.5. Einwohnerversammlungen dienen dem **Zweck,** die Einwohner und 654 Bürger über (wichtige) Gemeindeangelegenheiten **aus dem Selbstverwaltungsbereich zu informieren, die Meinung der Bürgerschaft zu erkunden sowie Vorschläge und Anregungen zu diesen Angelegenheiten entgegenzunehmen und in den kommunalen Willensbildungsprozeß einfließen zu lassen.**

Überörtliche Angelegenheiten (übertragene Aufgaben, Weisungsaufgaben, staatliche Aufgaben) dürfen **nur im Rahmen der Befassungskompetenz** zum Gegenstand einer Einwohnerversammlung gemacht werden (*VGH BW* VBlBW 1984, 149). Entsprechendes muß gelten, soweit Gemeinden bei überörtlichen Aufgaben Mitwirkungsrechte, z. B. Anhörungsrecht im luftverkehrsrechtlichen Verfahren, zustehen (vgl. etwa *BVerwG* NVwZ 1988, 751).

11.2.6. Über die **Zulässigkeit des Antrags** auf Einberufung einer Einwoh- 655 nerversammlung entscheidet der **Gemeinderat.** Die Festsetzung der Einwohnerversammlung ist ein **Verwaltungsakt** in Form einer Allgemeinverfügung.

11.2.7. **In der Einwohnerversammlung** können **nur Einwohner** das Wort 656 erhalten. Der Vorsitzende kann allerdings auch anderen Personen das Wort erteilen.

11.3. Einwohnerantrag

Ein weiteres Mittel unmittelbar-demokratischer Einflußnahmemöglich- 657 keit des Gemeindevolkes auf die Ausübung kommunaler Selbstverwaltung ist der Einwohnerantrag.
– Vgl. § 23 GemO.

11.3.1. Der Gemeinderat muß **Gemeindeangelegenheiten,** für die er zustän- 658 dig ist, **innerhalb von drei Monaten behandeln,** wenn dies von **den Ein-**

wohnern beantragt wird (Einwohnerantrag). § 22 Abs. 2, 3 und 4 S. 2 gilt entsprechend.

11.3.2. In dem Einwohnerantrag **können bis zu drei Personen benannt werden, die zur Abgabe von Erklärungen ermächtigt sind.** Sie sind bei der Beratung im Gemeinderat zu hören.

659 *11.3.3.* Gegenstand des Einwohnerantrages sind – in gleicher Weise wie bei der Einwohnerversammlung – ausschließlich **Selbstverwaltungsangelegenheiten.** Überörtliche Angelegenheiten (Weisungsaufgaben, staatliche Aufgaben) dürfen nur **im Rahmen der Befassungskompetenz** zum Gegenstand eines Einwohnerantrags gemacht werden.

11.3.4. Für Voraussetzungen und Verfahren gelten durch die Verweisung auf § 22 Abs. 2, 3 und 4 S. 2 GemO dieselben Regelungen wie für die Einwohnerversammlung.

660 *11.3.5.* **Gegen die Zurückweisung eines Einwohnerantrags** kann nach ordnungsgemäßer Durchführung des Vorverfahrens **jeder Unterzeichner** des Einwohnerantrags **Verpflichtungsklage** erheben. Die Klage ist **gegen die Gemeinde** zu richten. Der Gemeinderat ist in diesem Verfahren nicht beteiligungsfähig. Die Gemeinde ist Beteiligte i. S. des § 61 Nr. VwGO und passivlegitimiert nach § 78 Abs. 1 Nr. 1 VwGO (vgl. *VGH BW* VBlBW 1988, 217 (218)). Eine Feststellungsklage gegen den der Zurückweisung zugrundeliegenden Beschluß des Gemeinderats ist mangels des Bestehens eines Rechtsverhältnisses in diesem Stadium unzulässig. Der Beschluß erhält Außenwirkung erst mit Bekanntgabe. Zu diesem Zeitpunkt wird er in einen **Verwaltungsakt** umgesetzt und eröffnet als Klagemöglichkeiten die Anfechtungs- und Verpflichtungsklage (aA *Erlenkämper, NVwZ* 1990, 126: Leistungsklage).

11.4. Bürgerentscheid

661 Die **intensivste Form** unmittelbarer Demokratie auf Gemeindeebene ist der Bürgerentscheid. Er bewirkt ein echtes Mehr an politischer Partizipation der Gemeindebürger und ist geeignet, die inhaltliche Qualität der Willensbildung in der Gemeinde zu verbessern (vgl. *v. Arnim,* DÖV 1990, 85). Er ist in Sachsen wie folgt ausgestaltet:

662 *11.4.1.* In **Gemeindeangelegenheiten** können die Bürger über eine zur Abstimmung gestellte Frage entscheiden **(Bürgerentscheid), wenn ein Bürgerbegehren Erfolg hat oder der Gemeinderat** mit **einer Mehrheit von zwei Dritteln die Durchführung** eines Bürgerentscheides beschließt.

663 *11.4.2.* Der Bürgerentscheid kann **über alle Fragen durchgeführt** werden, **für die der Gemeinderat zuständig ist.** Ein Bürgerentscheid **findet nicht statt** über

– Weisungsaufgaben,

– Fragen der inneren Organisation der Gemeindeverwaltung,

– Haushaltssatzungen und Wirtschaftpläne,

II. Bürger der Gemeinde

- Gemeindeabgaben, Tarife und Entgelte,
- Jahresrechnungen und Jahresabschlüsse,
- Rechtsverhältnisse der Gemeinderäte, des Bürgermeisters und der Gemeindebediensteten,
- Entscheidungen in Rechtsmittelverfahren,
- Anträge, die gesetzwidrige Ziele verfolgen.
- Vgl. § 24 Abs. 2 GemO.

11.4.3. Bei einem Bürgerentscheid **ist die Frage in dem Sinne entschieden,** 664 **in dem sie von der Mehrheit der gültigen Stimmen beantwortet wurde,** sofern diese Mehrheit mindestens 25 vom Hundert der Stimmberechtigten beträgt. Ist die nach Satz 1 erforderliche Mehrheit **nicht erreicht** worden, hat **der Gemeinderat** zu entscheiden. Dies gilt auch dann, wenn der Gemeinderat bereits vor Durchführung des Bürgerentscheids einen Beschluß in der Sache gefaßt hat.
- Vgl. § 24 Abs. 3 GemO.

11.4.4. Der Bürgerentscheid **steht einem Beschluß des Gemeinderats** 665 **gleich.** Er kann innerhalb von drei Jahren nur durch einen neuen Bürgerentscheid abgeändert werden.
- Vgl. § 24 Abs. 4 GemO.

11.4.5. Ein **Bürgerentscheid entfällt,** wenn der Gemeinderat die Durchfüh- 666 rung der mit dem Bürgerbegehren verlangten Maßnahme beschließt.
- Vgl. § 24 Abs. 5 GemO.
- **Zu Einzelfällen** vgl. *VGH BW* ESVGH 25, 193 – Gebietsänderung; *VGH BW* BWVPr 1981, 71 – Verkehrslandesplatz; *VG Sigmaringen* VBlBW 1962, 156 – Volksschule; *VGH BW* VBlBW 1992, 421 – Bau einer Kultur- und Tagungsstätte.

11.5. Bürgerbegehren

11.5.1. In Sachsen kann die Durchführung eines Bürgerentscheids schriftlich 667 **von Bürgern der Gemeinde beantragt werden (Bürgerbegehren).**
- Vgl. § 25 Abs. 1 GemO.

11.5.2. Das Bürgerbegehren muß mindestens von 15 vom Hundert der Bür- 668 ger der Gemeinde unterzeichnet sein; die Hauptsatzung kann ein geringeres **Quorum,** jedoch nicht weniger als 5 vom Hundert festsetzen. Ein Bürgerbegehren darf nur Angelegenheiten zum Gegenstand haben, über die innerhalb der letzten drei Jahre nicht bereits ein Bürgerentscheid aufgrund eines Bürgerbegehrens durchgeführt worden ist.

11.5.3. Das Bürgerbegehren **muß eine mit ja oder nein zu entscheidende Fragestellung und** eine **Begründung enthalten** sowie drei Vertreter bezeichnen, die zur Entgegennahme von Mitteilungen und Entscheidungen der Gemeinde und zur Abgabe von Erklärungen ermächtigt sind.

669 *11.5.4.* Das Begehren muß einen nach den gesetzlichen Bestimmungen durchführbaren **Vorschlag zur Deckung der Kosten der verlangten Maßnahme** enthalten.

11.5.5. Richtet es sich **gegen einen Beschluß des Gemeinderats,** muß es innerhalb von zwei Monaten nach der öffentlichen Bekanntgabe eingereicht werden.

– Vgl. § 25 Abs. 2 GemO.

11.5.6. **Über die Zulässigkeit des Bürgerbegehrens entscheidet der Gemeinderat.** Die Entscheidung ist ortsüblich bekanntzugeben. **Ist das Bürgerbegehren zulässig,** so ist der **Bürgerentscheid innerhalb von drei Monaten durchzuführen.** Nach der Feststellung der Zulässigkeit des Bürgerbegehrens darf eine diesem widersprechende Entscheidung des Gemeinderats nicht mehr getroffen werden.

670 *11.5.7.* **Gegen die Entscheidung des Gemeinderats** über die Ablehnung des Bürgerbegehrens kann jeder, der das Bürgerbegehren unterzeichnet hat, Widerspruch und bei Erfolglosigkeit **Verpflichtungsklage** auf Erklärung der Zulässigkeit des Bürgerbegehrens gegen die Gemeinde erheben.

11.5.8. Die Regelungen über die Herbeiführung eines Bürgerentscheids durch Bürgerbegehren stellen eine **abschließende Normierung** der Rechte der Bürger dar. Die Bürger besitzen darüber hinaus kein subjektiv öffentliches Recht auf fehlerfreie Entscheidung des Gemeinderats über die Durchführung eines Bürgerentscheids (so zu Recht *VGH BW* VBlBW 1992, 421).

– Zu **ungeschriebenen Formen der Bürgerbeteiligung** vgl. *Gramke,* Praktizierte Bürgernähe, 3. Aufl. 1981; *Waechter,* aaO, Rdnr. 280 sowie oben 9. Kap. I Ziff. 10.
– Zu **neuen Formen** von Kommunikaton und Bürgermitwirkung und ihre demokratische **Legitimation zur Mitentscheidung** vgl. Hill DVBl. 1993, 973 (977).

12. Ehrenbürgerrecht

671 Der Gemeinderat kann Personen, die sich in besonderem Maße um die **Entwicklung** der Gemeinde oder das **Wohl ihrer Bürger** verdient gemacht haben, das **Ehrenbürgerrecht** verleihen.

– Vgl. § 26 Abs. 1 GemO.

Die Verleihung ist ein **begünstigender Verwaltungsakt,** dessen Erlaß im weiten Ermessen des Gemeinderats liegt. Das Ehrenbürgerrecht kann **aus wichtigem Grund** durch Beschluß des Gemeinderats **aberkannt** werden.

– Vgl. § 26 Abs. 2 GemO.

Die Aberkennung ist **Verwaltungsakt** des Gemeinderats. Der Begriff „wichtiger Grund" ist ein **unbestimmter Rechtsbegriff ohne Beurteilungsspielraum.**

12. Kapitel
Anschluß- und Benutzungszwang

I. Allgemeines

1. Die Gemeinden können **bei öffentlichem Bedürfnis** durch Satzung für die Grundstücke ihres Gebietes den Anschluß an die Anlagen zur Wasserversorgung, Ableitung und Reinigung von Abwasser, Fernwärmeversorgung und **ähnliche dem öffentlichen Wohl,** insbesondere dem Umweltschutz **dienende Einrichtungen (Anschlußzwang)** und die Benutzung dieser Einrichtungen, der Bestattungseinrichtungen, der Abfallbeseitigungseinrichtungen und der Schlachthöfe **(Benutzungszwang)** vorschreiben. 672

– Vgl. § 14 Abs. 1 GemO.

Die bundesrechtlichen Bestimmungen über die Benutzung von öffentlichen Einrichtungen (AVB-Wasser-VO; AVB-Fernwärme-VO) stehen der Einführung des Anschluß- und Benutzungszwangs grundsätzlich nicht entgegen (*BVerwG* NVwZ-RR 1992, 38).

2. Der **Anschlußzwang** hat zum **Inhalt,** das **jeder,** für dessen Grundstück das Gebot des Anschlußzwanges besteht, die zur Herstellung des Anschlusses notwendigen **Vorrichtungen auf seine Kosten treffen muß.** 673

Der Begriff „**Anschluß**" umfaßt jede technische Verbindung eines Grundstücks zur öffentlichen Einrichtung. Sie kann in der Verlegung einer Leitung oder in der Schaffung eines anderen Transportwegs bestehen.

3. Der **Benutzungszwang** berechtigt und verpflichtet zur tatsächlichen Inanspruchnahme der Einrichtung und **verbietet** zugleich die **Benutzung anderer ähnlicher Einrichtungen** (vgl. *BVerwGE* 62, 224). 674

– Vgl. aber zur Zulässigkeit einer **Benutzungssperre** bei Nichtzahlung der Gebühren *OVG Münster* NJW 1993, 414.

4. Anschluß- und Benutzungszwang **decken sich nicht.** So braucht die Einführung eines Anschlußzwanges nicht notwendig durch die Einführung des Benutzungszwangs ergänzt werden. Es ist vielmehr denkbar, daß die Anschlußnahme an eine gemeindliche Einrichtung zur Erreichung des angestrebten Zwecks bereits genügt und daß es eines darüberhinausgehenden Benutzungszwangs deshalb nicht bedarf. **Ebenso** sind die **verpflichteten Personen** bei gleichzeitiger Einführung des Anschluß- und Benutzungszwangs **nicht in jedem Fall gleich;** wohl kann der zum Anschluß Verpflichtete gleichzeitig verpflichtet sein, die öffentliche Einrichtung auch zu benutzen, die Gruppe der Benutzer kann sich jedoch auch von derjenigen des 675

Anschlußnehmers unterscheiden, da ihnen nach Sachlage nur die Pflicht der Benutzung nach bereits vollzogenem Anschluß obliegt.

676 **5.** Der Anschluß- und Benutzungszwang greift in verschiedene **Grundrechtspositionen** des Bürgers ein. Seine normative Ausgestaltung widerspricht jedoch grundsätzlich nicht dem Inhalt der verfassungsmäßigen Freiheitsrechte, sondern ist ein auf gesetzlicher Grundlage **zulässige Beschränkung dieser Rechte zur Einordnung des Einzelnen in die Gemeinschaft.**

677 **5.1.** Die **Einschränkung des Eigentums** ist grundsätzlich durch Art. 14 Abs. 2 GG **gerechtfertigt** (*BVerwG* NVwZ-RR 1990, 96; *BGHZ* 40, 355 (361);* 54, 293). Art. 14 Abs. 1 GG garantiert das Eigentum nur in seiner durch den Gesetzgeber ausgeformten Gestalt (*BVerfG* DÖV 1969, 102; einen vorgegebenen oder „absoluten" Begriff des Eigentums gibt es nicht (*BVerfGE* 31, 229 (240)).

Der durch die Gemeindeordnung vorgesehene Anschluß- und Benutzungszwang **konkretisiert die Sozialpflichtigkeit des Eigentums.** Unter diesen Voraussetzungen werden die Pflichtigen in der Regel weder von einem Sonderopfer betroffen, noch ist die Hinnahme des Anschluß- und Benutzungszwangs unzumutbar schwer.

Dies **gilt** grundsätzlich **sowohl für die betroffenen Verpflichteten** selbst als **auch für Dritte,** etwa **Unternehmer,** die durch die Einführung des Anschluß- und Benutzungszwangs ihr gewerbliches Betätigungsfeld verlieren (*BVerwG* DÖV 1981, 918 – Abfallbeseitigung). Nach Auffassung der Rechtsprechung ist eine wirtschaftliche Tätigkeit von vorneherein mit der „Pflichtigkeit" belastet, nur solange betrieben werden zu dürfen, bis die Gemeinde diese Aufgabe als öffentliche an sich zieht. Der Status des Unternehmers besteht ausschließlich in einer „Betätigungschance" (*BGHZ* 40, 355 (365); *BVerwG,* aaO).

Für Fälle, in denen die **Opfer- und Zumutbarkeitsgrenze** ausnahmsweise **überschritten** wird, muß die Satzung die Möglichkeit der **Ausnahme** vom Anschluß- und Benutzungszwang vorsehen. Andernfalls ist sie wegen enteignender Wirkung nichtig (*BGHZ* 78, 41 (45); *BayObLG* NVwZ 1986, 1055; *VGH München* DÖV 1988, 301 (302)). Die Satzung über den Anschluß- und Benutzungszwang ist kein „Gesetz" i. S. des Art. 14 Abs. 3 GG, das die Enteignung zulassen kann.

Ein **Beispiel der Enteignung** ist die Anordnung des Schlachthofzwangs in Bezug auf Metzger mit eigener Schlachtanlage (*OVG Münster* OVGE 18, 71).

678 **5.2.** Auch der **Eingriff** in die **Berufsfreiheit gegenüber Anbietern, die** durch den Anschluß- und Benutzungszwang **ihr gewerbliches Betätigungsgebiet verlieren,** hält sich grundsätzlich in dem durch Art. 12 GG abgesteckten Rahmen. Das kommunale **Anbietermonopol** schränkt zwar in der Regel die Freiheit der Berufswahl ein; die **für eine Einschränkung erforderlichen Voraussetzungen** des Schutzes wesentlicher **Gemeinschaftsgüter** sind aber jedenfalls dann gegeben, **wenn durch den Anschluß- und Benutzungs-**

zwang Gefahren für die Volksgesundheit und eine menschenwürdige Umwelt abgewendet werden können (*BVerwG* DÖV 1981, 917 – Abfallbeseitigung; DÖV 1970, 823 (825) – Nürnberger Leichenfrauen; vgl. auch *BVerfGE* 39, 159 (168); 62, 224 (230); 65, 323 (339)).

5.3. Die Anordnung des Anschluß- und Benutzungszwangs **verstößt** 679 schließlich **auch nicht gegen Art. 2 GG,** soweit den Verpflichteten untersagt wird, ihren Bedarf anderweitig zu decken. Das Grundrecht untersteht nach der Rechtsprechung des Bundesverfassungsgerichts dem Vorbehalt, daß es durch jede formell und (sonst) materiell verfassungsmäßig zustande gekommene Rechtsnorm eingeschränkt werden kann (*BVerfGE* 6, 38). Hält sich die Einführung des Anschluß- und Benutzungszwangs im Rahmen der gesetzlichen Ermächtigungen, so sind diese Voraussetzungen grundsätzlich erfüllt (vgl. *VGH BW* ESVGH 26, 51 – Zwang zur Benutzung von Müllgroßbehältern).

II. Gegenstände des Anschluß- und Benutzungszwangs

1. Dem öffentlichen Wohl dienende Einrichtungen

Die Einführung des Anschluß- und Benutzungszwangs ist **für die dem** 680 **öffentlichen Wohl dienenden Einrichtungen möglich.**

1.1. Einrichtungen im Sinne des Gesetzes sind grundsätzlich **öffentliche** 681 Einrichtungen. Für den **Begriff der öffentlichen Einrichtung** gelten die allgemeinen gemeinderechtlichen Regelungen (vgl. hierzu 11. Kap.). Diese Vorgabe impliziert, daß der Anschluß- und Benutzungszwang auch zugunsten einer Einrichtung, die nicht in kommunaler Trägerschaft steht, angeordnet werden kann, soweit sich die Kommune auf diese Einrichtung beherrschenden Einfluß vorbehält.

1.2 Dem öffentlichen Wohl dienen Einrichtungen, die die Lebensqualität 682 der Einwohner fördern. Der Begriff „dem öffentlichen Wohl dienen" ist ein **unbestimmter Rechtsbegriff ohne Beurteilungsspielraum.**

2. Einzelne Einrichtungen

2.1. Die öffentliche Abfallbeseitigung

Sie umfaßt alle Einrichtungen und Maßnahmen des Einsammelns, Beför- 683 derns, Behandelns, Lagerns und Ablagerns der Abfälle (vgl. *BVerfG* NVwZ 1989, 351). Rechtsgrundlage für die Einführung des Anschluß- und Benutzungszwangs für die Abfallbeseitigung ist § 3 Abs. 1 AbfG des Bundes (BGBl. 1986, 1410 mit Änd.) iVm dem Landesabfallgesetz.

Für Abfallbeseitigungseinrichtungen ist die Möglichkeit der Einführung 684 des **Benutzungszwangs** im Gesetz besondert hervorgehoben.

2.2. Die öffentliche Wasserversorgung

685   Sie umfaßt alle Einrichtungen und Maßnahmen, die den Benutzer in die Lage versetzen, Frischwasser aus der Wasserleitung zu entnehmen. Die öffentliche Wasserversorgung dient dem öffentlichen Wohl, weil sie überhaupt erst eine ausreichende und zuverlässige Versorgung der Bevölkerung mit gesundheitlich einwandfreiem Trinkwasser sichert oder doch zu deren Verbesserung beiträgt (*VGH München* DÖV 1988, 301).

2.3. Die öffentliche Abwasserbeseitigung

686   Sie umfaßt alle Einrichtungen und Maßnahmen, die die unschädliche Beseitigung und Reinigung von Niederschlags- und Schmutzwasser im Sinne des Wassergesetzes ermöglichen. Zu ihnen gehören Abwasserkanäle, Klärwerke ebenso wie etwa Transportfahrzeuge für die Entleerung von Hauskläranlagen.

2.4. Bestattungseinrichtungen

687   Sie sind alle Einrichtungen, die der menschenwürdigen und hygienischen Bestattung von Verstorbenen dienen. Insbesondere fallen hierunter Friedhöfe, Trauerhallen und Krematorien. (Vgl. hierzu *Weber*, NVwZ 1987, 641). Für Bestattungseinrichtungen kann **ausschließlich Benutzungszwang** vorgesehen werden.

2.5. Schlachthöfe

688   Schlachthöfe sind alle Einrichtungen, die zum Schlachten von Tieren und der Verwertung des Fleisches zu menschlichem Genuß dienen. Auch für sie kann **nur Benutzungszwang** vorgeschrieben werden.

2.6. Straßenreinigung

689   Hierzu zählen alle Einrichtungen, die der Beseitigung von Schmutz und anderen nicht im Straßenraum ablagerbaren Gegenständen dienen.

2.7. Fernwärmeversorgung

690   Gegenstand der Fernwärmeversorgung ist die Zuleitung von Wärme durch Dampf oder Warmwasser für Heizzwecke und den Warmwasserbedarf (vgl. hierzu *VGH München* NVwZ-RR 1991, 318; *BVerwG* NVwZ-RR 1992, 37).

– Zum Schutz der Abnehmer von Fernwärme vgl. die AVB-Fernwärme-VO (BGBl. I 1980, 742) und *BGH* NJW 1990, 1181.

2.8. Gasversorgung

691   Der Anschluß- und Benutzungszwang kann auch für die **Gasversorgung** vorgesehen werden. Auch die Gasversorgung dient dem öffentlichen Wohl, indem sie besonders umweltschonend ist. Gegenstand der Gasversorgung ist die Zuleitung von Gas für Heizzwecke und dem Warmwasserbedarf.

III. Öffentliches Bedürfnis

1. Generelle Voraussetzung der Anordnung des Anschluß- und Benut- **692** zungszwangs ist das **Bestehen eines „öffentlichen Bedürfnisses".** Ein öffentliches Bedürfnis in diesem Sinne liegt vor, wenn für eine Maßnahme in der Gemeinde **ausreichende Gründe des öffentlichen Wohls** vorliegen, wenn also nach objektiven Maßstäben die **Lebensqualität der Einwohner gefördert** wird (*VGH BW* VBlBW 1982, 54 u. 235; ESVGH 23, 21; 30, (40)). Dienen Einrichtungen der Volksgesundheit, so ist das Bestehen eines öffentlichen Bedürfnisses grundsätzlich zu bejahen.

Neben den Gründen des öffentlichen Wohls, speziell denen der Erhaltung und Förderung der Volksgesundheit können **auch Rentabilitätsgesichtspunkte** den Anschluß- und Benutzungszwang rechtfertigen (*VGH BW* ESVGH 30, 40; *BVerwG* NVwZ 1986, 754).

Auch die nach der Gemeindeordnung für wirtschaftliche Unternehmen geforderte **Gewinnerzielung** neben der Erfüllung des öffentlichen Zwecks steht der Annahme eines öffentlichen Bedürfnisses nicht entgegen. Fiskalische Gesichtspunkte allein können indes kein öffentliches Bedürfnis begründen (vgl. *VGH BW* VBlBW 1982, 234).

Für das Vorliegen eines öffentlichen Bedürfnisses ist es ausreichend, daß es **generell** vorliegt. Es ist nicht erforderlich, daß es im Hinblick auf jeden einzelnen Betroffenen gegeben ist (*VGH BW* ESVGH 23, 126).

2. Der Begriff des öffentlichen Bedürfnisses ist ein **unbestimmter Rechtsbe-** **693** **griff ohne Beurteilungsspielraum** (*VGH BW* ESVGH 8, 164; 11, 123; *OVG Lüneburg* DÖV 1991, 610; *Schlüter*, VBlBW 1987; aA *OVG Lüneburg* DÖV 1991, 610; *OVG Münster* NVwZ 1987, 727; – hierzu kritisch *Schoch*, NVwZ 1990, 810).

3. Beispiele: Ein **öffentliches Bedürfnis** ist etwa **gegeben** **694**
– für den Anschluß- und Benutzungszwang hinsichtlich der öffentlichen Abwasserbeseitigung (*VGH BW* BWVBl. 1969, 174),
– für den Anschluß- und Benutzungszwang hinsichtlich der öffentlichen Wasserversorgung mit Trink- und Brauchwasser (*VGH BW* NVwZ-RR 1990, 499),
– für den Anschluß und die Benutzung der Fernwärmeversorgung, wenn im Einzelfall eine Zunahme der Luftverschmutzung durch Emissionen von Einzelheizungen vermindert werden kann (*VGBW* VBlBW 1982, 54 u. 234),
– für den Anschluß und die Benutzung der Gasversorgung.

Umstritten ist, ob ausschließlich **energiepolitische Gründe** den Anschluß- und Benutzungszwang einer Einrichtung zu tragen vermögen (hierzu *Stober*, KommR, 2. Aufl. 1992 S. 154; *Wichardt*, DVBl. 1980, 31; *Schmidt-Aßmann*, DVBl. 1983, 277).

Kein öffentliches Bedürfnis besteht insoweit, als eine Friedhofs- und Bestattungsordnung den Beteiligten vorschreibt, für die Lieferung des Sarges einschließlich der Innenausstattung sowie das Einsargen der Leichen ausschließlich die städtischen Einrichtungen zu benutzen (*VGH BW* ESVGH 8, 164 sowie ESVGH 11, 122).

IV. Satzungserfordernis

695 **1.** Der Anschluß- und Benutzungszwang muß durch **Satzung** geregelt werden. Eine Einführung des Anschluß- und Benutzungszwangs durch **Polizeiverordnung** ist **nicht** möglich.

696 **2.** Der **Mindestinhalt** einer Satzung über den Anschluß- und Benutzungszwang ergibt sich aus dem **Bestimmtheitsgrundsatz.** Hiernach sind in der Satzung über den Anschluß- und Benutzungszwang insbesondere zu regeln und zu bestimmen
– die Bereitstellung der Einrichtung zur öffentlichen Benutzung,
– die Art des Anschlusses und der Benutzung,
– der Kreis der zum Anschluß oder zur Benutzung Verpflichteten,
– die Tatbestände, für die **Ausnahmen** vom Anschluß- oder Benutzungszwang zugelassen werden können, (vgl. § 14 Abs. 2 GemO) sowie
– die Art und der Umfang der Beschränkung des Zwangs (vgl. *VGH BW* VBlBW 1982, 235).

697 **3.** Die Bestimmungen der Satzung dürfen nicht weiter in Freiheit und Eigentum des Pflichtigen **eingreifen** als dies **unbedingt notwendig** ist, um die Erreichung des mit der Einrichtung verfolgten Zwecks sicherzustellen.

V. Anschluß- und Benutzungsverpflichtete

698 **1.** Da sich der Anschlußzwang auf die **Grundstücke** im Gemeindegebiet bezieht, kann sich der **Anschlußzwang** in der Regel nur **gegen denjenigen** richten, **der** die **öffentlichen Lasten** des Grundstücks **zu tragen hat.** Das ist grundsätzlich der Eigentümer. Doch kann der Anschlußzwang anstatt für die Grundstückseigentümer auch für die Vorstände der einzelnen Haushaltungen und die Inhaber von Ladengeschäften oder Gewerbe- und Fabrikationsbetrieben vorgeschrieben werden.
Der Anschlußzwang bei der **Abfallbeseitigung** richtet sich grundsätzlich gegen den **Grundstückseigentümer.** Allerdings können nach pflichtgemäßem Ermessen **auch sonstige zur Nutzung des Grundstücks befugte Personen** zum Anschlußzwang herangezogen werden (vgl. hierzu *VGH BW* VBlBW 1983, 31; ESVGH 13, 14).

2. Verpflichteter im Hinblick auf die Einführung des **Benutzungszwangs** ist derjenige, der die Einrichtung tatsächlich in Anspruch nehmen soll.

3. Verpflichtete können grundsätzlich auch Träger öffentlicher Verwaltung sein. (vgl. *BVerwG* KStZ 1975, 75 – für Kasernen des Bundesgrenzschutzes).

4. Der Anschluß- und Benutzungszwang ist im Einzelfall durch **Verwal-** **699** **tungsakt** zu konkretisieren (vgl. *Hange,* NJW 1989, 1078).

VI. Ausnahmen vom Anschluß- und Benutzungszwang

1. Grundsatz

Die Gemeindeordnung sieht vor, daß die zu erlassende Satzung **bestimm-** **700** **te Ausnahmen** vom Anschluß- und Benutzungszwang **zulassen** kann und den **Zwang auf bestimmte Teile des Gemeindegebiets** oder auf **bestimmte Gruppen von Grundstücken,** Gewerbebetrieben oder Personen **beschränken** kann.

– Vgl. § 14 Abs. 2 GemO.

1.1. Die **Festlegung von Ausnahmetatbeständen** liegt in der durch Art. 3 **701** GG, Art. 14 dem Rechtsschutzprinzip und insbesondere dem Übermaßverbot begrenzten satzungsrechtlichen **Gestaltungsfreiheit** (*VGH BW* ESVGH 26, 51).

Durch **bundesrechtliche Befreiungstatbestände** darf ein kommunalrechtlich zulässiger Zwang nicht grundlos unterlaufen werden (*BVerwG* NVwZ-RR 1992, 37).

Ausnahmen vom Anschluß- und Benutzungszwang kommen speziell in Betracht, **wenn** die Einführung des Anschluß- und Benutzungszwangs **enteignend wirken würde** (vgl. *BayObLG* BayVBl. 1985, 285) oder diese sonst **unbillig** erscheinen lassen würde.

Gesichtspunkte für eine Ausnahme können in der örtlichen Lage oder der sachlichen Besonderheit, in der Art der Nutzung des Grundstücks oder im Beruf der die Einrichtung benutzenden Personen liegen. **Gesichtspunkte gegen die Festlegung einer Ausnahme** können sachbezogene öffentliche Interessen jeder Art sein. Hierzu gehört auch der Grundsatz der **Wirtschaftlichkeit öffentlicher Einrichtungen.** Die für und gegen den Anschluß- und Benutzungszwang sprechenden öffentlichen und privaten Interessen sind gegeneinander **abzuwägen.**

1.2. Die Satzung hat die **tatbestandlichen Voraussetzungen für die Ausnah-** **702** **me** möglichst **bestimmt** zu **konkretisieren.** Wird dies versäumt, ist die Satzung auch im Hinblick auf die Anordnung des Anschluß- und Benutzungszwangs nichtig (*VGH BW* VBlBW 1982, 237).

Da allerdings nicht sämtliche Fälle, in denen eine Ausnahmeregelung erforderlich ist, vorhergesehen werden können, ist es auch zulässig und im

12. Kapitel. Anschluß- und Benutzungszwang

Hinblick auf den Grundsatz der Vorausschaubarkeit staatlichen Handelns auch geboten, eine allgemeine **Ausnahme-Generalklausel** für Fälle in der Satzung **vorzusehen,** in denen die Anordnung des Anschluß- und Benutzungszwangs **unbillig** erscheint.

703 **1.3.** Liegen die statzungsmäßigen Voraussetzungen für eine Ausnahme im Einzelfall vor, besteht mit Blick auf Art. 3, 14 GG und das Rechtsstaatsprinzip zugunsten des Betroffenen ein **Rechtsanspruch auf Befreiung** vom Anschluß- und Benutzungszwang.

704 **1.4.** Der **Streitwert** bei Klagen um die Befreiung vom Anschlußzwang bemißt sich nach den ersparten Anschlußkosten (*BVerwG* NVwZ 1991, 1158).

2. Einzelfälle von Ausnahmen

2.1. Öffentliche Wasserversorgung

705 Nach § 3 der vom Bundeswirtschaftsminister aufgrund des § 27 AGB-Gesetz zur Sicherung einer ausgewogenen Gestaltung des Versorgungsverhältnisses erlassenen Verordnung über allgemeine Bedingungen für die Versorgung mit Wasser **(AVBWasser-VO)** (BGBl. I 1980, 750) ist das Wasserversorgungsunternehmen gehalten, den Kunden **im Rahmen des wirtschaftlichen Zumutbaren** die **Möglichkeit einzuräumen,** den **Wasserverbrauch** auf einen von ihm gewünschten **Verbrauchszweck** oder einen **Teilbedarf** zu beschränken. Rechtsvorschriften, die das Versorgungsverhältnis öffentlichrechtlich regeln, sind nach § 35 Abs. 1 AVBWasser-VO entsprechend zu gestalten, wobei die Regelungen des Verwaltungsverfahrens sowie gemeinderechtliche Vorschriften zur Regelung des Abgabenrechts unberührt bleiben. Von diesem Hintergrund schließt § 3 Abs. 1 AVBWasser-VO einen auf die Gemeindeordnung gestützten **Zwang zur umfassenden Benutzung** einer gemeindlichen Wasserversorgungsanlage **zwar nicht generell aus;** er gestattet eine solche Anordnung jedoch nicht schon aus Gründen eines möglichst kostengünstigen Wasserbezugs, sondern **nur dann, wenn ohne einen solchen Zwang** für den Verbraucher **untragbare Wasserpreise** zu befürchten wären (*BVerwG* NVwZ 1986, 754; *VGH BW* Urteil v. 23. 10. 1989 – 1 S 2484/88).

Im übrigen hat die **Satzung Ausnahmen** vom Benutzungszwang nach -Maßgabe des wirtschaftlich **Zumutbaren vorzusehen,** falls ein Verbraucher ·nur einen Teil- oder Zusatzbedarf durch die Wasserversorgungsanlage dekken will. Bei der Regelung des Ausnahmetatbestandes hat der Satzungsgeber einen Beurteilungsspielraum. Seine Ausschöpfung kann dazu führen, daß der **Benutzungszwang für Brauchwasser** entweder generell oder nach Maßgabe einer Einzelprüfung **ausgeschlossen wird,** wobei Berufungsfälle den Rahmen dessen, was im Sinne von § 3 Abs. 1 AVBWasser-VO als „wirtschaftlich zumutbar" anzusehen ist, mitbestimmen können (vgl. *BVerwG,* aaO, 755). Im Hinblick auf den Bestimmtheitsgrundsatz ist es auch zulässig,

IX. Zulässigkeit des Anschluß- und Benutzungszwangs nach EG-Recht

einfach § 3 Abs. 1 S. 1 AVBWasser-VO in die Satzung zu übernehmen (*VGH BW* NVwZ-RR 1990, 499).

2.2 Abfallbeseitigung

Eine Befreiung von der Pflicht, sich der öffentlichen Abfallbeseitigung **706** anzuschließen und diese zu benutzen, ist in dem Landesabfallgesetz vorgesehen. Der Anwendungsbereich dieser Bestimmung betrifft allerdings **nicht** die **Abfallbeseitigungspflicht** i. S. von § 3 Abs. 2 Satz 1 AbfG. **Kraft Bundesrecht** sind grundsätzlich **alle Abfälle** ausschließlich in den dafür vorgesehenen Anlagen **zu beseitigen** (§ 4 Abs. 1 AbfG). Eine **Befreiungsmöglichkeit** besteht **nur bei der landesrechtlich und ortsrechtlich ausgestalteten Überlassungspflicht.** Allerdings ist eine Befreiung von dieser Pflicht grundsätzlich nicht geboten (*VGH BW* BWGZ 1984, 507). **Unzulässig** mit Blick auf § 3 Abs. 3 AbfG ist eine Befreiung für **Hausmüll** (vgl. *VGH BW* Urteil v. 18. 9. 1991 – 10 S 1691/91).

2.3. Fernwärmeversorgung

Zur Befreiung von Anschluß- und Benutzungszwang hinsichtlich der **707** Fernwärmeversorgung vgl. *VGH BW* VBlBW 1982, 54 u. 234; *BVerwG* NVwZ-RR 1992, 37.

VII. Zwangsmaßnahmen

Die Einleitung und Durchführung von Maßnahmen zur Erzwingung des **708** Anschluß- und Benutzungszwangs richtet sich nach dem **Landesverwaltungsvollstreckungsgesetz.** Zuwiderhandlungen können mit **Geldbuße** geahndet werden, wenn dies in der Satzung kraft normativer Ermächtigung vorgesehen ist.

VIII. Möglichkeit von Haftungsbeschränkungen

– Vgl. hierzu 11. Kapitel. **709**

IX. Zulässigkeit des Anschluß- und Benutzungszwanges nach EG-Recht

Art. 59f. EG-Vertrag garantieren den **freien Dienstleistungsverkehr** in der **710** EG. Der freie Dienstleistungsverkehr schließt grundsätzlich die Bildung von Monopolen aus. Der Anschluß- und Benutzungszwang stellt eine Form der Monopolbildung dar. Art. 66 i. V. m. Art. 55 und 56 des Vertrags gestattet die Monopolbildung indes ausnahmsweise für Tätigkeiten, die mit der Ausübung öffentlicher Gewalt verbunden sind (Art. 55) sowie für Regelungen, die aus Gründen der öffentlichen Ordnung, Sicherheit oder Gesundheit gerechtfertigt sind (Art. 56).

Mit Blick auf den Zweck der Einführung und die öffentlich-rechtliche Form der Anordnung sind die **Regelungen der Gemeindeordnung über den Anschluß- und Benutzungszwang nach diesen Vorschriften EG-rechtlich unbedenklich.**

13. Kapitel
Stadtbezirke und Ortschaften

Alle Gemeindeordnungen sehen im Interesse der **Bürgernähe** der Verwal- **711** tung und der **Stärkung der eigenverantwortlichen Teilnahme** der Bürgerschaft am kommunalen Geschehen **Innengliederungen** der Gemeinden vor. Teils sind sie obligatorisch, teils fakultativ vorgesehen, teils kommt ihnen **Dezentralisation**, teils **Dekonzentrationswirkung** zu. Ihre jeweiligen Bezeichnungen sind ebenso **unterschiedlich** nach den Gemeindeordnungen wie ihre Organisation und ihre Zuständigkeit.

Allen Verwaltungsformen ist jedoch gemeinsam, daß sie **keine** rechtsfähigen Körperschaften des öffentlichen Rechts und auch **nicht Träger der Selbstverwaltungsgarantie des Art. 28 GG** sind. Ihr Handeln wird ausschließlich der Gemeinde zugerechnet. Allerdings können sie bei Verletzung der ihnen zukommenden Innenrechtspositionen am **Kommunalverfassungsstreit** beteiligt sein (vgl. hierzu *VGH Kassel* NVwZ 1987, 919; *OVG Lüneburg* DVBl. 1989, 937 – Verletzung von Anhörungsrechten von Bezirken).

Grenzen der Einführung ergeben sich aus dem verfassungsrechtlich festgeschriebenen Charakter der Gemeinde als **Einheitsgemeinde**. Allein die Einheitsgemeinde ist der Rechtsträger, der nach Art. 28 Abs. 1 S. 2 GG durch das Gemeindevolk legitimiert werden soll und dem nach Art. 28 Abs. 2 GG die kommunale Verbandskompetenz zugeordnet ist. Diese Vorgaben implizieren **Grenzen** der Innenzuständigkeitsübertragungen sowie die Pflicht zur Erhaltung einer ununterbrochenen Legitimationskette der Entscheidungen zum Gemeindevolk (vgl. hierzu *Pappermann,* HdKWP, Bd. 1, § 17 I; *OVG Koblenz* NVwZ-RR 1991, 500).

Als **besondere Verwaltungsformen** sieht die Gemeindeordnung **Sachsen** in den §§ 65–71 die **Bezirksverfassung und die Ortschaftsverfassung** vor. Die **Einführung** und die Aufhebung dieser besonderen Verwaltungsformen liegt **im Ermessen des Gemeinderats.**

I. Stadtbezirksverfassung

1. Die **kreisfreien Städte** können **durch Hauptsatzung** das Stadtgebiet in **712** Stadtbezirke einteilen. Bei der Einteilung soll auf die Siedlungsstruktur, die Bevölkerungsverteilung und die Ziele der Stadtentwicklung Rücksicht genommen werden.

– Vgl. § 70 Abs. 1 GemO.

13. Kapitel. Stadtbezirke und Ortschaften

In den Stadtbezirken **können Stadtbezirksbeiräte** gebildet werden, außerdem **können örtliche Verwaltungsstellen** eingerichtet werden. Sie sind **Außenstellen** der Stadtverwaltung.

– Vgl. § 70 Abs. 2 und 3 GemO.

713 **2. Die Mitglieder des Stadtbezirksbeirats werden vom Gemeinderat aus dem Kreis der im Stadtbezirk wohnenden wählbaren Bürger nach jeder regelmäßigen Wahl der Gemeinderäte bestellt.** Dabei soll das von den im Gemeinderat vertretenen Parteien und Wählervereinigungen bei der letzten regelmäßigen Wahl der Gemeinderäte im Gemeindebezirk erzielte Wahlergebnis berücksichtigt werden.

714 **3.** Die **Zahl der Mitglieder** des Stadtbezirksbeirats wird durch die **Hauptsatzung** bestimmt.

– Vgl. hierzu § 71 Abs. 1 S. 2 GemO.

715 **4. Aufgabe** des Stadtbezirksbeirats ist die **Beratung der örtlichen Verwaltungsstelle** des Stadtbezirks **in allen wichtigen Angelegenheiten.** Außerdem ist er **in allen wichtigen Angelegenheiten,** die den Stadtbezirk betreffen, **zu hören.**

Soweit in den Ausschüssen des Gemeinderats wichtige Angelegenheiten, die den Stadtbezirk betreffen, auf der Tagesordnung stehen, kann der Stadtbezirksbeirat eines seiner Mitglieder zu den Ausschußsitzungen entsenden. Das entsandte Mitglied hat in den Ausschüssen beratende Stimme.

– Vgl. § 71 Abs. 2 GemO.

716 **5. Vorsitzender** des Bezirksbeirats ist der **Bürgermeister** oder ein von ihm **Beauftragter.** Die Bildung von Ausschüssen im Stadtbezirksbeirat ist unzulässig.

717 **6.** Auf den **Geschäftsgang** finden die für **beratende Ausschüsse geltenden Vorschriften** entsprechende **Anwendung.**

II. Ortschaftsverfassung

1. Voraussetzungen der Einführung

718 **1.1.** Für Ortsteile einer Gemeinde kann **durch die Hauptsatzung** die Ortschaftsverfassung eingeführt werden. **Mehrere benachbarte Ortsteile** können zu **einer** Ortschaft zusammengefaßt werden.

– Vgl. § 65 Abs. 1 und 2 GemO.

1.2. Ihrer **Rechtsnatur** nach sind Ortschaften **nicht rechtsfähige Körperschaften** des öffentlichen Rechts. Eine eigene Rechtspersönlichkeit steht ihnen nicht zu.

2. Der Ortschaftsrat

In den Ortschaften werden **Ortschaftsräte** gebildet und **Ortsvorsteher** 719
bestellt.
– Vgl. § 65 Abs. 3 GemO.

In den Ortschaften **kann** eine **örtliche Verwaltung** eingerichtet werden.
– Vgl. § 65 Abs. 4 GemO.

Die **Ausgestaltung** der örtlichen Verwaltung **liegt im Organisationsrecht
des Bürgermeisters.** Die örtliche Verwaltung ist ein **unselbständiger Teil
der Gemeindeverwaltung.**

2.1. Die **Mitglieder des Ortschaftsrats** werden in der Ortschaft **nach den für** 720
die Wahl des Gemeinderats geltenden Vorschriften gewählt. Wird die
Ortschaftsverfassung während der Wahlperiode des Gemeinderats eingeführt, werden die Ortschaftsräte für die restliche Wahlperiode, im übrigen
gleichzeitig mit dem Gemeinderat für dieselbe Wahlperiode gewählt. Wahlgebiet ist die Ortschaft; wahlberechtigt und wählbar sind die in der Ortschaft
wohnenden Bürger der Gemeinde.

2.2. Die **Zahl der Ortschaftsräte** wird durch die **Hauptsatzung** bestimmt.

2.3. Vorsitzender des Ortschaftsrats ist der **Ortsvorsteher.**

2.4. Nimmt der Bürgermeister an einer Sitzung des Ortschaftsrats **teil,** ist
ihm vom Vorsitzenden auf Verlangen jederzeit **das Wort zu erteilen. Gemeinderäte,** die in der Ortschaft wohnen und nicht Ortschaftsräte sind,
können an allen Sitzungen des Ortschaftsrats mit beratender Stimme **teilnehmen.**
– Vgl. § 66 GemO.

2.5. Die einzelnen Ortschaftsräte können ihre **Mitgliedschaftsrechte** im
Kommunalverfassungsstreitverfahren geltend machen.

3. Aufgaben, Rechte und Pflichten des Ortschaftsrats

3.1. Soweit nicht nach den Vorschriften dieses Gesetzes der Gemeinderat 721
ausschließlich zuständig ist und soweit es sich nicht um Aufgaben handelt,
die dem Bürgermeister obliegen, **entscheidet der Ortschaftsrat im Rahmen
der im Haushaltsplan ausgewiesenen und vom Gemeinderat für die Ortschaft bereitgestellten Mittel in folgenden Angelegenheiten:**
– die Unterhaltung, Ausstattung und Benutzung der in der Ortschaft
gelegenen öffentlichen Einrichtungen, deren Bedeutung über die Ortschaft
nicht hinausgeht, mit Ausnahme von Schulen;
– die Festlegung der Reihenfolge der Arbeiten zum Um- und Ausbau sowie
zur Unterhaltung und Instandsetzung von Straßen, Wegen und Plätzen, deren Bedeutung über die Ortschaft nicht hinausgeht, einschließlich der Beleuchtungseinrichtungen;

- die Pflege des Ortsbildes sowie die Unterhaltung und Ausgestaltung der öffentlichen Park- und Grünanlagen, deren Bedeutung nicht wesentlich über die Ortschaft hinausgeht;
- die Förderung von Vereinen, Verbänden und sonstigen Vereinigungen in der Ortschaft;
- die Förderung und Durchführung von Veranstaltungen der Heimatpflege und des Brauchtums in der Ortschaft;
- die Pflege vorhandener Patenschaften und Partnerschaften;
- die Information, Dokumentation und Repräsentation in Ortschaftsangelegenheiten.
- Vgl. § 67 Abs. 1 S. 1 GemO.

Der Gemeinderat kann die Angelegenheiten im einzelnen abgrenzen und allgemeine Richtlinien erlassen.

- Vgl. § 67 Abs. 1 S. 2 GemO.

722 3.2. Der Gemeinderat kann durch die **Hauptsatzung** dem Ortschaftsrat **weitere Angelegenheiten, die die Ortschaft betreffen,** zur dauernden Erledigung **übertragen.**

- Vgl. § 67 Abs. 2 GemO; hierzu *VGH BW* VBlBW 1992, 140 (142) – Straßenbenennung; ferner *VGH BW* VBlBW 1984, 115.

723 3.3. Der Ortschaftsrat ist zu wichtigen Angelegenheiten der Gemeinde, die die Ortschaft betreffen, **zu hören.** Er hat ein Vorschlagsrecht zu allen Angelegenheiten, die die Ortschaft betreffen.

- Vgl. § 67 Abs. 3 GemO.

724 3.4. Der Ortschaftsrat hat bei der Beschlußfassung in allen Angelegenheiten nicht nur auf die Belange der Ortschaft, sondern **auch auf die Belange der Gesamtgemeinde Rücksicht zu nehmen.**

- Zur **Reihenfolge der Beratung** in Ausschüssen und im Ortschaftsrat vgl. *Gern,* BWVPr 1987, 12.

4. Der Ortsvorsteher

725 4.1. In Ortschaften **ohne örtliche Verwaltung wählt der Ortschaftsrat den Ortsvorsteher** und einen oder mehrere Stellvertreter für seine Wahlperiode aus seiner Mitte.

- Vgl. § 68 Abs. 1 GemO.

726 4.2. In Ortschaften **mit örtlicher Verwaltung** wird der Ortsvorsteher **vom Gemeinderat** im Einvernehmen mit dem Ortschaftsrat und dem Bürgermeister bestellt. § 28 Abs. 3 Satz 2 gilt entsprechend.

- Vgl. § 68 Abs. 2 GemO.

727 4.3. In den Fällen des § 68 Absatzes 2 **vertritt der Ortsvorsteher den Bürgermeister,** in Gemeinden mit Beigeordneten auch die Beigeordneten **ständig bei dem Vollzug der Beschlüsse des Ortschaftsrats und bei der Leitung**

der örtlichen Verwaltung. Die Vertretungsmacht berechtigt ihn zur Abgabe von bindenden öffentlich-rechtlichen und privatrechtlichen Willenserklärungen. Eine selbständige Sachentscheidungsbefugnis ist mit der Vertretungsmacht allerdings nicht verbunden. Seine Zuständigkeit in der Leitung der örtlichen Verwaltung beschränkt sich auf die Regelung der inneren Organisation der Ortsverwaltung sowie auf deren ordnungsgemäße Funktion. Der Bürgermeister und die Beigeordneten können dem Ortsvorsteher allgemein oder im Einzelfall **Weisungen** erteilen, soweit er sie vertritt. Der Bürgermeister kann dem Ortsvorsteher ferner in den Fällen des § 52 Abs. 2 und 3 GemO Weisungen erteilen. Ein **Selbsteintritts-** oder **Rückholrecht** des Bürgermeisters oder der Beigeordneten besteht hingegen **nicht.**

– Vgl. § 68 Abs. 3 GemO.

4.4. Ortsvorsteher können an den Verhandlungen **des Gemeinderats** und   728
seiner Ausschüsse **mit beratender Stimme teilnehmen.**

– Vgl. § 68 Abs. 4 GemO.

5. Entsprechende Anwendung von Rechtsvorschriften

Die Gemeindeordnung erklärt für den Ortschaftsrat, den Ortsvorsteher   729
sowie das anzuwendende Verfahren eine ganze Reihe von Vorschriften, die
für Bürgermeister und Gemeinderat gelten, für entsprechend anwendbar.

– Vgl. i. e. § 69 GemO.

14. Kapitel
Gemeindewirtschaft

I. Allgemeine Wirtschafts- und Haushaltsgrundsätze

730 **1.** Die **Gemeindewirtschaft** umfaßt die Gesamtheit **aller** sachlichen, finanziellen und personellen **Maßnahmen** der Gemeinde **zum Zwecke der Bedarfsdeckung** (Bedürfnisbefriedigung) der Einwohner. Sie ist sowohl **Einnahmenwirtschaft** als auch **Ausgabenwirtschaft.** Zur Ordnung der Gemeindewirtschaft normieren das **Grundgesetz, die Landesverfassung sowie die Gemeindeordnung und die Gemeindehaushaltsverordnung** allgemeine und **besondere Wirtschafts- und Haushaltsgrundsätze,** die rechtsverbindliche Maßstäbe des Handelns für die Gemeinde enthalten.

– Zur Entstehung dieser Vorschriften vgl. *Depiereux, Das neue Haushaltsrecht der Gemeinden,* 1972, S. 1f.

Normativer Ausgangspunkt gemeindlichen Wirtschaftens sind die **finanzverfassungsrechtlichen Garantien** des **Art. 28 Abs. 2 und des Art. 106 Abs. 5 bis 8 GG** sowie der gemeinderechtlichen Vorschriften der Landesverfassung, die die kommunale **Finanzhoheit** konstituieren. Die Finanzhoheit erscheint als **Einnahmenhoheit,** speziell als **Abgabenhoheit** und als **Ausgabenhoheit** sowie als **Haushaltshoheit.** (Vgl. hierzu 5. Kap.). Weiterhin ist als Handlungsdirektive – Art. 109 Abs. 2 u. 3 GG zu beachten, wonach den Gemeinden als Teil der Länder die Beachtung bestimmter Haushaltsgrundsätze zur Pflicht gemacht wird. Sie wurden bundesrechtlich durch das **Stabilitätsgesetz** (BGBl. I 1967, S. 582 mit Änderungen) sowie das **Haushaltsgrundsätzegesetz** (BGBl. I 1969, S. 1273) konkretisiert.

Entsprechend diesen Vorgaben hat die Gemeinde ihre Haushaltswirtschaft so zu planen und zu führen, daß die **stetige Erfüllung der Aufgaben** gesichert ist.

– Vgl. § 72 Abs. 1 GemO –

Diese Regelungen normieren damit eine Anpassungspflicht der Haushaltswirtschaft an die kommunale Aufgabenerfüllung. Sie ist so zu gestalten, daß freiwillige und Pflichtaufgaben auf Dauer optimal erledigt werden können. Dieses Ziel setzt eine vorausschauende, an der Leistungsfähigkeit und am Bedarf orientierte Haushaltsplanung voraus. Gleichzeitig hat die Gemeinde als Teil des Staates auch den durch Art. 109 Abs. 2 GG normierten **Erfordernissen des gesamtwirtschaftlichen Gleichgewichts Rechnung zu tragen** (vgl. hierzu *BVerfG* NVwZ 1990, 356 (357)).

– Vgl. § 72 Abs. 1 S. 2 GemO

I. Allgemeine Wirtschafts- und Haushaltsgrundsätze

Die **Gemeindewirtschaft muß** deshalb zur Stabilität des Preisniveaus, zur Schaffung eines hohen Beschäftigungsstandes mit möglichst geringer Arbeitslosigkeit, zur Erreichung eines angemessenen Wirtschaftswachstums, d. h. der Erhöhung des realen Bruttosozialprodukts sowie des außenwirtschaftlichen Gleichgewichts **beitragen (magisches Viereck,** vgl. § 1 StabG).

Gegebenenfalls hat sie ihre Wirtschaft **antizyklisch** zu gestalten; bei Rezession muß deshalb in der Regel die Wirtschaftstätigkeit erhöht und bei überhöhter Konjunktur eingeschränkt werden. Diese Forderung ist allerdings in der Praxis nicht immer realisierbar. Wegen der Abhängigkeit der kommunalen Wirtschaftstätigkeit von den Steuereinnahmen ist in den meisten Fällen nur ein prozyklisches Verhalten möglich.

Im **Konfliktfalle** zwischen gesamtwirtschaftlichen Erfordernissen und kommunaler Aufgabenerfüllung genießt die **kommunale Aufgabenerfüllung Priorität.**

2. Tragendes formales Prinzip zur Erreichung dieser Zwecke ist der in den **731** zitierten Vorschriften formulierte **Wirtschaftlichkeitsgrundsatz.**

– Vgl. § 72 Abs. 2 GemO

Das Gebot, den Gemeindehaushalt wirtschaftlich zu führen, bedeutet „wirtschaften mit dem Ziel, mit geringstmöglichen Mitteln einen bestimmten Erfolg im Rahmen der Aufgabenerfüllung zu erzielen" **(Sparsamkeitsprinzip oder Minimalprinzip)** oder mit bestimmten Mitteln einen größtmöglichen Erfolg zu erzielen **(Maximalprinzip).**

3. Die allgemeinen Haushaltsgrundsätze, die durch zahlreiche weitere Vor- **732** schriften in der Gemeindeordnung und der Gemeindehaushaltsverordnung konkretisiert werden, **sind** keine Programmsätze sondern **Rechtspflichten** und **begrenzen die Finanzhoheit** der Gemeinden i. S. des Gesetzesvorbehalts des Art. 28 Abs. 2 GG. Sie **binden** indes im Regelfall nur **die Gemeinden** im **Innenverhältnis** der Aufsichtsbehörde gegenüber. Unmittelbare **Außenwirkung,** speziell subjektiv öffentliche Rechte zugunsten Dritter auf Einhaltung dieser Grundsätze oder auf Schadenersatz bei Verletzung, bestehen nur in **Ausnahmefällen,** etwa im Rahmen der öffentlichen **Auftragsvergabe** (*BVerwGE* 59, 249 (253); *OVG Koblenz* KStZ 1986, 113; *BGH* BauR 1984, 631; *OVG Münster* KStZ 1991, 115).

3.1 Der Begriff des **gesamtwirtschaftlichen Gleichgewichts** gibt der Gemeinde einen aufsichts- und gerichtsfreien **Prognosespielraum** (vgl. *BVerwG* NJW 1982, 1168; DVBl. 1984, 523).

3.2 Der **Wirtschaftlichkeitsgrundsatz** bezieht sich in erster Linie auf das „**Wie**" der Aufgabenerfüllung, d. h. auf die Auswahl der verschiedenen Handlungs- und Finanzierungsalternativen. Insoweit ist er ein **unbestimmter Rechtsbegriff mit Beurteilungsspielraum,** weil die Beurteilung der Wirtschaftlichkeit einer Maßnahme in aller Regel nicht allein von objektiv faßbaren und meßbaren Fakten, sondern auch von prognostischen, planerischen, finanzpolitischen und sonstigen auf Erwägungen der Zweckmäßigkeit beruhenden Gesichtspunkten abhängt (vgl. *VGH BW* KStZ 1990, 35; ferner *BVerwG* DVBl. 1984, 523 (526); *OVG Münster* KStZ 1980, 112; 1991, 115). Nur mittelbare **Geltung** kommt ihm **für das „ob"** der Aufgabenerfüllung zu. Hier besitzt die Gemeinde mit Blick auf die Selbstverwaltungsgarantie einen **weiten kommunalpolitischen Gestaltungsspielraum,** der auch nicht wirtschaftliche Entscheidungen und Projekte zuläßt, soweit sonstige Sachgründe die Entscheidungen tragen (vgl. hierzu *OVG Münster* DÖV 1991, 611; *Ehlers,* Kommunale Wirtschaftsförderung, 1990, S. 142 f.). Auch das kommunalabgabenrechtliche Kostendeckungsprinzip sowie das Äquivalenzprinzip fordern keine Einschränkung der Aufgabenerfüllung zugunsten möglichst geringer Kostenbelastung der Kommune (*VGH BW* BWVPr. 1983, 145).

II. Grundsätze der Einnahmebeschaffung

1. Ausgabenlast und kommunaler Finanzbedarf

733   Die Gemeinden benötigen zur Bewältigung ihrer Aufgaben ausreichende finanzielle Mittel (sog. **kommunaler Einnahme- oder Finanzbedarf).** Nach **Art. 104a GG** gilt der Grundsatz, daß **Bund und Länder gesondert die Ausgaben tragen,** die sich aus der Wahrnehmung ihrer Aufgaben ergeben. Dieses **Lastentragungsprinzip** gilt auch für **die Kommunen** (vgl. *BVerfGE* 44, 351 (364)) und zwar sowohl im eigenen als auch im übertragenen Wirkungsbereich (Weisungsaufgaben). Aufgabenverantwortung und Ausgabenlast gehören zusammen (**Konnexitätsprinzip,** vgl. hierzu *BVerwG* NVwZ 1989, 876 – Kostenvereinbarung zwischen Gemeinden und Bundesbahn im Rahmen der Schülerbeförderung; *Hoppe,* DVBl. 1992, 117 (121); *Kämper,* NVwZ 1991, 327; *Morlok,* DVBl. 1989, 1147; *Bay ObLG* NVwZ-RR 1991, 317).

Zum Recht auf Regelung aller Angelegenheiten der örtlichen Gemeinschaft nach **Art. 28 Abs. 2 GG** muß deshalb ein **Recht auf angemessene Finanzausstattung** hinzutreten (allerdings offengelassen durch BVerfGE 71, 36). Nur so kann die finanzielle Leistungsfähigkeit der Kommunen und ihre Ausgabenkompetenz gesichert werden. **Sowohl das Grundgesetz als auch die Landesverfassung** haben deshalb als Konsequenz dieser Notwendigkeit **kommunale Einnahmegarantien** vorgesehen.

2. Einnahmegarantien für die Kommunen nach dem Grundgesetz

734 **2.1** Eine erste Garantie ergibt sich aus **Art. 28 Abs. 2 GG** selbst. Das Recht, alle Angelegenheiten der örtlichen Gemeinschaft in eigener Verantwortung zu regeln, umfaßt im öffentlich-rechtlichen Bereich im Rahmen gesetzlicher Begrenzung und Ausgestaltung die **Abgabenhoheit** (vgl. *StGH BW* VBlBW

II. Grundsätze der Einnahmebeschaffung

1956, 153 (155)) sowie das Recht, für Leistungen **öffentlich-rechtliche Entgelte** zu verlangen; im privatrechtlichen Bereich umfaßt es die Befugnis der Kommunen, **privatrechtliche Entgelte** für Leistungen zu erheben. Schließlich impliziert es das Recht, ganz allgemein Geldleistungen einzunehmen, soweit dies das Zivilrecht vorsieht oder zuläßt (z. B. Vermögenserträge; Überschüsse aus dem Betrieb von Unternehmen nach § 29 GmbH-Gesetz, § 174 AktG).

2.2 Art. 105 Abs. 2a GG setzt zugunsten der Kommunen die Möglichkeit **735** der Erhebung **örtlicher Verbrauch- und Aufwandsteuern** nach Maßgabe der Landesgesetzgebung voraus, solange und soweit diese Steuern nicht bundesgesetzlich geregelten Steuern gleichartig sind (vgl. hierzu *BVerfGE* 7, 244 (258); 14, 76 (96); 27, 375 (384); 40, 56 (61 ff.); 65 325 (346 ff.)). Das in dem Kommunalabgabegesetz geregelte **Steuerfindungsrecht** wird durch diese Verfassungsbestimmung allerdings nicht **garantiert.**

2.3 Durch die Gemeindefinanzreform im Jahre 1970 wurden die Gemeinden **736** erstmalig in den Steuerverbund zwischen Bund und Ländern einbezogen. Nach **Art. 106 Abs. 3** GG steht das Aufkommen der Einkommenssteuer, der Körperschaftssteuer und der Umsatzsteuer dem Bund und den Ländern gemeinsam zu **(Gemeinschaftssteuern),** soweit das Aufkommen der Einkommensteuer nicht nach Abs. 5 den Gemeinden zugewiesen ist. Hiervon partizipieren auch die Gemeinden und Gemeindeverbände.

Vom **Landesanteil am Gesamtaufkommen der Gemeinschaftssteuern** (vgl. Art. 106 Abs. 3) **fließt den Gemeinden und Gemeindeverbänden** nach **Art. 106 Abs. 7 S. 1** insgesamt **ein** von der Landesgesetzgebung zu bestimmender, der Höhe nach nicht garantierter **Prozentsatz zu.** Die Höhe dieses Zuflusses ist durch das **Finanzausgleichsgesetz** geregelt.

2.4 Nach **Art. 106 Abs. 5** GG erhalten die Gemeinden einen Anteil an dem **737** Aufkommen der Einkommensteuer **(Gemeindeanteil an der Einkommensteuer),** der **von den Ländern an ihre Gemeinden** auf der Grundlage der Einkommensteuerleistungen ihrer Einwohner **weiterzuleiten** ist. Das nähere bestimmt ein Bundesgesetz, das der Zustimmung des Bundesrats bedarf (vgl. hierzu *Lenz,* HdKWP, Bd. 6, S. 141). Der Gemeindeanteil an der Einkommensteuer wurde geregelt durch § 1 **Gemeindefinanzreformgesetz** (1970) idF v. 28. 1. 1985 (BGBl. I, S. 202) und beträgt z. Zt. **15 %** der Gesamtmasse. Die Verteilung des Anteils auf die einzelnen Gemeinden ist nach Maßgabe einer die örtliche Steuerkraft berücksichtigenden **Schlüsselzahl** festzusetzen (vgl. hierzu *Angenendt,* GHH 1986, 97).

Das Gesetz kann nach dieser Verfassungsvorschrift auch bestimmen, daß die Gemeinden Hebesätze für den Gemeindeanteil festsetzen. Von der Ermächtigung zur Hebesatzfestsetzung ist bis heute jedoch kein Gebrauch gemacht worden.

Seiner **Rechtsnatur** nach ist der Gemeindeanteil an der Einkommensteuer keine Finanzzuweisung, sondern eine **eigene gemeindliche Einnahmequelle** (vgl. *Kirchhof,* HdKWP, Bd. 6, S. 2f. (19)).

738 **2.5** Das **Aufkommen der Realsteuern** steht nach **Art. 106 Abs.** 6 GG den Gemeinden, das Aufkommen der örtlichen **Verbrauchs- und Aufwandsteuern** steht den **Gemeinden** oder nach Maßgabe der Landesgesetzgebung den **Gemeindeverbänden** zu. Den Gemeinden ist dabei das Recht einzuräumen, die **Hebesätze der Realsteuern** im Rahmen der Gesetze festzusetzen. Dies ist geschehen durch das **Grund- und Gewerbesteuergesetz.** Realsteuern sind z. Zt. die Grund- und Gewerbesteuern (vgl. *BVerfGE* 3, 407 (438); 13, 333 (345)). Art. 106 Abs. 6 enthält zwar eine Garantie, daß es überhaupt kommunale Realsteuern geben muß; eine **Bestandsgarantie zugunsten bestimmter gemeindlicher Realsteuern** gewährt diese Regelung jedoch nicht.

Zum **Ausgleich** der Steuerkraftunterschiede zwischen einzelnen Gemeinden bei der Gewerbesteuer können Bund und Länder durch eine **Umlage** an dem Aufkommen der Gewerbesteuer beteiligt werden (vgl. hierzu *BVerfG* DÖV 1969, 849 (850)). Die **Gewerbesteuerumlage** ist durch das Gemeindefinanzreformgesetz von 1970 eingeführt worden. Auf dieser Grundlage müssen die **Gemeinden einen Teil der Gewerbesteuer** an Bund und Länder **abführen.** Als Ersatz für diesen Einnahmeausfall wurde der „Gemeindeanteil an der Einkommensteuer" zugunsten der Gemeinden geschaffen.

Die **Gewerbesteuerumlage läßt** die **Ertragshoheit der Gemeinden unberührt;** sie gibt Bund und Ländern nur einen Anspruch gegen die Gemeinden (*BVerwG* DVBl. 1983, 137).

739 **2.6** Nach **Art. 106 Abs. 7 Satz 2 GG** ist den Ländern das Recht eingeräumt, nach pflichtgemäßem Ermessen durch Landesgesetz die Gemeinden (Gemeindeverbänden) am **Aufkommen der Landessteuern** zu beteiligen (vgl. hierzu *VerfGH NW* DVBl. 1989, 152).

740 **2.7** Nach **Art. 104a Abs. 4 GG** kann der **Bund** den Ländern **Finanzhilfen** für besondere **bedeutsame Investitionen der Länder und Gemeinden (Gemeindeverbände)** gewähren, die zur Abwehr einer Störung des gesamtwirtschaftlichen Gleichgewichts (hierzu *BVerfG* NJW 1989, 2457) oder zum Ausgleich unterschiedlicher Wirtschaftskraft im Bundesgebiet oder zur Förderung wirtschaftlichen Wachstums erforderlich sind. Die Regelung erfolgt durch Gesetz oder aufgrund des Bundeshaushaltsgesetzes durch Verwaltungsvereinbarung (vgl. hierzu *BVerfGE* 39, 96ff.; 41, 291ff.). Die **Vergabe der Mittel an die Gemeinden** ist **Sache der Länder** (*BVerfGE* 39, 96 (122; 41, 313).

Die Vorschrift enthält eine Durchbrechung **des Konnexitätsprinzips** (vgl. *v. Mutius,* Gutachten 53. DJT, S. 53). Beispiel einer Finanzhilfe in diesem Sinne sind die Leistungen nach den Gemeindeverkehrsfinanzierungsregelungen (vgl. auch *Meis,* Verfassungsrechtl. Beziehungen zwischen Bund und Gemeinden, 1989, S. 96 f. mwN).

741 **2.8** Art. 106 Abs. 8 GG gibt schließlich **den Gemeinden** oder Gemeindeverbänden **gegen den Bund** einen **Anspruch auf Ausgleich** von **Sonderbelastungen,** wenn Einrichtungen besonderer Art in den Kommunen **vom Bund**

II. Grundsätze der Einnahmebeschaffung

veranlaßt werden (vgl. hierzu *BVerwG* NVwZ 1986, 482; *Meis,* aaO, S. 106f.).

– **Beispiele:** Kasernen, Hauptstadteinrichtung, Hochschulen (vgl. *Meis,* aaO, S. 119).

Diese Regelung ist eine **Ausnahme** von dem Grundsatz, daß der **Bund weder berechtigt noch verpflichtet** ist, **die finanziellen Verhältnisse der Gemeinden unmittelbar** ohne Einschaltung der Länder **zu ordnen.** Für den Bereich der Gemeinden ist nach Art. 30 und Art. 70 Abs. 1 GG die Ausübung der staatlichen Befugnisse Sache der Länder. Vor diesem Hintergrund **steht den Gemeinden** aus Art. 28 Abs. 2 GG **gegen den Bund** auch **kein Anspruch auf finanzielle (Mindest-)Ausstattung zu.** Art. 28 Abs. 2 Satz 1 besagt lediglich, daß den Gemeinden „in den Ländern" das Selbstverwaltungsrecht gewährleistet wird. Jede unmittelbare Finanzbeziehung zwischen Bund und Gemeinden ist hiernach im Hinblick auf die bundesstaatliche Ordnung untersagt (*BVerfG* DÖV 1969, 849 (850)).

– Zur Berücksichtigung der Finanzkraft und des Finanzbedarfs der Kommunen im Rahmen des Bund-Länder-Finanzausgleichs nach Art. 107 Abs. 2 S. 1 HS.2 GG vgl. *BVerfG* DVBl. 1992, 965.

3. Einnahmegarantien nach der Landesverfassung

Nach der **Landesverfassung** hat das Land dafür zu sorgen, **daß die Ge-** 742 **meinden und Gemeindeverbände** ihre **Aufgaben erfüllen können.**

– Vgl. Art. 87 Abs. 1 LV.

Diese Garantie enthält einen Anspruch der Gemeinden **auf angemessene Finanzausstattung** und erfährt in dreifacher Weise eine Konkretisierung. Zum einen ist den Kommunen das Recht eingeräumt, eigene **Steuern und andere Abgaben** nach Maßgabe der Gesetze zu erheben (vgl. Art. 87 Abs. 2 LV), ohne daß damit allerdings auch zugleich ein **Steuerfindungsrecht** der Gemeinden garantiert wäre; zum anderen werden die Gemeinden und Gemeindeverbände unter **Berücksichtigung der Aufgaben des Freistaats an dessen Steuereinnahmnen beteiligt** (vgl. Art. 87 Abs. 3 LV) **drittens ist bei Aufgabenübertragung** an die Gemeinden und Gemeindeverbände **bei Mehrbelastung** hierdurch für einen **finanziellen Ausgleich** zu sorgen.

– Vgl. Art. 85 Abs. 2 LV.

Die Landesverfassung gewährleistet durch diese Regelungen neben den bundesrechtlichen Garantien **ganz allgemein das Eigenleben der Gemeinden nach der finanziellen Seite.** Ein **bezifferter Anspruch** der einzelnen Gemeinden **bezüglich der Mindesthöhe** der ihnen vom **Lande zufließenden Mittel** kann aus diesen Vorschriften jedoch grundsätzlich nicht hergeleitet werden (vgl. *StGH BW* ESVGH 22, 202/205). Diese Auffassung erscheint zutreffend, weil die Finanzausstattung der Gemeinden nur unter Berücksichtigung der Eigenmittel und Eigenbelastungen des Landes erfolgen kann und diese ihrer Höhe nach naturgemäß Schwankungen unterliegen.

4. Einzelgesetzliche Einnahmegarantien

743 Die **nähere Ausgestaltung der finanziellen Sicherung** erfolgt **durch Gesetz** und ist neben einigen sondergesetzlichen Regelungen im wesentlichen durch das **Kommunalabgabengesetz** sowie durch das **Finanzausgleichsgesetz** verwirklicht.

4.1. Kommunalabgaben

744 Nach dem **Kommunalabgabengesetz** sind die Gemeinden und Gemeindeverbände berechtigt, **Steuern, Gebühren, Beiträge und Abgaben eigener Art** zu erheben. Die Regelungen des Kommunalabgabengesetzes werden im einzelnen im 21. Kapitel dargestellt.

Schaubild Nr. 9: Verteilung der Steuern (Art. 106 GG)

Bund	Bund und Land	Land			Gemeinde			
Bundes-steuern Art. 106 I	Gemeinschaft-steuern Art. 106 III	Landessteuern Art. 106 II	Anteil an der Einkommensteuer	Art. 106 V	Gemeindesteuern Art. 106 VI			
	Einkommen-steuer	Art. 106 V →			Realsteuern			Örtliche
	Körperschaft-steuer	Art. 106 VIII →	Anteil an Gemeinschaftsteuer	Art. 106 VI	Grund-steuer	Ge-werbe-steuer	Verbrauch- und Auf-wandsteuern	
	Umsatzsteuer	→						

4.2 Der kommunale Finanzausgleich

745 Der kommunale Finanzausgleich ist integraler **Bestandteil der gemeindlichen Finanzautonomie.** Er bezweckt allgemein, die Gemeinden in der Erfüllung ihrer Aufgaben durch Teilumschichtung öffentlicher Finanzmittel zu unterstützen (vgl. *Kirchhof,* HdKWP, Bd. 6, S. 223). Das System des Finanzausgleichs ist geregelt im **Finanzausgleichsgesetz** des Freistaats Sachsen.

746 *4.2.1.* **Ziel** des Finanzausgleichs ist es **vertikal,** einen **Ausgleich zwischen Land und Kommunen** zu schaffen und **horizontal zwischen den Kommunen unterschiedlicher Finanzkraft ausgleichend zu wirken,** um so eine gewisse Einheitlichkeit der Lebensverhältnisse herbeizuführen, ohne jedoch

II. Grundsätze der Einnahmebeschaffung

die auf Differenzierung ausgerichtete Gestaltungsfreiheit der Kommunen zu ersticken.
– Zur Entwicklung des Finanzausgleichs vgl. *Katz,* BWGZ 1992, 309.

Der Finanzausgleich ergänzt in erheblichem Umfang diejenigen Mittel, welche den Gemeinden aus eigenen Quellen in Form eigener Kommunalabgaben zufließen. Dabei wird ein Teil der Gesamtmittel des Finanzausgleichs nach Gesichtspunkten des besonderen Bedarfs, aber auch zur gezielten Förderung von gemeindlichen Aufgaben, welche der Staat für vordringlich hält, verteilt. Ein anderer Teil dient dazu, einen geschätzten pauschalierten allgemeinen Bedarf allen Gemeinden zur Verfügung zu stellen. Dieser Bedarf ist nach Größenklassen der Gemeinden und den damit im allgemeinen unterschiedlichen Aufgaben differenziert, wie sich auch aus den nach Größenklassen gestaffelten Bedarfsmeßzahlen ergibt. Dieses **System** ist **verfassungskonform.** Bei der Ausgestaltung des gemeindlichen Finanzausgleichs besitzt der Gesetzgeber einen **weiten Gestaltungsspielraum** (*BVerfGE* 23, 353 (369)). Er wird nur begrenzt durch Art. 3 GG, der in diesem Zusammenhang mit Blick auf den Zweck des Finanzausgleichs und die Eigenverantwortlichkeit der Gemeinden und deren Finanzhoheit eine besondere Auslegung erfährt. **Gleichbehandlung** der Gemeinden **darf nicht zur Nivellierung der gemeindlichen Verwaltungskraft** führen. Der Gesetzgeber muß Differenzierungen in der Verwaltungskraft von Gemeinde zu Gemeinde respektieren, die auf eigener Entschließung einer Gemeinde beruhen. Im übrigen ist es nicht zu beanstanden, wenn der Staat die von ihm für die Weiterentwicklung als wichtig erachtete **Stärkung der Verwaltungskraft** der Gemeinden finanziell fördert. **Grenzen** ergeben sich erst dann, **wenn die Förderung dazu führen würde, daß die Erfüllung von Gemeindeaufgaben** bei einzelnen Gemeinden **nicht oder nur ganz ungenügend möglich wäre** (*StGH BW* ESVGH 22, 202 (205 f.); vgl. auch *OVG Münster* NVwZ 1088, 77; *BayVerfGH* DÖV 1989, 310; *NW VerfGH* NVwZ-RR 1989, 493; *Hoppe,* DVBl. 1992, 117 f.).

4.2.2. Die **Finanzausgleichsmasse** setzt sich zusammen **aus einem Prozent-** 747 **satz des Landesanteils an der Einkommensteuer, der Körperschaftsteuer und der Umsatzsteuer (Gemeinschaftssteuern)** (**Art. 106** Abs. 7 GG) aus einem Prozentsatz des **Aufkommens der Landessteuern** sowie einem Prozentsatz des Landesanteils an den Mitteln des **Fonds „Deutsche Einheit"** (§ 3 Abs. 1 SächsFAG). Die Finanzausgleichsmasse wird für

– Zuweisungen für Aufgaben der unteren Verwaltungsbehörde,
– Allgemeine Finanzzuweisungen (Schlüsselzuweisungen nach mangelnder Steuer- bzw. Umlagekraft),
– Zuweisungen zum Ausgleich von Sonderlasten,
– Bedarfszuweisungen,
– Finanzhilfen zur Förderung von kommunalen Zusammenschlüssen und gemeinde- bzw. kreisübergreifenden Kooperationen, sowie für
– Investitionszuweisungen

verwendet (vgl. § 4 FAG).

Soweit Zuweisungen für bestimmte Zwecke gebunden sind (**Zweckzu-**
weisungen), bergen sie die **Gefahr der Verletzung des Selbstverwaltungs-**
rechts, da die Zweckbindung die Eigenverantwortlichkeit und Entschei-
dungsfreiheit der Gemeinden einschränkt und hierfür nicht immer ohne weiteres überwiegende Gründe des Gemeindwohls als Voraussetzung der Ein-
schränkbarkeit des Selbstverwaltungsrechts ausgemacht werden können
(sog. goldene Zügel).
Für die Einzelheiten wird auf die **Regelungen des Finanzausgleichsge-**
setzes verwiesen.

– **Zum Finanzausgleich** allg. vgl. *Katz,* HdKWP, Bd. 6, § 118; *Altenmüller,* VBlBW
1986, 81; *VGH BW* VBlBW 1986, 218, *Henneke* DÖV 1994, 1.

5. Frei verfügbare Finanzmasse

748   Der tatsächliche finanzielle **Spielraum** kommunaler Selbstverwaltung
spiegelt sich wieder im **Überschuß der Einnahmen gegenüber den Ausga-**
ben für die zu erledigenden Pflichtaufgaben, also in der **frei verfügbaren**
Finanzmasse.

6. Die Rangfolge der Einnahmequellen

6.1. Grundsatz

749   Die Gemeinde erhebt nach § 73 Abs. 1 GemO an erster Stelle **Abgaben**
nach den gesetzlichen Vorschriften. Gemeint sind hiermit alle Abgaben mit
Ausnahme der Steuern, die in § 73 Abs. 2 Ziff. 2 GemO an letzter Rangstelle
aufgeführt sind.

6.2 Sonstige Einnahmen

750 *6.2.1.* Als **primäre Deckungsmittel** der Aufgabenerfüllung nehmen die Gemeinden neben den Abgaben nach § 73 Abs. 1 GemO **sonstige Einnahmen**
in Anspruch. Das sind alle Einnahmen, die **nicht aus den Entgelten für ihre**
Leistungen, aus Steuern und Kreditmitteln stammen. Hierzu gehören vorrangig

– die allgemeinen und zweckgebundenen **Finanzzuweisungen** an die Gemeinden
   nach dem Finanzausgleichsgesetz,
– der **Gemeindeanteil an der Einkommensteuer** nach dem Gemeindefinanzreformgesetz,
– sonstige **Finanzhilfen,**
– Einnahmen aus **Kapital- und Grundvermögen** (z. B. Rücklagenentnahmen,
   Zinserträge, Erträge aus wirtschaftlicher Betätigung, z. B. Gewinnabführung nach
   § 29 GmbHG, § 174 AktG),
– öffentlich-rechtliche Erstattungen (z. B. für Sozialhilfeleistungen),
– Spenden und Schenkungen an die Gemeinden.

6.2.2. Ein weiteres primäres Deckungsmittel ist auch die **Konzessionsabga-** 751
be. Sie ist ein **privatrechtliches,** im Rahmen eines Konzessionsvertrags **ver-**
einbartes Entgelt, das von den Kommunen als Gegenleistung für das einem
Unternehmen eingeräumte ausschließliche Recht erhoben wird, im öffentlichen Verkehrsraum Leitungen und andere Einrichtungen zur Versorgung
mit Strom, Gas und Wasser verlegen zu dürfen. Für die **Zulässigkeit und**
Bemessung gilt seit 1. 1.1992 die **Konzessionsabgabenverordnung** (BGBl.
1992, S. 12) (vgl. hierzu *Püttner,* NVwZ 1992, 350; *Cronauge,* Das neue
Konzessionsabgabenrecht, 1992). Sie regelt die Konzessionsabgabe allerdings nur für Strom- und Gasleitungen, nicht für Wasserleitungen. Insoweit
bleibt es beim alten Rechtszustand.

– Zum alten Recht vgl. *BVerwG* NVwZ 1991, 1192.

6.2.3. Diese „**sonstigen Einnahmen**" sind in der Gemeindeordnung Sachsen 752
im Gegensatz zu den anderen Bundesländern nicht ausdrücklich in die
„Rangfolge der Einnahmequellen" aufgenommen. Ihre Rangbestimmung
folgt jedoch aus spezialgesetzlichen und logischen Erwägungen.

6.3. Entgelte für Leistungen

Daneben hat die Gemeinde im Interesse einer gerechten Lastenverteilung, 753
soweit vertretbar und geboten, selbst zu bestimmende **Entgelte** für ihre
Leistungen zu erheben. **Entgelte** in diesem Sinne sind **alle öffentlich-recht-**
lichen und **privatrechtlichen Ansprüche, die der Gemeinde** kraft Gesetzes
oder kraft Rechtsgeschäft **als Gegenleistung** vom Bürger **für eine konkrete**
Leistung zustehen. Hierunter fallen im wesentlichen **öffentlich-rechtliche**
sowie **privatrechtliche Vertragsentgelte,** etwa für die Benutzung öffentlicher Einrichtungen (hierzu *BGH* NJW 1992, 171 mwN).

Relativiert wird diese Rangfolge durch die unbestimmten Rechtsbegriffe
der **Vertretbarkeit** und des **Gebotenseins** sowie der Pflicht zur **Rücksicht-**
nahme auf die wirtschaftlichen Kräfte der Zahlungspflichtigen.

– Vgl. § 73 Abs. 2 Ziff. 1 und Abs. 3 GemO.

Das Prinzip des Gebotenseins verweist auf die Beachtung des Äquiva-
lenzprinzips als Ausfluß des Verhältnismäßigkeitsgrundsatzes, der **Grund-**
satz der Vertretbarkeit und das Rücksichtnahmegebot reklamieren die
Heranziehung des Sozialstaatsprinzips, speziell des Zumutbarkeitsgedan-
kens zur Rangbestimmung.

Das **Äquivalenzprinzip** gibt eine Entgeltobergrenze an und beläßt insoweit der Gemeinde **keinen Gestaltungsspielraum.** Soweit eine Entgeltsfest-
setzung zum Zwecke der Deckung einer Finanzierungslücke zu einem (groben) Mißverhältnis zwischen Leistung der Verwaltung und Höhe des Entgelts führen würde, muß die Gemeinde die Restfinanzierung im Bereich der
dritten Rangstelle vornehmen.

Einen gerichtlich nur beschränkt überprüfbaren **Gestaltungsspielraum**
eröffnet hingegen das Sozialstaatsprinzip. In welcher Weise und bis zu

welcher Grenze die Gemeinde bei der Entgeltsgestaltung „die Schwachen schonen" will, liegt in ihrem relativ weiten **Ermessen** (vgl. hierzu *Gern*, DVBl. 1984, 1194 mwN).

754 **Schaubild Nr. 10: Einnahmen und Ausgaben der Gemeinden (Gemeindeverbände) 1991 und 1992**

GEMEINDE-

Einnahmen	91	92	91	92
	in Mrd. DM		in %	
Verwaltungshaushalt				
Steuern	74,00	77,90	+ 7,0	+ 5,3
Gebühren	48,70	53,10	+11,1	+ 9,0
Zuweisungen von Land/Bund	44,40	47,00	+ 8,4	+ 5,9
Sonstige	26,30	28,80	+ 6,8	+ 9,5
Zusammen	193,40	206,80	+ 8,3	+ 6,9
Vermögenshaushalt				
Überschuß des Verwaltungshaushalts	17,80	18,90	– 4,6	+ 6,2
Zuweisungen von Land/Bund	13,40	13,10	+ 2,3	– 2,2
Kredite	14,00	14,50	+28,3	+ 3,6
Sonstige	18,70	18,10	+ 9,7	– 3,2
Zusammen	63,90	64,60	+ 7,0	+ 1,1
Abschluß				
Einnahmen ohne bes. Finanzierungsvorg.	220,10	223,00	+ 7,6	+ 5,9
Finanzierungssaldo	– 7,60	– 8,00	•	•

FINANZEN *

Einnahmen	91	92	91	92
	in Mrd. DM		in %	
Verwaltungshaushalt				
Personal	70,40	74,70	+ 9,9	+ 6,1
Sachaufwand	45,00	47,30	+ 8,8	+ 5,1
Soziales	35,00	37,60	+ 9,8	+ 7,4
Sonstige	25,20	28,30	+11,6	+12,3
Zusammen	175,60	187,90	+ 9,8	+ 7,0
Vermögenshaushalt				
Sachinvestitionen	45,70	46,30	+ 7,7	+ 1,3
Tilgung	8,00	8,00	– 0,9	–
Sonstige	11,00	11,10	– 1,9	+ 0,9
Zusammen	64,70	65,40	+ 4,9	+ 1,1
Abschluß				
Ausgaben ohne bes. Finanzierungsvorg.	227,70	241,00	+ 9,4	+ 5,8

* in den alten Ländern

6.4. Kommunale Steuern

Soweit der kommunale Finanzbedarf weder durch Abgaben im Sinne des **755**
§ 73 Abs. 1 GemO, noch durch sonstige Einnahmen noch durch Leistungsentgelte gedeckt werden kann, hat die Gemeinde an **dritter Stelle** im Rahmen der Leistungsfähigkeit der Pflichtigen kommunale **Steuern** zu erheben.
– Vgl. § 73 Abs. 2 Ziff. 2 GemO.

Durch spezielle gesetzliche Regelungen kann diese Rangfolge der Steuererhebung geändert werden, so etwa wenn kommunale Pflichtsteuern, etwa die
Hundesteuer, zu erheben sind.

Das auch in diesem Rahmen zu beachtende Gebot der Rücksichtnahme
erfordert hier die **Einbringung sozialer Gesichtspunkte** in die Steuerbemessung sowie ein **Verbot der erdrosselnden Steuererhebung** (vgl. hierzu
BVerfGE 29, 402, 413; NJW 1976, 101).

6.5 Kreditaufnahme

An letzter Rangstelle steht die Möglichkeit der Kreditaufnahme für die **756**
Gemeinden, **wenn eine andere Ausgabenfinanzierung nicht möglich ist
oder wirtschaftlich** unzweckmäßig wäre. Kreditfinanzierung bedeutet in
der Regel die Vorbelastung künftiger Haushalte und ist deshalb mit Blick auf
das Demokratieprinzip nur unter engen Voraussetzungen zulässig.

Kredit ist nach der Gemeindehaushaltsverordnung das unter Verpflichtung zur Rückzahlung von Dritten oder von Sondervermögen aufgenommene Kapital mit Ausnahme der Kassenkredite. **Kassenkredite** dienen der Sicherung der Liquidität der Gemeindekasse und werden **vorübergehend** zur
zeitlichen Überbrückung der Finanzierung von Ausgaben des Vermögenshaushalts bis zum Eingang der regulären, haushaltsmäßig vorgesehenen
Deckungsmittel in Anspruch genommen. Konkret dürfen **Kredite nur im
Vermögenshaushalt für Investitionen,** Investitionsförderungsmaßnahmen
und zur Umschuldung aufgenommen werden (vgl. hierzu *VGH BW* EKBW
§ 42 E 7; *Schützenmeister,* LKV 1992, 80).

Zur **Rangfolge** vgl. allg. *BVerwG* DÖV 1993, 1093; *VGH Kassel* NVwZ 1992, 807;
kritisch *Schock* NVwZ 1990, 809; Carsten GHH 1990, 57.
– Zur **Sonderfinanzierung** gemeindlicher Aufgaben, insbesondere durch **Kommunal-Leasing** vgl. *Sperl/Bertold,* Finanzwirtschaft, 1992, S. 177 f., 207 f.
– Weiterführend: *Jünger/Walter,* Finanzierungsformen bei kommunalen Investitionen,
1987.

7. Die Rechtsnatur der Rangfestlegung

7.1. Die Grundsätze über die Rangfolge der Einnahmequellen sind **verbind-** **757**
liches Haushaltsrecht für die Gemeinden (*VGH BW* Urteil v. 31. 8. 1989, 2
S 2805/87). Allerdings besitzen die Gemeinden aus der Natur der Sache einen
weiten Beurteilungsspielraum bei der Rangfestlegung, der nur der beschränkten gerichtlichen Überprüfung unterliegt. Nach der Rechtsprechung

des *VGH BW* (vgl. KStZ 1990, 35) wird dieser Beurteilungsspielraum erst dann überschritten, wenn die Gemeinde sich im Zeitpunkt der Beschlußfassung erkennbar von tatsächlichen oder rechtlich unhaltbaren Annahmen oder Prognosen leiten ließ, eindeutig sachfremde Überlegungen den Ausschlag gegeben haben oder sie erkennbar keinerlei Erwägungen über die Wirtschaftlichkeit von kostenverursachenden Maßnahmen, die Einnahmebedarf auslösen, angestellt hat (*VGH*, aaO).

7.2. Die Verpflichtung zur Beachtung der Rangfestlegung gilt nur für die landesrechtlich, nicht für die bundesrechtlich geregelten Einnahmequellen. Für sie entfaltet die Rangfestlegung mit Blick auf Art. 31 GG keine Bindungswirkung (*BVerwG* DÖV 1993, 1093 – für die Gewerbesteuer).

7.3. Bei Nichtbeachtung hat die **Kommunalaufsicht** die Möglichkeit zum **Einschreiten** (*OVG Koblenz* NVwZ 1986, 148 mwN; OVG Münster OVGE 34, 233; *VGH Kassel* NVwZ 1992, 807). Darüber hinaus vermag die Rangfolgeregelung **ausnahmsweise** auch **Rechte Dritter,** speziell der Abgabepflichtigen, zu begründen. Ein Abgabenbescheid kann hiernach rechtswidrig werden, wenn die Rangfolgegrundsätze nicht beachtet worden sind.

III. Haushaltssatzung

1. Rechtsgrundlage

758 Die als Ausfluß der Finanzhoheit bestehende **Haushaltshoheit** ermöglicht der Kommune die Planung der Haushaltswirtschaft. Spezielle Rechtsgrundlage der gemeindlichen Haushaltswirtschaft ist die **Haushaltssatzung.** Sie **gibt den Rahmen für die in der Haushaltsperiode zu tätigenden Einnahmen und Ausgaben** der Gemeinde. Die Gemeinde hat eine Haushaltssatzung für jedes Haushaltsjahr zu erlassen. Haushaltsjahr ist grundsätzlich das Kalenderjahr.
– Vgl. § 74 Abs. 1 GemO.

Die Haushaltssatzung enthält **folgende Festsetzungen:**
(1) Den **Haushaltsplan** unter Angabe des Gesamtbetrags
  – der Einnahmen und der Ausgaben des Haushaltsjahres,
  – der vorgesehenen Kreditaufnahmen für Investitionen und Investitionsförderungsmaßnahmen **(Kreditermächtigung),**
  – der vorgesehenen Ermächtigung zum Eingehen von Verpflichtungen, die künftige Haushaltsjahre mit Ausgaben für Investitionen und Investitionsförderungsmaßnahmen belasten **(Verpflichtungsermächtigungen),**
(2) den **Höchstbetrag der Kassenkredite,**
(3) **die Steuerhebesätze,** die für jedes Haushaltsjahr neu festzusetzen sind.
Alternativ ist nach § 25 GrStG und § 25 GewStG auch eine Festsetzung

III. Haushaltssatzung

der Grund- und Gewerbesteuerhebesätze durch besondere Steuersatzung möglich. Außerdem können **weitere Vorschriften** aufgenommen werden, die sich auf Einnahmen und Ausgaben sowie den Stellenplan für das Haushaltsjahr beziehen.

– Vgl. § 74 Abs. 2 GemO.

Die Haushaltssatzung tritt mit Beginn des Haushaltsjahres in kraft und gilt für das Haushaltsjahr.

– Vgl. § 74 Abs. 3 GemO.

2. Rechtsnatur der Haushaltssatzung

Ihrer **Rechtsnatur** nach ist die Haushaltssatzung eine **Pflichtsatzung** mit 759 verschiedenen Besonderheiten. Soweit sie haushaltsrechtliche Vorschriften enthält, kommt ihr **nur interne Bindungswirkung** zu

– Vgl. § 75 Abs. 4 S. 1 GemO.

und ist insoweit **Satzung im formellen Sinne** (vgl. zuletzt *VGH BW* Beschluß vom 27. 2. 1989, 1 S 983/87). Materielle Rechtssätze gegenüber unbestimmten Dritten, d. h. **Wirkung im Außenverhältnis** enthalten **nur** die abgabenrechtlichen Regelungen der Haushaltssatzung in Gestalt der **Festsetzung der Steuerhebesätze** (*VGH,* aaO, mwN). Im übrigen werden durch die Haushaltssatzung und den Haushaltsplan **Ansprüche** und Verbindlichkeiten zugunsten oder zulasten Dritter **nicht begründet.**

– Vgl. § 75 Abs. 4 S. 2 GemO und *VGH BW* NVwZ 1987, 253; *BVerwG* NJW 1979, 2059.

So können etwa Private **keine subjektiven Rechte auf Bezuschussung direkt aus der Haushaltssatzung** herleiten. Umgekehrt **kann sich die Gemeinde** gegenüber Ansprüchen Dritter gegen die Gemeinde **nicht „auf die leere Haushaltskasse"** oder die Nichteinstellung der Verbindlichkeit in den Haushaltsplan berufen. Die Haushaltssatzung wird durch die **Rechtsaufsichtsbehörde** im Hinblick auf die Einhaltung des **Gesetzmäßigkeitsprinzips** uneingeschränkt **überprüft.** Eine Überprüfung ist auch möglich im Wege der **Inzidentkontrolle** bei Klagen gegen Vollzugsakte der Haushaltssatzung (z. B. Gewerbesteuerfestsetzung) oder auch im Wege der **abstrakten Normenkontrolle** gem. § 47 VwGO. Eine **Antragsbefugnis** ist indes nur in den Fällen der Rüge von außenrechtswirksamen Normen, etwa der festgesetzten Realsteuerhebesätze gegeben (*VGH BW* ESVGH 15, 193; *VGH* Beschluß vom 27. 2. 1989, aaO). Weitergehende Rechte stehen auch nicht einem Gemeinde- oder Ortschaftsrat, etwa aus einem Eingemeindungsvertrag oder aufgrund seiner Mitgliedschaft in diesen Gremien zu. **Eingemeindungsverträge geben den Bürgern** regelmäßig **keine eigenen Rechtsansprüche;** Rechtsansprüche lassen sich **auch nicht aus der organschaftlichen Funktion eines Gemeinderats** herleiten. So kann sich ein Gemeinderat nicht auf den in **Art. 20 Abs. 3**

271

GG niedergelegten Grundsatz der Gesetzmäßigkeit der Verwaltung berufen, da dieser Verfassungsgrundsatz in dieser Ausformung **objektivrechtlicher Natur** ist und **keine subjektiven Rechtspositionen** begründet. Ein **Klage- oder Antragsrecht** gegenüber einem seiner Meinung nach rechtswidrigen Gemeinderatsbeschluß besteht deshalb **zugunsten eines Ratsmitglieds nicht** (*BVerwG* DÖV 1972, 350; *VGH,* aaO).

Soweit durch einen Antragsteller ein **Nachteil wegen** der **Festsetzung von Steuerhebesätzen** geltend gemacht wird, ist die **Normenkontrolle nur dann begründet,** wenn der den Kommunen zustehende weite **Gestaltungsspielraum** hinsichtlich der Festsetzung der Steuer(-hebe)sätze **überschritten** ist. **Grenzen** in diesem Sinne markiert speziell das **Willkürverbot** (vgl. auch *VGH BW* U. v. 5. 10. 1989, 2 S 1429/87).

Soweit die Steuer(hebe)sätze unwirksam festgesetzt werden, ist die Haushaltssatzung **teilnichtig** (zu den Rechtsfolgen vgl. Gern NVwZ 1987, 851).

3. Erlaß der Haushaltssatzung

760 3.1. Für den **Erlaß der Haushaltssatzung** ist ein besonderes, im wesentlichen nach allen Gemeindeordnungen gleich geregeltes **Verfahren** vorgeschrieben. Der **Entwurf** der Haushaltssatzung ist nach ortsüblicher Bekanntgabe **an 7 Tagen öffentlich** auszulegen. Einwohner und Abgabepflichtige können bis zum Ablauf des 7. Arbeitstages nach dem letzten Tag der Auslegung Einwendungen gegen den Entwurf erheben. In der ortsüblichen Bekanntgabe der Auslegung ist auf diese Frist hinzuweisen. Über fristgemäß erhobene **Einwendungen beschließt der Gemeinderat** in öffentlicher Sitzung.

– Vgl. § 76 Abs. 1 GemO.

Die **Haushaltssatzung** selbst ist vom Gemeinderat **in öffentlicher Sitzung** zu beraten und zu beschließen.

– Vgl. § 76 Abs. 2 GemO.

Sie ist zum Zwecke der Rechtskontrolle der **Rechtsaufsichtsbehörde vorzulegen;** sie soll ihr spätestens einen Monat vor Beginn des Haushaltsjahres vorliegen.

Mit der öffentlichen Bekanntmachung der Haushaltssatzung ist der Haushaltsplan an 7 Arbeitstagen öffentlich auszulegen; in der Bekanntmachung ist auf die Auslegung hinzuweisen. Enthält die Haushaltssatzung genehmigungspflichtige Teile, kann sie erst nach der Genehmigung öffentlich bekanntgemacht werden.

– Vgl. § 76 Abs. 3 und 4 GemO.

761 3.2 Genehmigungspflichtig ist grundsätzlich der **Gesamtbetrag** der in der Haushaltssatzung vorgesehenen **Kreditaufnahmen** sowie der **Verpflichtungsermächtigungen,** soweit in den Jahren, in denen voraussichtlich Ausgaben aus den Verpflichtungsermächtigungen zu leisten sind, Kreditaufnah-

men vorgesehen sind. Weiter bedarf der Genehmigung auch der **Höchstbetrag der Kassenkredite.**
– Vgl. § 81 Abs. 4; 82 Abs. 2; 84 Abs. 2 GemO.

Die **Genehmigung** ist entgegen *OVG Münster* (DÖV 1988, 648) **keine (kondominiale) Maßnahme der Fachaufsicht,** sondern Akt der Rechtsaufsicht. Der Erlaß der Haushaltssatzung gehört zum weisungsfreien Bereich der Finanzhoheit. Eine Teilhochzonung der Verantwortlichkeit zugunsten des Landes hat der Gesetzgeber nicht vorgenommen. Überwiegende Gründe des Gemeinwohls für eine Teilhochzonung bestehen im übrigen auch nicht (vgl. hierzu 8. Kap.). Für (politische) Zweckmäßigkeitsüberlegungen der Aufsicht ist deshalb im Rahmen der Genehmigungsentscheidung kein Raum. Zum Streitstand vgl. auch *Hill,* Gutachten DJT 1990, 36f.

3.3. Verfahrensfehler, etwa die Versäumung der öffentlichen Auslegung **762** **des Entwurfs oder der Mißachtung der Genehmigungspflicht** oder der **öffentlichen Bekanntmachung** der Satzung **führen grundsätzlich zur Rechtswidrigkeit der Satzung** und zur Befugnis der Gemeindeaufsicht, die Satzung zu beanstanden (*VGH BW BW*VPr 1976, 275; *BVerwG* KStZ 1977, 218). **Mängel in der Auslegung** des Haushaltsplans sind **hingegen ohne Rechtsfolgen** auf die Wirksamkeit. Dasselbe gilt für die **Versäumung der Vorlagepflicht.** Allerdings **darf der Haushaltsplan erst vollzogen werden, wenn die Rechtsaufsichtsbehörde die Gesetzmäßigkeit bestätigt** oder die Satzung innerhalb eines Monats nicht beanstandet hat.

IV. Haushaltsplan

Hauptbestandteil der Haushaltssatzung ist der **Haushaltsplan.** **763**
– Vgl. § 75 GemO.

Er enthält alle im Haushaltsjahr für die Erfüllung der Aufgaben der Gemeinde voraussichtlich eingehenden **Einnahmen,** die zu leistenden **Ausgaben** sowie die notwendigen **Verpflichtungsermächtigungen.** Der Haushaltsplan enthält ferner den **Stellenplan.** Er weist den Stellenbedarf für das Haushaltsjahr aus.
– Vgl. § 75 Abs. 1 und 2 GemO.

Für seine Aufstellung und seinen Vollzug gelten folgende Rechtsgrundsätze (Haushaltsgrundsätze), die in der nach einem einheitlichen Musterentwurf konzipierten, im wesentlichen in allen Bundesländern gleichlautenden jeweiligen **Gemeindehaushaltsverordnung** konkretisiert sind und Ausformungen des Demokratie- und Rechtsstaatsgrundsatzes darstellen.

1. Der Haushalt ist in einen **Verwaltungs- und in einen Vermögenshaus-** **764** **halt zu gliedern.**
– Vgl. § 75 Abs. 3 GemO.

Dabei fallen alle Einnahmen und Ausgaben in den Verwaltungshaushalt, soweit sie durch die Gemeindehaushaltsverordnung nicht speziell zur Einstellung in den Vermögenshaushalt vorgesehen sind. **Die Zuordnung richtet sich nach vermögenswirksamen Gesichtspunkten, die den Bestand des Gemeindevermögens** berühren. **Formal gegliedert** wird der Haushaltsplan in **Einzelpläne, Abschnitte und Unterabschnitte** sowie in **Hauptgruppen, Gruppen und Untergruppen.** Die einheitliche Gliederung und Gruppierung dient der Einheitlichkeit, Transparenz und Vergleichbarkeit der Haushalte.

– Vgl. zu weiteren Einzelheiten *Depierieux,* Grundriß des Gemeindehaushaltsrechts, 1982; *Schmidt-Jortzig/Makswit,* Handbuch des kommunalen Finanz- und Haushaltsrecht, 1991.

765 2. Wesentliche **Bestandteile** des Haushaltsplans sind der Gesamtplan, die Einzelpläne, die Sammelnachweise und der Stellenplan.

Zwingende **Anlagen** des Haushaltsplans sind

– der Vorbericht,

– der Finanzplan,

– eine Übersicht über die aus Verpflichtungsermächtigungen in den einzelnen Jahren voraussichtlich fällig werdenden Ausgaben,

– eine Übersicht über den voraussichtlichen Schulden- und Rücklagenstand,

– die **Wirtschaftspläne** und neuesten **Jahresabschlüsse der Sondervermögen,** für die Sonderrechnungen geführt werden, sowie für **Minderheitsbeteiligungen** der Gemeinde.

– Vgl. § 2 Abs. 2 GemHVO.

Während die **Bestandteile** des Haushaltsplans an der **Satzungsqualität** der Haushaltssatzung teilnehmen, besitzen die beizufügenden **Anlagen keine Rechtsnormqualität.** Sie können deshalb durch schlichten Beschluß des Gemeinderats geändert oder aufgehoben werden.

766 3. Der **Haushaltsplan** muß in jedem Haushaltsjahr unter Berücksichtigung von Fehlbeträgen aus Vorjahren in den Einnahmen und in den Ausgaben **ausgeglichen sein.**

– Vgl. § 72 Abs. 3 GemO und *Schmidt-Jortzig/Maskwit,* aaO, Rdnr. 325 mwN.

Ein unausgeglichener Haushaltsplan ist von der Rechtsaufsichtsbehörde zu beanstanden. Ist das **Prinzip des Haushaltsausgleichs verletzt,** hat dieser Rechtsfehler indes **keine Auswirkung** auf die Rechtswirksamkeit des Haushaltsplans.

767 4. Es gilt das Prinzip der **Jährlichkeit.** Nach § 74 Abs. 1 GemO sind die Haushaltssatzungen und der Haushaltsplan grundsätzlich für jedes Jahr zu erlassen.

– Vgl. § 74 Abs. 1 GemO und hierzu näher *Kloepfer,* Jura 1979, S. 179, 182; *Schmidt-Jortzig/Makswit,* aaO, Rdnr. 388.

768 5. Seiner Rechtsnatur als Planungsinstrument entsprechend gilt für den Haushaltsplan das Prinzip der **Vorherigkeit,** d. h. er ist vor Beginn des Haushaltsjahres aufzustellen.

– Vgl. § 74 GemO.

769 6. Der Haushaltsplan hat **alle** im Haushaltsjahr für die Erfüllung der Aufgaben der Gemeinde **voraussichtlich** eingehenden Einnahmen usw. zu enthal-

ten (Prinzip der **Vollständigkeit**) (vgl. hierzu *BVerfG* NVwZ 1991, 54).
Mehrere Haushaltspläne sind unzulässig.
– Vgl. § 7 Abs. 1 und 2 GemHVO.

7. Grundsätzlich sind alle Einnahmen und Ausgaben des Haushaltsjahres in   770
den Haushaltsplan einzustellen, soweit sie im Haushaltsjahr kassenwirksam
werden, mithin deckungsfähige und deckungsbedürftige Einnahmen und
Ausgaben sind (Prinzip der **Kassenwirksamkeit**).
– Vgl. § 7 Abs. 1 GemHVO; *OVG Münster* DVBl. 1980, 765 (766); *Weeber,* BWVPr
   1980, 179 f.

8. Einnahmen und Ausgaben sind in voller Höhe und getrennt voneinander   771
zu veranschlagen. Eine gegenseitige Aufrechnung ist unzulässig **(Prinzip der
Bruttoveranschlagung).**
– Vgl. § 7 Abs. 2 GemHVO.

9. Die Einnahmen sind einzeln nach ihrem Entstehungsgrund, die Ausgaben   772
nach ihren Einzelzwecken zu veranschlagen (Gebot der **sachlichen Spezifi-
zierung).**
– Vgl. § 7 Abs. 3 GemHVO.

10. Es gilt das Prinzip der **Gesamtdeckung.** Nach der Gemeindehaushalts-   773
verordnung dienen die Einnahmen insgesamt zur Deckung aller Ausgaben,
getrennt nach Verwaltungs- und nach Vermögenshaushalt. **Im Regelfall** ist
eine **Zweckbindung nicht vorgesehen** (Non-Affektationsprinzip).
– Vgl. hierzu §§ 16 und 17 GemHVO; *Dillmeier/Bauer,* GHH 1972, 270; *Schmidt-
Jortzig/Maskwit,* aaO, Rdnr. 412 f.

Ausnahmen bedürfen eines Gesetzes.

11. Alle Einnahmen und Ausgaben müssen, soweit sie nicht errechenbar   774
sind, **sorgfältig geschätzt werden.** Außerdem sollen sie für denselben Haus-
haltszweck im Interesse der Transparenz nicht an verschiedenen Stellen im
Haushaltsplan veranschlagt werden (Prinzip der **Klarheit und Wahrheit**).
– Vgl. § 7 Abs. 1 und 4 GemHVO.

12. Tragendes Prinzip ist schließlich der Grundsatz der **Publizität.** Bereits   775
der Entwurf der Haushaltssatzungen und des Haushaltsplans mit seinen Teilen ist in Sachsen an 7 Arbeitstagen öffentlich auszulegen und auf diese Auslegung durch ortsübliche Bekanntgabe hinzuweisen.
– Vgl. § 76 Abs. 1 S. 1 GemO.

Weiterhin ist die Haushaltssatzung in der Gemeindevertretung **in öffentlicher Sitzung zu beschließen.** Dem Gedanken der Publizität dient auch die
Auslegung des Haushaltsplans mit Anlagen an 7 Arbeitstagen und der Hinweis in der Bekanntmachung der Haushaltssatzung auf die Auslegung.
– Vgl. § 76 Abs. 4 GemO; hierzu *Schmidt-Jortzig/Makswit,* aaO, Rdnr. 335 f.

13. Dem Haushaltsplan kommt eine **Bindungswirkung** für die Verwaltung   776
zu. Sie besteht darin, den Gemeindehaushalt nach dem Haushaltsplan zu

führen. **Adressat** sind die **Organe der Gemeinde** sowie die **Gemeindeverwaltung.**
– Vgl. § 75 Abs. 4 GemO.

Eine Einschränkung der Bindung ergibt sich aus verschiedenen Vorschriften der Gemeindeordnung und der Gemeindehaushaltsverordnung. Dies gilt etwa im Rahmen der Regelungen über die **Zulässigkeit von über- und außerplanmäßigen Ausgaben.**
– Vgl. hierzu § 79 GemO und *VG Sigmaringen* VBlBW 1990, 355.
– Zu den Haushaltsgrundsätzen vgl. allg. auch *Patzig/Traber*, Haushaltsrecht des Bundes und der Länder, S. 109 f.

777 Schaubild Nr. 11: Muster einer Haushaltssatzung

Aufgrund von § 74 der Gemeindeordnung hat der Gemeinderat am . . . folgende **Haushaltssatzung** für das Haushaltsjahr . . . beschlossen:

§ 1
Der Haushaltsplan wird festgesetzt mit

1. den Einnahmen und Ausgaben von je	DM 37 856 000,–
davon im Verwaltungshaushalt	DM 25 823 000,–
Im Vermögenshaushalt	DM 12 033 000,–

2. dem Gesamtbetrag der vorgesehenen Kreditaufnahmen
   (Kreditermächtigung von   DM 3 160 000,–
   für Investitionen und Investitionsförderungsmaßnahmen)

3. dem Gesamtbetrag der Verpflichtungsermächtigungen
   von   DM 4 610 000,–

§ 2
Der Höchstbetrag der Kassenkredite wird festgesetzt
auf   DM 5 150 000,–

§ 3
Die Hebesätze werden festgesetzt
1.) für die Grundsteuer
a) für die land- und forstwirtschaflichen Betriebe
   (Grundsteuer A) auf   275 v. H.
b) für die Grundstücke (Grundsteuer B) auf   240 v. H.
   der Steuermeßbeträge
2.) für die Gewerbesteuer auf   330 v. H.
   der Steuermeßbeträge

§ 4
Der dem Haushaltsplan beigefügte Stellenplan ist Bestandteil der Haushaltssatzung.

. . . ,den
gez. Bürgermeister

V. Nachtragssatzung

14. Der **Vollzug des Haushaltsplanes** und speziell die **Bewirtschaftungsbe-** 778
fugnis, d. h. das Recht zur Verfügung über die Haushaltsmittel richtet sich
nach den Regeln der Gemeindeordnung über die Organzuständigkeit.

15. Die **Kassengeschäfte** obliegen der **Gemeindekasse.** Ihre Befugnisse rich- 779
ten sich nach der bestehenden **Gemeindekassenverordnung.**

Zu den Kassengeschäften gehören
- die Annahme der Einnahmen und die Leistung von Ausgaben,
- die Verwaltung der Kassenmittel,
- die Verwahrung von Wertgegenständen,
- die Buchführung,
- die Mahnung, Beitreibung und Einleitung der Zwangsvollstreckung,
- die Festsetzung, Stundung, Niederschlagung und der Erlaß von Mahnge-
bühren, Vollstreckungskosten und Nebenforderungen.

Voraussetzung der Annahme von Einnahmen ist nach der Gemeindekassenverordnung eine **Annahme-Anordnung,** der Leistung von Zahlungen
eine **Auszahlungs-Anordnung,** der Buchung eine **Buchungs-Anordnung,**
der Verwahrung von Gegenständen bzw. deren Auslieferung eine **Einliefe-
rungs- oder Auslieferungs-Anordnung** der anordnenden Verwaltungsstelle. Die Bediensteten der Kasse selbst dürfen keine Kassen-Anordnungen
erteilen. Ihrer **Rechtsnatur** nach sind Kassen-Anordnungen **verwaltungsinterne Anordnungen.**

V. Nachtragssatzung

Die Haushaltssatzung kann nur durch eine **besondere Form der Ände-** 780
rungssatzung, die sogenannte **Nachtragssatzung** geändert werden.
- Vgl. § 77 GmO.

Die Gemeinden haben unverzüglich eine Nachtragssatzung zu erlassen,
wenn
- sich zeigt, daß ein **erheblicher Fehlbetrag** entstehen würde und dieser sich
nicht durch andere Maßnahmen vermeiden läßt;
- bisher **nicht veranschlagte oder zusätzliche Ausgaben bei einzelnen
Haushaltsstellen** in einem Verhältnis zu den Gesamtausgaben des Haushaltsplans **erheblichen Umfang** geleistet werden müssen;
- **Ausgaben des Vermögenshaushalts für bisher nicht veranschlagte Investitionen** oder Investitionsförderungsmaßnahmen geleistet werden sollen;
- **Bedienstete,**(Beamte, Angestellte oder Arbeiter) **eingestellt,** angestellt,
befördert oder in eine höhere Vergütungs- oder Lohngruppe eingestuft
werden sollen und der **Stellenplan** die entsprechenden **Stellen nicht enthält.**
- Vgl. § 77 Abs. 2 und zu den **Ausnahmen** § 77 Abs. 3 GemO.

Für die Nachtragssatzung gelten grundsätzlich dieselben Verfahrensvorschriften wie für die Haushaltssatzung.

VI. Vorläufige Haushaltsführung

781 **1.** Ist die Haushaltssatzung bei Beginn des Haushaltsjahres noch nicht erlassen, darf die Gemeinde
  – **Ausgaben** leisten, zu deren Leistung sie **rechtlich verpflichtet** ist oder die für die Weiterführung notwendiger Aufgaben **unaufschiebbar** sind; sie darf insbesondere Bauten, Beschaffungen und sonstige Leistungen des Vermögenshaushalts, für die im Haushaltsplan eines Vorjahres Beträge vorgesehen waren, fortsetzen,
  – **Abgaben** vorläufig nach den Sätzen des Vorjahres erheben,
  – **Kredite umschulden.**
  Unter **einschränkenden Kautelen** darf sie auch **Kredite aufnehmen.** Der **Stellenplan** des Vorjahres gilt bis zum Erlaß der neuen Haushaltssatzung weiter.

  – Vgl. § 78 GemO.

2. Die Regeln über die vorläufige Haushaltsführung **schränken** den **Haushaltsgrundsatz der Vorherigkeit** im Interesse der Weiterführung notwendiger Aufgaben und der Erfüllung bestehender rechtlicher Verpflichtungen **ein.**

VII. Finanzplanung

782 Eine Konkretisierung der Pflicht, die Haushaltswirtschaft so zu planen und zu führen, daß die stetige Erfüllung der gemeindlichen Aufgaben gesichert ist, stellt die **Verpflichtung der Gemeinde zur Finanzplanung** dar. Die Gemeinde hat ihrer Haushaltswirtschaft eine **5-jährige Finanzplanung** zugrundezulegen. Das 1. Planungsjahr der Finanzplanung **ist** das laufende Haushaltsjahr. In der Finanzplanung sind **Umfang und Zusammensetzung der voraussichtlichen Ausgaben und die Deckungsmöglichkeiten** darzustellen. Weiter ist als Grundlage für die Finanzplanung ein **Investitionsprogramm** aufzustellen. Der Finanzplan ist mit dem Investitionsprogramm dem Gemeinderat spätestens mit dem Entwurf der Haushaltssatzung vorzulegen. Sowohl Finanzplan als auch das Investitionsprogramm sind **jährlich der Entwicklung anzupassen** und fortzuführen.

  – Vgl. § 80 GemO.

  Das Investitionsprogramm und der Finanzplan werden vom Gemeinderat **beschlossen** und sind dem Haushaltsplan nach § 2 Abs. 2 ff der Gemeindehaushaltsverordnung beizufügen.
  Ihrer **Rechtsnatur** nach ist die Finanzplanung ein **schlichter Beschluß** mit interner Bindungswirkung für Gemeindevertretung und Verwaltung. Rechtsnormcharakter kommt diesem Beschluß nicht zu. Die Änderung des Finanzplans erfolgt durch Änderungsbeschluß.

Bei der Aufstellung und Fortschreibung des Finanzplans sollen die vom Staatsministerium des Innern auf der Grundlage der Empfehlungen des Finanzplanungsrats bekanntgegebenen **Orientierungsdaten** über die voraussichtliche allgemeine Wirtschafts- und Finanzentwicklung berücksichtigt werden.

– Vgl. § 24 Abs. 3 GemHVO.

VIII. Gemeindevermögen

1. Vermögensarten

Zum Gemeindevermögen zählen alle unbeweglichen und beweglichen **783 Sachen und grundstücksgleichen Rechte, die Eigentum der Gemeinde sind oder ihr zustehen sowie sonstige ihr zustehende vermögenswerte Rechte,** z. B. Straßen, Grünanlagen, Gebäude, Büroausstattung, Fahrzeuge, Beteiligungen an Wirtschafts- und Versorgungsunternehmen.

– Vgl. §§ 37, 38 GemHVO.

Arten des Vermögens sind
– das Anlagevermögen,
– das Finanzvermögen,
– das Sondervermögen,
– das Treuhandvermögen.
Die Arten des Vermögens sind in der **Gemeindehaushaltsverordnung** umschrieben.

1.1. Das **Anlagevermögen** dient der dauernden Aufgabenerfüllung.   **784**

– Vgl. Anlage 1 Ziff. 2 zur GemHVO.

Man kann es unterscheiden in
– Sachanlagevermögen:
Unbewegliche Sachen, bewegliche Sachen mit Ausnahme geringwertiger Wirtschaftsgüter i. S. des EStG, dingliche Rechte.
– **Finanzanlagevermögen:**
Beteiligungen sowie Wertpapiere, die die Gemeinde zum Zweck der Beteiligung erworben hat; Forderungen aus Darlehen, die die Gemeinde aus Mitteln des Haushalts in Erfüllung einer Aufgabe gewährt hat; Kapitaleinlagen der Gemeinde in Zweckverbänden oder anderen kommunalen Zusammenschlüssen; das von der Gemeinde in ihre Sondervermögen mit Sonderrechnung eingebrachte Eigenkapital.

1.2. Zu **Finanzvermögen** gehören **die Rücklagen** (hierzu § 85 GemO).   **785**
Rücklagen sind Geldbestände, die **aus der jährlichen Haushaltswirtschaft ausgeschieden werden.** Sie werden unterteilt in die
– **allgemeine Rücklage:**

Sie dient der
- Sicherung der rechtzeitigen Leistung von Ausgaben (Betriebsmittel der Kasse),
- der Erleichterung der Deckung des Ausgabenbedarfs im Vermögenshaushalt künftiger Jahre.
- **Sonderrücklage.**
- Vgl. § 20 GemHVO.

786 1.3. Sondervermögen der Gemeinde sind
- das Vermögen der Eigenbetriebe und der öffentlichen Einrichtungen, für die aufgrund gesetzlicher Vorschriften Sonderrechnungen geführt werden;
- das Vermögen der rechtlich unselbständigen örtlichen Stiftungen.
- Vgl. § 91 Abs. 1 GemO.

Sondervermögen nach § 91 Abs. 1 Nr. 2 GemO unterliegen den Vorschriften über die Haushaltswirtschaft. Sie sind im Haushalt der Gemeinde gesondert nachzuweisen.
- Vgl. § 91 Abs. 2 GemO, sowie allg. *Depiereux, Grundriß*, S. 111.

787 1.4. Zum **Treuhandvermögen** gehören
- rechtlich selbständige örtliche Stiftungen (vgl. hierzu § 94 GemO),
- Vermögen, das die Gemeinde nach besonderem Recht treuhänderisch zu verwalten hat.

Für Treuhandvermögen sind **besondere Haushaltspläne** aufzustellen und **Sonderrechnungen** zu führen. Geringfügiges Treuhandvermögen kann im Haushalt der Gemeinde gesondert nachgewiesen werden; es unterliegt den Vorschriften für die Haushaltswirtschaft.

Für rechtlich selbständige örtliche Stiftungen bleiben Bestimmungen des Stifters, für andere Treuhandvermögen besondere gesetzliche Vorschriften unberührt.
- Vgl. § 92 GemO.

- Zur **Freistellung** von Sonder- und Treuhandvermögen von der Finanzplanung vgl. § 93 GemO.

2. Vermögenserwerb, -veräußerung und -verwaltung

788 2.1. Das Gemeindevermögen ist **pfleglich** und **wirtschaftlich** zu **verwalten** und **ordnungsgemäß nachzuweisen**. Bei **Geldanlagen** ist auf eine ausreichende **Sicherheit** zu achten; sie sollen einen angemessenen Ertrag bringen.
- Vgl. § 89 Abs. 3 GemO.

789 2.2. Die Gemeinde soll Vermögensgegenstände nur **erwerben,** wenn dies zur Erfüllung ihrer Aufgaben erforderlich ist.
- Vgl. § 89 Abs. 2 GemO.

790 2.3. Die Gemeinde darf Vermögensgegenstände **veräußern,** wenn sie sie zur Erfüllung ihrer Aufgaben nicht braucht und Gründe des Wohls der Allgemeinheit nicht entgegenstehen. Vermögensgegenstände dürfen in der Regel nur zu ihrem vollen Wert veräußert werden (hierzu *OVG Münster* NJW 1983, 2517). **Zur Förderung der Bildung privaten Eigentums unter sozialen Gesichtspunkten kann die Gemeinde bei der** Veräußerung von Eigentumswohnungen und Grundstücken **angemessene Nachlässe gewähren.** Für die **Überlassung der Nutzung** von Vermögensgegenständen gilt entsprechendes.

Der **Genehmigung** der Rechtsaufsichtsbehörde bedürfen Rechtsgeschäfte, in denen die Gemeinde verpflichtet wird,
– Grundstücke oder grundstücksgleiche Rechte zu veräußern,
– andere Vermögensgegenstände unentgeltlich oder unter ihrem vollen Wert zu veräußern, sofern sie nicht geringwertig sind,
– Vermögensgegenstände mit besonderem wissenschaftlichen, geschichtlichen, künstlerischen oder denkmalpflegerischen Wert zu veräußern.

– Vgl. § 90 GemO.

Die Genehmigung ist zu erteilen, **wenn die Veräußerung mit einer geordneten Haushaltswirtschaft vereinbar ist.** Die **Rechtsaufsichtsbehörde besitzt hinsichtlich der Genehmigung keinen Ermessensspielraum. Die Genehmigung ist kein Kondominialakt,** sondern **Verwaltungsakt auf dem Gebiete der (vorbeugenden) Rechtsaufsicht.**

– **Weiterführend:** *Weiß,* **Erwerb, Veräußerung und Verwaltung** von Vermögensgegenständen durch die Gemeinden, 1991; *Schmidt-Jortzig/Makswit,* aaO, Rdnr. 229 f.
– Zur **Rückgabe des Kommunalvermögens** an die Kommunen **nach dem Einigungsvertrag** und dem **Treuhandgesetz** vgl. *BVerwG,* LKV 1993, 230; *Lange,* Herstellung kommunalen Eigentums und Vermögens in den Neuen Bundesländern, 1990; *Schützenmeister,* LKV 1991, 25; *Waechter,* KommR, 1993, Rdnr. 234; *Ossenbühl,* DÖV 1991, 301 – zur Beteiligung der Kommunen an Kapitalgesellschaften der Energieversorgung.
– Zur **kommunalen Wohnungsprivatisierung in den Neuen Bundesländern** vgl. *Frenz,* DtZ 1993, 41 mwN.
– Zur **Kommunalisierung von Vermögen** in den Neuen Bundesländern vgl. *Schöneich* VerwArch 84 (1993) S. 383

IX. Jahresrechnung

1. Ergänzung und Gegenstück zum Haushaltsplan der Gemeinde ist die **791** **Jahresrechnung.** Mit ihr gibt die Gemeinde **Rechenschaft über ihre Wirtschaftsführung im abgelaufenen Rechnungsjahr.** In der Jahresrechnung ist das Ergebnis der Haushaltswirtschaft einschließlich des Standes des Vermögens und der Schulden zu Beginn und am Ende des Haushaltsjahres nachzuweisen. Sie **besteht aus dem kassenmäßigen Abschluß der Haushaltsrechnung sowie der Vermögensrechnung und** ist durch einen **Rechenschaftsbericht** zu erläutern, der sich mit den wesentlichen Ergebnissen der Jahresrechnung und erheblichen Abweichungen der Jahresergebnisse von den Haushaltsansätzen befaßt.

– Vgl. § 88 Abs. 1 GemO und allg. hierzu *Depiereux,* aaO, S. 98 f.

792 **2.** Die **Jahresrechnung** ist fristgebunden innerhalb von 6 Monaten nach Ende des Haushaltsjahres aufzustellen und vom Gemeinderat innerhalb eines Jahres nach Ende des Haushaltsjahres **festzustellen.**

– Vgl. § 88 Abs. 2 und 3 GemO.

793 **3.** Durch den **Feststellungsbeschluß** wird die Jahresrechnung **formell und materiell anerkannt,** die Verwaltungsspitze **entlastet** sowie konkludent die Entscheidung getroffen, welcher Überschuß der Rücklage zuzuführen ist und welcher Fehlbetrag vorzutragen ist. **Rechtsfehler** bei der Haushalts- und Rechnungsführung bleiben von dem Beschluß **unberührt.** Seine **Rechtswirkung** erschöpft sich im wesentlichen **in der tatsächlichen Kenntnisnahme** (*VGH BW* NVwZ-RR 1989, 153 (154)). Die Jahresrechnung ist Instrument der **öffentlichen Finanzkontrolle** und gibt Anlaß zur politischen Bewertung der haushaltswirtschaftlichen Maßnahmen im vergangenen Haushaltsjahr und zur Erörterung von Konsequenzen für die künftige Haushaltspolitik.

794 **4. Der rechtlichen Überprüfung** unterliegt die Jahresrechnung durch die **Rechtsaufsichtsbehörde.** Ihr ist der **Beschluß über die Feststellung der Jahresrechnung unverzüglich mitzuteilen.** Gleichzeitig ist die Jahresrechnung mit Rechenschaftsbericht an 7 Arbeitstagen öffentlich auszulegen, wobei in der Bekanntgabe auf die Auslegung hinzuweisen ist.

– Vgl. § 88 Abs. 4 GemO.

– Zu Mängeln des derzeitigen gesetzlichen Rechnungslegungssystems und deren Beseitigung vgl. von *Zwehl/Zupanic,* DÖV 1990, 223.

X. Kommunales Prüfungswesen

1. Örtliche Prüfung

795 Eine weitere Form kommunaler Finanzkontrolle ist die **örtliche Rechnungsprüfung (Eigenprüfung).**

796 **1.1. Pflichtaufgaben** der Eigenprüfung sind die örtliche Prüfung der Jahresrechnung,

– Vgl. § 104 GemO –,

die örtliche Prüfung der Jahresabschlüsse der Eigenbetriebe,

– Vgl. § 105 GemO –

sowie **zahlreiche weitere** Aufgaben, teils als **Pflichtaufgaben** und teils als **Kannaufgaben.**

– Vgl. § 106 GemO.

X. Kommunales Prüfungswesen

1.2. Als **örtliche Prüfungseinrichtungen** haben Kreisfreie Städte und Große   **797**
Kreisstädte zwingend ein **Rechnungsprüfungsamt** als besonderes Amt einzurichten, sofern sie sich nicht eines anderen kommunalen Rechnungsprüfungsamtes bedienen. Andere Gemeinden können ein Rechnungsprüfungsamt einrichten oder sich eines anderen kommunalen Rechnungsprüfungsamtes bedienen.

Das Rechnungsprüfungsamt ist bei der Erfüllung der ihm zugewiesenen
Prüfungsaufgaben **unabhängig** und an **Weisungen nicht gebunden.** Es untersteht im übrigen dem Bürgermeister unmittelbar.

Der **Leiter des Rechnungsprüfungsamtes** muß hauptamtlicher Bediensteter der Gemeinde sein. Er muß die für sein Amt erforderliche Vorbildung,
Erfahrung und Eignung besitzen. Die **Leitung** des Rechnungsprüfungsamtes kann einem Bediensteten **nur durch Beschluß des Gemeinderats** und nur
dann **entzogen werden,** wenn die ordnungsgemäße Erfüllung seiner Aufgaben nicht mehr gewährleistet ist. Der Beschluß muß mit einer Mehrheit von
zwei Dritteln der Stimmen aller Mitglieder des Gemeinderats gefaßt werden
und ist der Rechtsaufsichtsbehörde anzuzeigen.

Der Leiter und die Prüfer des Rechnungsprüfungsamtes dürfen zum Bürgermeister, zu einem Beigeordneten, einem Stellvertreter des Bürgermeisters, zum Fachbediensteten für das Finanzwesen sowie zum Kassenverwal-
ter, zu dessen Stellvertreter und zu anderen Bediensteten der Gemeindekasse
nicht in einem die **Befangenheit** begründenden Verhältnis nach § 20 Abs. 1
Nr. 1 bis 3 stehen. Sie dürfen andere Aufgaben in der Gemeindeverwaltung
wahrnehmen, wenn dies mit der Unabhängigkeit und den Aufgaben des
Rechnungsprüfungsamtes vereinbar ist. Sie dürfen Zahlungen für die Gemeinde weder anordnen noch ausführen.

– Vgl. § 103 GemO.

1.3. **Der Rechnungsprüfung kommen nur interne Wirkungen zu.** Das Er-   **798**
gebnis der Prüfung der Jahresrechnung ist dem Bürgermeister in einem Be-
richt vorzulegen. Dieser **veranlaßt die Aufklärung von Beanstandungen.**
Die Rechnungsprüfung faßt ihre Bemerkungen in einem **Schlußbericht** zusammen, der der Gemeindevertretung vorzulegen und zu erläutern ist.

– Vgl. § 104 Abs. 2 GemO.

Der Gemeinderat nimmt **Kenntnis** vom Jahresbericht. Weitere rechtliche
Folgen ergeben sich aus der örtlichen Prüfung nicht. Weder hat die Rechnungsprüfung Einfluß auf die Wirksamkeit von Rechtsgeschäften der Gemeinde mit Dritten noch bedeutet sie Verzicht auf Schadensersatzansprüche
oder disziplinarrechtliches Vorgehen gegen die kommunalen Amtsträger
(*Stober,* KommR, 2. Aufl. 1992, S. 232).

– **Weiterführend:** *Mohl/Backes,* VR 1991, 131; *Gern,* BWVPr. 1986, 221.

2. Überörtliche Prüfung

Neben der örtlichen Prüfung sieht die Gemeindeordnung eine weitere   **799**
überörtliche Prüfung vor.

2.1. Die **Zuständigekit** zur überörtlichen Prüfung ist wie folgt geregelt: **Prüfungsbehörde** ist die **Rechtsaufsichtsbehörde,** bei Gemeinden mit mehr als 2.000 Einwohnern bis zur Einrichtung einer überörtlichen Prüfungsbehörde durch ein besonderes Gesetz der Sächsische Rechnungshof.

– Vgl. § 108 GemO.

800 **2.2.** Die überörtliche Prüfung ist **Teil der Rechtsaufsicht des Staates** über die Gemeinden. Hinsichtlich ihres Inhalts und ihrer Grenzen gelten die für die Aufsicht des Staates geltenden Grundsätze.

Prüfungsgegenstand ist die **gesamte Gemeindewirtschaft,** allerdings nicht schon im Stadium der Planung und der Vorbereitung, sondern erst im Stadium des Vollzugs, d. h. in der Regel die Jahresrechnung und der Jahresabschluß.

– Vgl. §§ 109 Abs. 1, 10 GemO.

Die Prüfungsbehörde soll außerdem die **Gemeinden** in Fragen der Organisation und der Wirtschaftlichkeit der Verwaltung **beraten.**

– Vgl. § 109 Abs. 2 GemO.

801 **2.3.** Die überörtliche Aufsichtsprüfung ist eine reine **Gesetzmäßigkeitsprüfung.** Dies gilt auch für die **Wirtschaftlichkeitsprüfung** der Verwaltung. Sie wird markiert und begrenzt durch die Reichweite der Haushaltsgrundsätze der Wirtschaftlichkeit und Sparsamkeit der Verwaltung (zweifelnd *Stober,* aaO, S. 232). Sie besitzt ausschließlich **Feststellungsfunktion.** Die Entscheidung über erforderliche Aufsichtsmaßnahmen liegt in der Zuständigkeit der Rechtsaufsichtsbehörden.

802 **2.4.** Die überörtliche Prüfung soll innerhalb von 4 Jahren nach Ende des Haushaltsjahres vorgenommen werden.

– Vgl. § 109 Abs. 3 GemO.

803 **2.5.** Die **Prüfungsbehörde teilt** das **Ergebnis** der überörtlichen Prüfung **in Form eines Prüfungsberichts** der Gemeinde und, wenn diese mit der Rechtsaufsichtsbehörde nicht identisch ist, dieser mit. Über den wesentlichen Inhalt des Prüfungsberichts ist der Gemeinderat zu unterrichten; jedem Mitglied des Gemeinderats ist auf Verlangen Einsicht in den Prüfungsbericht zu gewähren.

– Vgl. § 109 Abs. 4 GemO.

Die **Gemeinde** hat zu den Feststellungen des Prüfungsberichts über wesentliche Beanstandungen gegenüber der Rechtsaufsichtsbehörde und, wenn die überörtliche Prüfungseinrichtung zuständig ist, dieser gegenüber, **Stellung zu nehmen.** Hat die überörtliche Prüfung keine wesentlichen Beanstandungen ergeben oder sind diese erledigt, bestätigt die Rechtsaufsichtsbehörde dies der Gemeinde zum Abschluß der Prüfung. **Soweit wesentliche Beanstandungen nicht erledigt sind, schränkt die Rechtsaufsichtsbehörde** die **Bestätigung** entsprechend **ein;** ist eine Erledigung noch möglich, **veran-**

laßt sie gleichzeitig die Gemeinde mit den Mitteln der Rechtsaufsicht, die erforderlichen Maßnahmen durchzuführen.

- Vgl. § 109 Abs. 4 und 5 GemO.
- **Weiterführend:** Zum Recht der Rechnungsprüfung vgl. *Siedentopf,* HdKWP, Bd. 6, S. 529f.; zu Möglichkeiten des **Controllings** als Form der (vorbeugenden) Prüfung vgl. *Müller-Hedrich,* BWVPr. 1987, 261.

XI. Unwirksame und nichtige Rechtsgeschäfte

Zum Schutze kommunalen Vermögens und teilweise auch der Gesamt-   **804** wirtschaft sowie zur Wahrung anderer öffentlicher Interessen hat die Gemeindeordnung **bestimmte,** die Gemeindewirtschaft betreffende **Rechtsgeschäfte** entweder **verboten** oder der (öffentlich-rechtlichen) **Genehmigungspflicht** durch die Rechtsaufsichtsbehörde unterworfen. Hauptsächlich gelten diese Kautelen für **Kreditverträge** der Gemeinde und die **Bestellung von Sicherheiten** zugunsten Dritter. Die mit der Prüfung der Genehmigungsfähigkeit verbundene (vorbeugende) **Rechtskontrolle** soll die Gemeinde von Maßnahmen, die diesen Intentionen zuwiderlaufen, abhalten.

Nach § 120 GemO sind Rechtsgeschäfte **bis zur Erteilung** der nach gesetzlicher Vorschrift erforderlichen Genehmigung der Rechtsaufsichtsbehörde **unwirksam;** wird die Genehmigung unanfechtbar versagt, sind sie **nichtig.**

Rechtsgeschäfte, die **gegen das Verbot** des § 82 Abs. 6 S. 1 GemO oder des § 83 Abs. 1 S. 1 GemO **verstoßen,** sind **nichtig.**

XII. Zwangsvollstreckung gegen die Gemeinde

1. Gesetzliche Regelung

Zur Einleitung der Zwangsvollstreckung gegen die Gemeinde wegen ei-   **805** ner Geldforderung bedarf der Gläubiger nach der Gemeindeordnung einer **Zulassungsverfügung der Rechtsaufsichtsbehörde,** es sei denn, daß es sich um die Verfolgung dinglicher Rechte handelt. In der Verfügung hat die Rechtsaufsichtsbehörde die Vermögensgegenstände zu bestimmen, in welche die Zwangsvollstreckung zugelassen wird und über den Zeitpunkt zu befinden, in dem sie stattfinden soll. Die Zwangsvollstreckung regelt sich nach den Vorschriften der ZPO.

- Vgl. § 122 GemO.

Zweck der Regelung ist es **zu verhindern,** daß die Vollstreckung in Gegenstände betrieben wird, die für die sachgerechte und geordnete Wahrnehmung der Verwaltungsaufgaben durch die Gemeinde und die Versorgung der Einwohner **unentbehrlich** sind.

2. Voraussetzungen der Zulassungspflicht

806 **2.1.** Der Anspruch muß im **Zivilrechtsweg** verfolgt werden und **tituliert** sein (z. B. Urteil, § 704 ZPO, gerichtlicher Vergleich oder notarielle Urkunde, § 794 ZPO). Unerheblich ist, ob die Forderung selbst privatrechtlicher oder öffentlich-rechtlicher Natur ist. So fällt etwa auch der Amtshaftungsanspruch aus § 839 BGB i. V. m. Art. 34 GG unter die Zulassungspflicht. **Öffentlich-rechtliche Forderungen,** für deren Geltendmachung der **Verwaltungsrechtsweg** gegeben ist, werden **nicht erfaßt.**

807 **2.2.** Der Anspruch muß **gegen die Gemeinde** gerichtet sein. Der Begriff Gemeinde umfaßt alle in sie eingegliederten und rechtlich **unselbständigen Einrichtungen** und wirtschaftlichen Unternehmen. **Nicht** darunter fallen **rechtlich selbständige Unternehmen,** auch wenn die Gemeinde Alleinbetreiber ist, z. B. Gesellschaft mit beschränkter Haftung in der Hand der Gemeinde. Die Gemeinde kann Alleinschuldner, Gesamtschuldner, Teilschuldner oder Haftender (z. B. Bürge) sein.

808 **2.3.** Die **Zwangsvollstreckung muß wegen** einer **Geldforderung** erfolgen. Die Zulassungspflicht besteht deshalb nicht für Ansprüche, die auf die Herausgabe beweglicher oder unbeweglicher Sachen oder auf die Erwirkung von Handlungen oder Unterlassungen gerichtet sind (§§ 883 f. ZPO). Nach ausdrücklicher Bestimmung gilt die Zulassungspflicht auch nicht für die Verfolgung dinglicher Rechte (z. B. Ansprüche aus Grundschulden). Nicht zulassungsfrei ist jedoch die Verfolgung von Ansprüchen, für die ein dingliches Recht erst begründet werden soll (z. B. Eintragung einer Zwangshypothek (§ 866 ZPO) zur Sicherung einer Geldforderung).

3. Prüfungsbefugnis der Rechtsaufsichtsbehörde

809 Die Zulassungsprüfung und Entscheidung erfolgt durch die Rechtsaufsichtsbehörde. Die Zwangsvollstreckung ist zuzulassen, soweit es sich nicht um Vermögensgegenstände handelt, die für die Erfüllung von Pflichtaufgaben der Gemeinde unentbehrlich sind oder deren Veräußerung ein überwiegendes öffentliches Interesse entgegensteht.

– Vgl. § 122 Abs. 2 GemO.

Die **formelle Zulässigkeit** der Zwangsvollstreckung liegt **nicht** in der Prüfungsbefugnis der Rechtsaufsichtsbehörde. Zur endgültigen Nichtzulassung der Zwangsvollstreckung darf die Zulassungsverfügung nicht führen. Der **Gläubiger hat** einen **Anspruch auf Durchsetzung seiner Forderung** (*OVG Münster* DÖV 1955, 255). Die Zulassungsverfügung kann deshalb nur dann ermessensfehlerfrei sein, wenn sie nicht die Zwangsvollstreckung gänzlich untersagt, sondern entweder **zeitlich hinausschiebt,** etwa um der Gemeinde Gelegenheit zu geben, sich auf die Zwangsvollstreckung durch Ersatzbeschaffungen unentbehrlicher Vermögensgegenstände einzustellen und so Gefahren für die Einwohnerschaft abzuwenden oder um **Zuschüsse** zur Erfüllung der Forderung zu erlangen.

In der Zulassungsverfügung sind die **Gegegnstände zu benennen,** in die die Zwangsvollstreckung unbedenklich ist. Außerdem ist der genaue **Zeitpunkt** der Zwangsvollstreckung **vorzuschreiben.**

– Vgl. § 122 Abs. 3 GemO.

4. Zulassungsverfügung

Die Zulassungsverfügung ist **Verwaltungsakt** gegenüber der Gemeinde 810 und dem Gläubiger. Vor Erlaß der Entscheidung ist die Gemeinde zu **hören.** Beide Teile können gegen die Entscheidung **Anfechtungsklage** erheben. Die Zulassungsverfügung ist für die Gemeinde eine **Maßnahme der Rechtsaufsicht.** Die Gemeinde muß **zur Begründung der Klagebefugnis** geltend machen, **durch die Zulassung in ihrem Selbstverwaltungsrecht verletzt zu sein.** Der Gläubiger kann bei Nichtzulassung der Vollstreckung die Verletzung seines subjektiven Rechts auf Vollstreckung seiner Forderung rügen.

5. Kein Konkurs- und Vergleichsverfahren

Über das Vermögen einer Gemeinde ist ein **Konkursverfahren ausge-** 811 **schlossen.**

– Vgl. § 122 Abs. 4 GemO.

Entsprechendes gilt für das gerichtliche Vergleichsverfahren. Die Selbstverwaltungsgarantie der Gemeinden verbietet es, Maßnahmen zuzulassen, die die Gemeinden im Hinblick auf die Erfüllung ihres Verfassungsauftrags handlungsunfähig machen würden.

15. Kapitel
Wirtschaftliche Betätigung der Gemeinde

I. Wirtschaftliche Unternehmen

1. Der verfassungsrechtliche Ausgangspunkt

812 Das Grundgesetz verzichtet auf eine Regelung der Wirtschaftsverfassung. Es besteht allerdings Einigkeit, daß aus diesem Verzicht nicht zugleich ein Verbot wirtschaftlicher Betätigung der öffentlichen Hand abzuleiten ist. Vielmehr akzeptiert das Grundgesetz, wie etwa die Regelung des Art. 110 Abs. 1 GG zeigt, die wirtschaftliche Betätigung als Form staatlichen Handelns grundsätzlich (vgl. hierzu *Berg,* GewArch. 1990, 225 (227)). Diese Vorgabe ist auch bei der Auslegung des Art. 28 Abs. 2 GG zu berücksichtigen. Die **Selbstverwaltungsgarantie umfaßt** hiernach auch die **wirtschaftliche Betätigung** der Kommunen auf örtlicher Ebene. Sie gehört – in historischer Sichtweise – insoweit zum **Kernbereich** der Selbstverwaltung, als es den Gemeinden überhaupt möglich sein muß, sich in traditionellen Bereichen kommunaler Kompetenz, etwa der Wasserversorgung, eigenverantwortlich zu betätigen.

– Zur wirtschaftlichen Betätigung als kommunale Aufgabe vgl. *Püttner,* DStTag 1990, 877; *BVerfG* NJW 1990, 1783, – zur Energieversorgung.

Eine **Hauptform** wirtschaftlicher Betätigung ist der **Betrieb eines wirtschaftlichen Unternehmens** durch die Gemeinden.

2. Die Regelungen der Gemeindeordnung

813 **2.1.** Die Gemeinde darf zur Erfüllung ihrer Aufgaben – ungeachtet der Rechtsform – **wirtschaftliche Unternehmen** nur **errichten, übernehmen, unterhalten, wesentlich erweitern oder sich daran beteiligen,** wenn
– der **öffentliche Zweck** dies rechtfertigt und
– das Unternehmen nach Art und Umfang in einem angemessenen Verhältnis zur **Leistungsfähigkeit** der Gemeinde und zum voraussichtlichen **Bedarf** steht.

– Vgl. § 97 Abs. 1 GemO.

Im Bereich der **Wohnungswirtschaft** sind diese Voraussetzungen in der Regel nur erfüllt, wenn der von der Gemeinde unmittelbar oder mittelbar gehaltene Wohnungsbestand 20 vom Hundert des gesamten Wohnugnsbestandes in der Gemeinde nicht überschreitet und ein Unternehmen nicht mehr als 15000 Wohnungen verwaltet.

– Vgl. § 97 Abs. 1 GemO.

I. Wirtschaftliche Unternehmen

Wirtschaftliche Unternehmen sind so zu **führen,** daß der öffentliche Zweck erfüllt wird. Sie sollen **als Nebenzweck** einen **Ertrag** (Gewinn für den Haushalt der Gemeinde) abwerfen. Die Kalkulation der Höhe des Ertrages steht im Ermessen der Gemeinde. Im Einzelfall kann aus Gründen des öffentlichen Interesses auf den Ertrag auch verzichtet werden.
- Vgl. § 97 Abs. 3 GemO und *BGH* NVwZ 1991, 608.

Bankunternehmen mit Ausnahme der Sparkassen darf die Gemeinde wegen der diesen Geschäften innewohnenden großen Haftungsrisiken nicht betreiben.
- Vgl. 97 Abs. 4 GemO.

Diese Regelungen knüpfen an § 67 DGO von 1935 an, die erstmals in Deutschland inhaltliche Vorgaben für die wirtschaftliche Betätigung der Gemeinden statuierte (vgl. *Fees/Jäkle/Brunner,* DGO, 1936, Ziff. 1 zu § 67).

2.2. Einschränkende **Sonderregelungen** gelten für **Unternehmen jeder Art** 814 **in Privatrechtform (sog. Organisationsprivatisierung).**

2.2.1. Eine **Errichtung, Übernahme, wesentliche Erweiterung** oder **Beteiligung** an einem solchen Unternehmen ist nach dem Gesetz nur zulässig, wenn
- die Voraussetzungen der Errichtung eines öffentlichen Unternehmens generell vorliegen (s. o.),
- durch die Ausgestaltung des Gesellschaftsvertrags oder der Satzung die **Erfüllung der Aufgaben** der Gemeinde **sichergestellt** ist,
- die Gemeinde einen **angemessenen Einfluß,** insbesondere im Aufsichtsrat oder in einem entsprechenden Überwachungsorgan des Unternehmens erhält,
- die **Haftung** der Gemeinde auf einen ihrer Leistungsfähigkeit angemessenen Betrag begrenzt wird.
- Vgl. § 96 Abs. 1 GemO.

2.2.2. Die Gemeinde darf der **Beteiligung** eines Unternehmens, an dem sie 815 mit mehr als 50 vom Hundert beteiligt ist, an einem anderen Unternehmen nur zustimmen, wenn vorgenannte Voraussetzungen auch in diesem Falle vorliegen.
- Vgl. § 96 Abs. 2 GemO.

2.2.3. **Gehört** ein Unternehmen in einer Rechtsform des Privatrechts **aus-** 816 **schließlich oder mehrheitlich der Gemeinde,** hat sie dafür zu sorgen, daß in der Satzung oder im Gesellschaftsvertrag vorgeschrieben wird, daß
- in entsprechender Anwendung der Vorschriften des Eigenbetriebsgesetzes für jedes Wirtschaftsjahr ein Wirtschaftsplan aufgestellt und der Wirtschaftsführung eine fünfjährige Finanzplanung zugrundegelegt wird,
- der Wirtschaftsplan und der Finanzplan der Gemeinde zur Kenntnis gebracht wird,

- in entsprechender Anwendung der Vorschriften des Dritten Buches des Handelsgesetzbuches für große Kapitalgesellschaften ein Jahresabschluß und ein Lagebericht aufgestellt und in entsprechender Anwendung dieser Vorschriften oder des § 110 geprüft werden, sofern nicht weitergehende gesetzliche Vorschriften gelten oder andere gesetzliche Vorschriften entgegenstehen,
- der Jahresabschluß, der Lagebericht und der Prüfungsbericht des Abschlußprüfers der Gemeinde und der Rechtsaufsichtsbehörde zur Kenntnis gebracht werden,
- das Ergebnis der Prüfung des Jahresabschlusses und des Lageberichts ortsüblich bekanntgemacht wird,
- der Jahresabschluß und der Lagebericht nach ortsüblicher Bekanntgabe an sieben Arbeitstagen öffentlich ausgelegt werden.

Bei einer geringeren Beteiligung soll die Gemeinde darauf hinwirken, daß die vorgenannten Regelungen getroffen werden.

- Vgl. § 99 GemO.

- Zu den **Sonderregelungen** für die **Abfallbeseitigungsunternehmen** vgl. *Schoch,* Privatisierung der Abfallentsorgung, 1992.
- Für die **Abwasserbeseitigung** vgl. das **Landeswassergesetz.**
- Für **kommunale Krankenhäuser** vgl. das Gesetz zur Neuordnung des Krankenhauswesens (GVBl. 1993 S. 675).

817 **2.3.** Der **Zweck** dieser Gesetzesregelung besteht darin,
- die Kraft der Gemeinden auf die Erfüllung ihrer eigentlichen Aufgaben als Träger öffentlicher Verwaltung zu konzentrieren (kommunalpolitische Zielsetzung),
- die Aushöhlung der demokratischen und rechtsstaatlichen Verantwortung und Kontrolle der Gemeindevertretung durch Flucht in Privatrechtsformen zu verhindern (rechtliche Zielsetzung),
- die Gemeinden mit ihrer wirtschaftlichen Betätigung primär auf eine ergänzende Rolle zu beschränken und der Privatwirtschaft keine Verdrängungskonkurrenz zu machen (wirtschaftspolitische Zielsetzung),
- Gemeinden vor übermäßigen wirtschaftlichen Risiken und möglichen finanziellen Verlusten zu bewahren (finanzpolitische Zielsetzung).

818 **2.4.** Die in den Regelungen zum Ausdruck kommenden **Einschränkungen des Selbstverwaltungsrechts** sind vor diesem Hintergrund **zulässig.** Sie sind durch überwiegende Gründe des öffentlichen Wohls gerechtfertigt. Speziell die Bindung des Betriebs von Unternehmen an einen „öffentlichen Zweck" ist im Hinblick auf das Rechtsstaats- und Sozialstaatsprinzip unabdingbar.

819 **2.5.** Klagefähige **Individualrechte,** insbesondere von **Konkurrenten** einer Gemeinde, die ein wirtschaftliches Unternehmen betreiben, sowie von **Verbrauchern begründen** sämtliche einschränkenden Regelungen **nicht.** Der Schutzzweck erstreckt sich ausschließlich auf die Wahrung öffentlicher Interessen und den Schutz der Gemeinde selbst (*VGH BW* VBlBW 1983, 78;

I. Wirtschaftliche Unternehmen

BVerwG NJW 1978, 1539; *BVerwGE* 39, 329 (336); *OVG Lüneburg* NVwZ RR 1990, 507).

Die einschränkenden Regelungen der Gemeindeordnung über die Zulässigkeit kommunaler Unternehmen sind unter diesen Voraussetzungen **auch keine Schutznormen i. S. des § 823 Abs. 2 BGB.**

– Vgl. *BGH* NJW 1982, 2117; 1987, 60; *Stober,* KommR, 2. Aufl. 1992, S. 241 mwN; aA *Mutius,* JuS 1979, 344; *Schoch,* JURA 1979, 601.

3. Der Begriff des wirtschaftlichen Unternehmens

3.1. Wirtschaftliche Unternehmen sind **rechtlich selbständige oder unselb-**   **820** **ständige Zusammenfassungen persönlicher und sächlicher Mittel in der Hand von Rechtsträgern zum Zwecke der Teilnahme am Wirtschaftsverkehr,** d. h. zum Zwecke des Handelns mit dem Ziele der Produktion und des Umsatzes von Gütern und Dienstleistungen mit der regelmäßigen Absicht der Gewinnerzielung.

Der **gemeinderechtliche Begriff** des wirtschaftlichen Unternehmens basiert auf diesem Begriff. Hiernach sind kommunale wirtschaftliche Unternehmen Wirtschaftseinheiten der Gemeinde in diesem Sinne, die auch von privaten Rechtsträgern betrieben werden (können) (vgl. *BVerwGE* 39, 329 (333)).

Wirtschaftliche Unternehmen können **auch öffentliche Einrichtungen** i. S. des Gemeinderechts sein. Beide Begriffe schließen sich nicht aus (so auch *Frotscher,* HdKWP, Bd. 3, S. 140; *VGH* BW NVwZ 1991, 583 – Stromversorgung). Die **Rechtsform,** in der das wirtschaftliche Unternehmen betrieben wird, ist **für die Qualifikation ohne Bedeutung.**

3.2. Unternehmen, die diese Zwecke nicht verfolgen, sind „**Nichtwirt-**   **821** **schaftliche Unternehmen",** teilweise werden sie auch **Hoheitsbetriebe** genannt.

Kraft ausdrücklicher Bestimmung sind **keine kommunale wirtschaftliche Unternehmen.**

– Unternehmen, zu deren Betrieb die Gemeinde **gesetzlich** verpflichtet ist, d. h. **Pflichtaufgabe** ist.

Beispiele: Öffentliche Abwasserbeseitigung; Wohnheim für Asylbewerber (§ 1 f. AsylUG) als „bedingtes" Pflichtunternehmen.

– **Hilfsbetriebe,** die ausschließlich zur Deckung des Eigenbedarfs der Gemeinde dienen.

Bei ihnen geht die Gemeindeordnung in traditionalistischer , teilweise allerdings überholter Sichtweise davon aus, daß die begriffskonstituierenden Merkmale des wirtschaftlichen Unternehmens, insbesondere das Handeln mit dem Ziel der Produktion und des Umsatzes von Gütern mit Gewinnerzielungsabsicht typischerweise nicht gegeben sind. Es sollen deshalb auch die Regeln über wirtschaftliche Unternehmen nicht bzw. nur teilweise gelten (kritisch hierzu *Schoch,* DÖV 1993, 377 (379)).

Allerdings sind auch diese Unternehmen und Einrichtungen nach **wirt-**

schaftlichen Gesichtspunkten, d. h. unter Beachtung des Wirtschaftlichkeitsgrundsatzes zu führen. Soweit sie „in Privatrechtsform" betrieben werden,
gelten zusätzlich die hierfür statuierten einschränkenden Voraussetzungen.
Teilweise bestehen auch, wie etwa für Krankenhäuser nach dem Krankenhausgesetz, Spezialregelungen.

4. Konkrete Zulässigkeitsvoraussetzungen

4.1. Die Rechtfertigung durch einen öffentlichen Zweck

822   Ein wirtschaftliches kommunales Unternehmen ist **nur** gestattet, **wenn** es
durch einen **öffentlichen Zweck** gerechtfertigt ist. Er ist gegeben, wenn sich
das Unternehmen an den **Bedürfnissen der Einwohner** in der Gemeinde
orientiert. Da diese Bedürfnisse wechseln und sich wandeln können, unterliegt auch die **Definition des Begriffs** selbst **dem Wandel.** Da weiterhin auch
die Auffassungen über die Bedürfnisse unterschiedlicher Beurteilung unterliegen und die Bedürfnisse nur teilweise empirisch feststellbar sind, kann der
Begriff des öffentlichen Zwecks nur als **unbestimmter Rechtsbegriff mit
(weitem) Beurteilungsspielraum** für die Gemeinde und die für die Gründung zuständigen Organe qualifiziert werden (so auch *BVerwGE* 39, 329
(332); *Hidien, DÖV* 1983, 1003). Je mehr sich die Zwecksetzung des Unternehmens der **Daseinsvorsorge** für die Einwohner annähert, desto mehr
spricht die Vermutung für den öffentlichen Zweck.
   Beispiele: Arbeitsplatzsicherung, Wirtschaftsförderung.
   Die **alleinige Absicht der Gewinnerzielung** ist **kein öffentlicher Zweck**
i. S. des Gesetzes. Die Rentabilität des Unternehmens ist nur als Nebenzweck vom Gesetzgeber gewollt.
   Alt bestehende Unternehmen genießen **Bestandsschutz,** auch wenn sie
heute nicht (mehr) durch einen öffentlichen Zweck gerechtfertigt sind.
   Beispiele: Brauereien, Apotheken (vgl. *Stober,* KommR, 2. Aufl. 1992, S. 240;
BSGE 63, 173).

4.2. Die Beziehung zur Leistungsfähigkeit und zum voraussichtlichen Bedarf

823   *4.2.1.* Die Gemeinde darf **keine** wirtschaftlichen Unternehmen schaffen, **die**
ihre **personellen, sachlichen und finanziellen Kräfte übersteigen.** Wirtschaftliche Unternehmen sind unzulässig, die aufgrund ihrer Art und ihrem
Umfang den Rahmen des durch die Gemeinde aus eigener Kraft Leistbaren
sprengen. So ist etwa die Einrichtung eines öffentlichen **Nahverkehrs** durch
eine kleinere Gemeinde unzulässig, wenn dieser aufgrund des Investitions-
und des Unterhaltungsbedarfs oder des Kostendeckungsgrads der Tarife nur
durch dauernde Zuschüsse größeren Ausmaßes finanziert werden kann, so
daß die Leistungsfähigkeit der Gemeinde für die Erfüllung der übrigen vorrangig zu erledigenden Aufgaben leidet.

824   *4.2.2.* Die Gemeinde darf – mit Blick auf den Wirtschaftlichkeitsgrundsatz –
auch keine wirtschaftlichen Unternehmen schaffen, die **am Bedarf vorbei-**

gehen. Es sind daher, auf längere Sicht gesehen, sowohl Unter- als auch Überkapazitäten zu vermeiden.

5. Allgemeine rechtliche Bindungen

5.1. Anwendung öffentlichen Rechts und Verwaltungsprivatrechts

5.1.1. Die Gemeinde kann **für wirtschaftliche Unternehmen** kraft **For- 825 menwahlrechts** öffentlich-rechtliche und privatrechtliche **Organisations- formen** wählen und beim Betrieb **öffentlich-rechtlich und privatrechtlich** handeln (vgl. hierzu Ebguth/Stollmann DÖV 1993, 798). § 95 GemO schreibt die Wahl der Rechtsform ausdrücklich fest. Wählt sie eine privatrechtliche Organisationsform, darf sie allerdings nur privatrechtlich handeln. Wollte etwa eine Eigengesellschaft der Gemeinde einen Verwaltungsakt erlassen, müßte sie mit Hoheitsrechten **beliehen** werden, was nur aufgrund spezieller Ermächtigung zulässig wäre *(Wolff/Bachof/ Stober,* Verwaltungsrecht II, § 104 Rdnr. 6 mwN; *BVerwG* NVwZ 1991, 59).

Wirtschaftet sie privatrechtlich, gilt **Verwaltungsprivatrecht** (vgl. *BVerwG* NJW 1978, 1539 (1540); NVwZ 1991, 59; *v. Münch,* in: *Erichsen/ Martens,* AVerwR, § 2 III 2), weil sie **öffentliche Zwecke** verfolgt und ihre Erreichung der demokratischen und rechtsstaatlichen Kontrolle unterliegen muß (einschränkend für das demokratische Legitimationsniveau *Schmidt-Aß- mann,* AöR 1991, 329 (385 f.).

Essentiale des Verwaltungsprivatrechts ist die **Bindung** der Gemeinde **an** die öffentlich-rechtlichen **Kompetenznormen** und an die **Grundrechte** so- wie an die sonstigen substantiellen Grundsätze des öffentlichen Rechts *(BGH* NJW 1985, 197; 1778 u. 1892). Die Gemeinde und ihre wirtschaftlichen Unternehmen sind **nicht grundrechtsberechtigt, sondern grundrechtsver- pflichtet** (vgl. *BVerfGE* 45, 63, 79). Dies gilt auch bei **gemischten Unter- nehmen,** wenn die Kommunen mehrheitsbeteiligt sind *(BVerfG* NJW 1990, 1783; diff. *Schmidt-Aßmann,* BB 1990, Beilage 34). Werden **Vertragsentgelte** für die Inanspruchnahme von Unternehmen festgelegt, die im Rahmen eines privatrechtlich ausgestalteten Benutzungsverhältnisses Leistungen der Da- seinsvorsorge anbieten, auf deren Inanspruchnahme der andere Vertragsteil im Bedarfsfall angewiesen ist, so unterliegen diese Entgelte **zusätzlich der Billigkeitskontrolle des § 315 Abs. 3 BGB** (vgl. *BGH* NJW 1992, 171).

5.1.2. Wirtschaftliche Unternehmen dürfen **nur im Rahmen der kommu- 826 nalen Verbandskompetenz** agieren (Art. 28 Abs. 2 GG). Die Kompetenz- ordnung des Grundgesetzes gilt auch in diesem Bereich. Eine **Hochzonung** kommunaler wirtschaftlicher Betätigung hat sich an den Grundsätzen auszu- richten, die das *BVerfG* (NVwZ 1989, 349 – Rastede) für die Hochzonung kommunaler Aufgaben **generell** statuiert hat (vgl. hierzu 3. Kap. II, III).

5.1.3. **Art. 14 GG,** der dem Schutz vermögenswerter Güter dient (vgl. **827** *BVerfGE* 36, 281, 290; NJW 1991, 1807), **schützt Private** bei wirtschaftlicher Betätigung einer Gemeinde **nicht**. Art. 14 **schützt weder Erwerbs- oder Wettbewerbschancen** Privater (*BVerfGE* 17, 232 (248); 28, 119, 142) **noch** gewährt diese Norm **Schutz vor Konkurrenz** (*BVerwG* NJW 1978, 1539; *VGH BW* VBlBW 1983, 78 (79)). Art. 14 schützt nur das Ergebnis der Betätigung, **das Erworbene** (*BGH* GewArch 1991, 263).

Eine **Einschränkung** gilt für den Fall, daß die Gemeinde sich eine **Monopolstellung** verschafft (*BVerwGE* 39, 329 (337); *OVG Münster* NVwZ 1986, 1047). Die Verschaffung eines Monopols, die in der Regel durch Einführung eines **Benutzungszwangs** erreicht wird, muß, um vor Art. 14 GG Bestand haben zu können, den kommunalrechtlichen Vorschriften über den Anschluß- und Benutzungszwang genügen (*BGHZ* 40, 355; 54, 293).

828 *5.1.4.* Auch **Art. 12** und **Art. 2 GG schützen zwar die wirtschaftliche Betätigung** (*BGH* GewArch. 1991, 263), **schützen Private jedoch nicht vor Konkurrenz,** auch nicht vor solcher der öffentlichen Hand (*VGH BW* VBlBW 1983, 79; *BVerwGE* 39, 337; NJW 1978, 1539 (1540)). Der Umstand, daß die Gemeinde sich am Wirtschaftsleben beteiligt, hindert die Berufswahl und Berufsausübung Privater nicht.

Eine **Einschränkung** gilt für den Fall, daß die Gründung eines wirtschaftlichen Unternehmens zu einem **Verdrängungswettbewerb** führt. Art. 2 und 12 GG garantieren die **Wettbewerbsfreiheit** (*BVerwG* NJW 1978, 1539; *OVG Münster* NVwZ 1984, 522 (524)). Hieraus folgt das **Verbot, private Konkurrenten in ihrer Wettbewerbsfreiheit unzumutbar zu beeinträchtigen** (*BVerwGE* 39, 329 (337); *OVG Münster* NVwZ 1986, 1046 mwN). Die Wettbewerbsfreiheit garantiert die Möglichkeit, sich als verantwortlicher Unternehmer zu betätigen (*BVerfGE* 27, 370 (384); *BVerwG* VBlBW 1982, 331). Die Gemeinde darf sich nicht in einer Weise wirtschaftlich betätigen, daß es zu einer **Auszehrung** der Konkurrenz in Folge einer marktbeherrschenden Stellung der Gemeinde kommt (*BVerwGE* 39, 329 (337)).

Nicht ausreichend für die Verletzung des Art. 12 und des Art. 2 GG ist das Bestehen oder die Einräumung von **Wettbewerbsvorteilen,** solange die aufgezeigte Grenze nicht überschritten ist (vgl. *VGH BW* VBlBW 1983, 79).

829 *5.1.5.* **Art. 3 GG** in Form des Willkürverbots **schützt private Wettbewerbsteilnehmer** davor, **daß** durch wirtschaftliche Betätigung der Gemeinde ihr subjektives **Recht auf Teilnahme am Wettbewerb willkürlich beeinträchtigt wird. In Bezug auf** die **Nachfrager** hat ein wirtschaftliches Unternehmen der Gemeinde im Hinblick auf Art. 3 GG andererseits das **Recht auf freie Wahl der Geschäftspartner.** Diese Wahl findet ihre **Grenze in der Pflicht,** mit der Wahl **nicht sachfremde,** mit dem Unternehmenszweck nicht zusammenhängende **Ziele zu verfolgen** (*BGH* DÖV 1976, 529).

Ist das wirtschaftliche Unternehmen zugleich eine „öffentliche Einrichtung" i. S. des Gemeinderechts, ist zugunsten der Nachfrager der **Zulassungsanspruch „nach gleichen Grundsätzen"** zu beachten.

830 *5.1.6.* Das **Rechtsstaatsprinzip** gebietet bei wirtschaftlicher Betätigung insbesondere die Wahrung des Grundsatzes der **Verhältnismäßigkeit** (*BGH*

I. Wirtschaftliche Unternehmen

NJW 1974, 1333 – Kfz-Schilderverkauf) sowie die Beachtung des Gebots der objektiven und **neutralen Wahrnehmung öffentlicher Aufgaben** (*BGH* NJW 1981, 2184 (2186)).

5.1.7. **Kollidieren einzelne Grundrechte** Privater **mit der Selbstverwal-** **831** **tungsgarantie,** i. S. des Rechts auf freie wirtschaftliche Betätigung der Gemeinde, so ist diese Kollision durch **Güterabwägung** nicht einseitig zugunsten der Selbstverwaltungsgarantie, sondern mit dem Ziel der **Optimierung** aller betroffenen verfassungsrechtlich geschützten Rechtsgüter zu lösen.

5.2. Anwendung des Wettbewerbsrechts

Anwendung auf die wirtschaftliche Betätigung findet nach der Rechtspre- **832** chung auch das **Wettbewerbsrecht,** speziell das **UWG** und das **GWB** (vgl. § 8) – allerdings mit durch die öffentliche Zwecksetzung der Betätigung bedingten inhaltlichen Modifikationen. Die legitime Verfolgung öffentlicher Zwecke kann Wettbewerbsingerenzen im Einzelfall rechtfertigen, die unter Privaten sonst unzulässig wären.

5.2.1. Soweit eine Kommune zu Zwecken des Wettbewerbs **privatrechtlich,** gleichgültig in welcher Unternehmensform, handelt, ist die Anwendung dieser Vorschriften inzwischen **unbestritten** (vgl. *BGHZ* 67, 81 (84); *Emmerich,* in: *Immenga/Mestmäcker,* GWB, § 98 Rdnr. 43 mwN). Verstößt hiernach eine Gemeinde gegen Wettbewerbsrecht, etwa wenn sie ihre öffentliche Aufgabenstellung wettbewerbswidrig mit einer wirtschaftlichen Betätigung verknüpft, amtliche Autorität und Kenntnisse ausnutzt oder ganz allgemein wenn ihre Tätigkeit durch **Machtmißbrauch zu einer Wettbewerbsverzerrung** führt, **können** sich **private Konkurrenten** nach Auffassung des BGH mit einem **Unterlassungsanspruch nach § 1 UWG, § 1004 BGB** ggf. auch nach den §§ 25, 35 GWB zur Wehr setzen (vgl. hierzu *BGH* NJW 1989, 1120; NJW 1987, 60, (62); *VGH BW* VBlBW 1983, 79). Zuständig zur Streitentscheidung sind die **Zivilgerichte.**

5.2.2. **Problematisch** ist, **ob Wettbewerbs- und Kartellrecht** (GWB) auch **833** dann **anzuwenden** sind, wenn sich eine Kommune **im Rahmen öffentlichrechtlichen Handelns** in einer Wettbewerbssituation befindet. Handelt die Gemeinde bei dem Wettbewerbsverstoß kraft öffentlichen Rechts, so hat die inkriminierte Handlung nach Auffassung des *BGH* eine **doppelte Rechtsnatur** (vgl. NJW 1976, 1943). Dem Adressaten gegenüber ist die Handlung öffentlich-rechtlich, dem Wettbewerber gegenüber ist sie privatrechtlich und der Unterlassungsanspruch ist vor dem Zivilgericht zu verfolgen (*Großer Senat* NJW 1976, 1794). Diesem dogmatischen Ansatz ist **entgegenzuhalten, daß die Anwendung des Privatrechts** als Beurteilungsmaßstab des Handelns im öffentlich-rechtlichen Bereich allenfalls im Wege der Analogie möglich ist und dies auch **nur** dann, **wenn** eine **Regelungslücke** im öffentlichen Recht **besteht** (vgl. hierzu *Gern,* Analogie im Verwaltungsrecht, DÖV 1985, 558). Eine solche besteht indes bei wettbewerbswidrigem Verhalten nicht ohne weiteres. Die **inkri-**

minierten Handlungen stellen nämlich regelmäßig zugleich **Grundrechtsverstöße dar** und sind rechtlich **deshalb unmittelbar auf diesem öffentlichrechtlichen Wege zu erfassen.** Des Rückgriffs auf Privatrecht bedarf es deshalb nicht (so auch *Schachtschneider,* Staatsunternehmen und Privatrecht, 1986, S. 281 ff.).

– **Weiterführend:** *Säcker/Buschke,* Kommunale Eigenbetriebe im Spannungsfeld von Selbstverwaltung und Kartellaufsicht, VerwArch 1992, 1 f.
– Zur Anwendbarkeit des **HGB** vgl. *Dreger,* Die Anwendbarkeit des Handelsrechts auf die öffentliche Hand, 1986; *Waechter,* KommR, Rdnr. 626.

5.3. Anwendung des Mitbestimmungsrechts.

834 **Problematisch** ist weiterhin, inwieweit in kommunalen wirtschaftlichen Unternehmen eine **betriebliche** und eine **direkte Mitbestimmung** der Bediensteten der Kommune möglich ist.

5.3.1. Direktive Mitbestimmung

Direktive Mitbestimmung bedeutet Beteiligung der Bediensteten **an unternehmerischen Leitungsentscheidungen** gemeindlicher Unternehmen. Die **direktive** Mitbestimmung **verstößt** nach herrschender Auffassung **gegen das Demokratieprinzip.** Es fordert bei Entscheidungen auf der staatlichen Leitungsebene eine **ununterbrochene Legitimationskette** der Entscheidungen zum Volk. Bei direktiver Mitbestimmung der Beschäftigten würde diese Kette unterbrochen. Den Beschäftigten sind kompetenziell und organisationsrechtlich durch das Volk bzw. den Gesetzgeber in dieser spezifischen Eigenschaft keine Sachentscheidungszuständigkeiten zugewiesen (vgl. *Ehlers,* JZ 1987, 218 (221)). Außerdem unterliegen sie in dieser Eigenschaft auch nicht der demokratischen Kontrolle und rechtsstaatlichen Verantwortlichkeit. Diese Rechtslage besteht **unabhängig davon, ob ein Unternehmen** der Gemeinde in **öffentlich-rechtlicher oder privatrechtlicher Form** geführt wird. Die demokratischen und rechtsstaatlichen Erfordernisse an Leitungs- und Entscheidungsfunktionen können durch „Flucht ins Privatrecht" nicht abgestreift werden. (aA *Ehlers,* aaO, (225)). Die **zivilrechtlichen Mitbestimmungsvorschriften des Aktienrechts und des GmbH-Rechts** (i. V. m. § 1 ff des Mitbestimmungsgesetzes, BGBl. I 1976, 1153) **gelten** wegen einer Überlagerung durch Verfassungsrecht **nicht.**

5.3.2. Betriebliche Mitbestimmung

835 **Betriebliche Mitbestimmung bedeutet Mitwirkung der Beschäftigten** an den **ihre innerbetrieblichen, sozialen und persönlichen Angelegenheiten betreffenden Entscheidungen** (vgl. § 104 BPersVG). Die betriebliche Mitbestimmung ist **Ausfluß des Sozialstaatsprinzips** (*BVerfGE* 28, 314 (323)) und auch in wirtschaftlichen Unternehmen der Gemeinde grundsätzlich zulässig (vgl. *Ehlers,* aaO, (220) mwN). Gesetzlich geregelt ist sie im **Landespersonalvertretungsgesetz.**

– Weiterführend: *Schäfer,* Mitbestimmung in kommunalen Eigengesellschaften, 1988; *Püttner,* HdKWP, Bd. 5, S. 184 f.

5.4. Anwendung des EG-Rechts.

Neben den deutschen Rechtsvorschriften sind im Rahmen des europäi- **836** schen Binnenmarkts für die wirtschaftliche Betätigung auch die **EG-rechtlichen Vorschriften** zu beachten. Sie gelten **mit Vorrang** vor dem nationalen Recht auch in Bezug auf die wirtschaftlichen Unternehmen der Gemeinden und können der wirtschaftlichen Betätigung **Grenzen** setzen. Insbesondere sind die auf freien Wettbewerb innerhalb der EG ausgerichteten **Wettbewerbsregeln** der Art. 85 f., 90 EGV zu beachten (vgl. hierzu *EuGH* NVwZ 1989, 949 – Bestattungsmonopol). Für Unternehmen, die mit Dienstleistungen von allgemeinem wirtschaftlichem Interesse betraut sind, gelten diese Regeln nach Art. 90 Abs. 2 allerdings nur insoweit, als ihre Anwendung nicht die Erfüllung der ihnen übertragenen besonderen Aufgaben verhindert.

– Zur Niederlassungs- und Dienstleistungsfreiheit im Binnenmarkt vgl. *Hailbronner/Nachbaur,* WiVW 1992, 57 f.
– Zum möglichen Einfluß des EG-Rechts auf Energieunternehmen vgl. *Püttner* DÖV 1990, 462 mwN.

6. Vertretung der Gemeinde in Unternehmen

Die **Vertretung** der Gemeinde in den Gremien der Unternehmen und **837** Einrichtungen in einer Rechtsform des privaten Rechts ist in den einzelnen Gemeindeordnungen unterschiedlich geregelt.

In **Sachsen** vertritt der Bürgermeister die Gemeinde in der Gesellschafterversammlung oder dem entsprechenden Organ eines Unternehmens in einer Rechtsform des privaten Rechts, an dem die Gemeinde beteiligt ist. Der Bürgermeister kann einen **Bediensteten** der Gemeinde **mit seiner Vertretung beauftragen.** Kann die Gemeinde weitere Vertreter entsenden, so werden diese vom Gemeinderat gewählt. Ist mehr als ein weiterer Vertreter zu entsenden, gilt § 42 Abs. 2 GemO entsprechend. Der **Gemeinderat** kann den Vertretern der Gemeinde – im Innenverhältnis – **Weisungen erteilen.**

Hat die Gemeinde das Recht, Mitglieder des Vorstands, des Aufsichtsrats oder eines entsprechenden Organs eines Unternehmens in einer Rechtsform des privaten Rechts zu bestimmen, so werden diese **vom Gemeinderat gewählt.** Ist mehr als ein Mitglied zu bestimmen, gilt § 42 Abs. 2 GemO entsprechend.

Wird ein Vertreter der Gemeinde wegen seiner Tätigkeit im Organ eines Unternehmens **haftbar gemacht, hat ihm die Gemeinde** den **Schaden zu ersetzen.** Dies gilt nicht, wenn der Vertreter vorsätzlich oder grob fahrlässig gehandelt hat; auch in diesem Fall ist der Schaden zu ersetzen, wenn er nach Weisung der Gemeinde gehandelt hat.

– Vgl. § 98 GemO.
– Zu den Besonderheiten bei der **AG** vgl. Rdnr. 869

7. Kommunale Unternehmensformen

7.1. Öffentlich-rechtliche Organisationsformen

7.1.1. Der Eigenbetrieb

838 *7.1.1.1.* Die Gemeindeordnung Sachsen sieht – ebenso wie die anderen Bundesländer – als besondere öffentlich-rechtliche Form sowohl wirtschaftlicher als auch nichtwirtschaftlicher kommunaler Unternehmen den Eigenbetrieb vor.

– Vgl. § 95 Abs. 2 GemO; § 1 EigBG (Entw.).

Näher ausgestaltet wird diese Unternehmensform durch das Eigenbetriebsgesetz und die Eigenbetriebsverordnung sowie durch die vom Gemeinderat als Pflichtsatzung zu erlassende **Betriebssatzung,** die die Rechtsverhältnisse des Eigenbetriebs im einzelnen regelt.

– Vgl. § 3 Abs. 3 EigBG (Entw.).

839 *7.1.1.2.* Ihrer **Rechtsnatur** nach sind Eigenbetriebe unselbständige Anstalten des öffentlichen Rechts **ohne eigene Rechtspersönlichkeit.** Sie können zugleich öffentliche Einrichtungen i. S. der Gemeinde- und Landkreisordnung sein (vgl. *VGH BW* NVwZ 1991, 583 – Stromversorgung). Die Handlungen des Eigenbetriebs werden ausschließlich der Trägerkommune zugerechnet.

Verselbständigt ist der Eigenbetrieb allerdings in organisatorischer und finanzwirtschaftlicher Hinsicht.

840 *7.1.1.3.* **Zweck der Betriebsform** ist es, eine **optimale Unternehmensführung** zwischen den Polen „Wirtschaftlichkeit" und „öffentliches Kommunalinteresse" zu ermöglichen.

Wirtschaftlich bietet der Eigenbetrieb – im Gegensatz zum verwaltungsintegrierten Regiebetrieb – den Vorteil, durch rechnungs- und vermögensmäßige Verselbständigung des Betriebs gegenüber dem allgemeinen Haushalt der Gemeinde die Transparenz der wirtschaftlichen Ergebnisse zu verbessern und damit das Kostenbewußtsein zu stärken sowie durch die kaufmännische doppelte Buchführung die wirtschaftlichen Vergleichsmöglichkeiten zu anderen Betrieben zu optimieren.

Kommunalrechtlich bleibt mit Blick auf die Ausgestaltung dieser Betriebsform die **demokratische Einflußnahme und Kontrolle** durch die Gemeinde sowie ihre rechtsstaatliche Einbindung – im Gegensatz zur Organisationsprivatisierung – in vollem Maße erhalten.

841 *7.1.1.4.* Durch die Betriebssatzung kann für den Eigenbetrieb eine **Betriebsleitung** gebildet werden. Die Betriebsleitung besteht aus einem oder mehreren Betriebsleitern. Die Betriebsleiter werden vom Gemeinderat gewählt. Die Geschäftsverteilung innerhalb der Betriebsleitung regelt der Bürgermeister mit Zustimmung des Betriebsausschusses durch eine **Geschäftsordnung.**

– Vgl. § 4 EigBG (Entw.).

I. Wirtschaftliche Unternehmen

Die Betriebsleitung **leitet** den Eigenbetrieb. Ihr obliegt insbesondere die **laufende Betriebsführung.** Sie ist im Rahmen ihrer Zuständigkeit für die wirtschaftliche Führung des Eigenbetriebs verantwortlich. Zu den **Aufgaben der laufenden Betriebsführung** gehören alle im Betrieb wiederkehrenden Maßnahmen, die typischerweise zur Aufrechterhaltung des Betriebs erforderlich sind. Nicht erfaßt von der laufenden Betriebsführungsbefugnis ist beispielsweise die im Einzelfall zu treffende Entscheidung über die Begründung des Anschluß- und Benutzungszwangs (*OVG Münster* DÖV 1989, 594).

Die Betriebsleitung **vollzieht die Beschlüsse** des Gemeinderats, seiner Ausschüsse und die Entscheidungen des Bürgermeisters in Angelegenheiten des Eigenbetriebs, soweit nicht der Bürgermeister für Einzelfälle oder für einen bestimmten Kreis von Angelegenheiten etwas anderes bestimmt. Durch die Betriebssatzung können der Betriebsleitung weitere **Aufgaben des Eigenbetriebs zur Erledigung übertragen werden.** Die Betriebsleitung hat den Bürgermeister über alle wichtigen Angelegenheiten des Eigenbetriebs rechtzeitig zu **unterrichten.**

– Vgl. hierzu § 5 Abs. 2 – 4 EigBG (Entw.).

Der Betriebsleitung obliegt auch die **Vertretung** der Gemeinde im Rahmen ihrer Aufgaben.

– Vgl. im einzelnen § 6 EigBG (Entw.).

7.1.1.5. Durch die Betriebssatzung kann für die Angelegenheiten des Eigen- **842** betriebs ein beratender oder beschließender Ausschuß des Gemeinderats **(Betriebsausschuß)** gebildet werden. Die Betriebsleitung nimmt an den Sitzungen des Betriebsausschusses mit beratender Stimme teil.

– Vgl. § 7 EigBG (Entw.).

Der **Betriebsausschuß stellt** die **Verbindung zwischen kommunalpolitischer Führung und Betriebsführung** her. Er berät alle Angelegenheiten des Eigenbetriebs vor, die der Entscheidung des Gemeinderats vorbehalten sind. Dem beschließenden Betriebsausschuß sind durch die Betriebssatzung bestimmte Aufgabengebiete des Eigenbetriebs zur dauernden Erledigung zu übertragen. Außerdem kann der Gemeinderat dem beschließenden Betriebsausschuß einzelne Angelegenheiten übertragen. Ist kein Betriebsausschuß gebildet, können Zuständigkeiten des Betriebsausschusses auf andere Ausschüsse des Gemeinderats übertragen werden.

– Vgl. § 8 EigBG (Entw.).

7.1.1.6. Der **Gemeinderat entscheidet** über alle Angelegenheiten des Eigen- **843** betriebs, soweit nicht der Bürgermeister, der beschließende Betriebsausschuß, ein anderer beschließender Ausschuß des Gemeinderats oder die Betriebsleitung zuständig ist.

– Vgl. § 9 EigBG (Entw.).

844 *7.1.1.7.* Der **Bürgermeister** kann der Betriebsleitung **Weisungen** erteilen, um die ordnungsgemäße Führung des Eigenbetriebs sicherzustellen (zur Einschränkung der Weisungsbefugnis *BVerfG* NJW 1991, 1471). Durch die Betriebssatzung können dem Bürgermeister bestimmte Aufgaben des Eigenbetriebs zur Erledigung übertragen werden. Ist für den Eigenbetrieb **keine** Betriebsleitung gebildet, nimmt der Bürgermeister die nach diesem Gesetz der Betriebsleitung obliegenden Aufgaben wahr.

– Vgl. § 10 EigBG (Entw.).

7.1.1.8. Besondere Vorschriften gelten für die **Wirtschaftsführung** und das **Rechnungswesen** des Eigenbetriebs. Der Eigenbetrieb ist finanzwirtschaftlich als **Sondervermögen** der Gemeinde zu verwalten und nachzuweisen. Er ist mit einem angemessenen **Stammkapital** auszustatten, dessen Höhe in der Betriebssatzung festzusetzen ist.

– Vgl. § 12 EigBG (Entw.).

Für den Eigenbetrieb ist eine Sonderkasse einzurichten. Sie soll mit der Gemeindekasse verbunden werden.

– Vgl. § 13 EigBG (Entw.).

Wirtschaftsjahr des Eigenbetriebs ist das Haushaltsjahr der Gemeinde. Wenn die Art des Betriebs es erfordert, kann die Betriebssatzung ein hiervon abweichendes Wirtschaftsjahr bestimmen.

– Vgl. § 14 EigBG (Entw.).

Für jedes Wirtschaftsjahr ist vor dessen Beginn ein **Wirtschaftsplan** aufzustellen. Er besteht aus dem **Erfolgsplan,** dem **Vermögensplan** und der **Stellenübersicht** und ist **dem Haushaltsplan** der Gemeinde als Anlage **beizufügen.** Seiner Rechtsnatur nach ist der Wirtschaftsplan **schlichter Gemeinderatsbeschluß.** Der an den Haushalt der Gemeinde abzuführende Jahresgewinn oder der aus dem Haushalt der Gemeinde abzudeckende Jahresverlust ist in den Haushaltsplan der Gemeinde aufzunehmen.

– Vgl. § 15 EigBG (Entw.).

Die Betriebsleitung hat für den Schluß eines jeden Wirtschaftsjahres einen aus der Bilanz, der Gewinn- und Verlustrechnung und dem Anhang bestehenden **Jahresabschluß** sowie einen **Lagebericht** aufzustellen. Den Jahresabschluß hat der Gemeinderat festzustellen. Außerdem hat er über die Verwendung des Jahresgewinns bzw. die Behandlung des Jahresverlusts sowie die Entlastung der Betriebsleitung Beschluß zu fassen.

– Vgl. § 19 EigBG (Entw.).

7.1.1.9. Mehrere Unternehmen und Einrichtungen i. S. des Eigenbetriebsrechts können zu **einem** Eigenbetrieb zusammengefaßt werden (sog. **kombinierte Eigenbetriebe, Querverbund).** Sie sollen zusammengefaßt werden, wenn sie denselben oder ähnlichen Zwecken dienen.

Die Zusammenfassung dient der Wirtschaftlichkeit und Effizienz der Be-

triebsführung und der Steuerersparnis durch die Saldierungsmöglichkeit von Gewinnen und Verlusten der einzelnen (wirtschaftlichen) Eigenbetriebe (vgl. auch *OVG Lüneburg* NVwZ-RR 1990, 506).
– Zur **Kaufmannseigenschaft** der Gemeinde i. S. des Handelsrechts bei Führung eines Eigenbetriebs vgl. *BGH* NJW 1991, 2134.

Schaubild Nr. 12: Muster eines Wirtschaftsplans eines Wasserversorgungsbetriebs

---

Der Gemeinderat hat in seiner Sitzung vom ... aufgrund der §§ ... **845** Eigenbetriebsgesetz sowie der §§ ... Eigenbetriebsverordnung in Verbindung mit den §§ ... der Gemeindeordnung folgenden **Wirtschaftsplan** für den Wasserversorgungsbetrieb der Gemeinde ... für das Wirtschaftsjahr ... beschlossen:

§ 1 Wirtschaftsplan
Der Wirtschaftsplan für das Wirtschaftsjahr ... wird wie folgt festgesetzt:

im **Erfolgsplan** in den Einnahmen und Ausgaben auf je	DM 1426000,–
im **Vermögensplan** in den Einnahmen und Ausgaben auf je	DM 1913000,–
der **Jahresverlust** auf	DM 226000,–

§ 2 Kreditaufnahmen
Der Gesamtbetrag der für den Wasserversorgungsbetrieb im Vermögensplan vorgesehenen Kreditaufnahmen wird für das Wirtschaftsjahr ... auf DM 858000,– festgesetzt.

§ 3 Kassenkredite
Der Höchstbetrag der Kassenkredite, der im laufenden Wirtschaftsjahr zur rechtzeitigen Leistung von Ausgaben in Anspruch genommen werden darf, wird auf DM 285000,– festgesetzt.

..., den
gez.: Bürgermeister

7.1.2. Der Regiebetrieb.

Regiebetriebe sind in die Gemeindeverwaltung eingegliederte, durch **846** diese **mitverwaltete** rechtlich, organisatorisch, personell, haushalts- und rechnungstechnisch **unselbständige wirtschaftliche Unternehmen** der Gemeinde. Der Regiebetrieb **entsteht aufgrund verwaltungsinterner Anordnung** der zuständigen Gemeindeorgane. Seine Zulässigkeit ergibt sich in Sachsen aus § 95 Ziff. 1 GemO.
Im einzelnen **gelten die gemeinderechtlichen Bestimmungen,** insbeson-

dere **über die Haushaltswirtschaft,** das Kassen- und Rechnungswesen. Sein Haushalt ist **Teil des Gemeindehaushalts.** Für die Personalwirtschaft ist der allgemeine Stellenplan maßgebend (vgl. **Häuselmann,** VBlBW 1983, 231).

Im einzelnen werden **Nettoregiebetriebe** mit eigener Rechnung, bei denen nur das Endergebnis in den kommunalen Haushalt eingestellt wird, und **Bruttoregiebetriebe** unterschieden (vgl. hierzu *Reiff,* BWGZ 1990, 97). Die **Einflußnahme der Gemeinde** ist bei dieser Organisationsform jederzeit umfassend **gewährleistet.**

In der Praxis werden Regiebetriebe mit Blick auf ihre Struktur nur für kleine Betriebseinheiten geschaffen, die keine besondere Selbständigkeit und Flexibilität der Betriebsführung sowie nicht die Anwendung moderner betriebswirtschaftlicher Strategien erfordern.

Beispiele für typische Regiebetriebe: Bauhof, Friedhofsgärtnerei und sonstige Hilfsbetriebe der Verwaltung.

7.1.3. *Der Zweckverband als wirtschaftliches Unternehmen*

847 Gemeinden und Landkreise können **wirtschaftliche Unternehmen als Zweckverband** nach dem SächsKomm ZG **führen.** Die Unternehmensgrundsätze regeln sich in diesem Falle nach diesem Gesetz.

In der Verbandssatzung eines Zweckverbands, dessen Hauptzweck der Betrieb eines Unternehmens oder einer Einrichtung im Sinne des Eigenbetriebsrechts ist, kann bestimmt werden, daß auf Verfassung, Verwaltung und Wirtschaftsführung sowie das Rechnungswesen des Zweckverbands mit gewissen Modifikationen die für die **Eigenbetriebe geltenden Vorschriften Anwendung finden.**

7.1.4. *Örtliche Stiftungen als wirtschaftliche Unternehmen*

848 Wirtschaftliche Unternehmen können grundsätzlich auch **örtliche Stiftungen** im Sinne des § 94 GemO sein. Unter Stiftungen versteht man die **„Widmung von Vermögen zur dauerhaften Erfüllung eines bestimmten Zwecks".** Von der Körperschaft unterscheidet sich die Stiftung dadurch, daß sie nicht von Mitgliedern, sondern von einer anderen juristischen Person des öffentlichen Rechts getragen wird.

Weil § 94 Abs. 4 GemO die Einbringung von Gemeindevermögen in Stiftungsvermögen nur dann zuläßt, wenn der Stiftungszweck nicht anders erreicht werden kann, ist die Rechtsform der **Stiftung** in der Regel allerdings als **nicht geeignet für die Führung eines wirtschaftlichen Unternehmens** der Gemeinde anzusehen (vgl. *Häuselmann,* aaO).

7.1.5. *Anstalten des öffentlichen Rechts*

849 7.1.5.1. *Begriff.* Gemeinden können als wirtschaftliche Unternehmen auch **Anstalten des öffentlichen Rechts errichten.** Anstalten des öffentlichen Rechts sind von einem Hoheitsträger getragene, kraft öffentlichen Rechts gegründete, mit eigenem Personal und Sachmitteln versehene, **nicht mitgliedschaftlich strukturierte Organisationen,** die der Erfüllung sachlich zusammenhängender öffentlicher Zwecke dienen (str. vgl. *Wolff/Bachof/Stober,*

I. Wirtschaftliche Unternehmen

Verwaltungsrecht II, § 98 mwN). Anstalten haben keine Mitglieder sondern Benutzer.

- **Rechtlich selbständige Anstalten** sind **durch Gesetz geschaffene** oder zugelassene **juristische Personen** des öffentlichen Rechts, die sowohl dem Anstaltsträger als auch Dritten gegenüber eine selbständige rechtliche Zurechnungs-, Zuordnungs-, Vermögens- und Haftungseinheit mit eigenem Namen bilden und im Kommunalbereich Glieder der kommunalen **Dezentralisation** sind (vgl. *Wolff/Bachof/Stober,* aaO, Rdnr. 17 zu § 98). Sie haben in der Regel eigene Satzungsautonomie und können als Teil der Kommunen partielle Selbstverwaltungsrechte genießen und in dieser Funktion am Wirtschaftsverkehr teilnehmen (*Hendler,* Selbstverwaltung als Ordnungsprinzip, 1984, S. 288).
- **Rechtlich unselbständige** Anstalten sind Organisationen des Anstaltsträgers ohne selbständige rechtliche Zuordnungs-, Vermögens- und Haftungsfähigkeit. Die Willensbildung liegt beim Anstaltsträger. Im **Innenverhältnis** zum Anstaltsträger verfügen sie aber in der Regel über ein **Sondervermögen,** eigenen Wirtschaftsplan, eigene Buchführung und eigenes Personal. Ihre Organe sind **Unterorgane** des Anstaltsträgers (vgl. *Wolff/Bachof/Stober,* aaO, Rdnr. 21 zu § 98). Eine Form der **unselbständigen** Anstalt sind die **Eigenbetriebe.**

7.1.5.2. Sparkassen. **Rechtsfähige Anstalten des öffentlichen Rechts sind** 850 **die Sparkassen.** Ihre Rechtsverhältnisse sind im **Sparkassengesetz** geregelt. **Träger** sind Landkreise, kreisfreie Städte oder von ihnen gebildete Zweckverbände.

- Vgl. § 1 SparkG.

7.1.5.2.1. Die Sparkassen sind Wirtschaftsunternehmen mit der **Aufgabe,** den Sparsinn der Bevölkerung ihres Geschäftsgebiets zu fördern. Sie geben Gelegenheit, Ersparnisse und andere Gelder sicher und verzinslich anzulegen, dienen der örtlichen Kreditversorgung unter besonderer Berücksichtigung des Mittelstandes, der wirtschaftlich schwächeren Bevölkerungskreise ihres Geschäftsgebiets und der öffentlichen Einrichtung in ihrem Geschäftsgebiet (öffentlicher Auftrag).
Die Sparkassen sind im **19. Jahrhundert** als Spar-, Leih- und Waisenkassen, orientiert am „Bedürfnis der ärmeren Klassen", entstanden und haben sich nach und nach zu einer **Sonderform der Bank** entwickelt, die **Bankgeschäfte** i. S. des § 1 Abs. 1 Kreditwesengesetz (KWG) betreiben (*BVerwG* DVBl. 1972, 780 (781); *VGH BW* NVwZ-RR 1990, 320).

7.1.5.2.2. Die Sparkassen sind als öffentlich-rechtliche Anstalten **nicht** 851 **grundrechtsfähig** (*BVerfG* NVwZ 1987, 879; *VGH BW* NVwZ 1990, 484; aA *Erlenkämper,* NVwZ 1991, 326). Sie sind vielmehr als ausgelagerte Teile der Kommune selbst **an die Grundrechte, das Rechtsstaatsprinzip und an das Demokratiegebot gebunden** (vgl. *VerfGH NW* NVwZ 1987, 211).

- Zur Zulässigkeit von **Privilegierungen** der Sparkassen vgl. *Waechter,* KommR, Rdnr. 632; *BVerfG* NJW 1983, 2811.

303

852 *7.1.5.2.3.* Die Körperschaften des öffentlichen Rechts, die eine Sparkasse errichtet haben, sind **Gewährträger** dieser Sparkasse. Der Gewährträger stellt sicher, daß die Sparkasse ihre Aufgaben erfüllen kann. Er **haftet** für die Verbindlichkeiten der Sparkasse **unbeschränkt.**

– Vgl. § 3 SparkG.

853 *7.1.5.2.4.* Die **Rechtsverhältnisse** der Sparkasse sind durch **Satzung** zu regeln. Sie wird vom Hauptorgan des Gewährträgers erlassen und bedarf – sofern keine Mustersatzung verwendet wird – der Zustimmung der Aufsichtsbehörde. Ihre Prüfungskompetenz beschränkt sich auf reine Rechtskontrolle.

– Vgl. § 4 Abs. 3 SparkG.

854 *7.1.5.2.5.* **Organe** der Sparkasse sind der **Verwaltungsrat und der Vorstand.**

– Vgl. § 7 SparkG.

Der **Verwaltungsrat** bestimmt die Richtlinien für die Geschäfte der Sparkasse und **überwacht** die Geschäftsführung. Der Vorsitzende des Verwaltungsrats ist der Vorsitzende des Gewährträgers.

– Vgl. § 9 Abs. 1 SparkG.

855 Der **Vorstand** leitet die Sparkasse in eigener Verantwortung. Er vertritt die Sparkasse und führt ihre Geschäfte.

– Vgl. § 16 SparkG.
– **Zum Verhältnis der Organe zueinander** vgl. *OVG Münster* NVwZ-RR 1990, 101.
– Zur Unzulässigkeit der **Mitbestimmung** vgl. *VerfGH NW* NVwZ 1987, 211.

856 *7.1.5.2.6.* Bei den Sparkassen wird ein **Kreditausschuß** gebildet, dem der Vorstand Kredite ab einer bestimmten Größenordnung zur Zustimmung vorlegt.

– Vgl. § 17 SparkG.

857 *7.1.5.2.7.* Eine unmittelbare und laufende **Kontrolle durch das Hauptorgan des Gewährträgers** (z. B. Gemeinderat) findet **nicht** statt. Weiterhin besteht auch **keine Weisungsbefugnis des Gemeinderats** gegenüber den Vertretern der Gemeinde in den Gremien der Sparkasse. Der *VGH BW* (aaO) und das *BVerwG* (NVwZ-RR 1990, 322) sehen darin **keinen Verstoß gegen das Selbstverwaltungsrecht der Kommunen.** Die Trennung zwischen Sparkassenrecht und Gemeinderecht hält sich in historischer Sichtweise in dem Rahmen, den Art. 28 Abs. 2 GG für die Einschränkung des Selbstverwaltungsrechts offenhält. Die kommunale Regie über die Sparkassen wurde bereits im Jahre 1931 (vgl. RGBl. I, S. 537) begrenzt. Zu diesem Zeitpunkt wurden die Sparkassen Anstalten des öffentlichen Rechts und in ihren Handlungsbefugnissen gegenüber den Kommunen verselbständigt. **Art. 28 Abs. 2 garantiert** aufgrund dieser historischen Entwicklung den Gemeinden **die ursprünglich bestehenden Einflußrechte nicht mehr.** Die gemeindliche Personalhoheit wird hierdurch nicht in Frage gestellt. Die Personalhoheit der Gemeinden erstreckt sich nach Auffassung des BVerwG (aaO) nicht auf die personellen Verhältnisse der Sparkasse. Entsprechend sieht die Rechtsprechung des VGH BW (aaO) die Entlassung des Vorstandsmitglieds einer Sparkasse durch deren Verwaltungsrat nicht als Angelegenheit der Gemeinde und ihrer Verwaltung an, auch wenn die Gemeinde Gewährträger und ihr Bürgermeister Vorsitzender des Verwaltungsrats der Sparkasse ist.

7.1.5.2.8. Die Sparkassen unterliegen der **Rechtsaufsicht** des Freistaates **858** Sachsen.

– Vgl. § 24 SparkG.

Die **Fachaufsicht** übt das Bundesaufsichtsamt für das Kreditwesen aus

– Vgl. §§ 5, 6, 52 KWG.
– **Zum Sparkassenwesen vgl. allg.** *Püttner,* HdKWP, Bd. 5, S. 119 ff.
– Zum **Einfluß des EG-Rechts** auf die Sparkassen vgl. *Waechter,* aaO, Rdnr. 638 mwN.

7.2. Privatrechtliche Organisationsformen

7.2.1. Die Gemeinden können **in Ausübung ihres Selbstorganisations-** **859** **rechts** auch an rechtlich selbständigen **wirtschaftlichen Unternehmen des Privatrechts** beteiligt sein. Zu beachten sind dabei die beschränkenden Sonderregelungen des Gemeinderechts.

– Vgl. § 95 f. GemO.

7.2.2. **Als privatrechtliche Beteiligungsformen** wirtschaftlicher Unterneh- **860** men der Gemeinde kommen organisatorisch **alle Rechtsformen** der Zusammenschlüsse von Personen und Vermögen in Betracht, **die das Zivilrecht vorsieht.** Möglich ist hiernach die Gründung einer **GmbH,** einer **Aktiengesellschaft,** deren gesetzliche Ausgestaltung auf Großunternehmen zugeschnitten ist, von **Vereinen, eingetragenen Genossenschaften** oder **privatrechtlichen Stiftungen.** Genossenschaften und Stiftungen haben allerdings aufgrund ihrer besonderen Zweckbestimmung in der kommunalen Praxis keine Bedeutung erlangt (vgl. hierzu *Cronauge,* Kommunale Unternehmen, Rdnr. 182 f.).

7.2.3. Bei Gründung **rechtsfähiger Vereine** sind zwei Arten zu unterschei- **861** den. Der **wirtschaftliche Verein** (§ 22 BGB) und der Verein, der nicht auf einen wirtschaftlichen Geschäftsbetrieb gerichtet ist (sog. **Idealverein).** In der kommunalen Praxis der alten Bundesländer hat bisher nur der Idealverein eine gewisse Bedeutung erlangt. In Vereinsform wurden speziell Volkshochschulen, Musikschulen und Museen geführt. Die Haftung des Vereins ist grundsätzlich auf das Vereinsvermögen beschränkt.

7.2.4. **Unzulässig** ist die Beteiligung der Gemeinde an einer **OHG,** an einer **862** **KG als Komplementär** oder an einer **BGB-Gesellschaft,** da bei diesen Organisationsformen die **Haftung** im Außenverhältnis **nicht beschränkbar** ist.

Entsprechendes gilt für den **nichtrechtsfähigen wirtschaftlichen** Verein.
Auch bei ihm ist die Haftung nicht beschränkbar.
– Vgl. § 96 GemO.

863 *7.2.5.* Die Gemeinden können als wirtschaftliche Unternehmen auch **Eigengesellschaften** in Form einer **GmbH** oder **AG** gründen (vgl. *OVG Münster* NVwZ 1986, 1045). Bei ihnen sind **alle Gesellschaftsanteile in der Hand der Gemeinde.**

864 *7.2.6.* Die Gemeinden können nach Maßgabe der Regelungen des Gemeindewirtschaftsrechts mit Mehrheits- oder Minderheitenbeteiligungen auch **an Unternehmen Dritter beteiligt** sein. Ist die Gemeinde an einer Gesellschaft beteiligt, **ohne Allein-Gesellschafterin zu sein,** so handelt es sich um eine **Beteiligungsgesellschaft.**

Sind die anderen Gesellschafter Träger öffentlicher Verwaltung, handelt es sich um eine **gemischt öffentlich-rechtliche Beteiligungsgesellschaft;** sind einzelne Gesellschafter Private, handelt es sich um eine **gemischt öffentlich-rechtlich-privatrechtliche Gesellschaft**

– Vgl. hierzu *Adamska,* Rechtsformen der Organisation kommunaler Interessen in gemischt-wirtschaftlichen Unternehmen, 1992).

865 *7.2.7.* Die Gemeinden können im Rahmen der Regelungen des Gemeindewirtschaftsrechts auch **kommunale Konzerne** gründen. „Konzern" ist die **Zusammenfassung eines herrschenden und eines oder mehrerer abhängiger Unternehmen unter der einheitlichen Leitung des herrschenden Unternehmens** (§ 18 Abs. 1 AktG). Im Kommunalbereich kommt die Rechtsform des Konzerns in der Regel in der Weise vor, daß eine Eigengesellschaft der Gemeinde oder eine unter ihrem beherrschenden Einfluß stehende Beteiligungsgesellschaft Unterbeteiligungen erwirbt und dadurch eine horizontale und vertikale Verschachtelung herbeiführt (vgl. *Häuselmann,* VBlBW 1983, 235).

Eine besondere Form des Konzerns ist die **Holding-Gesellschaft.** Ihr obliegt **lediglich die Verwaltung der angeschlossenen Unternehmen.** Die Leistungserstellung verbleibt bei den Unternehmen (vgl. hierzu *Schmidt-Jortzig,* KommR, Rdnr. 728). Sie wird typischerweise in der Weise gegründet, daß mehrere Gesellschaften ihre Anteile in eine neue Gesellschaft einbringen (z. B. Stadtwerke GmbH), welche als **Dachgesellschaft** die Verwaltungsspitze darstellt und die angeschlossenen Unternehmen **auf der Basis eines Beherrschungsvertrags** beherrscht.

Die **Konzernkonstruktion wird zum einen zur Steuerreduzierung eingesetzt,** da hier Gewinne und Verluste von Unternehmen unterschiedlicher Ertragslage steuermindernd saldiert werden können; zum anderen können sich die Gemeinden über diese Lösung mittels des Beherrschungsvertrags **Weisungsrechte** sichern, die speziell im Aktienrecht sonst nicht möglich wären (vgl. hierzu unten 1.7.3.). Als **besonders praktisch für eine Dachgesellschaft** eignet sich die leicht steuerbare **GmbH.**

7.3. Einfluß der Unternehmensform auf die rechtlichen Bindungen

7.3.1. Unabhängig davon, welche Unternehmensform eine Gemeinde **866** wählt, **gelten für die Gemeinde bei wirtschaftlicher Betätigung im Rahmen der Verfolgung öffentlicher Zwecke die typischen öffentlich-rechtlichen Bindungen, denen alle Hoheitsträger unterworfen sind** (vgl. Ziff. 1.5). Ob die Gemeinde über den Weg der Eigengesellschaft, der Beteiligungsgesellschaft oder auf sonstigem Wege wirtschaftlich tätig wird, ist ohne Bedeutung (vgl. *BVerfGE* 45, 63).
Bei öffentlich-rechtlichen Gestaltungs- und Handlungsformen gilt öffentliches Recht, bei privatrechtlichen Gestaltungs- und Handlungsformen gilt **Verwaltungsprivatrecht** (vgl. *BVerwG* NVwZ 1991, 59).

7.3.2. Bei der Wahl **privatrechtlicher Unternehmensformen** ergeben sich **867** im Ansatz allerdings **Modifikationen der Bindung an öffentliches Recht** aus der privatrechtstypischen, nicht per se gemeinwohlverpflichteten allgemeinen Handlungsfreiheit jeder Privatperson, der **Befreiung von Vorschriften des öffentlichen Dienstrechts,** speziell bei der **Lohngestaltung** bei Gesellschaften, aufgrund der vorgeschriebenen **Haftungsbegrenzung** auf das Gesellschaftsvermögen, im **Steuerrecht** bei der Körperschafts- und der Umsatzsteuer aufgrund von Steuererleichterungen (hierzu 1.10), bei der **Preisgestaltung** aufgrund einer – im Rahmen des Äquivalenzprinzips – flexibler handhabbaren Tarifpolitik sowie aus gesellschaftsrechtlich bedingten Lockerungen der sonst im Kommunalrecht bestehenden **Weisungs- und Kontrollrechte** der kommunalen Gremien (hierzu kritisch *Schoch,* Privatisierung, S. 81 f. mwN; *Weiblen,* BWGZ 1992, 154 (157) Erbguth/Stollmann DÖV 1993, 798).
Diese rechtsformbedingten Änderungen **intendieren** eine **unabhängigere** und **flexiblere Unternehmenspolitik,** die die Optimierung der Unternehmensziele fördern kann. Sie bergen jedoch gleichzeitig **Gefahren für die Erreichung des geforderten öffentlichen Zwecks, die Wahrung demokratischer und rechtsstaatlicher Handlungsgrundsätze und die Wirkkraft der Selbstverwaltungsgarantie in diesem Bereich,** speziell durch den damit einhergehenden **Kompetenzverlust** der Gemeindevertretung (hierzu *Schoch,* aaO, S. 91; *Altenmüller,* VBlBW 1984, 61; *Spannowsky,* DVBl. 1992, 1072).
Diese Gefahren, gleich wie groß sie sind, müssen gebannt werden. Der geeignete Weg hierzu für die **Gemeinde** besteht darin, daß sie sich **bei Wahl privatrechtlicher Unternehmensformen unter Beachtung der Gestaltungsmöglichkeiten des bundesrechtlichen Gesellschaftsrechts** (vgl. *BGHZ* 36, 296 (306); NJW 1978, 104 (105)) ausreichende **Einwirkungs-Beteiligungs- Mitsprache-** und **Kontrollrechte durch das Unternehmensstatut** auf die Entscheidungsträger des Unternehmens (Vorstand, Aufsichtsrat, Hauptversammlung) **vorbehält** (vgl. *BGH* DVBl. 1981, 220 (222); *OLG Bremen* DÖV 1977, 899 (900)). Die Regelungen der Gemeindeordnung über die wirtschaftliche Betätigung verpflichten die Gemeinden, wie oben dargelegt, diese Kautelen bei der Errichtung, Übernahme und wesentlichen

Erweiterung wirtschaftlicher Unternehmen in Privatrechtsform sowie bei einer Beteiligung an diesen zu beachten. **Problematisch** ist teilweise allerdings der **rechtstechnische Weg** zur Erreichung dieses Ziels.

868 *7.3.2.1.* Das **GmbH-Gesetz** läßt **über § 45 jederzeit durch entsprechende Gestaltung des Gesellschaftsvertrags ausreichende Einflußmöglichkeiten** der Gemeinde als Gesellschafterin **auf die Gesellschaft zu.**

Die §§ 37, 45, 46 GmbHG verpflichten die Geschäftsführer, die Beschlüsse der Gesellschafter sowie den Gesellschaftsvertrag zu beachten (so auch *Kraft* HdKWP, Bd. 5, S. 175). Im übrigen besteht auch über das Bestellungs- und Abberufungsrecht der Gesellschafter eine **unmittelbare Einwirkung** auf die Geschäftsführung. **Das der Gemeinde** gegenüber ihren Vertretern in der Gesellschaft **zustehende Weisungsrecht** ist hiernach **jederzeit durchsetzbar** (so auch *Häuselmann,* VBlBW 1983, S. 234 f.)

869 *7.3.2.2.* **Problematischer** ist die Frage der **Einwirkungsmöglichkeit** der Gemeinde bei der **Aktiengesellschaft.** Hier **leitet** der vom Aufsichtsrat bestellte **Vorstand** (§ 84, § 111 AktG) die Gesellschaft **unter eigener Verantwortung** (§ 76 Abs. 1 AktG). Hieraus ergibt sich – auch bei den Eigengesellschaften – sein **Recht zu weisungsfreier Geschäftsführung (**hierzu *Cronauge,* aaO, Rdnr. 314 f.). **Auch der** mit Kontroll- und sonstigen Innenrechtsbefugnissen ausgestattete, von der Hauptversammlung zu bestellende **Aufsichtsrat** (§§ 101, 119 AktG), ist **nicht an Weisungen der Gemeinde gebunden.** Der Aufsichtsrat ist ausschließlich dem Wohl der Gesellschaft verpflichtet (§ 111 Abs. 3 AktG). **Allerdings** ist **jedes Aufsichtsratsmitglied berechtigt und verpflichtet,** bei seinen Entscheidungen im Unternehmen **auch die Interessen der Anteilseigner und damit auch die Interessen der Gemeinden mitzuberücksichtigen** (*Lutter-Grunewald,* WM 1984, 395; *Schwintowski,* NJW 1990, 1009 (1014)). Die **Hauptversammlung** als oberstes Gesellschaftsorgan schließlich entscheidet zwar über Fragen der wirtschaftlichen Grundlagen und die **Gesellschaftsziele** (vgl. § 118 ff.) und über die Bestellung und Entlastung des Vorstands und des Aufsichtsrats (§§ 119, 120). Indes ist ihr ein **direkter Einfluß auf die Geschäftsführung untersagt** (*Häuselmann,* aaO, S. 234; *Kraft,* aaO, S. 174 mwN), da die Leitungsmacht des Vorstandes und die Überwachungspflicht des Aufsichtsrats nicht tangiert werden dürfen.

Dieses gesellschaftsformbedingte Einflußnahmedefizit bei der AG wird von der herrschenden Meinung **mit dem Hinweis auf einen Vorrang des bundesrechtlichen Gesellschaftsrechts** und die regelmäßige **Identität der Ziele der Gesellschaftsführung mit den zu verfolgenden öffentlichen Zwecken toleriert** (vgl. *Schwintowski,* aaO, S. 1015). Entsprechend sollen auch **Berichtspflichten** nach § 394 AktG allenfalls gegenüber dem nach § 395 zur Verschwiegenheit Verpflichteten, sehr eng begrenzten Personenkreis bestehen (hierzu *Schmidt-Aßmann,* BB 1988, Beilage 13). Im übrigen seien die **Aufsichtsratsmitglieder den gemeinderätlichen Gremien** nach § 93 Abs. 1 S. 2 AktG i. V. m. § 116 AktG zur **Verschwiegenheit** verpflichtet (vgl. *Treder,* GHH 1986, 145).

I. Wirtschaftliche Unternehmen

Dieser Meinung kann mit Blick **auf die** das Privatrecht grundsätzlich verdrängende **Sonderrechtsqualtität des öffentlichen Rechts und** die verfassungskräftige **Bindung der Gemeinde an Recht und Gesetz** (Art. 1 Abs. 3 GG), speziell an die Kautelen des Gemeindewirtschaftsrechts, auch bei privatrechtlichem Handeln und der Inanspruchnahme privatrechtlicher Organisationsformen **nicht** gefolgt werden. Das öffentliche Recht fordert zwingend die Sicherung des öffentlichen Zwecks und die Erhaltung des kommunalen Einflusses auf die AG. Dieses Ziel kann auf zwei Wegen erreicht werden.

Der **erste Weg** zur Sicherung des öffentlichen Zwecks liegt bei der **Ausgestaltung der Verfassung einer Aktiengesellschaft.** Will eine Kommune eine AG (mit-)begründen oder sich an ihr beteiligen, so darf sie dies nur, wenn **in der Satzung** als **Gesellschaftsziel** der zu verfolgende **öffentliche Zweck** (mit-) **festgeschrieben wird.** Alle **Organe der Gesellschaft sind** in ihren Handlungen **an diesen Zweck gebunden.** Welche **Beteiligungshöhe** der Gemeinde **am Kapital** zukommt, ist unter diesen Voraussetzungen für die Wahrung des öffentlichen Zwecks **nicht entscheidend.** Auch **Minderheitenbeteiligungen** sind in diese Falle möglich.

Der **zweite Weg zur Sicherung** der Einflußnahme liegt in einem zweifach möglichen **Rückgriff auf Konzernrecht:**
Zum einen erscheint es konstruktiv möglich, die **Gemeinde als solche** i. S. der §§ 15 ff., 17, 291 AktG als „herrschendes Unternehmen" i. S. des Konzernrechts zu qualifizieren, welches unter einheitlicher Leitung die einzelnen kommunalen Unternehmen zusammengefaßt hat und kraft eines gem. § 291 AktG abzuschließenden Beherrschungsvertrags berechtigt ist, den geschäftsführenden Organen der einzelnen abhängigen Gesellschaften **Weisungen** zu erteilen (§ 308 AktG, so *BGHZ* 69, 334 – für den Bund als herrschendes Unternehmen; vgl. hierzu *Kraft,* aaO, S. 182; *Cronauge,* aaO, Rdnr. 370).
Zum anderen kann aus der öffentlichen Zweckbindung der Gemeinde ihre **Verpflichtung** abgeleitet werden, eine **Holding-Gesellschaft** bzw. Organschaft in der Rechtsform einer GmbH zu gründen und sich **mit Hilfe eines Beherrschungsvertrags das volle Einwirkungsrecht** der Obergesellschaft auf ihre Töchter bzw. deren Vertretungsorgane (Vorstand, Aufsichtsrat) **zu sichern** (*Kraft,* aaO, S. 175 mwN; *Emmerich, Das Wirtschaftsrecht der öffentlichen Unternehmen,* 1969, aaO, 226 (229); *Cronauge,* aaO, Rdnr. 360 f.).

7.3.2.3. Beim **eingetragenen Verein** ergeben sich im Unterschied zur AG **870** keine Probleme. Durch die **Vereinssatzung** kann der erforderliche kommunale **Einfluß** jederzeit umfassend **gesichert** werden.

7.3.3. **Verletzt das Unternehmen** seine kraft öffentlichen Rechts bestehen- **871** den Obliegenheiten, hat die **Gemeinde** eine **öffentlich-rechtlich begründete Einwirkungspflicht,** die **durch die Vertreter** der Gemeinde in dem Unternehmen **wahrzunehmen** ist.
Ihr kann ein **Einwirkungsrecht Privater** gegen die Gemeinde **korrespondieren,** wenn das Unternehmen durch seine Tätigkeit in deren subjektive

Rechte eingreift und die Gemeinde durch die Einwirkung auf das Unternehmen diesen Eingriff beseitigen kann (*OVG Münster* NVwZ 1986, 1045 (1046)). Der Einwirkungsanspruch Privater ist in diesen Fällen stets **öffentlichrechtlicher Natur** und nicht gegen das Unternehmen, sondern **gegen die Gemeinde selbst** im Verwaltungsrechtsweg zu verfolgen (vgl. *VGH BW* VBlBW 1983, 78).

– Zur **Schadenersatzpflicht der Gemeinde** in diesen Fällen *Spannowsky,* DVBl. 1992, 1072 (1077) mwN.

– **Weiterführend:** *Brüggemeier/Damm,* Kommunale Einwirkung auf gemischt-wirtschaftliche Energieversorgungsunternehmen, 1988; *Kraft,* Das Verwaltungsgesellschaftsrecht, – Zur Verpflichtung kommunaler Körperschaften, auf ihre Privatrechtsgesellschaften einzuwirken, 1982.

8. Materielle Privatisierung kommunaler Unternehmen

872   Nicht selten steht eine Gemeinde, speziell aus Wirtschaftlichkeitserwägungen vor der Frage, eine **wirtschaftliches Unternehmen aufzugeben** und dem privaten Wettbewerb zu überantworten. Dies wirft die Frage nach der **Zulässigkeit der materiellen Privatisierung** wirtschaftlicher Unternehmen auf.

Materielle Privatisierung bedeutet **vollständige oder teilweise Entlassung kommunaler wirtschaftlicher Unternehmen** öffentlich-rechtlicher oder privatrechtlicher Organisationsform **in die Verantwortung nichtstaatlicher Rechtssubjekte.** Sie ist möglich durch Auflösung eines Unternehmens zugunsten privater Aktivität, durch Übertragung, etwa in Form der **Veräußerung** an Private, durch Rechtsumwandlung oder durch Einräumung von **Entscheidungsrechten oder Ausschließlichkeitsrechten zugunsten Privater durch die Gemeinde.**

Ein aktueller Fall der **Teilprivatisierung** ist das sog. **Betreibermodell.** Bei ihm übernimmt ein privates Unternehmen den Bau, die Finanzierung und den Betrieb einer kommunalen Anlage (z. B. der Abwasserbeseitigung) mit eigenem Personal und in eigener Verantwortung. Grundlage ist ein langfristig abgeschlossener **Betreibervertrag.** Das private Unternehmen erhält für den ordnungsgemäßen Betrieb der Anlage eine **Vertragsentgelt.** Dieses gibt die Kommune über die Benutzungsgebühren an die Benutzer weiter. Die **Außenverantwortung** bleibt bei der Kommune. Zur Sicherung dieser Verantwortung behält sich die Kommune im Betreibervertrag Eingriffs- und Kontrollrechte vor (vgl. hierzu *Cronauge,* aaO, Rdnr. 663; *Pfüller,* Privatisierung öffentlicher Aufgaben, S. 63 f.; *Schoch,* aaO, S. 155).

Eine (abgeschwächte) Form der Teilprivatisierung ist das „**Betriebsführungsmodell".** Im Rahmen dieses Modells überträgt die Gemeinde einem privaten Betriebsführungsunternehmen vertraglich gegen Entgelt die kaufmännische und technische Leitung eines kommunalen Unternehmens für Rechnung im Namen der Gemeinde. Die Gemeinde bleibt als Betriebsinhaberin Eigentümerin der Anlagen und öffentlich-rechtlich zuständig für die

Aufgabenerfüllung. Der Betriebsführer ist kommunaler Verwaltungshelfer oder Erfüllungsgehilfe. **Verschiedentlich wird aus dem Sozialstaatsprinzip, dem Rechtsstaatsprinzip und Art. 3 GG** eine verfassungsrechtliche **Begrenzung des Selbstverwaltungsrechts i. S. einer Pflicht zur wirtschaftlichen Betätigung** und damit ein Verbot der materiellen Privatisierung jedenfalls insoweit **gefolgert,** als die Betätigung der **sozialen Grundsicherung** der Menschen dient (vgl. *Grabbe,* Verfassungsrechtliche Grenzen der Privatisierung kommunaler Aufgaben, 1979, S. 50 ff.; *Püttner,* DÖV 1990, 461 (463) – für die kommunale Energieversorgung). Diese Auffassung verdient für nationale Notstände Zustimmung. Bei Funktionieren der sozialen Marktwirtschaft ist diese Grundsicherung jedoch **auch durch die Privatwirtschaft zu gewährleisten.** Deshalb ist allein **aus verfassungsrechtlicher Sicht für ein grundsätzliches Verbot kein Raum.**

– Vgl. wie hier im Ergebnis auch *Stober,* aaO, S. 246 mwN.

Allerdings ist der Gesetzgeber in Ausfüllung des Gesetzesvorbehalts nach Art. 28 Abs. 2 GG bei Einhaltung der sonst für die Einschränkung des Selbstverwaltungsrechts geltenden Grenzen **berechtigt, eine materiell Privatisierung zu verbieten oder von einschränkenden Voraussetzungen abhängig zu machen.**

Der **Landesgesetzgeber** hat von dieser Berechtigung **in der Gemeindeordnung für Teilaspekte wirtschaftlicher Betätigung Gebrauch gemacht:** Hiernach ist die **Veräußerung** eines wirtschaftlichen Unternehmens, von Teilen eines solchen oder einer Beteiligung an einem wirtschaftlichen Unternehmen sowie **andere Rechtsgeschäfte,** durch welche die **Gemeinde ihren Einfluß** auf das wirtschaftliche Unternehmen **verliert** oder vermindert, **nur zulässig, wenn** die **Erfüllung der Aufgaben** der Gemeinde **nicht beeinträchtigt wird.**

– Vgl. § 100 GemO.

Weiterhin darf die Gemeinde **Verträge** über die **Lieferung von Energie** in das Gemeindegebiet sowie **Konzessionsverträge,** durch die sie einem Energieversorgungsunternehmen die **Benutzung von Gemeindeeigentum** einschließlich der öffentlichen Straßen, Wege und Plätze **überläßt, nur abschließen, wenn die Erfüllung der Aufgaben der Gemeinde nicht gefährdet wird,** und die berechtigten wirtschaftlichen Interessen der Gemeinde und ihrer Einwohner gewahrt werden (hierzu *Tettinger,* DVBl. 1991, 295).

Dasselbe gilt für eine Verlängerung oder ihre Ablehnung sowie eine wichtige Änderung derartiger Verträge.

– Vgl. § 101 GemO.

Die **Zulässigkeit** der Vereinbarung privatrechtlicher **Konzessionsabgaben** als Entgelte für das Recht zur Benutzung von Gemeindeeigentum und deren **Bemessung** regelt die seit 1. 1. 1992 geltende **Konzessionsabgabenverordnung (KAV)** (BGBl. 1992, S. 12) (vgl. hierzu *Püttner,* NVwZ 1992, 350; *Schmidt,* BWVPr 1992, 97).

9. Anzeige, Vorlage- und Genehmigungspflichten in Unternehmensentscheidungen

873 Entscheidungen in Unternehmensfragen, speziell die Gründung eines Unternehmens in einer Rechtsform des privaten Rechts, die Beteiligung an einem Unternehmen, sowie dessen Umwandlung und Veräußerung und einige andere Maßnahmen unterliegen teils einer **Vorlagepflicht** (vgl. § 102 GemO) und teils einer **Genehmigungspflicht** (vgl. § 96 Abs. 3 GemO). Auf diese Weise soll die **Kontrolle der Gesetzmäßigkeit** der Beschlüsse gesichert werden. Die durch die Aufsichtsbehörde vorzunehmende Prüfung ist **reine Rechtmäßigkeitskontrolle.** Bei der Kontrolle ist zu beachten, daß sich die gesetzlichen Voraussetzungen der wirtschaftlichen Tätigkeit auf verschiedene unbestimmte Rechtsbegriffe gründen (z. B. öffentlicher Zweck, Leistungsfähigkeit, gemeindliche Aufgabenerfüllung usw.), die nach herrschender Auffassung der Gemeinde einen **Beurteilungsspielraum** überlassen, der zu respektieren ist.

Ein Beschluß der Gemeinde, der der Rechtsaufsichtsbehörde **vorzulegen** ist, darf erst dann vollzogen werden, wenn die Aufsichtsbehörde die Gesetzmäßigkeit bestätigt oder den Beschluß nicht binnen eines Monats beanstandet hat.

– Vgl. § 119 GemO.

Ein Beschluß, der der **Genehmigungspflicht** unterliegt, ist bis zur Erteilung der Genehmigung schwebend unwirksam.

10. Steuerrechtliche Behandlung wirtschaftlicher Unternehmen

874 Für die Frage der Besteuerung kommunaler Unternehmen ist – mit Ausnahmen – nicht primär von Bedeutung, in welcher Organisationsform ein Unternehmen geführt wird, sondern die Frage, ob ein „Betrieb **gewerblicher Art**" oder ein „**Hoheitsbetrieb**" gegeben ist (vgl. § 1 KörperschaftsteuerG (KStG)).

Nach § 4 Abs. 1 Körperschaftsteuergesetz sind **Betriebe gewerblicher Art** von juristischen Personen des öffentlichen Rechts alle Einrichtungen, die einer nachhaltigen wirtschaftlichen Tätigkeit **zur Erzielung von Einnahmen** außerhalb der Land- und Forstwirtschaft dienen und die sich innerhalb der Gesamtbetätigung der juristischen Person wirtschaftlich herausheben (hierzu Abschn. 5 Abs. 5 KStRichtlinien). Die Absicht, **Gewinn** zu erzielen und die Beteiligung am allgemeinen wirtschaftlichen Verkehr sind **nicht** erforderlich. Eine **hoheitliche Tätigkeit (Hoheitsbetrieb)** ist hingegen eine Betätigung, die der öffentlich-rechtlichen Körperschaft „Kommune" eigentümlich und vorbehalten ist (Abschn. 5 Abs. 13 und 14 KStRichtlinien).

I. Wirtschaftliche Unternehmen

Liegen die Voraussetzungen eines Betriebs „gewerblicher Art" vor, unterliegt die Kommune unbeschränkt der **Körperschaftssteuer** (§ 1 Abs. 1 Nr. 6 KStG) sowie auch der **Umsatzsteuer** (§ 2 Abs. 3 S. 1 UmsatzsteuerG (UStG)). Der Körperschaftssteuerersatz beträgt für Betriebe gewerblicher Art **46%** des körperschaftssteuerpflichtigen Einkommens (§ 23 Abs. 2 S. 1 KStG); bei **Kapitalgesellschaften der Kommune** (AG, GmbH) beträgt der Körperschaftssteuerersatz 50%, im Gewinnausschüttungsfall einschließlich der Kapitalertragssteuer **44%** (hierzu *Cronauge,* aaO, Rdnr. 342f.).

Die Pflicht zur Entrichtung der **Gewerbesteuer und der Vermögenssteuer** ist zusätzlich davon abhängig, ob im Einzelfall ein **Gewerbebetrieb** im Sinne des Gewerbesteuergesetzes vorliegt (vgl. zur Definition § 1 GewStDVO sowie Abschn. 8, 13, 15 und 20 GewStRichtlinien, Abschn. 105 VStRichtlinien und 21. Kap.).

Durch die horizontale oder vertikale konzernrechtliche **Zusammenfassung** von verschiedenen Betrieben gewerblicher Art, die teils mit Gewinn und teils mit Verlust abrechnen, sind Steuerersparnisse mittels der Saldierung von Gewinnen und Verlusten möglich (vgl. hierzu Abschn. 5 Abs. 8f. KStRichtlinien; *Cronauge,* aaO, Rdnr. 69f. mwN; 360f.).

11. Einzelne wirtschaftliche Unternehmen

11.1. Kommunale **Saunabetriebe** sind in **Sachsen,** im Gegensatz zu anderen   **875** Bundesländern, **wirtschaftliche Unternehmen** (vgl. *OVG Münster* NVwZ 1986, 1045 – für das insoweit anders ausgestaltete nordrhein-westfälische Recht). Ihre Einrichtung verstößt grundsätzlich nicht gegen die Verfassung, speziell nicht gegen Art. 2, 3, 12 und 14 GG.

11.2. Städtische **Wohnungsbau- und Verwaltungsgesellschaften** sind in der Regel **wirtschaftliche Unternehmen.** Ihre Gründung und Betätigung ist auch dann durch die Verfassung und Gemeinderecht gedeckt, wenn sei nicht nur im sozialen Wohnungsbau, sondern auch auf anderen Gebieten am Wirtschaftsleben teilnehmen (*VGH BW* VBlBW 1983, 78 (80)).
– Zu Einzelheiten vgl. *Reinhart,* DÖV 1990, 500.

11.3. Die **kommunale Wohnungsvermittlung** ist in der Regel ein **wirtschaftliches Unternehmen.** Der geforderte öffentliche Zweck ist jedenfalls dann gegeben, wenn durch die Tätigkeit soziale Mißstände beseitigt werden sollen (*BVerwG* NJW 1978, 1539).

11.4. Kommunale **Bestattungsunternehmen** können wirtschaftliche Unternehmen sein (*BVerwGE* 39, 329; *BGH* NJW RR 1989, 1120). **Unzulässig** ist die Bildung eines kommunalen Bestattungsmonopols (vgl. *BVerwG* DÖV 1975, 392).

11.5. Abfallentsorgungsanlagen können nach Landesabfallrecht als wirtschaftliche Unternehmen geführt werden, obwohl sie unter den Ausnahmekatalog des § 97 Abs. 2 Ziff. 1 GemO fallen.

11.6. Nebengeschäfte im Rahmen der Erfüllung kommunaler Aufgaben der Gemeinde wie
- Verkehrsmittelreklame,
- Verkauf von Abfallprodukten durch den Schlachthof oder das Gaswerk,
- die Zulassung von Fremdnutzung kommunaler Räume bei freien Kapazitäten sowie
- Anzeigenwerbung in Mitteilungsblättern.

können wirtschaftliche Unternehmen sein, soweit mit ihnen ein öffentlicher Zweck verfolgt wird (*Kunze/Bronner/Katz/v. Rotberg,* GemO BW, Rdnr. 35 zu § 102 mwN; *BGH* BB 1974, 900).

- Zur **kommunalen Energieversorgung,** speziell der **Elektrizitätsversorgung als wirtschaftliches Unternehmen** vgl. *Löwer,* DVBl. 1991, 132f. (140); *Püttner,* DÖV 1990, 461; LKV 1991, 209; *BVerfG* NJW 1990, 1783; ferner *Meyer,* Der Landkreis, 1993, S. 123 – speziell zur Rechtslage in den neuen Bundesländern; *Würtenberger,* Energieversorgung und gemeindliche Entwicklungsplanung, WiVW 1985, 188; *Damm,* JZ 1988, 840; *Schmidt-Aßmann,* Kommunale und örtliche Energieversorgung, in: FS Fabricius, 1989, S. 251f.; *Ossenbühl,* DÖV 1992, 1f.; *VGH BW* NVwZ 1991, 583 – Stromversorgung.

II. Bedarfsdeckungs- und Vermögensverwertungsgeschäfte der Gemeinde

1. Grundsatz

876 Die wirtschaftliche Betätigung der Gemeinde umfaßt auch die Bedarfsdeckungs- bzw. Beschaffungsgeschäfte der Gemeinde sowie Geschäfte zur Verwaltung und Verwertung des Gemeindevermögens, die innerhalb und außerhalb der Hilfsbetriebe im Sinne des Gemeindewirtschaftsrechts abgewickelt werden (sog. **fiskalische Hilfsgeschäfte**). Kauft eine Gemeinde Büromaterial, verpachtet sie ein Gemeindegebäude, so stellt sich die Frage nach dem auf diese Rechtsvorgänge anzuwendenden Recht. Primär gelten in diesen Fällen die für diese Geschäfte bestehenden speziellen Regeln des Kommunalrechts, etwa über die Vermögensveräußerung und die wirtschaftlichen und nichtwirtschaftlichen Unternehmen, die oben dargestellt wurden, sowie die kommunale Auftragsvergabe (s. u.).

Soweit keine speziellen gemeinderechtlichen Vorschriften bestehen, unterliegen diese Geschäfte **reinem Privatrecht** mit **Ausnahme** der Anwendbarkeit des **Art. 3 GG** in Form des Willkürverbots, etwa bei der Auswahl des Geschäftspartners (vgl. etwa *BGH* DÖV 1977, 529; *BGHZ* 36, 91 (97); aA etwa *Pietzcker,* NVwZ 1983, 122; *Ehlers,* DVBl. 1983, 424f.).

II. Bedarfsdeckungs- u. Vermögensverwertungsgeschäfte

Verwaltungsprivatrecht gilt nur dann, wenn **Zielrichtung** dieser Geschäfte **zugleich** die **unmittelbare Erfüllung öffentlicher Aufgaben** ist, etwa die Begünstigung sozial schwacher Kreise (vgl. *BGH* DÖV 1977, 590; *BVerwG* DVBl. 1970, 866; *Wilke/Schachel,* WiVW 1978, 95 (97) – kritisch hierzu *Erichsen/Martens,* AVerwR, § 32 mwN.).

2. Die kommunale Auftragsvergabe

2.1. Allgemeine Grundsätze

Zur wirtschaftlichen Betätigung gehört auch die kommunale Auftragsver- **877** gabe. Das Vergabewesen ist heute von volkswirtschaftlich erheblichem Gewicht und stark wettbewerbs- und konjunkturbeeinflussend. Über 60% der gesamten staatlichen Auftragsvergaben entfallen auf die Gemeinden und 70% der staatlichen Investitionen sind Gemeindeinvestitionen. **Begrifflich** ist unter kommunaler Auftragsvergabe das **rechtsgeschäftliche Handeln der Gemeinden zum Zwecke der Bereitstellung der** zur öffentlichen Aufgabenerfüllung benötigten **Gebrauchs- und Verbrauchsgüter sowie der** von Unternehmen zu erbringenden **Dienstleistungen** zugunsten der Gemeinde zu verstehen.

Regelhandlungsformen sind die Typenverträge des BGB, insbesondere Werkverträge, Werklieferungsverträge, Kaufverträge, Mietverträge aber auch atypische Verträge, wie Leasingverträge. Auf **Vertragsabschluß** und **Vertragsinhalt** findet **Privatrecht** Anwendung, **soweit** sich die Auftragsvergabe in einer Beschaffung von Sachgütern und Dienstleistungen erschöpft. Die Gemeinde macht insoweit grundsätzlich von keinem Sonderrecht, sondern von einem **Jedermannsrecht** Gebrauch (sog. fiskalische Hilfsgeschäfte der Verwaltung; vgl. hierzu *v. Münch,* in: *Erichsen/Martens,* AVerwR, § 2 II 2 mwN).

Entsprechend ist auch der **Anspruch auf Zulassung** zur Auftragsvergabe, etwa bei **Auftragssperre,** grundsätzlich privatrechtlicher Natur und vor dem Zivilgericht zu verfolgen. Eine **Ausnahme** gilt nur, soweit die Vergabe (partiell) durch öffentliches Sonderrecht geregelt ist. Beispiel: Pflicht zur Bevorzugung Schwerbehinderter nach § 37 Abs. 2 SchwerbG (vgl. *BVerwGE* 34, 213; DVBl. 1970, 866). In diesen Fällen gehört die erste Stufe, die Zulassungsfrage, dem öffentlichen Recht, die zweite Stufe, die Vertragsgestaltung, dem Privatrecht an (strittig vgl. hierzu auch *Kopp,* aaO, Rdnr. 20, 25 zu § 40 VwGO mwN).

Auch die Geltung der typisch öffentlich-rechtlichen Bindungen, speziell die **Geltung** der **Grundrechte** wird bei diesen Verträgen von der herrschenden Auffassung **abgelehnt** (vgl. etwa *BGHZ* 36, 91 f. – keine Fiskalgeltung der Grundrechte). **Anzuwenden** ist **allerdings als normative Ausformung eines Mindeststandards gerechten Handelns** des Staates **Art. 3 GG** in Form des Willkürverbots etwa bei der Auswahl des Geschäftspartners (vgl. *v. Münch,* aaO, § 3 II, 2 mwN; *OLG Düsseldorf* DÖV 1981, 537; *BGH* DÖV

15. Kapitel. Wirtschaftliche Betätigung der Gemeinde

1977, 529; *BGHZ* 36, 91 (97); auch etwa *Pietzker*, NVwZ 1983, 122; *Ehlers*, DVBl. 1983, 424f.).

Soweit sich die Auftragsvergabe indes nicht nur in der Beschaffung von Sachmitteln erschöpft, sondern selbst und **unmittelbar** zum Zwecke der Erfüllung genuin **öffentlicher Aufgaben,** etwa zur Subventionierung notleidender Betriebe, eingesetzt wird, gilt **Verwaltungsprivatrecht;** d. h. die Gemeinden sind an Recht und Gesetz nach Art. 20 Abs. 3 GG und insbesondere i. S. des Art. 1 Abs. 3 GG an die Grundrechte und die sonstigen substantiellen Grundsätze des öffentlichen Rechts (*BGH* NJW 1985, 197; 1778 und 1892) gebunden. Privatrechtlich bleibt nur die Handlungsform; der materielle Regelungsgehalt der Rechtsbeziehung zum Bürger wird jedoch durch öffentliches Recht bestimmt (vgl. auch *Ehlers*, DVBl. 1983, 422; von *Zezschwitz*, NJW 1983, 1873). Durch die Flucht in das Privatrecht, die aufgrund des den Hoheitsträgern eingeräumten Formenwahlrechts formal möglich ist, ist eine Entledigung von den öffentlichrechtlichen Bindungen der Hoheitsträger bei Vollzug öffentlich-rechtlicher Kompetenzen nicht möglich (vgl. auch *Pestalozza*, Formenmißbrauch des Staates, 1973 mwN). Neben dem nationalen Recht ist schließlich auch das **EG-Recht** zu beachten (vgl. hierzu *EuGH* NVwZ 1991, 1071 – unzulässige Bevorzugung regional ansässiger Betriebe).

2.2. Vergabe nach § 31 Gemeindehaushaltsverordnung – Anwendung von VOB und VOL

878 **2.2.1.** Bei der Auftragsvergabe besteht **intern** unabhängig von den verfolgten Zwecken **für die Gemeinde** die Bindung an den Grundsatz der **Wirtschaftlichkeit** und **Sparsamkeit.** Konkretisiert wird dieser Grundsatz durch § 31 der **Gemeindehaushaltsverordnung** des Freistaates Sachsen. Nach § 31 Abs. 1 muß der Vergabe von Aufträgen im Regelfall eine **öffentliche Ausschreibung** vorausgehen, sofern nicht die Natur des Geschäfts oder besondere Umstände eine beschränkte Ausschreibung oder freihändige Vergabe rechtfertigen. Nach Abs. 2 sind bei der Vergabe von Aufträgen und bei Abschluß von Verträgen die **Vergabegrundsätze anzuwenden,** die das Staatsministerium des Innern im Benehmen mit dem Staatsministerium der Finanzen bekanntgibt.

879 **2.2.1.1.** Das ist geschehen für öffentliche **Bauleistungen** durch die **Verwaltungsvorschriften zur Einführung der VOB** (SächsABl. 1992, 209). Durch sie wurden für die Gemeinden

– die **Teile A, B und C der VOB**-Ausgabe 1992 des Deutschen Verdingungsausschusses für Bauleistungen (BAnz. Nr. 223 v. 27. 11. 1992 – Beilage 223 a)

verbindlich eingeführt.

EG-rechtlich von besonderer Bedeutung ist hierbei die Verpflichtung der Kommunen zur Beachtung

– der auf der **EG-Baukoordinierungsrichtlinie** beruhenden „a"-**Paragraphen der VOB** (A), die zur Öffnung des Wettbewerbs die Ausschreibungspflicht ab Überschreitung eines Schwellenwerts von 5 Mio ECU vor Steuern auf das Gesamtgebiet der EG ausdehnen (vgl. hierzu *Jagenburg,* NJW 1990, 2972; *EuGH* NVwZ 1990, 649 – Stadt Mailand).

– die auf der **EG-Sektorenrichtlinie** beruhenden Abschnitte 3 und 4 der VOB (A), die für die Vergabe von Bauaufträgen im Bereich der Trinkwasser-, Energie- und Verkehrsversorgung sowie im Telekommunikationssektor ab einem bestimmten Schwellenwert gelten.

Ist eine nach diesen Regeln erforderliche **Ausschreibung unterblieben,** ist nach inländischem Recht eine Verletzung des Grundsatzes der Wirtschaftlichkeit anzunehmen, wenn das für die Maßnahme zu zahlende Entgelt grob unangemessen war *(BVerwGE* 59, 249 (253); aA *OVG Koblenz* KStZ 1986, 113).

2.2.1.2. Für **Nichtbauleistungen** wurde ein Teil der Verdingungsordnung **880** für Leistungen – **VOL** – des Deutschen Verdingungsausschusses für Leistungen – Ausgabe 1993 – **als verbindliche Vergabegrundsätze** nach § 31 Abs. 2 GemHVO vorgeschrieben. **Im übrigen unterliegt** die Anwendung der **VOL der freien Vereinbarung.**

Die eingeführten Regeln sind in besonderem Maße zur Optimierung der Wirtschaftlichkeit des Vergabewesens und der Wettbewerbsgerechtigkeit den Bietern gegenüber geeignet.

2.2.2. Ihrer **Rechtsqualität** nach sind die **Vergabegrundsätze „Rechtsver-** **881** **ordnung",** nämlich **Teil des** § 31 Gemeindehaushaltsverordnung. Ihre Einführung und die strikte Bindung der Gemeinden an sie bedeutet einen **Eingriff in das Selbstverwaltungsrecht,** tangiert jedoch nicht den Kernbereich. Er wird durch übergeordnete Gemeinwohlinteressen **gerechtfertigt** und ist nicht unverhältnismäßig belastend *(VGH BW* DÖV 1988, 649; *BVerwG* NVwZ RR 1989, 377). Gegen die **dynamische Verweisung** in § 31 GemHVO bestehen nach Meinung des *BVerwG* (aaO) ebenfalls keine Bedenken. Sowohl die VOB als auch die VOL bestehen aus einem **Teil A,** der das **zivilrechtliche Verfahren bis zum Vertragsschluß regelt** und aus einem **Teil B, der die Beziehungen der Vertragspartner nach Vertragsschluß,** speziell die Vertragserfüllung und die Gewährleistung **ordnet.** Der in der VOB zusätzlich enthaltene **Teil C** enthält allgemeine technische Vorschriften für die fachgerechte Erfüllung von Bauverträgen.

2.3. Wirkung der VOB (B)

Vertragsrechtlich wirken die Vorschriften der **VOB** (B) durch Einbezie- **882** hung in den Bauvertrag im **Außenverhältnis** dem Bieter gegenüber als **allgemeine Geschäftsbedingungen** i. S. des AGB-Gesetzes *(BGH* BauR 1987, 694; hier *Locher,* NJW 1977, 1801; zu Teil C *Heiermann/Riedl/Rusam,* VOB A, § 10 Rdnr. 56f.). Die Vorschriften sind der (isolierten) **Inhaltskontrolle** der §§ 8–11 AGBGB nur dann entzogen, wenn sie als Ganzes vereinbart wurden *(BGH* NJW 1983, 816; BauR 1987, 694; *BGH* BWGZ 1991, 662). Die in einem Bauvertrag vereinbarte Geltung der VOB mit der Modifikation, daß **anstelle der zweijährigen Verjährungsfrist** eine **Verjährungsfrist von 5 Jahren** gilt, hält der Inhaltskontrolle stand (*BGH* BauR 1989, 322). Die Vereinbarung **verstößt** jedoch im Regelfall **gegen § 31** Gemeindehaushaltsverordnung i. V. m. den Vorschriften des Bauvergabeerlasses, der eine längere als die zweijährige Verjährungsfrist unter Bezugnahme auf § 13 Nr. 2 VOB (A) nur vorsieht, wenn dies wegen der Eigenart der Leistung, z. B. bei Einbau unerprobter Baustoffe, erforderlich ist (vgl. hierzu *VGH BW* DÖV 1988, 649).

2.4. Wirkung der VOB (A)

883 Die VOB (A) gibt den Bietern **vertragsrechtlich keine klagbaren Ansprüche** auf Einhaltung der Vergaberichtlinien oder **auf Zuschlagerteilung,** da sie grundsätzlich nicht dem Schutz einzelner Bieter, sondern dem Erfordernis der Sparsamkeit der Haushaltsführung dienen (vgl. *BGH* NJW 1980, 180; *OLG Stuttgart* BauR 1976, 435; *BGH* BWVPr 1992, 111). Weiterhin **führen Verstöße** gegen § 31 GemHVO **nicht zur Unwirksamkeit** eines abgeschlossenen Vertrags. Landesrecht vermag die bundesrechtlichen Wirksamkeitsvoraussetzungen von Verträgen nicht zu modifizieren. Allerdings kann die **VOB (A),** wenn sie zur Grundlage einer Ausschreibung gemacht wird, **mittelbar Rechtswirkungen** begründen; z. B. Ansprüche auf Gleichbehandlung im Rahmen der Grundsätze über die Selbstbindung der Verwaltung oder eine Konkretisierung der Grundsätze von Treu und Glauben bewirken, sowie auch Ansprüche aus culpa in contrahendo begründen (*BGH* BWVPr 1992, 111). So kann hiernach derjenige Bieter **Schadenersatz wegen Verschuldens bei den Vertragsverhandlungen** (c. i. c.) verlangen, der bei ordnungsgemäßer Durchführung der Ausschreibung und korrekter Vergabe den Zuschlag erhalten hätte, also das annehmbarste Angebot im Sinne der §§ 24 f. VOB (A) gemacht hatte (*BGH* NJW 1981, 1673; BauR 1984, 631; ZfBR 1990, 195). Der Ersatzanspruch in diesem Fall kann das volle Erfüllungsinteresse in Höhe des entgangenen Gewinns umfassen (*OLG Düsseldorf* BauR 1986, 107; 1990, 257; *BGH* ZfBR 1990, 195; DÖV 1993, 307); er ist nicht auf das Vertrauensinteresse in Höhe der Aufwendungen für die vergebliche Teilnahme an der Submission beschränkt.

– Zu den Schutzrechten des Bieters bei Vergabe kommunaler Aufträge nach der (Verdingungsordnung für Leistungen) **VOL** (vgl. *Koch,* Der Betrieb, 1987, S. 1725 mwN).

2.5. Vergabeverfahren

884 **Komunalverfahrensrechtlich** erfolgt die Vergabe öffentlicher Aufträge in den kommunalen Gremien **grundsätzlich in öffentlicher Sitzung.** Die Geheimhaltungsregeln der VOB (§ 22 Nr. 7 (A)) werden durch die Öffentlichkeitsvorschriften der Gemeindeordnung verdrängt. **Nichtöffentlich** ist zu verhandeln, wenn es das öffentliche Wohl oder die Interessen einzelner Bieter erfordern. Hierunter kann die Beratung betriebsinterner Probleme, der Zuverlässigkeit und Leistungsfähigkeit der Bieter fallen. Nach nichtöffentlicher Verhandlung dieser Punkte ist die Öffentlichkeit zur Bekanntgabe der Angebotssummen und zur Beschlußfassung über die Vergabe wiederherzustellen.

– **Weiterführend:** *Burmeister,* Die Bindung der Gemeinden an die VOB, 1989.

III. Wirtschaftsförderung

1. Ein besonderer Teilaspekt der kommunalen wirtschaftlichen Betätigung 885 ist die **Wirtschaftsförderung.** Zu ihr sind die Gemeinden aufgrund ihres **Selbstverwaltungsrechts** berechtigt (vgl. *Knemeyer,* WiVW 1989, 92 (94) mwN).

1.1. Die Wirtschaftsförderung umfaßt **alle Maßnahmen, die dazu dienen,** 886 **die Bedingungen für das Wirtschaften von privaten und staatlichen bzw. kommunalen Unternehmen zu verbessern.** Wirtschaftsförderung ist möglich durch allgemeine oder konkret betriebsbezogene Förderungsmaßnahmen. Sie kann Information, Beratung und Werbung sein; sie kann bodenpolitische Bezüge haben, etwa wenn preisgünstige Grundstücke durch die Gemeinde bereitgestellt werden; sie kann marktbezogen sein, etwa wenn gezielt kommunale Aufträge vergeben werden; es können auch finanzpolitische Mittel eingesetzt werden. Dies ist der Fall, wenn **Zuschüsse (Subventionen)** als Geldzuwendungen oder in Form verbilligter Darlehen gewährt werden oder wenn **Bürgschaften** durch die Gemeinde übernommen werden. **Zuschüsse** sind Geldleistungen oder geltwerte Leistungen des Staates, die dem Empfänger ohne marktmäßige Gegenleistung gewährt werden, um einen kommunalen **öffentlichen Zweck,** bei Wirtschaftssubventionen einen wirtschaftspolitisch erwünschten öffentlichen Zweck zu verwirklichen (vgl. *Haverkate,* NVwZ 1988, 773).

1.2. Die Gemeinde hat das **Wahlrecht,** ob sie Wirtschaftsförderung **öffent-** 887 **lich-rechtlich oder privatrechtlich** betreiben will. Die **Entscheidung über die Vergabe einer Subvention** ist allerdings öffentlich-rechtlicher Natur, wenn Sonderrechtssätze die Vergabe regeln (*VGH BW* BWGZ 1989, 160; aA *OVG Koblenz* DöV 1993, 351 – immer öffentlich-rechtlich). Bedient sie sich eines wirtschaftlichen Unternehmens, etwa einer Wirtschaftsförderungs-GmbH als Eigengesellschaft, gelten die Regelungen über wirtschaftliche Unternehmen sowie allgemein **Verwaltungsprivatrecht** (vgl. hierzu *Maurer,* AVerwR, 8. Aufl., 1992, § 17; *BVerwG* NVwZ 1991, 59).

1.3. Für die Wirtschaftsförderung bestehen verschiedene normative **Gren-** 888 **zen.**

1.3.1. **Grenzen der Wirtschaftsförderung** ergeben sich **aus Recht und Gesetz, speziell Verfassungsrecht.** Insbesondere sind die **Art. 2, 3, 12 und 14 GG** zu beachten. Hiernach sind **wettbewerbsverzerrende,** einseitig bevorzugende, zur Monopolbildung führende und **willkürliche** Förderungen und

Subventionierungen verboten (vgl. *BVerwG* NJW 1969, 552; 1978, 1540) oder Zuschüsse, die gegen die guten Sitten verstoßen (vgl. hierzu *VG Ansbach* NVwZ-RR 1991, 263). Außerdem ist die **öffentlichrechtliche Kompetenzordnung zu beachten.** Der Gemeinde sind Förderungen untersagt, die in die Kompetenz anderer Aufgabenträger fallen oder in deren Kompetenzen eingreifen.

Nach Auffassung des *BVerwG* (DÖV 1990, 386) greift die Gemeinde **nicht** in **die Kompetenz der Immissionsschutzbehörde ein,** wenn sie die Vergabe von Wirtschaftsförderungsmitteln an einen Betrieb von der Einhaltung von Immissionsgrenzwerten abhängig macht.

– Zur Selbstbindung der Verwaltung bei Subventionen vgl. *VGH* BW NVwZ 1991, 1199.

889 *1.3.2.* **Einzelgesetzliche Grenzen** ergeben sich aus den Grundsätzen **über** die **Erhaltung des Gemeindevermögens** und über eine **geordnete gemeindliche Haushaltswirtschaft** und die Verbotsvorschriften hinsichtlich der Bestellung von Sicherheiten (*Knemeyer,* WiVW 1989, 100 mwN; *VG Ansbach* NVwZ-RR 1991, 263, sowie aus dem Abgabenrecht (hierzu vgl. 21. Kap.).

890 *1.3.3.* **EG-rechtliche Grenzen** ergeben sich aus Art. 4c des Vertrags über die Gründung der Europäischen Gemeinschaft für Kohle und Stahl (EGKSV) und aus den §§ 92ff. **EWG-Vertrag.** Nach Art. 92 EWGV sind grundsätzlich staatliche oder aus staatlichen Mitteln gewährte **Beihilfen** gleich welcher Art, die durch die Begünstigung bestimmter Unternehmen oder Produktionszweige den **Wettbewerb verfälschen** oder zu verfälschen drohen, **mit dem gemeinsamen Markt unvereinbar,** soweit sie den Handel zwischen Mitgliedsstaaten beeinträchtigen. Allerdings sind mit dem gemeinsamen Markt vereinbar

– Beihilfen sozialer Art an einzelne Verbraucher, wenn sie ohne Diskriminierung nach der Herkunft der Waren gewährt werden,
– Beihilfen zur Beseitigung von Schäden, die durch Naturkatastrophen oder sonstige außergewöhnliche Ereignisse entstanden sind,
– Beihilfen für die Wirtschaft bestimmter, durch die Teilung Deutschlands betroffener Gebiete.

Darüber hinaus können weitere Beihilfen als mit dem gemeinsamen Markt vereinbar angesehen werden (vgl. Abs. 3).

Die **Kommission überprüft fortlaufend in Zusammenarbeit** mit den Mitgliedstaaten **die** in diesen bestehenden **Beihilferegelungen.** Sind Beihilfen mit dem gemeinsamen Markt unvereinbar oder werden sie mißbräuchlich angewandt, so **entscheidet die Kommission,** daß der betreffende Staat sie binnen einer von ihr bestimmten Frist aufzuheben oder umzugestalten hat (vgl. Art. 93 Abs. 2 EWGV; hierzu *Leitermann/Scheytt,* DStTAG 1989, 752; *Mombaur/von Lennep,* DÖV 1988, 988 (992); *Bleckmann,* NVwZ 1990, 820; *Faber,* DVBl. 1992, 1346). Die **Gemeinden sind als Teil der Länder an diese Vorgaben gebunden** (vgl. 3. Kap. IV).

– Zu den Rechtsfolgen für entgegen Art. 32f. EWGV geschlossene **öffentlichrechtliche Subventionsverträge** vgl. *Schneider,* NJW 1992, 1197.

1.4. Prozessual kann ein Privatunternehmen gegen die einem privaten oder **891** öffentlichen **Konkurrenten** willkürlich gewährte Wirtschaftsförderung mit der **Unterlassungsklage** vorgehen (*OVG Münster* NVwZ 1984, 525; vgl. auch *BVerwGE* 30, 191) oder aus Art. 3 GG einen **Gleichstellungsanspruch** hinsichtlich der Subventionsgewährung geltend machen (*OVG Münster* NVwZ 1986, 1047; *OVG Bremen* NVwZ 1988, 447). **Europarechtlich** kann ein **Klagerecht vor dem Europäischen Gerichtshof** bestehen (vgl. hierzu *EuGH* NVwZ 1990, 649).

Weiterführend: **892**
– *Stern/Püttner,* Die Gemeindewirtschaft, 1965;
– *Erichsen,* Gemeinde und Private im wirtschaftlichen Wettbewerb, 1987;
– *Lange,* Möglichkeiten und Grenzen gemeindlicher Wirtschaftsförderung, 1981;
– *Ehlers* (Hrsg.), Kommunale Wirtschaftsförderung, 1990;
– *Koch,* Die wirtschaftliche Betätigung der Gemeinden, 1992;
– *Cronauge,* Kommunale Unternehmen, 1992.

16. Kapitel
Das Kommunalverfassungsstreitverfahren

I. Notwendigkeit des Verfahrens

893   Die zwischen den Organen, Organvertretern und Organteilen der Gemeinde bestehenden „**Innenrechtsbeziehungen**" führen in der kommunalen Praxis nicht selten, besonders in der Gemeinderatssitzung und deren Umfeld, zu **Streitigkeiten zwischen** den Beteiligten über **Inhalt und Umfang der ihnen jeweils zuzuordnenden Rechtskreise.** So streiten einzelne Ratsmitglieder mit dem Bürgermeister oder mit dem Gesamtgemeinderat; Bürgermeister als Organ und Beigeordnete als Organvertreter liegen im Konflikt; Minderheiten wenden sich gegen Mehrheiten. Streitbeteiligt sind auch Ausschüsse, Fraktionen, Ortschaftsräte oder andere Gruppierungen. Da eine Schlichtung durch die Rechtsaufsichtsbehörde im Hinblick auf das für ein Einschreiten geltende Opportunitätsprinzip nicht immer zu erreichen ist, wurde versucht, diese auf Kommunalverfassungsrecht beruhenden Streitigkeiten vor dem Verwaltungsgericht auszutragen. In diesem Zusammenhang zeigt es sich, daß **das gesetzlich normierte Klageverfahren** der VwGO **nicht ohne weiteres einen Klageweg eröffnet.** Speziell die **Klagearten der VwGO sind nicht auf Innenrechtsbeziehungen zwischen einzelnen Organen, Organvertretern und Organteilen einer Körperschaft zugeschnitten, sondern auf** die **Außenrechtsbeziehungen** zwischen selbständigen natürlichen und juristischen Personen als Rechtsträger privatrechtlicher und öffentlich-rechtlicher Berechtigungen und Verpflichtungen (vgl. BR-Drucks. 7/53; BT-Drucks. I/4278 S. 39 zu § 64). Kennzeichnend hierfür ist, daß die **Regelklagearten der Verwaltungsgerichtsordnung,** die Anfechtungs- und Verpflichtungsklage, sich auf den **Verwaltungsakt** beziehen, dieser jedoch das Essentiale „**Regelungswirkung im Außenverhältnis**" voraussetzt. Weiterhin setzt die **Klagebefugnis** (§ 42 Abs. 2 VwVO) die Geltendmachung der Verletzung eigener subjektiver Rechte voraus; gerade **im Innenrechtsverhältnis** zwischen Organen und Organteilen ist indes **zweifelhaft, ob solche subjektiv-rechtlichen Positionen überhaupt bestehen** oder nicht vielmehr ausschließlich objektiv-rechtliche Organkompetenzen berührt sind. **Um** diese **Rechtsbeziehungen justiziabel zu machen,** haben Lehre und Rechtsprechung nach langer Diskussion (vgl. etwa hierzu nur *Henrichs,* DVBl. 1959, 548; *Hoppe,* Organstreitigkeiten vor dem Verwaltungs- und Sozialgericht, 1970; *Bethge,* Der Kommunalverfassungsstreit, 1970, *Stober* JA, 1974, 45; *Preusche* NVwZ 1987, 854; *Schoch,* JuS 1987, 783; VGH BW BWVPr 1977, 181) in **schöpferischer Rechtsfortbildung** auf das Organverhältnis beschränkte „**Innenrechte** von Organen und deren Teile" **kreiert,** die zwar nicht den Schutz des Art. 19 Abs. 4 GG genießen (vgl. *Schmidt-Aßmann* in: *Maunz/Dürig*, GG, Rdnr. 44 zu Art. 19), jedoch selbständig verletzungsfähig und im Verwaltungsprozeß rechtsschutz- und klagefähig sein sollen **(beschränkte Innenrechtssubjektivität).**

Die **Annahme einer solchen Rechtssubjektivität von Organen,** Organvertretern und Organteilen im **Innenrechtsverhältnis setzt voraus, daß die Auslegung der die Organkompetenz begründenden objektivrechtlichen Normen zusätzlich eine inneradministrative Gewaltenteilung** und -balancierung nicht nur im Interesse der Kommune als solcher, sondern auch im Interesse **subjektivrechtlich schutzwürdiger Kontrastorgane erkennen läßt, denen jeweils ein selbständiger, eigenständiger Anteil an der innerkommunalen Entscheidungsbildung zugeordnet sein** soll (vgl. *Schmidt-Aßmann,* in: *v. Münch/Schmidt-Aßmann,* BVerwR, 1992, S. 54 mwN; *Kisker,* Insichprozeß und Einheit der Verwaltung, 1968, S. 38 f.; *VGH Kassel* NVwZ-RR 1992, 498). Ist dies der Fall, begründen diese Normen **klagefähige Rechtspositionen** der Organe, Organvertreter und ihrer Teile bzw. Mitglieder (Migliedschaftsrechte) im Verhältnis zueinander.

II. Begriff

Das Kommunalverfassungsstreitverfahren ist unter diesen Voraussetzun- **894** gen eine gerichtliche **Streitigkeit zwischen Organen, Organvertretern oder Organteilen** kommunaler Gebietskörperschaften **wegen einer möglichen Verletzung der ihnen als kommunales Verfassungsorgan bzw. Organteil zustehenden (mitgliedschaftsrechtlichen) Einzelrechte oder Gruppenrechte im Innenrechtsverhältnis** (vgl. etwa *VGH BW* NVwZ-RR 1989, 153). Streitigkeiten zwischen Organen werden interorganschaftliche Verfahren, Streitigkeiten innerhalb einzelner Organe werden organinterne Verfahren genannt (*VGH Kassel* DVBl. 1978, 821; *Hoppe,* NJW 1980, 1017).

III. Zulässigkeitsvoraussetzungen

1. Verwaltungsrechtsweg

Das Kommunalverfassungsstreitverfahren ist eine **„öffentlich-rechtliche** **895** **Streitigkeit** nach § 40 Abs. 1 S. 1 VwGO. Das Klagebegehren der beteiligten Organe und Organteile stellt sich regelmäßig als Folge eines Sachverhalts dar, der nach öffentlichem Recht zu beurteilen ist (zu dieser Voraussetzung vgl. *GSOBG* NJW 1974, 2078; *BVerwG* NvwZ 1983, 220; *BGHZ* 72, 57). Das Kommunalverfassungsstreitverfahren ist **keine verfassungsrechtliche Streitigkeit** i. S. § 40 VwGO. Verfassungsrechtliche Streitigkeiten sind Streitigkeiten zwischen den am Verfassungsleben unmittelbar beteiligten Rechtsträgern, Verfassungsorganen auf Bundes- und Landesebene und Teilen davon um ihre verfassungsrechtlich verbrieften Rechte und Pflichten (vgl. *BVerfGE* 27, 157; 42, 112; *BVerwGE* 3, 159). Das Kommunalverfassungsstreitverfahren erfüllt diese Voraussetzungen nicht. Im Streit steht einfaches Gesetzesrecht, die Gemeindeordnung; streitberechtigt sind Organe der Gemeinde, die ihre Rechte aus diesem einfachen Recht ableiten. In dieser Eigenschaft sind sie keine Verfassungsorgane.

2. Klagearten

896 **2.1.** Die richtige **Klageart** im Kommunalverfassungsstreitverfahren ist **streitig** (vgl. *Schröder*, NVwZ 1985, 246). Verschiedentlich wird eine Klage eigener Art **(Klage sui generis)**, eben das Kommunalverfassungsstreitverfahren, angenommen (*OVG Münster* OVGE 17, 261; 27, 258; DVBl. 1973, 647). **Gegen diese Auffassung** spricht jedoch, daß das Klagesystem aufgrund der detaillierten Regelung der Klagearten in der VwGO als abschließend anzusehen ist (*VGH BW* BWVBl. 1973, 137; vgl. auch *BVerfGE* 20, 238). Mit derselben Erwägung ist auch die Zulässigkeit einer allgemeinen **Gestaltungsklage auszuschließen** (aA *Preusche,* NVwZ 1987, 854). Die VwGO kennt die Gestaltungsklage nur in der Form der Anfechtungsklage (vgl. *Fehrmann,* DÖV 1983, 311; *Papier,* DÖV 1980, 299; vgl. auch *Ehlers,* NVwZ 1990, 105 (106); aA *Bethge,* HdKWP Bd. 2, S. 187). **Auch Anfechtungs- und Verpflichtungsklage** sind **unzulässig.** Entscheidungen kommunaler Organe im Innenrechtsverhältnis sind **keine Verwaltungsakte** (vgl. *VGH BW* NVwZ-RR 1989, 92). Es fehlt das Definitionsmerkmal der Regelung im Außenverhältnis. Auch werden die Organe bzw. Organteile bei ihren Rechtshandlungen nicht als Behörde tätig. Entsprechend ist auch die Durchführung eines **Vorverfahrens unzulässig.** An seine Stelle tritt auch nicht das aufsichtsbehördliche Kontrollverfahren (*Bethge,* aaO, S. 180).

897 **2.2.** Eine zulässige Klageart ist die **allgemeine Leistungsklage** (*VGH BW* NVwZ 1984, 664; NVwZ-RR 1989, 92; *Ehlers,* aaO, 106). Sie ist nicht ausschließlich für Außenrechtsverhältnisse konzipiert (aA *OVG Münster* OVGE 27, 258 (260)). Die Leistungsklage im Kommunalverfassungsstreit zielt darauf ab, ein Organ bzw. ein Organteil zu einem Tun, Dulden oder Unterlassen zu veranlassen, das nicht im Erlaß eines Verwaltungsakts besteht, sondern eine Organhandlung darstellt.

Beispiele:
– Klage eines Viertels der Ratsmitglieder auf Aufnahme eines Verhandlungsgegenstandes in die **Tagesordnung** einer Gemeinderatssitzung (*VGH BW* NVwZ 1984, 664),
– Klage eines Gemeinderats gegen den Bürgermeister, zur Sicherung der ungestörten Mandatswahrnehmung ein **Rauchverbot im Sitzungssaal** zu erlassen (*OVG Münster* DVBl. 1983, 53).

898 **2.3. Zulässige Klageart** ist auch die **Feststellungsklage.** Soweit sich die Beteiligten aus Anlaß eines konkreten Sachverhalts über Bestand und Reichweite **gesetzesabgeleiteter organschaftlicher Rechte** und Pflichten streiten, besteht zwischen ihnen ein im Organstreit feststellungsfähiges Rechtsverhältnis (*VGH BW* NVwZ-RR 1990, 369).

Die Feststellungsklage **zielt in der Regel darauf ab, die Verletzung der organschaftlichen Befugnisse eines Organs oder Organteils durch eine bestimmte Organhandlung eines anderen Organs festzustellen.** Die Organhandlung kann materiell-rechtlicher oder verfahrensrechtlicher Natur sein. Bei Verfahrenshandlungen folgt aus § 44 a VwGO allerdings kein Ausschluß des Klagerechts (*VGH BW* NVwZ-RR 1990, 369 (370)). Nicht festzustellen ist die Rechtswidrigkeit der angegriffenen Organhandlung, etwa eines Beschlusses, an sich (*VGH BW* NVwZ-RR 1989, 153).

2.4. Zulässige Klageart ist ausnahmsweise auch die **Fortsetzungsfeststel-** 899 **lungsklage** (§ 113 Abs. 1 S. 4 VwGO analog). Sie zielt darauf ab, die Verletzung der organschaftlichen Befugnisse eines Organs oder Organteils durch eine vor oder nach Klageerhebung **erledigte** Organhandlung eines anderen Organs oder Organteils festzustellen (vgl. hierzu *Ehlers, aaO*, 105 f. VGH BW Urteil v. 4. 8. 1993 1 S 1888/92 – erledigte Redezeitbeschränkung). Sie kommt in Betracht, wenn die Feststellungsklage deshalb nicht zulässig ist, weil ein feststellungsfähiges Rechtsverhältnis i. S. des § 43 Abs. 1 VwGO fehlt oder weil eine rechtswidrige Organhandlung ausnahmsweise nicht nichtig ist und eine Nichtigkeitsfeststellungsklage deshalb nicht möglich ist.

3. Klagebefugnis, Rechtsschutzbedürfnis

3.1. Sowohl die <u>kommunalverfassungsrechtliche Leistungsklage</u> als auch die 900 Feststellungsklage erfordern die **Klagebefugnis** (§ 42 Abs. 2 VwGO analog; *BVerwG* NvwZ 1989, 470; *VGH BW* VBlBW 1988, 407; aA *Scholz,* JuS 1987, 790; *Kopp,* VwGO, Rdnr. 38 zu § 42). Sie setzt voraus, daß das klagende Organ oder Organteil geltend macht, durch eine Organhandlung bzw. deren Ablehnung in einem **durch Gesetz** (so *VGH BW* BWVPr 1992, 135) **oder die Geschäftsordnung** eingeräumten **organschaftlichen Recht, z. B. Mitgliedschaftsrecht** verletzt zu sein (Schutznormtheorie, vgl. *VGH BW* NVwZ-RR 1990, 369).
<u>Eine **Berufung auf die Grundrechte**</u> ist **unzulässig.** Als Organe und Organteile nehmen die Funktionsträger **nicht Grundrechte,** sondern öffentlich-rechtliche Organbefugnisse wahr (so zutreffend *VGH BW* NVwZ 1984, 665).
– Zum Recht auf freie Meinungsäußerung in der Sitzung vgl. *BVerwG* NVwZ 1988, 837 und IV 2

3.2. <u>Für die Feststellungsklage (vgl. *VGH BW* NVwZ-RR 1989, 153) muß</u> 901 <u>weiterhin das besondere **Feststellungsinteresse** gegeben sein.</u> Der Kläger muß ein berechtigtes Interesse an der begehrten Feststellung geltend machen (*VGH BW* BWVPr 1977, 181 (182); *VG Gelsenkirchen* NVwZ-RR 1989, 209). **Die Geltendmachung einer Verletzung eigener organschaftlicher Befugnisse** genügt diesem Erfordernis in der Regel (*BVerwGE* 36, 192

(199)); *OVG Münster NVwZ*-RR 1993, 157 – „aktive Prozeßführungsbefugnis). Ein besonderes Feststellungsinteresse besteht speziell bei Wiederholungsgefahr einer Rechtsverletzung (*VGH BW* NVwZ-RR 1990, 370). Das **Subsidiaritätsprinzip** der **Feststellungsklage** gilt im Kommunalverfassungsstreit **nicht.** Bei Klagen von Organen darf erwartet werden, daß sich der unterliegende Teil auch ohne Vollstreckungsmaßnahmen einem (Feststellungs-)urteil beugen wird, (zu diesem Erfordernis vgl. *BVerwG* NJW 1976, 1650).

902 3.3. Die **Klagebefugnis und das Feststellungsinteresse können** etwa **folgende Rechtspositionen begründen**
– Recht der Gemeinderäte auf ordnungsgemäße Einberufung der Gemeinderatssitzung (*VGH BW* NVwZ-RR 1989, 153),
– Anspruch eines einzelnen Gemeinderats, das Quorum zur Einberufung des Gemeinderats in einer Gemeinderatssitzung herbeiführen zu dürfen (*VGH BW* NVwZ-RR 1989, 93),
– Anspruch eines Viertels der Gemeinderäte auf Aufnahme eines Tagesordnungspunktes in die Tagesordnung der Gemeinderatssitzung (*VGH BW* NVwZ 1984, 664),
– Anspruch auf Akteneinsicht,
– Teilnahmerecht an den Sitzungen, Mitwirkungs- und Rederecht, Antragsrecht (vgl. hierzu *VGH BW* NVwZ-RR 1989, 94; *VG Stuttgart,* NVwZ 1990, 190),
– Anspruch auf Zusendung der erforderlichen Sitzungsunterlagen (vgl. *VGH BM* NVwZ-RR 1989, 153),
– Teilnahme an den Beratungen und den Beschlußfassungen, Abstimmungs- und Wahlrecht (vgl. *VGH Kassel* DÖV 1989, 598 (600)); Recht auf Einhaltung der Wahlrechtsgrundsätze (*VGH München* NVwZ-RR 1990, 503),
– Fragerecht, Recht auf Unterrichtung, Informationsrecht (*VGH BW* NVwZ-RR 1989, 91),
– Recht auf Abgabe persönlicher Erklärungen zur Person des Abstimmenden, zur Sache oder zur Stimmabgabe sowie auf Festhaltung der Erklärung in der Niederschrift; Einsichtnahmerecht in die Niederschrift (vgl. *VGH BM* NVwZ-RR 1989, 94),
– Widerspruchsrecht gegen offene Wahlen,
– Recht des Ratsmitglieds auf Einhaltung der Grenzen der Eilentscheidungszuständigkeit durch den Bürgermeister (*OVG Münster* NVwZ 1989, 989 (990) aA *VGH BW,* Der Landkreis 1993, 186),
– Recht des Bürgermeisters auf Einhaltung der Organvertretungszuständigkeit durch Beigeordnete.

903 3.4. Keine Klagebefugnis und kein Feststellungsinteresse begründen folgende Tatbestände:
– Die Geltendmachung der **Verletzung von Grundrechten** eines Ratsmitglieds durch eine Organhandlung. Sie begründen keine verletzungsfähigen Mitgliedschaftsrechte.

III. Zulässigkeitsvoraussetzungen

- Die Berufung auf das Grundrecht auf Gesundheit nach Art. 2 Abs. 2 GG zur Abwehr des Rauchens im Gemeinderat (hierzu vgl. auch *BVerwG* NVwZ 1990, 165 – Zuhörer verlangt Rauchverbot).
- Die Berufung auf die Meinungsfreiheit nach Art. 5 GG gegenüber einem Redeverbot oder einer Redezeitbegrenzung für ein Ratsmitglied.
- Die Geltendmachung der Nichtigkeit einer Rechtsnorm, z. B. der Geschäftsordnung (*VGH München* NVwZ-RR 1990, 432).
- Die **Geltendmachung der Verletzung einer nur objektivrechtlich** wirkenden **Norm** (*VGH BW* NVwZ-RR 1989, 153). Eine Klage, die auf die Feststellung einer bloß objektiv-rechtlichen Über- oder Unterschreitung von Kompetenzen eines Organs gerichtet ist, ist eine unzulässige **Popularklage**. Ein Gemeinderatsmitglied etwa hat **keinen** mitgliedschaftsrechtlichen **Anspruch auf rechtmäßige Entscheidungen der Mehrheit.**
- Die Geltendmachung von Mitgliedschaftsrechten **Dritter,** soweit kein Fall der zulässigen Prozeßstandschaft gegeben ist. Dritter in diesem Sinne kann auch ein anderes Organ oder Organteil sein. So kann etwa ein einzelnes Gemeinderatsmitglied keine Mitgliedschaftsrechte geltend machen, die dem Gemeinderat nur „zur gesamten Hand" zustehen, (*VGH BW* NVwZ-RR 1989, 155; *VGH BW,* Der Landkreis 1993, 186).
- Die „Mitgliedschaftsrechte" der **Einwohner** als Mitglieder der Gebietskörperschaft „Gemeinde". Ihnen kommt **keine Organstellung zu.** So kann etwa ein Einwohner kein Kommunalverfassungsstreitverfahren gegen den Gemeinderat mit der Begründung erheben, sein Mitgliedschaftsrecht auf Mitbestimmung an den örtlichen Angelegenheiten, das er durch sein Wahlrecht ausübe, sei verletzt, weil der Gemeinderat einen Beschluß gefaßt habe, der die kommunale Verbandskompetenz mißachte (aA *Oebbecke,* NVwZ 1988, 393).
- **Dienstrechtliche Positionen** amtlicher Personen zu einer anderen Amtsperson oder der Gemeinde als Dienstherr (*VGH Kassel* NVwZ-RR 1992, 498).
- Ein Streit um **Inhalt und Abgrenzung** der **Verwaltungsbereiche** zwischen Bürgermeister, Beigeordneten und Amtsleitern. Sie betreffen keine organschaftlichen Positionen.
- Ein Streit um Weisungsbefugnis des Bürgermeisters gegenüber Beigeordneten.

4. Beteiligungsfähigkeit

Sowohl die Rechtsstellung als Kläger als auch die Rechtsstellung als Beklagter setzt die Beteiligungsfähigkeit (§ 61 VwGO) voraus. Sie bedeutet die **Fähigkeit, als Subjekt eines Prozeßrechtsverhältnisses, d. h. als Kläger, Beklagter, Beigeladener oder als sonstiger Beteiligter (§ 63),** an einem Verfahren vor einem Gericht der allgemeinen Verwaltungsgerichtsbarkeit **teilnehmen zu können,** insbesondere auch ein solches Prozeßverhältnis durch Klage oder, bei Antragsverfahren, durch einen Antrag begründen zu können (*Kopp,* VwGO, Rdnr. 4 zu § 61). Fähig am Verfahren beteiligt zu sein sind (1.) natürliche und juristische Personen, (2.) Vereinigungen, soweit ihnen ein Recht zustehen kann, (3.) Behörden, sofern das Landesrecht dies bestimmt. Grundsätzlich wird die Beteiligungsfähigkeit von Organen und Organteilen bejaht, wenn sie ihr Klagerecht aus einer Verletzung von organschaftlichen (Mitgliedschafts-) Rechten herleiten (*VGH BW* NVwZ 1984, 664; *OVG Münster* OVGE 17, 261; 27, 258). Ob das im Streit stehende

904

Recht tatsächlich dem Organ oder Organteil zusteht, ist im Rahmen der Beurteilung der Beteiligungsfähigkeit nicht zu prüfen, sondern ist Frage der Begründetheit einer Klage. Die Beteiligungsfähigkeit ist **nur ausgeschlossen, wenn** das geltend gemachte **Recht** dem Kläger **unter keinen Umständen zustehen kann** (*VGH München* BayVBl. 1980, 245, 301). Unter diesen Voraussetzungen ist eine Fraktion im Gemeinderat danach etwa nicht beteiligungsfähig im Verfahren über die Anfechtung eines Dispenses nach § 31 BauGB (*Kopp* VwGO, Rdnr. 16 zu § 61). Strittig ist, ob § 61 Ziff. 1 Anwendung findet (so *Backhaus*, VBlBW 1985, 236; *OVG Münster* OVGE 28, 211) oder § 61 Nr. 2 (so *OVG Münster* NVwZ 1983, 486; *VGH BW* DÖV 1983, 862; *Stettner,* JA 1982, 396) oder beide Vorschriften (so *OVG Münster* NVwZ-RR 1993, 264 – für aufgelöste Fraktionen). Gegen die Anwendbarkeit des § 61 Nr. 1 wird vorgebracht, diese Vorschrift sei ausschließlich auf natürliche und juristische Personen zugeschnitten, soweit sie als Träger von Rechten und Pflichten, die jedermann gegenüber der öffentlichen Gewalt zustehen, am Prozeß beteiligt sind, während Organe und Organteile im Kommunalverfassungsstreit in spezifisch mitgliedschaftsrechtlicher Stellung prozessierten (vgl. *OVG Koblenz* DÖV 1988, 40); aA *VGH BW* DÖV 1980, 573). Möglich bleibe deshalb nur eine Anwendung des § 61 Ziff. 2 VwGO. Jedoch wird auch hiergegen eingewandt, auch diese Vorschrift beziehe sich nur auf Vereinigungen von Außenrechtssubjekten (so etwa *Schoch,* JuS 1987, 783 (787)).

Methodisch widerspruchsfrei erscheint folgende Lösung: Da § 61 VwGO nur auf Außenrechtsbeziehungen zugeschnitten ist, besteht eine Regelungslücke. Sie ist dem Telos des § 61 entsprechend durch dessen **analoge Anwendung** zu schließen (zur Analogie im Verwaltungsrecht vgl. *Gern,* DÖV 1985, 558). Soweit eine einzelne natürliche Person (Bürgermeister, Ratsmitglied) ein Innenrecht geltend macht, ist § 61 Ziff. 1 analog anwendbar; soweit Personenmehrheit (z. B. mehrere Ratsmitglieder, Fraktionen) Rechte geltend machen, ist § 61 Ziff. 2 entsprechend anwendbar.

IV. Begründetheit der Klage

905   1. Die allgemeine Leistungsklage auf Vornahme einer Handlung im Kommunalverfassungsstreifverfahren ist **begründet, wenn** die **Ablehnung der beanstandeten Organhandlung wegen der Verletzung von organschaftlichen Rechten rechtswidrig ist und der Kläger** gerade durch die Ablehnung in seinen Organbefugnissen **verletzt** ist. Eine objektive Rechtsverletzung reicht zur Begründetheit der Klage nicht aus.

Entsprechendes gilt für die **Feststellungsklage.** Sie ist **begründet, wenn** feststeht, daß **organschaftliche Rechte** des Klägers durch eine Organhandlung **verletzt wurden.** Diese **Feststellung ist Gegenstand des Urteils. Nicht festgestellt wird die Rechtswidrigkeit oder Rechtmäßigkeit der beanstandeten Organhandlung selbst** (*VGH BW* NVwZ-RR 1989, 153).

IV. Begründetheit der Klage

2. Eine **Verletzung** von organschaftlichen Rechten wurde in folgenden Fäl- **906**
len **verneint:**
- Bei Verstoß gegen **Rechtsnormen,** die **ausschließlich dem öffentlichen
Interesse dienen,** etwa den **Öffentlichkeitsgrundsatz** (*VGH BW* BWVPr
1992, 135), die Pflicht zur **Bekanntgabe von Beschlüssen** (*VGH,* aaO),
die ortsübliche Bekanntgabe öffentlicher Sitzungen oder die Regeln über
offene oder geheime Abstimmungen (*OVG Münster* OVGE 27, 258).
- Bei **Ablehnung der Forderung eines Ratsmitglieds zum Tragen von
privaten Aufklebern mit politischer Werbung** oder anderen Werbemit-
teln **in der Gemeinderatssitzung** (*OVG Koblenz* NVwZ 1987, 1105;
BVerwG 1988, 837 – mit allerdings dogmatisch unklarer Begründung).
- Bei **Ablehnung einer Forderung** von Gemeinderatsmitgliedern oder
Fraktionen auf **Normenerlaß oder Normergänzung, auf Änderung der
Geschäftsordnung** oder von Einzelbeschlüssen, soweit dieses Recht ihnen
nicht ausdrücklich normativ eingeräumt ist (*VGH München* NVwZ-RR
1989, 90).
- Bei **Ablehnung der Forderung einer Fraktion auf proportionale Aus-
schußbesetzung,** soweit nicht ihr selbst ein Sitz vorenthalten wurde
(*VGH München* NVwZ-RR 1989, 90).
- Bei **Ablehnung der Forderung** eines Gemeinderats auf **Übermittlung
sämtlicher Bestandteile** und Anlagen der **Jahresrechnung** zur Sitzungs-
vorbereitung (*VGH BW* NVwZ-RR 1989, 153).
- Bei Beanstandung der Einhaltung der Grenzen der **Eilentscheidungszuständigkeit** des Bürgermeisters durch Fraktionen als Organteile (*OVG
Münster* NVwZ 1989, 989).
- Bei persönlichen Vorwürfen eines Gemeinderatsmitglieds gegen ein anderes in der Sitzung. Nach *VGH BW* (Urteil v. 9. 10. 1989 – 1 S 5/88)
handelt es sich in diesem Fall um eine privatrechtliche Streitigkeit.

3. Passivlegitimiert nach **§ 78 VwGO** ist die Körperschaft, deren Behörde **907**
den angefochtenen Verwaltungsakt erlassen oder den beantragten Verwaltungsakt unterlassen hat, sofern das Landesrecht dies bestimmt, die Behörde
selbst, die den angefochtenen Verwaltungsakt erlassen oder den beantragten
Verwaltungsakt unterlassen hat. § 78 gilt unmittelbar nur für Anfechtungs-
und Verpflichtungsklagen und ist nach *OVG Münster* (NJW 1982, 670),
**analog auch für Organklagen in Kommunalverfassungsstreitverfahren
anwendbar.** Nach neuerer Auffassung ist jedoch das entsprechende Organ
oder Organteil selbst als passivlegitimiert anzusehen, demgegenüber die
mit der Klage beanspruchte Innenrechtsposition bestehen soll (*BVerwG,*
Buchholz 310 § 40 VwGO Nr. 179; *OVG Münster* NVwZ 1990, 188) bzw.
dem die behauptete Rechtsverletzung anzulasten wäre (*VGH BW* NVwZ
RR 1990, 370; *Backhaus,* VBLBW 1985, 238).

4. Die Kosten des Verfahrens (vgl. *VGH BW* NJW 1982, 902; NVwZ 1985, **908**
284; *OVG Koblenz* NVwZ 1987, 1105; *OVG Münster* DVBl. 1992, 444)
fallen in körperschaftsinternen Organstreitigkeiten, einschließlich der von
einzelnen Organen, Organteilen oder Organvertretern wegen Verletzung

ihrer organschaftlichen (mitgliedschaftlichen) Rechtsstellung eingeleiteten Gerichtsverfahren mit Blick auf das Konnexitätsprinzip des Art. 104 a GG, das auch für die Gemeinden gilt, im **Innenverhältnis der rechtsfähigen juristischen Person** des öffentlichen Rechts zur Last, **der das Organ zugeordnet ist, sofern die Einleitung des gerichtlichen Verfahrens geboten, d. h. nicht mutwillig war** (vgl. *OVG Münster* NVwZ-RR 1993, 263 – für Fraktionen als Kläger). Kostenerstattungspflichtige Körperschaft ist deshalb die Gemeinde. Entsprechendes gilt auch für die Kosten **außergerichtlicher** Auseinandersetzungen (*OVG Münster* NVwZ-RR 1993, 266).

Hiervon unberührt bleibt die Kostenentscheidung des Gerichts im **Außenverhältnis.** Sie richtet sich nach §§ 154 f. VwGO.

V. Vorläufiger Rechtsschutz

909   Vorläufiger Rechtsschutz kann nur über § 123 VwGO erlangt werden. § 123 regelt den vorläufigen Rechtsschutz durch die Verwaltungsgerichte in allen Fällen, die nicht unter § 80 fallen, also insbesondere in Fällen, in denen in einem Hauptsachverfahren Verpflichtungsklagen, allgemeine Leistungsklagen (einschließlich Unterlassungsklagen) oder Feststellungsklagen gegeben wären (*Finkelnburg*, DVBl. 1977, 678; *Kopp*, Ziff. 1 zu § 123 VwGO). Da beim Kommunalverfassungsstreitverfahren die allgemeine Leistungsklage die richtige Klageart ist, sind diese Voraussetzungen erfüllt (vgl. *VGH Kassel* NVwZ 1985, 604; *VGH München* BayVBl. 1985, 88).

– Allgemein zum Kommunalverfassungsstreit vgl. auch *Ehlers*, NVwZ 1990, 105.

17. Kapitel
Die Gemeindeaufsicht

I. Allgemeines

1. Kommunalaufsicht als Landesaufsicht

Die **Staatsaufsicht** über die Gemeinden steht **ausschließlich den einzelnen** 910
Bundesländern zu. Nach der **Landesverfassung** überwacht das **Land** die
Gesetzmäßigkeit der Verwaltung der Gemeinden.
– Vgl. Art. 89 Abs. 1 LV.

Dem Bund fehlt nach der bundesstaatlichen Ordnung des Grundgesetzes
ein unmittelbares Recht zum Durchgriff gegen die Gemeinden. Es gibt **keine**
Bundeskommunalaufsicht (*BVerfGE* 8, 122 (137); 26, 172 (181)). Allerdings kann das Land selbst mit Blick auf die Gesamtverantwortlichkeit von
Bund und Ländern für die Herstellung der verfassungsmäßigen Ordnung im
Verhältnis zum Bund zur Ausübung der Kommunalaufsicht aus dem Gesichtspunkt des bundesfreundlichen Verhaltens (Bundestreue) verpflichtet
sein (*BVerfGE* 8, 123 (137); *OVG Lüneburg* NVwZ 1988, 464; *Messerschmitt,*
Die Verwaltung 1990, 425).

2. Kommunalaufsicht als Gegenstück zum Selbstverwaltungs-
recht

Wesentlich für die gemeindliche Selbstverwaltung ist die weitgehende Ei- 911
genverantwortlichkeit. Die Gemeinde muß sich aber auch in die Ziele und
Zwecke des Staatsganzen einfügen. Deswegen wurde die **Aufsicht** über die
Gemeinden in das Gesetz übernommen. Sie ist **das notwendige Gegenstück**
zum Selbstverwaltungsrecht der Gemeinden (vgl. *BVerfG* 6, 104, 118;
NVwZ 1989, 45; *VGH BW* Urteil v. 25. 4. 1989, 1 S 1635/88). Die mit der
Aufsicht formal verbundenen Einschränkungen des Selbstverwaltungsrechts
werden durch den Gesetzesvorbehalt des Art. 28 Abs. 2 GG gedeckt.

3. Arten der Aufsicht

Es gibt zwei Arten der Aufsicht: 912
– die Rechtsaufsicht,
– die Fachaufsicht.
Die **Rechtsaufsicht** besteht für Selbstverwaltungsangelegenheiten (wei-

sungsfreie Angelegenheiten (§ 111 Abs. 1 GemO)), die **Fachaufsicht** für Weisungsaufgaben (§ 111 Abs. 2 GemO). **Beide Arten der Aufsicht können präventiv** und **repressiv** ausgeübt werden. **Zur präventiven Aufsicht gehört die Beratung** der Gemeinden (vgl. hierzu II 1) sowie die **Genehmigung** kommunalen Handelns **bei Bestehen von Genehmigungsvorbehalten.**

– Vgl. hierzu § 119 GemO.

> Soweit **im Bereich der Selbstverwaltungsaufgaben** (weisungsfreien Aufgaben) **Genehmigungsvorbehalte** bestehen, beschränkt sich die Prüfung der Rechtsaufsicht auf die **Einhaltung der gesetzlichen Grenzen** kommunalen Handelns unter Beachtung der Wirkkraft des Art. 28 Abs. 2 GG.
> Bei Genehmigungsvorbehalten im **Weisungsbereich** eröffnet die Prüfung auch Freiräume zugunsten der Aufsichtsbehörden für **Zweckmäßigkeits-** (Ermessens-)-erwägungen. Die Genehmigung wird auf diese Weise zum „kondominialen", **gleichberechtigten Mitwirkungsakt der Aufsichtsbehörde.**

– Zu Einzelheiten vgl. *Humpert,* Genehmigungsvorbehalte im Kommunalverfassungsrecht, 1990; *Schrapper,* NVwZ 1990, 931.

Für die **repressive Aufsicht** gibt die Gemeindeordnung den Aufsichtsbehörden eine ganze Reihe von Aufsichtsinstrumenten an die Hand (vgl. hierzu Ziff. 4 III).

Für die Bestimmung der **Art der Aufsicht** ist es hiernach immer erforderlich, zunächst die Art der beaufsichtigten Aufgabe festzustellen (vgl. *Wipfelder,* VBlBW 1984, 361).

Beispiele:
– Nicht der Fachaufsicht, sondern nur der Rechtsaufsicht unterliegt das Recht auf **Einstellung von Beamten.** Dieses Recht ist Ausfluß der Personalhoheit. Sie gehört dem weisungsfreien Bereich an. Dies gilt selbst dann, wenn die Beamten zur Erfüllung von Weisungsaufgaben eingestellt werden (*VGH München* NJW 1989, 790).
– Keine Maßnahmen der Fachaufsicht, sondern der (präventiven) Rechtsaufsicht ist die **Genehmigung von Abgabensatzungen.** Ihr Erlaß gehört zum weisungsfreien Bereich der Finanzhoheit. Für (politische) Zweckmäßigkeitserwägungen ist hiernach bei der Genehmigungsentscheidung grundsätzlich kein Raum (*BayVerfGH* NVwZ 1989, 551). Die Zulassung von Zweckmäßigkeitserwägungen enthielte eine **(verdeckte) Teilhochzonung** der kommunalen Aufgabe der Abgabenerhebung durch Verlagerung der ursprünglich „eigenen Verantwortlichkeit" der Gemeinden auf das Land und damit der partiellen Zuordnung zum Bereich der Weisungsaufgaben.
– Zur ausnahmsweisen **Zulässigkeit von Aufgabenhochzonungen** vgl. 3. und 8. Kapitel.

4. Allgemeine Grundsätze der Aufsicht

913   Für die Aufsichtsausübung gilt das **Opportunitätsprinzip.** Ob und inwieweit die Aufsichtsbehörde einschreiten will, liegt **in ihrem pflichtgemäßen**

I. Allgemeines

Ermessen (vgl. *VGH BW* NJW 1990, 136; *OVG Koblenz*, Der Landkreis 1986, 39; aA *Waechter*, KommR, Rdnr. 198). Grundsätzlich ist die Rechts- und die Fachaufsicht so auszuüben, daß die **Entschlußkraft** und Verantwortungsfreude der Gemeinden **nicht beeinträchtigt werden**.

– Vgl. § 119 Abs. 2 GemO.

Ein **Einschreiten** bei Rechtsverstößen und Verstößen gegen gesetzlich zulässige Weisungen **setzt voraus, daß** das Einschreiten **im öffentlichen Interesse geboten** ist (vgl. etwa *VGH BW* NJW 1990, 136 mwN). Insoweit wird die pflichtgemäße Ermessensausübung von einem **weiteren, (ungeschriebenen) Tatbestandsmerkmal abhängig gemacht**. Beispielsweise ist ein **öffentliches Interesse in diesem Sinne gegeben, wenn eine Gemeinde** eine **nicht** nach Art. 21 GG **verbotene Partei** an der Wahrnehmung ihrer Rechte als Partei **zu hindern sucht**.

Stehen dem Betroffenen einer belastenden gemeindlichen Maßnahme **Rechtsmittel zu, schließt das ein öffentliches Interesse an einer Aufsichtsmaßnahme nicht aus** (*VGH BW*, aaO). Grenzen für die **Ermessensausübung** ergeben sich **allgemein** aus der Verfassung, speziell aus dem **Grundsatz der Verhältnismäßigkeit**. Hiernach ist etwa auf förmliche Aufsichtsmaßnahmen zu verzichten, wenn eine Information oder Beratung der Gemeinde zur Herstellung rechtmäßiger Zustände ausreicht. Je schwerer die Rechtsverletzung ist, je stärker verdichtet sich das Ermessen in Richtung auf eine Pflicht zum Einschreiten (vgl. *OVG Lüneburg* NVwZ 1988, 464).

Ob die Aufsichtsbehörde eine Maßnahme, etwa durch Genehmigung, präventiv gebilligt hat, beeinflußt die Ermessensausübung im Rahmen repressiver Aufsicht nicht (vgl. *OVG Münster* DVBl. 1987, 143).

Eine **Pflicht zum Einschreiten** kann sich, – wie unter I. 1 dargelegt – aus dem Grundsatz der **Bundestreue** ergeben. Unter diesem Gesichtspunkt kann die Rechtsaufsicht zur Beanstandung eines Gemeinderatsbeschlusses verpflichtet sein, der in die Kompetenzen des Bundes zur Pflege auswärtiger Beziehungen nach Art. 32 GG eingreift (vgl. *Dauster*, NJW 1990, 1084 (1089)).

Durch **Klage Dritter** kann ein Einschreiten der Aufsichtsbehörde **nicht** erzwungen werden. Dies gilt sowohl für Bürger als auch für Organe oder Organteile der Gemeinde (*OVG Koblenz* DÖV 1986, 152; *BVerwG* DÖV 1972, 723; *VGH BW* ESVGH 25, 193). Die Aufsicht dient der **objektiven Rechtskontrolle,** begründet jedoch keine verletzungsfähigen subjektiven Rechte. Allerdings kann die **Amtspflicht** der Rechtsaufsicht bestehen, eine Beanstandung des Bürgers **zu bescheiden** (vgl. *BGH* NJW 1971, 1699 (1700)).

– Zur **Verwirkung** des Aufsichtsrechts vgl. *OVG Münster* NVwZ 1987, 155 (156).

II. Die Rechtsaufsicht

1. Beratung und Betreuung der Gemeinden

914 Die Rechtsaufsichtsbehörden sind im Rahmen der Aufsicht verpflichtet, die Gemeinden bei der Wahrnehmung der öffentlichen Aufgaben **zu beraten** und **zu betreuen.** Eine optimale Erfüllung der den Gemeinden obliegenden Aufgaben ist nur möglich, wenn sie sich die überörtlichen Erfahrungen der Landesbehörden zunutze machen können. Zwar ist diese Pflicht in allen Gemeindeordnungen nicht ausdrücklich geregelt. Sie ergibt sich indes aus der Einbettung der Gemeinde in das Staatsgefüge und ihrer Stellung als Teil des Landes (vgl. *BVerfGE* 58, 177 (195)). Sie fordert Integration auch im sachlichen Bereich und führt dazu, daß in vielen Fällen förmliche Mittel der Aufsicht erst gar nicht zum Einsatz kommen müssen. In der Praxis machen alle Gemeinden vom Beratungsrecht Gebrauch. **Speziell die Rechtsreferate** und **Rechtsämter** der Kommunalaufsicht **sind mit diesen Beratungsaufgaben befaßt.**

2. Kontrolle der Gesetzmäßigkeit

915 **2.1.** Die Stellung der Gemeinde, alle Angelegenheiten der örtlichen Gemeinschaft im Rahmen der Gesetze in eigener Verantwortung zu regeln (Art. 28 Abs. 2 GG), ist in dem Sinne rechtlich geschützt, daß die Gemeinde staatliche Korrekturen bei der Erledigung weisungsfreier Angelegenheiten nur im Falle von Gesetzesverstößen und nur innerhalb der gesetzlich geregelten Verfahren und in Gestalt bestimmter, gesetzlich abschließend festgelegter Maßnahmen hinzunehmen braucht (*VGH BW* ESVGH 20, 141). Aufsicht in **weisungsfreien Angelegenheiten** bedeutet ausschließlich **Kontrolle der Gesetzmäßigkeit** des Handelns der Gemeinde durch die Rechtsaufsichtsbehörde.

Die Rechtsaufsichtsbehörde hat hiernach die Einhaltung
– der Verbands- und Organkompetenzen,
– des Verfahrensrechts,
– des materiellen Rechts
zu überwachen.

Eine Überprüfung der **Zweckmäßigkeit** der getroffenen Entscheidungen ist **unzulässig.** Im Rahmen von **Ermessensentscheidungen** ist zu prüfen, ob die gesetzlichen Grenzen der Ermessensbetätigung eingehalten sind (§ 114 VwGO analog, vgl. etwa *BVerwG* DÖV 1981, 178; 1982, 744).

Die Rechtsaufsicht bei **unbestimmten Rechtsbegriffen,** z. B. dem Begriff „Geschäfte der laufenden Verwaltung" richtet sich danach, ob der unbestimmte Rechtsbegriff einen **Beurteilungsspielraum** enthält oder nicht. Die Auslegung unbestimmter Rechtsbegriffe ohne Beurteilungsspielraum ist durch die Rechtsaufsichtsbehörde voll zu überprüfen. Die Überprüfung der

II. Die Rechtsaufsicht

Auslegung unbestimmter Rechtsbegriffe mit Beurteilungsspielraum ist beschränkt und richtet sich nach den für die gerichtliche Überprüfung von Ermessensentscheidungen geltenden Grundsätzen (vgl. hierzu *Kopp,* VwGO, Rdnr. 23 zu § 114 mwN). Ein Beurteilungsspielraum setzt voraus, daß der Gesetzgeber **ausdrücklich oder nach dem** offensichtlichen **Zweck** einer Regelung die Zuordnung des Einzelfalls zu dem unbestimmten Rechtsbegriff der Alleinentscheidung der Gemeinde überantwortet haben will (*BVerwGE* 59, 215; DVBl. 1982, 90).

Die Beschränkung der Rechtsaufsicht darauf, die Gesetzmäßigkeit der Verwaltung sicherzustellen, hat zur Folge, daß die Anordnungen der Rechtsaufsichtsbehörde nur soweit gehen dürfen, als es dieses Ziel ungedingt erfordert (*VGH BW* DÖV 1973, 534).

2.2. Gegen Verfügungen auf dem Gebiete der Rechtsaufsicht kann die Ge- **916** meinde nach Maßgabe der VwGO **Anfechtungs- oder Verpflichtungsklage** erheben. Eine Klage ist zulässig, wenn die Voraussetzungen der §§ 40 f. VwGO gegeben sind. **Verfügungen der Rechtsaufsicht** sind in aller Regel **Verwaltungsakte** gegenüber der Gemeinde (vgl. *VGH BW* ESVGH 8, 70 (71); 25, 193; *BVerwGE* 34, 301).

3. Rechtsaufsichtsbehörden

3.1. Die Rechtsaufsicht wird in den einzelnen Bundesländern durch unter- **917** schiedliche Behörden wahrgenommen. In **Sachsen** sind Rechtsaufsichtsbehörden das **Regierungspräsidium** für Kreisfreie Städte und Große Kreisstädte, für alle anderen Gemeinden das **Landratsamt** als untere Verwaltungsbehörde. **Obere Rechtsaufsichtsbehörde** ist **für alle Gemeinden** das Regierungspräsidium, **oberste Rechtsaufsichtsbehörde** ist das Staatsministerium des Innern.

– Vgl. § 112 Abs. 1 GemO.

3.2. Leistet die Rechtsaufsichtsbehörde einer Ihr erteilten Weisung **keine 918 Folge,** so kann an ihrer Stelle die **nächsthöhere** Rechtsaufsichtsbehörde die erforderlichen Maßnahmen treffen.

– Vgl. § 112 Abs. 2 GemO.

In Sachsen besteht hiernach – im Gegensatz zu fast allen anderen Bundesländern – ein **Selbsteintrittsrecht** der oberen und obersten Rechtsaufsichtsbehörde.

– Vgl. hierzu allg. *Gern,* Deutsches Kommunalrecht, 1994, 17. Kap. II.

4. Mittel der Rechtsaufsicht

Die Mittel der (repressiven) Rechtsaufsicht sind: **919**
– das Informationsrecht,
– das Beanstandungsrecht,

– das Anordnungsrecht,
– die Ersatzvornahme,
– die Bestellung eines Beauftragten,
– vorzeitige Beendigung der Amtszeit des Bürgermeisters.

4.1. Das Informationsrecht

920 Soweit es zur Erfüllung ihrer Aufgaben erforderlich ist, können sich die Rechtsaufsichtsbehörden über einzelne Angelegenheiten der Gemeinde in geeigneter Weise **unterrichten.**

– Vgl. § 113 GemO.

4.1.1. Die Aufgabenerfüllung der Rechtsaufsichtsbehörde besteht in der sachgerechten Wahrnehmung der Aufsicht. Das **Unterrichtsungsrecht** bezieht sich auf **einzelne** Angelegenheiten der Gemeinde. Angelegenheiten der Gemeinde sind alle Selbstverwaltungsaufgaben ohne Rücksicht auf die Rechtsform, in der sie wahrgenommen werden.

Unzulässig ist das Unterrichtungsverlangen über Angelegenheiten der **Einwohner,** soweit diese nicht zugleich Angelegenheiten der Gemeinde sind. Aus dem Umstand, daß eine Unterrichtung nur über einzelne Angelegenheiten zulässig ist, darf nicht geschlossen werden, daß gewisse Angelegenheiten ausgenommen wären. Unzulässig ist lediglich eine laufende Totalkontrolle ohne jeden Anlaß und ohne das geforderte öffentliche Interesse.

4.1.2. Die zu wählenden **Unterrichtungsmittel** stehen **im Ermessen** der Rechtsaufsichtsbehörde. Zulässig sind etwa schriftliche Anfragen, die Aufforderung zur Abgabe dienstlicher Äußerungen, eine Gemeindebesichtigung, die Teilnahme an Gemeinderatssitzungen oder die Einberufung von Organen der Gemeinde.

4.1.3. Dem Informationsrecht der Rechtsaufsichtsbehörde steht **nicht entgegen, daß** die Angelegenheiten der **Geheimhaltung** unterliegen, vom **Datenschutz** erfaßt werden oder **in nichtöffentlicher Sitzung** des Gemeinderats zu behandeln sind. Die entsprechenden Geheimhaltungs- und Schutzvorschriften werden durch das Informationsrecht eingeschränkt.

4.2. Das Beanstandungsrecht

921 *4.2.1.* Die Rechtsaufsichtsbehörde kann Beschlüsse und Anordnungen der Gemeinde, die das Gesetz verletzen, **beanstanden und verlangen,** daß sie **von der Gemeinde** binnen einer bestimmten – angemessenen – Frist **aufgehoben bzw. geändert werden.** Sie kann **ferner** verlangen, daß Maßnahmen, die aufgrund derartiger Beschlüsse oder Anordnungen getroffen worden sind, **rückgängig gemacht werden.**

– Vgl. § 114 GemO.

922 *4.2.1.1.* **Beanstandung** bedeutet **Rüge der Gesetzwidrigkeit** einer gemeindlichen Maßnahme (vgl. *OVG Münster* NVwZ-RR 1992, 449).

II. Die Rechtsaufsicht

Gegenstand der Beanstandung sind **Beschlüsse, Anordnungen und sonstige Maßnahmen.** Beschlüsse sind rechtserhebliche Äußerungen der Willensentschließung von Kollegialorganen, speziell des Gemeinderats und der Ausschüsse in Form von Abstimmungen, Wahlen oder sonstigen Entschließungsarten. **Anordnungen** sind alle rechtserheblichen **Maßnahmen** von Einzelpersonen der Gemeinde, soweit sie als Organ oder Amtsträger tätig werden. Sie können öffentlich-rechtlicher oder privatrechtlicher Natur sein. Sie können Außen- oder Innenrechtsbeziehungen der Gemeinde betreffen.

4.2.1.2. Die Beanstandung liegt im **Ermessen** der Rechtsaufsichtsbehörde. Das für ein Einschreiten erforderliche öffentliche Interesse zieht der Ermessenbetätigung spezielle Grenzen (vgl. hierzu *VGH BW* ESVGH 11, 88).

4.2.1.3. Die Rechtsaufsichtsbehörde kann im Wege der Beanstandung zu- **923** sätzlich die **Aufhebung der Maßnahme und** bei Vollzug ihre **Rückgängigmachung** verlangen. Allerdings ist dieses Verlangen dadurch eingeschränkt, als es nur solche Maßnahmen umfassen darf, zu deren Aufhebung die Gemeinde **ihrerseits** berechtigt und in der Lage ist.

– Vgl. *VGH München* NVwZ-RR 1993, 373.

So ist etwa die Rücknahme eines Verwaltungsakts nur zulässig, wenn die gesetzlichen Rücknahmevoraussetzungen nach den Vorschriften des VwVfG vorliegen (vgl. *OVG Münster* NVwZ 1987, 155). Soll ein Vertrag rückgängig gemacht werden, müssen gesetzliche oder vertragliche Auflösungsgründe (z. B. Kündigungsgründe) gegeben sein. Im übrigen kann nur verlangt werden, daß die Gemeinde versucht, auf einvernehmlichem Weg eine Auflösung zu erreichen.

Eine Beanstandung ist unzulässig, wenn die Wiederherstellung eines rechtmäßigen Zustandes nicht (mehr) erreicht werden kann (*VGH München* NVwZ 1993, 373).

4.2.1.4. Die Rechtsaufsichtsbehörde muß der Gemeinde eine angemessene **Frist** zur Aufhebung und Rückgängigmachung einer Maßnahme geben. Sie muß so bemessen sein, daß die Gemeinde ihre Entscheidung nochmals überprüfen und Abhilfemaßnahmen treffen kann.

4.2.1.5. Die **Beanstandung ist** im Selbstverwaltungsbereich belastender **924** **Verwaltungsakt** für die Gemeinde (so schon *VGH Stuttgart* BWVBl. 1958, 153). Sie ist schriftlich zu erteilen, zu begründen und mit einer Rechtsmittelbelehrung zu versehen. Nach § 40f. VwGO kann die Gemeinde **Anfechtungs- oder Verpflichtungsklage** erheben.

4.2.1.6. Die Beanstandung hat kraft ausdrücklicher Anordnung **aufschie-** **925** **bende Wirkung.**

– Vgl. § 114 Abs. 1 S. 3 GemO.

Die hat zur Folge, daß beanstandete Maßnahmen nicht mehr vollzogen werden dürfen.

Auf die Wirksamkeit der Maßnahmen selbst hat die aufschiebende Wirkung allerdings keinen Einfluß. Bei Anfechtung der Beanstandung entfällt die aufschiebende Wirkung der Beanstandung, es sei denn, es ist nach § 80 Abs. 2 Nr. 4 VwGO der sofortige Vollzug angeordnet.

926 *4.2.1.7.* Wenn Tatsachen die Annahme rechtfertigen, daß ein Beschluß oder eine Anordnung der Gemeinde das Gesetz verletzt, eine Entscheidung über die Beanstandung aber noch nicht getroffen werden kann, kann die Rechtsaufsichtsbehörde die erforderlichen **vorläufigen Maßnahmen** treffen, insbesondere verlangen, daß der Vollzug vorläufig unterbleibt. Solche Maßnahmen treten spätestens nach einem Monat außer Kraft.

– Vgl. § 114 Abs. 2 GemO.

927 *4.2.2.* **Beispiel** einer Beanstandungsverfügung:

Rechtsaufsichtsbehörde X   X, den...

Verfügung

I. Die Beschlüsse des Gemeinderats der Gemeinde Y vom... und vom... werden beanstandet.

Der Gemeinde Y wird aufgegeben, diese Beschlüsse innerhalb zwei Wochen nach Bekanntgabe (Zustellung) dieser Verfügung aufzuheben.

Sollte die Gemeinde dieser Auflage innerhalb der gesetzten Frist nicht nachkommen, wird die Rechtsaufsichtsbehörde die beanstandeten Beschlüsse an deren Stelle und auf deren Kosten selbst aufheben.

II. Die sofortige Vollziehung dieser Verfügung wird angeordnet.

Begründung

An dieser Stelle folgen der Sachverhalt und dann die Entscheidungsgründe unter Angabe der rechtlichen Bestimmungen, auf die sich der Verwaltungsakt stützt. Beachten Sie bitte, daß nach § 80 Abs. 3 VwGO die Anordnung der sofortigen Vollziehung besonders begründet werden muß.

Rechtsbehelfsbelehrung

(Unterschrift)

4.3. Das Anordnungsrecht

928 *4.3.1.* **Erfüllt die Gemeinde** die ihr **obliegenden Pflichten nicht,** kann die Rechtsaufsichtsbehörde **anordnen,** daß die **Gemeinde** innerhalb der angemessenen Frist **die notwendigen Maßnahmen durchführt.**

– Vgl. § 115 GemO.

Die Anordnung ist **im Unterschied zur Beanstandung** in Betracht zu ziehen, wenn die Gemeinde **untätig** bleibt, obwohl sie kraft Gesetzes zum Handeln verpflichtet wäre.

II. Die Rechtsaufsicht

Die der Gemeinde obliegenden **Verpflichtungen** sind alle öffentlich-rechtlichen Pflichten der Gemeinde, die unmittelbar oder mittelbar auf eine Rechtsnorm zurückzuführen sind (hierzu VGH BW VBlBW 1993, 338). Auch durch Verwaltungsakt oder öffentlich-rechtlichen Vertrag konkretisierte Verpflichtungen gehören hierzu. **Nicht** dem Anordnungsrecht unterliegen in der Regel **privatrechtliche** Pflichtverletzungen. Ihre Durchsetzung erfolgt nach den Vorschriften der ZPO (vgl. *Erichsen, DVBl.* 1985, 943). Allerdings kann ausnahmsweise auch in diesen Fällen das Anordnungsrecht gegeben sein, soweit die Herstellung rechtmäßiger Zustände im Zivilprozeß nicht möglich ist.

Durch eine längerfristige Nichtbeanstandung **verwirkt** die Rechtsaufsicht das **Anordnungsrecht nicht.** (*VGH BW* ESVGH 15, 7). Eine Anordnung darf allerdings insoweit nicht ergehen, als der Gemeinde ein weniger belastender Weg zur Beseitigung des Gesetzesverstoßes offensteht (vgl. *VGH BW DÖV* 1973, 534).

4.3.2. Anordnungsverfügungen sind im weisungsfreien Bereich **belastende Verwaltungsakte,** die schriftlich erlassen, begründet und mit Rechtsbehelfsbelehrung der Gemeinde zugestellt werden müssen.

4.3.3. Die Aufsichtmittel der Anordnung und der Beanstandung dürfen aufgrund ihrer unterschiedlichen Zielrichtung **nicht kummulativ** angewendet werden (*OVG Münster* NVwZ-RR 1992, 449).

4.4. Die Ersatzvornahme

4.4.1. **Kommt die Gemeinde einer Anordnung** der Rechtsaufsichtsbehörde **929** nach den §§ 113 – 115 GemO **nicht** innerhalb der bestimmten Frist **nach, kann die Rechtsaufsichtsbehörde** die Anordnung **anstelle und auf Kosten der Gemeinde selbst durchführen oder** mit der Durchführung **einen Dritten** beauftragen.

– Vgl. § 116 GemO.

Die Ersatzvornahme beseitigt das Selbstverwaltungsrecht der Gemeinde punktuell (vgl. auch *OVG Münster* NVwZ 1990, 187).
Die Rechtsaufsicht darf im Wege der Ersatzvornahme **anstelle** der Gemeinde nur handeln, wenn zuvor eine „Anordnung" erlassen wurde, die die Gemeinde nicht oder nicht voll befolgt hat. Die Anordnung muß bestandskräftig geworden oder nach § 80 Abs. 1 VwGO sofort vollziehbar sein. Außerdem muß die gesetzte Frist abgelaufen sein.

4.4.2. Die Ersatzvornahme **betrifft sämtliche Angelegenheiten der Ge-** **930** **meinde,** für die „Anordnungen" möglich sind. In Betracht kommen hiernach alle öffentlich-rechtlichen Maßnahmen, etwa der Erlaß von Verwaltungsakten, die Einberufung von Gemeinderatssitzungen, aber auch der **Erlaß von Satzungen,** z. B. der Haushaltssatzung und anderer Normen (vgl. hierzu BVewG DÖV 1993, 77). Auch die **Ersetzung des Einvernehmens nach § 36 BauGB** ist im Wege der Ersatzvornahme möglich.

Die Ersatzvornahme von **privatrechtlichen** Maßnahmen ist nur möglich, wenn der Betroffene nicht die Möglichkeit hat, den Zivilrechtsweg zu beschreiten.

Der Ersatzvornahme auf Aufhebung eines Gemeinderatsbeschlusses steht grundsätzlich nicht entgegen, daß dieser schon vollzogen ist. So kann etwa auch ein durch Abschluß eines Rechtsgeschäfts vollzogener rechtswidriger Beschluß im Aufsichtswege aufgehoben werden, wenn die Rückabwicklung des Rechtsgeschäfts nicht aussichtslos erscheint (*OVG Münster* NVwZ 1987, 155).

931 *4.4.3.* Die **Verfügung über die Ersatzvornahme** ist belastender, nach den §§ 40 f. **VwGO anfechtbarer Verwaltungsakt.**

932 *4.4.4.* Mit der Ersatzvornahme erlangt die Rechtsaufsichtsbehörde im Umfang der zu treffenden Maßnahmen die **Stellung eines gesetzlichen Vertreters** der Gemeinde.

Die Ausführung der Anordnung durch die Rechtsaufsichtsbehörde **wirkt für und gegen die Gemeinde.** Die **Gemeinde muß** die getroffenen Maßnahmen **dulden.** Soweit **eine Rechtsnorm erlasen wird,** besitzt die Ersatzvornahme eine **doppelte Rechtsnatur** (*OVG Münster* NVwZ 1990, 187). **Beauftragt die Rechtsaufsichtsbehörde einen Dritten** mit der Ausführung der Ersatzvornahme, z. B. der Reparatur eines Kanals, **wirken die** abgeschlossenen **Rechtsgeschäfte für und gegen die Gemeinde.** Verträge kommen nicht mit der Rechtsaufsichtsbehörde, sondern mit der Gemeinde zustande (aA *OVG Münster* NVwZ 1989, 987).

933 *4.4.5.* Die **Kosten** der Ersatzvornahme fallen der **Gemeinde** zur Last. Ersatzpflichtig sind nur Kosten, die durch das Handeln der Rechtsaufsichtsbehörde anstelle der Gemeinde konkret entstehen. Ein allgemeiner Verwaltungskostenzuschlag ist unzulässig.

4.5. Die Bestellung eines Beauftragten

934 *4.5.1.* **Wenn** die **Verwaltung der Gemeinde in erheblichem Umfange nicht** den Erfordernissen einer **gesetzmäßigen Verwaltung entspricht und die vorgenannten Befugnisse** der Rechtsaufsichtsbehörde **nicht ausreichen,** die Gesetzmäßigkeit der Verwaltung der Gemeinde zu sichern, **kann** die **Rechtsaufsichtsbehörde** einen **Beauftragen bestellen,** der alle oder einzelne Aufgaben der Gemeinde in deren Namen und auf deren Kosten wahrnimmt.
– Vgl. § 117 GemO.

935 *4.5.1.1.* Die Einsetzung eines Beauftragten ist das **schärfste und letzte Mittel,** um die Gesetzmäßigkeit der Verwaltung herzustellen. Es ist nur zulässig, wenn die Verwaltung der Gemeinde in **erheblichem Umfang** von den Erfordernissen einer gesetzmäßigen Verwaltung abweicht.

Erheblich ist der Umfang der Abweichung von den Erfordernissen einer gesetzmäßigen Verwaltung, wenn der gesetzwidrige Zustand zu schweren **Erschütterungen** des Gemeindelebens oder besonders intensiver Beinträchtigung oder Schädigung des Wohls der Einwohner geführt hat oder voraussichtlich führen wird. Der Begriff der **Erheblichkeit** ist ein **unbestimmter Rechtsbegriff ohne Beurteilungsspielraum** durch die Rechtsaufsichtsbehörde.

Beispiele: Wahlboykott des Gemeinderats bei Kommunalwahlen; Dauerstreik des Gemeinderats.

4.5.1.2. Die Bestellung eines Beauftragten kommt nur in Betracht, wenn die anderen Aufsichtsmittel keine Wirkung zeigen oder voraussitzlich erfolglos sein werden. Dieses Erfordernis folgt aus dem **Grundsatz der Verhältnismäßigkeit**.

4.5.1.3. Der **Beauftragte wird nicht für die Gemeinde als solche, sondern** 936 immer **nur für ein Gemeindeorgan** oder auch für einen sonstigen Beschäftigten (z. B. Fachbeamten für das Finanzwesen) **bestellt**. **Nicht** möglich ist die **Bestellung für ein Organteil**, z. B. ein Gemeinderatsmitglied (*OVG Saarlois* DÖV 1967, 794).

Mit der Bestellung eines Beauftragten **verliert der Ersetzte seine Rechtsstellung** innerhalb der Gemeinde.

4.5.1.4. Die **Beauftragung** ist ein **öffentlich-rechtliches Rechtsverhältnis sui generis**. Der Beauftragte ist **Vertreter der Rechtsaufsichtsbehörde** und erhält **zugleich die Rechtsstellung des ersetzten Gemeindeorgans** oder Bediensteten mit dessen Kompetenzen und Vertretungsbefugnissen. Seine **Handlungen werden der Gemeinde zugerechnet**.

Er unterliegt der Bindung an Recht und Gesetz wie diese und darf nur innerhalb seiner Organkompetenz, seiner Vertreterbefugnis und der Beauftragung handeln. Die Rechtsaufsichtsbehörde kann ihm Weisungen erteilen, soweit ihm aufgrund seiner Stellung Gestaltungsspielräume oder ein Ermessen zukommt.

4.5.2. Die **Einsetzung eines Beauftragten** sowie Art, Umfang und Zweck 937 seiner Beauftragung sowie die Auswahl des Beauftragten stehen im pflichtgemäßen **Ermessen der Rechtsaufsichtsbehörde**. Die Rechtsaufsicht hat die Maßnahmen zu ergreifen, die zur Herstellung der Gesetzmäßigkeit der Verwaltung unbedingt erforderlich sind und zugleich das Selbstverwaltungsrecht der Gemeinde am wenigsten beeinträchtigen.

4.5.3. Die **Kosten** der Beauftragung trägt die **Gemeinde**.

4.5.4. **Für Pflichtverletzungen des Beauftragten haftet die Gemeinde** in 938 dem Rahmen, in dem sie auch für das ersetzte Organ haften würde. Auch Amtshaftungsansprüche sind gegen die Gemeinde geltend zu machen. Sie gilt insoweit als **Anstellungs- bzw. Anvertrauungskörperschaft** (vgl. *BGHZ* 87, 202).

Erteilt die Rechtsaufsichtsbehörde dem Beauftragten eine fehlerhafte Weisung, trägt die Kosten das Land.

4.5.5. Die **Einsetzung eines Beauftragten** ist **gegenüber der Gemeinde** ein belastender **Verwaltungsakt**, der mit den Rechtsbehelfen der §§ 40 f. VwGO angefochten werden kann.

4.6. Vorzeitige Beendigung der Amtszeit des Bürgermeisters

939 Wird der Bürgermeister den Anforderungen seines Amtes nicht gerecht und treten dadurch so erhebliche Mißstände in der Verwaltung der Gemeinde ein, daß eine **Weiterführung** des Amtes **im öffentlichen Interesse** nicht vertretbar ist, kann die Amtszeit des Bürgermeisters für beendet erklärt werden, wenn andere Maßnahmen nicht ausreichen.

Die Erklärung der vorzeitigen Beendigung der Amtszeit erfolgt in einem förmlichen Verfahren unter **analoger Anwendung der disziplinarrechtlichen Vorschriften.**

– Vgl. § 118 GemO.

5. Geltendmachung von Ansprüchen gegen Gemeindeorgane, Verträge mit der Gemeinde

940 **5.1.** Eine besondere Form der Rechtsaufsicht enthält § 121 GemO. **Ansprüche der Gemeinde gegen Gemeinderäte und gegen den Bürgermeister** werden danach **von der Rechtsaufsichtsbehörde geltend gemacht.** Die **Kosten** der Rechtsverfolgung trägt die Gemeinde.

Diese Regelung ist Ausdruck des Bestrebens, **Interessenkollisionen auszuschließen,** Schwierigkeiten im Verhältnis der Gemeindeorgane oder Organwalter untereinander zu vermeiden und eine saubere Verwaltung zu gewährleisten. Sie begründet die Zuständigkeit der Aufsichtsbehörde **sowohl** bei Durchsetzung von Ansprüchen, die aus **weisungsfreien Aufgaben als auch** von solchen, die aus der Wahrnehmung einer **Weisungsaufgabe** herrührt. Unerheblich ist auch, ob sich der durchzusetzende Anspruch aus dem spezifischen Status des Gemeinderats oder aus seiner Stellung als Staatsbürger ergibt (*VGH BW* VBlBW 1989, 27).

Ansprüche im Sinne dieser Vorschrift sind **alle auf öffentlichem oder privaten Recht beruhende Forderungen der Gemeinde** gegen im Amt befindliche Gemeinderäte und Bürgermeister. Zu den Ansprüchen in diesem Sinne gehören **auch Bußgeldansprüche** und Zwangsgeldfestsetzungen.

Keine Ansprüche der Gemeinde sind Ansprüche, die juristischen Personen der Gemeinde, z. B. Eigengesellschaften, zustehen.

Der **Rechtsaufsichtsbehörde** kommt bei der Geltendmachung der Ansprüche die **Stellung eines gesetzlichen Vertreters** der Gemeinde zu. Zuständig für die Geltendmachung eines Schadenersatzanspruchs gegen einen **früheren** Bürgermeister ist der amtierende Bürgermeister (*VGH BW* NVwZ 1983, 482).

Die Rechtsaufsicht entscheidet nach **Ermessen,** ob, wann und in welchem Umfang sie den Anspruch geltend macht. Leitlinie der Ermessensbetätigung müssen die Interessen der Gemeinde sein.

III. Die Fachaufsicht

Die **Entscheidung zur Übernahme der Geltendmachung** eines Anspruchs gegen die Gemeinde ist dieser gegenüber ein anfechtbarer **Verwaltungsakt.** Die Gemeinde ist befugt, gegen die Entscheidungen der Rechtsaufsichtsbehörde die Rechtsbehelfe nach §§ 40 f. VwGO einzulegen.

5.2. Beschlüsse über Verträge der Gemeinde mit einem Gemeinderat oder 941 dem **Bürgermeister** sind der Rechtsaufsichtsbehörde **vorzulegen.** Dies gilt nicht für Beschlüsse über Verträge, die nach feststehendem Tarif oder einem ortsüblichen Entgelt abgeschlossen werden oder die für die Gemeinde nur von geringer wirtschaftlicher Bedeutung sind.

– Vgl. § 121 Abs. 2 GemO.

III. Die Fachaufsicht

Die Fachaufsicht verfolgt den Zweck, die Gemeinde **im übertragenen** 942 **Aufgabenbereich (Bereich der Weisungsaufgaben) in die allgemeine Staatsverwaltung einzubinden und die Letztverantwortung** für eine Maßnahme **dem Staat zu übertragen.** Sie unterscheidet sich sowohl im Umfang der Aufsicht als auch in den zuständigen Aufsichtsbehörden von der Rechtsaufsicht.

1. Die Fachaufsicht geht in ihrem Umfang über den Rahmen der Gesetzmäßigkeitsaufsicht hinaus. **Sie erstreckt sich auch auf die Zweckmäßigkeit** der gemeindlichen Maßnahmen.

– Vgl. § 111 Abs. 2 GemO.

2. Das für die Fachaufsicht **charakteristische Aufsichtsmittel ist die Wei-** 943 **sung.** Sie kann Rechtmäßigkeits- oder Zweckmäßigkeitsweisung sein (hierzu *Vietmeier,* DVBl. 1993, 190 (191) mwN).

3. Die Fachaufsichtsbehörde hat neben dem Weisungsrecht das **Informa-** 944 **tionsrecht** nach § 113 GemO. Die **weiteren Aufsichtsmittel** sind ihr grundsätzlich **versagt.**

– Vgl. § 123 Abs. 2 S. 1 GemO.

Kommt die Gemeinde einer Weisung nicht nach, handelt sie **gesetzwidrig.** Die **Fachaufsichtsbehörde muß sich** in diesem Falle zur Durchsetzung der Weisung **an die Rechtsaufsichtsbehörde wenden,** die mit den ihr zustehenden Aufsichtsmitteln eingreift, sofern die gesetzlichen Voraussetzungen für eine beantragte Aufsichtsmaßnahme gegeben sind (vgl. § 123 Abs. 2 GemO; hierzu *VGH BW* Urteil v. 24. 2. 1992 – 1 S 1131/90; *Knemeyer,* HdKWP, Bd. 1, S. 276 f.; *VGH München* DÖV 1978, 100). Die **Prüfung der Rechtsaufsicht erstreckt sich auf sämtliche Rechtsvoraussetzungen des Eingreifens.** Hierzu gehört auch die Prüfung der Frage, ob die fachaufsichtliche Maßnahme der Gemeinde gegenüber objektiv rechtmäßig ist. Eine Überprüfung der Zweckmäßigkeit der fachaufsichtlichen

Maßnahme findet hingegen nicht statt (vgl. hierzu *Erlenkämper,* NVwZ 1990, 122; *VGH Kassel* NVwZ-RR 1988, 111).

Gegen die von der Rechtsaufsicht zur Sicherstellung der ordnungsgemäßen Durchführung der Weisungsaufgaben **erlassenen Verfügungen** kann die Gemeinde **Anfechtungs- oder Verpflichtungsklage** erheben, **sofern** eine solche Verfügung einen **Verwaltungsakt** darstellt und die sonstigen Voraussetzungen der §§ 42 f. VwGO gegeben sind.

– Hierzu und zum Rechtsschutz gegen Weisungen vgl. <u>18. Kapitel.</u>

945 **4.** Die **Fachaufsichtsbehörde bestimmt sich nach den Fachgesetzen,** auf deren Grundlage die Kommunen die übertragenen Aufgaben wahrnehmen.

– Vgl. § 123 Abs. 1 GemO.

946 **5.** Werden den Gemeinden **aufgrund eines Bundesgesetzes durch Rechtsverordnung** neue Aufgaben als **Pflichtaufgaben auferlegt,** können – ohne daß es eines förmlichen Gesetzes bedürfte – **durch diese Rechtsverordnung** ein Weisungsrecht vorbehalten (hierzu *VGH BW* ESVGH 19, 123 (130)), die Zuständigkeit zur Ausübung der Fachaufsicht und der Umfang des Weisungsrechts geregelt werden.

IV. Rechtsfolgen fehlerhafter Aufsicht

947 **1.** Wird die Aufsichtsfunktion nicht rechtmäßig von den mit der Aufsicht betrauten Beamten ausgeübt, **so verletzen sie** die ihnen gegenüber den Gemeinden obliegende **Amtspflicht** mit der Möglichkeit der **Haftung des Landes nach Art.** 34 GG, § 839 BGB im Falle der Schädigung der Gemeinde.

948 **2. Kosten, die den Gemeinden** bei der Wahrnehmung von Weisungsaufgaben **infolge fehlerhafter Weisungen** einer Fachaufsichtsbehörde **entstehen,** sind **vom Land** zu erstatten.

– Vgl. § 123 Abs. 4 GemO.

Fehlerhaft sind Weisungen, die **rechtswidrig sind.** Erstattungsfähig sind **alle Kosten,** für deren Entstehung die fehlerhafte Weisung **kausal** war. In Betracht kommen etwa Gerichtskosten, Schadenersatzleistungen der Gemeinde an Dritte oder Kosten für Fehlinvestitionen der Gemeinde.

18. Kapitel
Rechtsschutz der Gemeinde

I. Verwaltungsgerichtliches Klageverfahren

1. Die Gemeinden können, wie jede andere natürliche oder juristische Per- **949** son bei Vorliegen einer **öffentlich-rechtlichen Streitigkeit** nicht verfassungsrechtlicher Art **Klage vor dem Verwaltungsgericht** erheben (§ 40 VwGO) (h. M. vgl. etwa *BVerwG* NVwZ 1988, 731; NJW 1986, 2447). Das Klagebegehren muß sich als Folge eines Sachverhalts darstellen, der nach öffentlichem Recht zu beurteilen ist (*GSOBG* NJW 1974, 2087; *BVerwG* NVwZ 1983, 220; *BGHZ* 72, 57).

– Zur Abgrenzung des öffentlichen Rechts vom Privatrecht im Kommunalbereich vgl. 3. Kapitel II 3 und *Kopp*, VwGO, Rdnr. 16 zu § 40 mwN.

Nicht zulässig wäre die Klage, wenn das Klagebegehren **verfassungsrechtlicher Natur** wäre. Als verfassungsrechtlich sind Streitigkeiten zu qualifizieren, die zwischen den am Verfassungsleben unmittelbar beteiligten Rechtsträgern, Verfassungsorganen und Teilen von solchen ausgetragen werden (*BVerfGE* 27, 157; 42, 112; *Kopp*, aaO, Rdnr. 32 zu § 40).

2. Im verwaltungsgerichtlichen Klageverfahren stehen den Gemeinden die **950** **Klagearten** der §§ 42f. VwGO zur Verfügung. Sie können Anfechtungsund Verpflichtungsklage, Feststellungsklage oder Leistungsklage, etwa auf Leistung aus öffentlich-rechtlichem Vertrag, erheben.

3. Für **Anfechtungs- und Verpflichtungsklagen** der Gemeinden muß die **951** **Klagebefugnis** gegeben sein (§ 42 Abs. 2 VwGO). Die Klagebefugnis setzt voraus, daß die Gemeinde geltend macht, durch eine Maßnahme des **Bundes, eines Landes,** eines **Gemeindeverbands, einer anderen Gemeinde** (hierzu *Bickel,* in: FS v. Unruh, 1983, S. 1040) oder **eines sonstigen Hoheitsträgers,** in eigenen Rechten verletzt zu sein.

Die Rechte, die gemäß § 42 Abs. 2 VwGO geltend gemacht werden können, können auf der Verfassung, auf Gesetz oder sonstigen Rechtssätzen beruhen.

3.1. Bei Klagen gegen staatliche Hoheitsträger können sich die Gemeinden **952** jedoch im wesentlichen nur auf ihr **Selbstverwaltungsrecht** (Art. 28 Abs. 2 GG), speziell die **„Gemeindehoheiten"** in ihrem Kernbereich oder in dem dem Gesetzesvorbehalt unterliegenden weiteren Bereich **berufen** sowie auf **normative Ableitungen** aus ihm, auf die sog. **Erstreckungsgarantien** (*BVerwG* NVwZ 1983, 610).

– Zur Klagebefugnis zum Zwecke der Verteidigung der **Planungshoheit** vgl. 5. Kapitel II 2.4. –

345

953 **3.2.** Weiterhin können die Gemeinden **alle Verfassungsrechtsnormen** für sich in Anspruch nehmen, **die** das verfassungsrechtliche **Bild der Selbstverwaltung mitbestimmen,** so etwa **Art. 120 GG** (*BVerwGE* 1, 181; 56, 398) sowie die **Verfahrensrechte** des **Art. 19 Abs. 4, 101 Abs. 1 S. 2 und Art. 103 Abs. 1 GG** (*BVerfGE* 75, 192 (200)). Schließlich ist **auch Art. 3 GG** als Ausformung des allgemeinen Gerechtigkeitsprinzips Prüfungsmaßstab. **Art. 28 Abs. 2 GG schützt auch davor, daß der Gesetzgeber das Willkürverbot mißachtet,** indem er einen Teil der Gemeinden ohne Sachgrund anders behandelt als die übrigen Gemeinden (*BVerwG* NVwZ 1991, 1192 – zum Verbot der Neueinführung der Konzessionsabgabe; *BVerfGE* 56, 298 (313)). Siehe hierzu auch *BVerfGE* 23, 353 (372); 26, 228 (244); 39, 302.

954 **3.3.** Die Verletzung **sonstiger einfachgesetzlicher Bestimmungen** können die Gemeinden insoweit rügen, als diese zumindest auch den **Schutz der Kommunen bezwecken** (vgl. *OVG Koblenz* NVwZ 1989, 983; *Schlotterbeck,* NJW 1991, 2670; *BVerwG* NVwZ-RR 1991, 621 f. (622)).

Beispiel: Abstimmungspflicht der Baupläne **benachbarter** Gemeinden (vgl. hierzu *OVG Lüneburg* BauR 1991, 170; *Battis/Krauzberger/Löhr,* BauGB, Rdnr. 7 zu § 2 mwN; zum Ganzen *Dietlein,* NWVBL. 1992, 1 f.).

Einfachgesetzlich geregelte **Beteiligungsrechte** (z. B. Anhörungsrechte) können die Klagebefugnis nur begründen, wenn zusätzlich die Verletzung des Art. 28 Abs. 2 GG vorgetragen wird (vgl. *BVerwG* NJW 1992, 256 mwN).

955 **3.4.** **Nicht berufen** können sich die Gemeinden auf den Schutz der **Grundrechte,** da diese ihrem Wesen nach nicht eine Funktion zugunsten der Hoheitsträger, sondern zugunsten der Bürger als Schutz konkreter, besonders gefährdeter Bereiche menschlicher Freiheit gegen Eingriffe staatlicher Gewalt und zum Schutz der freien Mitwirkung und Mitgestaltung im Gemeinwesen haben (Fehlen einer „grundrechtstypischen Gefahrenlage") (*BVerfG* NJW 1990, 1783 mwN).

Das gilt nicht nur für den Bereich der Wahrnehmung öffentlicher Aufgaben in öffentlich-rechtlicher Organisationsform (*BVerfG* DVBl. 1983, 844), sondern auch, wenn die Gemeinden **nicht hoheitlich** tätig werden, etwa als Grundstückseigentümer (*BVerfG* NJW 1982, 2173 – Sasbach-Beschluß; hierzu *Ronellenfitsch,* JuS 1983, 594 und *Mögele,* NJW 1983, 805), wenn sie in privatrechtlicher Organisationsform öffentliche Aufgaben wahrnehmen (*BVerfGE* 45; 63 (79)) oder an einer privaten Gesellschaft mit beherrschendem Einfluß beteiligt sind, die öffentlichen Aufgaben wahrnimmt (*BVerfG* NJW 1990, 1783) und schließlich auch dann, wenn sie rein fiskalisch tätig werden (vgl. hierzu *Schmidt-Aßmann,* in: *v. Münch/Schmidt-Aßmann,* BVerwR 1992, S. 26 mwN; *Bleckmann-Helm,* DVBl. 1992, 9; *Pieroth,* NWVBL. 1992, 85). So **können sie sich** insbesondere **nicht auf Art. 14 GG berufen.**

Daraus folgt jedoch nicht, daß sie Beeinträchtigungen ihres Grundeigentums ohne verwaltungsgerichtliche Klagemöglichkeit hinnehmen müßten

(*VGH BW* NVwZ 1985, 432). **Das Grundeigentum** wird **durch** die landesverfassungsrechtliche sowie die einfachgesetzliche **Selbstverwaltungsgarantie auch öffentlich-rechtlich geschützt.** Die Verwaltung gemeindlichen Vermögens ist Selbstverwaltungsangelegenheit. Rechtswidrige staatliche Eingriffe gegen gemeindliches Vermögen können deshalb unter Bezug auf die Selbstverwaltungsgarantie abgewehrt werden (*VGH Kassel* NVwZ 1987, 987).

Denselben Rechtsschutz genießt die Gemeinde auch in Bezug auf ihre **öffentlichen Einrichtungen.** Auch die Schaffung und der Betrieb solcher Einrichtungen ist Selbstverwaltungsangelegenheit.

4. Die Rechte müssen dem Kläger **in Person** zustehen. Die Geltendmachung **956** fremder Rechte ist unzulässig. So ist es der Gemeinde insbesondere **untersagt, Rechte ihrer Einwohner oder Teilen von ihnen als solchen geltend zu machen** (*VGH Kassel* NJW 1979, 180, *VGH BW* DVBl. 1977, 345; 1990, 60; NVwZ 1987, 513; *BVerwGE* 52, 233) sogenannte **Kommunalverbandsklage**).

Die **Selbstverwaltungsgarantie umfaßt nicht** das **Recht,** allgemein **als Sachwalter des öffentlichen Interesses** oder der **Individualrechte** der Einwohner **aufzutreten.** Zur Durchsetzung von Individualrechten und Interessen ist vielmehr der einzelne Bürger selbst zuständig. (*BVerfG* NJW 1982, 2174; *Stober,* KommR, 2. Aufl. 1992, S. 73; aA *Blümel,* VVDStRL 36 (1978), 268; *v. Mutius,* GutA 53. DJT 1980, 91, 207). Entsprechend ist die **Klagebefugnis** etwa insoweit zu **verneinen,** als eine Gemeinde
– sich gegen **Verkehrsregelungen** der unteren Verkehrsbehörde zur Wehr setzt, die zu einer Zusatzbelastung von Verkehrsteilnehmern führt (vgl. *BVerwG* DVBl 1984, 88 = Fundstelle BW 1984 Rdnr. 270);
– Belästigungen einzelner Bürger durch eine geplante Mülldeponie rügt (*VGH Kassel* NJW 1979, 181).

II. Rechtsschutz gegen Maßnahmen der Rechtsaufsicht

1. Förmliche Rechtsbehelfe

1.1. Gegen **Verfügungen auf dem Gebiete der Rechtsaufsicht** kann die **957** Gemeinde **Anfechtungs- oder Verpflichtungsklage** erheben. Die Verfügungen sind in aller Regel **Verwaltungsakte.** Die Zulässigkeitsvoraussetzungen der Klage im einzelnen richten sich nach den §§ 40 f. VwGO.

Entsprechendes gilt auch **für die Versagung von Genehmigungen** und Erlaubnissen **der Rechtsaufsichtsbehörde** sowie **für Widerspruchsbescheide, durch** die **Verwaltungsakte der Gemeinde** in weisungsfreien Angelegenheiten **aufgehoben werden.** Verfügungen der Rechtsaufsicht sind alle Verwaltungsakte, die zur **Durchsetzung der Aufsichtsrechte** erlassen werden.

1.2. Die **Klagebefugnis** nach § 42 Abs. 2 VwGO kann sich in vorgenannten **958** Fällen aus der **Möglichkeit der Verletzung des Art. 28 Abs. 2 GG** oder aus einfachrechtlichen Positionen ergeben. **Ausnahmsweise** genügt die Möglichkeit der Verletzung belastender **Rechtsreflexe** des Selbstverwaltungsrechts (*BVerwG* NVwZ 1983, 611).

959 **1.3.** Die **Regelung des Vorverfahrens** richtet sich nach den §§ 68f. VwGO. Ein Widerspruchsverfahren **entfällt** nach § 68 Abs. 1 Ziff. 2 VwGO, wenn ein Widerspruchsbescheid ergangen ist, durch den ein Verwaltungsakt der Gemeinde im (weisungsfreien) Selbstverwaltungsbereich aufgehoben wurde (vgl. *VGH BW* ESVGH 20, 141, 143).

2. Formlose Rechtsbehelfe

960 Neben der verwaltungsgerichtlichen Rechtsschutzmöglichkeiten stehen der Gemeinde auch die **formlosen Rechtsbehelfe** offen. Sie finden ihre verfassungsrechtliche Grundlage in **Art. 17 GG, dem Petitionsrecht.** Diese Vorschrift **gilt auch für die Gemeinden** (*BVerfGE* 8, 41).

2.1. Gegenvorstellung

Sie wendet sich an die Behörde, welche die Entscheidung getroffen hat. Sie enthält den Antrag, die Entscheidung zu ändern bzw. aufzuheben.

2.2. Aufsichtsbeschwerde

961 Die Aufsichtsbeschwerde wendet sich an die Aufsichtsbehörde. Die formlose Aufsichtsbeschwerde **gliedert sich in** die

- **Dienstaufsichtsbeschwerde,** mit der der Beschwerdeführer das persönliche Verhalten des behandelnden Bediensteten rügt und von der Dienstaufsichtsbehörde ein Einschreiten verlangt,
- **Sachaufsichtsbeschwerde,** mit der der Beschwerdeführer die Sachentscheidung der Behörde beanstandet und mit der er die Aufhebung oder Änderung der Maßnahme von der Aufsichtsbehörde verlangt.

Der **auf eine Aufsichtsbeschwerde ergehende Bescheid,** in dem dem Beschwerdeführer mitgeteilt wird, die Beschwerde sei unbegründet, ist nach überwiegender Meinung in Rechtsprechung und Literatur **kein Verwaltungsakt,** jedoch ist die in einem solchen Bescheid erfolgte Festsetzung einer Gebühr ein vor dem Verwaltungsgericht anfechtbarer Verwaltungsakt (*VGH BW* ESVGH 18, 90).

2.3. Petition an das Parlament

962 Soweit **juristische Personen des öffentlichen Rechts** in den allgemeinen Staatsorganismus eingebaut sind, ist ein selbständiges **Petitionsrecht nach Art. 17 GG und Art. 2 LV nicht gegeben.** Dies **gilt** jedoch **nicht für Gemeinden als Selbstverwaltungskörperschaften.** Sie können sich ·mit den ihnen zur Verfügung stehenden und angemessen erscheinenden Mittel an das Parlament wenden (*BVerfGE* 8, 41).

Grundsätzlich zuständig für die Behandlung von Petitionen ist der **Petitionsausschuß** des Landtags. Der Petitionsausschuß des Landtags ist in der

Landesverfassung verankert. Ihm stehen spezielle Auskunfts- und Anhörungsrechte zu. Der **Petent hat ein subjektives öffentliches Recht auf ordnungsgemäße Behandlung der Petition.** Die Petition bedarf der Schriftform. Ein ablehnender Petitionsbescheid ist **kein Verwaltungsakt** (*BVerwG* NJW 1977, 118 mit Anm.; *Weber,* NJW 1977, 594). Anfechtungsklage ist deshalb unzulässig. Will der Petent sein Petitionsrecht durchsetzen, muß er **allgemeine Leistungsklage** erheben (vgl. hierzu *Braun,* LV BW, Rdnr. 31 zu Art. 35a). Art. 19 Abs. 4 GG garantiert diese Rechtsschutzmöglichkeit auch bei Petitionen (vgl. *BVerwG* NJW 1976, 637).

– Zur Begründungspflicht von Petitionsbescheiden vgl. *BVerwG* NJW 1991, 936; *BVerfG* DVBl. 1993, 32.

2.4. Verhältnis der Rechtsbehelfe zu einander

Alle formlosen Rechtsbehelfe können **nebeneinander** genutzt werden. Gegenvorstellungen und Sachaufsichtsbeschwerden werden häufig dadurch verbunden, daß der Antragsteller sich an die erlassende Behörde wendet und beantragt, bei einer Ablehnung durch die angerufene Behörde eine Entscheidung der Aufsichtsbehörde herbeizuführen. **963**

III. Rechtsschutz gegen Maßnahmen der Fachaufsicht

1. **Maßnahmen der Fachaufsicht,** speziell **Weisungen, sind nach der Rechtsprechung** durch die Gemeinde grundsätzlich **nicht anfechtbar,** da diese im Regelfall **subjektive Rechtspositionen** der Gemeinde **nicht berühren** (*BVerwG* NVwZ 1983, 610; DÖV 1982, 826; *VGH BW* VBlBW 1986, 217; *Vietmeier* DVBl. 1993, 194 mwN). Die Rechtsprechung legt auch hier die **dualistische Sichtweise** gemeindlicher Aufgabeneinordnung zugrunde (vgl. hierzu 7. Kap.). Im übertragenen (staatlichen) Aufabenbereich (Weisungsaufgaben) handelt die Gemeinde als verlängerter Arm des Staates (*BVerwG,* aaO und NJW 1965, 317; 1974, 1836). Daß auch Weisungsaufgaben „gemeindliche" Aufgaben sind, ändert an dieser Beurteilung nichts. Die subjektive Rechtsstellung der Gemeinden wird durch die Übertragung von Weisungsaufgaben nicht erweitert (aA *VGH München* BayVBl. 1985, 368; *Knemeyer,* HdKWP, Bd. 1, S. 279; *Erichsen,* KommR NW, § 15 E 2; *Erlenkämper,* NVwZ 1991, 329). **964**

Maßnahmen der Fachaufsicht sind unter diesen Voraussetzungen **keine Verwaltungsakte.** Ihnen **fehlt** das Merkmal der Regelung „**mit Außenwirkung"** (so auch *Vietmeier,* DVBl. 1993, 194). Bei Eingriffen in den sogenannten übertragenen Wirkungsbereich (Weisungsbereich) kann die Gemeinde deshalb in aller Regel **weder Anfechtungs- noch Verpflichtungsklage** erheben (*BVerwG* NJW 1974, 836; DÖV 1982, 826; *VGH BW* NVwZ 1987, 512; *VGH Kassel* BauR 1989, 450). Außerdem ist eine **Verletzung eigener Rechte der Gemeinde** i. S. d. § 42 Abs. 2 VwGO **nicht möglich.** **Richtige Klageart** ist ausschließlich die **Leistungsklage.** Allerdings **fehlt** für ihre Zulässigkeit regelmäßig die **Klagebefugnis** (*BVerwGE* 36, 192 (199);

59, 319 (326); 60, 150; NVwZ 1982, 103 (104); aA *Kopp,* aaO, Rdnr. 38 zu § 42 VwGO). **Beispiel:** Entzug von Aufgaben des Standesamts (*VGH München* BayVBl. 1971, 309).

965 **2.** Eine <u>Leistungsklage</u> ist ausnahmsweise aber dann **zulässig,** soweit eine Gemeinde geltend macht, **eine Maßnahme der Fachaufsicht greife in den durch Art. 28 Abs. 2 GG geschützten Selbstverwaltungsbereich ein.** Diese Voraussetzung ist allerdings nicht schon dann erfüllt, wenn geltend gemacht wird, eine Landesbehörde habe in Bezug auf den übertragenen Wirkungskreis (Weisungsbereich) von einer ihr gesetzlich eingeräumten Kompetenz Gebrauch gemacht, ohne daß die dafür erforderlichen Voraussetzungen vorgelegen hätten (so zurecht *BVerwG* NVwZ-RR 1992, 371; nicht eindeutig hingegen *BVerwG* DÖV 1982, 283; 826), sondern erst dann, wenn geltend gemacht wird, die Maßnahmen der Fachaufsicht (z. B. Weisung) sei **außerhalb des Fachaufsichtsverhältnisses** im Selbstverwaltungsbereich ergangen (vgl. *Vietmeier,* DVBl. 1993, 194 mwN). Das Bundesverwaltungsgericht nimmt in diesen Fällen allerdings – ohne Berücksichtigung der fehlenden Finalität des Eingriffs – einen **Verwaltungsakt** und als richtige Klageart die **Anfechtungsklage** an (vgl. *BVerwG* NVwZ 1987, 788; 1989, 359).
Die Leistungsklage ist **begründet, wenn** eine Maßnahme der Fachaufsicht in den Schutzbereich des Art. 28 Abs. 2 GG **tatsächlich rechtswidrig eingreift** und die Gemeinde dadurch in ihrem Selbstverwaltungsrecht verletzt wird.

> **Beispiel:** Weisung der Fachaufsichtbehörde, **bestimmtes** Personal für die Erfüllung einer Weisungsaufgabe **einzusetzen.** In ihr läge ein (unzulässiger) Eingriff in die kommunale Personal- und Organisationshoheit (so auch *Schmidt-Jortzig,* JuS 1979, 488 (490)).

966 **3.** Diese Rechtslage hat auch Auswirkungen auf die Qualifikation und Anfechtbarkeit von **Verfügungen, die von der Rechtsaufsichtsbehörde zur Sicherstellung der ordnungsgemäßen Durchführung der übertragenen Aufgaben (Weisungsaufgaben) erlassen werden.** Diese Verfügungen **teilen die Rechtsnatur der Maßnahmen der Fachaufsicht, zu deren Durchsetzung die Rechtsaufsichtsbehörde eingeschaltet wird.** Erläßt etwa die Rechtsaufsichtsbehörde eine „**Anordnung**" an eine Gemeinde, **eine Weisung** der Fachaufsicht **zu befolgen,** so ist diese Anordnung **kein Verwaltungsakt,** da die Rechtsaufsicht in einem Bereich agiert, in welchem der Gemeinde keine regelungsfähigen subjektiven Rechte i. S. d. § 35 VwVfG zustehen. Greift die Rechtsaufsichtsbehörde in diesen Fällen **tatsächlich** in den Schutzbereich des Art. 28 Abs. 2 GG ein, so ist die Maßnahme der Rechtsaufsichtsbehörde **mangels Finalität** der Regelung ebenfalls **kein Verwaltungsakt.** Allerdings kann die Gemeinde zur Abwehr einer solchen Beeinträchtigung **Leistungsklage** erheben.

967 **4.** Hebt die **Widerspruchsbehörde** auf den Widerspruch eines Dritten **gemeindliche Verwaltungsakte im übertragenen Wirkungskreis** (Weisungsbereich) **auf, so** besitzt die Gemeinde gegen die aufhebende Entscheidung grundsätzlich ebenfalls **keine Klagemöglichkeit.** Nach einer Meinung ist die Widerspruchsentscheidung der Gemeinde gegenüber schon kein Verwaltungsakt (so *BVerwG* BayVBl. 1978, 374). Nach anderer Auffassung weist sie die Eigenschaft eines Verwaltungsakts zwar auf, berührt jedoch grundsätzlich keine subjektiv öffentlichen Rechte der Gemeinde, die die Klagebefugnis begründen könnten (vgl. *BVerwG* BayVBl. 1970, 286; *VGH München* NZV 1992, 166; *KreisG Gera-Stadt* VIZ 1992, 202 (203)). Eine **Klagemöglichkeit** ist auch hier **ausnahmsweise** nur dann gegeben, sofern geltend gemacht wird, der Widerspruchsbescheid greife (zugleich) in den Schutzbereich des Art. 28 Abs. 2 GG ein (vgl. *BVerwG* DÖV 1982, 283). Beispiel: Widerspruchsbescheid im Bereich des Straßenverkehrsrechts, der zugleich das durch Art. 28 Abs. 2 GG geschützte Recht der Kommunen zur „Verkehrsplanung" tangiert (hierzu *VGH München,* aaO).

IV. Kommunalrechtliche Nomenkontrolle und Kommunalverfassungsbeschwerde nach Landesrecht

In **Sachsen** können die „**kommunalen Träger der Selbstverwaltung**" 968 nach Art. 90 der Verfassung i. V. m. § 7 Ziff. 8 Sächs. VerfGHG den Verfassungsgerichtshof mit der Behauptung anrufen, daß ein **Gesetz** die Bestimmungen des Art. 82 Abs. 2 oder die Art. 84 bis 89 über die Selbstverwaltung verletze (hierzu *Pestalozza,* LKV 1993, 254; *Rinken* NVwZ 1994, 29).

Der Antrag ist nach § 36 VerfGHG nur innerhalb eines Jahres eit Inkrafttreten des Gesetzes zulässig. Ist ein Gesetz vor dem Inkrafttreten des VerfGHG in Kraft getreten, so kann der Antrag bis zum Ablauf eines Jahres seit dem Inkrafttreten des VerfGHG gestellt werden. Für das **Verfahren** und die Entscheidung gelten die §§ 22 bis 24 VerfGHG (§ 36 Abs. 2).

V. Verwaltungsgerichtliche Normenkontrolle

1. Gegen Rechtsverordnungen des Landes und sonstige im Range unter 969 dem Landesgesetz stehenden Rechtsvorschriften i. S. d. § 47 Abs. 1 Ziff. 1 VwGO hat der Gesetzgeber durch Landesgesetz die Normenkontrolle eingeführt (vgl. Art. 4 § 2 Sächs. GerOrgG; *Stüer,* DVBl. 1985, 473).

Hauptanwendungsfall ist in der Praxis die Normenkontrolle gegen Satzungen. **Nicht zulässig** ist die Nichtigkeitsfeststellungsklage im Sinne des § 43 VwGO. Dies gilt selbst dann, wenn eine Rechtsnorm von der Kommunalaufsicht im Wege der Ersatzvornahme erlassen wurde (*BVerwG* DVBl. 1993, 886).

Antragsberechtigt können die Kommunen als „**Behörden**" i. S. d. § 47 Abs. 2 VwGO (vgl. *VGH München* BayVBl 1977, 433 – aufgelöste Gemeinde als Antragsteller oder als juristische Personen sein).

Die **Geltendmachung** eines „**Nachteils**" ist nur bei der Antragstellung durch eine juristische Person erforderlich (vgl. hierzu *Kopp,* aaO, Rdnr. 32 zu § 47).

Prüfungsmaßstab der Normenkontrolle ist **neben einfachem** Bundes- 970 und Landesrecht **auch Bundes- und Landesverfassungsrecht.** Der in § 47

18. Kapitel. Rechtsschutz der Gemeinde

Abs. 3 VwGO geregelte **verfassungsgerichtliche Vorbehalt** steht der Zulässigkeit eines verwaltungsgerichtlichen Normenkontrollverfahren **nur dann entgegen,** wenn der Antragsteller in der Lage ist, mit dem gleichen Begehren ein Verfassungsgericht anzurufen (sog. **konkrete Betrachtungsweise** – VGH BW VBlBW 1968, 1984; vgl. auch Bickel, NJW 1985, 2441). Hiernach kann etwa eine Gemeinde zur Kontrolle einer ihr Gebiet berührenden Natur- oder Landschaftsschutzverordnung jederzeit als Behörde i. S. von § 47 Abs. 2 S. 1 VwGO einen Normenkontrollantrag stellen, ohne daß sie einen konkreten Nachteil in Gestalt der Einschränkung ihres Selbstverwaltungsrechts geltend machen muß (VGH BW VBlBW 1985, 25).

971 **2.** Gegen **Satzungen von Kommunen,** die nach den Vorschriften des **BauGB** erlassen worden sind, können andere Kommunen einen Antrag auf Normenkontrolle nach § 47 Abs. 1 und 2 VwGO als juristische Person stellen.
Bei der Normenkontrolle gegen Bebauungspläne von **Nachbargemeinden** kann **nachteilsbegründend** vor allem die Verletzung des interkommunalen Abstimmungsgebots wirken (VGH BW VBlBW 1987, 462; BVerwG NVwZ 1989, 253).

VI. Kommunalverfassungsbeschwerde

1. Zulässigkeit

972 **1.1. Art. 93 Abs. 1 Nr. 4b GG i. V. m.** § 91 **Bundesverfassungsgerichtsgesetz** eröffnet den **Gemeinden und Gemeindeverbänden** mit Ausnahme der Zweckverbände (vgl. Pestalozza, VerfPR, § 12 Rdnr. 57) die **Möglichkeit,** mit der **Behauptung, ihr Recht auf Selbstverwaltung nach Art. 28 GG sei durch** ein (materielles oder formelles) **Gesetz verletzt,** Klage vor dem Verfassungsgericht zu erheben (vgl. BVerfG NJW 1981, 1659).

973 **1.2.** Die Verfassungsbeschwerde ist **nur zulässig gegen** ein **Gesetz** i. S. der Art. 93 Abs. 1 Nr. 4b GG, § 1 Satz 1 BVerfGG. Der Begriff des Gesetzes **umfaßt außer förmlichen Gesetzen auch Rechtverordnungen** (BVerfGE 71, 25 (34), DÖV 1987, 343) **sowie alle anderen Arten** vom Staat erlassener **Rechtsnormen,** die Außenwirkung gegenüber der Gemeinde entfalten (BVerfGE 76, 114 – Raumordnungsprogramme). Würde der Begriff des Gesetzes enger interpretiert, würde eine mit der Rechtsschutzfunktion der Kommunalverfassungsbeschwerde nicht zu vereinbarende Lücke entstehen (BVerfG NVwZ 1988, 47).
Gegen Landesgesetze ist die Verfassungsbeschwerde kraft ausdrücklicher Bestimmung allerdings **unzulässig, soweit Beschwerde wegen Verletzung des Rechtes auf Selbstverwaltung bei einem Landesverfassungsgericht erhoben** werden kann. Diese Möglichkeit besteht in mehreren Bundesländern (vgl. hierzu Ziff. IV und BVerfG NVwZ 1987, 123 NVwZ 1994, 58).
Ob darüber hinaus auch **Gewohnheitsrecht** und **richterliche Rechtsfortbildung** einen zulässigen Angriffsgegenstand für Kommunalverfassungsbeschwerden darstellen, ist vom BVerfG bisher ausdrücklich **offengelassen** worden (BVerfG NVwZ 1987, 124).

VI. Kommunalverfassungsbeschwerde

Strittig ist, ob auch **Unterlassungen** des Gesetzgebers Beschwerdegegenstand sein können (hierzu *Pestalozza*, aaO, § 12 Rdnr. 58).

1.3. Die Verfassungsbeschwerde ist **binnen Jahresfrist** nach Inkrafttreten **974** der angegriffenen Rechtsnorm zu erheben (§ 93 Abs. 2 BVerfGG; *BVerfG* NVwZ 1989, 347).

1.4. Der **Rechtsweg muß erschöpft sein** (§ 91 Abs. 2 Satz 1 BVerfGG). Vor **975** der Erhebung einer Rechtssatzverfassungsbeschwerde gegen eine untergesetzliche Rechtsnorm ist, **soweit statthaft, ein Normenkontrollverfahren durchzuführen.** Dieses muß, soll die Möglichkeit der Verfassungsbeschwerde offengehalten werden, binnen eines Jahres seit dem Inkrafttreten der Rechtsnorm eingeleitet werden. Mit dessen Abschluß fängt die Jahresfrist des § 93 Abs. 2 BVerfGG zulaufen an (vgl. hierzu *BVerfG* NVwZ 1988, 47; NVwZ 1986, 289; DVBl. 1992, 960; *Erlenkämper*, NVwZ 1985, 798).

1.5. Die beschwerdeführende **Gemeinde muß** durch die von ihr angegriffe- **976** ne Regelung selbst, **gegenwärtig und unmittelbar betroffen sein** (*BVerfGE* 71, 25 (34f.)). Dem unmittelbaren Betroffensein steht bei der Erhebung der Kommunalverfassungsbeschwerde nicht entgegen, daß zur Gesetzesdurchführung noch Vollzugshandlungen erforderlich sind; denn das Erfordernis des Betroffenseins muß im Rahmen der Kommunalverfassungsbeschwerde abgeschwächt werden (*BVerfGE* 71, 35; NVwZ 1987, 123). Bedarf jedoch ein Gesetz noch der Konkretisierung, etwa einer RVO, um vollziehbar zu sein, ist diese abzuwarten (*BVerfGE* 71, 36; DVBl. 1992, 960; *Pestalozza*, aaO, Rdnr. 60).

1.6. Die beschwerdeführende **Gemeinde muß geltend machen**, die **Selbst- 977 verwaltungsgarantie des Art. 28 Abs. 2 GG sei verletzt.** Dieses Erfordernis setzt voraus, daß mit der Verfassungsbeschwerde schlüssig ein Sachverhalt dargetan wird, aufgrund dessen der Schutzbereich des Art. 28 Abs. 2 GG (Kern- oder Randbereich) betroffen sein könnte (*BVerfGE* 71, 25 (36f.); NVwZ 1987, 123). Art. 28 Abs. 2 schützt die Eigenverantwortlichkeit der Gemeinden im Bereich der ihnen verfassungsrechtlich zugeordneten Angelegenheiten der örtlichen Gemeinschaft. Innerhalb dieses Bereichs genießen sie einen erhöhten Schutz, soweit wesentliche Hoheitsrechte wie ihre Gebiets-, Planungs-, Organisations-, Satzungs-, Personal- und Finanzhoheit betroffen sind. Wenn nach Maßgabe des so umschriebenen Schutzbereichs das Selbstverwaltungsrecht der Gemeinde betroffen ist, ist die verfassungsrechtliche Sachprüfung eröffnet (*BVerfG* NVwZ 1987, 123).

Weiterhin sind **Prüfungsmaßstab alle Normen der GG, die geeignet sind, das verfassungsrechtliche Bild der Selbstverwaltung mitzubestimmen,** also etwa die **bundsstaatliche Kompetenzverteilung** (*BVerfGE* 56, 298 (310)) sowie das **Rechtsstaatsprinzip** und das **Demokratieprinzip** (vgl. *BVerfGE* 1, 167 (181); 56, 398; **offengelassen** bisher für die Rüge der Verletzung des im Demokratieprinzip wurzelnden **Parlamentvorbehalts** sowie des aus dem Rechtsstaatsprinzip abzuleitenden **Bestimmtheitgrundsatzes,** vgl. *BVerfG* DVBl. 1992, 960). Prüfungsmaßstab sind schließlich als Ausformung eines allgemeinen Gerechtigkeitsgedankens auch das **Willkürverbot** (*BVerfGE* 26, 228 (244 – Schulzweckverband); 39, 302), sowie **Art. 101 Abs. 1 und 103 Abs. 1 GG** als „Verfahrensgrundrechte" (*BVerfGE* 75, 192 (200)).

Nicht berufen können sich die Gemeinden auch in diesem Verfahren auf den **Schutz der** (materiellen) **Grundrechte** (vgl. hierzu oben 1.3.).

– Zur Antragsbefugnis und Parteifähigkeit einer **aufgelösten Gemeinde** (*BVerfGE* 3, 267 (279)).

2. Begründetheit

978 Die Kommunalverfassungsbeschwerde **ist begründet,** wenn eine Gemeinde oder ein Gemeindeverband in ihrem Recht auf Selbstverwaltung durch die angegriffene Rechtsnorm **tatsächlich verletzt** ist (vgl. *BVerfG* DVBl. 1992, 960).

– Zu Einzelheiten der Entscheidungsmöglichkeiten vgl. *Pestalozza,* aaO, § 12 IV.

VII. Allgemeine Verfassungsbeschwerde

979 **1.** Eine allgemeine Verfassungsbeschwerde **können die Gemeinden grundsätzlich nicht erheben.** Art. 93 Abs. 1 Ziff. 4b **verdrängt** Ziff. 4a (*Jarass/ Pieroth,* GG, Rdnr. 23 zu Art. 93; *Pestalozza,* aaO, § 12 Rdnr. 56; zweifelnd *Wolff/Bachof/Stober,* Verwaltungsrecht II, § 86 IX Rdnr. 174; kritisch *Stober,* KommR, S. 68).

Strittig ist, ob die Kommunen wegen einer Verletzung der Verfahrensgrundrechte allgemeine Verfassungsbeschwerde erheben dürfen. (Hierzu einerseits *BVerfGE* 35, 272 und andererseits *BVerfGE* 75, 201; NVwZ 1994, 58 (59), wonach die Gemeinden zur Erhebung einer Verfassungsbeschwerde wegen der Verletzung der grundsätzlichen Rechte des Art. 101 Abs. 1 S. 2 und Art. 103 Abs. 1 GG grundsätzlich befugt sind.

980 **2.** Ausnahmsweise können **kommunale Mandatsträger** selbst Rechte, die den Kommunen als solchen zustehen, durch Verfassungsbeschwerde geltend machen. Voraussetzung ist hierzu die Einräumung eines Rechts zur **Prozeßstandschaft** durch die Institution, der der Mandatsträger angehört (*BVerfG* NVwZ 1989, 46).

Eine Verfassungsbeschwerde kommunaler Mandatsträger gegenüber hoheitlichen Maßnahmen, die sie in ihrem Status als Mandatsträger betreffen, ist hingegen prinzipiell unzulässig (*BVerfG* NVwZ 1994, 56).

VIII. Zivilrechtliches Klageverfahren

981 Neben dem verwaltungs- und verfassungsrechtlichen Klageverfahren steht **der Gemeinde wie jedem anderen Rechtssubjekt** des Privatrechts aus bürgerlich-rechtlichen Streitigkeiten **Rechtsschutz im Zivilrechtsweg** zu. Sie kann hier ohne Einschränkung als juristische Person und Rechtssubjekt des Privatrechts aus privatrechtlichen Rechtsverhältnissen klagen und verklagt werden.

19. Kapitel
Die Landkreise

I. Rechtsstellung

1. Die Landkreise sind **Verwaltungseinheiten** oberhalb der Gemeindeebene. 982
Ihr Rechtsstatus ist konkretisiert in der **Landkreisordnung.** Die Landkreise
sind **rechtsfähige Gebietskörperschaften des öffentlichen Rechts** mit mit-
gliedschaftlicher Struktur und zugleich **Gemeindeverbände** (vgl. *Henneke,*
Der Landkreis 1993, 253 (257)). Ihre **Mitglieder sind die Einwohner des
Kreises.** Einwohner des Kreises ist, wer in einer Gemeinde des Landkreises
wohnt. Das **Gebiet** des Landkreises besteht aus der Gesamtheit der zum
Landkreis gehörenden Gemeinden.

– Vgl. §§ 1 und 6 LKrO.

2. Die Landkreise genießen besonderen **verfassungsrechtlichen Schutz.** 983
Art. 28 Abs. 2 GG und die **Landkreisordnung garantieren** den Landkreisen
im Rahmen ihres gesetzlichen Aufgabenbereichs das **Recht der Selbstverwaltung nach Maßgabe der Gesetze.**

– Vgl. hierzu Art. 82 Abs. 2 LVerf.

Die **verfassungsrechtliche Garantie** entfaltet Wirkkraft in **zwei Richtungen:**

2.1. Das Grundgesetz und die Landesverfassung **gewährleisten die Land-** 984
kreise als besondere Rechtssubjekte (Rechtssubjektsgarantie); Art. 28
Abs. 1 S. 2 GG fordert, daß das Volk in den Kreisen eine **Vertretung haben
muß, die aus allgemeinen, unmittelbaren, freien, gleichen und geheimen
Wahlen hervorgegangen ist.** Damit gibt die Verfassung zu erkennen, **daß es
Landkreise als Gemeindeverbände geben soll** (aA *Tettinger,* BVerwR,
Rdnr. 36). Die **konkrete** organisationsrechtliche **Ausgestaltung** der Land-
kreise ist **allerdings** hierdurch **nicht abgesichert** (vgl. hierzu *StGH BW*
ESVGH 23, 1; *Wiese,* Garantie der Gemeindeverbandsebene, 1972 mwN).

Keine Schutzwirkung entfaltet das Grundgesetz auch **zugunsten des Be-
standes bestimmter Kreise** (*StGH BW* ESVGH 23, 1). Jedoch läßt die Landesverfassung und die Landkreisordnung eine **Änderung der Grenzen eines
Landkreises nur „aus Gründen des öffentlichen Wohls"** nach Anhörung der
betroffenen Gemeinden und Landkreise zu und unterstellt die **Auflösung
und Neubildung** eines Landkreises sowie die Grenzänderung **einem strikten
Gesetzesvorbehalt.** Die Bindung der Grenzänderung an „Gründe des öffentlichen Wohls" läßt dem Gesetzgeber allerdings einen weiten Raum eigenverantwortlicher Gestaltungsfreiheit (vgl. hierzu 6. Kapitel).

– Vgl. Art. 88 LV; § 7 LKrO.

985 2.2. Art. 28 Abs. 2 Satz 2 GG und Art. 82 Abs. 2 LV garantieren auch die kommunale **Selbstverwaltung** der Landkreise **(Rechtsinstitutionsgarantie).** Die Landkreise regeln in ihrem Gebiet **unter eigener Verantwortung alle Kreisangelegenheiten nach Maßgabe der Gesetze.** Was **Kreisangelegenheiten sind,** richtet sich nach neuerer Auffassung des *BVerfG* (-Rastede NVwZ 1989, 347 ff.) **nicht nach sachlichen Gesichtspunkten, sondern ausschließlich nach dem Inhalt gesetzlicher Zuweisung.** Art. 28 Abs. 2 Satz 2 GG sichert den Kreisen **keine bestimmten (originären) Kreisaufgaben** zu. Das Prinzip der Allzuständigkeit für Kreisaufgaben gilt für Landkreise nicht. Allerdings folgt aus der Absicherung der Landkreise durch die Verfassung, daß der Gesetzgeber den Landkreisen einen **Mindestbestand** an (weisungsfreien) Selbstverwaltungsaufgaben zur sinnvollen Betätigung übertragen muß (vgl. *Schink,* VerwArch 1991, 385 (409 mwN); *BVerwG* NVwZ 1992, 365 (367)). Im übrigen hat der Gesetzgeber bei der Zuweisung von Aufgaben an die Kreise den **Vorrang gemeindlicher Selbstverwaltungsgarantie** zu beachten (vgl. hierzu 3. Kap. II und BVerfG, aaO, 349 ff.).

Will der Gesetzgeber den Gemeinden zugunsten der Kreise eine bestimmte (örtliche) **Aufgabe entziehen** (hochzonen), so darf er dies nach Auffassung des *BVerfG* (aaO) nur, **wenn die den Aufgabenentzug tragenden Gründe des Gemeinwohls gegenüber dem Aufgabenverteilungsprinzip des Art. 28 Abs. 2 S. 1 GG überwiegen.**

Die „nach Maßgabe der Gesetze" zugewiesenen Kreisaufgaben erfüllen die Kreise grundsätzlich **„in eigener Verantwortung",** also frei von staatlichen Weisungsrechten. Allerdings besteht auch hier im Rahmen des gegebenen Gesetzesvorbehalts die Möglichkeit, Kreisaufgaben durch Begründung von Weisungsrechten „teil-"hochzuzonen. Voraussetzung der Hochzonung ist das Vorliegen von „Gründen des öffentlichen Wohls". Sie erfüllen hier zugleich die Funktion einer **Willkürschranke** i. S. d. Art. 3 GG.

Werden **dem Kreis** Aufgaben **übertragen oder entzogen,** kann **er** nicht die Verletzung des Art. 28 Abs. 2 GG geltend machen, da ihm der geschützte Aufgabenbestand nur „nach Maßgabe der Gesetze" zugewiesen ist.

986 2.3. Vor diesem verfassungsrechtlichen Hintergrund kommen **für die gesetzliche Zuweisung „als Kreisaufgaben"** folgende Aufgabenbereiche in Betracht:

2.3.1. **Kommunale (örtliche) Aufgaben, die** zulässigerweise **zum Kreis** hochgezont wurden (vgl. 2.2.).

987 *2.3.2.* **Überörtliche, kreisgebietsbezogene Aufgaben,** die durch die Landkreise eigenverantwortlich sachgerecht erfüllt werden können und die nicht anderen Verwaltungsträgern zur Entscheidung zugewiesen sind. Mit Blick auf die gemeindliche Zuständigkeit können diese Aufgaben **originäre Kreisaufgaben, Ergänzungsaufgaben oder Ausgleichsaufgaben** sein:
 – **Originäre Kreisaufgaben** sind kreisgebietsbezogene Aufgaben, die den Bestand und die Funktion der Landkreise erst begründen und gewährleisten. Beispiele: Die Organisations- und Personalverwaltung, die Vermö-

gensverwaltung oder die Selbstrepräsentation (vgl. hierzu *Beckmann*, DVBl. 1990, 1193 (1195)).
– **Ergänzungsaufgaben** sind überörtliche Aufgaben, die die gemeindliche Aufgabenerfüllung ergänzen. Hierfür kommen Aufgaben in Betracht, die deshalb „überörtlich" sind, weil die Kommunen im Hinblick auf die „Anforderungen, die an eine sachgerechte Aufgabenerfüllung zu stellen sind" (vgl. hierzu *BVerfG*, aaO, und NVwZ 1992, 365 f. – Kreiskrankenhäuser) **überfordert sind.** Bei ausschließlich **mangelnder Verwaltungskraft** einer Gemeinde sind diese Voraussetzungen nach dieser Rechtsprechung allerdings **noch nicht erfüllt** (vgl. hierzu *Beckmann*, aaO, 1196 mwN; aA *Schink*, VerwArch 1991, 411, der diese Aufgabenbereiche nach wie vor an der Leistungsfähigkeit der Gemeinden ausrichtet).
– **Ausgleichsaufgaben** sind überörtliche Aufgaben, die in der **Unterstützung** gemeindlicher Erledigungskompetenz bestehen. Beispiel: **Zuschüsse** an kreisangehörige Gemeinden zur Erledigung gemeindlicher Aufgaben (hierzu *Beckmann*, aaO, 1195 mwN; *Wimmer*, Administrative und finanzielle Unterstützung kreisangehöriger Gemeinden und Verbandsgemeinden durch die Landkreise, 1990; kritisch *Schmidt-Aßmann*, in: *v. Münch/ Schmidt-Aßmann*, BVerwR 1992, S. 89).
– Vgl. §§ 1 Abs. 1 S. 2; 2 Abs. 1 S. 1 LKrO.

2.3.3. **Rechtlich bedenklich** erscheint vor diesem Hintergrund die **Rege- 988 lung der Landkreisordnung,** die die Aufgabenzuweisung zugunsten der Landkreise **pauschal an die „Leistungsfähigkeit" der Gemeinden knüpft.** Hiernach sollen Kreisaufgaben die die Leistungsfähigkeit der Gemeinden übersteigenden öffentlichen Aufgaben sein.
– Vgl. § 2 Abs. 1 S. 1 LKrO.

Da es nach der Rastede-Entscheidung des BVerfG (NVwZ 1989, 347 f.) auf die Verwaltungskraft der Gemeinden für ihre Erledigungskompetenz nicht ankommt, können die **Kreise allenfalls mit solchen „örtlichen" Aufgaben bedacht werden, die auch hochgezont werden dürfen.** Ob diese Voraussetzungen vorliegen, **kann jedoch von Aufgabe zu Aufgabe bei Vorliegen von Gründen des Gemeinwohls nur durch eine Güterabwägung im Einzelfall ermittelt werden.** Hieraus **verbietet sich eine „Globalhochzonung"** zugunsten „aller die Leistungsfähigkeit der Gemeinden übersteigenden Aufgaben" an die Landkreise (so im Ergebnis auch *Beckmann*, DVBl. 1990, 1194 f.; *Schmidt-Aßmann*, in: FS Sendler, 1991, S. 130). Für **zulässig** hält das *BVerfG* (aaO) eine **Hochzonung** in diesen Fällen etwa dann, **wenn ein Belassen der Aufgabe bei der Gemeinde zu einem unverhältnismäßigen Kostenanstieg führen würde oder die ordnungsgemäße Aufgabenerfüllung durch die Gemeinde in Frage gestellt wäre** (vgl. hierzu *Schink*, VerwArch 1990, 385 (404); *Beckmann*, aaO, 1197).

2.4. Im Rahmen des garantierten Wirkungsbereichs stehen den Kreisen in 989 einzelgesetzlicher Ausformung zahlreiche **Rechtsstellungshoheiten** zu. Zu nennen sind die „Regelungshoheit" speziell als **Rechtsetzungs-** und **Satzungshoheit,**

– Vgl. § 3 LKrO.

die **Organisationshoheit,** die **Kooperationshoheit,** die **Personalhoheit** und die **Finanz-** und **Haushaltshoheit,** die **Kulturhoheit,** nicht aber die **Planungshoheit** im engeren Sinne.

Landkreisen steht auch das **Namensführungsrecht,** das **Dienstsiegelrecht** und nach Ermessen der Rechtsaufsichtsbehörde auch das **Wappen-** und **Flaggenrecht zu.**

– Vgl. §§ 4, 5 LKrO.

Der Landkreis hat auch das Recht und die Pflicht, die erforderlichen **öffentlichen Einrichtungen** auf Kreisebene zu schaffen.

– Vgl. § 2 Abs. 1 S. 2 LKrO.

990 **2.5.** Vom Aufgabentypus her wird auch im Bereich der Aufgaben der Landkreise zwischen Selbstverwaltungsaufgaben **(weisungsfreien Aufgaben)** und übertragenen (staatlichen) Aufgaben **(Weisungsaufgaben)** differenziert. Weisungsfreie Aufgaben können **freiwillige Aufgaben** sein oder den Kreisen als **Pflichtaufgaben** auferlegt werden.

– Vgl. § 2 Abs. 2 und 3 LKrO.

Beispiele für – allerdings hochgezonte – weisungsfreie Pflichtaufgaben sind etwa die Sozialhilfe (§ 96 Bundessozialhilfegesetz) und die Jugendhilfe (§ 69 Kinder- und Jugendhilfegesetz).

991 **2.6.** In die Rechte der Landkreise darf nur **durch Gesetz eingegriffen werden.**

– Vgl. § 2 Abs. 4 LKrO.

Der **Rechtsschutz** der Landkreise gegen Eingriffe **entspricht im wesentlichen demjenigen der Gemeinden.** Insbesondere sind die Landkreise berechtigt, nach Art. 93 Abs. 1 Nr. 4b GG **Kommunalverfassungsbeschwerde** sowie nach Art. 90 LV den Verfassungsgerichtshof mit der Behauptung anzurufen, daß ein Gesetz die Bestimmungen des Art. 82 Abs. 2 oder die Art. 84 bis 89 LV verletze.

II. Organe des Landkreises

1. Der Kreistag

992 **1.1.** Der **Kreistag** ist die aus demokratischer Wahl hervorgegangene **unmittelbare Vertretung der Einwohner und das Hauptorgan der Landkreise.**

– Vgl. §§ 23, 26, 29 LKrO.
– Zu den **Wahlgrundsätzen,** zur **Wählbarkeit** und zu den **Hinderungsgründen** vgl. §§ 26 bis 28 LKrO.

II. Organe des Landkreises

Dem Kreistag sind – mit Blick auf Art. 28 Abs. 1 S. 2 GG – die **wesentlichen Entscheidungen des Landkreises** vorbehalten. Der Kreistag legt die **Grundsätze für die Verwaltung** des Landkreises fest und entscheidet über **alle Angelegenheiten** des Landkreises, soweit nicht der Landrat **kraft Gesetzes zuständig** ist oder ihm der Kreistag **bestimmte Angelegenheiten** überträgt. Er überwacht die Ausführung seiner Beschlüsse und sorgt beim Auftreten von Mißständen in der Kreisverwaltung für deren Beseitigung durch den Landrat.

Der Kreistag entscheidet im Einvernehmen mit dem Landrat über die **Ernennung,** Höhergruppierung und Entlassung **der Kreisbediensteten** sowie über die Festsetzung von Vergütungen, auf die kein Anspruch auf Grund eines Tarifvertrags besteht. Kommt es zu keinem Einvernehmen, entscheidet der Kreistag mit einer Mehrheit von zwei Dritteln der anwesenden Stimmberechtigten. Der **Landrat** ist zuständig, soweit der Kreistag ihm die Entscheidung **überträgt** oder diese zur **laufenden Verwaltung** gehört.

Ein Viertel der Kreisräte kann in allen Angelegenheiten des Landkreises verlangen, daß der Landrat den Kreistag **unterrichtet** und diesem oder einem von ihm bestellten Ausschuß Akteneinsicht gewährt. In dem Ausschuß müssen die Antragsteller vertreten sein.

Jeder Kreisrat kann an den Landrat schriftliche oder in einer Sitzung des Kreistages mündliche **Anfragen** über einzelne Angelegenheiten des Landkreises richten, die binnen angemessener Frist zu beantworten sind. Das Nähere ist in der Geschäftsordnung zu regeln.

– Vgl. § 24 LKrO.

1.2. Der Kreistag **setzt sich zusammen** aus den Kreisräten und dem Landrat. 993

– Vgl. § 25 Abs. 1 LKrO.

1.3. Vorsitzender des Kreistags ist der Landrat.

– Vgl. § 25 Abs. 1 LKrO.

1.4. Die Rechtsstellung der Kreisräte entspricht im wesentlichen denjeni- 994 **gen der Gemeinderäte.** Sie sind **ehrenamtlich tätig** und entscheiden im Rahmen der Gesetze nach ihrer freien, nur durch das öffentliche Wohl bestimmten Überzeugung **(freies Mandat).**

– Vgl. § 31 LKrO.

1.5. Das **Verfahren** hinsichtlich **der Einberufung und des Ablaufs der Sit-** 995 **zungen** des Kreistags und seiner Ausschüsse ist im wesentlichen ebenso geregelt wie der **Verfahrensgang im Gemeinderat.**

– Vgl. §§ 32 bis 36 LKrO.

1.6. Werden Mitglieder des Kreistags in einem Mitgliedschaftsrecht verletzt, 996 steht ihnen das **Kommunalverfassungsstreitverfahren** offen.

2. Der Landrat

Zweites Organ der Landkreise ist der Landrat. 997

2.1. Der Landrat wird von den Bürgern des Landkreises auf 7 Jahre **gewählt.**

– Vgl. §§ 44 bis 46, 47 Abs. 3 LKrO.

Er kann durch die **Bürger vorzeitig abgewählt werden.**

– Vgl. § 47 Abs. 6 LKrO.

998 2.2. Seine **Rechtsstellung** entspricht derjenigen des Bürgermeisters. Der Landrat ist **Vorsitzender** und stimmberechtigtes Mitglied des Kreistags, **Leiter der Kreisverwaltung** und Zeitbeamter. Er **vertritt** den Landkreis.

– Vgl. §§ 47 Abs. 1 und 2, 48 Abs. 1 LKrO.

Der Landrat **bereitet die Sitzungen** des Kreistags und der Ausschüsse **vor** und **vollzieht** die Beschlüsse. Er hat die **Widerspruchsbefugnis** gegen Beschlüsse, das **Eilentscheidungsrecht** sowie die **Pflicht zur Unterrichtung** des Kreistags.

– Vgl. § 48 LKrO.

Der Landrat ist für die sachgerechte Erledigung der Aufgaben und den ordnungsgemäßen Gang der Kreisverwaltung verantwortlich und regelt die innere Organisation der Kreisverwaltung. Er erledigt in eigener Zuständigkeit die **Geschäfte der laufenden Verwaltung** und die ihm sonst durch Rechtsvorschriften oder vom Kreistag übertragenen Aufgaben. **Weisungsaufgaben** erledigt der Landrat grundsätzlich in eigener Zuständigkeit. Im übrigen ist der Landrat Vorgesetzter, Dienstvorgesetzter und oberste Dienstbehörde der Kreisbediensteten.

– Vgl. § 49 LKrO.

Der Landrat kann – wie der Bürgermeister – Bedienstete des Landkreises mit seiner Vertretung für bestimmte Aufgabengebiete oder einzelne Aufgaben **beauftragen** und rechtsgeschäftliche **Vollmacht** erteilen.

– Vgl. § 55 LKrO.

Erklärungen, durch welche der Landkreis **verpflichtet werden soll,** bedürfen der **Schriftform.**

– Vgl. § 56 LKrO.

3. Beigeordnete und Stellvertreter des Landrats

999 3.1. In jeden Landkreis ist als Stellvertreter des Landrats ein hauptamtlicher **Beigeordneter** zu bestellen. In Landkreisen mit mehr als 100000 Einwohnern kann die Hauptsatzung bestimmen, daß ein **weiterer Beigeordneter** bestellt wird.

– Vgl. § 50 Abs. 1 LKrO.

Die Beigeordneten werden vom Gemeinderat **auf 7 Jahre gewählt** und sind zu hauptamtlichen Beamten zu ernennen.

– Vgl. § 52 LKrO.

Sie können durch den Kreistag mit qualifizierter Mehrheit **vorzeitig abberufen werden.**

– Vgl. § 52 Abs. 4 LKrO.

Die Beigeordneten vertreten den Landrat ständig in ihrem Geschäftskreis. Die Geschäftskreise werden vom Landrat im Einvernehmen mit dem Kreistag festgelegt. Der Landrat kann den Beigeordneten allgemein oder im Einzelfall **Weisungen** erteilen.

– Vgl. § 50 Abs. 2 LKrO.

3.2. Neben dem Beigeordneten können **weitere Stellvertreter** des Landrats **1000** bestellt werden, die den Landrat im Falle seiner Verhinderung vertreten. Die **Stellvertretung beschränkt** sich **auf die Fälle der Verhinderung.**

– Vgl. § 51 LKrO.
– Zu den **Hinderungsgründen** und den besonderen Dienstpflichten vgl. §§ 53, 54 LKrO.
– Zur Bestellung von **Beauftragten** vgl. § 60 LKrO.

4. Ausschüsse

Analog den Regelungen der Gemeindeordnung sieht auch die Landkreis- **1001** ordnung die Bildung von **beschließenden** und **beratenden Ausschüssen** des Kreistags vor. Sowohl ihre Konzeption als auch ihr Zuständigkeitsbereich entspricht ebenbildlich den Gemeinderatsausschüssen.

– Vgl. hierzu §§ 37 bis 39 LKrO:

Für die Behandlung von Petitionen kann der Kreistag einen **Petitionsausschuß** einrichten.

– Vgl. § 11 Abs. 2 LKrO.

5. Mitwirkung im Kreistag und in den Ausschüssen

Wie nach der Gemeindeordnung können der Kreistag und seine Ausschüs- **1002** se **sachkundige Einwohner** und Sachverständige zuziehen. Weiterhin kann für Einwohner eine **Fragestunde** eingerichtet werden und es kann betroffenen Interessengruppen und Personen Gelegenheit zur **Anhörung** gegeben werden.

– Vgl. § 40 Abs. 1 bis 4 LKrO.

Auch die **Rolle der Beigeordneten** ist dieselbe wie nach der Gemeindeordnung. Sie nehmen mit **beratender Stimme** an den Sitzungen des Kreistags teil.

– Vgl. § 40 Abs. 5 LKrO.

6. Sonstige Gremien des Landkreises

1003 Die Landkreisordnung sieht neben den Ausschüssen auch die Möglichkeit der Bildung eines Ältestenrats (§ 41), eines Beirats für geheimzuhaltende Angelegenheiten (§ 42) sowie „sonstiger Beiräte" (§ 42) vor. Auch diese Gremien sind den entsprechenden Gremien der Gemeindeordnung nachgebildet.

III. Staatliche Verwaltung im Landkreis

1004 Das Gebiet der Landkreise ist in den Bundesländern auch das Gebiet der Unteren Verwaltungsbehörde des jeweiligen Landes. Zur Erfüllung dieser Aufgaben nehmen die Bundesländer auf verschiedene Weise Organe und Institutionen des Kreises in Anspruch und plazieren im Organisationsgefüge der Landkreise teilweise Landesbeamte, denen die Wahrnehmung der Aufgaben der Unteren Verwaltungsbehörde zugewiesen wird.

– Vgl. hierzu *Gern,* Deutsches Kommunalrecht, 1994, 19. Kap. III.

Der Freistaat **Sachsen** hat von dieser Konstruktion keinen Gebrauch gemacht, sondern hat die Landkreise „vollkommunalisiert". Dies bedeutet, daß die staatlichen Aufgaben der unteren Verwaltungsbehörde auf Kreisebene nicht dem Landrat als „Staatsbehörde", sondern als Kreisbehörde zur Erfüllung nach Weisung (Weisungsaufgaben) übertragen werden.

Nach § 49 Abs. 3 LKrO erledigt der Landrat in eigener Zuständigkeit die Weisungsaufgaben, soweit gesetzlich nichts anderes bestimmt ist. Dies gilt allerdings nicht für den Erlaß von Rechtsverordnungen und Satzungen. Hierfür ist der Kreistag zuständig.

IV. Einwohner und Bürger des Landkreises

1005 Die Landkreisordnung regelt in den §§ 9 bis 22 die Rechtsstellung der Einwohner und Bürger im Landkreis. Sie entspricht im wesentlichen dem Rechtsstatus der Einwohner und Bürger der Gemeinden. Ihre Rechte und Pflichten gleichen denjenigen der Gemeindeeinwohner.

V. Die Wirtschaft des Landkreises

1006 **1.** Nach der Landkreisordnung finden auf die Wirtschaftsführung des Landkreises im wesentlichen **die Vorschriften über die Gemeindewirtschaft analoge** Anwendung.

– Vgl. § 51 LKrO.

V. Die Wirtschaft des Landkreises

Der Landesgesetzgeber ist mit dieser Regelung der auf Art. 109 Abs. 3 GG, § 1 HGrG beruhenden Pflicht nachgekommen, das Haushaltsrecht auch der Gemeindeverbände entsprechend den im Haushaltsgrundsätzegesetz enthaltenen Grundsätzen zu regeln.

Entsprechend anwendbar sind weiterhin auch die Regeln der Gemeindeordnung über das **Vermögen** der Kreise, die Zulässigkeit (wirtschaftlicher) **Unternehmen** und Beteiligungen an diesen sowie über das **Prüfungswesen.**

– Vgl. §§ 62 bis 64 LKrO.

2. Teilweise in besonderer Weise ausgestaltet ist die kommunale **Einnah-** 1007 **mewirtschaft.** Den Kreisen stehen im wesentlichen folgende **Einnahmequellen** zur Verfügung:

2.1. Finanzhilfen nach § 104a GG. 1008

2.2. Das Aufkommen der örtlichen Verbrauch- und Aufwandsteuern 1009 **nach Maßgabe der Landesgesetzgebung** (Art. 106 Abs. 6 S. 1 GG). Entsprechende Regelungen finden sich auch in der Landesverfassung. Nach Art. 87 Abs. 2 haben die Landkreise das Recht, **eigene Steuern und andere Abgaben nach Maßgabe der Gesetze** zu erheben.

– Vgl. hierzu 21. Kapitel.

2.3. Vom Länderanteil am Gesamtaufkommen der Gemeinschaftssteuern 1010 **fließen den Kreisen insgesamt ein von der Landesgesetzgebung zu bestimmender Hundertsatz zu (Art. 106 Abs. 7 GG).** Außerdem werden die Kreise unter Berücksichtigung der Aufgaben des Landes an dessen **Steuereinnahmen** beteiligt (Art. 87 Abs. 3 LV). **Das Nähere ist im Finanzausgleichsgesetz geregelt.**

2.4. Die Landkreise dürfen **Gebühren, Beiträge und Abgaben eigener Art** 1011 **nach Maßgabe landesgesetzlicher Regelung erheben.**

– Vgl. hierzu 21. Kapitel.

2.5. Die Landkreise können auch **privatrechtliche Entgelte** für Leistungen 1012 erheben. Diese Einnahmen bedürfen keiner ausdrücklichen normativen Ermächtigung.

2.6. Soweit die sonstigen Einnahmen nicht ausreichen, dürfen die Land- 1013 kreise zur Deckung ihres Finanzbedarfs von den Gemeinden eine **Kreisumlage** erheben. Die Höhe der Kreisumlage ist **in der Haushaltssatzung** für jedes Haushaltsjahr festzusetzen. **Verfassungsrechtlich findet die Kreisumlage ihre Fundierung in Art. 106 Abs. 6 S. 6 GG** (vgl. *v. Mutius,* Gutachten 53 DJT 1980, S. 51).

– Vgl. § 36 FAG.

Die Kreisumlage untersteht dem **Gesetzesvorbehalt, da mit der Umlageerhebung in die Selbstverwaltungshoheit der Gemeinden nach Art. 28 Abs. 2 GG eingegriffen wird.** Ihre **konkrete Ausgestaltung** hat den Anforderungen zu genügen, die **die Rechtsprechung an Eingriffe in das Selbst-**

verwaltungsrecht stellt. Hiernach darf die Kreisumlage die kommunale Finanzhoheit nicht aushöhlen, ihre Erhebung muß aus **Gründen des Gemeinwohls der Höhe nach** geboten sein, und muß dem Grundsatz der **Verhältnismäßigkeit** genügen (vgl. zu diesen Anforderungen 3. Kap. II und *Beckmann*, DVBl. 1990, 1193 (1198) mwN; *BVerfG* NVwZ 1992, 365 – zur
Zulässigkeit einer Kreis-Krankenhausumlage; *Mohl*, VerwRundsch. 1992,
394).

Die Kreisumlage wird in einem Hundertsatz (Umlagesatz) auf die Umla-
gegrundlagen der kreisangehörigen Gemeinden bemessen. Der Umlagesatz
ist für alle Gemeinden eines Landkreises gleich festzusetzen. Umlagegrund-
lagen sind die Steuerkraftmeßzahlen sowie 100 vom Hundert der Schlüsselzuweisungen für kreisangehörige Gemeinden.

– Vgl. § 36 FAG.

Für das **Verfahren** der Umlageerhebung gelten spezielle Regelungen im
Kommunalabgabengesetz. Die Kreisumlage bedarf im Rahmen der Haushaltssatzung der **Genehmigung** der Rechtsaufsichtsbehörde, wenn der Umlagesatz 25,0 vom Hundert übersteigt. Die Genehmigung soll nach den
Grundsätzen einer geordneten und sparsamen Haushaltswirtschaft erteilt
oder versagt werden.

Die Prüfung der Kreisumlage ist **reine Gesetzmäßigkeitsprüfung.** Der
Rechtsaufsichtsbehörde steht kein Ermessen zu (vgl. hierzu *Hill*, Gutachten
DJT 1990, S. 36 mwN).

VI. Die Aufsicht über Kreise

1014 Die Rechtsaufsicht über die Landkreise vollzieht sich nach denselben Regeln und mit Hilfe derselben Aufsichtsmittel, die die Gemeindeordnung für
die Rechtsaufsicht über die Gemeinden zur Verfügung stellen.

– Zu **den historischen Ursprüngen der Kreise** vgl. *v. Unruh*, Der Kreis, Bd. 1,
1964, S. 13f. mwN.

20. Kapitel
Rechtsformen kommunaler Zusammenarbeit

I. Allgemeines

1. Notwendigkeit von Zusammenarbeit

Im Zuge der fortschreitenden ökonomisch-technischen Entwicklung, der **1015** immer größer werdenden Zukunftsaufgaben und der knapper werdenden natürlichen Ressourcen und Finanzmittel ist für die Gemeinden und Kreise untereinander und miteinander die **Notwendigkeit der raumübergreifenden Erfüllung und Koordinierung von kommunalen Aufgaben** und deren zwischengemeindliche Finanzierung aufgetreten. Es ist **Zusammenarbeit** in der Gemeindewirtschaft, etwa bei der Wasserversorgung, Abwasserbeseitigung, Energieversorgung, Abfallwirtschaft oder im Bereich der allgemeinen Verwaltung zur Stärkung der Verwaltungskraft und Erhöhung der Wirtschaftlichkeit, z. B. in der Datenverarbeitung, **erforderlich**.

2. Typen der Zusammenarbeit innerhalb der Landesgrenzen

Die Rechtsordnung stellt für die Zusammenarbeit der Kommunen und **1016** Kreise öffentlich-rechtliche und privatrechtliche Gestaltungsmöglichkeiten zur Verfügung.

2.1. Öffentlich-rechtliche Formen

Das Kommunalrecht regelt **in den Gemeindeordnungen und den Geset-** **1017** **zen über kommunale Zusammenarbeit bzw. Gemeinschaftsarbeit und in speziellen Gesetzen zahlreiche Typen** öffentlich-rechtlicher Rechtsformen der Zusammenarbeit.

Teilweise konzipieren die Gesetze neue juristische Personen des öffentlichen Rechts wie etwa die Verbandsgemeinden, Samtgemeinden, Ämter oder Zweckverbände, teilweise begnügen sie sich mit der Konstitution nichtrechtsfähiger Gebilde, wie etwa der Verwaltungsgemeinschaften, teils sehen sie auch besondere Formen der Zusammenarbeit vor, wie die „öffentlich-rechtliche Vereinbarung" (Zweckvereinbarung) oder den schlichten öffentlich-rechtlichen Vertrag, wie er etwa in der „kommunalen Arbeitsgemeinschaft" zum Ausdruck kommen kann. In **Sachsen** regelt die kommunale Zusammenarbeit das **Sächsische KommZG.**

Außerhalb einzelgesetzlicher Ausformung läßt sich kommunale Zusammenarbeit stets auch über § 54 VwVfG verwirklichen. Ein Beispiel sind die

Städtepartnerschaftsabkommen. Mit Blick auf den Vertragsgegenstand und die öffentlich-rechtliche Legitimation sind Städtepartnerschaftsverträge öffentlich-rechtlicher Natur (vgl. hierzu *Heberlein* DÖV 1990, 374 (380 f.). Teilweise zählen diese Formen öffentlich-rechtlicher Zusammenarbeit zur umstrittenen, aber durch Art. 28 Abs. 2 GG geschützten Rechtsfigur der **„Gemeindeverbände"** und liegen von ihrem Kompetenzzuschnitt und der Art ihrer Mitglieder her gesehen entweder unterhalb der Kreisebene **(sog. niedere Gemeindeverbände)** oder oberhalb der Kreisebene **(sog. höhere Gemeindeverbände).** Teilweise sind Mitglieder nur Kommunen, bisweilen ist auch die Mitgliedschaft sonstiger juristischer Personen oder natürlicher Personen gestattet.

2.2. Privatrechtliche Formen

1018 Als Rechtsformen privatrechtlicher Zusammenarbeit stehen den Kommunen alle **Organisationsformen des Zivilrechts** (Verein, GmbH, AG) zur Verfügung. Darüber hinaus ist zulässiges Kooperationsmittel auch der „schlichte" **privatrechtliche Vertrag.** Sind privatrechtliche Zusammenschlüsse „wirtschaftliche oder nichtwirtschaftliche Unternehmen", gelten die (einschränkenden) Sonderregelungen des Gemeindewirtschaftsrechts.

2.3. Verfassungsrechtliche Ausgestaltung

1019 *2.3.1.* Das Recht zur zwischengemeindlichen Zusammenarbeit innerhalb der Landesgrenzen wird in historisch legitimierter Sichtweise **durch Art. 28 Abs. 2 GG geschützt** (Kooperationshoheit der Gemeinden) (vgl. *Gönnenwein,* GemR, S. 391; *Rengeling,* HdKWP, Bd. 2, S. 394). **Voraussetzung** dieses Schutzes ist, daß sich die Zusammenarbeit auf **Gegenstände des eigenen oder übertragenen Wirkungskreises** im Rahmen der Gesetze beschränkt (so auch *OVG Koblenz* DÖV 1988, 478).

Dieser Schutz ist sowohl Ausfluß der „allgemeinen Selbstverwaltungsgarantie" der Gemeinden des Art. 28 Abs. 2 GG sowie auch der Garantie der Gemeindeverbandsebene, soweit die Zusammenarbeit durch die Schaffung von Gemeindeverbänden realisiert wird.

Mit Blick auf die „eigene Verantwortlichkeit" der Kommunen zur Wahrung der ihnen verfassungskräftig zugewiesenen Angelegenheiten ist allerdings zu beachten, daß die Aufgabenverlagerung auf zwischengemeindliche Institutionen **den beteiligten Kommunen ein gewichtiges Maß an Letztverantwortlichkeit belassen muß** und der kommunale Verantwortungsbestand nicht ausgehöhlt werden darf. Entsprechend hat der *StGH BW* (DÖV 1976, 599) festgestellt, daß immer nur „einzelne Aufgaben" „vergemeinschaftet" werden dürfen. Außerdem sind den Kommunen zur Sicherung der kommunalen Selbstverwaltung **Mitsprache- und Kontrollrechte** an den Entscheidungen der „Gemeinschaft" einzuräumen. Dies gilt auch bei Wahl **privatrechtlicher** Kooperation.

2.3.2. Die Kooperationshoheit ist nach Art. 28 Abs. 2 GG nur **im Rahmen** **1020**
der Gesetze *garantiert.* Die **Einschränkung** der Kooperationshoheit kann im
Verbot der Kooperation, im **Zwang** zur Kooperation, speziell zum Beitritt
zu Gemeindeverbänden oder zur **Übertragung von Hoheitsrechten** auf Institutionen zwischengemeindlicher Zusammenarbeit **oder** in der Duldung
der **näheren Ausgestaltung** dieser Institutionen durch den Staat bestehen
(vgl. auch *von Mutius/Schmidt-Jortzig,* Probleme mehrstufiger Erfüllung von
Verwaltungsaufgaben auf kommunaler Ebene, 1982, S. 19f. (32).

2.3.2.1. Ein **Verbot** der Kooperation kann sich **aus der zwingenden Kom- 1021**
petenzordnung der Verfassung ergeben. Aus ihr folgt speziell die Unzulässigkeit einer **Übertragung** von Hoheitskompetenzen durch Gemeinden auf
zwischengemeindliche Institutionen ohne eine ausdrückliche **gesetzliche Ermächtigung** (vgl. *BVerfGE* 64, 261 (286)), eines Eingriffs in diese oder deren
Usurpation.

2.3.2.2. Die Zulässigkeit eines **Zwangs** zur Kooperation ergibt sich aus **1022**
Art. 28 Abs. 2 GG iVm der Landesverfassung. Die Landesverfassung Sachsen **gestattet** in Art. 84 Abs. 1, 85 Abs. 1 eine gesetzliche **Übertragung** bzw.
(Teil-)Entziehung von gemeindlichen Aufgaben zur höherstufigen oder gemeinsamen Erledigung. Voraussetzung ist das Vorliegen eines **öffentlichen**
Interesses. Nach der Rechtsprechung (vgl. *StGH BW* ESVGH 26,1 (3)) ist
der Begriff des öffentlichen Interesses **identisch** mit dem Begriff des **öffentlichen Wohls** – der Voraussetzung für Grenzänderungen – und setzt eine
Güterabwägung mit dem Selbstverwaltungsrecht der Kommunen, speziell
auch dem Grundsatz des Vorranges freiwilliger Lösungen (hierzu *VerfGH*
NW DÖV 1980, 691), voraus. Allerdings müssen im Rahmen dieser Abwägung die Gründe des öffentlichen Wohls, die für die (zwangsweise) Beteiligung einer Gemeinde an einer zwischengemeindlichen Zusammenarbeit
(z. B. einem Verwaltungsverband) verfassungsrechtlich ausreichen, von
nicht so hohem Gewicht sein wie bei einer Gebietsänderung, da der Eingriff
in das Selbstverwaltungsrecht hier nicht so intensiv ist. Ferner ist es **zulässig,**
das Selbstverwaltungsrecht um so mehr zurücktreten zu lassen, je mehr
die Aufgaben, die auf Institutionen zwischengemeindlicher Zusammenarbeit verlagert werden, **überörtliche Bezüge aufweisen** (vgl. StGH, aaO, 4
und – grundsätzlich zum Abwägungsmodell – *BVerfG* NVWZ 1989, 351).

2.3.2.3. Die **nähere gesetzliche Ausgestaltung** der Zusammenarbeit muß **1023**
verhältnismäßig sein. Auch aus diesem Grundsatz ist abzuleiten, daß – im
Lichte des Art. 28 Abs. 2 GG – die Typen kommunaler Kooperation so
konzipiert werden, daß den einzelnen beteiligten Gemeinden **ausreichende**
Mitwirkungsmöglichkeiten auf Art und Inhalt der Aufgabenerfüllung erhalten bleiben.

3. Länderübergreifende Zusammenarbeit

Nicht durchnormiert im sächsischen KommZG ist die **länderübergrei- 1024**
fende zwischengemeindliche **Zusammenarbeit.** Geregelt sind lediglich die

„Grenzüberschreitenden Zweckverbände (vgl. § 81). **Außerhalb dieser Vorgaben** sind im Rahmen des Art. 28 Abs. 2 GG landesübergreifende zwischengemeindliche **Kooperationsverträge möglich,** soweit sie örtliche Angelegenheiten zum Gegenstand haben, diese nicht in die Landes- oder Bundeskompetenzen eingreifen oder fremde Verbandskompetenzen usurpieren (vgl. hierzu 3 Kap. II 3). Art. 28 Abs. 2 GG ist insoweit **Kompetenzvorschrift zugunsten der landesübergreifenden Kooperation.**

4. Bundesgrenzen überschreitende Zusammenarbeit der Kommunen

1025 **4.1.** Nach **Art. 32 GG** ist die **Pflege der Beziehungen zu auswärtigen Staaten Sache des Bundes.** Soweit die Länder für die Gesetzgebung zuständig sind, können sie mit Zustimmung der Bundesregierung mit auswärtigen Staaten **Verträge** abschließen. Andernfalls ist der Vertrag innerstaatlich (*BVerfGE* 2, 347 (369ff.)) und unter Umständen auch völkerrechtlich unwirksam (*Jarass/Pieroth,* GG, Rdnr. 6 zu Art. 32).
Die **Gemeinden** können hiernach **keine Beziehungen zu ausländischen Staaten** unterhalten. Sie sind keine Völkerrechtssubjekte (*von Vitzthum, in:* „Konsens und Konflikt" – 35 Jahre Grundgesetz, 1983, S. 75ff. (81)).

1026 **Unberührt** von dieser Unzuständigkeit bleibt indes die kommunale **Zusammenarbeit mit ausländischen Gemeinden, soweit sich diese auf „Angelegenheiten des örtlichen Wirkungskreises" beschränkt.** Art. 28 Abs. 2 GG ist auch insoweit **Kompetenzvorschrift zugunsten ausländischer Aktivitäten der Kommunen.** Kommunen dürfen hiernach **Partnerschaftsverträge** mit ausländischen Gemeinden abschließen oder Patenschaften übernehmen, **soweit sie nicht in Bundes- oder Landeskompetenzen eingreifen, fremde Verbandskompetenzen usurpieren** oder eigene übertragen (vgl. hierzu 3. Kap. II mwN und speziell *BVerwG* NVwZ 1991, 685 – Städtepartnerschaft Fürth-Hiroshima u. a.; kritisch *Gern,* NVwZ 1991, 1147; ferner *Heberlein,* DÖV 1990, 374f.).

1027 **4.2.** Für die **europäische** grenzüberschreitende Zusammenarbeit besteht eine **Sonderregelung.** Insoweit ist das „Europäische Rahmenübereinkommen über die grenzüberschreitende Zusammenarbeit zwischen Gebietskörperschaften und Behörden" von 1980 zu beachten (vgl. BGBl. II 1981, 965).

II. Die einzelnen Formen der Zusammenarbeit

1. Der Verwaltungsverband

1028 **1.1. Benachbarte Gemeinden,** desselben Landkreises **haben das Recht,** sich zu einem Verwaltungsverband **zusammenzuschließen** (sog. **Freiverband**) **oder** sie können **zwangsweise** zu einem Verwaltungsverband zusammengeschlossen werden **(Pflichtverband).**

II. Die einzelnen Formen der Zusammenarbeit

Zweck des Verwaltungsverbands ist die Stärkung der Leistungs- und Verwaltungskraft unter Aufrechterhaltung der rechtlichen Selbständigkeit der beteiligten Gemeinden. Die Mitgliedsgemeinden sollen zusammen mindestens 5000 Einwohner haben.
– Vgl. § 3 KommZG.

1.2. Der Verwaltungsverband ist eine **rechtsfähige Verbandskörperschaft** **1029** des öffentlichen Rechts und eine Sonderform des Zweckverbands. Er verwaltet seine Angelegenheiten in eigener Verantwortung.
– Vgl. § 5 Abs. 1 KommZG.

Der Gemeindeverwaltungsverband ist Gemeindeverband im Sinne des Art. 82 Abs. 2 LV und damit Träger der Selbstverwaltung in diesem Sinne. Er ist jedoch kein durch Art. 28 Abs. 2 GG geschützter Gemeindeverband.
– Vgl. *Gern,* Deutsches Kommunalrecht, 1994, 20. Kap. 2.2.

1.3. Die **Rechtsverhältnisse** des Verwaltungsverbands werden in der **Ver-** **1030** **bandssatzung** geregelt. Im übrigen finden die Vorschriften der **Sächsischen GemO entsprechende Anwendung.**
– Vgl. § 5 Abs. 2 bis 4 KommZG.

1.4. Der Verwaltungsverband hat die **Rechtssetzungshoheit** für sein Aufga- **1031** bengebiet.
– Vgl. § 6 KommZG.

1.5. Als Sonderform des Zweckverbands nimmt der Verwaltungsverband **1032** **einzelne oder Gruppen von kommunalen Aufgaben** wahr.

1.5.1. **Kraft Gesetzes gehen** auf den Verwaltungsverband **1033**
– die **Weisungsaufgaben** einschließlich des Erlasses von dazu erforderlichen Satzungen und Rechtsverordnungen
– die Aufgaben der **vorbereitenden Bauleitplanung über.**
Die Mitgliedsgemeinden können dem Verwaltungsverband darüber hinaus weitere Aufgaben durch öffentlich-rechtlichen Vertrag übertragen. Den Mitgliedsgemeinden steht in diesen Angelegenheiten ein **Unterrichtungsrecht** zu.
– Vgl. § 7 KommZG.

1.5.2. Neben diesen „übertragenen Aufgaben" stehen die **Erledigungsauf-** **1034** **gaben.** Der Verwaltungsverband erledigt folgende Aufgaben der Mitgliedsgemeinden nach deren Weisung:
– Vorberatung und Vollzug der Beschlüsse der Mitgliedsgemeinden,
– Besorgung der Geschäfte, die für die Mitgliedsgemeinden keine grundsätzliche Bedeutung haben und keine erheblichen Verpflichtungen erwarten lassen (Geschäfte der laufenden Verwaltung),
– Vertretung der Mitgliedsgemeinden in gerichtlichen Verfahren und förmlichen Verwaltungsverfahren, soweit der Verwaltungsverband nicht selbst Beteiligter ist.

Die Verbandssatzung kann bestimmen, daß eine Mitgliedsgemeinde mit hauptamtlichem Bürgermeister Aufgaben vorgenannter Art selbst erledigt, wenn die örtlichen Verhältnisse und die Verwaltungskraft der Mitgliedsgemeinde dies rechtfertigen.

Mitgliedsgemeinden können dem Verwaltungsverband auch durch öffentlich-rechtlichen Vertrag die Erledigung weiterer Aufgaben nach Weisung übertragen.

– Vgl. § 8 KommZG.

Weiterhin berät der Verwaltungsverband die Mitgliedsgemeinden und unterstützt sie bei der Erfüllung ihrer Aufgaben.

– § 9 KommZG.

Umgekehrt sind die Mitgliedsgemeinden verpflichtet, den Verwaltungsverband bei der Durchführung seiner Aufgaben zu unterstützen. In Angelegenheiten, die mehrere Mitgliedsgemeinden berühren, haben sich die Mitgliedsgemeinden untereinander und mit dem Verwaltungsverband abzustimmen.

– Vgl. § 10 KommZG.

1035 **1.6.** Der **Verwaltungsverband wird durch Verbandssatzung gebildet,** die einen bestimmten Mindestinhalt haben muß.

– Vgl. § 11 Abs. 1 KommZG.

Sie bedarf der **Genehmigung** der Rechtsaufsichtsbehörde. Die Genehmigung ist eine Ermessensentscheidung.

– Vgl. § 12 KommZG.

Rechtsdogmatisch gesehen ist sie ein Kondominialverwaltungsakt. Der Gemeinde steht ein Anspruch auf fehlerfreie Ermessensausübung zu.

Der Verwaltungsverband **entsteht** am Tage nach der öffentlichen Bekanntmachung der Genehmigung und der Verbandssatzung, sofern in der Verbandssatzung kein späterer Zeitpunkt bestimmt ist.

– Vgl. § 13 Abs. 2 KommZG.

Wenn die Wirtschafts- und Verwaltungskraft von benachbarten Gemeinden eines Landkreises nicht ausreicht, um die Aufgaben des § 7 Abs. 1 und § 8 Abs. 1 ordnungsgemäß zu erfüllen, kann die oberste Rechtsaufsichtsbehörde nach Fristsetzung und Anhörung der Beteiligten die **Bildung eines Pflichtverbandes** verfügen und selbst die Verbandssatzung erlassen.

– Vgl. § 14 KommZG.

1036 **1.7. Organe** des Verwaltungsverbands sind die Verbandsversammlung und der Verbandsvorsitzende.

– Vgl. § 15 f. KommZG.

1037 *1.7.1.* Die **Verbandsversammlung** ist das Hauptorgan des Verwaltungsverbands.

– § 17 KommZG.

II. Die einzelnen Formen der Zusammenarbeit

Durch die Verbandssatzung können beschließende und beratende **Ausschüsse** der Verbandsversammlung gebildet werden (§ 18). Auf den **Geschäftsgang** finden im wesentlichen die Vorschriften der Sächsischen GemO Anwendung.

– Vgl. § 19 KommZG.

1.7.2. Der **Verbandsvorsitzende** ist hauptamtlicher Beamter auf Zeit, der **1038** von der Verbandsversammlung auf sieben Jahre gewählt wird.

– § 20 KommZG.

Der Verbandsvorsitzende ist Vorsitzender der Verbandsversammlung. Er bereitet die Sitzungen der Verbandsversammlung und der Ausschüsse vor und vollzieht die Beschlüsse. Er hat das Eilentscheidungsrecht, die Widerspruchsbefugnis sowie die Unterrichtungspflicht gegenüber der Verbandsversammlung.

– Vgl. § 21 KommZG.

Er leitet die Verbandsverwaltung und vertritt den Verwaltungsverband. Er ist Vorgesetzter, Dienstvorgesetzter und oberste Dienstbehörde der Verbandsbediensteten.

Er erledigt auch in eigener Zuständigkeit die Geschäfte der laufenden Verwaltung, die ihm übertragenen Aufgaben sowie die Weisungsaufgaben.

– Vgl. § 22 KommZG.

1.8. Der Verwaltungsverband ist verpflichtet, die erforderlichen **Bediensteten** einzustellen. Er besitzt auch die beamtenrechtliche Dienstherrenfähigkeit. **1039**

– Vgl. § 23 KommZG.

1.9. Für die **Wirtschaftsführung** gelten die Vorschriften über die Gemeindewirtschaft entsprechend. **1040**

– Vgl. § 24 KommZG.

1.10. Der Verwaltungsverband deckt seinen **Finanzbedarf** durch Gebühren und Entgelte. Soweit diese und sonstige Einnahmen nicht ausreichen, kann er von Mitgliedsgemeinden nach Maßgabe der Verbandssatzung eine **Umlage** erheben. **1041**

– Vgl. § 25 KommZG.

1.11. Für die **Aufsicht** über Verwaltungsverbände gelten die §§ 74 und 75 **1042** KommZG.

– Zur **Auflösung** des Verwaltungsverbands und sonstigen Änderungen in der Struktur.

– Vgl. § 27f KommZG.

2. Die Verwaltungsgemeinschaft

2.1. Benachbarte Gemeinden desselben Landkreises können **vereinbaren,** **1043** **daß eine Gemeinde** (sog. erfüllende Gemeinde) für die anderen beteiligten

Gemeinden die **Aufgaben eines Verwaltungsverbands wahrnimmt** (Verwaltungsgemeinschaft). Die Verwaltungsgemeinschaft ist eine Sonderform der öffentlich-rechtlichen (Zweck-)Vereinbarung (s. u. 2.4.) und besitzt **keine eigene Rechtspersönlichkeit.** Die dem Gemeindeverwaltungsverband **nach § 7 übertragenen Aufgaben erledigt** bei der Verwaltungsgemeinschaft die **erfüllende Gemeinde im eigenen Namen; die Aufgaben des § 8** erledigt sie **im Namen der beteiligten Gemeinde.**

– Vgl. § 36 KommZG.

1044 2.2. Die **Rechtsverhältnisse** der Verwaltungsgemeinschaft werden durch die beteiligten Gemeinden in der schriftlich abzuschließenden **Gemeinschaftsvereinbarung** geregelt.

– Vgl. § 37 KommZG.

1045 2.3. Die Gemeinschaftsvereinbarung bedarf der **Genehmigung** der Rechtsaufsichtsbehörde. Die Rechtsaufsichtsbehörde entscheidet – wie bei **der Genehmigung des Verwaltungsverbandes** – nach pflichtgemäßem Ermessen.

1046 2.4. Ein „Quasi-Organ" der beteiligten Gemeinden der Verwaltungsgemeinschaft ist der **Gemeinschaftsausschuß.** Den **Vorsitz** im Gemeinschaftsausschuß führt der **Gemeinschaftsvorsitzende.** Dies ist der Bürgermeister der erfüllenden Gemeinde.

– Vgl. § 40 KommZG.

Der Gemeinschaftsausschuß entscheidet anstelle des Gemeinderats der erfüllenden Gemeinde, soweit die erfüllende Gemeinde Aufgaben im Rahmen der Verwaltungsgemeinschaft wahrnimmt. Ausnahme: Der Bürgermeister der erfüllenden Gemeinde ist kraft Gesetzes zuständig oder der Gemeinschaftsausschuß hat ihm bestimmte Aufgaben übertragen. Eine **dauernde** Übertragung ist in der Gemeinschaftsvereinbarung zu regeln.

– Vgl. § 41 KommZG.

1047 2.5. Für die Deckung des **Finanzbedarfs** gelten dieselben Grundsätze wie für den Verwaltungsverband.

– Vgl. § 42 i. V. m. § 25 KommZG.

1048 2.6. Unter denselben Voraussetzungen wie beim Verwaltungsverband kann die oberste Rechtsaufsichtsbehörde die Bildung einer Verwaltungsgemeinschaft durch **Pflichtvereinbarung** anordnen.

– Vgl. § 43 i. V. m. § 14 KommZG.

3. Der Zweckverband

1049 3.1. Gemeinden, Verwaltungsverbände und Landkreise und unter bestimmten Voraussetzungen auch andere öffentliche und private Rechtsträger können sich **zu einem Zweckverband zusammenschließen,** um bestimmte (einzelne) **Aufgaben,** zu deren Durchführung sie berechtigt oder verpflichtet sind, für alle oder für einzelne **gemeinsam zu erfüllen** (Freiverband) oder zur Erfüllung von Pflichtaufgaben zu einem Zweckverband zusammengeschlossen werden (Pflichtverband).

– Vgl. §§ 44 f.; 50 KommZG.

3.2. Der Zweckverband ist seiner Rechtsnatur nach eine **Verbandskörper-** **1050** **schaft des öffentlichen Rechts.** Er verwaltet seine Angelegenheiten im Rahmen der Gesetze unter eigener Verantwortung. Zweckverbände sind **durch Art. 82 Abs. 2 LV geschützte Träger der Selbstverwaltung.** Sie sind jedoch keine durch Art. 28 Abs. 2 GG geschützte Gemeindeverbände.

Die Rechtsverhältnisse des Zweckverbands werden durch die **Verbandssatzung** geregelt. Soweit keine Sonderregelungen bestehen, finden auf den Zweckverband die für den Verwaltungsverband geltenden Vorschriften entsprechende Anwendung.

– § 47 KommZG.

Die Verbandssatzung bedarf der rechtsaufsichtlichen **Genehmigung.** Die Genehmigung ist zu erteilen, wenn Gründe des öffentlichen Wohls nicht entgegenstehen, die Bildung des Zweckverbandes zulässig und die Verbandssatzung den gesetzlichen Vorschriften entsprechend vereinbart ist. Soll der Zweckverband Weisungsaufgaben erfüllen oder ist für die Übernahme der Durchführung einer Aufgabe, für die der Zweckverband gebildet werden soll, eine besondere Genehmigung erforderlich, entscheidet die Rechtsaufsichtsbehörde im Einvernehmen mit der Fachaufsichtsbehörde über die Genehmigung nach pflichtgemäßem Ermessen (vgl. § 49 Abs. 1). Die Genehmigung ist in diesem Fall Kondominialverwaltungsakt. Die Beteiligten haben einen Anspruch auf fehlerfreie Ermessensentscheidung.

3.3. Soweit der Zweckverband Aufgaben der beteiligten Körperschaften **1051** wahrnimmt, gehen diese auf den Zweckverband über

– § 46 KommZG.

3.4. Besteht für die Bildung eines Zweckverbandes zur Erfüllung bestimm- **1052** ter Pflichtaufgaben ein **dringendes öffentliches Bedürfnis,** insbesondere weil eine Gebietskörperschaft eine Pflichtaufgabe nicht erfüllen kann, weil das ihre Wirtschafts- oder Verwaltungskraft übersteigt, aber mehrere Gebietskörperschaften im Wege eines Zweckverbandes die Aufgaben erfüllen können, **so kann die Rechtsaufsichtsaufsichtsbehörde** den beteiligten Gemeinden, Verwaltungsverbänden und Landkreisen **eine angemessene Frist zur Bildung eines Zweckverbandes setzen.** (Zum Begriff des dringenden Bedürfnisses vgl. *VerfGH* NW DVBl. 1979, 668).

Wird der Zweckverband innerhalb der gesetzlichen Frist nicht gebildet, verfügt die Rechtsaufsichtsbehörde die Bildung eines Zweckverbandes und erläßt gleichzeitig die Verbandssatzung. Vor dieser Entscheidung sind die Beteiligten zu hören.

– Vgl. § 50 Abs. 1 und 2 KommZG.

1053 **3.5. Organe** des Zweckverbandes sind die Verbandsversammlung und der Verbandsvorsitzende. Die Verbandssatzung kann als weiteres Organ einen Verwaltungsrat vorsehen.

– Vgl. § 51 KommZG.

– Zur **Zusammensetzung** der Verbandsversammlung vgl. § 52.

Die **Verbandsversammlung** ist das **Hauptorgan** des Zweckverbands. Sie nimmt die Aufgaben des Zweckverbandes wahr, soweit nicht der Verbandsvorsitzende oder ein beschließender Ausschuß zuständig ist.

– Vgl. § 53 KommZG.

Durch die Verbandssatzung können sowohl **beratende als auch beschließende Ausschüsse** gebildet werden.

– Vgl. § 54 KommZG.

Der **Verbandsvorsitzende** wird von der Verbandsversammlung aus ihrer Mitte in der Regel auf fünf Jahre gewählt. Er ist ehrenamtlich tätig. Der Verbandsvorsitzende ist Vorsitzender der Verbandsversammlung und des Verwaltungsrats sowie Leiter der Verbandsverwaltung. Im übrigen gleichen seine Befugnisse denjenigen des Vorsitzenden des Verwaltungsverbandes.

– Vgl. § 56 KommZG.

1054 **3.6.** Der Zweckverband hat das Recht, nach Maßgabe der Verbandssatzung **hauptamtliche Bedienstete** zu haben. Auch steht ihm in eingeschränktem Maße die Dienstherrenfähigkeit zu.

– § 57 KommZG.

1055 *2.3.7.* Für die **Wirtschaftsführung** des Zweckverbands gelten die Vorschriften über die Gemeindewirtschaft im wesentlichen entsprechend.

– § 58 KommZG.

1056 **3.8.** Der Zweckverband kann **Gebühren, Beiträge und sonstige Entgelte** erheben. Das Recht zur Erhebung von Steuern steht ihm jedoch nicht zu. Soweit seine sonstigen Einnahmen nicht ausreichen, kann er von den Verbandsmitgliedern eine **Umlage** erheben.

– Vgl. § 60 KommZG.

1057 **3.9.** Der Zweckverband **haftet** seinen Gläubigern gegenüber **unbeschränkt.** Eine Haftungsbeschränkung auf das Verbandsvermögen sieht das Gesetz nicht vor. Reichen die Mittel zur Schuldentilgung nicht aus, ist notfalls die Verbandsumlage angemessen zu erhöhen.

– Zur **Änderung** der Verbandssatzung und **Auflösung** des Zweckverbands, zum Wegfall von Verbandsmitgliedern und zur Vereinigung und Eingliederung von Zweckverbänden vgl. §§ 61–70 KommZG.

Schaubild Nr. 13: Muster einer Haushaltssatzung eines Zweckverbands   **1058**

Haushaltssatzung
des Zweckverbandes „Hochwasserschutz" für das Haushaltsjahr...

Aufgrund des § 58 Sächs. KommZG in Verbindung mit § 74 Sächs. GemO sowie der Verbandssatzung vom... hat die Verbandsversammlung am... folgende Haushaltssatzung beschlossen:

§ 1 Haushaltsplan

Der Haushaltsplan wird festgesetzt mit

1. den Einnahmen und Ausgaben in Höhe von je		602000,–DM
davon im Verwaltungshaushalt	52000,–DM	
im Vermögenshaushalt	550000,–DM	
2. dem Gesamtbetrag der vorgesehenen Kreditaufnahmen für Investitionen und Investitionsförderungsmaßnahmen (Kreditermächtigung)		0,–DM
3. dem Gesamtbetrag der Verpflichtungsermächtigungen		1050000,–DM

§ 2 Kassenkreditermächtigung

Der Höchstbetrag der Kassenkredite wird festgesetzt auf   100000,–DM

§ 3 Verbandsumlage

Die vorläufigen Umlagen für das Haushaltsjahr
... werden festgesetzt
1. im Verwaltungshaushalt als Betriebskostenumlage in Höhe von   50000,–DM
2. im Verwaltungshaushalt als Zinsumlage in Höhe von   0,–DM
3. im Vermögenshaushalt als Investitionsumlage   550000,–DM
4. im Vermögenshaushalt als Tilgungsumlage in Höhe von   0,–DM

(Ort), den...
Zweckverband Hochwasserschutz
Verbandsvorsitzender

---

4. Die Zweckvereinbarung

4.1. Gemeinden, Verwaltungsverbände und Landkreise können **vereinba-** **1059** **ren, daß eine der beteiligten Körperschaften** (sog. beauftragte Körperschaft) **bestimmte Aufgaben für alle wahrnimmt,** insbesondere den übrigen Beteiligten die **Mitbenutzung einer von ihr betriebenen öffentlichen Einrichtung** gestattet (Zweckvereinbarung).
– Vgl. § 71 KommZG.

20. Kapitel. Rechtsformen kommunaler Zusammenarbeit

Die **Rechtsverhältnisse** sind durch die Beteiligten in einer schriftlichen Zweckvereinbarung zu regeln. Die Vereinbarung ist normsetzender **öffentlich-rechtlicher Vertrag**. Die Zweckvereinbarung bedarf der **Genehmigung** der Rechtsaufsichtsbehörde. Die Genehmigungsvoraussetzungen entsprechen denjenigen des Zweckverbands.

– Vgl. § 72 Abs. 1 KommZG.

1060 **4.2.** Durch den Abschluß der Zweckvereinbarung entsteht **kein neues Rechtssubjekt.** Zuordnungsendsubjekt ist jeweils die „beauftragte Körperschaft". Das Recht und die Pflicht der übrigen Beteiligten zur Wahrnehmung der abgegebenen Aufgaben und die dazu notwendigen Befugnisse **gehen auf die beauftragte Körperschaft über.**

1061 **4.3.** Im Rahmen der Zweckvereinbarung werden **keine neuen Organe** geschaffen. Allerdings kann in der Zweckvereinbarung den übrigen Beteiligten ein **Mitwirkungsrecht** bei der Wahrnehmung der Aufgaben eingeräumt werden. Insbesondere kann vereinbart werden, daß die beauftragte Körperschaft und die übrigen Beteiligten einen **gemeinsamen Ausschuß** bilden. Für einen gemeinsamen Ausschuß gelten die Vorschriften über die Verbandsversammlung des Zweckverbands entsprechend, soweit in der Zweckvereinbarung nichts anderes bestimmt ist.

– Vgl. § 72 Abs. 2 und 3 KommZG.
– Zur **Auflösung** und Änderung der Zweckvereinbarung
– Vgl. § 72 Abs. 3 KommZG.

1062 **4.4.** Besteht für den Abschluß einer Zweckvereinbarung zur Erfüllung bestimmter Pflichtaufgaben ein **dringendes öffentliches Bedürfnis,** kann die Rechtsaufsichtsbehörde eine **Pflichtvereinbarung** herbeiführen.

– Vgl. § 73 KommZG; hierzu *VGH BW* ESVGH 28, 174; *OVG Münster,* Der Städtetag, 1979, 277 – Datenverarbeitungszentrale.

1063 **4.5.** Für die **Aufsicht** über Zweckverbände gelten die §§ 74 und 75 KommZG.

5. Höhere Kommunalverbände

1064 **5.1.** In zahlreichen Bundesländern existieren **oberhalb der Kreisebene höhere Kommunalverbände,** deren Entstehung **historisch bedingt** ist. **Sie dienen allgemein dem Zweck, die sachgerechte Erfüllung von Selbstverwaltungsaufgaben zu ermöglichen, die über die Reichweite, Verwaltungskraft und Fachkompetenz von Gemeinden und Landkreisen hinausgehen.** Durch ihre Bildung kann die **Hochzonung** dieser Aufgaben auf die (staatliche) Landesverwaltung **vermieden werden** und damit die Wirkkraft des Art. 28 Abs. 2 GG auch in diesem Bereich erhalten werden. Teilweise werden die Mitglieder direkt vom Volk gewählt, wie etwa in den **bayerischen Bezirken** und dem **Bezirksverband Pfalz,** überwiegend sind jedoch Landkreise und Kommunen Mitglieder.

1065 **5.2.** Im Freistaat **Sachsen** gibt es als höhere Gemeindeverbände zur Zeit lediglich den **Landeswohlfahrtsverband.**

II. Die einzelnen Formen der Zusammenarbeit

Rechtsgrundlage ist das „Gesetz über den Landeswohlfahrtsverband in Sachsen" (GVBl. 1993 S. 69). Mitglieder des Landeswohlfahrtsverbands sind die zum Freistaat Sachsen gehörenden Landkreise und kreisfreien Städte (§ 1 Abs. 1). Der Landeswohlfahrtsverband ist **Körperschaft des öffentlichen Rechts.** Er nimmt seine Aufgaben im Rahmen der Gesetze unter eigener Verantwortung wahr (§ 2). Seine **Aufgaben** liegen im Bereich des Sozialen und der Gesundheit. Speziell ist der Landeswohlfahrtsverband überörtlicher Träger der Sozialhilfe (vgl. § 3).

6. Kommunale Spitzenverbände

Eine **besondere Form zwischengemeindlicher Zusammenarbeit in Privatrechtsform** zeigt sich in den kommunalen Spitzenverbänden. Sie sind in der Regel als privatrechtliche **Vereine** konzipiert und sind **Interessenverbände** der Mitglieder. Diese vertreten sie gegenüber staatlichen und gesellschaftlichen Instanzen durch Stellungnahmen zu aktuellen politischen Problemen und durch **Mitwirkung insbesondere im Rechtssetzungsverfahren** (Hearings) (vgl. hierzu *Lämmle,* DÖV 1988, 916). Die Geschäftsordnung des Bundestags (§§ 69f.) und die Verfassung des Landes haben spezielle **Beteiligungs- und Anhörungsrechte** der Spitzenverbände geschaffen. In **Sachsen** besteht ein **Anhörungsrecht** der Spitzenverbände **nach Art. 84 Abs. 2 LV.** Die Spitzenverbände haben sich als wirkungsvolle Mittel im Kampf um die Erhaltung der Selbstverwaltungsgarantie vor staatlicher Aushöhlung durch gesetzliche und finanzpolitische Angriffe erwiesen und füllen das Vakuum, das durch die Nichtbeteiligung der Gemeinden am Gesetzgebungsverfahren besteht (vgl. *Maunz/Dürig,* GG, Rdnr. 80 zu Art. 28). **Intern** fördern die Spitzenverbände den **Erfahrungsaustausch** und beraten die Mitglieder. 1066

Soweit die kommunalen Spitzenverbände **öffentliche Aufgaben** erfüllen, ergeben sich **zwei Rechtsprobleme. Zum einen** ist fraglich, inwieweit diese Verbände mit Blick auf Art. 28 Abs. 2 GG berechtigt sind, auch **überörtliche** Aufgaben wahrzunehmen (hierzu *Waechter,* KommR, S. 64); **zum anderen** steht die **demokratische Legitimation** der Spitzenverbände auf unsicherer Grundlage. Nehmen diese Verbände Aufgaben der Kommunen wahr, so fordert Art. 28 Abs. 1 S. 2 GG das Bestehen einer Legitimationskette zum „Gemeindevolk". Diese ist indes nicht gegeben, da die kommunalen Entscheidungsgremien in die Entscheidungen der Verbände nicht eingebunden werden (vgl. hierzu auch *Schmidt-Aßmann,* AöR 1991, 116, 329 (346); *Waechter,* aaO, S. 65). Eine verfassungskonforme Lösung beider Probleme ist bislang nicht in Sicht.

Im einzelnen gibt es zur Zeit **folgende Spitzenverbände:**

6.1. Bundesverbände

6.1.1. **Der Deutsche Städtetag.** Er vertritt die **Interessen der kreisfreien Städte** (Stadtkreise) **auf Bundesebene.** Er nimmt die Aufgaben wahr 1067

– die **kommunale Selbstverwaltung** gegenüber Bundesregierung, Bundestag, Bundesrat und anderen Organisationen und Verbänden aktiv **zu vertreten,**

– seine Mitgliedsstädte zu **beraten** und über alle kommunal bedeutsamen Vorgänge und Entwicklungen zu informieren,
– den **Erfahrungsaustausch** zwischen seinen Mitgliedsstädten herzustellen und in Gremien **zu fördern.**

Die Mitwirkung des Deutschen Städtetags an der Gesetzgebung des Bundes ist durch die Geschäftsordnungen von Bundestag und Bundesministerien garantiert.

1068 *6.1.2.* **Der Deutsche Städte- und Gemeindebund.** Er vertritt die **Interessen der kreisangehörigen Städte und Gemeinden auf Bundesebene.**

1069 *6.1.3.* **Der Deutsche Landkreistag.** Er vertritt die Interessen der Landkreise auf Bundesebene.

6.2. Landesverbände

1070 Neben den auf Bundesebene tätigen Interessenverbänden gibt es dieselben Interessenverbände auf Landesebene.

In **Sachsen** gibt es den **sächsischen Städte- und Gemeindetag.**

6.3. Kommunale Fachverbände

1071 Neben den Spitzenverbänden gibt es noch verschiedene **kommunale Fachverbände** für spezielle Beratungsaufgaben. **Beispiele:**
– Die kommunale Gemeinschaftsstelle für Verwaltungsvereinfachung in Köln (KGSt),
– Verband kommunaler Unternehmen e. V. (VkU).

6.4. Bundesvereinigung der kommunalen Spitzenverbände

1072 Die Bundes- und Landesverbände haben sich in der **Bundesvereinigung** der kommunalen Spitzenverbände zusammengeschlossen (vgl. hierzu *Weinberger,* HdKWP, Bd. 2, S. 503 f.)

6. 5. Internationale Zusammenschlüsse

1073 **International** bestehen zur Zeit folgende Zusammenschlüsse
– Der **Internationale Gemeindeverband** (IULA)
Er ist eine weltweite Konferenz von Delegierten aus den nationalen kommunalen Spitzenverbänden mit beratendem Status bei der UNO (vgl. hierzu *Weinberger,* aaO, S. 507 f.; *Mombaur,* Kommunalpolitik in der Europäischen Union, 1992, S. 14, 46 (Fn 7))
– Der **Rat der Gemeinden Europas** (RGRE)
Er fungiert unter dem Dach der EG und ist in nationale Sektionen aufgegliedert (vgl. hierzu *Weinberger,* aaO, S. 509; *Rengeling,* DVBl. 1985, 600; *Mombaur,* aaO, S. 15, 46)
– Die **Europäische Kommunalkonferenz** (Ständige Konferenz der Gemeinden und Regionen Europas)
Sie ist ein 1957 vom **Europarat** eingerichtetes Gremium, das die Parlamentarische Versammlung des Europarats und sein Ministerkomitee in spezifisch kommunalen Anliegen berät (vgl. hierzu *Dittmann,* Kommunalverbandsrecht, in: *Achterberg/Püttner,* BVerwR 1992, Bd. 2, S. 136; *Mombaur,* aaO, S. 14)
– Der **Beratende Ausschuß** der regionalen und lokalen Gebietskörperschaften **der EG** gemäß Art. 198 A-C der Maastrichter Novelle von 1992 zu den Römischen Verträgen (hierzu *Hofmann,* Der Landkreis, 1992, S. 373).

21. Kapitel
Kommunales Abgabenrecht

I. Der Begriff der Kommunalabgaben

1. Der Begriff der öffentlichen Abgaben

Die öffentlichen Abgaben sind rechtssystematisch eine Untergruppe der **1074**
öffentlichen **Lasten** (*Hübschmann u. a.,* AO und FGO, § 3 Rdnr. 12).
Öffentliche Abgaben sind Geldleistungen, die der Staat oder andere Hoheitsträger zur Erzielung von Einnahmen kraft öffentlichen Rechts in Anspruch nehmen (*BVerfGE* 13, 181 [198]; *OVG Lüneburg* OVGE 30, 382;
OVG Münster OVGE 25, 195; *Gern,* Kommunales Abgabenrecht, Bd. 1,
1.1.).
Sie werden in **vier Abgabenarten** eingeteilt:
– Steuern,
– Gebühren,
– Beiträge,
– Abgaben eigener Art (Sonderabgaben).
Der Abgabenbegriff ist **objektiv** auszulegen. Die subjektive Bezeichnung
einer Geldleistungspflicht ändert ihren wahren Charakter nicht (*BVerfG*
DVBl. 1979, 52; *BVerfGE* 3, 407 [435]; 7, 244; NJW 1976, 837). Gleiches gilt
für die unrichtige Bezeichnung einer Abgabenfestsetzung, etwa als Rechnung oder Forderungszettel (*VGH BW* BWVPr 1984, 201; KStZ 1981, 134).

2. Leistungspflichten, die den öffentlichen Abgabenbegriff nicht erfüllen

2.1. Leistungen, die nicht auf Geld lauten

Beispiele: Dienst- und Sachleistungspflichten, also etwa Naturalleistungspflichten; **1075**
Hand- und Spanndienste nach Gemeinderecht; Straßenreinigungspflicht nach Landesstraßenrecht.

2.2. Geldforderungen des Staates kraft Privatrecht

Beispiele:
– Privatrechtliche Vertragsentgelte (*BGH* NVwZ 1986, 963).
– Konzessionsabgaben
   Sie werden auf der Grundlage privatrechtlicher Konzessionsverträge erhoben, durch
   welche öffentlich-rechtliche Gebietskörperschaften einem Versorgungsunternehmen das ausschließliche Recht übertragen, das Gemeindeeigentum und die öffentli

chen Verkehrsräume für Gas- und Stromleitungen und sonstige Versorgungs- und Entsorgungsleistungen zu benutzen. Sie sind privatrechtliche Vertragsentgelte (vgl. hierzu *Püttner,* DÖV 1990, 461 [465]; *Innesberger,* Recht der Konzessionsabgaben, Komm. 1991f.; *Tettinger,* DVBl. 1991, 786; *BVerwG* NVwZ 1991, 1192). Seit 1. 1. 1992 gilt für die **Zulässigkeit** und **Bemessung** der Konzessionsabgaben für Gas- und Stromleitungen die **Konzessionsabgabenverordnung (KAV)** (BGBl. 1992, 12) (hierzu Fundstelle BW 1992 Rdnr. 159; *Püttner,* NVwZ 1992, 350).

2.3. Erhebung von Geldleistungen durch Private

– soweit sie die Leistungen nicht in ihrer Eigenschaft als beliehene Hoheitsträger erheben (vgl. *BGH* DVBl. 1974, 287).

2.4. Öffentlich-rechtliche Vertragsentgelte und Freiwilligkeitsleistungen

Nach herrschender Meinung muß die Auferlegung der Geldleistungspflicht **einseitig** erfolgen (*Patzig,* DÖV 1983, 77; *RFH* RStBl. 40, 15). Werden Abgaben zum Gegenstand einer vertraglichen Vereinbarung gemacht, sollen die Zahlungspflichten ihren Abgabencharakter verlieren (*Kirchhof,* Jura 1983, 506).

Beispiel: Zahlungspflichten aufgrund öffentlich-rechtlicher Erschließungs-, Ablösungs- oder Vergleichsverträge.

Diese Auffassung ist bedenklich. Allein die gewählte Handlungsform zur Festsetzung von Geldleistungspflichten kann die Qualifikation nicht ändern. Zwar ist zulässige Regelhandlungsform zur Festsetzung von Abgaben bei Geltung der Abgabenordnung der Verwaltungsakt (§ 155 AO; *Gern* KStZ 1979, 161). Diese Vorgabe ist indes nicht zugleich qualifikationsbestimmend. Entsprechend sieht das Bundesverwaltungsgericht (NJW 1986, 600) die regelmäßig durch öffentlich-rechtlichen Vertrag erhobenen **Ausgleichsbeträge** für die Ablösung der **Stellplatzpflicht** trotz der vertraglichen Geltendmachung als öffentliche Abgabe an.

Rheinland-Pfalz läßt in beträchtlichem Maße öffentlich-rechtliche Verträge über die Festsetzung bestimmter Abgaben ausdrücklich zu (§ 2 Abs. 3 RhPf KAG).

2.5. Geldleistungspflichten, die nicht zumindest als Nebenzweck der Einnahmeerzielung dienen.

Hierunter fallen Geldleistungspflichten mit ausschließlicher Gestaltungs-, Lenkungs-, Antriebs-, Straf- oder Kompensationsfunktion.

– Siehe hierzu *BVerfGE* 3, 407, 435; *Wilke,* Gebührenrecht und GG, 1972, S. 8ff.).

2.5.1. Säumniszuschläge (§ 240 AO). Sie sind ausschließlich **Druckmittel** zur Beitreibung von Abgaben (*VGH BW* VBlBW 1985, 133; *VGH München* NVwZ 1987, 63; *OVG Koblenz* NVwZ 1987, 64; aA *OVG Bremen* KStZ 1986, 153; *OVG Münster* NVwZ 1984, 395).

I. Begriff der Kommunalabgaben

2.5.2. Zwangsgelder nach dem Verwaltungsvollstreckungsgesetz. Sie sind **Beuge-mittel** (*OVG Berlin* OVGE 7, 147).

2.5.3. Geldstrafen und Bußgelder (vgl. *Schneider,* VBlBW 1985, 161; *Gern,* KommAR, Bd. 1, 1.1.). Ihnen kommt ausschließlich Straf-, Genugtuungs- und Verwarnungsfunktion zu.

2.5.4. Kostensätze und Kostenerstattungen. Auch ihnen **fehlt** das für die Qualifikation als Abgabe geforderte **Merkmal der Erzielung von Einnahmen.** Der Begriff der Erzielung von Einnahmen wird traditionell verengend dahin ausgelegt, daß die Geldleistung der Deckung eines **allgemeinen** Finanzbedarfs dienen muß. Diese Funkton erfüllen Kostenersätze nicht. Sie dienen der individuellbezogenen Kostendeckung. Dessen ungeachtet zählt § 1 Abs. 2 Sächs. KAG die Kostensätze („Aufwandsersätze") dennoch zu den Kommunalabgaben.

Beispiele:
– Kostenersatz für die Verlegung von Haus- und Grundstücksanschlüssen nach dem Kommunalabgabengesetz; (vgl. *Gern,* KStZ 1981, 1; BWVPr 1982, 98; *OVG Münster* NVwZ 1986, 1050),
– Kostenersatz für Einsätze der Feuerwehr nach dem Sächs. BrandschutzG.

2.5.5. Öffentlich-rechtliche Schadensersatzpflichten. Ihnen kommt Restitutions- und Kompensationsfunktion zu.

Beispiel: Schadenersatz wegen Verletzung eines gesetzlichen oder vertraglichen Schuldverhältnisses.

2.6. Öffentlich-rechtliche Umlagen

Umlagen sind öffentlich-rechtliche Geldleistungen, die eine Körperschaft des öffentlichen Rechts von einer anderen, ihr angehörigen oder nachgeordneten Körperschaft zur (teilweisen) Deckung ihres Finanzbedarfs erhebt. Umlagen sind das typische Finanzierungsmittel öffentlich-rechtlicher Verbände (vgl. hierzu *BVerfG* NVwZ 1992, 365).

Beispiele: Kreisumlage, Zweckverbandsumlage; Finanzausgleichsumlage;

Sie gehören zum Gesamtsystem des kommunalen Finanz- und Lastenausgleichs, werden jedoch traditionell von den Abgaben unterschieden. (*Bauernfeind, in: Driehaus (Hrsg.), KAR,* 1989, Rdnr. 36 zu § 1).
– Zum Oberbegriff der Verbandslasten vgl. *Tipke/Kruse,* § 3 AO Tz. 22.

3. Der Abgabenbegriff im Sinne des § 80 Abs. 2 Ziff. 1 VwGO

Nicht völlig deckungsgleich mit dem materiellen Abgabenbegriff ist 1076 **der Abgabenbegriff des § 80 Abs. 2 Ziffer 1 VwGO.** Dieser umfaßt nur diejenigen Geldleistungspflichten, **auf deren unverzüglichen Eingang** der Abgabengläubiger **in gesteigertem Maße angewiesen** ist. Nur dann ist es nämlich gerechtfertigt, einem Widerspruch die aufschiebende Wirkung zu versagen. Grundsätzlich liegt diese Voraussetzung bei allen herkömmlichen Abgaben, also Steuern, Gebühren, Beiträgen und Abgaben eigener Art (Sonderabgaben) vor.

Beispiel: Die zum Bau von Sozialwohnungen zu verwendende **Fehlbelegungsabgabe** (so *OVG Berlin* NVwZ 1987, 61; *VGH München* DVBl. 1991, 1325; *Gern,* VBlBW 1991, 130; *OVG Hamburg* NVwZ-RR 1992, 318; *VGH München* NVwZ-RR 1992, 320; *OVG Koblenz* NJW RR 1992, 1426; *OVG Münster* NVwZ-RR 1993, 269; aA *Altenmüller,* VBlBW 1990, 281; *OVG Münster* DVBl. 1984, 353).

Weiterhin gehören hierzu auch die **Umlagen** (*VGH Kassel* DÖV 1991, 1029 – für die Kreisumlage).

Hingegen **fehlt** diese Dringlichkeit und mithin die Abgabeneigenschaft etwa bei der als Abgabe eigener Art zu qualifizierenden „**Ausgleichszahlung** zur Ablösung der Stellplatzpflicht" nach der Landesbauordnung (so auch *OVG Münster* NVwZ 1987, 62).

4. Der Kommunalabgabenbegriff

1077   Kommunalabgaben sind öffentliche Abgaben, die ausschließlich **von einer Kommune** (Gemeinde, Kreis, Gemeindeverband) **erhoben werden und** dieser **zufließen** (Gläubigerstellung und Ertragshoheit der Kommune); vgl. *Gern,* KommAR, Bd. 1, 1.1; *Bauernfeind, in Driehaus (Hrsg.),* KAR 1989, Rdnr. 33 zu § 1).

Der Freistaat **Sachsen** hat die Kommungaben in §§ 1 und 2 KAG umschrieben. Diese Definition ist insoweit unzutreffend, als auch der „Aufwandsersatz" eine Kommunalabgabe sein soll. Sie ist unvollständig, weil die kommunalen Sonderabgaben nicht genannt werden und die Ertragshoheit der Kommunen als Definitionsbestandteil nicht erscheint.

II. Die Kommunalabgabenarten

1. Steuern

1078   **1.1.** Nach § 3 AO sind Steuern **Geldleistungen, die nicht eine Gegenleistung** für eine besondere Leistung darstellen und von einem öffentlich-rechtlichen Gemeinwesen zur **Erzielung von Einnahmen** allen auferlegt werden, bei denen der Tatbestand zutrifft, an den das Gesetz die Leistungspflicht knüpft.

Mit der Steuererhebung können **Nebenzwecke** verfolgt werden. Der Hauptzweck, die Erzielung von Einnahmen, kann auch selbst zum Nebenzweck werden (vgl. *BVerfG* NJW 1979, 859; 1345). Tritt die Finanzierungsfunktion allerdings völlig zurück, ist der Steuerbegriff nicht mehr erfüllt (*BVerfG* JZ 1986, 198 f.).

1079   **1.2.** Der Steuerbegriff ist **verfassungsgewohnheitsrechtlich gesichert** und in § 3 AO festgeschrieben (*BVerfGE 7, 244 [251]; 49, 343 [351]).* Er ist auch

II. Die Kommunalabgabenarten

für die kommunalen Steuern maßgebend (*Tipke/Kruse,* aaO, Ziff. 2 zu § 3 AO) und wurde durch die **Verweisungsvorschriften** im Kommunalabgabengesetz in das Landesrecht **transformiert.** In **Sachsen** ist Verweisungsvorschrift § 3 Abs. 1 Ziff. 1b) KAG.

2. Gebühren

2.1. Kommunale Gebühren sind öffentliche Abgaben, die die Kommunen **1080** als **Gegenleistung** für **Amtshandlungen** oder sonstige Tätigkeiten der Verwaltung **(Verwaltungsgebühren)** oder für **die tatsächliche Inanspruchnahme öffentlicher Einrichtungen** oder Anlagen **(Benutzungsgebühren)** erheben. (*BVerfGE* 20, 257 [269]; NJW 1979, 1345; *Wilke,* Gebührenrecht und Grundgesetz, S. 16ff.; *Gern,* KommAR, Bd. 1, 1.2.2.). Sie sind Kommunalabgabengesetz näher ausgestaltet.
In **Sachsen** werden Verwaltungsgebühren und Auslagen „**Kosten**" genannt (vgl. § 1 SächsVwKG). Eine dritte Gebührenart ist die **Verleihungsgebühr** für alle Fälle der entgeltichen Einräumung eines subjektiven Rechts (*BVerfGE* 22, 299 [304]; *OVG Hamburg* DVBl. 1957, 67; NVwZ 1990, 1003; *Kirchhof,* DVBl. 1987, 554; *ders.,* Grundriß des Abgabenrechts, Rdnr. 13 mwN). Im Kommunalabgabenrecht hat der Gesetzgeber bis heute diese Abgabenart nicht vorgesehen.
Mit der Gebührenerhebung können in beschränktem Rahmen **Nebenzwecke** (Wirtschaftslenkung, Sozialförderung, Umweltschutz usw.) verfolgt werden (*BVerfG* NJW 1979, 1345). Zur Erreichung dieser Zwecke können die Gebührensätze in den Grenzen des Äquivalenzprinzips und Art. 3 GG variiert und gestuft werden.
Für die Benutzungsgebühren hat § 14 Abs. 2 Sächs. KAG die Möglichkeit der Verfolgung von Nebenzwecken ausdrücklich vorgesehen.

2.2. Der Gebührenbegriff wird durch das Grundgesetz in Art. 74 Nr. 22 und Art. 80 Abs. 2 nicht definiert, sondern vorausgesetzt. Sein Inhalt ist im Kernbereich **verfassungsgewohnheitsrechtlich** gesichert. In den Randzonen kann er durch den Gesetzgeber variiert werden (*Gern,* KommAR, Bd. 1, 1.2.2.; *Schneider,* VBlBW 1985, 162; *Kirchhof,* Die Höhe der Gebühr, S. 14ff., 23ff.). Entsprechend unterscheiden sich die Gebührenbegriffe in den einzelnen Bundesländern.

2.3. Benutzungsgebühren und Verwaltungsgebühren können nebeneinander erhoben werden (*BVerwG* KStZ 1978, 210).

3. Beiträge

3.1. Kommunale Beiträge sind öffentliche Abgaben, die die Kommunen als **1081** Gegenleistung für die **Herstellung öffentlicher Anlagen (Erschließungsbeiträge** nach § 127f BauGB) und deren **Ausbau (Ausbaubeiträge** nach dem Landeskommunalabgabenrecht) sowie die Herstellung und die Erweiterung öffentlicher – leitungsgebundener – Einrichtungen (sog. **Herstellungsbeiträ-**

ge – oder **Anschlußbeiträge** nach dem Landeskommunalabgabenrecht) und die **Möglichkeit der Benutzung** erheben (*BVerfGE* 9, 297 [299]; 42, 223 [228]; *VGH Kassel* KStZ 1986, 134).

In **Sachsen** werden die Ausbaubeiträge „Beiträge für Verkehrsanlagen" und „besondere Wegebeiträge" (vgl. §§ 26 f. KAG), die Herstellungsbeiträge (Anschlußbeiträge) „Beiträge für öffentliche Einrichtungen" (vgl. §§ 17 f. KAG) genannt.

Die **Abgrenzung** der Gebühr vom Beitrag ist in Zweifelsfällen nicht nach der subjektiven Bezeichnung, sondern **nach der objektiven Ausgestaltung** der Abgaben vorzunehmen (*OVG Koblenz* KStZ 1970, 137). Steht ein Entgelt für die tatsächliche Benutzung einer Einrichtung oder Anlage im Vordergrund, ist das Entgelt als Benutzungsgebühr zu qualifizieren; ist hingegen überwiegend die Möglichkeit der Benutzung Anknüpfungspunkt des Entgelts, so liegt ein Beitrag vor.

3.2. Der Beitragsbegriff ist weder bundesrechtlich durch das Grundgesetz oder durch Einzelgesetze noch landesrechtlich einheitlich definiert (*BVerwG* VerwRspr. 29, 354). Sein spezifischer Begriffskern kann jedoch als **gewohnheitsrechtlich** abgesichert gelten (*BVerfGE* 9, 297 [299]). In den Randbereichen differieren die landesrechtlichen Beitragsbegriffe. **Bundesrechtlich** geregelt ist der **Beitragsbegriff des Erschließungsbeitragsrechts (§ 127 BauGB).** Er ist anlagebezogen. **Landeskommunalabgabenrechtlich** ist er **einrichtungsbezogen.**

4. Kommunale Abgaben eigener Art (Sonderabgaben)

1082   Der Begriff „**Abgaben eigener Art**" ist ein **Oberbegriff.** Abgaben eigener Art sind **Geldleistungen, die begrifflich eindeutig weder den Steuern noch den Gebühren noch den Beiträgen zuzuordnen sind.** Sie sind teilweise **Mischformen** aus diesen Abgabentypen und teilweise auch ein **aliud** zu ihnen. Systematisch sind sie im Hinblick auf die Rechtsprechung des *BVerfG* zu den Sonderabgaben (NJW 1988, 2529; 1987, 3116; 1985, 37; ferner *BVerwG* NVwZ 1989, 867) wie folgt **zu unterteilen:**

1083   **4.1.** Die **erste Gruppe** sind Abgaben, für die eine **Gegenleistung** durch den Staat erbracht wird **(Entgeltsabgaben** im weitesten Sinne).

Beispiele:
– die **Fehlbelegungsabgabe** nach dem AFWoG als sogenannte Abschöpfungsabgabe. Sie dient der Rückabwicklung staatlich gewährter Subventionsvorteile (vgl. hierzu *BVerfG* NJW 1988, 2529; *Altenmüller*, VBlBW 1990, 281; *Gern*, VBlBW 1991, 130);
– die **Kurtaxe** als Mischform zwischen Gebühr und Beitrag;
– die **Fremdenverkehrsabgabe** nach § 35 Sächs. KAG. Sie kann, gemessen am gewohnheitsrechtlich geltenden Kernbegriff des Beitrags als Beitrag angesehen werden (so *VGH München* GHH 1985, 294); gemessen am Beitragsbegriff einzelner Kommunalabgabengesetze ist sie eine Abgabe eigener Art (vgl. hierzu *Gern*, NVwZ 1986, 718).

In **Sachsen** ist sie eine **Abgabe eigener Art.**

4.2. Die **zweite Gruppe** sind die sogenannten **Sonderabgaben.** Sie zeiche- **1084**
nen sich dadurch aus, daß sie **„voraussetzungslos",** d. h. ohne Rücksicht auf
eine korrespondierende Gegenleistung der öffentlichen Hand auferlegt werden (*BVerfG* NJW 1985, 37). Sie treten in die Nähe zur Steuer, unterscheiden
sich von ihr jedoch nach Idee und Funktion grundlegend (*BVerfG,* aaO, und
NJW 1981, 329).
Die erste **Untergruppe** sind die sogenannten **Ausgleichsfinanzierungsab-
gaben.** Bei diesen sollen die durch die Abgabe einkommenden Mittel Bela-
stungen und Vorteile innerhalb eines bestimmten Erwerbs- oder Wirt-
schaftszweigs ausgleichen.
Beispiel im Kommunalabgabenbereich: Ausgleichsbeträge zur **Ablösung der
Stellplatzpflicht** nach der Sächs. Bauordnung (vgl. *BVerwG* NJW 1986, 600).
Eine **zweite Untergruppe** sind Ausgleichsabgaben eigener Art, die **keinen
Finanzierungszweck** sondern einen sonstigen **Sachzweck** (vgl. hierzu
BVerfG NVwZ 1991, 54) verfolgen.
Beispiel: – die **Feuerwehrabgabe** (Feuerschutzabgabe) nach dem Sächs. Brand-
schutzgesetz.
Sie soll die möglichst gleichmäßige Verteilung der öffentlich-rechtlichen
Last „Feuerwehrdienst" durch die Auferlegung einer Art „Ersatzgeld" für
nicht der Feuerwehr angehörige Personen sicherstellen (*BVerfG* DÖV 1962,
10; *VGH BW* BWGZ 1983, 643).

4.3. Den **Abgaben eigener Art ist gemeinsam,** daß sie ihre **Rechtsgrundla-** **1085**
gen nicht in den finanzverfassungsrechtlichen Kompetenzvorschriften der
Art. 104a bis 108 GG finden, sondern **nur unter Inanspruchnahme der
Sachkompetenzen** aus Art. 73f. **GG erhoben werden** und **dafür einer zusätzlichen Legitimation bedürfen** (*BVerfG* NJW 1988, 2529; NVwZ 1991,
53).

4.4. Die **Finanzverfassung des Grundgesetzes geht davon aus, daß Ge-** **1086**
meinlasten aus Steuern finanziert werden. Sie versagt es dem Gesetzgeber,
selbst unter Inanspruchnahme von Sachkompetenzen, Sonderabgaben zur
Erzielung von Einnahmen für den allgemeinen Finanzbedarf des Staates zu
erheben und das Aufkommen aus derartigen Abgaben zur Finanzierung allgemeiner Staatsaufgaben zu verwenden. Außerdem verbietet **der sich aus
Art. 3 GG ergebende Grundsatz der Belastungsgerechtigkeit und Belastungsgleichheit,** diese Aufgaben durch Belastung einer (willkürlich) zur
Abgabe herangezogenen Gruppe von Bürgern zu finanzieren (vgl. hierzu
Kirchhof, Grundriß des Abgabenrechts, Rdnr. 17f.). Vor diesem Hinter-
grund dürfen die Sonderabgaben nur eine **seltene Ausnahme** sein (vgl.
BVerfG NVwZ 1991, 54). Für die **voraussetzungslosen Sonderabgaben mit
Finanzierungszweck** fordert das *BVerfG* **zur Abgrenzung von den Steuern**
und damit der Sicherung der bundesstaatlichen Finanzverfassung vor einer
Aushöhlung durch Sonderabgaben sowie mit Blick auf Art. 3 GG **folgende
Eigenschaften:**

21. Kapitel. Kommunales Abgabenrecht

- Die Sonderabgabe muß einem **Sachzweck dienen, der über die bloße Mittelbeschaffung hinausgeht.** In dem Gesetz muß außer der Belastung mit der Abgabe und der Verwendung ihres Aufkommens auch die **gestaltende Einflußnahme auf den kraft der Sachkompetenz geregelten Sachbereich** zum Ausdruck kommen (vgl. *BVerfG* NVwZ 1991, 54).

- Eine gesellschaftliche Gruppe kann nur dann mit einer Sonderabgabe in Anspruch genommen werden, wenn sie durch eine gemeinsame, in der Rechtsordnung oder in der gesellschaftlichen Wirklichkeit vorgegebene Interessenlage oder durch besondere gemeinsame Gegebenheiten von der Allgemeinheit und anderen Gruppen abgrenzbar ist, wenn es sich also um eine in diesem Sinne **homogene Gruppe** handelt. Es ist dem Gesetzgeber mit Blick auf Art. 3 GG verwehrt, für eine beabsichtigte Abgabenerhebung beliebig Gruppen nach Gesichtspunkten, die nicht in der Rechts- oder Sozialordnung materiell vorgegeben sind, normativ zu bilden.

- Weiter setzt die Erhebung einer Sonderabgabe eine **spezifische Beziehung zwischen dem Kreis der Abgabenpflichten und dem mit der Abgabenerhebung verfolgten Zweck** voraus. Die mit der Abgaben belastete Gruppe muß dem mit der Erhebung verfolgten Zweck evident näher stehen als jede andere Gruppe oder die Allgemeinheit der Steuerzahler. Aus dieser **Sachnähe** der Abgabenpflichtigen **zum Erhebungszweck** muß eine besondere **Gruppenverantwortung** für die Erfüllung der mit der außersteuerlichen Abgabe zu finanzierenden Aufgabe entspringen. Dabei ist der Begriff der Sachnähe nach materiell-inhaltlichen Kriterien zu bestimmen, die sich einer gezielten Normierung des Gesetzgebers aus Anlaß der Einführung der Abgabe entziehen.

- Das Abgabenaufkommen muß im Interesse der Gruppe der Abgabenpflichtigen, also **gruppennützig** verwendet werden. Gruppennützige Verwendung besagt allerdings nicht, daß das Aufkommen im spezifischen Interesse jedes einzelnen Abgabenpflichtigen zu verwenden ist; es genügt, wenn es überwiegend im Interesse der Gesamtgruppe verwendet wird (*BVerfG* NJW 1985, 38).

- Die Sonderabgabe ist nur zulässig, wenn und solange die zu finanzierende Aufgabe auf eine Sachverantwortung der belasteten Gruppe trifft; die Abgabe ist also grundsätzlich **temporär** (*BVerfG* NVwZ 1991, 54).

Beispiele:
- Die **Ausgleichsbeträge** für die **Ablösung der Stellplatzverpflichtung** erfüllen diese Rechtmäßigkeitsvoraussetzungen:
  Sie dienen neben dem Zweck der Einnahmeerzielung der besonderen Sachaufgabe der Entlastung der Straße vom ruhenden Verkehr. Sie werden von der homogenen Gruppe der Bauherren erhoben, die den Stellplatzbedarf verursachen. Das Aufkommen aus diesen Beträgen wird im Interesse der Gruppe der Bauherren gruppennützig i. S. der Rechtsprechung verwendet. Sie werden zeitlich jeweils nur solange erhoben, wie die betroffenen Bauherren einen Stellplatzbedarf verursachen.
- Strittig ist, ob das durch das Land BW von Gewässerbenutzern erhobene Entgelt für Wasserentnahmen **(Wasserpfennig)** nach § 17a WG sowie die vom Freistaat Sachsen nach § 23 WG erhobene **Wasserabgabe** den Rechtmäßigkeitsvoraussetzungen

386

für Sonderabgaben gerecht wird (vgl. hierzu *Hofmann*, VBlBW 1988, 426 mwN; *Kirchhof*, NVwZ 1987, 1034; *Pietzcker*, DVBl. 1987, 780).

4.5. Für die „**übrigen Abgaben eigener Art**" sind **weniger strenge** verfas- **1087** sungsrechtliche **Zulässigkeitsvoraussetzungen** zu fordern, da bei ihnen die Gefahr der Kollision mit den Kompetenzregeln der bundesstaatlichen Finanzverfassung weniger besteht.

Allerdings bedürfen auch diese in der Regel auf Ausgleich und Umverteilung angelegten Abgabenbelastungen im Hinblick auf die **Belastungsgleichheit** der Bürger einer besonderen, aus der Natur der Sache sich ergebenden, sachkompetenzbereichsbezogen zu ermittelnden Rechtsfertigung (*BVerfG* NJW 1987, 3115).

III. Satzungsvorbehalte

1. Nach § 2 Sächs. KAG dürfen – wie in den anderen Bundesländern – **1088** Kommunalabgaben **nur aufgrund einer Satzung** erhoben werden.

Dieses Erfordernis gilt grundsätzlich für alle Kommunalabgaben, soweit nicht ein Bundes- oder Landesgesetz die Kommunen **unmittelbar** zur Erhebung einer Abgabe ermächtigt. Eine Satzung ist hiernach **nicht zwingend** Voraussetzung etwa **für** die Erhebung der **Grund- und Gewerbesteuer.** Bei der Grund- und Gewerbesteuer müssen die Gemeinden jedoch die Hebesätze durch Satzung festlegen (§ 25 Grundsteuergesetz; §§ 16, 25 Gewerbesteuergesetz).

2. Der Satzungsvorbehalt ist **Ausprägung des Gesetzesvorbehalts** und der **1089** bestehenden Satzungsautonomie der Kommunen (vgl. hierzu II 2 und 8. Kap.). Zur Erhebung **konkreter Abgaben** ist der **Satzungsvorbehalt** notwendige aber **keine hinreichende Bedingung.** Nach dem Gesetzesvorbehalt bedürfen **Eingriffe** in die Rechtssphäre des Bürgers, speziell **in Freiheit und Eigentum,** ausdrücklicher **formellgesetzlicher Ermächtigung** (vgl. *BVerfGE* 9, 137 (147); *VGH BW* VBlBW 1982, 235).

Weitere satzungsrechtliche Voraussetzung der Erhebung von Abgaben für leitungsgebundene Einrichtungen ist das Bestehen einer sog. **Stammsatzung, die eine öffentlich-rechtliche Regelung des Zugangs zu dieser Einrichtung und ihrer Benutzung enthält** (*VGH München* NVwZ 1990, 328).

3. Mit Blick auf den **Bestimmtheitsgrundsatz** der Abgabenerhebung muß **1090** jede Abgabensatzung einen bestimmten **Mindestinhalt** enthalten. Bei Fehlen eines der Mindestbestandteile ist die Satzung grundsätzlich **nichtig.**

Die meisten Kommunalabgabengesetze haben diese Mindestbestandteile auch näher umschrieben. Nach § 2 Abs. 1 S. 2 Sächs. KAG muß eine Satzung **folgende Mindestregelungen enthalten:**

3.1. Der **Kreis der Abgabenschuldner.** Abgabenschuldner ist derjenige, der eine Abgabenschuld zu erfüllen hat. Der Begriff des Abgabenschuldners ist zu unterscheiden vom Begriff des Abgabepflichtigen (§ 33 AO).

3.2. Der Abgabentatbestand. Gegenstand der Abgabe ist der Lebenssachverhalt, an den das Gesetz die Abgabenpflicht knüpft (*OVG Münster* GHH 1970, 161).

3.3. Der Abgabenmaßstab. Die Satzung muß angeben, wie eine Abgabe der Höhe nach zu bemessen ist. Die **Bemessungsgrundlage** ist das quantifizierte (zahlenmäßig ausgedrückte) Merkmal des Abgabengegenstandes, mit dessen Hilfe der Abgabenmaßstab ermittelt wird.

> **Beispiel:** Bemessungsgrundlage der Grundsteuer ist der Einheitswert eines Grundstücks.

Der **Abgabenmaßstab** ist eine **Meßeinheit** in Verbindung mit der Bemessungsgrundlage, aus der die Höhe der Abgabe errechnet wird. Beispiel: Abgabenmaßstab für den Erschließungsbeitrag kann die Quadratmetereinheit der Grundstücks- oder zulässigen Geschoßfläche sein. Zu unterscheiden sind **Wirklichkeitsmaßstäbe** und **Wahrscheinlichkeitsmaßstäbe** (vgl. hierzu die Ausführungen bei den einzelnen Abgaben).

3.4. Der Abgabensatz. Der Abgabensatz bezeichnet die Höhe der Abgabe, bezogen auf eine Einheit der Bemessungsgrundlage (Beispiel: Beitragssatz pro Quadratmeter Grundstücksfläche: 3,00 DM).

3.5. Die Entstehung der Abgabe. Nach § 38 AO entsteht die Abgabenschuld, sobald der Tatbestand verwirklicht ist, an den das Gesetz die Leistungspflicht knüpft. Die Satzung hat diesen Entstehungstatbestand zu konkretisieren. Der Entstehungszeitpunkt ist maßgeblich für die Festsetzungsverjährung (§§ 169, 170 AO).

3.6. Die Fälligkeit der Abgabe. Die Fälligkeit gibt an, **zu welchem Zeitpunkt der Schuldner zu leisten hat.** Die Satzung hat den Fälligkeitszeitpunkt zu konkretisieren. **Fehlt die Bestimmung** des Fälligkeitszeitpunkts, gilt über die kommunalabgabengesetzlichen Verweisungsregeln § 220 Abs. 2 AO. Die **Satzung bleibt** in diesem Falle **wirksam.** Die Fälligkeit ist maßgebend für den Beginn der Zahlungsverjährung (§ 228 AO).

1091 **4.** Der **weitere Satzungsinhalt** richtet sich nach den Erfordernissen der Ausgestaltung der jeweiligen Abgabe und den allgemeinen rechtsstaatlichen Regeln (vgl. hierzu 8. Kapitel).

1092 **5. Vollzogen** werden Abgabensatzungen in Anwendung der bestehenden öffentlich-rechtlichen Handlungsformen, speziell durch **Abgabenbescheide** (§ 155 AO), durch sonstige **abgabenrechtliche Verwaltungsakte** (§ 118 AO) und ausnahmsweise durch **öffentlich-rechtlichen Vertrag** (vgl. hierzu *Gern,* KStZ 1979, 161; *Allesch,* DÖV 1990, 270 mwN).

6. Die **Rechtmäßigkeit** der Abgabensatzungen folgt den allgemeinen Re- **1093** geln der Rechtmäßigkeit sonstiger Satzungen, allerdings mit einigen Besonderheiten. Sie werden bei den einzelnen Abgabenarten erläutert.

IV. Allgemeines Abgaben- und Abgabenverfahrensrecht

1. Rechtsgrundsätze des Abgabenrechts

Für das kommunlabgabenrechtliche Verfahren gelten die allgemeinen **1094** **Rechtsgrundsätze des Abgabenrechts.** Sie sind verfassungsrechtliche Ableitungen, teilweise aber auch nur einzelgesetzlich konkretisiert. Im einzelnen gelten folgende Grundsätze:

1.1. Grundsatz der Tatbestandsmäßigkeit

Eine Ableitung aus dem Gesetzesvorbehalt und dem rechtsstaatlichen Bestimmtheitsgrundsatz ist der Grundsatz der **Tatbestandsmäßigkeit** der Abgabenerhebung. Hiernach setzt die Begründung eines Abgabenschuldverhältnisses voraus, daß ein gesetzlicher oder gesetzesabgeleiteter Abgabentatbestand erfüllt wird (vgl. hierzu *BVerfG* NJW 1979, 861; *VGH BW* ESVGH 39, 52). **Abgabensatzungen** müsen für alle in Betracht kommenden Anwendungsfälle den Abgabentatbestand und die Bemessung der Abgabe klar und berechenbar regeln (*BVerwGE* 50, 2; NVwZ 1982, 500; 1990, 868). Im Zweifel sind abgabenbegründende und -erhöhende Tatbestände **restriktiv auszulegen** (*VGH BW* KStZ 1989, 153).

– Zu den einzelnen **Auslegungsmethoden** und ihrer **Rangfolge** *Gern,* VerwArch 1989, 415f. –,
– Zur Auslegung von Abgabenbescheiden *BVerwG* DÖV 1973, 533.

Je differenzierter der Abgabentatbestand ausgestaltet ist, um so höher sind die an seine Bestimmtheit zu stellenden Anforderungen (*VGH BW* Urteil v. 31. 8. 1989 – 2 S 2805/87). **Nicht zulässig** ist unter diesen Voraussetzungen eine **analoge Anwendung** belastender Abgabentatbestände zu lasten des Abgabenpflichtigen (vgl. *Gern, DÖV* 1985, 558 mwN). Zulässig ist dagegen die Verwendung **unbestimmter Rechtsbegriffe** (*BVerfG* NJW 1979, 859; *OVG Lüneburg* NVwZ 1989, 591 (593)).

1.2. Der Grundsatz der Verhältnismäßigkeit

Abgabenrechtliche Ableitungen sind das im Gebühren- und Beitragsrecht **1095** und bei den sonstigen Entgeltsabgaben geltende **Äquivalenzprinzip** (vgl. hierzu *BVerfG* NJW 1979, 1345; *BVerwG* KStZ 1984, 11 (12); 1985, 72) sowie das im Steuer- und Gebührenrecht geltende **Erdrosselungsverbot** (vgl. *BVerwG* KStZ 1971, 162; NVwZ 1988, 346; *OVG Koblenz* KStZ 1983, 74).

Das **Äquivalenzprinzip verbietet** ein **Mißverhältnis** zwischen Leistung der Verwaltung und Gebühren- bzw. Beitragshöhe im **Einzelfall** (individualisierende Betrachtungsweise). Es gibt eine **Gebühren- und Beitragsobergrenze** an, die nicht überschritten werden darf. Eine Untergrenze für die Abgabenhöhe folgt aus ihm nicht (*VGH BW* ESVGH 34, 274). Das **Erdrosselungsverbot**, das auch aus **Art. 12 und 14 GG** abgeleitet wird, verbietet Steuer- und Gebührensätze, die in einer Weise in die freie persönliche und wirtschaftliche Betätigung des Abgabenschuldners eingreifen, daß die Betätigung praktisch unmöglich gemacht oder unverhältnismäßig eingeschränkt wird (*BVerfGE* 16, 147 (161); 68, 287 (310); *BVerwGE* 12, 162 (170); 26, 305; *OVG Lüneburg* NVwZ 1989, 591 (592) – Vergnügungssteuer auf Killerautomaten; *VGH BW* BWGZ 1993, 308).

1.3. Das Prinzip des Vertrauensschutzes

1096 Grundsätzlich kann sich ein Abgabenpflichtiger auf Vertrauensschutz berufen, wenn er im Vertrauen auf eine Entscheidung der Abgabenbehörde etwas ins Werk gesetzt hat (sog. **Vertrauensbetätigung**) und diese Vertrauensbetätigung **schutzwürdig** ist (*BVerwG* NVwZ-RR 1990, 324 mwN). **Ableitungen** sind das Prinzip von **Treu und Glauben** im Abgabenbereich (vgl. hierzu *BFH* BStBl. 1953 III, 140; BFHE 84, 365; *OVG Münster* KStZ 1986, 137; *OVG Münster* NVwZ-RR 1990, 435; *Thiem*, Allgemeines Kommunales Abgabenrecht, S. 85). Aus ihm folgt auch der Rechtsgedanke der **Verwirkung** (vgl. *BVerwG* NVwZ 1988, 361 mwN; *VGH BW* VBlBW 1983, 173), sowie das **Rückwirkungsverbot** (vgl. *BVerwG* NVwZ 1983, 612). Grundsätzlich ist eine **rückwirkende Unterwerfung** eines Sachverhalts unter einen Abgabentatbestand **unzulässig** (*BVerfGE* 13, 261 (271); *BVerwG* KStZ 1978, 149). Eine Abgabe darf weder durch Gesetz noch durch Satzung rückwirkend **eingeführt** werden (*VGH BW* KStZ 1984, 194). Ebenso unzulässig ist grundsätzlich eine rückwirkende **Abgabenerhöhung** etwa durch Austausch einer rechtmäßigen Satzungsregelung durch eine andere an sich rechtmäßige (*BVerwG* NVwZ 1990, 168).

Ausnahmsweise ist die Rückwirkung **zulässig,**
- wenn der Abgabenpflichtige mit der Rückwirkung rechnen mußte,
- wenn durch die Rückwirkung eine unklare Rechtslage beseitigt werden soll,
- wenn eine ungültige durch eine gültige Abgabennorm (z. B. Satzung) ersetzt werden soll (*VGH BW* VBlBW 1983, 274),
- wenn zwingende Gründe des Gemeinwohls die Rückwirkung rechtfertigen (*BVerfGE* 13, 261 (271)).

Ein etwaiges Vertrauen, wegen der Unwirksamkeit vorangegangener Abgabensatzungen von einer Abgabenpflicht verschont zu bleiben, genießt keinen Vertrauensschutz (*BVerwG* NVwZ-RR 1990, 324). Wird eine ungültige **Abgabensatzung** rückwirkend durch eine gültige ersetzt, ist eine **rückwirkende Schlechterstellung**, etwa durch Erhöhung der Abgabensätze, **ausnahmsweise** dann **zulässig,** wenn und soweit der Abgabenpflichtige im Hinblick auf die Fehlerhaftigkeit der Satzung mit höheren Abgaben rechnen mußte (*BVerwG* NVwZ 1983, 612).

Nicht geschützt ist die **Erwartung,** das geltende Abgabenrecht werde **unverändert fortbestehen** (*BVerwG* NVwZ 1986, 483 mwN; *VGH München* NVwZ-RR 1990, 106; *BVerfGE* 38, 61 (83)).

1.4. Der Gleichheitsgrundsatz

Artikel 3 GG gebietet im Abgabenrecht, daß die einzelnen Abgaben im **1097** Verhältnis der Abgabenschuldner **untereinander dem Grunde und der Höhe nach nicht willkürlich festgesetzt werden dürfen.** Die Abgabenbemessung muß durch sachliche Gründe gerechtfertigt sein.

– Zum Gleichheitsgrundsatz (Lastengleichheit, Abgabengerechtigkeit) vgl. *BVerfGE* NJW 1979, 1345; *BVerwG* KStZ 1985, 129 (130); KStZ 1987, 11.

Eine Inhaltsbestimmung erfährt Art. 3 GG durch die Grundsätze der **Typengerechtigkeit** (vgl. *BVerfG* NJW 1959, 91; 1972, 1509; *BVerwG* NVwZ 1982, 622 (623)) und der **Praktikabilität** (vgl etwa *BVerwG* NVwZ 1982, 622; 1988, 159). Hiernach ist es dem Normgeber gestattet, innerhalb des ihm zustehenden Gestaltungsspielraumes aus Gründen der Praktikabilität Regelungen (Rechtsfolgen) an typischen Lebenssachverhalten auszurichten und seltene Einzelfälle sowie Besonderheiten des Einzelfalls bei der im Rahmen des Art. 3 GG sonst erforderlichen Gleichbehandlung gleicher Sachverhalte und der Differenzierung ungleicher Sachverhalte außer Acht zu lassen (*BVerfGE* 13, 331 (341); 27, 211 (230); NJW 1976, 2117). Einzelheiten hierzu bei den einzelnen Abgaben.

– Zum Verstoß gegen Art. 3 GG wegen Abgabenbefreiung auf Grund „**alter Verträge**" vgl. *VGH BW* BWGZ 1983, 678; *VG Freiburg* KStZ 1980, 136 – alte unentgeltliche Wasserbezugsrechte.

1.5. Das Sozialstaatsprinzip

Das Sozialstaatsprinzip begründet die Pflicht des Staates, für eine gerechte **1098** Sozialordnung zu sorgen und die Schwachen zu schonen sowie bei der Abgabenbemessung die **Leistungsfähigkeit** des Schuldners **nicht unberücksichtigt zu lassen** (vgl. etwa *BVerfGE* 47, 1 (29); 68 287 (310); *VGH BW* BWVPr 1977, 37; *OVG Bremen* NVwZ – RR 1989, 269; *VGH Kassel* NJW 1977, 452; *Gern,* DVBl. 1984, 1164 mwN).

Bei der Erfüllung dieser Pflicht kommt dem **Gesetzgeber** allerdings ein **weiter Gestaltungsspielraum** zu. Das Sozialstaatsprinzip setzt dem Staat zwar eine Aufgabe, sagt aber nicht, wie diese Aufgabe konkret zu erfüllen ist (*BVerwG* NJW 1982, 1447 [1449]). Die Art der Berücksichtigung des Leistungsfähigkeitsprinzips ist deshalb weitgehend **einzelgesetzlicher und satzungsrechtlicher Ausgestaltung überlassen.** Konkrete Ansprüche des Abgabenpflichtigen auf Berücksichtigung sozialer Gesichtspunkte durch den Gesetzgeber ergeben sich deshalb in aller Regel nicht. Die **Zulässigkeit von**

Sozialtarifen ist im **Sächs. KAG** bei den Benutzungsgebühren in § 14 Abs. 2 angesprochen.

Es ist **auch zulässig,** bei einzelnen Abgaben **auf eine generelle Berücksichtigung sozialer Momente zu verzichten,** wie dies durch den Landesgesetzgeber durchgängig bei den **Beiträgen** praktiziert wird. **Unbillige Härten** im Einzelfall sind jedoch auch in diesem Bereich über die **Erlaßvorschriften** der §§ 163, 227 AO auszugleichen. Einzelheiten werden bei den einzelnen Abgaben dargestellt.

1.6. Das Kostendeckungsprinzip

1099 Das Kostendeckungsprinzip **gilt im Gebühren- und Beitragsrecht** und **bei den** sonstigen **Entgeltsabgaben nur bei einzelgesetzlicher Anordnung** (*BVerwG* KStZ 1989, 137). Entsprechend ist sein **Inhalt variabel.** In der Regel gebietet es eine **Orientierung der Gebühren- bzw. Entgeltskalkulation am Verwaltungsaufwand.** Teilweise ist es als **Kostendeckungsgebot** oder als **Kostenüberschreitungsverbot** oder als einfaches **Kostenorientierungsgebot** ausgestaltet. Es kann in generalisierender und in individualisierender Betrachtungsweise anwendbar sein (*BVerfG* NJW 1979, 1345). Einzelheiten im Gebührenrecht.

Zum Kostendeckungsprinzip allg. vgl. *BVerfG* NJW 1979, 1345; *BVerwG* KStZ 1984, 12; *BGH* NJW 1992, 171 (173).

1.7. Das Prinzip spezieller Entgeltlichkeit

1100 Es **betrifft** die **Rangfolge der Einnahmebeschaffungsmittel** der Kommunen und gibt den speziellen Entgelten in gewissen Rahmen eine Vorrangstellung
vgl. hierzu allg. *OVG Koblenz* NVwZ 1986, 148; *OVG Münster* NVwZ 1990, 393; *BVerwG* DÖV 1993, 1093.

1.8. Das Vorteilsprinzip

1101 Das Vorteilsprinzip gilt im **Beitragsrecht.** Je nach Beitragsart kommt ihm eine **unterschiedliche Bedeutung** zu. **Übergreifender Begriffsinhalt ist jedoch, daß sich die Beiträge dem Grunde und der Höhe nach an den Vorteilen zu orientieren haben, die der Beitragspflichtige aus der von ihm nutzbaren Einrichtung oder Anlage zu ziehen vermag.**

– Zu Einzelheiten vgl. Ziff. 8 und 9.

2. Spezielle Verfahrensgrundsätze

1102 Neben den allgemeinen Grundsätzen des Abgabenrechts sehen die Kommunalabgabengesetze die **Anwendung spezieller Verfahrensgrundsätze** vor und **verweisen** zu diesem Zweck für Steuern, Gebühren, Beiträge und Abgaben eigener Art (Sonderabgaben) **auf zahlreiche Vorschriften der Ab-**

gabenordnung. (Dynamische Verweisung, zu ihrer Zulässigkeit vgl. *BVerwG* NVwZ-RR 1989, 378). In **Sachsen** findet sich diese Verweisungsvorschrift in **§ 3 KAG.**

Nach den Verweisungsvorschriften gelten **die wesentlichen Regelungen** der **Einleitenden Vorschriften der AO** (§§ 1–32); die Vorschriften über das **Steuerschuldrecht** (§§ 33–77); die **Allgemeinen Verfahrensvorschriften** mit den allgemeinen Regelungen über die **Verwaltungsakte** (§§ 78–133); die Vorschriften über die **Durchführung der Abgabenerhebung** (§§ 134–203); die Vorschriften über das **Abgabenerhebungsverfahren** (§§ 218–248); schließlich einzelne Vorschriften über das **Vollstreckungsverfahren.**

– **Zu Einzelheiten** vgl. die einschlägigen Kommentare zur AO sowie für die neuere Rechtsprechung zum Abgabenverfahrensrecht die jährliche **Berichterstattung** zur **Entwicklung des Kommunalabgabenrechts** von *Alfons Gern* **in der NVwZ** seit **1982.**

3. Realsteuern

Für die **Realsteuern** gilt die **AO,** soweit ihre Verwaltung der Gemeinde **1103** übertragen ist (Festsetzungs- und Erhebungsverfahren) mit ihren wesentlichen Vorschriften **über § 1 Abs. 2 AO. Soweit die Verwaltung** der Realsteuern den **Landesfinanzbehörden vorbehalten** ist, gilt nach **§ 1 Abs. 1 AO** die Abgabenordnung insgesamt.

4. Satzungsrecht

Vom KAG und den Einzelgesetzen abweichende satzungsrechtliche **1104** **Verfahrensregeln** sind **nichtig.** Soweit **Lücken** im Verfahrensrecht bestehen, ist auf allgemeine Rechtsgrundsätze zurückzugreifen, die durch die Satzung konkretisiert werden dürfen (*BVerwG* DVBl. 1982, 543).

– Zur Aufnahme vom Gesetz abweichender **Haftungsbestimmungen** vgl. *Gern/ Maier,* BWVPr 1983, 138.

Die **Anwendung des Bundes- und Landesverwaltungsverfahrensgesetze** **ist in Sachsen** grundsätzlich **ausgeschlossen** (vgl. **§ 2 Abs. 2 Ziff. 1 VwVfG und** *VGH BW* NVwZ-RR 1992, 396). Dies gilt auch, soweit das Kommunalabgabengesetz und die AO keine Regelungen getroffen haben. In diesem Fall gelten die **Grundsätze des allgemeinen Verwaltungsrechts.** Beispiel: Öffentlich-rechtlicher Vertrag über Kommunalabgaben (aA *Allesch,* DÖV 1990, 270).

V. Rechtschutz gegen Abgabenverwaltungsakte

1. Widerspruchsverfahren

1105 **1.1.** Der richtige außergerichtliche Rechtsbehelf gegen Verwaltungsakte im kommunalabgabenrechtlichen Verfahren ist grundsätzlich der **Widerspruch** (**§ 68 VwGO**). Die **Vorschriften der AO über das Einspruchsverfahren wurden** durch die kommunalabgabengesetzlichen Verweisungsregeln und § 1 Abs. 2 AO für die Realsteuern, soweit ihre Verwaltung den Gemeinden übertragen ist, mit wenigen Ausnahmen (vgl. § 3 Abs. 1 Ziff. 7 Sächs. KAG) **nicht für anwendbar erklärt.**

1.2. Der Widerspruch gegen Abgabenbescheide hat **keine aufschiebende Wirkung** (§ 80 Abs. 2 Ziff. 1 VwGO), soweit Abgaben festgesetzt werden, auf deren unverzüglichen Eingang die Gemeinde angewiesen ist (vgl. oben I 3). Ein Antrag an das Verwaltungsgericht auf **Aussetzung der Vollziehung** ist nach der **Sonderregelung des § 80 Abs. 6 VwGO** in Abgabensachen grundsätzlich **erst zulässig,** wenn **vorher** ohne Erfolg ein entsprechender Antrag an die zuständige Behörde, bei Kommunalabgaben also an die Kommune, gestellt wurde (vgl. hierzu *Schoch,* NVwZ 1991, 1121 (1125); NVwZ-RR 1993, 212). Die **aufschiebende Wirkung** des Widerspruchs ist **anzuordnen, wenn auf Grund summarischer Prüfung der Sach- und Rechtlage ein Erfolg des Rechtsmittelführers im Hauptsacheverfahren wahrscheinlicher ist als sein Unterliegen** (vgl. *OVG Münster* NVwZ-RR 1990, 54) – Zum **Streitwert** vgl. *VGH München* NVwZ-RR 1990, 128.

1.3. Streitig ist, ob aufgrund § 2 Abs. 2 Ziff. 1 VwVfG die **Kostenerstattung** (**§ 80 VwVfG**) **im kommunalabgabenrechtlichen Widerspruchsverfahren** ausgeschlossen ist. Nach *VGH BW* (VBlBW 1982, 13, 46 und *VGH München* NVwZ 1983, 615) kommt § 80 **VwVfG** zur Anwendung. Gegenteiliger Ansicht sind das *BVerwG* (NVwZ 1990, 651) sowie das *OVG Münster* (GHH 1992, 231).

2. Verwaltungsgerichtliches Klageverfahren

1106 Für das anschließende **Klageverfahren** gelten die Regeln der §§ 40 ff. **VwGO,** soweit nicht nach § 33 FGO der Finanzrechtsweg gegeben ist. Nach dieser Vorschrift ist der Finanzrechtsweg nur in öffentlich-rechtlichen Streitigkeiten gegeben, soweit die Abgaben der Gesetzgebung des Bundes unterliegen und durch Bundes- oder Landesfinanzbehörden verwaltet werden. Die Gemeinden gehören **nicht** zu den Landesfinanzbehörden in diesem Sinne. **Für Klagen gegen abgabenrechtliches Verwaltungshandeln der Gemeinden** ist mithin der **Rechtsweg zu den allgemeinen Verwaltungsgerichten geöffnet** (vgl. hierzu *BFH* NVwZ 1991, 103 [104]).

3. Finanzgerichtliches Verfahren

Das finanzgerichtliche Klageverfahren gilt **für die Realsteuern, soweit** 1107 **ihre Verwaltung den Landesfinanzbehörden übertragen** ist. Außergerichtlicher Rechtsbehelf ist nach § 1 i. V. m. § 348 AO in diesen Fällen der **Einspruch** (vgl. hierzu VI. 3.)

VI. Einzelne Abgaben

1. Übersicht

1.1. Nach der geltenden Rechtslage in **Sachsen** können **die Gemeinden** im 1108 wesentlichen **folgende Kommunalabgaben** erheben: Die **Grund- und Gewerbesteuer, aufgrund Steuerfindungsrechts die örtlichen Verbrauchs- und Aufwandsteuern, die Verwaltungsgebühren (Kosten), die Benutzungsgebühren, die Kommunalbeiträge, die Erschließungsbeiträge, die Kurtaxe, die Fremdenverkehrsabgabe und die Feuerwehrabgabe.** *Verstoß gegen*

1.2. Die **Landkreise** sind außerdem nach § 8 KAG zur Erhebung der **Jagd-** *Art. 3 GG* **steuer** berechtigt (vgl. hierzu *BVerfG* NVwZ 1989, 1152; *BVerwG* KStZ 1978, 190; *VGH BW* ZKF 1986, 254; *OVG Münster* NVwZ RR 1990, 589).

2. Die Grundsteuer

2.1. Steuergegenstand

Die Grundsteuer ist eine kraft Bundesrecht geregelte Realsteuer, der der 1109 inländische **Grundbesitz** im Sinne des Bewertungsgesetzes, und zwar

2.1.1. die Betriebe der Land- und Forstwirtschaft sowie die gleichstehenden Betriebsgrundstücke **(Grundsteuer A),**

2.1.2. die sonstigen Grundstücke sowie die gleichgestellten Betriebsgrundstücke **(Grundsteuer B)** unterliegen.

– Vgl. § 2 GrStG.

Ihre Erhebung geht auf die reichseinheitliche Regelung der Realsteuern durch die Realsteuerreform von 1936 zurück und ist als sog. „**Soll-ertragssteuer**" konzipiert. Ihr Ertrag ist seit Jahren stagnierend. Ursache sind die veralteten, zu niedrigen Einheitswerte der Grundstücke sowie der stetige Verlust landwirtschaftlicher Nutzfläche.

2.2. Steuerhoheit

Die Grundsteuer ist eine **Steuer i. S. des Art. 105 Abs. 2 GG.** Der Bund 1110 besitzt die **konkurrierende Gesetzgebungszuständigkeit** (Art. 105 Abs. 2, 72, Abs. 2 Nr. 3 GG). Die Gesetzgebungskompetenz für die Verwaltung liegt nach Art. 108 Abs. 4 Satz 2 GG bei den Ländern. Hiernach kann die den Landesbehörden zustehende Verwaltung durch die Länder ganz oder zum Teil den Gemeinden übertragen werden. Das ist durch § 7 Abs. 3 KAG geschehen. Die **Ertragshoheit** liegt bei den Gemeinden (Art. 106 Abs. 6 GG). Die **Verwaltungshoheit** ist geteilt:

2.2.1. Das **Finanzamt** besitzt folgende verfahrensrechtliche Zuständigkeit, vgl. Art. 108 Abs. 2 GG; § 17 Abs. 2 FVG, §§ 1 Abs. 1, 16, 22, 184 AO:
– Feststellung des steuerpflichtigen Grundbesitzes,
– Einheitsbewertung der Grundstücke nach dem Bewertungsgesetz,
– Festsetzung des Steuermeßbetrags (§ 184 AO),
– Durchführung der Grundsteuerzerlegung (§ 185 AO),
– Rechtsbehelfsverfahren bei Einheitswertbescheiden, Grundsteuermeßbescheiden und Zerlegungsbescheiden.

2.2.2. **Die Gemeinde** besitzt folgende verfahrensrechtliche Zuständigkeit, vgl. Art. 108 Abs. 4 Ziff. 2 GG; § 7 Abs. 3 Sächs. KAG:
– Bekanntgabe oder Zustellung der Meßbescheide für das Finanzamt an den Abgabenschuldner, soweit das Finanzamt die Meßbescheide nicht selbst bekannt gibt,
– Festsetzung des Hebesatzes (§ 25 GrStG),
– Anwendung des Hebesatzes auf den Meßbetrag (Bemessung),
– Festsetzung der Grundsteuer durch Bescheid,
– Erhebung der Grundsteuer (Einziehung, Vollstreckung).
Soweit das Finanzamt die Grundsteuer verwaltet, gilt als **Verfahrensrecht** die AO in vollem Umfang (§ 1 Abs. 1 AO). Soweit die Gemeinde die Grundsteuer verwaltet, gilt die AO nach § 1 Abs. 2 weitgehend; im übrigen gilt das KAG subsidär.

2.3. Steuerbemessung

1111 *2.3.1.* Steuerbemessungsgrundlage ist der **Einheitswert** des Steuergegenstands. Steuermaßstab ist der Steuermeßbetrag (§ 13 GrStG).
Die **Berechnungsformel** lautet:
Einheitswert x Steuermeßzahl = Steuermeßbetrag.

2.3.2. Die Steuerbemessung läuft verfahrensmäßig wie folgt ab:
Das Finanzamt
– ermittelt die Steuerpflicht (Steuerbefreiung) des zu veranlagenden Steuergegenstandes,
– stellt **nach dem Bewertungsgesetz den Einheitswert** für den Steuergegenstand **durch Einheitswertbescheid fest,**
– setzt durch Anwendung der im Grundsteuergesetz (§§ 13–15) festgelegten Steuermeßzahl den Grundsteuermeßbetrag durch **Grundsteuermeßbescheid** gegenüber dem Steuerschuldner fest (§ 184 AO),
– teilt den Meßbetrag der für die Grundsteuerfestsetzung zuständigen Gemeinde mit (§ 184 Abs. 3 AO),

– gibt die Meßbescheide an den Steuerschuldner bekannt, soweit nicht die Gemeinde nach § 7 Abs. 3 Sächs. KAG die Bekanntgabe für das Finanzamt vornimmt,

– entscheidet über Rechtsbehelfe in diesem Verfahren.

2.3.3. Der **richtige Rechtsbehelf** gegen den Grundsteuermeßbescheid ist der **Einspruch** (§ 1 Abs. 1 i. V. m. § 348 AO). Einspruchsbefugt ist der betroffene Grundbesitzer. Die Gemeinde selbst besitzt nur dann die Einspruchsbefugnis, soweit sie selbst auch als Grundbesitzer i. S. des § 2 GrStG betroffen ist (*BFH* BStBl. II 1976, 426). **1112**

Beachtlich im Einspruchsverfahren sind alle Argumente, die sich auf die Feststellung der Steuerpflicht und Errechnung des Meßbetrags beziehen. Unzulässig ist die Beanstandung des der Bemessung zugrundeliegenden Einheitswertbescheids oder der nachfolgenden Steuerfestsetzung durch die Gemeinde.

Der Einheitswertbescheid ist für die Folgebescheide bindender **Grundlagenbescheid** (§ 171 Abs. 10 AO). Wird der Einheitswertbescheid geändert, ist der Steuermeßbescheid als **Folgebescheid** nach den §§ 175 Ziff. 1, 184 Abs. 1 AO von Amts wegen zu ändern. Für das **Klageverfahren** ist nach §§ 33 Abs. 1 Nr. 1, 40 Abs. 1 FGO der **Finanzrechtsweg** gegeben (BVerwG NJW 1993, 2453).

2.3.4. Erstreckt sich ein Steuergegenstand **über mehrere Gemeinden,** hat das Finanzamt die **Zerlegung** des Steuermeßbetrags entsprechend der wertmäßig auf die einzelnen Gemeinden entfallenden Anteile des Steuergegenstands durchzuführen. Für die Zerlegung gelten die Verfahrensvorschriften für das Steuermeßbetragsverfahren im wesentlichen entsprechend (§ 185 AO). Die beteiligten Gemeinden können gegen den Zerlegungsbescheid **Einspruch** einlegen. Die **Einspruchsbefugnis** nach § 350 AO setzt voraus, daß eine Gemeinde geltend macht, die Zerlegung sei rechtswidrig zu ihren Lasten durchgeführt worden (*BFH* HFR 63, 110). **1113**

2.4. Steuerfestsetzungsverfahren

2.4.1. Nach Mitteilung des Steuermeßbescheids (Zerlegungsbescheids) durch das Finanzamt an die hebeberechtigte **Gemeinde** (§ 184 Abs. 3 AO) ermittelt diese durch **Anwendung des Hebesatzes** auf den Steuermeßbetrag die Grundsteuer und setzt sie durch **Steuerbescheid** nach § 1 Abs. 2 AO i. V. m. § 155 AO gegenüber dem Steuerschuldner fest. **Für den Steuerbescheid gelten die speziellen Verfahrensvorschriften der §§ 155 ff. AO. Der Steuerbescheid ist Abgabenverwaltungsakt i. S. des § 118 AO.** Zu beachten ist, daß die Verfahrensvorschriften der §§ 155 f. bei Abgabenbescheiden den Verfahrensvorschriften der § 118 ff. vorgehen. **1114**

Eine Abgabenfestsetzung durch **öffentlich-rechtlichen Vertrag** ist grundsätzlich **unzulässig** (*Gern,* KStZ 1979, 161 mwN). Die AO hat den Vertrag als Handlungsform zur Abgabenfestsetzung nicht vorgesehen.

Dieses Verbot gilt – mit Ausnahmen – auch für die übrigen Kommunalabgaben (vgl. hierzu *OVG Lüneburg* KStZ 1985, 113 sowie unten Ziff. 7, 8 u. 9).

1115 *2.4.2.* **Steuerschuldner** ist derjenige, dem der Steuergegenstand (§ 2 GrStG) bei der Feststellung des Einheitswerts zugerechnet wird. Ist der Steuergegenstand mehreren Personen zugerechnet, so sind sie **Gesamtschuldner** (§ 10 GrStG). Die Rechtsfolgen der Gesamtschuldnerschaft sind in § 44 AO geregelt.

2.4.3. **Hebesatz** ist ein durch Beschluß des Gemeinderats in der Haushaltssatzung oder einer Steuersatzung festgesetzter Hundertsatz, dessen Multiplikation mit dem Steuermeßbetrag die festzusetzende Grundsteuer ergibt (§ 25 GrStG).

2.4.4. Die Grundsteuer **entsteht** mit Beginn des Kalenderjahres, für das die Steuer festzusetzen ist (§ 9 Abs. 2 GrStG).

2.4.5. Eine Steuerfestsetzung ist unzulässig **(Festsetzungsverjährung)**, wenn die Festsetzungsfrist abgelaufen ist. Sie beginnt mit Ablauf des Kalenderjahres der Entstehung (§ 1 Abs. 1, 170 Abs. 1 AO) und läuft **vier Jahre** (§ 169 Abs. 2). Ein öffentlich-rechtlicher **Erstattungsanspruch** (§ 37 Abs. 2 AO) der trotz Verjährung entrichteten Grundsteuer setzt die Aufhebung des Steuerbescheids voraus. Er ist Rechtsgrund i. S. des § 37 Abs. 2 AO.

1116 *2.4.6.* Der richtige **Rechtsbehelf gegen** den **Steuerbescheid** ist der **Widerspruch** (§ 68 VwGO). Die **Widerspruchsbefugnis** setzt voraus, daß der Steuerschuldner geltend macht, er sei gerade durch die Steuerfestsetzung in seinen Rechten verletzt. **Die Behauptung einer Rechtsverletzung, die Gesichtspunkte betrifft, die im Einheitswert- oder Meßbetragsverfahren zu prüfen sind, ist nach § 1 Abs. 2, 351 Abs. 2 AO nicht berücksichtigungsfähig** (*Schwarz*, Komm. zur AO, Rdnr. 12 zu § 351 AO). Einheitswert und Steuermeßbescheid sind für die nachfolgenden Bescheide bindende **Grundlagenbescheide** (§ 171 Abs. 10 AO). Wird der Steuermeßbescheid geändert, ist der Steuerbescheid als **Folgebescheid** von Amts wegen zu ändern (§ 175 Ziff. 1 AO).

2.5. Steuererhebungsverfahren

2.5.1. Fälligkeit

1117 An das Steuerfestsetzungsverfahren schließt sich das Erhebungsverfahren an, das der **Einziehung** des Steueranspruchs dient. Voraussetzung der Erhebung ist die **Fälligkeit** (§§ 1 Abs. 2, 220 AO). Der Grundsteueranspruch wird grundsätzlich zu je 1/4 seines Jahresbetrags am 15. 2., 15. 5., 15. 8., und 15. 11. fällig (§ 28 GrStG).

2.5.2. Erlaß der Grundsteuer

1118 *2.5.2.1.* **Spezialvorschriften** für den Grundsteuererlaß enthalten die §§ 32 (Erlaß für Kulturgut und Grünanlagen – vgl. hierzu *VGH München* KStZ

1983, 55; *VGH BW* BWGZ 1983, 680; *BVerwG* KStZ 1985, 31) und § 33 (Erlaß wegen wesentlicher Ertragsminderung – vgl. hierzu *VGH BW* KStZ 1980, 173; 81, 17; *BVerwG* KStZ 1983, 137; BWGZ 1989, 824; NVwZ-RR 1990, 324).

2.5.2.2. Daneben ist ein **Erlaß der Grundsteuer im Festsetzungsverfahren** **1119** (niedrigere Festsetzung) nach § 163 AO sowie im **Erhebungsverfahren** nach § **227 AO** wegen sachlicher oder persönlicher Unbilligkeit der Festsetzung oder Erhebung möglich. **Sachliche Billigkeitsgründe** liegen vor, wenn der Gesetzgeber den Einzelfall, hätte er ihn normativ zu regeln gehabt, i. S. der in Frage kommenden Billigkeitsmaßnahme geregelt hätte (*BFH* BStBl. 1976, 359). Hat er hingegen eine Härte bewußt in Kauf genommen, ist für den Billigkeitserlaß wegen sachlicher Härte kein Raum (*BVerwG* DVBl. 1982, 1053).

Persönliche Billigkeitsgründe liegen vor, wenn im Fall der Versagung des Billigkeitserlasses die wirtschaftliche oder persönliche Existenz des Abgabenschuldners gefährdet wäre (*BFH* BStBl. 1981, 726 (727)) und der Abgabenschuldner **erlaßwürdig** ist (*BVerwG* NVwZ 1984, 508). Erlaßunwürdigkeit liegt vor, wenn der Abgabenschuldner die Erlaßbedürftigkeit in vorwerfbarer Weise selbst herbeigeführt hat (*BFH, aaO*). Persönliche Erlaßgründe können etwa bei einem Sozialhilfeempfänger wegen der Nachrangigkeit der Sozialhilfe in Betracht kommen (*VGH BW* VBlBW 1989, 29).

2.5.2.3. Der Erlaß steht im **Ermessen** der Gemeinde. Nach Auffassung des **1120** gemeinsamen Senats der obersten Gerichtshöfe ist die Entscheidung eine **einheitliche Ermessensentscheidung,** wobei der Begriff der Unbilligkeit Inhalt und Grenzen des Ermessens bestimmt. Konkret sind das Interesse des Steuergläubigers an einer vollständigen Steuererhebung und das Interesse des Schuldners am Erlaß gegeneinander **abzuwägen.** Die **gerichtliche Rechtskontrolle folgt derjenigen bei Ermessensentscheidungen.** Liegt eine unbillige Härte vor, ist der Erlaß zu gewähren (GSOBG DÖV 1972, 712; ebenso *BFH* BStBl. 1987, 612. Zur Unbilligkeit vgl. auch *BVerwG* NVwZ 1983, 159; *VGH BW* KStZ 1980, 115; VBlBW 1989, 29).

Der **Erlaß ist ein selbständiger Verwaltungsakt.** Er kann aber mit der Abgabenfestsetzung äußerlich in einem Bescheid verbunden werden. Er ist immer selbständig anzufechten und zwar nicht mit einer gegen den Abgabenbescheid gerichteten Anfechtungsklage, sondern mit einer **Verpflichtungsklage** auf Gewährung eines Erlasses. Das Entstehen von Erlaßgründen nach Erlaß des Abgabenbescheids führt nicht zur Rechtswidrigkeit des Abgabenbescheids.

Maßgeblicher Zeitpunkt für die gerichtliche Prüfung der Begründetheit einer auf den Erlaß eines Abgabenanspruchs gerichteten Verpflichtungsklage ist der der letzten Verwaltungsentscheidung (*VGH München* KStZ 1991, 39 mwN).

Nach *VGH BW* (BWGZ 1986, 506) regeln die §§ 163 Abs. 1, 227 AO die allgemeinen Erlaßtatbestände **abschließend,** so daß eine Abgabensatzung keine weiteren Erlaßtatbestände einführen kann. Diese Auffassung ist abzulehnen, da im Rahmen der Verfolgung von abgabenrechtlichen Nebenzwekken auch außerhalb der §§ 163, 227 AO sozialfördernde Zwecke durch Abgabenminderung oder Abgabenerlaß verfolgt werden können (vgl. *BVerfG* NJW 1979, 1345). Ein **Verzicht** auf Abgaben ist **ein Erlaß vor Entstehung** des Abgabenanspruchs. Er ist unter denselben Voraussetzungen wie ein Erlaß zulässig (vgl. *Gern,* KStZ 1985, 81; *VGH BW* VBlBW 1987, 388; *BVerwG* DVBl. 1982, 550).

1121 *2.5.2.4.* Vom Erlaß der Grundsteuer zu unterscheiden ist die **Niederschlagung.** Sie bedeutet die Nicht-Weiterverfolgung eines fälligen Anspruchs, ohne den Anspruch zu erlassen (vgl. hierzu § 261 AO sowie die speziellen Regelungen in der **Gemeindehaushaltsverordnung**). Die Niederschlagung ist **kein Verwaltungsakt,** sondern ein Verwaltungsinternum.

2.5.3. Stundung

1122 Eine **Stundung** der Grundsteuer ist nach **§ 1 Abs. 2 AO, § 222 AO** möglich. Die Stundung setzt eine **erhebliche Härte** aus persönlichen oder sachlichen Gründen sowie **Stundungswürdigkeit** des Schulners voraus (vgl. *BFH* BStBl. 1974, 307). Der Begriff der erheblichen Härte und die Unbilligkeit der Einziehung i. S. des § 227 sind nicht inhaltsgleich. Die Stundung erfordert eine **momentane** besondere Härte und ist nur möglich, wenn spätere Leistungsfähigkeit erwartet werden kann. Auch die Entscheidung über die Stundung ist eine **einheitliche Ermessensentscheidung** (*BVerwG* BWGZ 1990, 829).

Die Stundung wird durch **Abgabenverwaltungsakt** i. S. des § 118 AO ausgesprochen. Die §§ 155 ff. AO gelten nicht. Der Stundungsbescheid ist kein Abgabenbescheid in diesem Sinne.

2.5.4. Haftung

1123 Die **Haftung** für die Grundsteuer richtet sich nach § 11 GrStG (persönliche Haftung) und nach § 12 (dingliche Haftung). Die Grundsteuer ruht als **öffentliche Last** auf dem Grundstück. Daneben gelten die allgemeinen Haftungsvorschriten für Abgaben nach § 69 ff. AO.

Die **persönliche Haftung** ist durch die Gemeinde durch **Haftungsbescheid** (§ 1 Abs. 2, § 191 Abs. 1 AO), die dingliche Haftung durch **Duldungsbescheid** (§ 77 Abs. 2 AO, 191 AO) geltend zu machen. Haftungs- und Duldungsbescheide sind **Abgabenverwaltungsakte** i. S. des § 118 AO.

Die **öffentliche Last** ist ein öffentlich-rechtlich dingliches Recht und begründet die Pflicht für den jeweiligen Eigentümer, die Zwangsvollstreckung des Grundstücks wegen der auf dem Grundstück ruhenden Abgabenlast zu dulden (§ 77 Abs. 2 AO); vgl. *BVerwG* DVBl. 1986, 624; *VGH Kassel* ESVGH 31, 8).

Nach **§ 219 AO** darf ein Haftungsschuldner nur in Anspruch genommen werden, soweit die Vollstreckung in das bewegliche Vermögen des Abgabenschuldners ohne Erfolg geblieben ist oder voraussichtlich erfolglos sein würde. Erst dann darf eine **Zahlungs- oder Duldungsaufforderung** an den

Haftenden ergehen. Die Aufforderung ist selbständig anfechtbarer Abgabenverwaltungsakt i. S. des § 118 AO. Sein Erlaß steht im **Ermessen** der Kommune.

Voraussetzung des Erlasses eines **Duldungsbescheides** ist, daß der zugrundeliegende persönliche Abgabenanspruch festgesetzt, fällig und vollstreckbar ist (*BVerwG* BWGZ 1987, 336). Haftungsschuldner und Duldungspflichtiger können nach § 191 AO neben den **Einwendungen** gegen die Haftungsschuld oder Duldungspflicht auch Einwendungen gegen das Bestehen der persönlichen Abgabenschuld geltend machen. Die Haftungs- und Duldungspflichten sind zur Abgabenpflicht **akzessorisch**.

2.5.5. Verjährung

Die Grundsteuer unterliegt der **Zahlungsverjährung** nach den §§ 228 f. **1124** AO. Sie beginnt mit Ablauf des Kalenderjahres der Fälligkeit und beträgt **fünf Jahre**. Für die **Unterbrechung** der Verjährung gilt § 231 AO. Mit Eintritt der Verjährung **erlischt** der Abgabenanspruch (§ 232 AO). Eine trotz Erlöschen gezahlte Abgabe kann nach **§ 37 Abs. 2 AO** zurückgefordert werden.

2.6. Korrektur von Steuerbescheiden

Abgabenbescheide können **nach den §§ 172 ff.** AO nach Eintritt der Be- **1125** standskraft **korrigiert** werden (vgl. hierzu *VGH BW* VBlBW 1991, 222). **Andere Abgabenverwaltungsakte** unterliegen der Korrektur nach den **§§ 130 bis 132 AO. Offenbare Unrichtigkeiten** beim Erlaß eines Abgabenbescheids oder eines anderen Abgabenverwaltungsakts können nach **§ 129 AO** jederzeit berichtigt werden.

2.7. Folgen der Rechtswidrigkeit, Heilung

Rechtswidrige Abgabenbescheide sind im Regelfall wirkam, aber **aufheb- 1126 bar** (§ 124 Abs. 2 AO). Besonders schwerwiegende Fehler, die offenkundig sind, führen zur **Nichtigkeit** eines Verwaltungsakts (§§ 125, 124 Abs. 3 AO). Eine **Heilung** von Fehlern ist unter den Voraussetzungen der **§§ 126, 127 AO sowie** bei zulässigem **Nachschieben** einer fehlenden Rechtsgrundlage, möglich.

3. Die Gewerbesteuer

3.1. Steuergegenstand

Die Gewerbesteuer ist eine kraft Bundesrechts geregelte **Realsteuer,** der **1127** stehende Gewerbebetriebe und Reisegewerbebetriebe im Inland unterliegen (§§ 1, 2, 35 a GewStG). Sie wurde als Ausgleich dafür eingeführt, daß den Gemeinden aus der Gewerbeansiedlung besondere Lasten erwachsen (*BVerfG* NJW 1969, 850) und wurde erstmals reichsrechtlich durch das Realsteuergesetz von 1936 geregelt. Die Gewerbesteuer bildet die **Haupteinnahmequelle** der Gemeinden bei den eigenen Steuern.

Ein **Gewerbebetrieb** ist eine selbständige, nachhaltige Betätigung, die mit Gewinnabsicht unternommen wird und sich als Beteiligung am allgemeinen wirtschaftlichen Verkehr darstellt, soweit die Betätigung weder als Ausübung von Land- und Forstwirtschaft, als Ausübung eines freien Berufs noch als eine sonstige selbständige Tätigkeit i. S. des Einkommensteuerrechts anzusehen ist (§ 1 GewStDVO).

3.2. Steuerhoheit

1128 Für die Gesetzgebungs-, Ertrags- und Verwaltungshoheit gilt entsprechendes wie für die Grundsteuer (vgl. 2.2.).

3.3. Steuerbemessung

1129 *3.3.1.* **Steuerbemessungsgrundlage** sind der **Gewerbeertrag** unter Berücksichtigung von Hinzurechnungen und Kürzungen (§§ 7–9) **und** das **Gewerbekapital** (§ 12). Auf beide Bemessungsgrundlagen ist jeweils eine **Steuermeßzahl** anzuwenden (§ 11, § 13). Die **Multiplikation** des Gewerbeertrags bzw. des Gewerbekapitals mit der Steuermeßzahl ergibt den jeweiligen **Steuermeßbetrag.** Durch **Zusammenrechnung** der Steuermeßbeträge, die sich nach dem Gewerbeertrag und dem Gewerbekapital ergeben, wird ein **einheitlicher Steuermeßbetrag** gebildet (§ 14).
Die **Berechnungsformel** lautet:
(Gewerbeertrag × Steuermeßzahl = Meßbetrag/Gewerbeertrag) + (Gewerbekapital × Steuermeßzahl = Steuermeßbetrag/Gewerbekapitel) = einheitlicher Meßbetrag.

3.3.2. Die Steuerbemessung läuft **verfahrensmäßig** wie folgt ab:
Das **Finanzamt**
– ermittelt die Steuerpflicht (Steuerbefreiung) des zu veranlagenden Gewerbebetriebs,
– ermittelt den einheitlichen Steuermeßbetrag (§ 14),
– setzt den einheitlichen Steuermeßbetrag gegenüber dem Steuerschuldner durch Bescheid fest (§ 1Abs. 1, § 184 Abs. 1 AO),
– gibt den Steuerbescheid dem Steuerschuldner bekannt, soweit nicht die Gemeinde den Steuerbescheid bekanntgibt (hierzu *FG BW* Urteil v. 13. 12. 85, IX 156/81),
– teilt den Inhalt des Steuermeßbescheids der Gemeinde mit, der die Steuerfestsetzung obliegt (§ 184 Abs. 3),
– entscheidet über Rechtsbehelfe in diesem Verfahren.

3.3.3. Der richtige **Rechtsbehelf** ist der **Einspruch** (§ 1 Abs. 1 AO, 348 AO) (vgl. i. e. 2.3.3. und V.). Für das **Klageverfahren** ist nach §§ 33 Abs. 1 Nr. 1, 40 Abs. 1 FGO der **Finanzrechtsweg** gegeben (BVerwG NJW 1993, 2453).

3.3.4. Für die **Zerlegung** gilt § 28 GwStG (vgl. hierzu *BFH* NVwZ RR 1990, 648 und oben 2.3.4.).

3.4. Steuerfestsetzungsverfahren

3.4.1. Nach Abschluß des Meßbetragsverfahrens setzt die hebeberechtigte **1130** **Gemeinde** durch Anwendung des in der Haushaltssatzung oder Steuersatzung festgesetzten **Hebesatzes** auf den Steuermeßbetrag die Gewerbesteuer durch **Steuerbescheid** gegenüber dem Steuerschuldner fest (§ 1 Abs. 2, 155 ff. AO).

3.4.2. **Steuerschuldner** ist der Unternehmer (§ 5 GwStG). Als Unternehmer gilt der, für dessen Rechnung das Gewerbe betrieben wird.

3.4.3. Die Steuer **entsteht** mit Ablauf des Erhebungszeitraumes, für den die Festsetzung erfolgt (§ 18 GwStG, vgl. hierzu *BVerwG* NJW 1990, 590).

3.4.4. Für die **Festsetzungsverjährung** gelten die §§ 169 ff. (vgl. hierzu 2.4.5.).

3.4.5. Richtiger Rechtsbehelf gegen die Steuerfestsetzung ist der **Widerspruch** (vgl. 2.4.6. und V.).

3.5. Steuererhebungsverfahren

3.5.1. Bereits vor Entstehung der Steuerschuld hat der Steuerschuldner zum **1131** 15. 2. , 15. 5., 15. 8. und 15. 11. **Vorauszahlungen** zu entrichten (Fälligkeitsbestimmung) (§ 19 Abs. 1 GrStG). Eine Festsetzung einer **Vorauszahlung ist** eine Steuerfestsetzung unter dem **Vorbehalt der Nachprüfung.**

Abgaben können nach § 164 AO, solange der Abgabenfall nicht abschließend geprüft ist, allgemein oder im Einzelfall unter dem Vorbehalt der Nachprüfung festgesetzt werden, ohne daß dies einer Begründung bedarf. Solange der Vorbehalt wirksam ist, kann die Abgabenfestsetzung aufgehoben oder geändert werden. Der Abgabenpflichtige kann die Aufhebung oder Änderung der Abgabenfestsetzung jederzeit beantragen. Der Vorbehalt der Nachprüfung kann jederzeit aufgehoben werden. Die Aufhebung steht einer Abgabenfestsetzung ohne Vorbehalt der Nachprüfung gleich. Der Vorbehalt der Nachprüfung entfällt, wenn die Festsetzungsverjährungsfrist abläuft. Durch diese Regelung wird die Bestandskraft der betroffenen Vorbehaltsbescheide stark eingeschränkt.

Die **Reichweite der Bestandskraft** von Abgabenbescheiden ergibt sich aus den §§ 172 ff. **AO**. Die **wesentliche Regelung zur Beseitigung der Bestandskraft** ist § 173 AO. Hiernach sind Abgabenbescheide aufzuheben oder zu ändern, (1) **soweit Tatsachen oder Beweismittel nachträglich bekannt werden, die zu einer höheren Abgabe führen,** (2) **soweit Tatsachen oder Beweismittel nachträglich bekannt werden** (vgl. hierzu *VGH BW* VBlBW 1991, 222), **die zu einer niedrigeren Abgabe führen** und den Abgabepflichtigen kein grobes Verschulden daran trifft, daß die Tatsachen oder Beweismittel erst nachträglich bekannt werden.

3.5.2. Unter Berücksichtigung der Vorauszahlung ergeht ein **Abrechnungsbescheid.** Bei Überzahlung entsteht in dem Zeitpunkt, in dem die (niedrigere) Gewerbesteuerschuld entsteht, ein **Erstattungsanspruch** (*BVerwG* KStZ 1985, 93); bei einer Differenz zugunsten der Gemeinde ist eine **Abschlußzahlung** zu entrichten. Die Fälligkeit richtet sich nach § 20 Abs. 2 u. 3 GwStG.

3.5.3. Für die **Stundung** gilt nach § 1 Abs. 2 AO der § 222 AO; für den **Erlaß** gelten die §§ 163, 227 AO (vgl. hierzu 2.5.2. und *BVerwG* BWGZ 1990, 829).

3.5.4. Für die **Zahlungsverjährung** gilt § 228 AO, für die **Stundung** § 222 AO; für den **Erlaß** gelten im Festsetzungsverfahren § 163 und im Erhebungsverfahren § 227 AO.

3.5.5. Besondere **Haftungsvorschriften** kennt das Gewerbesteuergesetz nicht. Die Haftung richtet sich deshalb ausschließlich nach den §§ 69 ff., insbesondere § 75 AO (persönliche Haftung des Betriebsübernehmers).
– Zu **Reformbestrebungen** hinsichtlich der Gewerbesteuer vgl. *Kopp/Gössl,* BWGZ 1990, 89; zu **EG-rechtlichen Aspekten** vgl. *Scheytt* Der Städtetag 1989, 755.

4. Örtliche Aufwand- und Verbrauchssteuern

4.1. Gesetzliche Steuern und Steuerfindungsrecht

1132 § 105 Abs. 2a GG gibt den Ländern die **Gesetzgebungsbefugnis über örtliche Aufwand- und Verbrauchssteuern,** solange und soweit sie nicht bundesgesetzlich geregelten Steuern gleichartig sind.

4.1.1. **Verbrauchssteuern** sind Steuern, deren **Erhebung an den Übergang einer Sache aus dem steuerlichen Zusammenhang in den nicht gebundenen Verkehr anknüpft** (*BFHE* 57, 473). Sie gehören zur Gruppe der (Rechts-)Verkehrssteuern; d. h. sie knüpfen tatbestandlich an bestimmte Rechtsgeschäfte an, die zum Verbrauch einer Sache bei Dritten führen (vgl. *BVerfGE* 16, 64 (73); *Bayer,* HdKWP, Bd. 6, S. 168). In dieser Eigenschaft sind sie **Indirekte Steuern,** bei welchen Steuerschuldner und Steuerträger auseinanderfallen (*BVerfGE* 44, 216 (227) – zur Getränkesteuer).
Steuerträger ist der Endverbraucher. Die **Steuerschuldnerschaft** knüpft an die rechtsgeschäftliche Weitergabe zum Verbrauch an.

4.1.2. **Aufwandsteuern sind Steuern** auf die in der Einkommensverwendung **für den persönlichen Lebensbedarf** zum Ausdruck kommende **wirtschaftliche Leistungsfähigkeit** (*BVerfGE* 16, 74; 49, 354; NJW 1984, 785; *VGH BW* NVwZ 1990, 395; *BFH* NVwZ 1990, 903). Allerdings **genügt** noch **nicht,** wenn eine Steuer **überhaupt** an die wirtschaftliche Leistungsfähigkeit anknüpft. Begriffsmerkmal der Aufwandsteuer ist vielmehr, daß sie „**einen besonderen Aufwand,** also eine über die Befriedigung des allgemeinen Lebensbedarfs hinausgehende Verwendung von Einkommen oder Vermögen erfaßt". (*BVerfG* NVwZ 1989, 1152; *BVerwG* DÖV 1992, 489 – abgelehnt für die „schlichte" Einwohnersteuer). Aufwandsteuern knüpfen an das Halten eines Gegenstandes für den persönlichen Lebensbedarf zum Gebrauch, also an dessen tatsächlichem oder rechtlichen Zustand an (*BVerfGE* 6, 256). Eine klare Abgrenzung zu den Verbrauchsteuern ist nicht immer möglich (*BVerfGE* 6, 65, 325 (345)), aber auch entbehrlich. Die Aufwandsteuern sind in der Regel als direkte Steuern ausgestaltet (*Bayer*, aaO, S. 165).

4.1.3. Örtlich sind Verbrauchs- und Aufwandsteuern, die in ihrem **Steuertatbestand an örtliche Gegebenheiten anknüpfen,** etwa an die Belegenheit einer Sache oder an einen Vorgang im Gemeindegebiet, **und die** wegen der Begrenzung ihrer unmittelbaren Wirkungen auf das Gemeindegebiet **nicht zu einem die Wirtschaftseinheit berührenden Steuergefälle führen können** (*BVerfGE* 65, 325 (349); NVwZ 1990, 356; *VGH BW* DÖV 1977, 674). Unschädlich ist, wenn auch andere Gemeinden aufgrund inhaltsgleicher Satzungen dieselbe Steuer erheben (*BVerwG* NVwZ 1990, 568).

4.1.4. Das in Art. 105 Abs. 2a GG enthaltene **Gleichartigkeitsverbot** bedeutet, daß eine Steuer kraft Bundesrechts und eine örtliche Steuer nicht dieselben arbtstimmenden Merkmale aufweisen und nicht **dieselbe Quelle wirtschaftlicher Leistungsfähigkeit** ausschöpfen dürfen (*BVerfG* NJW 1979, 859). **Artbestimmend** sind der Steuergegenstand, die Bemessungsgrundlage und der Steuermaßstab sowie die Besteuerungstechnik. Das differenzierend wirkende Örtlichkeitsmerkmal allein ist nicht geeignet, eine Gleichartigkeit zu verhindern (*BVerfGE* 40, 56 (64); aA *BVerwGE* 45, 264; kritisch *Bayer,* aaO, S. 168).

Nicht erfaßt vom Gleichartigkeitsverbot werden nach Auffassung des *BVerfG* (*BVerfGE* 40, 56 (63); 69, 183) die **herkömmlichen** örtlichen Steuern. Dies sind örtliche Verbrauchs- und Aufwandsteuern, die zur Zeit der Neufassung des Art. 105 Abs. 2a GG im Jahre 1970 üblicherweise bereits erhoben wurden (vgl. auch *BFH* NVwZ 1990, 904).

4.1.5. In Vollzug dieser Kompetenz haben die Bundesländer mit unterschiedlichem Inhalt **teils unmittelbar kraft Gesetzes** kommunale Steuern **geschaffen,** teils die **Findung** und Ausgestaltung der Steuern durch Einräumung des sog. **„Steuerfindungsrechts" den Kommunen überlassen.**

Der Freistaat **Sachsen** hat das Steuerfindungsrecht in **§ 7 Abs. 2 KAG** geregelt. Soweit Gesetze nicht bestehen, können nach dieser Vorschrift die Gemeinden örtliche Verbrauchs- und Aufwandsteuern erheben, solange und soweit sie nicht bundesrechtlich geregelten Steuern gleichartig sind, jedoch nicht Steuern, die vom Land erhoben werden oder den Kreisfreien Städten und Landkreisen vorbehalten sind.

4.1.6. Das im Rahmen des Selbstverwaltungsrechts bestehende **Steuerfindungsrecht** (*Bay VerfGH* DÖV 1989, 306) gibt den Kommunen die **Möglichkeit zu zusätzlicher Einnahmebeschaffung.** Wegen des sehr geringen Steuerertrags im Verhältnis zu den anderen kommunalen Steuern werden diese Steuern auch **Bagatellsteuern** genannt. Ob und in welcher Weise die Kommunen vom Steuerfindungsrecht Gebrauch machen, steht in ihrer weiten **Gestaltungsfreiheit** (*BVerfGE* 31, 119 (130); NJW 1984, 785; *VGH BW* KStZ 1977, 147; *OVG Lüneburg* NVwZ 1989, 591).

4.1.7. Das Steuerfindungsrecht wird **begrenzt insbesondere durch das Rechtsstaatsprinzip und Art. 12 GG.** Hiernach ist eine **Erdrosselung** durch eine gefundene Steuer verboten (Erdrosselungsverbot). Eine Erdrosselung ist gegeben, wenn in die freie persönliche oder wirtschaftliche Bestätigung des Betroffenen durch die Steuerbemessung in einer Weise eingegriffen wird, daß die Betätigung praktisch unmöglich gemacht oder unverhältnismäßig erschwert wird und wenn die Steuerbemessung durch diese Wirkung dem steuerlichen Zweck der Einnahmeerzielung geradezu widerlaufen würde (*BVerfG* KStZ 1971, 162; 68, 287 (310); *OVG Koblenz* KStZ 1983, 74; *OVG Lüneburg* NVwZ 1989, 591). Bei der erdrosselnden Steuer schlägt die Einnahmeerzielungsfunktion der Steuererhebung in eine Verwaltungsgebühr mit Verbotscharakter um (*BVerfGE* 38, 61 (81); *BFHE* 141, 369 (385)).

Das Steuerfindungsrecht wird **auch durch** das **Willkürverbot** (Art. 3 GG) **begrenzt.** Sachliche Gründe für eine Steuererhebung können sich aus dem Hauptzweck des Steuerfindungsrechts, der Einnahmeerzielung zur Aufgabenerfüllung ergeben; daneben aber auch aus Nebenzwecken, aus sozial- wirtschafts- oder finanzpolitischen, steuertechnischen, hygienischen und weiteren Erwägungen (*BVerfG* NJW 1984, 785; 1979, 1345; *OVG Lüneburg* NVwZ 1989, 591 mwN).

4.1.8. **Auszuüben ist das Steuerfindungsrecht durch Erlaß** einer **Steuersatzung.**

4.2. Einzelne Steuerarten

4.2.1. Steuergegenstände

1133 Die **Zahl der möglichen Steuergegenstände und damit die Steuerarten** ist **nicht abschließend.** Im wesentlichen werden folgende Gegenstände in der Praxis der Besteuerung unterworfen:

4.2.1.1. Die im Gemeindegebiet veranstalteten Vergnügungen sind Gegenstand der **Vergnügungssteuer.** Vergnügungen sind alle Veranstaltungen, Darbietungen und Vorführungen, die dazu geeignet sind, das Bedürfnis nach Zerstreuung und Entspannung zu befriedigen (*Bayer,* aaO, S. 220).

Beispiele: Tanzveranstaltungen (hierzu *OVG Münster* GewArch 1992, 248); Film- und Stripteasevorführungen (*VGH BW* ESVGH 37, 145).

– Zur **Verfassungsmäßigkeit** vgl. *BVerfG* NJW 1976, 101; *BVerwGE* 45, 277; *VGH BW* VBlBW 1985, 95; BWVPr 1987, 184; KStZ 1989, 54.

Die Vergnügungssteuer ist eine örtliche **Aufwandsteuer** (hierzu *BVerfG* NVwZ 1989, 1152; *VGH BW* KStZ 1989, 54; *Gern,* ZKF 1987, 266 und NVwZ 1988, 1088 (1089); *Birk,* in: *Driehaus,* KAR, Rdnr. 192 zu § 3).

VI. Einzelne Abgaben

4.2.1.2. Die Inanspruchnahme von **(Erst-)Wohnraum** ist Gegenstand der **Einwohnersteuer** (Wohnungssteuer, Wohnraumsteuer). Ob jemand die Wohnung als Eigentümer, Mieter oder sonst Nutzungsberechtigter in Anspruch nimmt, ist ohne Bedeutung.

– Zur Verfassungsmäßigkeit vgl. *BVerfGE* 16, 64 (76); KStZ 1974, 289; *VGH BW* ESVGH 26, 40 (42); NVwZ 1990, 395; *Bayer,* KStZ 1989, 167.

Die Einwohnersteuer ist nur dann eine örtliche **Aufwandsteuer,** wenn sie mit einem **besonderen** Aufwand verbunden ist und damit Ausdruck einer (besonderen) wirtschaftlichen Leistungsfähigkeit ist (so zu Recht *Birk,* aaO, Rdnr. 107 zu § 3; *BVerwG* DÖV 1992, 489).

4.2.1.3. Das **Innehaben einer Zweitwohnung im Gemeindegebiet** zum Zwecke des persönlichen Lebensbedarfs ist Gegenstand der **Zweitwohnungssteuer.** Sie ist eine Aufwandsteuer. Die Zweitwohnungssteuer hat sich in den siebziger Jahren entwickelt. Motive der Einführung waren die Eindämmung der Zweitwohnungen sowie die Finanzierung eines Teils der Mehraufwendungen der Gemeinden für die Verwaltung infrastruktureller Maßnahmen für Zweitwohnungen (vgl. hierzu *Kopp/Gössl,* BWGZ 1990, 90).

Die Steuer **verstößt nicht gegen** das **Gleichartigkeitsverbot** und ist auch dann eine **örtliche** Steuer, wenn sie aufgrund inhaltsgleicher Satzungen landesweit erhoben wird (*BVerwG* NVwZ 1990, 568). Eine **Beschränkung** des Steuergegenstandes auf nur **auswärtige Zweitwohnungsinhaber verstößt** jedoch **gegen Art.** 3 **GG** (*BVerfG* NJW 1984, 785).

Der **Begriff der Zweitwohnung** stellt nicht auf das Melderecht, sondern auf den **Schwerpunkt der Lebensverhältnisse ab** (*VGH BW* BWVPr 1982, 88; BWGZ 1993, 167 – Hauptwohnsitz im Ausland). Wird eine Zweitwohnung lediglich zu Erwerbszwecken, etwa als **Kapitalanlage** benutzt, wenn also dem Eigentümer daran gelegen ist, durch eine Vermietung der Wohnung Erträge aus dem Grundeigentum zu erwirtschaften und eine Eigennutzung ausgeschlossen ist (vgl. *VGH BW* BWGZ 1991, 267), fehlt das konstituierende Merkmal eines „Aufwands zum persönlichen Lebensbedarf" (*BVerwG* KStZ 1979, 232; *VGH BWGZ* 1987, 57 VBlBW 1993, 436).

Die Belastung mit einer Zweitwohnungssteuer neben der Erhebung einer Kurtaxe führt nicht zu einer unzulässigen abgabenrechtlichen Doppelbelastung (*OVG Lüneburg* NVwZ 1987, 157).

– Ein **Muster** einer Zweitwohnungssteuersatzung finden sie in Mitt.DST 1990, 475.
– Zur gesetzl. Einführung der Zweitwohnungssteuer in **Hamburg** vgl. GVOBl. 1992, 300.

4.2.1.4. Die **entgeltliche Abgabe von Getränken** im Gemeindegebiet zum Verzehr an Ort und Stelle ist Gegenstand der **Getränkesteuer** (*BVerfG* NJW 1977, 1769; *BVerfGE* 40, 52 (55); *VGH München* KStZ 1978, 73). Sie **verstößt weder gegen Art.** 3 **GG noch gegen das Gleichartigkeitsverbot** (*BVerfGE* 69, 182).

4.2.1.5. Die **Eröffnung einer Schankwirtschaft** ist Gegenstand der **Schankerlaubnissteuer.** Voraussetzung ist die Erteilung einer gaststättenrechtlichen Erlaubnis zum Betrieb einer Schankwirtschaft (vgl. *Birk,* aaO, Rdnr. 178 zu § 37; *BVerwG* NJW 1979, 63; *VGH Kassel* GHH 1988, 20).
– Zur Verfassungsmäßigkeit *BVerfGE* 13, 181, 195 f.; 29, 327 f.

Die Schankerlaubnissteuer ist eine **„sonstige Steuer"** im Sinne des Art. 105 Abs. 2 GG (*BVerwG* KStZ 1978, 72; hierzu *Birk,* aaO, Rdnr. 177 zu § 3).

4.2.1.6. Die Ausübung des Jagdrechts ist Gegenstand der **Jagdsteuer.**
– Zur Verfassungsmäßigkeit *BVerfG* NVwZ 1989, 1152 mwN. Die Jagdsteuer ist eine örtliche Aufwandsteuer, die in Sachsen allerdings **auf die Kreise hochgezont ist.**

4.2.1.7. Weiter in Betracht kommt die **Besteuerung von Reitpferden** (vgl. *VGH München* NVwZ 1983, 758) **oder anderen Tierarten** sowie etwa von **Motorbooten** und **Wohnungen.**

– Zur **Hundesteuer** vgl. Ziff. 5.
– Zur **Speiseeissteuer** vgl. *BVerfGE* 16, 306.
– Zur **Getränkeverpackungssteuer** vgl. *Gern,* KStZ 1989, 61; *Eckert,* DÖV 1990, 1006.

Weder eine örtliche Aufwand- noch Verbrauchssteuer ist hingegen die zur Zeit – zur Verminderung des Kiesverbrauchs – diskutierte **kommunale Kiessteuer,** die den Kauf oder Verkauf von Kies im Gemeindegebiet besteuern soll. Im Kieskauf kommt weder eine besondere wirtschaftliche Leistungsfähigkeit („Aufwand") zum Ausdruck noch ist Anknüpfungspunkt der „Verbrauch des Kieses im Gemeindegebiet".

4.2.2. Steuerbemessung

1134 *4.2.2.1.* Die **Vergnügungssteuer** wird in der Regel als **Eintrittskartensteuer** und als **Automatensteuer** erhoben. Im Falle der Kartensteuer wird die Vergnügungssteuer nach Preis und Zahl der ausgegebenen Eintrittkarten berechnet. Teilweise wird ein gewisser Prozentsatz (regelmäßig 10–20%) der Roheinnahmen der Veranstaltung, teilweise werden auch **Festsätze** pro qm des Unterhaltungsraumes erhoben. Bei der Steuer auf das Halten von Automaten werden zumeist feste Monatsbeträge pro Automat erhoben.

Mit der Gestaltung des Steuertarifs wird in der Praxis oft der **Nebenzweck** der **Eindämmung sozialpolitisch unerwünschter Vergnügungen** verfolgt. Speziell wird etwa die Automatensteuer auf **Geldspiel- und Kriegsspielautomaten angehoben,** um den Anreiz der Aufstellung dieser Geräte zu vermindern. Das **Erdrosselungsverbot** ist in diesem Zusammenhang nicht verletzt, wenn einzelne Automaten eines Aufstellers durch die Erhöhung der Steuersätze unrentierlich werden, sondern dies ist **erst dann** der Fall, **wenn** die Höhe der **Steuer den Beruf eines Automatenaufstellers insgesamt unrentierlich macht.** Unter diesen Voraussetzungen verstößt die Steuer gegen

VI. Einzelne Abgaben

die Freiheit der Berufswahl (**Art. 12 GG**) (*OVG Lüneburg* NVwZ 1989, 591; *BVerwG* NVwZ 1989, 1175 – für Killerautomaten). **Auch Art. 3 GG** läßt eine höhere Vergnügungssteuer für bestimmte sozialpolitisch unerwünschte Vergnügungen zu (*OVG* und *BVerwG,* aaO) (vgl. zur Erdrosselungswirkung auch *OVG Koblenz* KStZ 1983, 74; *OVG Münster* KStZ 1988, 233; *BFH* NVwZ 1990, 904).

4.2.2.2. Bemessungsgrundlage der **Einwohnersteuer** ist in der Regel der durchschnittliche tatsächliche oder fiktive Mietaufwand für den in Anspruch genommenen Wohnraum.

4.2.2.3. Bemessungsgrundlage der **Zweitwohnungssteuer** ist in der Regel die **Wohnfläche** oder der (jährliche) **Mietwert** der **Zweitwohnung** (*OVG Lüneburg* KStZ 1990, 12). Möglich ist auch ein Prozentsatz des Einheitswerts oder Verkehrswerts (vgl. *VGH BW* BWGZ 1987, 344). Der Steuersatz bewegt sich in der Praxis von 10–20% des jährlichen Mietaufwands.

– Zur Verfassungsmäßigkeit einer „Indexierung" vgl. *BVerfG* NVwZ 1990, 356.
– Zur Pauschalierung *VGH BW* BWGZ 1993, 308.

4.2.2.4. Bemessungsgrundlage der **Getränkesteuer** ist in der Regel der Kleinhandelspreis des Getränks. Das ist die Endsumme, welche dem Endverbraucher – ohne Getränkesteuer – in Rechnung gestellt wird. Der Steuersatz liegt in der Praxis bei 5–15% des Kleinhandelspreises.

4.2.2.5. Bemessungsgrundlage der **Schankerlaubnissteuer** ist regelmäßig die **Grundfläche** der Wirtschaftsräume und der erste Jahresumsatz nach Eröffnung (vgl. hierzu *BVerwG* VerwRspr. 26, 430; KStZ 1976, 110 – zur Möglichkeit von Zuschlägen für besondere Schankwirtschaften).

4.2.2.6. Bemessungsgrundlage der **Jagdsteuer** ist der **Jahreswert der Jagd,** bei Verpachtung das zu zahlende Pachtentgelt (vgl. hierzu *OVG Koblenz* KStZ 1987, 198; *BVerwG* DÖV 1991, 464; *BVerfG* NVwZ 1989, 1152). Der Steuersatz beträgt bei Inländern höchstens 15%, bei Ausländern bis 60% des Jahresjagdwerts (vgl. § 8 Abs. 2 Sächs. KAG).

4.2.3. Festsetzungsverfahren

4.2.3.1. Für die Festsetzung der örtlichen Verbrauchs- und Aufwandsteuern **1135** **gelten** die Verweisungsregelungen des § 3 KAG.

Unzulässig ist eine Steuerfestsetzung durch Vertrag (*Gern,* KStZ 1979, 161; *OVG Lüneburg* KStZ 1985, 113).

4.2.3.2. **Steuerschuldner** bei der **Vergnügungssteuer** ist derjenige, der die Vergnügungen **veranstaltet,** während **Steuerträger** der Vergnügungssuchende ist (zur Steuerbefreiung vgl. *Gern,* ZKF 1987, 266).

Steuerschuldner der **Einwohnersteuer** ist diejenige Person, die Wohnraum in Anspruch nimmt.

Steuerschuldner der **Zweitwohnungssteuer** ist der Wohnungsinhaber, d. h. der Verfügungsberechtigte.

Steuerschuldner der **Jagdsteuer** ist in der Regel derjenige, der die Jagd tatsächlich ausübt (Jagdpächter, Eigenjagdbesitzer).

Steuerschuldner der **Schankerlaubnissteuer** ist der Inhaber der Schankerlaubnis (zur Haftung vgl. *VGH Kassel* ZKF 1980, 150).

Steuerschuldner bei der **Getränkesteuer** ist derjenige, der die Getränke gegen Entgelt abgibt. Steuerträger ist der Verbraucher.

1136 *4.2.4. Erhebungsverfahren*

Für die Erhebung der örtlichen Verbrauchs- und Aufwandsteuer **gelten über** die Verweisungsvorschrift des § 3 KAG **die §§ 218 ff. AO.** Die Fälligkeit richtet sich nach der Steuersatzung.

1137 *4.2.5. Rechtsbehelfsverfahren*

Gegen Steuerbescheide, die örtliche Verbrauchs- und Aufwandsteuern festsetzen, sind **Widerspruch und Anfechtungsklage** gegeben.

– **Zu weiteren Einzelheiten:** vgl. *Mohl,* Die Einführung und Erhebung neuer Steuern, 1992.

5. Die Hundesteuer

1138 Alle Bundesländer sehen die Erhebung der **Hundesteuer durch die Gemeinden** vor. **Rechtsgrundlage** sind in Baden-Württemberg, Hessen, Rheinland-Pfalz, Berlin, Bremen und Hamburg spezielle **Hundesteuergesetze.** In **Sachsen** wird die Hundesteuer hingegen – wie in den übrigen Bundesländern – **aufgrund der Steuerfindungsermächtigung des KAG** durch Satzung erhoben. Steuergegenstand, Steuerbemessung, Steuerschuldnerschaft sowie die Steuerbefreiung und -ermäßigungen sind dabei in allen Bundesländern im wesentlichen einheitlich ausgestaltet.

5.1. Steuergegenstand

1139 Der Besteuerung unterliegt das **Halten von Hunden im Gemeindegebiet.** Die Hundesteuer ist eine **örtliche Aufwandsteuer** i. S. d. Art. 105 Abs. 2a GG. (*BVerwG* KStZ 1960, 9). Es verstößt **nicht gegen Art. 3** GG, wenn andere Tiere nicht der Steuer unterworfen werden. Für die Besteuerung der Hundehaltung gibt es sachliche Gründe (*BVerwG* KStZ 1978, 151). Die Erhebung der Hundesteuer dient primär der **Eindämmung der Hundehaltung;** Ziel ist die Minderung hygienischer Gefahren, die von der Hundehaltung ausgehen; im **Nebenzweck** dient sie der **Einnahmeerzielung** (vgl. *Eigenthaler,* KStZ 1987, 61 ff.; Hatopp, KStZ 1982, 145).

Bestimmte Hunde, an denen ein besonders öffentliches Interesse besteht, können **von der Steuer befreit werden. (**vgl. *VGH BW* BWVPr 1976, 10; *VG Freiburg* VBlBW 1982, 101; BWGZ 1980, 334; *Fröhner/Kopp,* Die Hundesteuer in BW, 1982 mwN; *Böttcher,* KStZ 1987, 127).

5.2. Steuerbemessung

1140 Bemessungsgrundlage und Steuermaßstab ist grundsätzlich die **Anzahl der gehaltenen Hunde.** Die **Steuersätze** ergeben sich aus der Hundesteuersatzung. Die Gemeinden haben einen **weiten Gestaltungsspielraum** hinsichtlich der Höhe der Steuer. Er wird begrenzt durch den ordnungspolitischen Gesichtspunkt der Erhebung der Steuer und das Fiskalinteresse an der Erzielung von Einnahmen. Eine konkrete Aufwandsberechnung muß der Festlegung des Steuersatzes mit Blick auf die Rechtsnatur der Abgabe als „Steuer" nicht zugrundegelegt werden.

Eine Erhöhung der Steuer für **Kampfhunde** ist zulässig, soweit der Begriff des Kampfhundes präzisiert werden kann (*Mohl/Backes*, KStZ 1991, 66).

5.3. Steuerfestsetzungsverfahren

Die Hundesteuer wird durch **Steuerbescheid** gegenüber dem Steuer- **1141** schuldner festgesetzt. Rechtsgrundlage ist § 3 KAG in Verbindung mit § 155 AO. **Steuerschuldner** ist der **Halter eines Hundes.** Halter eines Hundes ist, wer ihn in seinem Haushalt oder Wirtschaftsbetrieb aufgenommen hat, um ihn seinen Zwecken oder denen seines Haushalts oder seines Betriebes dienstbar zu machen. Mehrere Halter haften als Gesamtschuldner.

Verfahrensrechtlich ist der **Hundesteuerbescheid** ein **Verwaltungsakt mit Dauerwirkung.** Unter diesen Voraussetzungen ist u. a. die **Korrektur** des Bescheids bei Änderung der Rechtsgrundlage für die Zukunft zulässig (*FG Hamburg* KStZ 1985, 138).

5.4. Steuererhebungsverfahren

Für die **Erhebung** der Hundesteuer gelten über § 3 KAG die §§ 218 ff. **1142** AO.

5.5. Hundesteuergeheimnis

Das **Abgabengeheimnis (§ 30 AO)** wird in § 3 Abs. 1 Ziff. 1 c) bb) KAG **1143** **modifiziert.** Bei der Hundesteuer darf **in Schadensfällen Auskunft** über Namen und Anschrift des Hundehalters an Behörden und Schadensbeteiligte gegeben werden (zum Abgabengeheimnis allgemein *Gern*, KStZ 1988, 157 ff.).

6. Verwaltungsgebühren (Kosten)

6.1. Allgemeines

6.1.1. Nach allen Kommunalabgabengesetzen bzw. Kostengesetzen können **1144** die **Gemeinden** und die **Landkreise** – teilweise auch sonstige Gemeindeverbände und Körperschaften des öffentlichen Rechts – für **Amtshandlungen und sonstige Verwaltungstätigkeiten,** die sie auf Veranlassung bzw. Antrag oder im Interesse einzelner vornehmen, Verwaltungsgebühren erheben.

In **Sachsen** ist Ermächtigungsgrundlage § 25 **Sächs. KostG.** Für die Verwaltungsgebühren und Auslagen zusammen gebraucht das Gesetz den Ausdruck „**Kosten**" (§ 1 KostG).

Die Gebührenerhebung steht im **Ermessen** der Kommunen. Eine Pflicht zur Gebührenerhebung ergibt sich jedoch mittelbar aus der Rangfolge der Deckungsmittel des Gemeindehaushaltsrechts.

1145 *6.1.2.* **Hauptzweck** der Gebührenerhebung ist die (teilweise) **Finanzierung des Verwaltungsaufwands für die Vornahme von Amtshandlungen** (vgl. § 25).

Außerdem können **Nebenzwecke,** speziell wirtschafts- oder sozialpolitisch lenkende Zwecke verfolgt werden. Die Kommunen haben insoweit einen weiten Entscheidungs- und Gestaltungsspielraum (*BVerfG* NJW 1979, 1345). Grenzen ergeben sich aus einzelgesetzlicher Regelung sowie aus dem Gleichheitsgrundsatz, dem Äquivalenzprinzip als die Gebühr nach oben begrenzendes Prinzip, dem Kostendeckungsprinzip sowie den Prinzipien, die die Nebenzwecke rechtfertigen (vgl. hierzu auch *Brückmann,* KStZ 1988, 21). Sie können zu Verwaltungsgebührenbefreiungen, -ermäßigungen und -erhöhungen führen. Einen **Gebührenausfall** bei Verfolgung von Nebenzwecken **muß** die Kommune **tragen.** Eine entsprechende Gebührenerhöhung bei nicht betroffenen Gebührenschuldnern ist mit Blick auf das Äquivalenzprinzip unzulässig.

1146 *6.1.3.* Die Regelungen des § 25 Sächs. KostG über die Verwaltungsgebühren gelten nur **für die Wahrnehmung von Selbstverwaltungsaufgaben.** Für die Gebührenpflicht von Amtshandlungen im **übertragenen Wirkungsbereich (Weisungsaufgaben)** gelten die §§ 1 f. Sächs. KostG.

Soweit die Kommunen aufgrund **Bundesrecht** Gebühren erheben, gilt das **Verwaltungskostengesetz** des Bundes (§ 1 VwKostG).

1147 *6.1.4.* **Darüber hinaus** bestehen **in zahlreichen Einzelgesetzen im Bereich der Weisungsaufgaben spezielle Gebührenregelungen.** Die Gesetzgebungskompetenz zur Gebührenerhebung ist Teil der jeweiligen Sachkompetenz. Regelt das Bundesrecht die Gebührenerhebung abschließend, ist im Hinblick auf Art. 31 GG für die (ergänzende) Anwendung landesrechtlicher Vorschriften kein Raum (*BVerwG* NVwZ-RR 1990, 440).

6.2. Gebührengegenstand

1148 *6.2.1.* Gebührengegenstand ist die Vornahme von **Amtshandlungen.** Amtshandlungen sind alle Leistungen einer Kommune kraft öffentlichen Rechts mit Außenwirkung. Sie können Verwaltungsakt, Realakte oder öffentlich-rechtliche Verträge sein (*BVerwG* DÖV 1964, 712; *VGH BW* BWVBl 1967, 137; *OVG Koblenz* 1964, 143; *OVG Münster* NVwZ – RR 1988, 47). Verwaltungsinterne Handlungen sind nicht gebührenfähig.

Beispiele: Interne Mitwirkungsakte, Weisungen.

Die Gemeinde kann nicht zugleich Gläubiger und Schuldner desselben Anspruchs sein.

VI. Einzelne Abgaben

6.2.2. Die Amtshandlung muß durch einen Einzelnen **veranlaßt** worden **1149**
sein **oder in seinem Interesse** liegen. (vgl. § 2 KostG).

6.2.2.1. **Veranlasser** ist jeder, der individuell **rechtlich zurechenbar** eine
Ursache für die Amtshandlung setzt (*BVerwG* GewArch 1981, 347 (348);
NJW 1973, 725 (726); *VGH BW* VBlBW 1989, 68 (69)). Die reine Kausalität
genügt im Hinblick auf das Rechtsstaatsprinzip nicht. Der Hauptfall ist „die
Antragstellung". Stellt ein Vertreter einen Antrag, so ist die Veranlassung
dem Vertretenen zuzurechnen (*OVG Lüneburg* KStZ 1981, 154). Besitzt der
Vertreter keine Vertretungsmacht, ist er selbst Veranlasser (*VGH BW*
BWVBl. 1971, 90).

6.2.2.2. **Im Interesse Einzelner** liegt die Amtshandlung, wenn ein Rechtssubjekt einen faktischen oder rechtlichen **Vorteil,** auch negativer oder klar-
stellender Art, aus einer Amtshandlung zieht (*BVerwG* DÖV 1962, 313) **und
das öffentliche Interesse** an der Amtshandlung **nicht überwiegt** (*VGH BW*
KStZ 1986, 36). Bei Gleichrangigkeit der Interessen ist eine Verwaltungsgebühr zulässig (*OVG Lüneburg* KStZ 1970, 116).

6.2.2.2.1. **Nicht vorteilhaft** und damit nicht gebührenfähig sind **aufgeho-
bene** und **unwirksame** Amtshandlungen sowie **unrichtige Sachbehandlun-
gen** (§ 22 KostG). Nicht vorteilhaft und damit gebührenfähig sind auch
wertlose Amtshandlungen (*VGH Kassel* KStZ 1968, 247). Wertlos ist eine
Amtshandlung allerdings nicht schon dann, wenn der Adressat von ihr, etwa
einer Genehmigung oder Erlaubnis, keinen Gebrauch macht (*OVG Münster*
GHH 1982, 147).

Das Interesse muß **unmittelbar** sein. Ein nur (entferntes) faktisches Betroffensein durch eine Amtshandlung genügt nicht. Beantragt etwa der Architekt beim Vermessungsamt im Namen des Bauherrn die Ausführung von
Vermessungsarbeiten, so ist der Architekt als Interessent der Vermessungsarbeiten nicht gebührenpflichtig. Die Auswirkung der Vermessungsarbeiten
auf die Höhe seines Architektenhonorars ist nur mittelbar (*VGH BW*
BWVBl. 1971, 90).

6.2.2.2.2. **Überwiegt das öffentliche Interesse,** sieht § 3 Abs. 1 Ziff. 3
KostG **Gebührenfreiheit** vor. Allerdings gibt es keinen bundesverfassungsrechtlichen Grundsatz, daß eine Amtshandlung, die überwiegend im öffentlichen Interesse erfolgt, gebührenfrei sein müßte (*BVerwG* NJW 1973, 725
(726)). **Zahlreiche Amtshandlungen** werden durch das **Kostengesetz in den
§§ 3, 4 und 5** aus **besonderen Gründen** des öffentlichen oder privaten Interesses **gebührenfrei** gestellt. Zu unterscheiden ist **persönliche und sachliche
Gebührenfreiheit.**

Im **Geltungsbereich des Sozialgesetzbuches** gilt § 64 Abs. 1 SGB X.

– Vgl. zur Gebührenbefreiung allg. *Lichenfeld,* in: *Driehaus,* KAR, IX zu § 5.

Zulässig sind **auch satzungsrechtliche Gebührenbefreiungen und -ermä-
ßigungen,** soweit sie nicht in Widerspruch zu den §§ 163, 227 AO stehen
(vgl. *VGH BW* VBlBW 1987, 146; *BVerwGE* 13, 219). **Sonderregelungen**

trifft das Kostengesetz für „mehrere Amtshandlungen" (§ 9), „die Ablehnung, Zurücknahme oder Erledigung eines Antrags" (§ 10) sowie das „Rechtsbehelfsverfahren" (§ 11).

6.3. Gebührenbemessung

1150 *6.3.1. Grundsatz*
Die Gebührensätze sind nach dem Verwaltungskostengesetz **nach dem Verwaltungsaufwand und der wirtschaftlichen oder sonstigen Bedeutung der Angelegenheit** für die Beteiligten und nach deren **allgemeinen wirtschaftlichen Verhältnissen** zu **bemessen.** Dabei beträgt die Mindestgebühr 5,00 DM, die Höchstgebühr 50 000,00 DM; bei Wertgebühren kann die Höchstgrenze überschritten werden (§ 6 Abs. 2 S. 3).
Allgemeine Grundsätze der Gebührenbemessung sind das **Kostendekkungsprinzip** und das **Äquivalenzprinzip.**
Das **Kostendeckungsprinzip gilt nur nach einzelgesetzlicher Anordnung und hat verschiedene Inhalte.** In Sachsen gilt es als **Kostenorientierungsgebot.** Hiernach hat sich die Gebührenhöhe an dem voraussichtlichen Verwaltungsaufwand zu orientieren (vgl. § 25 VKostG).
– Zum **Äquivalenzprinzip** s. u. 6.3.3.

1151 *6.3.2. Ermittlung des gebührenfähigen Aufwands*
In einem **ersten Schritt** ist der gebührenfähige Aufwand zu ermitteln. Der **Verwaltungsaufwand umfaßt die tatsächlichen Ausgaben** in Form von Sachkosten, Personalkosten und Nebenkosten und **Auslagen** (vgl. §§ 12, 13) soweit diese das übliche Maß nicht übersteigen und soweit sie im Haushaltsplan erfaßt werden und absonderungsfähig sind.
Der Aufwand ist **auf der Grundlage vergangener Gebührenperioden** für die zukünftige Gebührenperiode **durch Schätzung zu kalkulieren.** Der Gemeinde steht ein **Schätzungs- und Prognosespielraum** zu (*Gern,* VBlBW 1987, 246, (247)), soweit der Aufwand der Schätzung bedarf.

6.3.2.1. **Bezugsobjekt der Kalkulation** ist **in erster Linie** der voraussichtliche **Gesamtaufwand eines Verwaltungszweigs** (*VGH BW* ESVGH 19, 83 (93, 96)), sog. **generalisierende Betrachtungsweise.** Verwaltungszweig ist die sachliche und organisatorische Einheit, in der gleichartige Amtshandlungen anfallen. Beispiel: Amtshandlungen des Liegenschaftsamtes.
Rechtswidrig ist ein **Gebührensatz,** wenn das Gesamtgebührenaufkommen **im groben Mißverhältnis** zum Gesamtaufwand **kalkuliert wird** (*VGH BW* ESVGH 16, 243 (247); 19, 93). Dieses ist speziell der Fall, wenn die Gebühren im Haushaltsplan als **zusätzliche Einnahmequelle** d. h. **mit Gewinnzuschlag** kalkuliert werden. Die Verwaltungsgebühr würde in diesem Fall **zur verdeckten Steuer** (*BVerwG* VerwRspr. 21, 173). Eine **Überdeckung trotz ordnungsgemäßer Kalkulation** ist hingegen **unschädlich,** sofern diese nicht beabsichtigt oder schwerwiegend und nachhaltig ist (*BVerwGE* 12, 163 (166); *VGH Kassel* DVBl. 1977, 216 (218)).

6.3.2.2. **In zweiter Linie** ist die Kommune nach Auffassung des BVerfG besonders im Hinblick auf Art. 3 GG **verpflichtet, die individuelle Gebühr** für die typische **Einzelamtshandlung nicht** völlig **unabhängig von dem typischen Einzelaufwand zu kalkulieren.** Es ist unzulässig, wenn die Verknüpfung zwischen Aufwand und Leistung und der dafür auferlegten Gebühr in einer Weise sich gestaltet, die bezogen auf den Zweck der gänzlichen oder teilweisen Kostendeckung, sich unter keine vernünftigen Gesichtspunkt als sachgemäß erweist, sog. **individualisierende Betrachtungsweise** (*BVerfG* NJW 1979, 1345 (1346)). Es ist deshalb nicht nur der voraussichtliche in einer Rechnungsperiode anfallende Gesamtaufwand eines Verwaltungszweigs zu ermitteln, **sondern auch der anteilige typische Aufwand für die typische Einzelamtshandlung** eines Verwaltungszweigs. Als Voraussetzung der Ermittlung des Gebührensatzes einer **Widerspruchsgebühr** in weisungsfreien Angelegenheiten ist deshalb auch **zu kalkulieren, welcher** Sach-, Personal- und sonstige **Aufwand eine typische Widerspruchsentscheidung erfordert.** Der **Aufwand für jede einzelne konkrete Widerspruchsentscheidung** ist hingegen nicht zu ermitteln.

Ausdrücklich festgeschrieben ist die Pflicht zu individualisierender Betrachtungsweise bei den **Rahmengebühren** (vgl. § 8 Sächs. VKostG; *OVG Lüneburg* KStZ 1983, 210 (211)).

6.3.2.3. Soweit **Auslagen** nicht in die Gebührenkalkulation eingestellt werden, sind sie nach den §§ 12 und 13 VKostG selbständig neben der Verwaltungsgebühr zu erheben.

6.3.3. Die Verteilung des gebührenfähigen Aufwands

6.3.3.1. **Maßgebend für die Verteilung** des gebührenfähigen Aufwands und **1152** damit für die Festsetzung der **Gebührensätze** für die einzelnen gebührenfähigen Amtshandlungen **ist hiernach der auf die einzelne typische Amtshandlung entfallende typische Einzelaufwand sowie die wirtschaftliche und sonstige** Bedeutung d. h. das Interesse des Schuldners an der Amtshandlung. Das Interesse umschreibt den **Wert der Amtshandlung für den Schuldner.** Die Gebühr ist **nicht nur kosten- sondern auch leistungsorientiert** auszugestalten. Mit dieser Vorgabe schreibt das Gesetz das **Äquivalenzprinzip** als allgemeinen Verteilungsmaßstab fest (vgl. *Gern,* VBlBW 1987, 248). **Zwischen Gebühr und Wert der Amtshandlung darf kein (grobes) Mißverständnis bestehen** (*BVerfG* NJW 1979, 1346; *BVerwGE* 26, 305). Das Äquivalenzprinzip gibt die noch mögliche Gebührenobergrenze im Einzelfall an; der Verwaltungsaufwand für die typische Einzelamtshandlung ist hingegen nur eine Orientierungsgröße.

Im übrigen darf die Gebühr keinen **erdrosselnden** oder abschreckenden **Charakter** haben (*BVerfGE* 12, 162 (170); 26, 305). Diese Rechtsfolge ergibt sich aus Art. 12, 14 und 20 Abs. 3 GG (vgl. *BVerwG* DÖV 1971, 102 (103).

Auch **hinsichtlich des Wertes der Amtshandlung** steht der Gemeinde ein **Schätzungsspielraum** zu und läßt einen Rekurs auf **Wahrscheinlichkeitsmaßstäbe** zu (*Gern,* aaO, 248). So ist aus Praktikabilitätsgründen nicht der

Wert jeder konkreten und individuellen Amtshandlung zu ermitteln, sondern **der wahrscheinliche, durchschnittliche Wert einer typischen Amtshandlung** innerhalb eines bestimmten Verwaltungszweigs. **Weitere Grenze** ist neben dem Äquivalenzprinzip auch **Art. 3 GG** (*BVerfG* NJW 1979, 1345). Dies bedeutet, daß **für gleiche** und ähnliche **Amtshandlungen** von den Gebührenschuldnern **nicht unterschiedlich hohe Gebühren** erhoben werden dürfen.

6.3.3.2. Dritter Verteilungsmaßstab sind die „**wirtschaftlichen Verhältnisse**" der Gebührenschuldner. Sie lassen – nach pflichtgemäßem Ermessen des Satzungsgebers – eine **Gebührenstaffelung** nach Einkommensverhältnissen zu.

6.3.3.3. Die vorgenannten Bemessungsgrundsätze sind **kumulativ** anzuwenden. Ihre jeweilige **Gewichtung** unterliegt pflichtgemäßer **Ermessensausübung** des Satzungsgebers (*OVG Lüneburg* KStZ 1983, 210 (211); *OVG Koblenz* GewArch 1970, 177). Hiernach ist es ebenso **zulässig, die Gebühr in Höhe des Verwaltungsaufwands** festzusetzen **wie in Höhe des Interesses des Schuldners oder auch einen Mittelwert** zu wählen.

1153 *6.3.3.4.* **Auf der Grundlage dieser Bemessungsmaßstäbe** sind die **Gebührensätze für die einzelnen typischen,** in der Kommunalverwaltung anfallenden **Amtshandlungen zu ermitteln und durch Verwaltungsgebührensatzung festzuschreiben.**

6.3.3.5. Im wesentlichen ergeben sich **drei Gebührensatztypen,** die Festgebühren, die Wertgebühren und die Rahmengebühren, (vgl. § 8 VKostG).
Die **Festgebührensätze** werden in der Regel durch einen festen DM-Betrag, bezogen auf die Einzelamtshandlung, ausgedrückt.
Die **Rahmengebührensätze** zeichnen sich durch die Angabe eines Gebührenrahmens zwischen zwei festen Gebührensätzen aus. Ist eine Gebühr innerhalb eines Gebührenrahmens zu erheben, bemißt sich ihre Höhe in pflichtgemäßer Ermessensausübung **nach dem Verwaltungsaufwand, nach der Bedeutung des Gegenstandes, nach dem wirtschaftlichen oder sonstigen Interesse** für den Gebührenschuldner und **nach seinen wirtschaftlichen Verhältnissen** (vgl. § 8 VKostG) (hierzu Bley, BWVBl. 1961, 145). Der im Einzelfall entstandene Verwaltungsaufwand wirkt gebührenerhöhend oder gebührenmindernd, je nachdem er gegenüber dem durchschnittlichen Verwaltungsaufwand, wie er bei Amtshandlungen der jeweiligen Art anfällt, größer oder kleiner ist (*VGH BW* BWVBl. 1968, 25; ferner *VGH BW* Urteil v. 14. 7. 1990 – 14 S 1378/88).
Bei der **Wertgebühr** wird kein fester DM-Betrag in der Satzung angegeben. Vielmehr ist die Gebühr als Prozent- oder Promillesatz des jeweiligen Wertes einer konkreten oder typischen Amtshandlung festgeschrieben. Ist eine Gebühr nach dem Wert des Gegenstandes zu berechnen, ist der **Verkehrswert zur Zeit der Beendigung der Amtshandlung maßgebend.** Gegebenenfalls ist eine Schätzung des Werts erforderlich, etwa wenn der Wert der Amtshandlung rechnerisch nicht konkret feststeht. Die Gemeinde hat

insoweit einen Schätzungsspielraum (*VGH BW* BWVPr 1987, 184). Grundsätzlich haben die Kommunen ein **Gestaltungsermessen, welche Gebührensatztypen sie in der Satzung festlegen.** Die **Rahmengebühr** läßt der individualisierenden Betrachtungsweise von Wert und Aufwand mehr Raum als die Festgebühr, während die Wertgebühr tendenziell mehr das Interesse des Gebührenschuldners an der Amtshandlung in den Vordergrund der Bemessung rückt.

6.3.3.6. Werden zusätzlich **Nebenzwecke** verfolgt, können auch diese als **1154** weiterer **Gewichtsfaktor** das Ermessen bestimmen. Wird etwa ein **sozialfördernder Nebenzweck** verfolgt, muß für die Gebührenbemessung neben dem Kostendeckungsprinzip, dem Äquivalenzprinzip und Art. 3 GG auch dem **Sozialstaatsprinzip** Rechnung getragen werden (vgl. hierzu *Gern,* DVBl. 1984, 1164 mwN). Welchen Prinzipien im Rahmen der satzungsgeberischen Gestaltungsfreiheit mehr Gewicht gegeben wird, ist **im Rahmen einer Güterabwägung zu ermitteln.** Das Äquivalenzprinzip als Gebührenobergrenze darf jedoch nicht zurückgestellt werden.

Unbillige **Härten im Einzelfall** sind im Festsetzungs- und Erhebungsverfahren über den **Erlaß** (§§ 163, 227 AO) und durch die **Stundung** zu korrigieren. (vgl. *BVerfG* NJW 1979, 1345 (1347)).

6.4. Festsetzungsverfahren

6.4.1. Für die Festsetzung der Kosten bzw. der Gebühr gelten über die lan- **1155** desrechtliche Verweisungsvorschrift des § 3 KAG die §§ 155 ff. AO, soweit das VKostG keine Regelung trifft. Die **Verwaltungsgebühren werden** aufgrund einer **Gebührensatzung durch Verwaltungsakt** festgesetzt.

– Zur Möglichkeit der Festsetzung **durch öffentlich-rechtlichen Vertrag** vgl. *Gern,* KStZ 1979, 161 und *Heun,* DÖV 1989, 1053.
– Zum **Zugang** des Verwaltungsakts vgl. § 23 Abs. 2 VKostG.

6.4.2. **Gebührenschuldner** bzw. Kostenschuldner ist grundsätzlich derjeni- **1156** ge, der die Amtshandlung veranlaßt oder in wessen Interesse sie vorgenommen wird. Im Rechtsbehelfsverfahren und in streitentscheidenden Verwaltungsverfahren ist Kostenschuldner derjenige, dem die Kosten auferlegt werden (§ 2 Abs. 1 VKostG).

Mehrere Gebührenschuldner haften als Gesamtschuldner (§ 2 Abs. 4). Die **Auswahl** einer von mehreren Gebührenschuldnern steht **im Ermessen** der Kommune (vgl. hierzu *OVG Münster* KStZ 1981, 236 (237); 1987, 177 (179); *VGH BW* BWVPr 1975, 277).

6.4.3. Die **Verwaltungsgebührenschuld entsteht,** wenn die Amtshandlung, **1157** die Gegenstand der Gebührenerhebung ist, verwirklicht und damit abgeschlossen ist (vgl. § 14), ohne daß es der Bekanntgabe der Amtshandlung bedarf. Besteht die Amtshandlung im Erlaß eines schriftlichen Verwaltungsakts, kommt es daher auf den Zeitpunkt an, in dem der zuständige Amtsträger ihn unterzeichnet hat (*VGH BW* ESVGH 39, 50).

6.4.4. Die Kommune kann eine Amtshandlung, die auf Antrag vorgenommen wird, von der Zahlung eines angemessenen **Gebühren- bzw. Kostenvorschusses** abhängig machen (vgl. § 15).

6.4.5. Bis zur Zahlung der Gebühren- bzw. Kostenschuld können Urkunden, Schriftstücke und andere Sachen, an denen die Kommune in Zusammenhang mit der kostenpflichtigen Amtshandlung Gewahrsam begründet hat, **zurückbehalten** werden (§ 16).

6.4.6. Die Kostenentscheidung ist von Amts wegen **nachzuholen,** wenn sie bei der Vornahme der kostenpflichtigen Amtshandlung unterblieben ist (§ 20 Abs. 1).

6.4.7. Für **Stundung, Erlaß** und **Niederschlagung** von Forderungen gelten die Vorschriften des Gemeindehaushaltsrechts (§ 25 Abs. 2 S. 2 VKostG).

6.5. Erhebungsverfahren

1158 *6.5.1.* Für die Kosten- bzw. die Gebührenerhebung gelten über die Verweisungsvorschriften im KAG die §§ 218 ff. AO.

Die **Fälligkeit** tritt nach Vornahme der Amtshandlung frühestens mit Bekanntgabe der Kosten- bzw. Gebührenfestsetzung an den Schuldner ein. Die Satzung oder der Kosten- bzw. Gebührenbescheid können einen späteren Fälligkeitstermin bestimmen (vgl. § 17 VKostG).

1159 *6.5.2.* Der Anspruch auf Zahlung von Kosten bzw. Gebühren **erlischt drei Jahre** nach dem Entstehen des Anspruchs. Das Gesetz weicht mit dieser Regelung von den unterschiedlichen Bestimmungen der Abgabenordnung zur Festsetzungsverjährung einerseits und zur Zahlungsverjährung andererseits zugunsten einer einheitlichen Verjährungsfrist ab.

– Zur Unterbrechung der Verjährung vgl. § 21 Abs. 2 bis 4 VKostG.

6.6. Rechtsbehelfsverfahren

1160 Die richtigen **Rechtsbehelfe** gegen Verwaltungsgebührenbescheide sind der **Widerspruch** und die **Anfechtungsklage.** § 23 VKostG hat nur deklaratorische Bedeutung.

Setzt die **Widerspruchsbehörde** eine Verwaltungsgebühr für die Bearbeitung eines Widerspruchs fest **(Widerspruchsgebühr),** so kann gegen diese Festsetzung **unmittelbar Anfechtungsklage** erhoben werden. Der Durchführung eines Widerspruchsverfahrens bedarf es nach den §§ 78 Abs. 2, 68 Abs. 1 Nr. 2 VwGO analog nicht (*BVerwGE* 17, 249; 32, 347; NJW 1955, 318). **Richtiger Klagegegner** ist auch für die Anfechtung der Widerspruchsgebühr, wenn die Widerspruchsbehörde mit der Ausgangsbehörde nicht identisch ist, die Körperschaft, der die Ausgangsbehörde angehört. Sie ist aus Gründen der Prozeßökonomie **Prozeßstandschafterin** für die Verteidigung der Rechte der Widerspruchsbehörde (VGH BW ESVGH 16, 89; Urteil v. 20. 5. 76, V 1425/75; Urteil v. 15. 3. 1991 – 14 S 2616/90; *VGH BW* VBlBW Ls 174/1991.

Wird eine Amtshandlung einer Gemeinde angefochten, so **erstreckt sich die Anfechtung** im Zweifel auch **auf die begleitende Verwaltungsgebührenfestsetzung** für den Ausgangs- und Widerspruchsbescheid.

Ist die Verwaltungsgebührenfestsetzung **im Rechtsbehelfsverfahren aufgehoben worden,** so besteht zugunsten des Anfechtenden ein **öffentlichrechtlicher Erstattungsanspruch** nach der Verweisungsvorschrift des § 3 KAG iVm § 37 Abs. 2 AO.

– Zur Frage der **aufschiebenden Wirkung** von Rechtsbehelfen vgl. *Lichtenfeld,* in: *Driehaus,* KAR, Rdnr. 76 f. zu § 5; *OVG Lüneburg* OVGE 30, 382; *VGH BW* VBlBW 1988, 19/20; *OVG Hamburg* NVwZ 1986, 141; *Finkelnburg/Jank,* Vorläufiger Rechtsschutz, 3. Aufl. 1986, Rdnr. 547.

---

7. Benutzungsgebühren

7.1. Allgemeines

7.1.1. Nach § 9 Sächs. KAG **können** die Gemeinden und Landkreise **für die** **1161** **Benutzung ihrer öffentlichen Einrichtungen Benutzungsgebühren** erheben. Die Erhebung steht im **Ermessen** der Kommunen. Indirekt ergibt sich die Pflicht zur Gebührenerhebung jedoch aus den gemeindehaushaltsrechtlichen **Rangfolgebestimmungen** der Einnahmebeschaffung (vgl. § 73 Sächs. GemO; hierzu *VGH Kassel* NVwZ 1992, 807 mwN; *OVG Münster* DVBl. 1980, 72; *OVG Koblenz* NVwZ 1985, 511).

Soweit **Ermessen** besteht, wird die Ermessensentscheidung **durch die Gebührensatzung konkretisiert.** Soweit öffentliche Einrichtungen auch durch Beiträge finanziert werden dürfen, besteht **zwischen Gebühren- und Beitragsfinanzierung kein Verhältnis der Vor- und Nachrangigkeit** (*VGH BW* VBlBW 1983, 408; 1985, 419; *BVerwG* NVwZ 1982, 622; *VGH Kassel* NVwZ 1992, 807). Allerdings besteht das Verbot der Doppelfinanzierung derselben Kosten.

Der **Hauptzweck** der Gebührenerhebung ist die (teilweise) Finanzierung der Einrichtungen. Daneben können im Wege der Gebührengestaltung **Nebenzwecke** zur politischen Lenkung von Lebenssachverhalten, etwa zur Verbrauchslenkung, zum Umweltschutz, zur Wirtschafts- und Sozialförderung verfolgt werden (*BVerfG* NJW 1975, 1345; ferner *BVerwG* KStZ 1975, 11; *VGH BW* VBlBW 1984, 346; NVwZ-RR 1989, 269; *OVG Bremen* DVBl. 1988, 250). Sie können zur **Gebührenbefreiung, zur Ermäßigung und Erhöhung oder zur Staffelung** führen. Hauptrechtfertigungsgrund ist in der Praxis das Sozialstaatsprinzip (vgl. hierzu *Gern,* DVBl. 1984, 1164). § 14 Abs. 2 KAG normiert diese Möglichkeit ausdrücklich.

– Zur **Ökologisierung** kommunaler Gebühren vgl. *Mohl/Backes,* ZKF 1991, 50.

Konkret haben die Kommunen bei der **Verfolgung von Nebenzwecken** einen **weiten Gestaltungsspielraum,** sofern keine einzelgesetzlichen Begrenzungen bestehen. Grenzen ergeben sich im übrigen aus dem Äquivalenzprinzip, dem Gleichheitsgrundsatz, dem Kostendeckungsprinzip sowie den Grundsätzen, die die Nebenzwecke rechtfertigen (zu eng *VGH BW* VBlBW 1987, 246, wonach Grenzen allein aus den §§ 163, 227 AO herzuleiten seien). Aus Art. 3 GG ergibt sich in Verbindung mit dem Äquivalenzprinzip, daß **sozial** bedingte Gebührenermäßigungen nicht zu Lasten der übrigen Benutzer eingeräumt werden dürfen (vgl. § 14 Abs. 2).

1162 *7.1.2.* Anstelle öffentlich-rechtlicher Benutzungsgebühren können die Kommunen kraft Formenwahlrechts auch **privatrechtliche Benutzungsentgelte** erheben (*BGH* NVwZ 1986, 963; *VGH BW* ESVGH 25, 203).

Bei privatrechtlicher Entgeltsgestaltung zur Finanzierung öffentlicher Einrichtungen sind die **Grundsätze des Verwaltungsprivatrechts** anwendbar und damit alle substantiellen öffentlich-rechtlichen Grundsätze. Insbesondere darf die Gemeinde vom Bürger keine Benutzungsentgelte für Leistungen abverlangen, für die bei öffentlich-rechtlicher Ausgestaltung keine Abgaben erhoben werden dürfen (*BGH* NJW 1985, 197 (200); NJW 1992, 171). Speziell gilt Art. 3 GG (*BGH* NJW 1976, 709) sowie das Äquivalenzprinzip als Ausfluß des Verhältnismäßigkeitssatzes (*BGHZ* 91, 94). Anwendung finden auch das Kostendeckungsprinzip (vgl. *BGH* NJW 1992, 171), **nicht aber** die öffentlich-rechtlichen Verjährungsvorschriften der §§ 169f. AO (vgl. *OVG Koblenz* NVwZ-RR 1991, 322).

Zusätzlich sind die Benutzungsentgelte der **Billigkeitskontrolle nach § 315 Abs. 3 BGB** unterworfen, die sich an den genannten öffentlich-rechtlichen Grundsätzen zu orientieren hat (so *BGH* NJW 1992, 171).

Nebenzwecke dürfen **auch bei privatrechtlicher Entgeltsregelung** verfolgt werden. Entsprechend gewährt die kommunale Praxis eine **bunte Palette von Ermäßigungen** zum Entritt in öffentliche Einrichtungen, die bis zum **Nulltarif** reichen. So werden Familien-, Geschwister-Zehner-Jahreskarten, Studenten-, Schüler-, Rentner- und Hausfrauentarife kreiert, deren Rechtfertigung vor Art. 3 GG oft fraglich ist, speziell weil sie oft undifferenziert nach dem „**Gießkannenprinzip**" vergeben werden.

1163 *7.1.3* Die **Übertragung der Abgabenerhebung auf Private** ist **unzulässig,** soweit nicht kraft Gesetzes eine **Beleihung** mit dem Abgabenerhebungsrecht stattfindet. Dies gilt auch für die Übertragung auf gemeindeeigene Gesellschaften des Privatrechts (*VGH Kassel* ESVGH 28, 70).

7.1.4. Neben der Gebühr können in **atypischen Fällen** bei Ablösungen und bei Ungewißheit über die Sach- und Rechtslage (im Vergleichswege) auch **öffentlich-rechtliche Vertragsentgelte** erhoben werden. Atypische Fälle in diesem Sinne regeln etwa **Mehrkostenvereinbarungen** zur Abgeltung spezieller, nur schwer in die Gebührengestaltung einzubeziehender Kosten (*VGH BW* BWGZ 1982, 597).

1164 *7.1.5.* **Alte vertragliche Rechte** zur benutzungsgebührenfreien Inanspruchnahme öffentlicher Einrichtungen stehen unter dem Vorbehalt der (satzungsrechtlichen) Aufhebung und verstoßen außerdem in der Regel gegen Art. 3 GG (vgl. *VGH BW* BWGZ 1983, 678; *VG Freiburg* KStZ 1980, 136 – Wasserbezugsrechte; *BVerwGE* 11, 68 – Grabnutzungsrechte).

7.2. Gebührengegenstand

Gebührengegenstand ist die **Benutzung** öffentlicher Einrichtungen

7.2.1. Für die Bestimmung des **Begriffs der öffentlichen Einrichtung** gelten die Regelungen der Gemeindeordnung und Landkreisordnung. Öffentliche Einrichtungen in diesem Sinne sind etwa die Wasserversorgung, die Abwasserbeseitigung, die Abfallentsorgung, Friedhöfe, Museen, Theater, Schlachthöfe und Obdachlosen- und Asylberwerberunterkünfte. Zur Einrichtung gehören kraft Gesetzes auch stillgelegte Anlagen, solange sie der Nachsorge bedürfen (§ 9 Abs. 2 S. 2 KAG). **1165**

Die Einrichtung kann **auch durch Dritte** (z. B. Zweckverbände oder Privatunternehmer) **betrieben werden,** soweit sich die Kommune einen bestimmenden Einfluß auf Zweckbestimmung und den Betrieb der Einrichtung vorbehält (*VGH BW* VBlBW 1987, 388). Ist der Dritte Privatperson, kommt ihm in diesem Falle die Stellung eines **Verwaltungshelfers** zu. Nicht erforderlich ist, daß sich die Einrichtung auf das gesamte Gemeindegebiet erstreckt (*VGH BW* U. v. 16. 3. 1989 – 2 S 3358/88 – für eine gemeindliche Antennenanlage).

Technisch getrennte Anlagen, die der Erfüllung derselben Aufgabe dienen, **bilden mit Blick auf Art. 3 GG grundsätzlich eine** öffentliche Einrichtung, bei welcher Gebühren nach einheitlichen Sätzen erhoben werden, sofern durch Satzung nichts anderes bestimmt ist (§ 9 Abs. 2 KAG). Eine Zusammenfassung ist nicht zulässig, wenn sich diese Anlagen durch ihrem Wesen nach andersartige Leistungen unterscheiden.

Voraussetzung der Gebührenerhebung ist die kraft Formenwahlrechts mögliche **öffentlich-rechtliche Ausgestaltung** des **Benutzungsverhältnisses und die öffentlich-rechtliche Entgeltsregelung kraft Satzung. Im Zweifel** ist vom **Vorliegen öffentlich-rechtlicher Leistungsbeziehungen** immer schon dann **auszugehen,** wenn diese nicht eindeutig eine privatrechtliche Ausgestaltung erfahren haben. **Ist das Benutzungsverhältnis öffentlich-rechtlich** kraft Satzung **geregelt, ist aus Gründen der Rechtssicherheit auch das zu zahlende Benutzungsentgelt als Benutzungsgebühr zu qualifizieren** (*VGH BW* NVwZ-RR 1989, 268). Ob Anschluß- und Benutzungszwang für die Einrichtung besteht, ist unerheblich (*BGH* NVwZ 1986, 963).

Nicht gebührenfähig sind **rechtswidrig** betriebene öffentliche Einrichtungen (*VGH BW* VBlBW 1984, 25).

7.2.2. **Benutzung** bedeutet **tatsächliche Inanspruchnahme** der Einrichtung (*VGH BW* VBlBW 1984, 25). Die Möglichkeit der Inanspruchnahme reicht nicht aus. Der **Begriff der Benutzung** wird näher definiert durch die Art der öffentlichen Einrichtung und die Zweckbestimmung (*VGH BW* ESVGH 30, 40). Die Benutzung muß **im Rahmen des Widmungszwecks** erfolgen **1166**

(*VGH Kassel* ESVGH 25, 221). Keine Benutzung im Rahmen des Widmungszwecks ist etwa die Inanspruchnahme eines Friedhofs durch Gewerbetreibende im Auftrag des Grabstätteninhabers (*VGH BW* BWVBl. 1968, 78). Auch **rechtswidrige Benutzungen** im Rahmen des Benutzungszwecks lösen die Gebührenpflicht aus.

Beispiel: Benutzung der Wasserversorgungseinrichtung durch einen **Schwarzanschluß** (vgl. § 40 AO).

Die Benutzung setzt **willentliche** Inanspruchnahme der Einrichtung voraus. Willentliche Inanspruchnahme heißt ausdrückliche oder schlüssige Billigung (*VGH BW* VBlBW 1984, 25). Ausnahmsweise kann die Willentlichkeit der Inanspruchnahme ganz allgemein fehlen, wenn jemand kraft öffentlichen Rechts es hinnehmen muß, so behandelt zu werden, wie wenn er die Leistung der Einrichtung (willentlich) in Anspruch genommen hätte (*VGH BW* Urteil v. 2. 9. 1988 – 2 S 1720/88; *VGH BW* ESVGH 30, 40; BWGZ 1983, 678).

Beispiele:
– Transport eines Betrunkenen durch den kommunalen Rettungsdienst (*OVG Münster* KStZ 1984, 12; 1985, 257; *VGH München* KStZ 1980, 14)
– Anschluß an die Müllabfuhr und Entgegennahme eines Müllbehälters (*VGH BW* BWGZ 1984, 507).

Allein das **Bestehen eines Anschluß- und Benutzungszwangs reicht** für die Annahme einer Benutzung allerding **nicht aus** (*VG Freiburg* KStZ 1989, 96). Bei leitungsgebundenen Eninrichtungen entfällt die Benutzung bei **Beseitigung des Anschlusses** (*VGH BW* VBlBW 1987, 388).

7.3. Gebührenbemessung

1167 *7.3.1. Allgemeine Bemessungsgrundsätze*
Die Gebühren sind nach § 11 Abs. 1 KAG an den **nach betriebswirtschaftlichen Grundsätzen ansatzfähigen Kosten der Einrichtung** auszurichten. Sie dürfen höchstens so bemessen werden, daß die Gesamtkosten der Einrichtung – zuzüglich eines **Gewinnzuschlags** bei wirtschaftlichen Unternehmen – gedeckt werden (§ 10 Abs. 1 KAG). Weiterhin ordnet § 10 Abs. 2 KAG an, daß bei der Gebührenbemessung die Kosten in einem mehrjährigen Zeitraum berücksichtigt werden, der jedoch höchstens 5 Jahre betragen soll. **Kostenüberdeckungen, die sich am Ende eines Haushaltsjahres ergeben, sind innerhalb dieser Frist auszugleichen.** Dies gilt allerdings nur insoweit, als bereits die der Beschlußfassung über den Gebührensatz zugrundeliegende Gebührenkalkulation auf einen entsprechenden mehrjährigen Zeitraum abstellt (*VGH BW* BWGZ 1990, 452). Entsprechend können **Kostenunterdeckungen** in diesem Zeitraum ausgeglichen werden.

1168 *7.3.1.1.* Das **Kostendeckungsprinzip** bezieht sich bei den Benutzungsgebühren **nicht auf das Verhältnis der Kosten der Einzelbenutzung** zur Gebühr, **sondern als Globalprinzip in generalisierender Betrachtungsweise**

auf die **Gesamtsumme der Kosten der Einrichtung im Verhältnis** zu der **Gesamtsumme der zu erwartenden Gebühren** im Veranschlagungszeitraum. Die Gebührensätze sind so zu kalkulieren, daß das in einer bestimmten Rechnungsperiode zu erwartende Gebührengesamtaufkommen die in diesem Zeitraum zu erwartenden gebührenfähigen Kosten der Einrichtung in ihrer Gesamtheit nicht übersteigt (*VGH BW* ESVGH 34, 274; *BGH* NJW 1992, 171 (173)). **Wird der Gebührensatz mit dem Ziel einer** auch nur geringfügigen **Überdeckung kalkuliert,** ist er **ungültig** (*VGH BW* Urteil v. 3. 11. 1987 – 2 S 887/86). Unvorhersehbare Überdeckungen sind, soweit die Kalkulation sachgerecht war, unschädlich. Maßgebend für die Kalkulation sind die Verhältnisse im **Zeitpunkt** der Beschlußfassung über die Gebührensatzung. Bei späterer Änderung der tatsächlichen Verhältnisse ist die Gebührenkalkulation anzupassen.

7.3.1.2. Für die Bemessung der **Einzelgebühr** ist das Äquivalenzprinzip als **1169** **leistungsorientiertes Bemessungsprinzip maßgebend** (vgl. hierzu etwa *VGH BW* VBlBW 1984, 346; *BVerwG* DVBl. 1967, 578; *Dahmen,* in: *Driehaus,* KAR, Rdnr. 48f. zu § 4 mwN). Es gibt die **Obergrenze** für die Gebührenbemessung. Eine Mindestgebühr verlangt es nicht (*VGH BW* ESVGH 34, 274). Eine Gebührenbemessung ist bei Verstoß gegen das Äquivalenzprinzip rechtswidrig, wenn ein **grobes Mißverhältnis** zwischen Gebühr und Leistung der Verwaltung im Einzelfall besteht (*BVerwGE* 12, 162 (166); KStZ 1985, 129; *VGH BW* ESVGH 34, 274 (278)). Dem **Erdrosselungsverbot** kommt neben dem Äquivalenzprinzip **keine eigenständige Bedeutung** zu (*BVerwG* DÖV 1989, 644 – für Sondernutzungsgebühren).

Zusätzlich sind nach der Rechtsprechung des *BVerfG* (NJW 1979, 1345) für die Bemessung aber **auch die Kosten der Leistung im Einzelfall maßgebend** (kostenorientiertes Bemessungsprinzip). Die Bemessung hat hiernach sowohl dem Gebot der **Leistungsproportionalität** als auch der **Kostenproportionalität** zu genügen. Nach § 14 Abs. 1 *Sächs. KAG* (vgl. *VGH BW* VBlBW 1983, 178; 1988, 142; und *OVG Koblenz* (NVwZ 1985, 511) **genügt die Beachtung eines der beiden Maßstäbe.**

7.3.1.3. In Verbindung mit Art. 3 GG fordern diese Grundsätze, daß bei **1170** etwa gleicher Inanspruchnahme etwa gleichhohe Gebühren und bei unterschiedlicher Benutzung diesen Unterschieden in etwa angemessene Gebühren erhoben werden (*BVerwG* KStZ 1982, 69; *VGH BW* VBlBW 1988, 142).

Begrenzt wird der Anspruch auf Gleichbehandlung bzw. auf Differenzierung durch den Grundsatz der **Typengerechtigkeit** und der **Praktikabilität.** Er gestattet dem Satzungsgeber bei der Gestaltung abgabenrechtlicher Regelungen aus Gründen der Praktikabilität **an Regelfälle eines Sachbereichs anzuknüpfen** und Besonderheiten des Einzelfalls außer Betracht zu lassen, **soweit nicht mehr als 10 % der Fälle dem Normaltypus widersprechen** (*BVerwG* NVwZ 1987, 231; Dahmen, aaO, Rdnr. 83f., 128f. zu § 4).

7.3.1.4. Werden **Nebenzwecke** mit der Gebührenerhebung verfolgt, so **1171** fordert das **Äquivalenzprinzip** eine **Begrenzung der Gebührenhöhe** nach oben in der Weise, daß die einzelne Gebühr nicht in grobem Mißverhältnis zu der Leistung der Verwaltung steht. Das **Prinzip spezieller Entgeltlichkeit** fordert eine Begrenzung der Gebührenhöhe nach unten in der Weise, daß die Rangfolge der Einnahmebeschaffung nach der Gemeindeordnung nicht ausgehöhlt wird. Das Äquivalenzprinzip i. V. m. **Art. 3 GG** fordert, daß bei der Gewährung einer **Gebührenermäßigung** diese nicht zu Lasten der übrigen Gebührenschuldner ergehen darf, sondern daß der **Gebührenausfall** von der Gemeinde getragen wird (so ausdrücklich § 14 Abs. 2 S. 3 KAG und *VGH BW* BWGZ 1979, 633).

1172 7.3.1.5. **Die wirtschaftlichen Unternehmen** sollen nach Gemeinderecht einen Ertrag für die Haushaltswirtschaft abwerfen. Dieses Gebot rechtfertigt die Kalkulation eines angemessenen **Gewinnzuschlags** (§ 10 Abs. 1 S. 2 KAG).

Umstritten ist, ob die **öffentliche Wasserversorgung** als der Gesundheitsvorsorge dienende Einrichtung ein wirtschaftliches Unternehmen in diesem Sinne ist (zum Streitstand *Scholz*, BWGZ 1989, 243).

1173 7.3.2. *Die Ermittlung der gebührenfähigen Kosten*

7.3.2.1. Während der Bemessung der Verwaltungsgebühren der Aufwand der Gemeinde zugrundezulegen ist, hat sich das Kommunalabgabengesetz **bei den Benutzungsgebühren** nicht für den finanzwissenschaftlichen Kostenbegriff entschieden, der als Kosten nur tatsächliche Ausgaben und Zahlungen akzeptiert, sondern für den **betriebswirtschaftlichen Kostenbegriff. Kosten sind hiernach in Geld ausgedrückter Verbrauch (bewerteter Verzehr) von wirtschaftlichen Gütern** und geleisteten Diensten (Leistungen) innerhalb einer bestimmten Rechnungsperiode, soweit sie für eine betriebliche Leistungserstellung anfallen (*OVG Münster* ZKF 1988, 255; *VGH BW* VBlBW 1989, 462 (463)). Er berücksichtigt damit **auch sog. kalkulatorische Kosten,** speziell **Abschreibungen und Eigenkapitalzinsen.** Die §§ 11 bis 13 KAG schreiben die Anwendung dieses Kostenbegriffs ausdrücklich vor.

Bei der Kostenkalkulation auf dieser Basis hat die Gemeinde einen **Ermessungsspielraum** im Rahmen des Gemeinderechts und des Normzwecks des KAG, **soweit sich die Kosten nur aufgrund von Schätzungen ermitteln lassen** (*VGH BW* VBlBW 1989, 462). Zuständig für die Ausübung des Ermessens ist der **Gemeinderat. Fehlt** die **Gebührenkalkulation im Zeitpunkt der Beschlußfassung über die Gebührensätze** oder geht sie von falscher oder unvollständiger Ermittlung der in die Kalkulation einzustellenden tatsächlichen Grundlagen aus, ist der **Gebührensatz ungültig.** Eine nachträgliche Rechtfertigung des Gebührensatzes durch eine **nachgeschobene Kalkulation genügt nicht** den an eine sachgerechte Ermessensausübung zu stellenden Anforderungen (*VGH BW* Urteil v. 24. 11. 1988 – 2 S 1168/88 u. v. 31. 8. 1989 – 2 S 2805/87).

Eine **Erleichterung** für die Kommunen **in Sachsen** ergibt sich nach § 37 Abs. 1 KAG hinsichtlich dieser Anforderungen insoweit, als sie für eine Übergangszeit bis zum 31. 12. 1996 **fehlende Kalkulationsgrundlagen** bei der Festsetzung der Gebühren- und Beitragssätze **schätzen** dürfen.

7.3.2.2. Die betriebswirtschaftlichen Kosten **gliedern** sich wie folgt auf: **1174**
– **Grundkosten:**
Grundkosten sind alle **persönlichen und sächlichen Kosten, die für die Leistungserstellung der öffentlichen Einrichtung anfallen,** wobei hierzu auch der allgemeine **Verwaltungsaufwand für Betrieb und laufende Verwaltung und Unterhaltung** der Einrichtung zählt (*VGH BW* ESVGH 34, 274). **Nicht erforderliche** Kosten sind im Hinblick auf den Wirtschaftlichkeitsgrundsatz **auszusondern** (*OVG Münster* KStZ 1980, 112). **Überhöhte Preise,** die für die Leistungserstellung gezahlt worden, sind fiktiv zu reduzieren, soweit sie sachlich schlechthin unvertretbar sind (*BVerwGE* 59, 253).
– **Abschreibungen** (§§ 11, 13 KAG):
Abschreibungen sind die **buchmäßige Verringerung der Anlagewerte zur Berücksichtigung entsprechender Wertminderungen** (vgl. *OVG Lüneburg* KStZ 1981, 193; *BVerwG* KStZ 1985, 129). Sie sind **kalkulatorische Kosten.**
Den Abschreibungen i. S. des § 11 Abs. 2 Nr. 1 KAG können die **Wiederbeschaffungswerte oder die Anschaffungs- und Herstellungskosten des Anlagevermögens** zugrundegelegt werden (vgl. § 13).
Die Festlegung der **Höhe des Abschreibungssatzes** steht ebenso **im Ermessen** der Kommune wie die Entscheidung, ob **linear, progressiv oder degressiv** abzuschreiben ist. Grenze der Ermessensausübung ist die **Angemessenheit** der Abschreibungen. In der Regel wird eine **lineare** Abschreibung sachgerecht sein (vgl. *VGH BW* U. v. 31. 8. 89 – 2 S 2805/87).

Die **Abschreibungsformel** bei linearer Abschreibung lautet:

$$\frac{100}{\text{mutmaßliche Nutzungsdauer}} = \text{Abschreibungssatz in Prozent}$$

– **Verzinsung des Anlagekapitals** (§§ 11, 12 KAG):
Die **Verzinsung des Anlagekapitals** kann nach der sog. **Restwertmethode** oder nach der **Durchschnittswertmethode** ermittelt werden (vgl. § 12 KAG). **Zinsen sind ebenfalls kalkulatorische Kosten.** Sie beinhalten einen **Wertverzehr durch Kapitalnutzung** (*BVerwG* KStZ 1984, 239). Anzusetzen ist ein Eigenkapital- und Fremdkapitalzins.
Der **Ansatz von Eigenkapitalzinsen verstößt nicht gegen Art. 3 GG** (*BVerwG KStZ 1984, 11*). Die Höhe des anzusetzenden Zinssatzes muß **angemessen** sein. Er kann Effektivzins für Kommunalkredite und Anlagezins für langfristige risikofreie Anlagen oder Mischzinssatz aus beidem sein (vgl. hierzu *VGH BW* VBlBW 1984, 346). Die Kommunen haben **beim Ansatz des Zinssatzes einen Ermessensspielraum.**
– **Sonstige Kosten** (§ 11 Abs. 2 Ziff. 2 bis 4 und Abs. 3 KAG):
Hierzu gehören die **Abwasserabgabe,** die **Wasserentnahmeabgabe, Aufwendungen für abfallwirtschaftliche Aufgaben sowie der Nachsorge- und Rekultivierungsaufwand für Anlagen der Ver- und Entsorgung.**
Bei Einrichtungen der Abwasserbeseitigung bleibt der Straßenkosten-

entwässerungsanteil außer Betracht; ein weitergehendes öffentliches Interesse (Hygiene, Sicherheit und Ordnung) ist weder bei der Abwasserbeseitigung noch bei der Abfallentsorgung und Wasserversorgung in Abzug zu bringen.

– Zum Ansatz der **Umsatzsteuer** vgl. *Dahmen,* aaO, Rdnr. 192 zu § 6.

7.3.3. Die Verteilung der gebührenfähigen Kosten

1175 *7.3.3.1.* **Maßgebend für die Verteilung** der ermittelten Kosten und damit die **Höhe der Gebühr,** d.h. **den Gebührensatz, ist der auf die einzelne Benutzung voraussichtlich entfallende Kostenanteil** an den Gesamtkosten **sowie der Vorteil für den Schuldner** aus der Benutzung der Einrichtung (Leistung) **im Einzelfall.** (Vgl. § 14 Abs. 1 S. 1 KAG).

Kostenorientiert sind hiernach grundsätzlich **die gebührenfähigen Gesamtkosten** der Einrichtung in einer Kalkulationsperiode **durch die Summe der voraussichtlichen Benutzungseinheiten** des Bemessungsmaßstabs (Bemessungseinheiten) in derselben Kalkulationsperiode **zu dividieren.** Diese **Rechenoperation ergibt** die **Obergrenze des Gebührensatzes** pro Bemessungseinheit.

– Zur **Kalkulation bei gestaffelten Gebühren** vgl. *VGH BW* VBlBW 1989, 462.

Soweit die Einzelgebühren **leistungs- bzw. vorteilsorientiert** ausgestaltet wird, gilt im Verhältnis Schuldner/Kommune das Äquivalenzprinzip, im Verhältnis Schuldner/Schuldner untereinander i. V. m. Art. 3 GG (s. o.).

Hinsichtlich des Wertes der Benutzung steht der Gemeinde ein Schätzungsspielraum zu und läßt einen **Rückgriff auf Wahrscheinlichkeitsmaßstäbe** zu (vgl. *BVerwG* DÖV 1975, 191; *VGH BW* KStZ 1976, 52; *Dahmen,* aaO, Rdnr. 200f. zu § 6 mwN). Die hiernach zulässigen **Bemessungsmaßstäbe** im einzelnen sind **zu differenzieren nach der Art der Einrichtung.** Grundsätzlich genießt der **Wirklichkeitsmaßstab Vorrang.** Ein **Wahrscheinlichkeitsmaßstab ist zulässig, wenn es** aus technischen, wirtschaftlichen oder sonstigen Gründen **nicht zumutbar** ist, einen **Wirklichkeitsmaßstab zu finden** oder anzuwenden (*OVG Lüneburg* KStZ 1965, 141).

Bestehen mehrere Wahrscheinlichkeitsmaßstäbe, ist der Normgeber **nicht verpflichtet, den gerechtesten zu wählen** (*BVerwG* DÖV 1982, 154; *VGH BW* VBlBW 1984, 346). Ermessensgrenzen bilden insoweit Art. 3 GG und das Äquivalenzprinzip (*VGH BW* BWVPr 1977, 35). Werden zulässige **Nebenzwecke** mit der Gebührenerhebung verfolgt, können die Wahrscheinlichkeitsmaßstäbe zu Gunsten einer **degressiven oder progressiven Staffelung** der Gebühren modifiziert werden.

1176 *7.3.3.2.* Bei der **öffentlichen Wasserversorgung** ist der **zulässige Regelmaßstab** der durch Wasserzähler gemessene Verbrauch **(Zählertarif).** Er ist ein **Wirklichkeitsmaßstab.** Bei intaktem Wasserzähler spricht eine **unwiderlegliche Vermutung für die Richtigkeit** der Messung (*VGH BW* U. v. 22. 8. 1988 – 2 S 424/87; *BVerwG* Beschluß v. 7. 2. 1989 – 8 B 129/88). **Pauschaltarife** sind im Hinblick auf § 18 Abs. 1 i. V. m. § 35 Abs. 1 AVB-

WasserV (BGBl. I 1980, 750) nur in sachlich begründeten Ausnahmefällen zulässig (vgl. *VGH BW* B. v. 13. 2. 1989–2 S 3079/88 – zur Rechtmäßigkeit der AVBWasserV vgl. *BVerfG* NVwZ 1982, 306). **Unzulässig** wäre als Maßstab etwa die Zahl der Wasserentnahmestellen (*VGH München* VwRspr. 11, 911) oder die Baukosten (*VGH BW* VwRspr. 15, 732).

Besondere Bemessungsmaßstäbe der Wassergebühr:	**1177**

– Grundgebühren

Die Grundgebühr ist eine Benutzungsgebühr, die **für die Inanspruchnahme der Lieferungs- bzw. Betriebsbereitschaft einer Einrichtung** erhoben wird (Vorhaltegebühr, *BVerwG* NVwZ 1987, 231). Sie kann unter dem Gesichtspunkt der Äquivalenz nur zulässig sein, sofern sie anläßlich der tatsächlichen Nutzung erhoben wird und hierfür **Fixkosten** entstehen. Die Erhebung von Wasserbezugsgebühren in Form einer verbrauchsunabhängigen Grundgebühr und einer verbrauchsabhängigen **Zusatzgebühr** **verstößt nicht gegen Art. 3 GG** und das Äquivalenzprinzip, da das ständige Vorhalten einer betriebsbereiten Anlage für jeden Anschluß invariable (verbrauchsunabhängige) Kosten verursacht, was rechtfertigt, diese Vorhaltekosten unabhängig vom Maß der Benutzung im Einzelfall auf die Benutzer zu verteilen (*BVerwG* KStZ 1982, 31; *VGH BW* ESVGH 30, 40 – zur Abgrenzung *VGH München* NVwZ-RR 1992, 157).

Nach § 14 Abs. 1 S. 4 KAG kann die Erhebung von Grundgebühren auf Benutzer mit saisonal stark schwankender Beanspruchung der Einrichtung beschränkt werden.

– Mindestgebühren:

Die Mindestgebühr ist eine Benutzungsgebühr, die sich, anders als die **1178** Grundgebühr, **am Maß der tatsächlichen bzw. geschätzten Mindestinanspruchnahme orientiert.** Der Gebührensatz wird **aus Praktikabilitätsgründen regelmäßig in der Höhe festgesetzt, die der angenommenen durchschnittlichen Mindestinanspruchnahme entspricht.** Der für die Ermittlung der Mindestgebühr zu verwendende Wahrscheinlichkeitsmaßstab darf nicht in einem offensichtlichen Mißverhältnis zum Maß der tatsächlichen Mindestinanspruchnahme stehen (*BVerwG* NVwZ 1987, 231). Die Erhebung einer Mindestgebühr verstößt gegen **Art. 3 GG,** wenn eine nicht zu vernachlässigende Zahl von Benutzern vorhanden ist, die die mit der Mindestwassergebührenschuld gedeckte Bezugsmenge nicht erreicht (*BVerwG* NVwZ 1987, 231).

Bei einer verbrauchsabhängigen Bemessung von Wassergebühren läßt sich die zu einer Gleichbehandlung von mehr oder weniger intensiv benutzten Wohnungen führende Erhebung einer **Mindestgebühr nicht mit** den anfallenden **Vorhaltekosten** rechtfertigen. Dieser Gesichtspunkt ist einzig bei einer verbrauchsunabhängigen, das Maß der Benutzung im Einzelfall nicht berücksichtigenden Gebühr (Grundgebühr) tragfähig (*BVerwG,* aaO).

– Eine **Gebührendegression** ist zulässig, aber nicht geboten. Sie setzt eine **1179** entsprechende Kostendegression (*VGH München* KStZ 1980, 116) oder die

Verfolgung eines lenkenden Nebenzwecks voraus (*BVerwG* NJW 1979, 1345).

1180 – Eine **Gebührenprogression** (Gebührenzuschlag) ist zulässig im Rahmen des Äquivalenzprinzips entweder bei durch Mehrverbrauch erhöhten Kosten (*VGH Kassel* KStZ 1966, 206) oder zu einem lenkenden Nebenzweck, etwa zur **Einschränkung des Wasserverbrauchs** aus Umweltschutzgründen (*BVerwG* NVwZ 1985, 496).

1181 *7.3.3.3.* Bei der **Abwasserbeseitigung** ist zulässiger **Regelmaßstab** in Ermangelung eines die Art, die Menge und den Reinigungsaufwand berücksichtigenden Wirklichkeitsmaßstabs nur ein **Wahrscheinlichkeitsmaßstab,** der **Frischwassermaßstab,** sofern die Satzung vorsieht, daß nachweislich nicht in die Kanalisation eingeleitete Abwassermengen einiger Relevanz abgesetzt werden dürfen (*BVerwGE* 26, 317; *OVG Lüneburg* DÖV 1991, 340; *Dahmen,* aaO, Rdnr. 382f. zu § 6 mwN). Er orientiert die Gebühr an der Menge des aus der öffentlichen Wasserversorgung entnommenen, durch Wasserzähler gemessenen Wassers (*BVerwG* KStZ 1975, 191; NVwZ 1985, 496). – Zur Berücksichtigung der Kosten der Beseitigung des **Regenwassers** vgl. *BVerwG* KStZ 1985, 129; *VGH BW* VBlBW 1984, 346).

Ausnahmsweise sind auch der **Grundstücksflächenmaßstab** (*OVG Lüneburg* KStZ 1971, 13; aA *VGH Kassel* HStGZ 1981, 283), der **Geschoßflächenmaßstab** (*VGH BW* ZfW 1973, 93), die **Zahl der Hausbewohner** (*VGH BW* BWVBl. 1962, 60) oder die **Zahl der Abwasserstellen** (*VGH München* KStZ 1966, 75) **zulässig.** Unzulässig sind Grundstückswertmaßstäbe (*VGH BW* BWVBl. 1962, 60) oder die Frontmeterlänge eines Grundstücks (*VGH Kassel* ESVGH 15, 47).

1182 Besondere Bemessungsmaßstäbe der Abwassergebühr sind:
– **Grundgebühren und Mindestgebühren** (*BVerwG* KStZ 1982, 31; NVwZ 1987, 231).
– Eine **Gebührenprogression** ist in pflichtgemäßer Ermessensausübung zulässig, aber nur ausnahmsweise geboten. Sie setzt eine entsprechende **Kostenprogression** voraus **oder** die Verfolgung lenkender **Nebenzwecke.** Hauptfall sind die **Starkverschmutzerzuschläge** (*VGH BW* BWGZ 1983, 761; *OVG Lüneburg* KStZ 1980, 190) für Benutzer, die **Abwasser** einleiten, **das einen besonders hohen Reinigungsaufwand verlangt.** Starkverschmutzerzuschläge **sind** sog. **Artzuschläge** auf die nach der Abwassermenge bemessenen Gebühren. Diese Zuschläge sind grundsätzlich mit dem Äquivalenzprinzip und Art. 3 GG vereinbar (*BVerwG* KStZ 1978, 131). – Zur Berechnung vgl. *Scholz,* BWGZ 1989, 251, und *VGH BW* VBlBW 1990, 103. Ein **Starkverschmutzerzuschlag** ist **ausnahmsweise** im Rahmen der Typengerechtigkeit **geboten,** wenn die gebührenfähigen, durch die Starkverschmutzer verursachten Mehrkosten **mehr als 10%** ausmachen (*BVerwG* NVwZ 1987, 231; *Scholz,* aaO, 251/52; vgl. auch *Hendler,* VBlBW 1991, 124).

1183 – Eine **Gebührendegression** ist nach pflichtgemäßem Ermessen zulässig, wenn in einzelnen Fällen die Abwasserbeseitigungskosten im Vergleich zum Normalfall geringer sind **(Leichtverschmutzerermäßigung)** (*BVerwG* DÖV 1972, 722; VGH BW DÖV 1975, 857). Weiterhin ist eine Degression zulässig, wenn **Nebenzwecke** verfolgt werden. Zulässig ist hiernach etwa eine **Sozialförderung für einkommensschwache Einleiter** (§ 14 Abs. 2 KAG; *OVG Münster* KStZ 1985, 74); **nicht** jedoch ein **Mengenrabatt,** wenn er sich als Subventionierung von Großverbrauchern darstellt (*OVG Schleswig-H.* NVwZ-RR 1993, 158).

– Zur Bemessung von Abwassergebühren bei **landwirtschaftlichen Betrieben** vgl. *Küstler,* RdL 1991, 59.

– Zur **Abwasseruntersuchungsgebühr** vgl. *OVG Koblenz* NVwZ-RR 1991, 38.

7.3.3.4. Bei der **Abfallbeseitigung** gibt es einen Wirklichkeitsmaßstab nicht. **1184** Er müßte neben der Abfallmenge auch die Beschaffenheit sowie den Aufwand der Beseitigung berücksichtigen (*VGH BW* BWGZ 1979, 633).

Zulässige Wahrscheinlichkeitsmaßstäbe sind der **Gefäßmaßstab und** wahlweise der **personengebundene Haushaltsmaßstab** oder eine Kumulation von beiden (*VGH BW* BWVPr 1977, 35; BWGZ 1986, 508; *OVG Koblenz* NVwZ 1985, 440; *VGH Kassel* KStZ 1987, 190; NVwZ-RR 1991, 578; *OVG Schleswig* NVwZ-RR 1992, 577; *OVG Koblenz* NVwZ-RR 1993, 99 – Gefäßmaßstab; *Dahmen,* aaO, Rdnr. 322f. mwN).

Beim personengebundenen Haushaltsmaßstab wird die Abfallgebühr **nach der Zahl der zu einem Haushalt gehörenden Personen bemessen.** Er geht von der Erkenntnis aus, daß die Menge des anfallenden Mülls grundsätzlich von der Zahl der Haushaltsangehörigen abhängt. Er verstößt weder gegen das Äquivalenzprinzip noch gegen Art. 3 GG (*VGH BW* KStZ 1982, 213; VBlBW 1988, 142).

Wird der personengebundene Haushaltsmaßstab gewählt, darf wegen der degressiven Kurve des Müllanfalls **bei steigender Personenzahl** im Rahmen der leistungsproportionalen Gebührengestaltung keine linearproportional gleichbleibende, sondern **nur** eine **degressive Steigerung der Gebühr** vorgenommen werden. Ab einer Personenzahl von fünf und mehr pro Haushalt ist eine weitere Differenzierung im Hinblick auf Art. 3 GG in der Regel nicht mehr erforderlich (*VGH BW* BWGZ 1986, 508; VBlBW 1988, 142); es sei denn, die Haushaltungen mit einer Personenzahl über fünf machen mehr als 10 % aller Haushaltungen im Geltungsbereich der Satzung aus (*VGH,* aaO).

Bei **gewerblichem Abfall** kann eine **Zusatzgebühr** erhoben werden (*OVG Koblenz* NVwZ 1985, 440).

Unzulässig ist eine **Einheitsgebühr** für alle Haushalte (*OVG Lüneburg* NVwZ 1985, 441); gleiches gilt für Grundstückswertmaßstäbe (*VGH BW* BWVBl. 1962, 60).

Besondere Bemessungsmaßstäbe der **Abfallgebühr** sind: **1185**

–. Grundgebühren (*VGH BW* VBlBW 1993, 178);

Sie sind zulässig, soweit sie die durch das Bereitstellen und ständige Vorhalten der Einrichtung entstehenden verbrauchsunabhängigen Betriebskosten abgelten (*VGH* aaO, und KStZ 1982, 213).

Wird ein Grundbetrag festgesetzt, muß er für alle Haushaltsangehörigen gleich sein (*VGH BW* VBlBW 1987, 146).

– **Mindestgebühren** (*VGH BW* VBlBW 1987, 146);
– **Gebührenprogressionen und Gebührendegressionen:**
Sie setzen eine entsprechende Kostenprogression oder -degression voraus, oder die Verfolgung lenkender **Nebenzwecke**, etwa des **Umweltschutzes** (vgl. § 14 Abs. 2 KAG). Auch eine **Staffelung aus sozial- und familienpolitischen Gründen** ist nach Ermessen zulässig, allerdings nicht zu Lasten der übrigen Gebührenschuldner (§ 14 Abs. 2 KAG; *VGH BW* BWGZ 1979, 633).
– Zur Zulässigkeit der Einführung der **Grünen Tonne** vgl. *OVG Münster* NJW 1988, 1930.

1186 *7.3.3.5.* Zu den **Friedhofsgebühren** vgl. *BVerwG* KStZ 1985, 107; zur Zulässigkeit von **Auswärtigen-Zuschlägen** bei den Friedhofsgebühren vgl. *VGH BW* BWGZ 1981, 35; *OVG Münster* KStZ 1979, 49; zu **Einheitsgebühren** für mehrere Teilleistungen vgl. *VGH Kassel* NVwZ-RR 1992, 505 mwN.

– Zu den **Straßenreinigungsgebühren** vgl. *VGH BW* KStZ 1985, 131; *BVerwG* NVwZ 1987, 503;
– Zu den **Sondernutzungsgebühren** vgl. *VGH BW* BWGZ 1985, 68; *BVerwG* NVwZ 1989, 557; DÖV 1989, 664.
– Zu den **Kindergartengebühren** vgl. *VGH BW* NVwZ-RR 1989, 267; ESVGH 34, 274; *OVG Bremen* NVwZ-RR 1989, 169; *VGH Kassel* NJW 1977, 452; *OVG Münster* KStZ 1984, 78; VGH BW B. v. 31. 8. 1993 2 S 3000/90 – Gebührenstallelung.
– Zu den **Feuerwehrbenutzungsgebühren** vgl. *OVG Münster* NVwZ 1988, 272; KStZ 1984, 36; 1986, 58; NVwZ 1985, 673.
– Zur Inanspruchnahme des **kommunalen Rettungsdienstes** vgl. *VG Düsseldorf* KStZ 1982, 136.
– Zur **Inanspruchnahme der Zentralambulanz** für Betrunkene vgl. *OVG Hamburg* KStZ 1988, 36.
– Zu den **Fleischbeschauungsgebühren** vgl. *VGH BW* BWGZ 1988, 527; *Scholz*, in: *Driehaus*, KAR Rdnr. 608 zu § 6.
– Zu den **Marktgebühren** vgl. *VGH BW* VBlBW 1989, 462.
– Zu den **Musikschulgebühren** vgl. *VGH BW* BWVPr. 1993, 19 – Unzulässigkeit von **Auswärtigenzuschlägen.**
– Zu den Benutzungsgebühren für **Asylbewerberunterkünfte** vgl. *VGH München* KStZ 1993, 32.

7.3.4. Festsetzungsverfahren

1187 *7.3.4.1.* Für die **Gebührenfestsetzung** gelten über die Verweisungsvorschriften des § 3 KAG **die §§ 155 ff. AO.** Nach § 157 Abs. 1 S. 2 AO muß der Bescheid die Gebühr nach Art und Betrag bezeichnen und angeben, wer sie schuldet und für welchen Zeitraum die Gebühr festgesetzt wird (hierzu *OVG Lüneburg* ZKF 1991, 181 – Dauerbescheid). Die **Bekanntgabe** richtet sich nach § 122 AO.

1188 *7.3.4.2.* Benutzungsgebühren dürfen nur aufgrund einer **Satzung** erhoben werden. Der **Mindestinhalt** ergibt sich aus § 2 KAG.

Erläßt der Gemeinderat bei öffentlich-rechtlichem Benutzungsverhältnis eine Gebührenordnung, so muß diese, um wirksam zu sein, aus Gründen der Rechtsklarheit ausdrücklich als Satzung bezeichnet sein (*VGH BW* NVwZ RR, 1989, 268).

Die Satzung muß **vollständig** und inhaltlich **bestimmt** sein. Insbesondere muß sie für alle in der Gemeinde in Betracht kommenden Anwendungsfälle die Bemessung der Gebühr eindeutig regeln (*BVerwG* NVwZ 1982, 501). Der **räumliche** Geltungsbereich erstreckt sich auf den Einzugsbereich der Einrichtung in den Grenzen des Gemeindegebiets. Der **persönliche** Geltungsbereich erstreckt sich auf alle Benutzer.

Eine **Rückwirkung** der Gebührensatzung **auf abgeschlossene Benutzungsverhältnisse** ist grundsätzlich **verboten** (*BVerfGE* 13, 261 (271); *BVerwG* KStZ 1978, 149). **Ausnahmsweise** ist die rückwirkende rechtliche Regelung eines Benutzungsverhältnisses **zulässig,** wenn der Benutzer mit der Regelung rechnen muß, wenn die rückwirkende Satzung eine unklare Rechtslage klarstellen soll, drittens eine ungültige durch eine gültige Satzung ersetzt werden soll (*VGH BW* VBlBW 1983, 274) und schließlich viertens, wenn zwingende Gründe des Gemeinwohls eine Rückwirkung rechtfertigen (*BVerfGE* 13, 261 (271)). **Wird eine ungültige Satzung rückwirkend durch eine gültige ersetzt, ist eine rückwirkende Schlechterstellung** der Gebührenpflichtigen, etwa **durch Erhöhung** der Abgabensätze dann **zulässig,** wenn und soweit der Gebührenpflichtige im Hinblick auf die Fehlerhaftigkeit der Satzung **mit höheren Gebühren rechnen mußte** (für das Erschließungsbeitragsrecht *BVerwGE* 67, 129 (132); für das Benutzungsgebührenrecht aA *Scholz,* BWGZ 1989, 242; *ders.,* in : *Driehaus,* KAR, Rdnr. 546 zu § 6).

7.3.4.3. Die Gebühr **entsteht** (§ 38 AO) nach näherer Festlegung in der **1189** Satzung mit **Vollendung der Benutzung** (vgl. *OVG Münster* KStZ 1986, 193). Der Beginn der Benutzung genügt nur dann, wenn der Umfang der Leistung und die Höhe der Benutzungsgebühr bereits zu diesem Zeitpunkt feststehen (*OVG,* aaO und KStZ 1991, 239).

7.3.4.4. **Gebührenschuldner** ist der **Benutzer** der öffentlichen Einrichtung. **1190** Bei leitungsgebundenen Einrichtungen können zum Schuldner der unmittelbare Benutzer (**Mieter,** Pächter) sowie der **Eigentümer** und Erbbauberechtigte als mittelbarer Benutzer oder bei der Abwassergebühr der Einleiter bestimmt werden (*VGH BW* BWGZ 1983, 644; KStZ 1983, 36). Die Gemeinde hat insoweit ein **Auswahlermessen,** das nur durch das Willkürverbot eingeschränkt ist.

Strittig ist, ob diese Personen in der Satzung auch als **Haftungsschuldner** bestimmt werden können (vgl. hierzu *Gern/Meier,* BWVPr. 1983, 138). Mehrere Schuldner haften als **Gesamtschuldner** (§ 44 AO). Die Gebührenpflicht **endet** im Falle der Veräußerung eines Grundstücks mit dem Übergang des Eigentums (*VGH BW* Urteil v. 16. 3. 1989 – 2 S 3358/88). Die **Kommunen selbst** sind von der Gebührenpflicht nicht befreit (§ 16 KAG).

1191 *7.3.4.5.* **Gebührengläubiger** sind die Gemeinden und Landkreise. Werden Aufgaben aufgrund gesetzlicher Festlegung, Aufgabendelegation oder Vereinbarung in Teilbereichen **von mehreren Körperschaften** (Gemeinden, Landkreisen und Verbänden) erfüllt, so können die Beteiligten **vereinbaren,** daß anstelle der Erhebung jeweils eigener Benutzungsgebühren eine der beteiligten Körperschaften die Benutzungsgebühr für die gemeinschaftlich erbrachte Leistung erhebt (§ 9 Abs. 3 KAG).

7.3.4.6. Die Erhebung von **Vorauszahlungen** auf die Benutzungsgebühren ist unter den Voraussetzungen des § 15 KAG aufgrund Satzung möglich (hierzu allg. *Gern,* VBlBW 1982, 253).

7.3.4.7. Ein **Festsetzungserlaß** (§ 163 AO) ist nicht schon deshalb verboten, weil eine privatrechtliche Abwälzung der Gebühren auf den Mieter nicht (mehr) möglich ist (*VGH BW* VBlBW 1985, 147).

– Zu den Einzelheiten des **Erlaßverfahrens** und des **Abgabenverzichts** vgl. die Ausführungen bei der Grundsteuer.

7.3.5. Erhebungsverfahren

1192 Für die **Erhebung der Benutzungsgebühr gelten über** die Verweisungsvorschrift des § 3 KAG **die §§ 218ff. AO.** Die **Fälligkeit** ist in der Gebührensatzung zu regeln. Nach § 220 Abs. 2 S. 2 AO ist frühester Fälligkeitstermin die Bekanntgabe des Gebührenbescheids an den Schuldner.

Die **Erhebung** kann **im Wege der Verwaltungshilfe auch durch Dritte** erfolgen. **Klagegegner** ist allerdings immer der Träger der Einrichtung (*OVG Münster* GHH 1983, 113).

7.3.6. Die Korrektur von Gebührenbescheiden

1193 Für die **Änderung** von Gebührenbescheiden gelten über die Verweisungsvorschriften des § 3 KAG die §§ 172ff. AO (vgl. hierzu *VGH BW* VBlBW 1984, 119; 1991, 227). Offenbare Unrichtigkeiten können nach § 129 AO jederzeit beseitigt werden.

Strittig ist, ob eine **Gebührenminderung** – eventuell in Analogie zu den §§ 459, 462 BGB – bei **Nicht- oder Schlechterfüllung** der durch eine öffentliche Einrichtung zu erbringenden Leistung zulässig ist. Der *VGH BW* (ESVGH 26, 155 (157)) lehnt dies ab. Das *OVG Saarlouis* läßt eine Minderung hingegen im Hinblick auf das Äquivalenzprinzip **bei grober Störung des Leistungsverhältnisses** zu (*OVG Saarlouis, KStZ* 1987, 54).

Soweit bei Benutzung der öffentlichen Wasserversorgung die **Wassergüte** mangelhaft ist, rechtfertigt dieser Mangel eine Gebührenminderung allenfalls dann, wenn Gegenstand der Leistung eine bestimmte Wassergüte ist (vgl. hierzu *VGH München* NVwZ-RR 1993, 429).

7.3.7. Rechtsbehelfsverfahren

1194 Gegen Benutzungsgebührenbescheide sind als Rechtsbehelfe nach § 68 VwGO **Widerspruch** und **Anfechtungsklage** zulässig.

7.3.7.1. Eine **Heilung eines** wegen einer rechtswidrigen Satzung rechtswidrigen **Gebührenbescheides ist im Rechtsbehelfsverfahren** durch **Nachschieben** einer fehlerfreien Satzung möglich (*VGH BW* DVBl. 1982, 544). Ein **rückwirkendes In-Kraft-Setzen** ist zwar im Erschließungsbeitragsrecht nicht erforderlich; im Benutzungsgebührenrecht ist jedoch wegen des in der Vergangenheit liegenden, durch die Satzung zu erfassenden abgeschlossenen Benutzungstatbestands eine solche **Rückwirkungsanordnung** zu fordern, die den strittigen Abrechnungszeitraum zeitlich erfaßt (so zurecht *Scholz*, BWGZ 1989, 242).

7.3.7.2. Ein Gebührenbescheid ist **auch dann nicht aufzuheben,** wenn in zulässiger Weise **Sach- und Rechtsgründe nachgeschoben** werden, die **die Gebührenhöhe im Ergebnis tragen** (§ 113 Abs, 1 VwGO), soweit der Wesensgehalt des Bescheids hierdurch nicht geändert wird (*BVerwG* NVwZ 1982, 620).

7.3.7.3. Die **Frage nach dem für das auf einen Bescheid anzuwendende Recht maßgeblichen Zeitpunkt** richtet sich **nicht nach Prozeßrecht, sondern nach materiellem Recht,** soweit sich diesem eine Aussage über die

Schaubild Nr. 13: Kostendeckungsgrade städtischer Gebührenhaushalte 1990

– Alte Bundesländer –

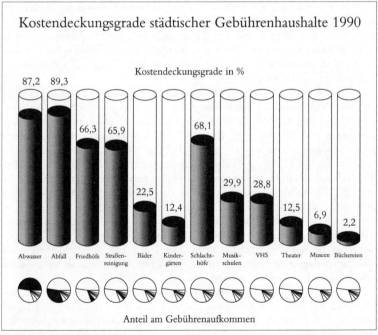

Kostendeckungsgrade städtischer Gebührenhaushalte 1990

Kostendeckungsgrade in %

Gemeindefinanzbericht 1992 des Deutschen Städtetages

Beurteilung des Zeitpunkts entnehmen läßt (*BVerwGE* 78, 114; *VGH BW* ESVGH 39, 52).

Aus § 113 Abs. 1 S. 1 VwGO folgt, daß ein Kläger mit seinem Anfechtungsbegehren nur dann durchdringen kann, wenn er zu dem Zeitpunkt, in dem die gerichtliche Entscheidung ergeht, einen Anspruch auf die erstrebte Aufhebung hat. Nach dem jeweils einschlägigen materiellen Recht beurteilt sich dagegen die Frage, ob ein solcher Anspruch (noch) besteht. Er kann entfallen, wenn während des Verfahrens zulässigerweise eine Rechtsänderung eintritt (vgl. hierzu *BVerwG* NVwZ 1991, 360 mwN).

8. Anschlußbeiträge für öffentliche Einrichtungen

8.1. Allgemeines

1195 *8.1.1.* Nach § 17 KAG können die **Gemeinden und Landkreise** zur angemessenen **Ausstattung öffentlicher Einrichtungen** mit Betriebskapital **Beiträge** für Grundstücke **erheben, denen die Anschlußmöglichkeit nicht nur vorübergehende Vorteile** verschafft (vgl. § 17 Abs. 1).

Zur angemessenen **Aufstockung** des Betriebskapitals bis zu der nach Abs. 3 zulässigen **Höhe oder infolge weiterer Kapitalbedarfs zum Ausbau** oder zur **Erneuerung** einer Einrichtung **können weitere Beiträge** erhoben werden. Das gilt auch für den Fall, daß sich die **Investitionen** gegenüber den in die ursprüngliche **Globalberechnung** eingestellten Summen **erhöhen** oder erwartete Zuweisungen und Zuschüsse nicht oder nicht in der erwarteten Höhe gewährt werden und die dadurch entstandenen Veränderungen **mehr als 10 vom Hundert** des bisher als zulässig betrachteten Höchstbetrages betragen (vgl. § 17 Abs. 2).

Die **Höhe des Betriebskapitals** wird **durch Satzung** (§ 2) festgesetzt. Es soll den **Wiederbeschaffungszeitwert** der insgesamt erforderlichen Anlagen abzüglich der als Kapitalzuschüsse gewährten und noch zu erwartenden Zuweisungen und Zuschüsse Dritter (§ 13 Abs. 1 S. 2) sowie des Straßenentwässerungskostenanteils (§ 11 Abs. 3) bei der Abwasserbeseitigung, nicht überschreiten; § 11 Abs. 3 Halbs. 2 gilt entsprechend. Maßgebend für den **Wiederbeschaffungszeitwert** sind die **Preise zum Zeitpunkt der Aufstellung der Globalberechnung.** Für diese Bewertung der abzusetzenden Zuweisungen und Zuschüsse gilt § 13 Abs. 3 S. 2 entsprechend. Das nach S. 1 festgesetzte **Betriebskapital** ist außer in den Fällen des Abs. 2 **zu erhöhen,** wenn eine **Änderung der Globalberechnung** (§ 18 Abs. 2 S. 1) wegen zusätzlicher Bemessungseinheiten (§ 18 Abs. 2 S. 2 Fall 1) erforderlich wird und die **Anlagen** deshalb gegenüber der bisherigen **Planung vergrößert oder ausgedehnt werden müssen.**

Maßgebend für den Ansatz des Wiederbeschaffungszeitwerts in der Berechnung der zulässigen Erhöhung in den Fällen des Abs. 2 S. 1 Fall 1 und des Abs. 2 S. 2 sind die der ursprünglichen Globalberechnung zugrundeliegenden Preisverhältnisse (vgl. § 17 Abs. 3).

8.1.2. **Hauptzweck** der Beitragserhebung ist die (teilweise) Finanzierung der öffentlichen Einrichtungen unter Beteiligung der Grundstückseigentümer, soweit diese Vorteile aus der Einrichtung haben (*BVerwGE* 14, 312, 317). Die Kommunen können die Herstellungskosten nach ihrer Wahl **auch ganz oder teilweise über Benutzungsgebühren finanzieren.** Insoweit ist eine Beitragserhebung unzulässig (*VGH BW* VBlBW 1985, 250; *VGH Kassel* NVwZ 1992, 807).

8.1.3. **Nebenzwecke dürfen** mit der Beitragserhebung angesichts der strikten und abschließenden gesetzlichen Regelungen der Beitragsvoraussetzungen **nicht verfolgt werden;** insbesondere sind **Beitragsbefreiungen und -ermäßigungen zu sozialen Zwecken unzulässig.** Sie dürfen allerdings im Einzelfall unter den Voraussetzungen des Erlasses (§ 163, 227 AO) gewährt werden (*VGH BW* BWGZ 1983, 678 und VBlBW 1983, 343).

Neben oder anstelle von Beiträgen werden in manchen Fällen zur Finanzierung öffentlicher Einrichtungen auch **öffentlich-rechtliche Vertragsentgelte** erhoben. Rechtsgrundlage sind häufig **Mehrkostenvereinbarungen.** Sie sind zulässig, um Erschließungsleistungen der Gemeinde an Grundstückseigentümer auszugleichen, auf die diese nach dem Ausbauprogramm keinen Anspruch haben oder um sonst gebotene „Artzuschläge" auf den Beitrag zu vermeiden (*VGH BW* BWGZ 1982, 597; zu den Grenzen der Zulässigkeit *VGH BW* NVwZ 1991, 583; NVwZ RR 1993, 154; *Gössl,* VBlBW 1991, 446).

8.2. Beitragsgegenstand

8.2.1. Anschlußbeiträge werden für **öffentlich Einrichtungen** erhoben. Es **1196** gilt der Begriff der Gemeindeordnung und Landkreisordnung.

8.2.2. Für den Eigentümer muß die **Anschlußmöglichkeit** seines Grund- **1197** stücks gegeben sein. Anschlußmöglichkeit bedeutet die **rechtliche und tatsächliche Möglichkeit,** eine technische Verbindung des Grundstücks mit der öffentlichen Einrichtung **durch eine Leitung oder auf andere Weise** herzustellen (*VGH BW* BWGZ 1984, 480; KStZ 1990, 175; *OVG Münster* KStZ 1974, 235). In der Praxis werden Beiträge unter diesen Voraussetzungen zur Zeit für die **öffentliche Wasserversorgung,** die öffentliche **Abwasserbeseitigung,** die **Abfallbeseitigung,** die **Fernwärmeversorgung** und die kommunale **Stromversorgung** (vgl. *VGH BW* NVwZ 1991, 583) erhoben. Das Erfordernis zusätzlicher technischer Anlagen, z. B. von **Hebeanlagen,** steht der Anschlußmöglichkeit nicht entgegen, wenn die Kommune diese gestattet (*VGH BW* GHH 1980, 244) bzw. die Gemeinde sich zur Übernahme der Mehrkosten bereiterklärt (*OVG Münster* HSGZ 1979, 261; *Driehaus,* KAR, Rdnr. 542, 565 zu § 8). Ein **tatsächlicher Anschluß ist nicht gefordert.** Er ist Voraussetzung der Benutzungsgebührenerhebung.

8.2.3. Die Anschlußmöglichkeit muß dem Grundstück einen objektiven, **1198** grundstücksbezogenen, nicht nur vorübergehenden (besonderen wirtschaftlichen) **Vorteil** verschaffen (**Vorteilsprinzip**) (vgl. *VGH BW* GHH 1981,

173). **Vorteil** ist die **Erhöhung des objektiven Gebrauchswertes** des Grundstücks. Eine Verkehrswertsteigerung wird nicht vorausgesetzt (vgl. *BVerwG* DÖV 1984, 111; KStZ 1976, 13; *VGH BW* KStZ 1978, 55; *OVG Lüneburg* KStZ 1983, 201). Hiernach kann etwa auch für nicht der Veräußerung und wirtschaftlichen Verwertung unterliegende Grundstücke wie **Friedhöfe,** Kirchengrundstücke und entsprechende Grundstücke ein beitragsauslösender Vorteil gegeben sein (vgl. *OVG Münster* KStZ 1979, 73).

Eine nur provisorische Anschlußmöglichkeit reicht für die Verschaffung eines **nicht nur vorübergehenden Vorteils** nicht aus (*VGH BW* ZKF 1981, 15); hiengegen kann eine **Teilanschlußmöglichkeit** beitragsfähig sein.

Ob der Grundstückseigentümer den Vorteil **subjektiv** tatsächlich nutzt oder **nutzen will,** ist ohne Belang (*VGH BW* ESVGH 16, 106 (109); *BayVerfGH* NVwZ 1986, 117).

1199 *8.2.4.* Die Vorteile müssen **grundstücksbezogen** sein. Es gilt grundsätzlich der **Buchgrundstücksbegriff** (*VGH BW* VBlBW 1982, 306; 1986, 68). Buchgrundstück in diesem Sinne ist der Teil der Erdoberfläche, der auf einem besonderen Grundbuchblatt oder auf einem gemeinschaftlichen Grundbuchblatt eingetragen ist (*BVerwG* NVwZ 1983, 153). **Ausnahmsweise** ist der **wirtschaftliche Grundstücksbegriff** zugrundezulegen, **wenn die Anwendung des Buchgrundstücksbegriffs** im Hinblick auf das Vorteilsprinzip und die Beitragsgerechtigkeit **gröblich unangemessen wäre** (*VGH BW* VBlBW 1986, 68; 1985, 460; *BVerwG* DVBl. 1982, 1056). Die Anwendung des wirtschaftlichen Grundstücksbegriffs kann dazu führen, daß für die Beitragsbemessung mehrere Grundstücke (z. B. **Handtuchgrundstücke)** als eines behandelt werden **(wirtschaftliche Grundstückseinheit)** oder daß **ein Buchgrundstück** bei unterschiedlicher Nutzbarkeit **in mehrere selbständige wirtschaftliche Grundstücke aufgeteilt wird oder Teilflächen abgesondert werden, und bei der Beitragsbemessung unberücksichtigt bleiben** (*VGH München* KStZ 1985, 133; NVwZ 1987, 549; *VGH BW* VBlBW 1985, 460).

1200 *8.2.5.* Grundsätzlich realisiert sich der Gebrauchsvorteil nur in Grundstücken, die **baulich oder gewerblich nutzbar sind** oder vergleichbar zu nutzen sind. **Beitragsgegenstand sind** deshalb regelmäßig **bauplanungs- und bauordnungsrechtlich nutzbare Grundstücke** (*VGH BW* VBlBW 1986, 142; ESVGH 37, 29 (35); *BVerwG* DVBl. 1982, 72). Baurechtlich nur **unterwertig** nutzbare oder faktisch nicht baurechtlich nutzbare Grundstücke sind nur dann beitragspflichtig, wenn die Anschlußmöglichkeit für das Grundstück **etwas hergibt** (*OVG Koblenz* KStZ 1988, 194; 1980, 234: – verneint für ein Trafostationengrundstück). Entsprechend ordnet § 19 Abs. 1 KAG zwingend den **Abzug** bestimmter Teilflächen eines Grundstücks an.

Nicht baulich oder gewerblich nutzbare Grundstücke unterliegen aber der Beitragspflicht, wenn sie **tatsächlich angeschlossen** sind, z. B. Außenbereichsgrundstücke (*VGH BW* BWGZ 1985, 492).

8.2.6. Beiträge können zur angemessenen Ausstattung öffentlicher Ein- **1201**
richtungen mit Betriebskapital erhoben werden. Das Gesetz **übernimmt damit nicht** die bisher in den Ländern **gebräuchliche Definition** des Beitrags als „Beitrag zur Deckung des Aufwands für die (erstmalige) Anschaffung und Herstellung, Erweiterung, Verbesserung und Erneuerung öffentlicher Einrichtungen", **sondern setzt an deren Stelle den „Beitrag zur angemessenen Ausstattung öffentlicher Einrichtungen mit Betriebskapital".** Damit soll **Schwierigkeiten aus dem Wege gegangen werden,** die sich in **den alten Bundesländern** mit dem bisherigen Beitragsverständnis ergeben haben. Diese liegen insbesondere in der Tatsache, daß (z. B. in Baden-Württemberg) von der Verwaltungsrechtsprechung versucht worden ist, die **Kostenmassen der erstmaligen** Herstellung und der (späteren) **Erweiterung** oder **Verbesserung** sowie **Erneuerung voneinander zu trennen.** Eine solche **(enge) Interpretation** muß **schon daran** scheitern, daß **für das seit langem angeschlossene Grundstück** die **zweite Anlagengeneration zu der Kostenmasse** der Erneuerung und dieselben Kosten für das neu anzuschließende Grundstück im Neubaugebiet als **solche der erstmaligen Herstellung** zu betrachten sind. Außerdem sind die **Bereiche der schlichten Erneuerung und der Verbesserung einer Einrichtung nur schwer zu trennen.** Schließlich hat auch die Rechtsprechung zur sog. „Globalberechnung" in Baden-Württemberg mit ihrer Forderung nach einer diffizilen Ermittlung der in der **Vergangenheit entstandenen Anschaffungs- und Herstellungskosten einerseits** und der (nicht exakt in den Griff zu bekommenden) **Schätzung** der **Zukunftsinvestitionen andererseits,** nicht nur zu einem immensen **Aufwand bei der Erstellung solcher Beitragskalkulationen, sondern in vielen Fällen auch zur Nichtigkeitserklärung örtlicher Satzungen** durch die Gerichte **geführt.**

Das Gesetz geht von einem beteiligungsähnlichen Charakter des Beitrags aus. Die Bindung an die Investitionen wird nicht völlig aufgegeben. Maßgebend für die höchstzulässige Bemessung des Betriebskapitals als Grundlage der **Berechnung der höchstzulässigen Beitragssätze** (Abs. 3) **sollen aber nicht die nominellen Ausgaben sein,** die besonders für die Zukunft schwer zu schätzen sind und deshalb einen nicht unerheblichen Manipulationsspielraum eröffnen würden, **sondern der zum Zeitpunkt der Kalkulation aktuelle Wiederbeschaffungszeitwert des ganzen Systems. Abzusetzen** sind die Zuweisungen und Zuschüsse Dritter soweit sie als Kapitalzuschüsse gewährt worden oder noch zu erwarten sind. Bei Einrichtungen der **Abwasserbeseitigung** sind infolge der Sperrwirkung des § 128 Abs. 1 S. 1 Nr. 2 BauGB außerdem die Anteile der Straßenentwässerung als „Öffentliches Interesse" abzusetzen. Ein weitergehendes öffentliches Interesse (z. B. für die Bannung der Seuchengefahr) ist nicht zu berücksichtigen.

– Vgl. Einzelbegründung des Regierungsentwurfs zu § 17.

8.2.7. **Weitere Beiträge** können zur angemessenen **Aufstockung** des Be- **1202**
triebskapitals bis zu der nach § 17 Abs. 3 KAG zulässigen Höhe **oder infolge weiteren Kapitalbedarfs** zum **Ausbau** oder zur **Erneuerung** einer Einrich-

tung erhoben werden. Diese Möglichkeit besteht weiterhin für den Fall, daß sich die Investitionen gegenüber den in die zu erstellende ursprüngliche Globalberechnung eingestellten Summen erhöhen oder erwartete Zuweisungen und Zuschüsse nicht oder nicht in der erwarteten Höhe gewährt werden und die dadurch entstehenden Veränderungen mehr als 10 vom Hundert des bisher als zulässig betrachteten Höchstbetrags betragen (§ 17 Abs. 2 KAG).

In § 17 Abs. 2 KAG wird zur Erhebung **weiterer Beiträge** ermächtigt, soweit **die zulässige Obergrenze bisher nicht ausgeschöpft worden ist** oder die **Aufstockung** des Betriebskapitals **infolge** des fortschreitenden Ausbaus oder der (teureren) Erneuerung der Einrichtung gerechtfertigt ist. Auch für den Fall, daß die **zunächst in Aussicht genommene Finanzierung sich nicht verwirklichen läßt,** sei es durch Veränderungen bei den Anschaffungs- und Herstellungskosten oder bei den erwarteten Zuweisungen und Zuschüssen, können weitere Beiträge erhoben werden, wenn die Abweichungen erheblich sind. Die Grenze der Unerheblichkeit ist mit 10 vom Hundert des zunächst höchstzulässigen Betriebskapitals angesetzt. Maßgebend für den Vergleich sind die Preisverhältnisse zum Zeitpunkt der Aufstellung der ursprünglichen Globalberechnung (Abs. 3 S. 6). Damit wird auch **zum Ausdruck gebracht, daß die Preisentwicklung für sich allein keinen Grund zur Erhebung eines weiteren Beitrags im Sinne des Abs. 2 abgibt.** Es muß vielmehr dazukommen, daß infolge des Ausbaus oder der Erneuerung der Einrichtung gegenüber dem bisherigen Betriebskapital ein zusätzlicher Kapitalbedarf entsteht.

Die **Erhebung von Teilbeiträgen** für einzelne **Teile** der Einrichtung (wie sie in den anderen Ländern üblich ist und Probleme bei der Abgrenzung des Aufwands für die einzelnen Teilbereiche macht) wird durch diese Regelung **überflüssig.**

1203 In Abs. 3 S. 4 wird ausdrücklich bestimmt, daß das **Betriebskapital nur erhöht werden kann, wenn weitere Beiträge** im Sinne von Abs. 2 erhoben **werden sollen** oder **die zu erschließenden Grundstücksflächen** (ausgedrückt in Bemessungseinheiten) sich um mehr **als 5 vom Hundert** erhöhen und sich **daraus als Konsequenz zusätzliche Investitionen ergeben.** Durch diese Einschränkung soll die Kontinuität der Entgelterhebung sichergestellt und eine permanente Fortschreibungspflicht des Betriebskapitals als Beitragsbemessungsgrundlage ausgeschlossen werden

– Vgl. Einzelbegründung des Regierungsentwurfs zu § 17 Abs. 2 und 3).

8.3. Beitragsbemessung

8.3.1. Allgemeine Bemessungsgrundsätze

1204 8.3.1.1. Die Beitragsbemessung läuft – unabhängig von den anzuwendenden Kalkulationsmethoden – in **drei Phasen** ab. Die erste Phase ist die **Ermittlung des erforderlichen Betriebskapitals** für die Einrichtung (§ 17 Abs. 1). Die zweite Phase ist die **Oberverteilung** des ermittelten erforderlichen Betriebskapitals auf die bevorteilten Grundstücke (Ermittlung des Beitragssatzes). Die dritte Phase ist die **Ermittlung des Beitrags für das einzelne Grundstück (Heranziehungsphase).**

Allgemeine Bemessungsgrundsätze für die Ermittlung des erforderlichen Betriebskapitals sind – das **Kostendeckungsprinzip,** – das **Vorteilsprinzip,** – das **Äquivalenzprinzip,** – der **Grundsatz der Beitragsgerechtigkeit (Art. 3 GG),** – der **Grundsatz der technischen und wirtschaftlichen Einheit der öffentlichen Einrichtung** und – der **Grundsatz der Globalberechnung.**

8.3.1.2. Der **Grundsatz der technischen und wirtschaftlichen Einheit** be- **1205** deutet, daß **technisch getrennte Anlagen,** die der Erfüllung derselben Aufgabe dienen, für die Beitragsbemessung grundsätzlich **eine** öffentliche Einrichtung bilden (vgl. § 17 Abs. 4 KAG). Dies hat zur Folge, daß die Beitragssätze in diesen Fällen gleichhoch sind. Eine **Grenze** besteht, wenn sich die Anlagen durch wesentlich andersartige Leistungen und Arbeitsergebnisse unterscheiden. Hier kann die Erhebung einheitlicher Beiträge gegen das Äquivalenzprinzip und den Gleichheitssatz verstoßen (*BVerwG DGStZ* 1978, 153; *Dietzel,* in: *Driehaus,* KAR, Rdnr. 517; *Scholz,* aaO, Rdnr. 621 zu § 8; *Wiethe-Körprich,* aaO, Rdnr. 730 f. zu § 8).

8.3.1.3. Das **Vorteilsprinzip** fordert, daß die **Höhe der Beiträge** sich **an der** **1206** **Höhe** des durch die Anschlußmöglichkeit gebotenen **Gebrauchsvorteils orientieren muß** (vgl. *VGH BW* ESVGH 28, 63; GHH 1981, 173). **Ideelle Vorteile** genügen nicht. Je höher der Vorteil ist, je höher muß der Beitrag sein (*OVG Münster* NJW 1979, 1517).

Die Vorteile werden nicht dadurch berührt, daß ein Grundstück über eine eigene private Einrichtung verfügt (*OVG Münster* KStZ 1974, 155).

8.3.1.4. Das **Äquivalenzprinzip** gibt die **Beitragsobergrenze** an, die nicht **1207** überschritten werden darf:

8.3.1.4.1. In Verbindung mit dem Vorteilsprinzip besagt es, daß die Beitragshöhe nicht **in grobem Mißverhältnis zum gebotenen Vorteil stehen darf** (vgl. *BVerwGE* 26, 305 (308); DVBl. 1983, 46). Grob ist das Mißverhältnis, wenn Leistung und Gegenleistung in nicht nur unerheblichem Maße auseinanderklaffen.

8.3.1.4.2. In Verbindung mit <u>Artikel 3 GG</u> (Beitragsgerechtigkeit) fordern diese Prinzipien, daß sich die **Beitragshöhe nicht nur absolut, sondern auch im Verhältnis der Beitragsschuldner untereinander am Vorteil orientieren muß und zu diesem nicht im Mißverhältnis stehen darf.**

Artikel 3 GG läßt in diesen Grenzen aus Gründen der **Praktikabilität** im Rahmen des satzungsgeberischen Gestaltungsspielraumes eine **Typisierung** und damit Gleichbehandlung nur ähnlicher Beitragssachverhalte zu, sog. **Typengerechtigkeit** (vgl. *BVerfGE* 14, 76 (101); *BVerwG* NVwZ 1984, 380), soweit ein gewisses Maß nicht überschritten wird (*VGH BW* KStZ 1978, 55). Eine Überschreitung liegt vor, wenn die atypischen Fälle ihrer Häufigkeit oder Bedeutung wegen ein solches Ausmaß erreichen, daß Artikel 3 GG ihre gesonderte Berücksichtigung erfordert. Eine **Abweichung von bis zu 10% vom Normaltypus** soll nach *BVerwG* (NVwZ 1984, 380) **unerheblich** sein. Liegen atypische Einzelfälle vor oder wird tatsächlich das

Äquivalenzverhältnis nachträglich **gestört,** kann ein **Erlaß** im Einzelfall in Betracht kommen (*OVG Münster* DÖV 1979, 590); vgl. auch *VGH BW* ZKF 1981, 14; ESVGH 39, 46; Fundstelle BW 1985, Rdnr. 62; zu Äquivalenzstörungen vgl. auch *Gern,* DÖV 1979, 590).

1208 *8.3.1.5.* Dem **Kostendeckungsprinzip** ist in Sachsen in der Weise Rechnung zu tragen, daß die Beitragssätze nur so hoch kalkuliert werden dürfen, daß die öffentliche Einrichtung in angemessener Weise mit Betriebskapital ausgestattet wird. Das Betriebskapital soll den Wiederbeschaffungszeitwert i. S. des § 17 Abs. 3 KAG nicht überschreiten, wobei maßgebend für den Wiederbeschaffungszeitwert die Preise zum Zeitpunkt der Aufstellung der Globalberechnung sind.

Wird diese **Grenze überschritten,** so kommt es für die Gültigkeit der Beitragssätze darauf an, ob die Überschreitung **vorhersehbar** war und welches ihre Ursachen sind und schließlich auch auf den Prozentsatz der Überdeckung.

8.3.2. Die Ermittlung des angemessenen Betriebskapitals

1209 *8.3.2.1.* In teilweiser Abweichung von der Rechtslage in anderen Bundesländern ist – wie in Baden-Württemberg – eine sog. **Globalberechnung** zu erstellen. Hiernach **sind, anders als im Erschließungsbeitragsrecht, die gesamten** bisher entstandenen und in Zukunft **bis zur geplanten Endausbaustufe** zu erwartenden **Kosten** der gesamten öffentlichen Einrichtung auf der Basis des Wiederbeschaffungszeitwerts **zu ermitteln und** nach Berücksichtigung der Abzüge des § 17 Abs. 3 **auf die gesamten** jetzt und künftig anschlußfähigen **Grundstücke im Einzugsgebiet** der Einrichtung nach bestimmten in der Satzung festzulegenden Verteilungsmaßstäben (Bemessungseinheiten) **zu verteilen** (§ 18 Abs. 2).

Die **künftig** erforderlichen **Kosten** sind **entsprechend den Ausbauplänen** der Gemeinde **zu schätzen.** Sowohl hinsichtlich der Ausbauplanung, der voraussichtlichen Kostenhöhe sowie des anzusetzenden Zeitraumes haben die Gemeinden einen **Prognosespielraum.** Neben planerischen und kalkulatorischen Gesichtspunkten können auch solche des **Umweltschutzes** in die Ermessensentscheidung eingestellt werden (*VGH BW* VBlBW 1982, 302; 1984, 81). Der Umfang der gerichtlichen Überprüfung richtet sich nach Auffassung des *VGH* nach den für Prognoseentscheidungen geltenden Grundsätzen (*VGH BW* VBlBW 1984, 81; 1985, 299, 428).

Hinsichtlich der **Ermittlung der bevorteilten Grundstückseinheiten (Grundstücksflächenseite)** gebieten der Gleichheitsgrundsatz und das Verbot der Überschreitung der Angemessenheitsgrenze, daß die Globalberechnung **sowohl die im Zeitpunkt der Herstellung der öffentlichen Einrichtung anschlußfähigen Grundstücksflächen als auch die Grundstücksflächen** zu berücksichtigen hat, **die** bezogen auf die mutmaßliche Lebensdauer und die jetzige und künftige geplante Kapazität der Einrichtung **voraussichtlich angeschlossen** bzw. anschließbar und damit beitragspflichtig **werden** (*BGH BW* VBlBW 1982, 302; 1985, 428). Es sind deshalb als Voraussetzung der Verteilung zunächst alle diese Grundstücksflächen summenmäßig zu er-

mitteln. **Orientierungswerte** ergeben sich vornehmlich **aus Bebauungs-
und Flächennutzungsplänen** sowie aus der Kapazität der Einrichtung (*VGH
BW* VBlBW 1983, 408; U. v. 20. 10. 1988 – 2 S 2568/86). **Sodann** ist für diese
Grundstücksflächen die **Summe der Einheiten der satzungsmäßigen Ver-
teilungsmaßstäbe** (Bemessungseinheiten), etwa die Summe der zulässigen
Geschoßflächen (s. u.), **zu ermitteln.**

Für beide Berechnungen steht der Gemeinde ein Schätzungs- und **Prognosespielraum** zu. Im Bereich der Flächenermittlung kann von der Gemeinde
nicht verlangt werden, daß sie für jedes einzelne Grundstück Untersuchun-
gen über seine Bebaubarkeit vornimmt. Es sind deshalb **überschlägige
Schätzungen** und Pauschalierungen **zulässig** (*VGH BW* BWGZ 1983, 408;
625). Dasselbe gilt für die Ermittlung der Bemessungseinheiten (*VGH BW*
VBlBW 1987, 429). Pauschalierende Schätzungen auf der Grundlage weniger Grundstücke sind jedoch unzulässig (*VGH BW* Urteil v. 19. 5. 1988 – 2 S
3310/86).

Die Globalberechnung ist nicht in die Beitragssatzung aufzunehmen,
wohl aber die Höhe des Betriebskapitals (§ 17 Abs. 3 S. 1). **Fehlt sie** jedoch
im Zeitpunkt der Beschlußfassung über den Beitragssatz (*VGH BW* VBlBW
1986, 68), führt dieser Mangel **zur Rechtswidrigkeit** der Beitragssätze in der
Satzung und damit zur Nichtigkeit der Verteilungsregelung (*VGH BW*
VBlBW 1985, 190). Ein **Nachschieben** einer fehlerfreien Globalberechnung
im Prozeß ist nach dieser Auffassung **nicht möglich.**

8.3.2.2. Die Globalberechnung ist entsprechend **fortzuschreiben,** wenn sich **1210**
die Summe der Beitragsbemessungseinheiten gegenüber der letzten Globalberechnung um mehr als 5 vom Hundert verändert hat, weitere Beiträge i. S.
von § 17 Abs. 2 erhoben werden sollen oder der Beitragsmaßstab durch
einen anderen ersetzt wird. Im Falle der Erhebung weiterer Beiträge gem.
§ 17 Abs. 2 setzt **sich der Beitragssatz** i. S. des § 17 Abs. 1 für künftig erstmals beitragspflichtig werdende Grundstücke **aus dem bisherigen Beitragssatz und dem Satz für den weiteren Beitrag zusammen** (vgl. § 18 Abs. 2
S. 2 KAG).

8.3.3. Die Verteilung des beitragsfähigen Aufwands

8.3.3.1. Ist das erforderliche angemessene Betriebskapital ermittelt, ist es **auf 1211
die bevorteilten Grundstücksflächen nach den gewählten und in der Satzung festgelegten Verteilungsmaßstäben zu verteilen (Oberverteilung).**
Diese Verteilung ergibt den in der Satzung festzulegenden **Beitragssatz pro
Einheit des Verteilungsmaßstabs.** Der **Beitragssatz** resultiert aus einer **Division** des erforderlichen angemessenen Betriebskapitals durch die Summe
der auf die Flächenseite entfallenden Einheiten des gewählten Verteilungsmaßstabs (z. B. Summe der zulässigen Geschoßflächen).

8.3.3.2. **Verteilungsmaßstäbe.** Grundsätzlich kommen **zur Erfassung des 1212
Vorteils** als Verteilungsmaßstäbe nur **Wahrscheinlichkeitsmaßstäbe** in Betracht, da der genaue Vorteil eines Grundstücks aus einer öffentlichen Ein-

richtung nicht zu ermitteln ist (*VGH BW* Fundstelle BW 1986, Rdnr. 126). Hinsichtlich der Frage, welcher Wahrscheinlichkeitsmaßstab zu wählen ist, hat die Gemeinde einen **Ermessensspielraum**. Sie ist nicht verpflichtet, den Maßstab zu wählen, der dem gewährten Vorteil am nächsten kommt (*BVerwGE* 25, 147; *VGH BW* BWGZ 1984, 592; GHH 1980, 97).

1213 *8.3.3.2.1.* **Grundstücksflächenmaßstab.** Bei diesem Verteilungsmaßstab wird das erforderliche Betriebskapital der öffentlichen Einrichtung **auf die Grundstücksflächen** im Einzugsgebiet je nach Größe der Fläche **verteilt.** Bezugsgröße ist die **Quadratmetereinheit.** Für die Errechnung des Beitrags wird das Betriebskapital für eine öffentliche Einrichtung durch die Summe der Quadratmeterzahl aller anzuschließenden Grundstücke geteilt. Das Ergebnis stellt den **Beitragssatz,** bezogen auf einen Quadratmeter, dar. Die Anwendung ist **nur zulässig bei Gemeinden mit einfachen und** im wesentlichen **einheitlichen Verhältnissen.** Im übrigen läßt er nur bei Grundstücksgrößen bis zu etwa 10 ar eine hinreichend vorteilsgerechte Bemessung der Beiträge zu (*BGH BW* Urteil v. 29. 9. 1981 – 2 S 1024/80; *OVG Münster* KStZ 1975, 154; aA *VGH München* KStZ 1986, 78).

1214 *8.3.3.2.2.* **Maß der baulichen Nutzung.** Ein wesentlich **gerechterer Maßstab,** der im Erschließungsbeitragsrecht zwingend anzuwenden ist, ist auch im Kommunalbeitragsrecht der Maßstab, der das Maß der baulichen Nutzung berücksichtigt. Bei der Verteilung nach dem Maß der baulichen Nutzung ist Verteilungsmaßstab für das erforderliche Betriebskapital **der Umfang, in welchem ein Grundstück baulich oder gewerblich genutzt werden darf (zulässige Nutzung),** ausnahmsweise, in welchem Umfang ein Grundstück baulich oder gewerblich tatsächlich genutzt wird.

Als **Maßstabseinheit** wird überwiegend die **„zulässige Geschoßfläche"** als Verteilungsmaßstab zugrundegelegt (VGH BW VBlBW 1985, 299). Die zulässige Geschoßfläche ergibt such durch **Mulitplikation der Grundstücksfläche mit der Geschoßflächenzahl** (vgl. hierzu §§ 16ff. BauNVO). **Daneben** wird als weitere Maßstabseinheit auch die Nutzungsfläche **(Vollgeschoßmaßstab)** verwendet (vgl. *VGH BW* Beschluß v. 11. 12. 1986 – 2 S 3160/84). Hier können die Unterschiede in der Zahl der zulässigen Geschosse in der Weise bei der Verteilung berücksichtigt werden, daß die **Grundstücksfläche mit einem Nutzungsfaktor vervielfacht wird, der entsprechend der Erhöhung der Zahl der zulässigen Vollgeschosse ansteigt** (z. B. I 1,0; II 1,2 usw.); vgl. *BVerwG* KStZ 1981, 9; *VGH BW* BWGZ 1984, 592; VBlBW 1985, 299; *BVerwG* Beschluß v. 27. 2. 1987 – 8 B 106.86.

1215 *8.3.3.2.3.* **Art der baulichen Nutzung.** Zusätzlich **zum Verteilungsmaßstab „Maß der baulichen Nutzung"** kommt weiter als Verteilungsmaßstab der **Artmaßstab** in Betracht. Die Art der Nutzung gibt an, **für welche Zwecke ein Grundstück zu nutzen ist.** Die Angaben über die Nutzungsarten ergeben sich aus den §§ 1ff. BauNutzungsVO. Maßgebend ist auch hier im Regelfall die zulässige, nicht die tatsächliche Art der Nutzung. Die Nutzungsart eines Grundstücks wird bei diesem Verteilungsmaßstab in der Regel **durch einen prozentualen Zuschlag für besonders intensiv nutzbare Grundstücke (Gewerbegrundstücke und Industriegrundstücke)** auf das Maß der baulichen Nutzbarkeit **ausgedrückt.** Nach *VGH BW* (Urteil v. 11. 12. 1986 – 2 S 3160/84) ist die zusätzliche **Berücksichtigung** der Art der Grundstücksnutzung **bei der öffentlichen Abwasserbeseitigung nur dann erforderlich, wenn an die Kapazität und Qualität einer Anlage** wegen gewerblicher Abwässer aus Produktionsprozessen **besonders hohe Anforderungen gestellt werden.**

8.3.3.2.4. **Unzulässig sind Wertmaßstäbe,** etwa der Einheitswertmaßstab oder der Gebäudeversicherungswert (*VGH BW* VBlBW 1986, 142).

8.3.3.3. Die Verteilungsmaßstäbe sind **zwingend** und **vollständig** für sämt- **1216** liche im Gemeindegebiet in Betracht kommenden Beitragsfälle hinreichend klar und berechenbar **in der Satzung** zu regeln. Ist ein Verteilungsmaßstab deshalb oder aus anderen Gründen rechtswidrig, ist die Satzung insgesamt **nichtig** (*VGH BW* VBlBW 1985, 299). Die Verteilungsregelung ist in diesem Fall vollständig neu zu erlassen.

8.3.4. Die Bemessung des Beitrags für das einzelne Grundstück
Ist der Beitragssatz ermittelt, ist in einer dritten Phase (Heranziehungs- **1217** phase) **der konkrete Beitrag** für jedes beitragspflichtige Grundstück **zu ermitteln.** Er ergibt sich aus einer **Multiplikation** der Summe der Bemessungseinheiten des Verteilungsmaßstabes eines jeden Grundstücks mit dem Beitragssastz pro Bemessungseinheit.

8.3.5. Beispiel: Beitragsberechnung „Öffentliche Wasserversorgung"
Das auf Grund Globalberechnung ermittelte erforderliche Betriebskapital **1218** (§ 17 Abs. 3) einer öffentlichen Wasserversorgungseinrichtung beläuft sich auf DM 1 Million. Als Beitragsmaßstab ist in der Satzung gleichmäßig die Grundstücks- und zulässige Geschoßfläche festgesetzt. Im Einzugsgebiet der öffentlichen Einrichtung befinden sich 100 000 Quadratmeter anschließbare und bevorteilte Grundstücksflächen sowie 100 000 Quadratmeter anschließbare zulässige Geschoßflächen. Wie hoch ist der Beitrag für ein Grundstück, das 1 000 Quadratmeter groß ist und mit 400 Quadratmeter Geschoßfläche bebaubar ist?

Lösung:
– erforderliches
Betriebskapital   DM 1 000 000,00
– Summe der Grundstücks-
flächen und Geschoßflä-
chen (Beizugsflächen)   200 000 m²

– Beitragssatz pro m² $\dfrac{1\,000\,000,00}{200\,000} = \text{DM } 5/m^2$

– zu leistender Beitrag für das Grundstück
5 × (1 000 m² + 400 m²) = DM 7 000,00

8.3.6. Weitere Beitragspflichten für Teilflächen

1219 Ist nach der Satzung bei der Beitragsbemessung die Fläche des Grundstücks zu berücksichtigen, bleiben **Teilflächen unberücksichtigt,** die nicht baulich oder gewerblich genutzt werden können, soweit sie nicht tatsächlich angeschlossen, bebaut oder gewerblich genutzt sind und ihre grundbuchmäßige **Abschreibung** nach baurechtlichen Vorschriften **ohne Übernahme einer Baulast** zulässig wäre (vgl. § 19 Abs. 1).

Fallen die Voraussetzungen des Abs. 1 **später weg, so entsteht insoweit eine Beitragspflicht.** Dies gilt auch, wenn ein Grundstück oder Grundstücksteile, für die eine Beitragspflicht bereits vorhanden oder die beitragsfrei angeschlossen worden sind, mit **Grundstücksflächen vereinigt werden, für die eine Beitragspflicht bisher nicht entstanden ist oder wenn sich die bauliche Nutzbarkeit eines solchen Grundstücks erhöht** (vgl. § 19 Abs. 2).

Wenn sich die Verhältnisse, die zur Flächenabgrenzung geführt haben, ändern, entsteht gem. § 19 Abs. 2 der restliche Beitrag **nach dem aktuellen Beitragssatz.** Das erfordert der Grundsatz der Gleichmäßigkeit der Abgabenerhebung. Den beitragsberechtigten Körperschaften kann deshalb kein Ermessen eingeräumt werden, ob sie in diesen Fällen einen Beitrag erheben wollen oder nicht. Dasselbe gilt für die anderen in Abs. 1 aufgeführten Fälle.

– Vgl. Einzelbegründung zu § 19 Regierungsentwurf

8.3.7. Zusätzliche Beiträge für Großverbraucher.

1220 Für Grundstücke, die die Einrichtung nachhaltig nicht nur unerheblich über das normale Maß hinaus in Anspruch nehmen, können **zusätzliche Beiträge** erhoben werden. Das normale Maß bestimmt sich nach dem bei Wohnnutzung nach Art und Menge durchschnittlich anfallenden häuslichen Abwasser. Das Nähere ist in der **Satzung** (§ 2) zu bestimmen. Einzelheiten können durch öffentlich-rechtlichen **Vertrag** geregelt werden.

Für Betriebe ist der Beitrag aus steuerlicher Sicht in der Regel unerwünscht, da er als Aufwendung für Grund und Boden grundsätzlich nicht abgeschrieben und deshalb steuerlich, im Gegensatz zu Gebühren, nicht als Betriebsaufwand geltend gemacht werden kann. Für die Träger öffentlicher Einrichtungen birgt jedoch gerade die Schaffung von Kapazitäten für Großverbraucher gewisse Risiken, da Betriebe in Konkurs gehen, ihre Produktion in andere Gemeinden verlagern oder die Kapazitätenanforderungen durch innerbetriebliche Maßnahmen reduzieren können und dadurch die Kapazitätsanteile nicht mehr (voll) genutzt sind. Soweit die dadurch freiwerdenden Kapazitäten nicht anderweitig genutzt werden können, ist die Folge, daß die anteiligen Kosten nicht mehr (voll) über das Gebührenaufkommen refinanzierbar sind. Das Gesetz sieht daher in § 20 die Ermächtigung zur Erhebung zusätzlicher Beiträge von Großverbrauchern vor, die die Einrichtung über das übliche Maß hinaus in Anspruch nehmen. Es steht jedoch im **Ermessen** der Gemeinde oder des Landkreises, von dieser Ermächtigung Gebrauch zu machen. Wird auf einen zusätzlichen Beitrag in solchen Fällen verzichtet, so stellt sich in der Regel die Frage einer besonderen Kalkulation der Benutzungsgebühren für die Leistungen der Einrichtung, die über das übliche Maß hinausgehen. Soweit keine zusätzlichen Beiträge erhoben werden, ist die Basis für die Berechnung des kalkulatorischen Zinses bezüglich der über das normale Maß der Inanspruchnahme hinausgehenden Leistungen nicht um die Beiträge nach § 17 Abs. 1 und 2 sowie § 19 Abs. 2 zu kürzen, da der Großverbraucher sonst von den Beiträgen der Normalbenutzer profitieren würde.

Die Grenze der üblichen Benutzung zur Mehrnutzung wird nicht durch Vergleiche zwischen den einzelnen Betrieben ermittelt werden können. Sie ist vielmehr durch Vergleich mit der Wohnnutzung eines Grundstücks zu ziehen. In der Satzung kann auch die Möglichkeit der Übertragung solcher Kontingente auf andere Grundstücke und der Rückkauf durch den Träger der Einrichtung vorgesehen werden.

Das wegen der Vielgestaltigkeit der Fälle nicht alle Details in der Satzung geregelt werden können, ermächtigt das Gesetz zur vertraglichen Regelung der Einzelheiten.

– Vgl. Einzelbegründung zu § 20 Regierungsentwurf.

8.4. Festsetzungsverfahren

8.4.1. Die Festsetzung des Beitrags richtet sich, soweit im Kommunalabga- **1221** bengesetz keine Spezialregelungen bestehen, über die Verweisungsvorschrift des § 3 KAG nach den §§ 155f. AO. Sie erfolgt durch **Beitragsbescheid** (§ 155 i. V. m. § 118 AO).

Der Erlaß eines Beitragsbescheids ist **Geschäft der laufenden Verwaltung** im Sinne der Gemeinde- und Landkreisordnung. Eine **Beitragsfestsetzung durch öffentlich-rechtlichen Vertrag** ist nur in Ausnahmefällen zulässig (hierzu *Gern,* KStZ 1979, 161; aA *Heun,* DÖV 1989, 1053).

8.4.2. Beitragsschuldner ist nach § 21 KAG, wer im Zeitpunkt der Be- **1222** kanntgabe des Beitragsbescheides **Grundstückseigentümer** ist. Die Satzung kann bestimmen, daß Beitragsschuldner ist, wer zum Zeitpunkt des Entstehens der Beitragsschuld Eigentümer des Grundstücks ist.

Der **Erbbauberechtigte** oder sonst dinglich zur baulichen Nutzung Berechtigte ist anstelle des Eigentümers Beitragsschuldner. Die Heranziehung nur des Eigentümers und des Erbbauberechtigten als Beitragsschuldner verstößt nicht gegen Art. 3 GG (*BVerwG* KStZ 1978, 52; *BGH* BWGZ 1982, 304).

Mehrere Beitragsschuldner haften nach § 44 AO als **Gesamtschuldner.** Bei **Wohnungs- und Teileigentum** sind die einzelnen Wohnungs- und Teileigentümer nur entsprechend ihrem Miteigentumsanteil Beitragsschuldner (§ 21 Abs. 2 S. 2; hierzu *VGH BW* VBlVW 1985, 281). Der Abgabengläubiger hat bei Gesamtschuldnerschaft ein **Ermessen,** welchen der Schuldner er in Anspruch nehmen will (vgl. *OVG Münster* KStZ 1989, 75). Er ist grundsätzlich nicht verpflichtet, die Gründe seiner getroffenen Ermessensentscheidung im Beitragsbescheid anzugeben (*BVerwG* NVwZ 1983, 222). Im **Innenverhältnis** zwischen mehreren Beitragsschuldnern besteht ein **Aus-**

gleichsanspruch entsprechend § 426 bzw. § 748 BGB. Die **Schuldnerschaft** kann durch **privatrechtlichen Vertrag** zwischen Eigentümer und Dritten, etwa Grundstückserwerbern, **mit öffentlicher-rechtlicher Wirkung nicht** geändert werden (vgl. *VGH München* KStZ 1975, 192; *Gern,* Der Vertrag zwischen Privaten, 1977, S. 63). Die Übernahme entfaltet Wirkung im **Innenverhältnis** zwischen Eigentümer und Dritten (vgl. *Nieder,* BWGZ 1984, 188; *BGH* NJW 1982, 1278; 1976, 1315; *Messer,* NJW 1978, 1406). Außerdem kann zugunsten der Gemeinde ein zivilrechtlicher Anspruch nach § 3 KAG i. V. m. § 192 AO begründet werden.

Die **Gemeinde bzw. der Landkreis selbst** kann – bei gemeindeeigenen Grundstücken – **nicht Beitragsschuldner** sein. Allerdings sind für Grundstücke, die im Eigentum des Beitragsberechtigten stehen oder an denen dem Beitragsberechtigten ein Erbbaurecht oder ein anderes dingliches Nutzungsrecht zusteht, die satzungsmäßigen Beiträge (intern) zu **verrechnen** (§ 22 Abs. 2).

1223 *8.4.3.* Der beitragsberechtigte Gläubiger kann nach § 23 Abs. 1 angemessene **Vorauszahlungen** auf die Beitragsschuld verlangen, **sobald er mit der Herstellung** der Einrichtung **beginnt.** Die **Rechtmäßigkeit des Vorauszahlungsbescheides setzt voraus,** daß **die sachlichen Voraussetzungen einer Beitragspflicht gegeben sind** (*VGH BW* BWGZ 1983, 676) und daß eine wirksame Beitragssatzung besteht, die die Höhe der Vorauszahlungen konkretisiert (*OVG Koblenz* VerwRspr 24, 464).

Hinsichtlich der Höhe der Vorauszahlungen hat die Gemeinde einen **Ermessensspielraum,** der durch das Prinzip der Angemessenheit eingeschränkt ist (*OVG Münster* KStZ 1978, 73). Bei nicht mehr haltbarer Schätzung des zugrundegelegten Aufwands ist die Höhe der Vorauszahlung zu ändern (*VGH BW* VBlBW 1984, 81). **Vorauszahlungspflichtig** ist derjenige, der zum Zeitpunkt der Bekanntgabe (Zustellung) des Vorauszahlungsbescheids **Eigentümer** des Grundstücks ist.

Der Vorauszahlungsbescheid ist Bescheid unter **Vorbehalt der Nachprüfung** im Sinne des § 164 AO mit eingeschränkter Bestandskraft. Die Vorauszahlung ist **auf die endgültige Beitragsschuld anzurechnen** und tilgt den endgültigen Beitrag mit seiner Entstehung (*BVerwG* DVBl. 1976, 96). Die Gemeinde darf aus einem Vorauszahlungsbescheid nicht mehr vollstrecken, wenn die endgültige Beitragsschuld nicht mehr in der Person des Vorauszahlungspflichtigen entstehen kann (*VGH BW* VBlBW 1982, 404). **Bei Überzahlung** der endgültigen Beitragsschuld durch Vorausleistung entsteht nach § 37 Abs. 2 AO ein öffentlich-rechtlicher **Erstattungsanspruch** in der Person des Vorausleistenden (*BVerwG* NJW 1982, 951).

Ist die Beitragsschuld **sechs Jahre** nach Bekanntgabe des Vorauszahlungsbescheids **noch nicht entstanden,** kann die Vorauszahlung vom Grundstückseigentümer oder Erbbauberechtigten oder sonst dinglich zur baulichen Nutzung Berechtigten **zurückverlangt werden, wenn die Einrichtung bis zu diesem Zeitpunkt noch nicht benutzbar** ist. § 133 Abs. 3 S. 4 des Baugesetzbuches gilt entsprechend. Dies gilt nicht, soweit Teilanlagen erst später errichtet werden und die darauf entfallenden Investitionen bei der Bemessung der Vorauszahlung nicht berücksichtigt worden sind.

8.4.4. Die Beitragsschuld **entsteht** bei Einrichtungen mit Anschluß- und **1224** Benutzungszwang, sobald das Grundstück an die Einrichtung angeschlossen werden kann, frühestens jedoch mit Inkrafttreten der Satzung. Für andere Einrichtungen entsteht die Beitragsschuld mit dem Anschlußantrag. Für bereits angeschlossene Grundstücke entsteht die Beitragsschuld mit dem Inkrafttreten der Satzung. **Beiträge i. S. von § 17 Abs. 2 und § 20 entstehen zu dem in der Satzung zu bestimmenden Zeitpunkt. Beiträge i. S. von § 19 Abs. 2 entstehen** mit dem Eintritt der **Änderungen in den Grundstücksverhältnissen** (§ 22 Abs. 1).

Durch Satzung kann bestimmt werden, daß die Beitragsschuld **in mehreren Raten** entsteht (§ 22 Abs. 3).

8.4.5. Der Beitragsberechtigte kann die **Ablösung** des Beitrags i. S. von § 17 **1225** Abs. 1 **vor der Entstehung der Beitragsschuld zulassen; die weiteren Beitragspflichten** nach § 17 Abs. 2 und § 19 Abs. 2 sowie die **zusätzliche Beitragspflicht** nach § 20 **bleiben unberührt.** Das Nähere ist durch Satzung (§ 2) zu bestimmen (vgl. § 25 Abs. 1).

Die Ablösung ist eine **vorweggenommene Tilgung** der künftigen Beitragsschuld. Mit Ablösung kann der Beitrag nicht mehr entstehen. Ob die Gemeinde ablösen will, steht in ihrem Ermessen.

Unter dem Aspekt des Äquivalenzprinzips und von Art. 3 GG muß die **Ablösungssumme in etwa der zu erwartenden satzungsmäßigen Beitragsschuld entsprechen** (*VGH München* BayVBl. 1987, 337; *OVG Münster* GHH 1989, 183). Die für die Ablösung erforderlichen **Ablösungsbestimmungen** sind **abweichend vom Erschließungsbeitragsrecht** (vgl. *BVerwGE* 46, 362) **zwingend in der Satzung** zu treffen. Speziell muß die Ermächtigung zur Ablösung eines Beitrages sowie die Bemessung des Ablösungsbetrages aus der Satzung ersichtlich sein.

Die Ablösung wird **durch Abschluß eines öffentlich-rechtlichen Ablösungsvertrages vollzogen** (vgl. hierzu *Gern,* KStZ 1979, 161; *VGH BW* KStZ 1981, 134 (137)). Ein auf unwirksamer Grundlage geschlossener öffentlich-rechtlicher Ablösungsvertrag ist nichtig (*OVG Münster* KStZ 1981, 173; *BVerwG* DÖV 1982, 641). Fällt die Geschäftsgrundlage des Ablösungsvertrages weg, entsteht ein Rückzahlungsanspruch (*OVG Münster* NVwZ 1991, 1106; *Driehaus,* KAR, Rdnr. 175 zu § 8).

8.4.6. **Wird die Erschließung** gem. § 54 Abs. 1 S. 1 Nr. 1 der Verordnung **1226** zur Sicherung einer geordneten städtebaulichen Entwicklung und der Investitionen in den Gemeinden **(Bauplanungs- und Zulassungsverordnung – BauZVO)** vom 20. Juni 1990 (GBl. DDR I Nr. 45 S. 739) oder § 124 Abs. 1 des Baugesetzbuches **von einem Dritten auf seine Kosten durchgeführt,** sind die für die erschlossenen Grundstücke nachgewiesenen beitragsfähigen Aufwendungen an der Beitragslast dieser Grundstücke **abzusetzen.** Soweit

Beiträge nicht erhoben werden oder die Aufwendungen den Beitrag übersteigen, werden die übersteigenden Beträge in der Gebührenkalkulation wie Kapitalzuschüsse behandelt (§ 12 Abs. 1 S. 1 und § 13 Abs. 2; vgl. § 25 Abs. 2).

1227 *8.4.7.* Bei mangelnder wirtschaftlicher Leistungskraft des Beitragsschuldners kann der Beitragsberechtigte zulassen, daß der Beitrag in Form einer **Rente** gezahlt wird. Der **Beitrag ist dabei durch Bescheid in eine Schuld umzuwandeln,** die in höchstens zehn Jahresleistungen zu entrichten ist. In dem Bescheid sind Höhe und Fälligkeit der Jahresleistungen zu bestimmen. Der Restbetrag soll jährlich mindestens mit dem jeweiligen Diskontsatz der Deutschen Bundesbank verzinst werden. § 135 Abs. 3 S. 4 des Baugesetzbuches gilt entsprechend (§ 22 Abs. 4).

8.5. Erhebungsverfahren

1228 *8.5.1.* Für die Beitragserhebung gelten über die Verweisungsregelungen des § 3 KAG die §§ 218 ff. AO, sofern keine spezialgesetzlichen Regelungen getroffen wurden. Die **Fälligkeit** ist in der Beitragssatzung zu bestimmen. Hilfsweise gilt § 220 AO.

1229 *8.5.2.* Eine **Stundung** des Beitrags ist möglich nach § 222 AO sowie nach § 3 Abs. 3 KAG **für landwirtschaftliche Grundstücke.**

– Zum Begriff der unbilligen Härte vgl. oben 2.5.2.

1230 *8.5.3.* Für den **Erlaß** im Erhebungsverfahren gilt über § 3 KAG die Vorschrift des § 227 AO.

– Zum Begriff der unbilligen Härte vgl. oben 2.5.2.

1231 *8.5.4.* Der Beitrag ruht nach § 24 KAG als **öffentliche Last** auf dem Grundstück, auf dem Wohnungs- und Teileigentum sowie ggf. auf dem dinglichen Nutzungsrecht. Dasselbe gilt für die Vorauszahlungsschuld (*BVerwG* NVwZ 1983, 93 – für den Erschließungsbeitrag).

– Zu Begriff und Rechtsfolgen der öffentlichen Last vgl. oben 2.5.3. und *Driehaus, KAR*, Rdnr. 184 f. zu § 8.

8.6. Nacherhebung von Beiträgen

1232 **Ein und derselbe Vorteil** kann **nur einmal Beitragsgegenstand** sein (Grundsatz der **Einmaligkeit der Beitragserhebung,** *VGH BW* VBlBW 1985, 460, NVwZ-RR 1992, 432; *Gern,* BWVPr 1978, 242). Ist für ein Grundstück für dieselbe Einrichtung die sachliche Beitragspflicht einmal entstanden, kann sie nicht nachträglich zu einem anderen Zeitpunkt und in anderer Höhe nochmals entstehen (*VGH BW* VBlBW 1986, 68).

Diese Rechtslage wirft die Frage nach der Möglichkeit einer Nacherhebung (Nachveranlagung) von Anschlußbeiträgen auf. Zu unterscheiden ist die **verfahrensrechtliche** und die **materiell-rechtliche** Zulässigkeit der Nacherhebung.

8.6.1. **Verfahrensrechtlich** richtet sich die Zulässigkeit der Nacherhebung in Sachsen nach den §§ 172f. AO.

8.6.2. **Materiellrechtlich ist die Nacherhebung** nur nach Maßgabe des § 17 Abs. 2 und 19 Abs. 2 KAG zulässig.

8.7. Beitragsminderung oder -erstattung

Eine **Beitragsminderung** oder Erstattung als Umkehrfall der Nacherhe- **1233** bung bei (nachträglichen) Vorteilsminderungen wird durch die Rechtspre- chung **abgelehnt** (vgl. *VGH BW* KStZ 1988, 33; aA *Gern,* DÖV 1979, 590). Allerdings kann im Einzelfall ein Erlaß nach den §§ 163, 227 AO in Betracht kommen.

8.8. Rechtsbehelfsverfahren

Gegen Beitragsbescheide sind als Rechtsbehelfe der **Widerspruch** und die **1234** **Anfechtungsklage** zulässig.

Ein rechtswidriger Beitragsbescheid kann durch Inkraftsetzen einer fehler- freien Beitragssatzung **geheilt werden** mit der Folge, daß er im verwal- tungsgerichtlichen Verfahren **nicht anfechtbar** ist. Einer **Rückwirkung** der Satzung **bedarf es** hier **nicht** (*BVerwG* DVBl. 1982, 544; *VGH BW* VBlBW 1985, 428; aA *VGH München* NVwZ RR 1993, 100).

Ein Beitragsbescheid ist **auch dann nicht** aufzuheben, wenn in zulässiger Weise Sach- und Rechtsgründe nachgeschoben werden, die die Beitragshöhe **im Ergebnis tragen** (§ 113 Abs. 1 VwGO). Jedoch darf der Wesensgehalt des Bescheids hierdurch nicht verändert werden (*BVerwG* NVwZ 1982, 620). Einen **Beitrag kann das Gericht auch in anderer Höhe** unter den Voraussetzungen des § 113 Abs. 2 VwGO **selbst festsetzen.** Allerdings setzt das voraus, daß sich die Abgabenhöhe **zwingend** aus dem einschlägigen Recht ergibt (*VGH BW* ESVGH 39, 54).

– Zur **Amtshaftung** der Gemeinde **wegen fehlerhafter Beitragsberechnung** vgl. *BGH* DÖV 1991, 330.

9. Erschließungsbeiträge

9.1. Allgemeines

Die **Gemeinden** sind **verpflichtet,** zur Deckung ihres anderweitig nicht **1235** gedeckten Aufwands **für Erschließungsanlagen einen Erschließungsbei-** **trag zu erheben** (§ 127 Abs. 1 BauGB).

9.1.1. **Hauptzweck** der Beitragserhebung ist die Kostendeckung. **Neben-** **zweck** ist das **bodenpolitische Ziel,** durch Erhebung von Beiträgen einen Druck auf die Eigentümer auszuüben, entweder das Grundstück selbst zu bebauen oder an einen Bauwilligen zu verkaufen. Dem Wesen des Beitrags entsprechend sind die aus der Herstellung von Erschließungsanlagen bevorteilten Grundstückseigentümer entsprechend ihrem Vorteil aus der Erschließungsanlage heranzuziehen **(Vorteilsprinzip).**

9.1.2. Die Erschließung ist **Pflichtaufgabe** der Gemeinde, soweit sie nicht nach anderen gesetzlichen Vorschriften oder öffentlich-rechtlichen Verpflichtungen einem anderen obliegt. Einem anderen obliegt die Erschließungslast (Straßenbaulast) etwa nach § 5 Abs. 2 FernStrG für Bundesfernstraßen und Ortsdurchfahrten im Zuge von Bundesstraßen bei Gemeinden über 80000 Einwohner. Entsprechende Regelungen trifft das Landesstraßengesetz für Ortsdurchfahrten von Landes- und Kreisstraßen.

1236 *9.1.3.* Die Gemeinde kann die **Erschließung** durch **Erschließungsvertrag auf einen Dritten übertragen** (§ 124 Abs. 1). Der Erschließungsbegriff des § 124 **umfaßt dabei die (öffentliche) Erschließung schlechthin,** also nicht nur die Erschließung i. S. d. § 127 Abs. 1 (*BVerwG* NJW 1992, 1642). Der Erschließungsvertrag ist **öffentlich-rechtlicher Vertrag** (*BGH* NJW 1970, 2007). Durch ihn kann die technische Durchführung und kostenmäßige Abwicklung der Erschließung ganz oder teilweise auf einen Erschließungsunternehmer, z. B. ein Wohnungsbauunternehmen, übertragen werden. Die nach § 123 Abs. 1 bestehende **Erschließungslast selbst** hingegen **kann nicht abgewälzt werden. Im Außenverhältnis bleibt die Gemeinde** trotz Abschluß des Vertrages für die Erschließung **verantwortlich** (*BVerwG* NJW 1976, 341).

Beim sog. „**echten**" **Erschließungsvertrag** entstehen der Gemeinde aus der Erschließung durch den Erschließungsunternehmer keine Kosten und damit keine beitragsfähigen Aufwendungen, so daß für eine Erhebung von Erschließungsbeiträgen kein Raum ist. Der Erschließungsunternehmer stellt die Erschließungsanlagen auf „eigene Kosten" her. Beim sog. **Vorfinanzierungserschließungsvertrag** erstattet die Gemeinde dem Unternehmer nach Übernahme der Anlage die Kosten und finanziert sie durch Erhebung von Erschließungsbeiträgen.

Die vertraglich vereinbarten Leistungen müssen den gesamten Umständen nach **angemessen** sein und in sachlichem Zusammenhang mit der Erschließung stehen (§ 124 Abs. 3 S. 1).

Die **Gemeinde kann** insoweit **Beiträge erheben, als ihr trotz Übertragung** der **Erschließung ein beitragsfähiger Aufwand entstanden ist** (*BVerwG* BRS 37, 26). Einen **Eigenanteil** nach § 129 Abs. 1 S. 3 BauGB muß die Gemeinde seit 1993 nicht mehr auf sich behalten (§ 124 Abs. 2 S. 3). Ein Erschließungsvertrag bedarf der **Schriftform** (§ 124 Abs. 4), ein Vertrag der eine Grundstücksübertragung zum Inhalt hat, bedarf der **notariellen Beurkundung** (*BVerwG* NVwZ 1985, 346). Die **Abwicklung** des Erschließungsvertrags bestimmt sich **nach Landesrecht** (*BVerwG* NJW 1992, 1642).

– Zur **Haftung** der Gemeinde aus dem Erschließungsvertrag vgl. *BGH* NJW 1990, 1045.

1237 *9.1.4.* Von den Erschließungsverträgen zu unterscheiden sind die **Folgelastenverträge.** Durch ihren Abschluß verpflichtet sich der Vertragspartner der Gemeinde gegenüber nicht zur Herstellung von Erschließungsanlagen i. S. des § 127 Abs. 2 BauGB, sondern – jenseits der beitragsfähigen Erschließung – **zur Entrichtung eines Zuschusses zu den kommunalen Folgelasten der Erschließung,** speziell für kommunale Aufwendungen zugunsten der Verbesserung der Infrastruktur (vgl. *BVerwG* NJW 1973, 1895; *VGH BW* NVwZ 1991, 585). Sie sind grundsätzlich **zulässige öffentlich-rechtliche Verträge.** Zu beachten ist allerdings speziell das **Koppelungsverbot,** wonach hoheitliche Entscheidungen nicht von einer wirtschaftlichen Gegenleistung abhängig gemacht werden dürfen (*BVerwG* NJW 1981, 1747; zu den Grenzen vgl. *Birk,* VBlBW 1984, 110; *VGH München* GHH 1982, 15; *OVG Münster* KStZ 1983, 38).

9.1.5. Ein **Rechtsanspruch** auf Erschließung besteht **grundsätzlich nicht** 1238 (§ 123 Abs. 3). Dies gilt auch dann, wenn ein rechtsgültiger Bebauungsplan besteht, der auch die Erschließung vorsieht (*BVerwG* NVwZ 1985, 564). Ein Rechtsanspruch kommt **aber ausnahmsweise** in Betracht,
– wenn eine Baugenehmigung wegen Fehlens der bebauungsrechtlich geforderten Sicherung der Erschließung rechtswidrig erteilt wurde (Folgenbeseitigung) (*BVerwG* KStZ 1982, 149),
– wenn ein qualifizierter Bebauungsplan erlassen wurde, der einen bis zu seinem Erlaß bestehenden Bauanspruch sperrt (*BVerwG* NVwZ 1991, 1086),
– wenn die Gemeinde einen Bebauungsplan i. S. des § 30 Abs. 1 BauGB erlassen hat und sie das zumutbare Angebot eines Dritten ablehnt, die im Bebauungsplan vorgesehene Erschließung vorzunehmen (§ 124 Abs. 3 S. 2).

9.2. Die beitragsfähigen Erschließungsanlagen

Die beitragsfähigen Erschließungsanlagen hat das Gesetz enumerativ auf- 1239 gezählt. Im einzelnen sind folgende Anlagen beitragsfähig:

9.2.1. Die **öffentlichen zum Anbau bestimmten Straßen, Wege und Plätze** (§ 127 Abs. 2 Ziff. 1).

9.2.1.1. **Öffentlich** sind Straßen, Wege und Plätze, die nach Landesstraßenrecht dem öffentlichen Verkehr **gewidmet** sind (*BVerwG* NJW 1980, 876 – Zur Widmung durch „unvordenkliche Verjährung" vgl. *VGH BW* VBlBW 1956, 12 mwN; *VGH BW* VBlBW 1992, 144).

9.2.1.2. **Zum Anbau bestimmt** ist eine **Straße** als **selbständige** Verkehrsanlage, **wenn sie bei** typisierender, **verallgemeinender Betrachtung** Anliegergrundstücken **eine tatsächliche und vom Widmungsumfang gedeckte Anfahrmöglichkeit bietet,** d. h. gewährleistet, **daß** mit Personen- und Versorgungsfahrzeugen **an die Grenze dieser Grundstücke herangefahren werden kann und** sie objektiv **geeignet ist, die an sie angrenzenden Grundstücke** nach Maßgabe der §§ 30 ff. BauGB **bebaubar oder in anderer nach § 133 beachtlicher Weise nutzbar zu machen** (*BVerwG* NVwZ 1984, 170). Ent-

. scheidend ist, ob an der Anlage als solcher tatsächlich gebaut werden kann und rechtlich gebaut werden darf. Eine gleichzeitig durch eine **andere Erschließungsanlage** gewährleistete Erschließung ist dabei **hinwegzudenken**. Diese Betrachtungsweise gilt auch für klassifizierte Straßen (Bundes- und Landesstraßen) im Rahmen deren Beitragsfähigkeit nach § 128 (*BVerwG* NVwZ 1987, 56). Straßen im **Außenbereich** sind **nicht zum Anbau bestimmt** (*BVerwG* NVwZ 1983, 291).

Selbständig ist eine Anbaustraße, wenn sie nach ihrem Gesamteindruck nicht nur eine zu einer anderen Anlage gehörende Zufahrt darstellt (vgl. hierzu *BVerwG* NVwZ 1991, 77 – Sackgasse von geringer Fläche).

Unselbständige Anbaustraßen sind gegebenenfalls als Bestandteil einer anderen selbständigen Anbaustraße beitragsfähig.

9.2.1.3. **Zu den Straßen gehören auch Gehwege,** Radwege oder Parkstreifen (*BVerwG* ZfBR 1984, 46) sowie **einseitig bebaubare Straßen** (*BVerwG* BRS 37, 198).

Bei einseitig bebaubaren Straßen sind drei Fälle zu unterscheiden. (1.) Eine Seite ist bebaubar, die andere Seite ist in absehbarer Zeit bebaubar. (2.) Die nicht bebaubare Seite ist Außenbereich.

In beiden Fällen ist die Kostenmasse zu teilen, d.h. die Kosten können insoweit angesetzt werden, als die Straße für die Erschließung schlechthin unentbehrlich ist. Wird auch die zweite Straßenseite baulich nutzbar, entsteht gegebenenfalls ein Nacherhebungs- oder Erstattungsanspruch. (3.) Die Straße ist mit Zustimmung der höheren Verwaltungsbehörde ausgebaut worden. In diesem Fall hat hälftige Kostenteilung zu erfolgen (*BVerwG, aaO*).

– Zur Beitragsfähigkeit der **Verbreiterung** einer einseitig anbaubaren Straße vgl. *BVerwG* DVBl. 1992, 1104.

1240 *9.2.2.* Die öffentlichen, aus rechtlichen oder tatsächlichen Gründen mit Kraftfahrzeugen nicht befahrbaren **Verkehrsanlagen innerhalb der Baugebiete** (z. B. Fußwege, Wohnwege): **Wohnwege** sind beitragsfähig nur im Zusammenhang mit der nächsten befahrbaren, zum Anbau bestimmten öffentlichen Straße.

1241 *9.2.3.* **Sammelstraßen:** Sammelstraßen sind öffentliche Straßen und Wege, die **selbst nicht zum Anbau bestimmt** sind, **aber zur Erschließung der Baugebiete notwendig** sind. Ihre **Erschließungsfunktion** besteht darin, daß sie den Verkehr aus der zum Anbau bestimmten Erschließungsstraße **sammeln** und an das gemeindliche Straßennetz weiterführen oder umgekehrt einen gesammelten Verkehr aus dem gemeindlichen Straßennetz an das Baugebiet verteilen (*BVerwG* NVwZ 1982, 555 (556)). Das Merkmal des Sammelns erfüllt nur eine Verkehrsanlage, der ein aus mehreren selbständigen Straßen kommender Verkehr zugeführt wird (*BVerwG* KStZ 1989, 10). **Ob sie notwendig ist, richtet sich danach, ob es einleuchtende Gründe gibt, die nach städtebaulichen Grundsätzen die Anlegung einer solchen Verkehrsanlage als** eine zur ordnungsgemäßen verkehrlichen Bedienung des betreffenden Baugebiets **angemessene Lösung erscheinen lassen** (*BVerwG*, aaO).

Eine Sammelstraße ist **nur dann beitragsfähig, wenn** sie ihrer Erschließungsfunktion nach einem Abrechnungsgebiet zuzuordnen ist, das hinsichtlich des Kreises der bevorteilten, beitragsfähigen Grundstücke **hinreichend genau bestimmt und abgegrenzt werden kann.** Besteht eine verkehrsmäßige Verbindung zwischen den Grundstücken und dem Verkehrsnetz der Straße nicht nur über die Sammelstraße, sondern auch durch andere Straßen, ist eine hinreichend deutliche Abgrenzung des Kreises der bevorteilten Grundstücke regelmäßig nicht möglich (*BVerwG*, aaO). Eine Sammelstraße ist daher nur ganz ausnahmsweise eine beitragsfähige Erschließungsanlage (*BVerwG* NVwZ 1987, 170 (172)).

9.2.4. **Öffentliche Parkflächen:** Öffentliche Parkflächen sind öffentliche **1242** Verkehrsflächen **für das Parken von Fahrzeugen** im Sinne des § 9 Abs. 1 Ziff. 11 BauGB. Das Gesetz unterscheidet selbständige und unselbständige Parkflächen.

9.2.4.1. **Unselbständige** Parkflächen sind Bestandteil der Erschließungsanlagen Ziff. 1–3.

9.2.4.2. **Selbständige** Parkflächen sind beitragsfähig, soweit sie innerhalb der Baugebiete liegen. Das *BVerwG* hat allerdings entschieden (NVwZ 1988, 359), daß die erforderliche **Abgrenzbarkeit** der bevorteilten Grundstücke **von anderen Grundstücken nicht möglich und daß selbständige Parkflächen in der Regel deshalb nicht beitragsfähig sind** (aA *Gern,* KStZ 1987, 182).

9.2.5. **Öffentliche Grünanlagen:** Öffentliche Grünanlagen sind Flächen, die **1243** überwiegend tatsächlich begrünt sind. Auch hier ist zu unterscheiden zwischen selbständigen und unselbständigen Grünanlagen.

9.2.5.1. **Unselbständige** Grünanlagen sind Bestandteil der Erschließungsanlagen Zifer 1–3.

9.2.5.2. **Selbständige** Grünanlagen sind **beitragsfähig, soweit sie nach städtebaulichen Grundsätzen innerhalb der Baugebiete zu deren Erschließung notwendig sind.** Voraussetzung hierfür ist, daß die Anlage innerhalb oder am Rande einer baulich nutzbaren Fläche liegt und nicht nur deren Auflockerung in optischer Hinsicht, sondern auch **der physischen und psychischen Erholung der Menschen** durch Luftverbesserung, Lärmschutz und Aufenthalt im Freien **dient** (*BVerwG* DÖV 1971, 389; BauR 1975, 338). Der Begriff „notwendig" umschreibt die Geeignetheit der Anlage für die beschriebenen Funktionen (*BVerwG* NVwZ 1985, 835).

Besonders große Grünanlagen sind dann **nicht notwendig, wenn sie,** vergleichbar z. B. dem Tiergarten in Berlin oder dem Englischen Garten in München, **die typische Größenordnung** für Grünanlagen innerhalb der Baugebiete **erheblich überragen** (*BVerwG* KStZ 1989, 71). Soweit Grünanlagen in überwiegendem Maße von Grundstücken ausgenutzt werden, die nicht zum Kreis der erschlossenen Grundstücke nach § 131 BauGB gehören, ist der **kommunale Eigenanteil entsprechend zu erhöhen** (*BVerwG,* aaO). Allein die Tatsache, daß eine Grünanlage für die erschlossenen Grundstücke zu groß ist, läßt die Notwendigkeit der Grünanlage an sich nicht entfallen. **Besonders kleine Anlagen,** die für eine Erholung ungeeignet sind, **scheiden** ebenfalls **aus.** Für zu klein hält der *VGH BW* etwa Grünanlagen mit einer Fläche von 125 m² (*VGH BW* U. v. 4. 11. 1982 – 2 S 820/81).

1244 *9.2.6.* **Anlagen zum Schutz von Baugebieten gegen schädliche Umwelteinwirkungen** im Sinne des Bundesimmissionsschutzgesetzes, auch wenn sie nicht Bestandteil der Erschließungsanlagen sind.

Der **Begriff der Immissionsschutzanlage** in diesem Sinne ergibt sich **aus § 3 BImSchG.** Nach § 3 Abs. 1 sind schädliche Umwelteinwirkungen Immissionen, die nach Art, Ausmaß und Dauer geeignet sind, Gefahren, erhebliche Nachteile oder erhebliche Belästigungen für die Allgemeinheit oder die Nachbarschaft herbeizuführen. Immissionen sind nach § 3 Abs. 2 „auf Menschen sowie Tiere, Pflanzen oder andere Sachen einwirkende Luftverunreinigungen, Geräusche, Erschütterungen, Licht, Wärme, Strahlen u. ä. Umwelteinwirkungen". Anlagen zum Schutz vor all diesen Einwirkungen können hiernach als Immissionsschutzanlagen im Sinne des § 127 Abs. 2 Nr. 5 in Betracht kommen (*BVerwG* BauR 1988, 718 (724)). **Hauptbeispiel** für Anlagen in diesem Sinne sind **Lärmschutzwälle.**

1245 *9.2.7.* **Kostenspaltung:** Der **Erschließungsbeitrag kann für den Grunderwerb** (vgl. hierzu *BVerwG* NVwZ 1989, 1072), **die Freilegung und für Teile der Erschließungsanlagen sowie für Erschließungseinheiten und Abschnitte** im Sinne des § 130 Abs. 1 **auch selbständig erhoben werden (Kostenspaltung).**

Die Kostenspaltung dient der **Vorfinanzierung** von Erschließungskosten vor endgültiger Herstellung der gesamten Erschließungsanlage. Der **Begriff Teile bezeichnet nicht Teillängen** (sog. Querspaltung), **sondern nur Teileinrichtungen (Längsspaltung),** also etwa Fahrbahnen, Gehwege oder Beleuchtungseinrichtungen (*BVerwG* NJW 1979, 1996). **Voraussetzung der Beitragsfähigkeit bei Teileinrichtungen** ist, daß diese Teile **endgültig hergestellt sind** (*BVerwG* BRS 37, 84) und diese Herstellung rechtmäßig war (*BVerwG* NVwZ 1992, 492), speziell entsprechend dem (Teil-)Ausbauprogramm der Gemeinde hergestellt wurden (hierzu *BVerwG,* aaO). Wird Kostenspaltung für Teile durchgeführt, muß sich diese allerdings nicht auf alle Teile beziehen (*BVerwG* NVwZ 1983, 473). **Mit endgültiger Herstellung der gesamten Anlage ist Kostenspaltung nicht mehr möglich** (*BVerwG* DVBl. 1968, 808).

Die Möglichkeit der Kostenspaltung bedarf der Festlegung in der **Satzung.** Der **Ausspruch der Kostenspaltung** ist **innerdienstlicher Ermessensakt, der** rechtlich nicht hinsichtlich der subjektiven Ermessensseite überprüfbar ist, sondern **nur der Ergebnisprüfung unterliegt** (*VGH BW* BWVPr 1986, 85). Im Einzelfall kann er Geschäft der laufenden Verwaltung oder

Sache des Gemeinderats sein (*VGH BW* ESVGH 22, 21 (23)). Eine Veröffentlichung des Ausspruchs ist nicht erforderlich (*BVerwG* KStZ 1984, 92). Der **Kostenspaltungsbescheid** ist **endgültiger Teilbetragsbescheid** der abgespaltenen Maßnahmen.

9.3. Bindung der Beitragsfähigkeit an Bauplanungsrecht

Die **Herstellung** der Erschließungsanlagen im Sinne des § 127 Abs. 2 **setzt** **1246** **einen Bebauungsplan voraus,** soweit Flächen für die Herstellung in Anspruch genommen werden (*BVerwG* DÖV 1990, 284). **Liegt** ein **Bebauungsplan nicht** vor, so dürfen diese Anlagen nur mit **Zustimmung der höheren Verwaltungsbehörde** hergestellt werden. Dies gilt **nicht, wenn es sich um Anlagen innerhalb der im Zusammenhang bebauten Ortsteile handelt** (§ 125 BauGB), für die die Aufstellung eines Bebauungsplans nicht erforderlich ist.

Wird diese planrechtliche **Bindung mißachtet, ist die Herstellung** einer Erschließungsanlage **rechtswidrig** und ein Beitragsbescheid für eine solche Anlage anfechtbar (*BVerwG* KStZ 1983, 95). Die **Rechtmäßigkeit der Herstellung** von Erschließungsanlagen wird allerdings durch Abweichungen von Festsetzungen des Bebauungsplans **nicht berührt, wenn** die **Abweichungen mit den Grundzügen der Planung vereinbar** sind und
– die Erschließungsanlagen hinter den Festsetzungen zurückbleiben (vgl. hierzu *BVerwG* DÖV 1990, 284) oder
– die Erschließungsbeitragspflichtigen nicht mehr als bei einer planmäßigen Herstellung belastet werden und die Abweichungen die Nutzung der betroffenen Grundstücke nicht wesentlich beeinträchtigen (Abs. 3).

Eine **Planabweichung** im Sinne des § 125 Abs. 3 BauGB **liegt dann vor,** wenn von einer Aussage des Plans abgewichen wird, die dessen Rechtssatzqualität teilt (*BVerwG* DÖV 1990, 284) und die vom Plan angestrebte und in ihm zu Ausdruck gebrachte städtebauliche Ordnung nicht in beachtlicher Weise beeinträchtigt wird, d. h. wenn angenommen werden kann, die Abweichung liege (noch) im Bereich dessen, was der Planer gewollt hat oder gewollt hätte, wenn er die weitere Entwicklung einschließlich des Grundes der Abweichung gekannt hätte (*BVerwG* NVwZ 1990, 873).

Wird die **planunterschreitende** Herstellung einer Anbaustraße durch § 125 Abs. 3 BauGB gedeckt, ist beitragsfähige Erschließungsanlage i. S. der §§ 127 Abs. 2 Nr. 1, 133 Abs. 2 Nr. 1 BauGB nicht die Straße in dem im Plan festgesetzten, sondern in dem dahinter zurückbleibenden tatsächlichen ausgebauten Umfang (*BVerwG* NVwZ 1991, 1092).

Nach § 125 Abs. 2 S. 3 BauGB darf eine erforderliche **Zustimmung nur versagt werden,** wenn die Herstellung dieser Anlage den in § 1 Abs. 4–6 BauGB bezeichneten Anforderungen widerspricht d. h., wenn angenommen werden muß, daß ein Bebauungsplan, der die in Rede stehende Erschließungsanlage in der Gestalt festsetzt, die der beantragten Zustimmung zugrunde liegt, wegen Überschreitung der planerischen Gestaltungsfreiheit der Gemeinde nichtig wäre (vgl. hierzu *BVerwG* NVwZ 1991, 76). Die Zustimmung ist als Maßnahme der **Rechtsaufsicht anfechtbarer Verwaltungsakt** (vgl. *BVerwG,* aaO; – zur aufschiebenden Wirkung: *BVerwG* KStZ 1990, 193).

Ein rechtswidriger Beitragsbescheid kann nachträglich im Rechtsbehelfsverfahren durch nachträglichen Erlaß eines Bebauungsplans für die zunächst rechtswidrig hergestellte Erschließungsanlage **geheilt werden** (*BVerwG* DÖV 1982, 377). Auch die Zustimmung der höheren Verwaltungsbehörde kann nachträglich eingeholt werden (*BVerwG* KStZ 1983, 95). Ob die Zustimmung der höheren Verwaltungsbehörde rechtmäßig ist, ist unerheblich, solange die Zustimmung rechtswirksam ist (*BVerwG* NJW 1986, 1122).

9.4. Die Beitragsbemessung

9.4.1. Allgemeine Bemessungsgrundsätze

1247 Die Beitragsbemessung läuft in **drei Phasen** ab. In der ersten Phase ist der beitragsfähige Aufwand der jeweils abzurechnenden Erschließungsanlage (Abschnitt, Einheit) zu ermitteln (§§ 128, 129, 130). In der zweiten Phase ist der Aufwand auf die durch die Erschließungsanlage (Abschnitte, Erschließungseinheiten) erschlossenen Grundstücke nach bestimmten Verteilungsmaßstäben zu verteilen (§ 131) (Oberverteilung, Ermittlung des Beitragssatzes pro Beizugseinheit). In der dritten Phase ist der Beitrag für jedes einzelne heranzuziehende Grundstück festzusetzen (§ 133, 134) (Heranziehungsphase).

Allgemeiner Bemessungsgrundsatz ist das **Vorteilsprinzip.** Die Beiträge sind **dem Grunde und der Höhe nach** für die erschlossenen Grundstücke entsprechend den diesen aus der Erschließung zufließenden Sondervorteilen zu bemessen. Nach der Rechtsprechung des *BVerwG* (*Bucholz* 406.11 § 131 Nr. 39 S. 10; *BVerwGE* 78, 125 (126); Baurecht 1988, 719) besteht der durch einen Erschließungsbeitrag abzugeltende **Sondervorteil in dem, was die Erschließung eines Grundstücks für dessen bauliche oder gewerbliche Nutzbarkeit entsprechend der bestimmungsgemäßen Funktion der jeweiligen Anlage hergibt** (*BVerwGE* 62, 300 (302)). Maßgebend ist die Erhöhung des Gebrauchswerts (Nutzungswerts) durch die Erschließung (*BVerwG* DVBl. 1978, 297). Je höher der Vorteil ist, je stärker sind die Beitragspflichtigen zu belasten (*BVerwG* Baurecht 1988, 722). Maßgebend ist eine **objektive** Betrachtungsweise (*BVerwG* BRS 37, 61 (64); 198 (201)). **Auf subjektive Gesichtspunkte,** etwa ob der Eigentümer den Vorteil nutzen will, **kommt es nicht an.**

In Verbindung mit dem **Äquivalenzprinzip** fordert das Vorteilsprinzip das Verbot eines Mißverhältnisses zwischen Erschließungsvorteil und Höhe des Beitrags. In Verbindung mit **Artikel 3 GG** (Beitragsgerechtigkeit, Lastengleichheit) verlangt das Vorteilsprinzip, daß die Höhe des Beitrags entsprechend dem jeweils gebotenen Vorteil im Verhältnis der Beitragsschuldner **untereinander zu differenzieren** ist, insbesondere, daß die Beitragsbemessung nicht willkürlich sein darf. Eine Gleichbehandlung im Hinblick auf den gegebenen Vorteil unterschiedlicher Sachverhalte ist nur gerechtfertigt, wenn der Verzicht auf eine Differenzierung durch die Grundsätze der **Typengerechtigkeit** oder der **Verwaltungspraktikabilität** gedeckt wird (vgl. etwa *BVerwGE* 36, 166 (159)). Der Grundsatz der Typengerechtigkeit, der abstellt auf Regelfälle eines Sachbereichs, läßt regelungstechnisch die Vernachlässigung von atypischen Fällen zu, sofern diese nicht ins Gewicht fallen (vgl. so schon *BVerwGE* 9, 3 (13); *BVerwG* Baurecht 1988, 721).

Der Grundsatz der **Praktikabilität läßt die regelungstechnische Vernachlässigung von Sachverhalten zu, wenn die Differenzierung** von Sachverhalten unter technischen, wirtschaftlichen oder sonstigen Gesichtspunkten im Hinblick auf den Zweck der Beitragserhebung **unvertretbar wäre** (vgl. *BVerwG* NJW 1980, 796; BauR 1988, 723).

9.4.2. Die Ermittlung des beitragsfähigen Aufwands

9.4.2.1. Grundsatz: Das Gesetz unterscheidet **rechnerische Methoden** und **1248** „**Erschließungsanlagenraum**" **bezogene Methoden.**

Rechnerisch gesehen kann der Aufwand entweder nach den tatsächlichen Kosten oder nach Einheitssätzen ermittelt werden (§ 130 Abs. 1). **Räumlich** gesehen können beide rechnerischen Methoden auf einen unterschiedlichen Erschließungsanlagenraum bezogen werden. Die Kosten können entweder für die einzelne Erschließungsanlage, z. B. die einzelne Straße im Sinne des § 127 Abs. 2 oder für Abschnitte einer solchen Einzelanlage oder als ganzes für mehrere, zu Erschließungseinheiten zusammengefaßten Einzelanlagen, ermittelt werden (§ 130 Abs. 2).

9.4.2.2. Die Ermittlung erfolgt nach den tatsächlichen Kosten

9.4.2.2.1. Ansatzfähig (§§ 128, 129) sind die tatsächlich und nachweisbar **1249** entstandenen Kosten. Eine Schätzung einzelner Positionen ist nur zulässig, wenn eine pfenniggenaue Ermittlung einen unvertretbaren Verwaltungsaufwand verursachen würde (*BVerwG* NJW 1986, 1122). Im einzelnen sind folgende Kosten ansatzfähig:

9.4.2.2.1.1. Die Kosten für den Erwerb und die Freilegung der Flächen. **1250** **Grunderwerbskosten** sind alle Kosten, die erforderlich sind, um in den Besitz der für die Erschließungsanlage notwendigen Grundstücke zu gelangen. Auch Erwerbsnebenkosten fallen hierunter (*BVerwG* BRS 37, 135). Die Kosten müssen vor Entstehung der Beitragspflicht angefallen sein (*BVerwG* NVwZ 1986, 303).

Freilegungskosten sind alle Kosten, die durch Vorarbeiten verursacht werden, um die Flächen für die Erschließungsanlage in einen für die Herstellung geeigneten Zustand zu versetzen, z. B. Abbruch von Gebäuden (vgl. *BVerwG* KStZ 1993, 70). Zur Ansatzfähigkeit von Grunderwerbskosten für unentgeltlich abgegbenes Straßenland vgl. *BVerwG* DÖV 1983, 939.

– Zu Ansatz „einmündungsbedingter Kosten" vgl. *BVerwG* NVwZ 1990, 869.

9.4.2.2.1.2. Der **Wert der von der Gemeinde aus ihrem Vermögen bereit- 1251 gestellten Flächen** im Zeitpunkt der Bereitstellung. Dieser fiktive Kostensatz setzt voraus, daß die Gemeinde Grundstücke aus ihrem Fiskalvermögen zur Verfügung stellt (*BVerwG* NJW 1981, 237). Davon nicht erfaßt werden Flächen, die die Gemeinde konkret zum Zweck der Herstellung von Erschließungsanlagen erworben hat (*BVerwG* NVwZ 1986, 299). Ein formeller Rechtsakt für die Bereitstellung ist nicht erforderlich (*BVerwG* NVwZ 1990, 230).

Zu den ansatzfähigen Kosten gehört im Fall einer erschließungsbeitragspflichtigen **Zuteilung** auch der Wert nach § 68 Abs. 1 Nr. 4 BauGB.

1252 *9.4.2.2.1.3.* Die **Kosten für die Übernahme von Anlagen als gemeindliche Erschließungsanlagen.** Hauptfall ist der Kaufpreis für den Erwerb einer Privatstraße zum Zwecke der Widmung als öffentliche Erschließungsanlage. Nicht erneut erhoben werden dürfen dabei Kosten, die ein Eigentümer oder sein Rechtsvorgänger bereits für Erschließungsanlagen aufgewandt hat, § 129 Abs. 2.

1253 *9.4.2.2.1.4.* Kosten für die **erstmalige Herstellung** einschließlich der Einrichtungen für die Entwässerung und ihre Beleuchtung. **Herstellungskosten** sind die unmittelbaren und mittelbaren **Baukosten** der Erschließungsanlage und ihrer Teileinrichtungen, die erforderlich sind, **um eine beitragsfähige Erschließungsanlage** anzulegen und **in einen Ausbauzustand zu versetzen, der den Bestimmungen über die endgültige Herstellung der Erschließungsanlage in der Erschließungsbeitragssatzung und gegebenenfalls dem Bauprogramm der Gemeinde entspricht.** Ist eine Erschließungsanlage hiernach endgültig hergestellt, sind weitere Kosten nicht mehr ansatzfähig (*BVerwG* KStZ 1969, 199).

Zu den Kosten gehören insbesondere

- **Finanzierungskosten,** z. B. Darlehenszins für von der Gemeinde für beitragsfähige Erschließungsmaßnahmen eingesetztes **Fremdkapital** (vgl. hierzu *BVerwG* NVwZ 1991, 485),
- **Vermessungskosten** (*BVerwG* KStZ 1976, 210),
- **Kosten für Stützmauern** (*BVerwG* NVwZ 1990, 78),
- **Kosten einer provisorischen Erschließungsanlage,** wenn diese erforderlich war (*BVerwGE* 34, 19),
- **eigene Personalkosten.** Sie sind jedoch nur ansatzfähig, wenn Dienstkräfte speziell zur Herstellung einer konkreten Erschließungsanlage eingestellt worden sind. Ein allgemeiner Verwaltungskostenzuschlag ist unzulässig (*BVerwGE* 31, 90),
- **die Kosten der Straßenentwässerung,**
- Zu Ihnen gehören nicht die Kosten der Reinigung im Klärwerk (*BVerwG* NVwZ 1987, 143),
- Für die Aufteilung der Kosten sind **drei gesonderte Kostenmassen** zu ermitteln; nämlich die Kosten der allein der Straßenentwässerung, der allein der Grundstücksentwässerung und der beiden Zwecken dienenden Anlageteile. Danach ist die beiden Zwecken dienende Kostenmasse dem bundesrechtlich relevanten Aufwand (Erschließungsbeitrag) und dem nach dem Anschlußbeitragsrecht der Bundesländer relevanten Aufwand

(Entwässerungsbeitrag) in dem Verhältnis zuzuordnen, das sich aus der Höhe des Aufwands für eine allein der Straßenentwässerung dienende (selbständige) Regenwasserkanalisation und für eine allein der Schmutzwasserableitung dienende (selbständige) Schmutzwasserkanalisation ergibt (*BVerwG* NVwZ 1986, 221).

Erstmalig ist die Herstellung,

1254

– **wenn die Erschließungsanlagen nicht schon einmal zu früherer Zeit** entweder nach den Vorschriften des Baugesetzbuchs bzw. Bundesbaugesetzes oder nach Maßgabe der früheren Landes-Anliegerbeitragsgesetze, diesem Recht entsprechend **endgültig hergestellt waren** (sog. „vorhandene" Straßen) (vgl. § 242 Abs. 1 BauGB); hierzu *Driehaus,* Erschließungs- und Ausbaubeiträge, 3. Aufl. 1991, Rdnr. 37 mwN) oder
– wenn es sich nicht um sog. **historische Straßen** handelt. Historische Straßen sind Erschließungsanlagen, die vor Inkrafttreten der ersten Landes-Anliegerbeitragsgesetze dem Anbau dienten.

Vorhandene und historische Ortsstraßen in diesem Sinne sind heute **beitragsfrei**.

– Zu den **bereits hergestellten Erschließungsanlagen** i S. des § 246 a Abs. 1 Nr. 11 S. 2 BauGB vgl. *Driehaus,* aaO, Rdnr. 46 a.

9.4.2.2.2. **Nicht ansatzfähig** sind folgende Kosten:

1255

9.4.2.2.2.1. Die Kosten für **Brücken, Tunnels und Unterführungen** mit den dazugehörigen Rampen sowie die **Fahrbahnen der Ortsdurchfahrten von Bundesstraßen sowie von Landesstraßen** erster und zweiter Ordnung, soweit die Fahrbahnen dieser Strecken keine größeren Breiten als ihre anschließenden freien Strecken erfordern (vgl. hierzu *BVerwG* NJW 1973, 305; NVwZ 1990, 873).

9.4.2.2.2.2. Die **anderweitig gedeckten Kosten** (§ 129 Abs. 1 Satz 1). In Betracht für anderweitige Deckung kommen Leistungen aufgrund eines Erschließungsvertrags (*BVerwG* NVwZ 1985, 348); Zuwendungen von dritter Seite (*BVerwG* NJW 1970, 877) sowie öffentliche Zuschüsse zum Bau einer Anlage, soweit der Zuschuß zur Entlastung der Beitragspflichtigen dienen soll (*BVerwG* NVwZ 1987, 982).

Eine **anderweitige Deckung liegt auch vor, wenn** einzelne **Beitragspflichtige zu einem** in der Gesamtsumme zu hohen, **kostenüberdeckenden Beitrag** herangezogen werden. Noch heranzuziehende Beitragspflichtige können sich deshalb auf § 129 Abs. 1 Satz 1 berufen (*BVerwG* NVwZ 1983, 152).

9.4.2.2.2.3. Der **Aufwand, der nicht erforderlich ist,** um die Bauflächen und gewerblich zu nutzenden Flächen entsprechend den baurechtlichen Vorschriften zu nutzen. Nur der erforderliche Aufwand ist beitragsfähiger Erschließungsaufwand (§ 129 Abs. 1 Satz 1).

Eine Erschließungsanlage ist **an sich erforderlich,** soweit sie dem Grundstück eine grundsätzlich **bessere Qualität der Erschließung** im bebauungsrechtlichen Sinne vermittelt (*BVerwG* BRS 37, 65 (67)). Die Erforderlichkeit von **Art und Umfang** einer Erschließungsanlage richtet sich nach den Erschließungsbedürfnissen des zu erschließenden Baugebiets im Einzelfall (*BVerwG* NJW 1971, 2220). Den Rahmen hat die Gemeinde in der Erschließungsbeitragssatzung festzulegen (z. B. Höchstbreite für Straßen). Sie hat dabei einen weiten Entscheidungsspielraum (*BVerwG* KStZ 1980, 68).

Die **Erforderlichkeit der Kostenhöhe** richtet sich nach dem kommunalrechtlichen Wirtschaftlichkeitsgrundsatz. Speziell ist hiernach die Zahlung grob überhöhter Preise rechtswidrig (*BVerwG* Baurecht 1980, 163).

Der Einwand, bei der Herstellung einer Anbaustraße seien aus Gründen, die nicht mit der Erschließung des betreffenden Gebiets zusammenhängen, erhebliche Mehrkosten entstanden, ist nach § 129 Abs. 1 S. 1 BauGB analog beachtlich, wenn die Mehrkosten in für die Gemeinde erkennbarer Weise eine grob unangemessene Höhe erreichen (*BVerwG* NVwZ 1990, 870).

– Zur Erforderlichkeit von **Stützmauern** *BVerwG* DÖV 1990, 297 (LS).

9.4.2.2.2.4. **Nicht ansatzfähig** ist **schließlich** der **Gemeindeanteil** in Höhe von **mindestens 10% des beitragsfähigen Aufwands.** Die Gemeinde hat den Gemeindeanteil in der Satzung festzulegen. Sie hat hinsichtlich der Höhe einen **Ermessensspielraum** (*BVerwG* DVBl. 1971, 213), der durch das Gemeindehaushaltsrecht und den bodenpolitischen und finanzwirtschaftlichen Zweck des Erschließungsbeitrags und des Eigenanteils begrenzt wird (*BVerwG* NJW 1972, 1588). **Der um den Gemeindeanteil gekürzte Aufwand** wird als **gekürzter beitragsfähiger Aufwand** bezeichnet.

1256 *9.4.2.3.* **Die Ermittlung erfolgt nach Einheitssätzen.** Anstatt nach den tatsächlichen Kosten kann der beitragsfähige Erschließungsaufwand **aus Praktikabilitätsgründen auch nach Einheitssätzen** ermittelt werden (§ 130 Abs. 1). Die Einheitssätze sind **nach den in der Gemeinde** üblicherweise **durchschnittlich anfallenden Kosten vergleichbarer Erschließungsanlagen festzusetzen.** Beispiel eines Einheitssatzes: 500,– DM pro m² Grundfläche einer Erschließungsanlage. Grundsätzlich sind der Beitragsbemessung Einheitssätze zugrundezulegen, die im Zeitpunkt des Abschlusses der Herstellungsarbeiten für die Erschließungsanlage gelten (*BVerwG* NVwZ 1985, 657). Die Gemeinde muß ihre Einheitssätze der absehbaren Kostenentwicklung in den erforderlichen Zeitabständen anpassen (*BVerwG,* aaO). Sie hat dabei eine **Prognose** der Preisentwicklung vorzunehemen (*BVerwG* NVwZ 1986, 299 (301)). Die Einheitssätze sind in der Satzung exakt für jeden Abrechnungsfall festzulegen. Fehlen gültige Einheitssätze, ist nach den tatsächlichen Kosten abzurechnen (*BVerwG* NVwZ 1986, 302). Auch eine Anlehnung der Einheitssätze an ortsbezogene Baukostenindizes ist möglich (*BVerwG* DÖV 1977, 683).

1257 *9.4.2.4.* **Die Ermittlung erfolgt für die einzelne Erschließungsanlage.** Der Erschließungsbeitrag wird nicht, wie im Rahmen der Kommunalbeiträge vorgesehen, nach dem Aufwand für die gesamte öffentliche Einrichtung in der Gemeinde ermittelt, sondern jeweils **nach dem Aufwand für die Herstellung einzelner räumlich abgegrenzter Teile des Gesamterschließungs-**

systems. Die Gemeinde hat in pflichtgemäßer **Ermessensausübung** (*BVerwG* NVwZ 1983, 152) die **Wahl,** den beitragsfähigen Aufwand für die Einzelanlage, für Abschnitte einer Einzelanlage oder für Erschließungseinheiten zu ermitteln (Ermittlungsraum). Die Entscheidung ist regelmäßig **Sache des Gemeinderats** (*VGH BW* BWVBl. 1971, 42).

Die Ermitttlung für die Einzelanlage ist der **Regelfall** (vgl. *BVerwG* BWGZ 1992, 408 mwN). Was eine **Einzelanlage** ist, kann nur im Einzelfall **nach natürlicher, objektiver Betrachtungsweise** festgestellt werden. Maßgeblich ist das Erscheinungsbild der Straße nach Führung, Breite, Länge und Ausstattung und Straßenbezeichnung. Nur Unterschiede, die jeden der Straßenteile zu einem augenfällig abgegrenzten Element des öffentlichen Straßennetzes machen, rechtfertigen es, jeden Straßenanteil als Einzelanlage zu qualifizieren (*BVerwG* BRS 37, 189; ZfBR 1986, 93 (94)).

Für die Ermittlung des beitragsfähigen Aufwands **bei Wohnwegen usw.** (§ 127 Abs. 2 Ziff. 2) ist zu beachten, daß die **Wohnwegeanliegergrundstücke** nicht nur durch diese Anlage, sondern darüber hinaus **auch** von der (befahrbaren) Anbaustraße i. S. des § 131 Abs. 1 S. 1 erschlossen werden und sie deshalb an der Ermittlung des beitragsfähigen Aufwands sowohl des Wohnweges als auch der Anbaustraße zu beteiligen sind (vgl. hierzu *Driehaus,* aaO, Rdnr. 478 mwN).

9.4.2.5. **Die Ermittlung erfolgt für Erschließungsabschnitte.** Der beitragsfähige Erschließungsaufwand kann auch für Abschnitte einer Einzelanlage ermittelt werden. Abschnitte einer Erschließungsanlage können nach örtlich erkennbaren Merkmalen oder nach rechtlichen Gesichtspunkten (z. B. Grenzen von Bebauungsplangebieten, Umlegungsgebieten, förmlich festgelegten Sanierungsgebieten) gebildet werden. Die Abschnittsbildung dient dem Zweck, der Gemeinde bereits vor endgültiger Herstellung einer Erschließungsanlage insgesamt die beim Bau verauslagten Geldmittel zukommen zu lassen. Die Abschnittsbildung ist eine **Ermessensentscheidung (innerdienstlicher Ermessensakt)** (*BVerwG* NVwZ 1983, 473 (474)). Sie darf bei Beitragspflichtigen, die an mehrere Abschnitte einer Einzelanlage angrenzen und die in etwa dieselben Vorteile aus der Einzelanlage haben, nicht zu willkürlich unterschiedlich hohen Beiträgen führen (*BVerwG* KStZ 1972, 12 – **Beitragsverzerrung**). **1258**

9.4.2.6. **Die Ermittlung erfolgt für Erschließungseinheiten.** Für mehrere Anlage, die für die Erschließung der Grundstücke eine Einheit bilden, kann der Erschließungsaufwand insgesamt ermittelt werden. Einheit in diesem Sinne ist ein System mehrerer – deutlich abgegrenzter – (*BVerwG* KStZ 1986, 11) Erschließungsanlagen oder -Abschnitte, das gekennzeichnet wird durch einen Funktionszusammenhang der die Einheit bildenden Anlagen, der sie mehr als es für das Verhältnis von Erschließungsanlagen untereinander üblicherweise zutrifft, voneinander abhängig macht **(qualifizierter Funktionszusammenhang)** (vgl. *BVerwG* NVwZ 1986, 132). **1259**

Die Bildung von Erschließungseinheiten **dient der Beitragsgerechtigkeit und der Praktikabilität.** Oft hängt es von planerischen und tatsächlichen

Zufällen ab, vor welchem Grundstück größerer Herstellungsaufwand entsteht, obwohl die Höhe der jeweiligen Erschließungsvorteile gleich ist. Bei Ermittlung des Aufwands für die Einzelanlage oder Abschnitte können sich deshalb trotz gleicher Erschließungsvorteile wesentliche Beitragsdifferenzen ergeben, die im Hinblick auf die Beitragsgerechtigkeit nicht gerechtfertigt wären (vgl *BVerwG* NVwZ 1986, 130 (132)).

Durch § 130 Abs. 2 S. 2 BauGB hat der Gesetzgeber für den Fall, daß die Herstellung von selbständigen beitragsfähigen Erschließungsanlagen unterschiedlich hohe Anforderungen verursacht, die Möglichkeit eröffnet, auch diejenigen Grundstücke anteilig an den Kosten der aufwendigeren Anlage zu beteiligen, die durch die Anlage als solche nicht im Sinne des § 131 Abs. 1 BauGB erschlossen werden; **Sinn der Zusammenfassung** ist, daß die durch die einzelnen zusammengefaßten Anlagen jeweils erschlossenen Grundstücke teils geringer, teils stärker mit Beiträgen belastet werden, als das bei der Einzelabrechnung der Anlagen der Fall wäre. Diese Rechtsfolge ist **mit dem Vorteilsprinzip** allerdings nur **vereinbar, wenn** diese Grundstücke auch von der aufwendigeren Anlage einen Sondervorteil haben, der zusammen mit dem von der preiswerteren Anlage ausgelösten Sondervorteil in etwa dem Sondervorteil gleicht, der dem durch die aufwendigere Anlage erschlossenen Grundstücks vermittelt wird.

Dieser Voraussetzung ist ausschließlich dann genügt, wenn von den durch die preiswertere Anlage erschlossenen Grundstücken aus erfahrungsgemäß die aufwendigere Anlage deshalb in besonderem Umfang in Anspruch genommen wird; weil die beiden Anlagen einander nicht nur ergänzen, sondern in einer derartigen Beziehung zueinander stehen, daß die preiswertere Anlage ihre Funktionen nur im Zusammenwirken und der aufwendigeren Anlage in vollem Umfang zu erfüllen geeignet ist (so *BVerwGE* 72, 143 (150f.)). Hiernach **gestattet das Vorteilsprinzip die Zusammenfassung von zwei selbständigen Anbaustraßen nur dann, wenn die funktionell abhängige Verkehrsanlage zugleich die preiswertere ist.** Für die Rechtmäßigkeit einer gemeindlichen Entscheidung, eine (Haupt-)Straße und eine von ihr abhängige (Neben-)Straße zu einer Erschließungseinheit zusammenzufassen, bedeutet dies: Die im Zeitpunkt der Zusammenfassung ermittelten Daten müssen die Prognose erlauben, die gemeinsame Abrechnung werde im Vergleich zu einer Einzelabrechnung der Hauptstraße jedenfalls nicht zu einer Mehrbelastung der durch sie erschlossenen Grundstücke führen (*BVerwG* DVBl. 1992, 1107).

Grundsätzlich **nicht zulässig ist die Zusammenfassung von unterschiedlichen Arten von Erschließungsanlagen** (*OVG Lüneburg* KStZ 1980, 55). Dies soll nach der gesetzlichen Zielvorstellung selbst für die Zusammenfassung von Anbaustraßen und Wohnwegen gelten, obwohl zwischen beiden ein gesteigerter Funktionszusammenhang gegeben ist (so *Battis/Krauzberger/Löhr*, BauGB, Rdnr. 34 zu § 130; *Driehaus*, aaO, Rdnr. 478).

Die Bildung einer Erschließungseinheit steht im **Ermessen** der Gemeinde **(innerdienstlicher Ermessensakt)**. Eine **Ermessensreduzierung auf Null ist möglich** (*BVerwG* DVBl. 1970, 79).

Zuständig für die Zusammenfassungsentscheidung ist in der Regel der **Gemeinderat** (*BVerwG* DÖV 1971, 395; *VGH BW* BWVBl. 1971, 42). Der Beschluß muß nicht unbedingt veröffentlicht werden. Eine Entscheidung im **Offenlegungsverfahren** ist **unzulässig** (*VGH BW* U. v. 10. 12. 1981 – 2 S 2302/80). **Gemeinderäte,** die Grundstücke im Bereich der zu bildenden Erschließungseinheit besitzen, sind beim Zusammenfassungsbeschluß **befangen** (*OVG Münster* Fundstelle BW 1981, Rdnr. 942). Die **Fehlerhaftigkeit der Zusammenfassungsentscheidung** führt zur Nichtigkeit der Bildung einer Erschließungseinheit.

– Zur Entstehung der Beitragspflicht in diesen Fällen s. u.

9.4.3. Die Verteilung des beitragsfähigen Aufwands
Ist der beitragsfähige Aufwand ermittelt, ist er nach § 131 Abs. 1 BauGB **1260** nach bestimmten, in der Satzung festzulegenden **Verteilungsmaßstäben auf die durch die Anlage erschlossenen Grundstücke zu verteilen (Oberverteilung).** Diese Verteilung ergibt den **Beitragssatz** pro Einheit des Verteilungsmaßstabs. Der Beitragssatz resultiert aus einer **Division** des gekürzten beitragsfähigen Aufwands durch die Summe der auf die erschlossenen Grundtücke entfallenden Einheiten des gewählten Verteilungsmaßstabs (z. B. Summe der zulässigen Geschoßflächen).

Mehrfach erschlossene Grundstücke, z. B. **Eckgrundstücke** oder **durchgehende** Grundtücke zwischen zwei Erschließungsanlagen, sind bei gemeinsamer Aufwandsermittlung **in einer Erschließungseinheit** bei der Verteilung des Erschließungsaufwands **nur einmal zu berücksichtigen** (vgl. hierzu *BVerwG* NVwZ 1990, 374; 1989, 1072).

9.4.3.1. Die erschlossenen Grundstücke. Die Erschließung kann auf verschiedene Weise durchgeführt werden:

9.4.3.1.1. Für die Anforderungen an das Erschlossensein eines Grundstücks **1261** durch öffentliche Straßen im Sinne des § 131 Abs. 1 ist das Bebauungsrecht,** d. h. das **Bauplanungsrecht** und nur ausnahmsweise das Bauordnungsrecht (hierzu *BVerwG* NVwZ 1992, 490) **maßgebend.** Mit dem Erschließungsbeitrag soll ein **Sondervorteil** abgegolten werden, der in dem besteht, was das Erschlossensein eines Grundstücks für dessen bauliche oder gewerbliche Nutzbarkeit (Nutzung) **hergibt.** Dabei ist eine bestehende **Zweiterschließung hinwegzudenken** (*BVerwG* NVwZ 1987, 56; 1988, 1134; *VGH BW* VBlBW 1988, 343; NVwZ 1989, 42).

Bei Grundstücken **in Wohngebieten** und in Mischgebieten setzt hiernach das **Erschlossensein** grundsätzlich voraus, daß gegebenenfalls bei Hinterliegergrundstücken unter Inanspruchnahme eines vermittelnden (privaten) Zuwegs, auf der Fahrbahn einer öffentlichen Straße bis zur Höhe des Grundstücks mit Personen- und Versorgungsfahrzeugen **gefahren** und von da ab, gegebenenfalls über einen Gehweg und/oder Radweg oder über einen zur öffentlichen Straße gehörenden Streifen von ortsüblicher Breite das Grundstück **betreten** werden kann (*BVerwG* NVwZ 1991, 1090; DVBl. 1991, 593). Danach liegt ein Erschlossensein auch dann vor, wenn infolge eines Zu- und Abfahrtverbots **der Gehweg** vor einem Anliegergrundstück nicht überfahren werden darf (*BVerwG* NVwZ 1992, 490). Ein **Herauffahren-können** auf das Grundstück ist dann zu fordern, **wenn die bestimmungsmäßige planungsrechtliche Nutzung des Grundstücks ein Herauffahrenkönnen fordert** (*BVerwG* NVwZ 1988, 354 (355)). Allein die Ausweisung von Stellplätzen auf dem Baugrundstück führt allerdings nicht zu dieser Forderung (vgl. *BVerwG* NVwZ 1991, 1089).

Für Gewerbegrundstücke ist ein **Herauffahrenkönnen** in der Regel generell erforderlich (*BVerwG*, aaO).

Tatsächliche und rechtliche **Zufahrtshindernisse** stehen im Sinne des § 131 Abs. 1 dem Erschlossensein entgegen, wenn sie nicht rechtlich oder tatsächlich mit zumutbaren Mitteln ausräumbar sind oder wenn sie sonst beachtlich sind, d. h. wenn sie bei verständiger Würdigung eines unbefangenen Betrachters auf Dauer zur Unzumutbarkeit des Heranfahrens an die Grundstücksgrenze bzw. des Herauffahrens auf das Grundstück führen (*BVerwG* NVwZ 1987, 56; NVwZ 1988, 1134). Unbeachtlich in diesem Sinne ist ein Hindernis auch dann, wenn seine Beseitigung an der Mitwirkung des Grundstückseigentümers scheitert (hierzu und allg. zu **Stützmauern** als Hindernis *BVerwG* NVwZ 1991, 1089; DÖV 1993, 716; *Gern*, KStZ 1988, 25).

Ein **Hinterliegergrundstück** ist dann im Sinne des § 131 erschlossen, wenn es tatsächlich über das Vorderliegergrundstück eine Zufahrt hat oder wenn das Vorder- und Hinterliegergrundstück einheitlich genutzt werden (*BVerwG* NVwZ 1988, 630) oder wenn ein öffentlich-rechtlich gesichertes Überfahrtsrecht besteht.

Wird die von der Anbaustraße bewirkte Erschließung eines Grundstücks z. B. durch deren Einziehung entzogen und gleichsam **ersetzt durch eine von einer neu hergestellten Anbaustraße vermittelte Erschließung,** hindert der Verlust der ersten Erschließung nicht, das Grundstück für die Kosten der neuen Anlage zu einem Erschließungsbeitrag heranzuziehen (*BVerwG* NVwZ 1990, 872).

1262 *9.4.3.1.2.* Das **Erschlossensein durch die anderen Anlagen** im Sinne des § 127 Abs. 2 richtet sich danach , **was die jeweilige Anlage** für ein Grundstück **hergibt.**

Durch die öffentlichen, aus rechtlichen oder tatsächlichen Gründen **mit Kraftfahrzeugen nicht befahrbaren Verkehrsanlagen** innerhalb der Baugebiete im Sinne des § 127 Abs. 2 Ziff. 2 (z. B. **Fußwege, Wohnwege**) werden Grundstücke erschlossen, an deren Grenze auf diesen Wegen mit den bestimmungsgemäßen Fortbewegungsmitteln (z. B. zu Fuß, per Fahrrad) herangelangt werden kann und die Grundstücke von hier aus betreten werden können.

Durch **Sammelstraßen** werden Grundstücke erschlossen, für die die Sammelstraße notwendig ist, d. h. deren Zufahrt vom Straßennetz der Geimeinde über die Sammelstraßen erfolgen muß. Da der Kreis der erschlossenen Grundstücke bestimmbar sein muß, und dies bei Sammelstraßen nur selten möglich sein wird, erfüllt eine Sammelstraße **nur selten** die Voraussetzung des § 131 (*BVerwG* NVwZ 1984, 170 (172); NVwZ 1982, 555 (56)).

Durch **Grünanlagen** sind Grundstücke erschlossen, die von der Grundstücksgrenze und der Grenze der Anlage ungefähr **200 m Luftlinie** entfernt sind (*BVerwG* NVwZ 1985, 833 (835)).

Durch **Lärmschutzwälle** werden Grundstücke erschlossen, die durch die Anlage eine **Schallpegelminderung von mindestens 3 dB (A)** erfahren (*BVerwG* Baurecht 1988, 718).

9.4.3.1.3. Die Erschließung im Sinne des § 131 Abs. 1 besteht darin, einem **1263** Grundstück die Zufahrtsmöglichkeit zur Erschließungsanlage **in einer auf eine bauliche, gewerbliche oder vergleichbare Nutzbarkeit gerichteten Funktion zu ermitteln** (*BVerwG* NVwZ 1982, 677 (678)).

Die bauliche und gewerbliche Nutzbarkeit richtet sich **nach Bauplanungs- und Bauordnungsrecht** (*BVerwG* NVwZ 1983, 669). **Außenbereichsgrundstücke** sind nicht erschlossen in diesem Sinne (*BVerwGE* 32, 226 (227); 1983, 31). Auch öffentlich-rechtliche Bauverbote ändern die Baulandqualität. **Unbeachtlich** sind hingegen **privatrechtliche Bauverbote** (*BVerwG* DÖV 1982, 862).

Auch **gemeindeeigene** Grundstücke **nehmen an der Oberverteilung im Sinne des § 131 teil.** Im Sinne des § 133 unterliegen sie aber erst der Beitragspflicht bei Veräußerung (*BVerwG* KStZ 1984, 34).

Nach der Rechtsprechung des **BVerwG** sollen darüber hinaus einer baulichen oder gewerblich Nutzbarkeit **vergleichbar nutzbare Grundstücke** Gegenstand der Beitragspflicht sein (vgl. *BVerwG* KStZ 1979, 167; 1980, 170). Das Merkmal der Vergleichbarkeit sei erfüllt, wenn die Nutzung einen nicht unerheblichen **Ziel- und Quellverkehr** verursacht und deswegen auf die Erschließungsstraße angewiesen ist (*BVerwG* NVwZ 1983, 669; 1988, 632). Angesichts des klaren Wortlauts des Gesetzes stellt diese Interpretation eine **unzulässige Gesetzeskorrektur** dar (vgl. *Gern,* NJW 1981, 1424, und NVwZ 1989, 534).

Grundstück in diesem Sinne ist grundsätzlich das Grundstück **im Sinne des Bürgerlichen Rechts,** d. h. ein Teil der Erdoberfläche, der auf einem besonderen oder gemeinschaftlichen Grundbuchblatt unter einer gemeinsamen Grundbuchnummer im Verzeichnis der Grundstücke eingetragen ist (*BVerwG* NVwZ 1983, 153; 991, 484).

Ausnahmsweise ist ein **Abweichen vom BGB-Grundstücksbegriff zu Gunsten einer wirtschaftlichen Grundstückseinheit** zulässig, wenn ein Festhalten am BGB-Grundstücksbegriff nach Sinn und Zweck des Erschließungsbeitragsrechts gröblich unangemessen wäre (vgl *BVerwG* NVwZ 1988, 630; NVwZ 1989, 1072). Dies ist nur dann der Fall, wenn die Anwendung des Buchgrundstücksbegriffs dazu fühlte, daß ein Grundstück bei der Verteilung des umlagefähigen Erschließungsaufwands völlig unberücksichtigt bleiben müßte, obwohl es – mangels hinreichender Größe, lediglich allein nicht bebaubar – zusammen mit einem oder mehreren Grundstücken **desselben Eigentümers** ohne weiteres angemessen genutzt werden könnte (*BVerwG* NVwZ 1991, 484).

Stehen ein **Hinterliegergrundstück** und das Vorderliegergrundstück im

Eigentum derselben Person, gehört auch das Hinterliegergrundstück zum Kreis der erschlossenen Grundstücke, wenn es entweder tatsächlich eine Zufahrt zur Anlage hat oder zusammen mit dem Anliegergrundstück einheitlich genutzt wird (*BVerwG* NVwZ 1988, 630 DÖV 1993, 716).

Bei einem **beplanten Grundstück,** das an eine Anbaustraße grenzt und durch diese erschlossen wird, ist davon auszugehen, daß **grundsätzlich die gesamte vom Bebauungsplan erfaßte Grundstücksfläche für erschlossen zu halten ist,** und zwar selbst dann, wenn das Grundstück zusätzlich noch an eine andere Anbaustraße angrenzt. Für eine **Tiefenbegrenzung** ist hiernach grundätzlich kein Raum. Eine **Ausnahme** hiervon kann für den Fall zu machen sein, **wenn sich** die **Erschließungswirkung** einer Anbaustraße eindeutig auf eine Teilfläche des Grundstücks **beschränkt** (*BVerwG* NVwZ 1991, 484 – für **durchlaufende** und **übergroße** Grundstücke). Derartige Fälle sind also nach dieser Rspr. nicht über eine Modifikation des Grundstücksbegriffs, sondern im Rahmen der Handhabung des Tatbestandsmerkmals „erschlossen" zu erfassen.

– Zum Flächenansatz bei **Baubeschränkungen** vgl. *BVerwG* NVwZ 1989, 1076; zur **Eckermäßigung** bei übergroßen Grundstücken vgl. *BVerwG* NVwZ 1989, 1072.

1264 *9.4.3.2. Verteilungsmaßstäbe.* **Verteilungsmaßstäbe sind (1) die Art und das Maß der baulichen oder sonstigen Nutzung, (2) die Grundstücksflächen, (3) die Grundstücksbreite an der Erschließungsanlage.** Die Verteilungsmaßstäbe können miteinander verbunden werden. In Gebieten, die nach Inkrafttreten des BBauG erschlossen werden, sind, wenn eine unterschiedliche bauliche oder sonstige Nutzung zulässig ist, die Verteilungsmaßstäbe in der Weise anzuwenden, daß der Verschiedenheit dieser Nutzung nach Art und Maß entsprochen wird (§ 131 Abs. 3).

9.4.3.2.1. Verteilungsmaßstäbe bei Straßen sind folgende:

1265 *9.4.3.2.1.1.* Bei Anwendung des Verteilungsmaßstabs **Grundstücksfläche** wird der gekürzte beitragsfähige Aufwand nach der Größe eines Grundstücks (Grundstücksfläche) auf die erschlossenen Grundstücke verteilt.

Der Grundstücksflächenmaßstab ist zulässig, wenn die erschlossenen Grundstücke hinsichtlich Art und Maß **einheitlich** baulich, gewerblich oder vergleichbar nutzbar sind (*BVerwG* BRS 37, 233 (236)).

1266 *9.4.3.2.1.2.* Bei Anwendung des Verteilungsmaßstabs **Grundstücksbreite** (Frontmetermaßstab) wird der gekürzte beitragsfähige Aufwand nach der Breite eines Grundstücks an der Erschließungsanlage verteilt. Er ist nur zulässig, wenn **einheitliche Verhältnisse hinsichtlich Art und Maß der Nutzung und der Grundstücksgröße vorliegen** (*VGH München* KStZ 1977, 16). Daß sich gewisse Mehrbelastungen durch die Anwendung dieses Maßstabes ergeben, hat der Gesetzgeber bewußt in Kauf genommen. Sie begründen keinen Erlaßgrund im Sinne des § 135 Abs. 5 BauGB (*BVerwG* NVwZ 1985, 277).

Für **Hinterliegergrundstücke** muß die Satzung einen Ersatzmaßstab vorsehen (*OVG Münster* ZMR 1973, 339).

9.4.3.2.1.3. Ein wesentlich gerechterer Maßstab, der in Gebieten mit unter- **1267** schiedlicher Nutzung zwingend anzuwenden ist, ist der Maßstab, der kombiniert die **Art und das Maß der baulichen und vergleichbaren Nutzung** berücksichtigt.

Bei der Verteilung nach dem **Maß der baulichen Nutzung** ist Verteilungsmaßstab der Umfang, in welchem ein Grundstück genutzt werden darf (zulässige Nutzung); das Nutzungsmaß ergibt sich aus Bauplanungsrecht i. V. m. §§ 16 ff. BauNVO und speziell den Bebauungsplänen, in unbeplanten Gebieten aus § 34 BauGB (*BVerwG* NVwZ 1986, 303). Es wird ausgedrückt durch die **zulässige Geschoßfläche** oder die Zahl der zulässigen Vollgeschosse, bezogen auf die Grundstücksfläche, sog. **Vollgeschoßmaßstab.** Ausnahmsweise kann auch der Umfang der tatsächlichen Nutzung eines Grundstücks angesetzt werden.

Der Verteilungsmaßstab „**Art der baulichen Nutzung**" stellt darauf ab, für welche Zwecke im Sinne der §§ 1 ff. BauNVO (Reines, Allgemeines Wohngebiet, Gewerbegebiet usw.) ein Grundstück nutzbar ist. Je intensiver die Nutzbarkeit ist, desto höher der Beitrag. Der Intensitätsgrad der Nutzbarkeit wird in der Regel **durch einen prozentual gestaffelten Artzuschlag** auf den Maß-Maßstab **ausgedrückt.**

Im einzelnen werden folgende Maßstäbe verwendet:

9.4.3.2.1.4. **Ein weiterer Maßstab ist die Grundstücksfläche und/oder zu- 1268 lässige Geschoßfläche (Geschoßflächenmaßstab).** Dieser Maßstab ist zulässig, wenn die Art der baulichen Nutzung nicht unterschiedlich ist.

9.4.3.2.1.5. Zulässig ist bei gleicher Nutzungsart auch ein Verteilungsmaß- **1269** stab, nach dem die Grundstücksflächen mit **Nutzungsfaktoren** vervielfältigt werden, die nach dem unterschiedlichen Maß der Nutzung (nach Vollgeschossen) gestaffelt sind.

Beispiel: I 1, 0; II 1,25; III 1,5; IV/V 1,75 und mehrgeschossig 2,0 – **Grundstücksflächen-/Vollgeschoßmaßstab.**
Zum **Bewertungsermessen** vgl. **BVerwG** NVwZ 1987, 420.

9.4.3.2.1.6. Zulässig ist bei gleicher Nutzungsart ein Verteilungsmaßstab, **1270** der anordnet, daß der Erschließungsaufwand **zur Hälfte nach den Grundstücksbreiten an der Erschließungsanlage und zur Hälfte nach den zulässigen Geschoßflächen verteilt wird. Frontmeter-/Geschoßflächenmaßstab.** Allerdings muß eine solche Verteilungsregelung einen Ersatzmaßstab für Hinterliegergrundstücke enthalten (*BVerwG* NVwZ 1986, 1023).

9.4.3.2.1.7. **Bei unterschiedlicher Nutzungsart** ist auf vorgenannte Maß- **1271** stäbe **ein Artzuschlag aufzubringen. Bei der Festsetzung** des Artzuschlags hat die Gemeinde ein **Bewertungsermessen** (*BVerwG* NJW 1977, 40). Dies gilt sowohl für die mit einem Artzuschlag zu belegenden Gebiete als auch für die Höhe des Artzuschlags. Bei der Verteilung nach der Summe der Grundstücks- und zulässigen Geschoßflächen muß der Verteilungsmaßstab für alle Grundstücke in **Gewerbe- und Industriegebieten** einen Artzuschlag **von mindestens 10% auf die Summe der Grundstücks- und Geschoßflächen** vorsehen (*BVerwG Buchholz* 406.11 § 131 BBauG Nr. 49 S. 57). Beim Vollgeschoßmaßstab genügt ein Artzuschlag von 50% auf die Prozentsätze der Beitragsstaffelung der Grundstücke in Gewerbegebieten den Anforderungen des § 131 Abs. 3 (*BVerwG* NVwZ 1982, 678).

Zur Staffelung zwischen industriell nutzbaren Grundstücken einerseits und gewerblich nutzbaren Grundstücken andererseits vgl. *BVerwG* NVwZ 1990, 870.

Für **andere Nutzungsarten,** z. B. Kerngebiete, ist ein **Zuschlag nicht erforderlich** (*BVerwG Buchholz* 406.11 § 131 BBauG Nr. 40). § 131 Abs. 3 **gestattet** dies jedoch bei wesentlichen Unterschieden in der Nutzungsart. Weiter ist etwa zulässig, **tatsächlich** überwiegend **gewerblich genutzte Grundstücke** in beplanten Wohngebieten mit einem Artzuschlag zu belegen. § 131 Abs. 3 verlangt diesen Artzuschlag jedoch nicht. Dies gilt auch dann, wenn ein Artzuschlag in überplanten Gebieten in der Gemeinde nicht vorgesehen ist (*BVerwG* NVwZ 1982, 434).

– Zu Berechnungsbeispielen vgl. *Gern,* KAR Bd. 1, 5.3.3.4.

1272 *9.4.3.2.1.8.* Da Grundstücke an zwei Erschließungsanlagen **(Eckgrundstücke, durchgehende Grundstücke)** in der Regel **nicht aus beiden Anlagen zusammen den doppelten Erschließungsvorteil haben,** können die Gemeinden in pflichtgemäßer Ermessensausübung in der Erschließungsbeitragssatzung eine **Eckgrundstücksermäßigung** zu Lasten der Mittelanlieger gewähren. Im **Hinblick auf Artikel 3 GG darf** die Belastung eines Eckgrundstücks mit Erschließungsbeiträgen **insgesamt nicht um mehr als 10% niedriger sein als die Belastung eines vergleichbaren Mittelgrundstücks** an einer der beiden Straßen (vgl. *BVerwG* 1986, 566; 1990, 374). In der **Erschließungseinheit werden** Eckgrundstücke nur einmal berücksichtigt.

1273 *9.4.3.2.1.9.* Hindert eine **öffentlich-rechtliche Baubeschränkung** die Ausschöpfung des für ein Grundstück durch Bebauungsplan vorgesehenen Maßes der zulässigen baulichen Nutzung, ist dem nach Auffassung des *BVerwG* (NVwZ 1989, 1076) nach § 131 Abs. 1 BauGB im Rahmen des Merkmals „erschlossen" nicht durch eine Verminderung der Grundstücksfläche, sondern (nur) bei der Anwendung der satzungsmäßigen Verteilungsregelung Rechnung zu tragen, und dies allein dann, wenn das behinderte Nutzungsmaß eine Komponente des einschlägigen Verteilungsmaßstabs darstellt. Diese Beurteilung erfordert die Beitragsgerechtigkeit.

1274 *9.4.3.2.2.* Die Verteilungsmaßstäbe **bei anderen Erschließungsanlagen** als Straßen sind **entsprechend anzupassen.** So ist etwa der Frontmetermaßstab für Grünflächen ungeeignet.

Bei **Lärmschutzwällen** ist erforderlichenfalls eine **vertikale und horizontale Differenzierung** nach Geschoßhöhen und nach Abständen zum Lärmschutzwall vorzusehen, da diese je nach Lage und Bebaubarkeit eines Grundstückes unterschiedliche Vorteile bewirken können (*BVerwG* Baurecht 1988, 718).

9.4.3.3. Rechtsfolgen fehlerhafter Verteilungsmaßstäbe. Ist der Verteilungsmaß- **1275** stab rechtswidrig, führt er zur **Nichtigkeit der Satzung.**

Die **Nichtigkeit einer Teilregelung** des Verteilungsmaßstabs führt kraft Bundesrechts nur dann zur Nichtigkeit der gesamten Verteilungsregelung, wenn die verbleibende Regelung nicht geeignet ist, eine dem Differenzierungsgebot des § 131 Abs. 3 genügende Aufwandsverteilung zu gewährleisten (*BVerwG* NVwZ 1983, 290 (291)). Beispielsweise führt die Unwirksamkeit einer satzungsmäßigen Tiefenbegrenzung nicht zur Rechtsunwirksamkeit der Verteilungsregelung, weil eine Tiefenbegrenzung kein Bestandteil der Verteilungsregelung ist (*BVerwG* NVwZ 1982, 678). Ein **Beitragsbescheid,** der wegen Unwirksamkeit der Erschließungsbeitragssatzung (zunächst) rechtswidrig ist, kann **nachträglich** durch Erlaß einer rechtmäßigen Satzung **ohne** Rückwirkungsanordnung **geheilt werden** (*BVerwG* NVwZ 1982, 375).

9.4.4. Beitragsbemessung für das einzelne Grundstück (Heranziehungsphase)

Ist der Beitragssatz pro Beizugseinheit ermittelt, **ist der Beitrag für jedes 1276 einzelne erschlossene Grundstück nach § 133 BauGB durch Multiplikation des Beitragssatzes mit der Summe der Beizugseinheiten (Bemessungseinheiten) des Grundstücks zu errechnen.** Der Beitragspflicht in diesem Sinne unterliegen Grundstücke, für die eine bauliche oder gewerbliche oder vergleichbare Nutzung festgesetzt ist, sobald sie bebaut oder gewerblich genutzt werden dürfen. Erschlossene Grundstücke, für die eine solche Nutzung nicht festgesetzt ist, unterliegen der Beitragspflicht, wenn sie Bauland sind und zur Bebauung anstehen (**§ 133 Abs. 1**).

9.4.4.1. **Der Begriff des Erschlossenseins:** § 133 setzt ein Erschlossensein **1277** der Grundstücke durch eine Erschließungsanlage voraus. Der Erschließungsvorteil realisiert sich in der Inanspruchnahmemöglichkeit dieser Anlage.

9.4.4.1.1. Durch öffentliche **Straßen** ist ein Grundstück erschlossen, wenn an das Grundstück **herangefahren** werden kann. Diese Voraussetzung ist regelmäßig dann erfüllt, wenn auf der Fahrbahn einer öffentlichen Straße bis zur Höhe dieses Grundstücks mit Personen- und Versorgungsfahrzeugen gefahren und von da ab ggf. über einen Gehweg und/oder Radweg das Grundstück betreten werden kann (*BVerwG* NVwZ 1991, 1090). Ist nach Baurecht ausnahmsweise ein **Herauffahrenkönnen** auf das Grundstück erforderlich, so muß auch dieses ungehindert möglich sein (*BVerwG* NVwZ 1988, 354 (355)).

Sind **Zugangs- oder Zufahrtshindernisse** vorhanden, entsteht die sachliche Beitragspflicht nach § 133 Abs. 1 erst dann, **wenn ein** im Rahmen des § 131 Abs. 1 **an sich beachtliches Hindernis** rechtlicher oder tatsächlicher Natur **ausgeräumt worden ist** (*BVerwG* NVwZ 1984, 172 (173); 1989, 570). Ein beachtliches tatsächliches oder rechtliches Hindernis in diesem Sinne wäre etwa eine **Stützmauer,** die nach Landstraßenrecht zum Straßenkörper gehört, solange sie nicht beseitigt ist oder in die willkürliche Verfügungsmacht des Eigentümers gelangt. In letzterem Falle aktualisiert sich der Erschließungsvorteil, wenn der Eigentümer diese jederzeit beseitigen kann und subjektiv von dem objektiv gegebenen Vorteil Gebrauch machen kann (vgl. *BVerwG* NVwZ 1991, 1089; *Gern,* KStZ 1988, 25).

Ein **Hinterliegergrundstück** ist im Sinne des § 133 durch eine Anbaustraße erschlossen, sobald angenommen werden darf, es seien die Erreichbarkeitsanforderungen erfüllt, von denen das Bebauungsrecht die Bebaubarkeit des Grundstücks abhängig macht (*BVerwG* NVwZ 1988, 630 DÖV 1993, 716).

1278 *9.4.4.1.2.* **Erschlossen durch andere Erschließungsanlagen** ist ein Grundstück, wenn der durch § 131 Abs. 1 vorausgesetzte Vorteil tatsächlich und rechtlich ungehindert realisiert werden kann.

9.4.4.2. Die **erschlossenen Grundstücke müssen** nach Bauplanungs- und Bauordnungsrecht **baulich, gewerblich oder vergleichbar nutzbar sein.**

1279 *9.4.4.3.* **Berechnungsbeispiel:** Der gekürzte beitragsfähige Erschließungsaufwand für die endgültige Herstellung einer Erschließungsanlage beträgt 200000,– DM. Die Erschließungsbeitragssatzung sieht als Verteilungsmaßstab die „zulässige Geschoßfläche" vor. Für gewerblich nutzbare Grundstücke ist auf die zulässige Geschoßfläche ein Gewerbezuschlag von 20% vorgesehen.

Durch die Erschließungsanlage werden insgesamt 9000 qm zulässige Geschoßflächen erschlossen. Hiervon sind 5000 qm gewerblich nutzbare Flächen und 4000 qm Wohnbauflächen. Wie hoch ist der Erschließungsbeitrag eines in der Gewerbefläche gelegenen Grundstückes mit einer zulässigen Geschoßfläche von 300 qm^2.

a) Gekürzter beitragsfähiger Aufwand   DM 200000,–

b) Summe der (zulässigen) Geschoßflächen
    – 4000 qm Wohnfläche
    – 5000 qm Gewerbefläche
    – 1000 qm Zuschlag (20% von 5000)

    Summe: 10000 qm (sog. Beizugsflächen)

c) Erschließungsbeitrag pro qm zulässiger Geschoßfläche

$$\frac{200000}{10000} = DM\ 20,-$$

d) Höhe des Beitrages für das Grundstück
    – 300 qm × 20,– DM =   DM 6000,–
    – zuzügl. 20% Zuschlag =   DM 1200,–
    durch Bescheid festzusetzender Beitrag   DM 7200,–

Weitere Rechenbeispiele bei *Gern* KAR, Bd. 1, S. 202f.

9.5. Entstehung der Beitragspflicht

9.5.1. Die Beitragspflicht **entsteht mit der endgültigen Herstellung** der **1280**
Erschließungsanlage, für Teilbeträge, sobald die Maßnahmen, deren Aufwand durch die Teilbeträge gedeckt werden soll, abgeschlossen sind. Im
Falle des § 128 Abs. 1 Nr. 3 entsteht die Beitragspflicht mit der Übernahme
durch die Gemeinde.

Neben der endgültigen Herstellung setzt die Entstehung der Beitragspflicht **das Vorliegen sämtlicher Tatbestandsmerkmale voraus, die die
sachliche Beitragspflicht begründen** (*BVerwG* BRS 37, 116). So muß etwa
eine gültige Erschließungsbeitragssatzung vorliegen (*BVerwG* BRS 37, 318),
die Widmung einer Straße muß gegeben sein (*BVerwG* DVBl. 1968, 809); es
müssen die Voraussetzungen des § 125 BauGB erfüllt sein (BRS 37, 337) und
die Grundstücke müssen bebaubar oder gewerblich nutzbar sein. **Ist ein
Beitragsbescheid zu früh ergangen, wird er** bei Eintritt der letzten Entstehungsvoraussetzung **geheilt.** Ist in der Satzung als Herstellungsmerkmal der
Grunderwerb festgelegt, ist auch er Voraussetzung der Entstehung (*BVerwG*
BRS 37, 328).

9.5.2. Die **endgültige Herstellung richtet sich** nach der Erfüllung des **Teil- 1281
einrichtungsprogramms,** das sich auf die flächenmäßigen Bestandteile der
Erschließungsanlage bezieht (z. B. Gehwege, Fahrbahnen, Grünstreifen) und
nach dem **Ausbauprogramm,** das die technische Bauart (z. B. Asphaltbelag)
festlegt. Beides ist in **der Satzung zu regeln.** Endgültig hergestellt ist eine
Erschließungsanlage in dem Zeitpunkt, in dem im Anschluß an die Beendigung der technischen Arbeiten der hierfür entstandene Aufwand feststellbar
ist, also regelmäßig mit **Eingang der letzten Unternehmerrechnung**
(*BVerwG* BRS 37, 305 (306)).

Für die Beurteilung der endgültigen Herstellung ist die **Erschließungsbeitragssatzung maßgebend, die im Zeitpunkt der endgültigen Herstellung
rechtswirksam war.** Eine **spätere Satzung** mit abweichenden Herstellungsanforderungen kann eine einmal hergestellte Erschließungsanlage **nicht
mehr in den Zustand der Unfertigkeit zurückversetzen** (*BVerwG* NVwZ
1986, 303).

9.5.3. Bei der **Abschnittsbildung entsteht die Beitragsschuld** mit endgülti- **1282**
ger Herstellung des Abschnitts.

9.5.4. Bei der Bildung einer Erschließungseinheit entsteht die Beitragspflicht mit endgültiger Herstellung der letzten Einzelanlage der Erschließungseinheit (*BVerwG* NJW 1979, 1997). Hat die Gemeinde beschlossen,
eine Erschließungseinheit zu bilden, so **sperrt** sie hiermit **das Entstehen** der
Beitragspflicht für die in der Erschließungseinheit zusammengefaßten einzelnen Erschließungsanlagen (*BVerwG* NVwZ 1983, 370). Allerdings muß der
Beschluß, eine Erschließungseinheit zu bilden, gefaßt werden, bevor der
Erschließungsbeitrag für **eine** der zusammengefaßten Anlagen entsteht.
Grundsätzlich kann nämlich die Beitragspflicht nur **einmal** für eine Erschlie-

ßungsanlage entstehen (*BVerwG* BRS 1937, 265 (266); *Gern*, NVwZ 1985, 808).

9.5.5. **Bei der Kostenspaltung entsteht** die Kostenspaltungsbeitragsschuld mit der endgültigen (rechtmäßigen) Herstellung der abgespaltenen Teileinrichtung.

9.5.6. **In allen Fällen** ist die **Entstehung Voraussetzung** für den Ablauf der **Festsetzungsverjährung** (§ 169 AO).

9.6. Festsetzungsverfahren

9.6.1. Allgemeines

1283 Für die Beitragsfestsetzung gelten, **über die kommunalabgabengesetzlichen Verweisungsvorschriften des § 3 KAG die §§ 155 ff. AO,** soweit das BauGB keine besonderen Regelungen enthält.

Die Festsetzung erfolgt durch **Abgabenbescheid.** Eine Beitragsfestsetzung durch **Vertrag** ist grundsätzlich unzulässig (*Gern,* KStZ 1979, 161; *OVG Lüneburg* KStZ 1985, 113).

9.6.2. Satzungerfordernis

1284 Beitragsbescheide **bedürfen einer satzungsrechtlichen Ermächtigung** (§ 132). Die Beitragssatzung ist eine notwendige Ergänzung des Bundesrechts. **Hiernach hat die Gemeinde**
– Art und Umfang der Erschließungsanlagen im Sinne des § 129 BauGB,
– die Art der Ermittlung und Verteilung des Aufwands sowie die Höhe der Einheitssätze,
– die Kostenspaltung,
– die Merkmale der endgültigen Herstellung der Erschließungsanlagen
zu regeln.

9.6.1.1. Die **Arten der Erschließungsanlagen** sind in § 127 Abs. 2 abschließend genannt.

9.6.2.2. Der **Umfang** richtet sich danach, inwieweit eine Erschließungsanlage erforderlich im Sinne des § 129 Abs. 1 ist. Zulässig ist die Angabe von Maximalmaßen für einzelne Arten von Anlagen. Beispiel: Höchstbreite einer Wohnstraße. Die Festlegung der Ausmaße hat der Ermessensentscheidung im Rahmen des § 129 zu entsprechen (*BVerwG* DÖV 1979, 178).

9.6.2.3. Die **Art der Ermittlung des Aufwands** bezieht sich auf die Frage, inwieweit eine Erschließungsanlage nach den tatsächlichen Kosten und nach Einheitssätzen abgerechnet wird. Grundsätzlich ist eine Kombination beider Ermittlungsarten zulässig, wenn die Anwendungsfälle klar bestimmt sind (*BVerwG* 29, 90).

9.6.2.4. Die **Art der Verteilung des Erschließungsaufwands** meint die Festsetzung der Verteilungsmaßstäbe im Sinne des § 131 sowie die Höhe der Einheitssätze.

9.6.2.5. Regelungen über eine **Kostenspaltung** sind nur erforderlich, wenn die Gemeinde von dieser Möglichkeit Gebrauch machen will. In diesem Fall genügt es, wenn die Satzung die Kostenspaltung allgemein vorsieht (*BVerwG* 26, 180; KStZ 1984, 92).

9.6.2.6. Die **Merkmale der endgültigen Herstellung** sind als Voraussetzung für die Entstehung der Beitragsschuld nach § 133 Abs. 2 zu regeln. Sie werden umschrieben aufgrund des Teileinrichtungsprogramms und des Ausbauprogramms. **Hinsichtlich des Teileinrichtungsprogramms** genügt die Regelung wesentlicher Teileinrichtungen, z. B. daß die endgültige Herstellung einer Straße die Fahrbahn, die Entwässerung und die Beleuchtung verlangt (*BVerwG* BRS 37, 280).**Hinsichtlich des Ausbauprogramms** muß die Gemeinde die vorgesehene technische Herstellungsart mit solcher **Bestimmtheit** angeben, daß der Beitragspflichtige die endgültige Herstellung einer Erschließungsanlage selbst feststellen kann. Zulässig ist hiernach etwa, für die Fahrbahndecke ein Material neuzeitlicher Bauweise, z. B. Teer, Pflasterung, vorzusehen (*BVerwG* DVBl. 1981, 827). Unzulässig wäre etwa, in der Satzung auf eine „sonstige vorgesehene Ausführungsart" zu verweisen (*BVerwG* KStZ 1981, 132): Unzulässig wäre auch das Abstellen auf eine vom Willen der Gemeinde abhängige Grundflächenerwerbspflicht (*BVerwG* NVwZ 1988, 361).

Als Merkmalsregelung bei **Lärmschutzwällen** (vgl. *BVerwG* Baurecht 1988, 719) genügt die Bezugnahme auf die Erfüllung der Herstellungsmerkmale des Ausbauprogramms für diese Anlagen.

9.6.2.7. Das **Fehlen oder die fehlerhafte Regelung eines Mindestbestandteils** im Sinne des § 132 führt in der Regel zur **Nichtigkeit** oder **Teilnichtigkeit** der Satzung (vgl. hierzu *Gern,* NVwZ 1987, 851). Die Nichtigkeit einer einzelnen nicht gesetzlich zwingenden Merkmalsregelung hat jedoch nur zur Folge, daß keine Kosten für die betreffende Teileinrichtung, z. B. Beleuchtung, angesetzt werden können (*BVerwG* KStZ 1973, 119). Keine Auswirkungen hat etwa auch das Fehlen einer Tiefenbegrenzung (*BVerwG* NVwZ 1982, 678).

9.6.2.8. Die **Satzungsauslegung** ist **nicht** Gegenstand der **Revision,** soweit die Satzung nicht zugleich Bundesrecht verletzt (*BVerwG* KStZ 1981, 133).

9.6.2.9. Für das **Satzungsverfahren** gilt die Gemeindeordnung. Ratsmitglieder, die Grundeigentum in der Gemeinde haben, sind bei der Beschlußfassung über die Satzung nach Gemeinderecht **nicht befangen** (*VGH BW* KStZ 1978, 55).

9.6.3. Beitragspflichtiger

Beitragspflichtig ist **derjenige, der im Zeitpunkt der Bekanntgabe des** 1285 **Beitragsbescheids Eigentümer des Grundstücks ist (Beitragsschuldner).** Ist das Grundstück mit einem Erbbaurecht belastet, so ist der **Erbbauberechtigte** anstelle des Eigentümers beitragspflichtig. Mehrere Beitragspflichtige haften als **Gesamtschuldner;** bei Wohnungs- und Teileigentum sind die einzelnen Wohnungs- und Teileigentümer nur entsprechend ihrem Miteigentumsanteil beitragspflichtig.

Maßgebend für die Beitragspflicht ist ausschließlich die **dingliche Rechtslage** im Zeitpunkt der Bekanntgabe des Beitragsbescheids. Ein an nur einen **Miteigentümer** gerichteter Bescheid ist nicht nichtig nach § 125 AO (*BVerwG* NJW 1985, 2658).

Die Schuldnerschaft kann **durch privatrechtlichen Vertrag** zwischen Eigentümer und Dritten, etwa Grundstückserwerbern **mit öffentlich rechtlicher Wirkung nicht** geändert werden (*Gern*, Der Vertrag zwischen Privaten, 1977, S. 63 mwN.; *VGH München* KStZ 1975, 192). Die Übernahme entfaltet Wirkung im (privatrechtlichen) **Innenverhältnis** (vgl. *Nieder*, BWGZ 1984, 188; *BGH* NJW 1982, 1278; 1976, 1315). Außerdem kann zugunsten der Gemeinde ein privatrechtlicher Vertragsanspruch nach § 192 AO begründet werden.

– Zu **Problemen der Bekanntgabe** vgl. *Gern*, NVwZ 1987, 1048 mwN.

9.6.4. *Vorausleistungen*

1286 Für ein Grundstück, für das eine **Beitragspflicht noch nicht** oder nicht in vollem Umfang **entstanden** ist, können Vorausleistungen auf den Erschließungsbeitrag bis zur Höhe des voraussichtlich endgültigen Erschließungsbeitrag verlangt werden, **wenn ein Bauvorhaben auf diesem Grundstück genehmigt wird oder wenn mit der Herstellung der Erschließungsanlagen begonnen worden ist** und die endgültige Herstellung innerhalb von vier Jahren zu erwarten ist.

– Vgl. § 133 Abs. 3 S. 1. *BauGB*

Die Vorausleistung **setzt außerdem voraus, daß** bei dem herangezogenen Grundstück **alle Voraussetzungen mit** Ausnahme der Erfüllung der Anforderungen des § 125 und der Widmung (*BVerwG* NVwZ 1985, 751) **vorliegen, die bei der späteren endgültigen Herstellung der Erschließungsanlage die Beitragspflicht entstehen lassen** (*BVerwG* BRS 37, 344). Insbesondere muß hiernach ein heranzuziehendes Grundstück durch die Erschließungsanlage im Sinne der §§ 131, 133 BauGB **erschlossen werden.**

Ist die Vierjahresfrist abgelaufen, entsteht ein **Vollziehungshindernis.** Außerdem kann ein Anspruch auf endgültige Herstellung der Erschließungsanlage zugunsten des Pflichtigen entstehen (*BVerwG* DÖV 1982, 156).

Die **Entstehung** von Vorausleistungen setzt eine **gültige Erschließungsbeitragssatzung** voraus. Eine **spezielle Regelung** über die Vorausleistungen muß in ihr **aber nicht** enthalten sein *BVerwG* BRS 37, 355).

Die Erhebung von Vorausleistungen ist eine **Ermessensentscheidung.** Zuständig hierfür ist regelmäßig der **Gemeinderat** (*OVG Koblenz* DÖV 1984, 638).

Die **Bemessung der Vorausleistung** hat sich an der voraussichtlichen Höhe des künftigen Erschließungsbeitrags zu orientieren. Die **Festsetzung** der Vorausleistung erfolgt durch Abgabenbescheid. Er ist **Bescheid unter Vorbehalt der Nachprüfung** im Sinne des § 164 AO. Die Vorausleistungsschuld ruht als **öffentliche Last** auf dem Grundstück. Zulässig ist auch eine mehrfache Heranziehung zur Vorausleistung (*BVerwG* NVwZ 1985, 751).

Die Vorausleistung ist **mit der endgültigen Beitragsschuld zu verrechnen, auch wenn der Vorausleistende nicht beitragspflichtig** ist. Ist die Beitragspflicht 6 Jahre nach Erlaß des Vorausleistungsbescheids noch nicht entstanden, kann die Vorausleistung **zurückverlangt werden,** wenn die Erschließungsanlage bis zu diesem Zeitpunkt noch nicht benutzbar ist.

9.6.5. Ablösung

Die Gemeinde kann Bestimmungen über die Ablösung des Erschließungs- **1287** beitrags im Ganzen vor Entstehung der Beitragspflicht treffen (§ 133 Abs. 3 Satz 2). Die Ablösung ist eine **vorweggenommene Tilgung** des gesamten künftigen Erschließungsbeitrags. Die Beitragspflicht kann mit Ablösung nicht mehr entstehen. Voraussetzung der Ablösung ist, daß eine gültige Erschließungsbeitragssatzung besteht und daß das für die Ablösung vorgesehene Grundstück überhaupt der Beitragspflicht unterliegt.

Die Gemeinde hat zur gleichmäßigen Handhabung aller Ablösungsfälle vor der Ablösung allgemeine **Ablösungsbestimmungen** zu treffen (*BVerwG* NVwZ RR 1990, 433). Sie **können** als allgemeine **Verwaltungsvorschriften oder als Teil der Erschließungsbeitragssatzung** ergehen (*BVerwG* KStZ 1982, 133). Zuständig ist der Gemeinderat (*OVG Koblenz* DÖV 1975, 719).

Die allgemeinen Bestimmungen müssen mindestens Ermittlungs- und Verteilungsregelungen erhalten, die sich am **Vorteilsprinzip** und speziell an den Verteilungsregelungen des § 131 messen lassen müssen (*BVerwG* KStZ 1982, 133).

Vollzogen wird die Ablösung durch öffentlich-rechtlichen **Ablösungsvertrag.** Das sonst im Erschließungsrecht im Hinblick auf § 127 iVm § 132 BauGB bestehende Verbot, Kosten für die Erschließung durch Vertrag auf die Anlieger zu überbürden, findet hier eine **Ausnahme.** Allerdings ermächtigt § 133 Abs. 3 S. 2 BauGB nur zum Abschluß solcher Verträge, die nach dem Erlaß wirksamer Ablösungsbestimmungen in inhaltlicher Übereinstimmung mit diesen und unter Offenlegung der auf ihrer Grundlage ermittelten Ablösebeträge abgeschlossen werden (*BVerwG* NJW 1990, 1679). Der Vertrag ist nichtig, wenn die Ablösungsbestimmungen nichtig sind (*BVerwG* KStZ 1982, 133).

Stellt sich heraus, daß der Beitrag, der einem Grundstück als Erschließungsbeitrag zuzuordnen ist, das Doppelte oder mehr als das Doppelte bzw. die Hälfte oder weniger als die Hälfte des vereinbarten Ablösungsbetrags ausmacht, ist der Vertrag mit Blick auf den Grundsatz der Beitragsgerechtigkeit rechtswidrig (*BVerwG* NVwZ 1991, 1096).

9.7. Erhebungsverfahren

9.7.1. Allgemeines

Für das Erhebungsverfahren **gelten über die Verweisungsvorschriften 1288 des § 3 KAG die §§ 218 ff. AO, soweit das BauGB keine Sonderregelungen enthält.**

9.7.2. Fälligkeit

Der Beitrag wird einen Monat nach der Bekanntgabe des Beitragsbescheids **fällig** (§ 135 Abs. 1 BauGB).

9.7.3. Stundung

1289 Die Fälligkeit kann durch **Stundung** hinausgeschoben werden. Die Stundung ist zur Vermeidung unbilliger Härten im Einzelfall in pflichtgemäßer Ermessensausübung zulässig (vgl. hierzu i. e. die Ausführungen zur Stundung der Grundsteuer). Bei landwirtschaftlichen Grundstücken besteht eine Pflicht zur Stundung unter den Voraussetzungen des § 135 Abs. 4.

9.7.4. Erlaß.

1290 Im Einzelfall kann die Gemeinde den Erschließungsbeitrag nach § 135 Abs. 5 S. 1 auch ganz oder teilweise **erlassen,** wenn dies
– im öffentlichen Interesse oder
– zur Vermeidung unbilliger Härten
geboten ist.

Für den Fall, daß die **Beitragspflicht noch nicht entstanden** ist, kann auch im voraus eine **Freistellung** vom Erschließungsbeitrag ausgesprochen werden.

9.7.4.1. Im **öffentlichen Interesse** liegt der Erlaß, wenn die Gemeinde durch den Erlaß **etwas fördern kann, das sich zugunsten der Allgemeinheit auswirkt** (*BVerwG* DÖV 1975, 717), d. h. wenn es einleuchtende Gründe für die Annahme gibt, durch den Erlaß könne zugunsten der Durchführung oder Weiterführung eines im öffentlichen Interesse der Gemeinde liegenden Vorhabens Einfluß genommen werden (*BVerwG* DVBl. 1992, 1105).

Beispiele: Erlaß zur Ansiedlung eines Industrieunternehmens (*BVerwG* ZMR 1969, 148) oder zur Errichtung von Wohnungen im sozialen Wohnungsbau (*BVerwG* BRS 37, 215) oder für Kleingartengrundstücke (*BVerwG* Baurecht 1980, 353). **Kein öffentliches Interesse** liegt etwa vor, wenn eine Gemeinde **Schwierigkeiten beim Baulanderwerb** für die Erschließung vermeiden will (*BVerwG* BRS 37, 387).

9.7.4.2. Zur Vermeidung **unbilliger Härten** dient ein Erlaß, wenn die Entrichtung des Beitrags **aus persönlichen oder sachlichen Gründen** (hierzu *BVerwG* DVBl. 1992, 1105) ein vom Gesetzgeber nicht gewolltes **Opfer** bedeuten würde und der Beitragspflichtige bei Vorliegen persönlicher Gründe erlaßwürdig ist (vgl. hierzu die Ausführungen zum Erlaß der Grundsteuer und *BVerwG* KStZ 1985, 49).

9.7.4.3. **Geboten** ist ein Erlaß, wenn ein anderes Mittel denselben Zweck nicht oder nicht ebensogut erreichen könnte.

9.7.4.4. **Bei der Erlaßvorschrift des § 135 Abs. 5 Satz 1** handelt es sich anders als bei den Erlaßvorschriften der §§ 163, 227 AO (vgl. *GSOBG* DÖV 1972, 712) **nicht** um eine **einheitliche Ermessensentscheidung, sondern** um eine **Koppelungsvorschrift.** Sie wird durch die unbestimmten Rechtsbegriffe „unbillige Härte" und „öffentliches Interesse„ und ein **Rechtsfolgeermes-**

sen gekennzeichnet. Nur bei Vorliegen des unbestimmten Rechtsbegriffs kann das Ermessen ausgeübt werden. Dabei handelt es sich um ein sog. **intendiertes Ermessen.** Sind die Voraussetzungen der unbilligen Härte oder des öffentlichen Interesses gegeben, ist die Gemeinde grundsätzlich zu einem Erlaß verpflichtet, es sei denn, besondere berücksichtigungsfähige und gewichtige Gründe im Rahmen der gebotenen Interessenabwägung rechtfertigen ein anderes Ergebnis (*BVerwG* NVwZ 1987, 601).

9.7.4.5. Neben der Stundung nach § 132 Abs. 2 und dem Erlaß nach § 135 Abs. 5 finden über die kommunalabgabengesetzlichen Verweisungsvorschriften auch die Vorschriften über die **Stundung** (§ 222 AO), den **Festsetzungserlaß** (§ 163 AO) **und den Zahlungserlaß** (§ 227 AO) Anwendung.

9.7.4.6. Der Erlaß kann **in jedem Verfahrensstadium** ausgesprochen werden. Ein **vor Entstehung der Beitragsschuld** ausgesprochener Erlaß wird **Verzicht** genannt. In diesem Falle ergeht ein **Freistellungsbescheid** gemäß § 155 Abs. 1 Satz 3 AO. Ein **gesetzwidriger Verzicht** auf die Beitragserhebung **verstößt gegen Artikel 20 Abs. 3** GG (*BVerwG* KStZ 1984, 112 und § 127 Abs. 1 BauGB; *BVerwG* NVwZ RR 1990, 433).

– Zum Verzicht allgemein *Gern* KStZ 1985, 81 ff.

Ein Beitragserlaß ist prozessual nicht mit der Anfechtungsklage gegen den Beitragsbescheid, sondern mit einer **Verpflichtungsklage** auf Ausspruch eines Erlasses zu verfolgen.

9.8. Haftung

Die Beitragsschuld ruht vom Zeitpunkt des Entstehens der sachlichen **1291** Beitragspflicht an (*BVerwG* NJW 1985, 2658) als **öffentliche Last** auf dem Grundstück bzw. dem Erbbaurecht. Die öffentliche Last begründet eine **dingliche Haftung** des jeweiligen Grundstückseigentümers bzw. Erbbauberechtigten für die persönliche Beitragsschuld. Der dinglich Haftende muß **nach § 77 Abs. 2 AO die Zwangsvollstreckung** wegen des Beitrags in das belastete Grundstück **dulden.** Die Haftung ist nach § 191 AO durch **Duldungsbescheid** geltend zu machen. Die Inanspruchnahme ist nur zulässig, wenn neben der sachlichen auch die persönliche Beitragspflicht entstanden und nicht wieder erloschen ist (*BVerwG* NJW, aaO).

– Im übrigen vgl. zur Haftung die Ausführungen bei der Grundsteuer.

9.9. Nacherhebung von Erschließungsbeiträgen

Im Gegensatz zur Rechtslage bei den Kommunalbeiträgen gebieten die 1292 bundesrechtlichen Vorschriften der §§ 127 ff. BauGB aus Gründen der Beitragsgerechtigkeit **grundsätzlich, entstandene Erschließungsbeitragsansprüche bis zu deren Erlöschen in vollem Umfang auszuschöpfen, gegebenenfalls bis zur vollen Höhe durch weitere Bescheide nachzuerheben.** Dieses Gebot schließt die Befugnis der Länder aus, die Zulässigkeit der (Nach-)erhebung eines bisher nicht geltend gemachten Teils eines noch bestehenden Erschließungsbeitragsanspruchs von bestimmten Voraussetzungen abhängig zu machen (*BVerwG* NVwZ 1988, 938; NVwZ 1990, 78). Speziell die **Vorschriften über die Bestandkraft und die Korrektur von Beitragsbescheiden** (§§ 130, 172 f. AO), die sonst gelten, **sind nach Auffassung des BVerwG deshalb nicht anwendbar.**

Die rechtliche Tragweite der Bestandskraft richtet sich nach dem jeweils einschlägigen materiellen Recht (*BVerwG* NJW 1976, 340). Dies ist für die Frage der Bestandskraft von Erschließungsbeitragsbescheiden das Erschließungsbeitragsrecht.

9.10. Rechtsbehelfsverfahren

1293 Gegen den Erschließungsbeitragsbescheid sind **Widerspruch und Anfechtungsklage** zulässig. Vor Rechtskraft der Entscheidung ist ein Anspruch auf Beitragserstattung nach § 37 Abs. 2 AO ausgeschlossen, auch wenn der Widerspruch Erfolg hatte (*BVerwG* NVwZ 1983, 472).

Grundsätzlich unterliegt ein Erschließungsbeitragsbescheid nach § 113 Abs. 1 S. 1 VwGO einer **gerichtlichen Aufhebung** nur insoweit, als er rechtswidrig ist. Ist ein Bescheid der Höhe nach nur **teilweise rechtswidrig** muß das Gericht den rechtswidrigen Teilbetrag ermitteln und im Urteil vom festgesetzten Beitrag in Abzug bringen (*BVerwG* NVwZ 1984, 369; 1992, 492). § 113 Abs. 2 S. 2 VwGO steht dieser Verpflichtung im Erschließungsbeitragsrecht nicht entgegen (vgl. auch *David*, NVwZ 1992, 436).

9.11. Heilung

1294 Die **Heilung** eines Beitragsbescheids ist neben der Heilungsmöglichkeit nach § 126 AO für Verfahrens- und Formfehler möglich
– durch **Ersetzen einer nichtigen Satzung durch eine gültige Satzung,** auch wenn sich diese **keine Rückwirkung** zulegt (vgl. hierzu *BVerwGE* 64, 18; NVwZ 1990, 168),
– durch **rückwirkendes** Ersetzen einer nichtigen durch eine gültige Satzungsregelung, auch wenn diese zu **höheren** Beitragspflichten führt (vgl. *BVerwG* NVwZ 1983, 612; 1990, 168),
– durch **nachträgliche Widmung** einer Erschließungsanlage für den öffentlichen Verkehr (*BVerwG* BRS 37, 74 (79)),
– durch **nachträgliches Schaffen der Voraussetzungen des § 125 BauGB** (*BVerwG* KStZ 1983, 96),
– durch **nachträgliche Kostenspaltung** bei Kostenspaltungsbescheiden (*BVerwG* NVwZ 1984, 369),
– durch **Nachschieben einer Begründung oder von Tatsachen, die den Beitragsbescheid im Ergebnis tragen** (§ 113 Abs. 1 Nr. 1 VwGO), sofern der Bescheid nicht in seinem Wesen verändert wird (*BVerwG* NVwZ 1982, 620). Beispielsweise kann eine aufgrund einer rechtswidrig gebildeten Erschließungseinheit erfolgte Beitragsberechnung durch eine rechtmäßige Berechnung auf der Basis der Erschließung durch eine Einzelanlage ersetzt werden, die die Beitragshöhe im Ergebnis trägt (*BVerwG,* aaO).

Zeitlich ist die **Heilung zulässig bei Tatsachenänderungen bis zur letzten mündlichen Verhandlung der letzten Tatsacheninstanz; bei Rechtsänderungen ist die Heilung zulässig bis zur letzten mündlichen Verhandlung in der Revision** (*BVerwG* E 64, 223).

– Zur Frage nach dem **für das auf einen Bescheid anzuwendende Recht maßgeblichen Zeitpunkt** vgl. oben 7.3.7.3.

10. Hinweis auf weitere Abgaben

10.1. Die Ausbaubeiträge

10.1.1. Nach den Kommunalabgabengesetzen fast aller Bundesländer kön- **1295**
nen die Kommunen von den Grundstückseigentümern sog. Ausbaubeiträge
erheben.

Das **Ausbaubeitragsrecht** ist (als Auffangtatbestand) für **Baumaßnahmen
an nichtleitungsgebundenen Anlagen anwendbar, die nicht von den er-
schließungsbeitragsrechtlichen Bestimmungen erfaßt werden.** Von ihnen
nicht erfaßt werden alle **Baumaßnahmen an allen nicht von § 127 Abs. 2
BauGB betroffenen Erschließungsanlagen (z. B. Wirtschaftswege) sowie
an Erschließungsanlagen,** die nach erfolgter erstmaliger Herstellung **zur
Verbesserung** oder **Erneuerung** dieser Anlagen **führen.**

Der **Freistaat Sachsen** hat diese Beiträge **als sog. „Beiträge für Verkehrsanlagen"** in den §§ 26 bis 31 KAG geregelt.

Nach § 26 können die Gemeinden, **soweit das Baugesetzbuch nicht anzuwenden ist,** zur Deckung des **Aufwands für die Anschaffung, Herstellung
oder den Ausbau von Straßen, Wegen und Plätzen** (Verkehrsanlagen), **Beiträge** für Grundstücke erheben, denen durch die Verkehrsanlage **Vorteile**
zuwachsen. Zu den Verkehrsanlagen im Sinne dieses Gesetzes gehören **auch
Wirtschaftswege** und aus tatsächlichen oder rechtlichen Gründen mit Kraftfahrzeugen nicht befahrbare **Wohnwege** sowie **Immissionsschutzanlagen** in
der Baulast des Beitragsberechtigten. Für Lärmschutzanlagen können Beiträge nur für Grundstücke erhoben werden, die durch die Anlage eine Schallpegelminderung von mindestens **3 dB (A)** erfahren.

Der **Ausbau umfaßt die Erweiterung, Verbesserung (ohne laufende Unterhaltung und Instandsetzung) und Erneuerung der Verkehrsanlagen.**

10.1.2. Von den Ausbaubeiträgen **zu unterscheiden** sind die **Besonderen** **1296
Wegebeiträge** für den Ausbau **von nicht dem öffentlichen Verkehr gewid-
meten Straßen** und Wegen nach § 32 KAG. Sie gehen dem allgemeinen
Ausbaubeitragsrecht vor (vgl. *OVG Münster* KStZ 1977, 219).

10.2. Die Feuerwehrabgabe

Die Feuerwehrabgabe wird nach § 21 Sächs. Brandschutzgesetz **den für** **1297
den Feuerwehrdienst tauglichen männlichen Gemeindeeinwohnern** zum
Ausgleich dafür **auferlegt,** daß sie nicht zum Feuerwehrdienst verpflichtet
werden.

Die Feuerwehrabgabe ist eine **Ausgleichsabgabe eigener Art** (*BVerwG* DÖV 1962, 10).
Ein **Verstoß gegen Art. 3 GG** liegt nicht darin, daß **nur Männer** herangezogen werden. Dem Landesgesetzgeber ist es aufgrund des Art. 12 Abs. 2 GG verfassungsrechtlich verboten, die Feuerwehrdienstpflicht auf weibliche Gemeindeeinwohner auszudehnen (*VGH BW* BWGZ 1983, 643).

10.3. Die Fremdenverkehrsabgabe

1298   Nach § 35 KAG können Kurorte, Erholungsorte und sonstige Fremdenverkehrsgemeinden **zur Deckung des gemeindlichen Aufwands für die Fremdenverkehrsförderung von selbständig tätigen natürlichen und juristischen Personen, denen durch den Fremdenverkehr im Gemeindegebiet unmittelbar** oder mittelbar besondere **wirtschaftliche Vorteile erwachsen,** eine Fremdenverkehrsabgabe erheben. Für nicht am Ort ansässige Personen oder Unternehmen besteht die Abgabepflicht, soweit eine Betriebsstätte i. S. von § 12 der Abgabenordnung gegeben ist. Die Einnahmen aus der Fremdenverkehrsabgabe sind für die genannten Aufgaben zweckgebunden.

Die Fremdenverkehrsabgabe **bemißt sich nach den besonderen wirtschaftlichen Vorteilen,** die dem einzelnen Abgabenpflichtigen aus dem Fremdenverkehr erwachsen. Das Nähere ist durch Satzung (§ 2) zu bestimmen. Die Fremdenverkehrsabgabe ist ihrer Rechtsnatur nach ein **Beitrag.**

– Zu Einzelheiten: *VGH BW* BWVPr 1985, 207; *OVG Koblenz* DÖV 1982, 648; *BayVerfGH* NVwZ 1987, 126.

10.4. Die Kurtaxe

1299   **Kurorte, Erholungsorte und sonstige Fremdenverkehrsgemeinden können** nach § 34 KAG **für die Herstellung, Anschaffung, Erweiterung und Unterhaltung der zu Heil-, Kur- oder sonstigen Fremdenverkehrszwecken bereitgestellten Einrichtungen und Anlagen sowie für** die zu diesem Zweck durchgeführten **Veranstaltungen eine Kurtaxe erheben.** Die Einnahmen aus der Kurtaxe sind für die in Satz 1 genannten Aufgaben zweckgebunden.

Die Kurtaxe ist eine **Abgabe eigener Art.** In ihr verbinden sich Elemente des Beitrags und der Benutzungsgebühr. Die **Kurtaxe wird grundsätzlich von ortsfremden Personen erhoben, die Fremdenverkehrsabgabe dagegen von Einheimischen** für wirtschaftliche Vorteile, die sie aus dem Fremdenverkehr ziehen können (*BVerwGE* 39, 5).

– Zu Einzelheiten vgl. *VGH BW* BWVPr 1982, 15; *BWGZ* 1986, 372; *OVG Koblenz* KStZ 1988, 168; *BVerwG* NVwZ-RR 1991, 320.

10.5. Aufwandsersatz für Haus- und Grundstücksanschlüsse

1300   Die Gemeinden können nach § 33 KAG bestimmen, daß ihnen der **Aufwand** für die Herstellung, Erneuerung, Veränderung und Beseitigung sowie

VI. Einzelne Abgaben

für die Unterhaltung der **Haus- oder Grundstücksanschlüsse an Versorgungsleitungen und Abwasserbeseitigungsanlagen anstelle über Gebühren** (§§ 9 bis 16) **oder Beiträge** (§§ 17 bis 25) **gesondert zu ersetzen ist,** soweit die Maßnahmen vom Anschlußnehmer **zu vertreten** sind oder ihm dadurch Vorteile zuwachsen. Die Regelung kann auf Mehrfachanschlüsse beschränkt werden.

Der Aufwandsersatzanspruch ist **keine Kommunalabgabe;** er wird jedoch in Sachsen durch § 1 Abs. 2 KAG als Kommunalabgabe behandelt.

– Zu Einzelheiten vgl. *Gern,* KStZ 1981, 1 ff.; *BWVPr* 1982, 98; *OVG Koblenz* KStZ 1986, 239; *OVG Saarlouis* KStZ 1986, 55; *VGH Kassel* NVwZ-RR 1988, 117; *VGH BW* VBlBW 1983, 104; *VGH München* NVwZ-RR 1992, 431; *OVG Münster* NVwZ 1993, 286.

Der Aufwandsersatz kann durch **Leistungsbescheid** geltend gemacht werden (*VGH BW* KStZ 1981, 134).

– Zum Verhältnis der **AVB WasserVO** zum Aufwandsersatz vgl. *BVerwG* NVwZ 1990, 478; 1986, 754.

10.6. Literaturhinweis

Die **Entwicklung des Kommunalabgabenrechts** in Deutschland wird in **1301** jährlich fortlaufenden Beiträgen von *Alfons Gern* in der NVwZ dargestellt.

Stichwortverzeichnis

Die Zahlen verweisen auf die Randnummern

Stichwortverzeichnis

Stichwortverzeichnis

Zahlen = Randnummern